WILLY BRANDT

Berliner Ausgabe

WILLY BRANDT

Berliner Ausgabe

Herausgegeben von
HELGA GREBING, GREGOR SCHÖLLGEN
und HEINRICH AUGUST WINKLER

Im Auftrag der
Bundeskanzler-Willy-Brandt-Stiftung

BAND 1:
Hitler ist nicht Deutschland.
Jugend in Lübeck – Exil in Norwegen 1928 – 1940
BAND 2:
Zwei Vaterländer.
Deutsch-Norweger im schwedischen Exil –
Rückkehr nach Deutschland 1940 – 1947
BAND 3:
Berlin bleibt frei.
Politik in und für Berlin 1947 – 1966
BAND 4:
Auf dem Weg nach vorn.
Willy Brandt und die SPD 1947 – 1972
BAND 5:
Die Partei der Freiheit.
Willy Brandt und die SPD 1972 – 1992
BAND 6:
Ein Volk der guten Nachbarn.
Außen- und Deutschlandpolitik 1966 – 1974
BAND 7:
Mehr Demokratie wagen.
Innen- und Gesellschaftspolitik 1966 – 1974
BAND 8:
Über Europa hinaus.
Dritte Welt und Sozialistische Internationale
BAND 9:
Die Entspannung unzerstörbar machen.
Internationale Beziehungen und deutsche Frage 1974 – 1982
BAND 10:
Gemeinsame Sicherheit.
Internationale Beziehungen und deutsche Frage 1982 – 1992

WILLY BRANDT

Berliner Ausgabe

BAND 4

Auf dem Weg nach vorn
Willy Brandt und die SPD
1947 – 1972

Bearbeitet von

DANIELA MÜNKEL

Verlag J.H.W. Dietz Nachf. GmbH

Die Bundeskanzler-Willy-Brandt-Stiftung bedankt sich für die großzügige finanzielle Unterstützung der gesamten Berliner Ausgabe bei:

Frau Ursula Katz, Northbrook, Illinois
Alfried Krupp von Bohlen und Halbach-Stiftung, Essen
Otto Wolff von Amerongen-Stiftung, Köln
Bankgesellschaft Berlin AG
Deutsche Bank AG, Frankfurt/Main
Deutsche Druck- und Verlagsgesellschaft mbH, Hamburg
Herlitz AG, Berlin
Metro AG, Köln
Schering AG, Berlin

Die Deutsche Bibliothek – CIP-Einheitsaufnahme
Willy Brandt:
Auf dem Weg nach vorn:
Willy Brandt und die SPD; 1947–1972/
Willy Brandt. Bearb. von Daniela Münkel. –
Bonn: Dietz, 2000 (Willy Brandt; Bd. 4)
ISBN 3–8012–0304–2

Lektorat: Dr. Heiner Lindner
Umschlag und Layout-Konzept:
Groothuis & Consorten, Hamburg
Satz: Medienhaus Froitzheim AG, Bonn, Berlin
Druck und Verarbeitung: Ebner Ulm
Printed in Germany 2000

Inhalt

Willy Brandt – Stationen seines Lebens 7

Geleitwort des Vorstandsvorsitzenden der
Bundeskanzler-Willy-Brandt-Stiftung 11

Vorwort der Herausgeber 15

DANIELA MÜNKEL
Einleitung
„Sozialdemokratie auf dem Weg nach vorn".
Willy Brandt und die SPD 1947–1972 17

Verzeichnis der Dokumente 67

Dokumente 79

Anmerkungen 529

Anhang
Übersicht über Wahlergebnisse 594
Quellen- und Literaturverzeichnis 599
Abkürzungsverzeichnis 611
Editionsgrundsätze 616
Personenregister 621
Sachregister 646
Bildnachweis 657
Angaben zur Bearbeiterin und zu den Herausgebern 659

SPD

Willy Brandt – Stationen seines Lebens

1913	Am 18. Dezember in Lübeck als Herbert Ernst Karl Frahm geboren
1929	Mitglied der Sozialistischen Arbeiterjugend (SAJ) in Lübeck
1930	Eintritt in die SPD
1931	Wechsel zur Sozialistischen Arbeiterpartei Deutschlands (SAP); Vorsitzender ihres Jugendverbandes in der Hansestadt
1932	Abitur am Lübecker Reform-Gymnasium „Johanneum“
1933–1945	Flucht ins Exil nach Norwegen und von dort 1940 nach Schweden; unter dem Namen Willy Brandt Widerstand gegen das NS-Regime; Mitglied der Exil-Leitung des SAP-Jugendverbandes und des Internationalen Büros revolutionärer Jugendorganisationen; seit 1939 Koordinator für Inlandsarbeit der SAP; umfangreiche journalistische und publizistische Tätigkeit
1936	Illegaler Aufenthalt in Berlin
1937	Als Berichterstatter für norwegische Zeitungen und Beauftragter der SAP im Spanischen Bürgerkrieg
1938	Sekretär der norwegischen Volkshilfe; Ausbürgerung durch die Nationalsozialisten
1940	Norwegische Staatsbürgerschaft
1942–1945	Sekretär der „Kleinen Internationale“ in Stockholm
1944	Eintritt in die Landesgruppe deutscher Sozialdemokraten in Schweden; Verbindungen zur Widerstandsgruppe des 20. Juli
1945	Nach Kriegsende Rückkehr nach Oslo
1945–1946	Berichterstatter für skandinavische Zeitungen aus Deutschland, u. a. über das Internationale Kriegsverbrechertribunal in Nürnberg

1947	Presseattaché an der norwegischen Militärmission in Berlin
1948	Vertreter des SPD-Parteivorstandes in Berlin; Wiedereinbürgerung
1949–1957, 1961	Vertreter Berlins im Deutschen Bundestag
1950–1969	Mitglied des Berliner Abgeordnetenhauses
1954–1958	Stellvertretender Landesvorsitzender der Berliner SPD
1955–1957	Präsident des Berliner Abgeordnetenhauses
1957–1966	Regierender Bürgermeister von Berlin
1957–1958	Vorsitzender des Bundesrats
1958–1963	Präsident des Deutschen Städtetages
1958–1964	Vorsitzender des Berliner Landesverbandes der SPD
1958–1992	Mitglied des Parteivorstandes der SPD
1960, 1964, 1969	Nominierung zum Kanzlerkandidaten der SPD
1962–1964	Stellvertretender Vorsitzender der SPD
1964–1987	Vorsitzender der SPD
1966–1969	Bundesminister des Auswärtigen und Vizekanzler in der Großen Koalition aus CDU/CSU und SPD
1966–1976	Vizepräsident der Sozialistischen Internationale
1969–1992	Mitglied des Deutschen Bundestages
1969	Wahl zum Bundeskanzler und Beginn der sozial-liberalen Ära
1970	Erste deutsch-deutsche Gipfeltreffen in Erfurt und Kassel; Unterzeichnung des Moskauer und des Warschauer Vertrages; Wahl zum „Mann des Jahres“ durch „Time“ (USA) und „L'Express“ (Frankreich)
1971	Verleihung des Friedensnobelpreises; Ehrenbürger von Berlin
1972	Erfolgloses Misstrauensvotum der CDU/CSU gegen den Bundeskanzler; Sieg der SPD bei den vorgezogenen Wahlen zum Deutschen Bundestag;

	Wiederwahl zum Bundeskanzler; Ehrenbürger von Lübeck
1973	Inkrafttreten des Grundlagenvertrages; Beitritt beider deutscher Staaten zu den Vereinten Nationen; Unterzeichnung des Prager Vertrages
1974	Rücktritt vom Amt des Bundeskanzlers
1976–1992	Präsident der Sozialistischen Internationale
1977–1983	Vorsitzender der Nord-Süd-Kommission
1979–1983	Mitglied des Europäischen Parlaments
1983, 1987	Alterspräsident des Deutschen Bundestages
1985	Auszeichnung mit dem Albert-Einstein-Friedenspreis
1987–1992	Ehrenvorsitzender der SPD
1990	Ehrenvorsitzender der SPD in der DDR; Alterspräsident des ersten gesamtdeutschen Bundestages
1991	Auf Antrag Brandts und anderer Entscheidung des Deutschen Bundestages für Berlin als Sitz von Regierung und Parlament
1992	Am 8. Oktober in Unkel bei Bonn verstorben

Geleitwort

Die Bundeskanzler-Willy-Brandt-Stiftung (BWBS) wurde im Jahre 1994 vom Deutschen Bundestag als rechtsfähige Stiftung des öffentlichen Rechts ins Leben gerufen. Ihr Sitz ist im Rathaus Schöneberg in Berlin. Die Stiftung hat nach ihrem Errichtungsgesetz die Aufgabe, das Andenken an das Wirken Willy Brandts für Freiheit, Frieden und Einheit des deutschen Volkes, die Sicherung der Demokratie in Europa und der Dritten Welt, die Vereinigung Europas sowie die Verständigung und Versöhnung unter den Völkern zu wahren. Sie soll damit einen Beitrag zum Verständnis der Geschichte des 20. Jahrhunderts und der Entwicklung der Bundesrepublik Deutschland leisten.

Am 26. September 1995 ernannte Bundespräsident Roman Herzog die Mitglieder des ersten Kuratoriums, die aus ihrer Mitte Bundespräsident a. D. Dr. h c. Walter Scheel zum Vorsitzenden wählten. Am gleichen Tag berief das Kuratorium die Mitglieder des Vorstandes. Die Stiftung hat sich seither zu einer bedeutenden Institution der historisch-politischen Bildung und der wissenschaftlichen Forschung entwickelt.

Der Nachlass Willy Brandts wird im Willy-Brandt-Archiv (WBA) im Archiv der sozialen Demokratie der Friedrich-Ebert-Stiftung aufbewahrt und der Forschung zur Verfügung gestellt. Er umfasst rund 400 laufende Aktenmeter, deren Auswertung zu den wichtigsten Aufgaben der BWBS gehört. Dies geschieht vornehmlich durch die Arbeit an der Edition „Willy Brandt – Berliner Ausgabe". Kuratorium und Vorstand schätzen sich glücklich, die Professoren Dr. Helga Grebing, Dr. Gregor Schöllgen und Dr. Heinrich August Winkler als Herausgeber der zehnbändigen Edition gewonnen zu haben.

Um den gesetzlichen Auftrag der politischen Bildung zu verwirklichen, richtet sich die Berliner Ausgabe nicht in erster Linie an Wissenschaftler, sondern an eine breite historisch-politisch interessierte Öffentlichkeit, ohne dabei den Anspruch auf wissenschaftliche Zuverlässigkeit aufzugeben. Angesichts der Fülle des im

WBA und in anderen Archiven überlieferten Materials wurde darauf verzichtet, die Berliner Ausgabe als Gesamtausgabe oder historisch-kritische Edition des schriftlichen Vermächtnisses von Willy Brandt zu konzipieren. Das Werk ist nach zeitlichen und thematischen Gesichtspunkten gegliedert. Die Bände vereinen die unterschiedlichsten Quellengruppen wie Briefe, Notizen, Redemanuskripte und Memoranden.

Als Bearbeiter der Edition wurden hochqualifizierte Wissenschaftler verpflichtet. Die Herausgeber übernehmen die inhaltliche Verantwortung für die Edition.

Die Berliner Ausgabe hätte in einem angemessenen Zeitraum ohne die großzügigen Zuwendungen von Sponsoren nicht verwirklicht werden können. Ihnen allen bin ich zu großem Dank verpflichtet, im Besonderen Frau Ursula Katz aus Northbrook, Illinois, der Alfried Krupp von Bohlen und Halbach-Stiftung, der Otto Wolff von Amerongen-Stiftung sowie den Unternehmen Bank Gesellschaft Berlin AG, Deutsche Bank AG, Deutsche Druck- und Verlagsgesellschaft, Herlitz AG, Metro AG und Schering AG.

Die vertrauensvolle und konstruktive Zusammenarbeit, die zwischen der Bundeskanzler-Willy-Brandt-Stiftung und der Friedrich-Ebert-Stiftung besteht, hat sich auch bei der Bearbeitung der Berliner Ausgabe hervorragend bewährt. Besonderer Dank für ihre tatkräftige Unterstützung gebührt meinem Kollegen im Vorstand, Herrn Professor Dr. Dieter Dowe, dem Leiter des Historischen Forschungszentrums der Friedrich-Ebert-Stiftung, sowie Frau Gertrud Lenz M.A., der wissenschaftlichen Referentin im Willy-Brandt-Archiv, und ihren Mitarbeitern.

Nach dem Editionsplan soll die Gesamtbearbeitungszeit für die Berliner Ausgabe lediglich sieben Jahre betragen. Die zeitgerechte Realisierung dieses ehrgeizigen Planes ist nur durch das großzügige Entgegenkommen zahlreicher Archive möglich, die den Bearbeitern der Bände zum Teil noch vor Ablauf der üblichen Sperrfrist erlauben, Einblick in die einzelnen Bestände zu nehmen. Namentlich hervorheben möchte ich in diesem Zusammenhang den früheren Präsidenten des Bundesarchivs, Herrn Professor Dr. Friedrich P. Kahlenberg, und den Leiter des Politischen Archivs des Auswärtigen Amtes, Herrn Vortragenden Legationsrat Dr. Hans Jochen Pretsch.

Für die hervorragende verlegerische Betreuung der Berliner Ausgabe danke ich Herrn Dr. Heiner Lindner, dem früheren Geschäftsführer des Verlags J.H.W. Dietz Nachfolger, der heute die Ausgabe als Lektor betreut. Die Zusammenarbeit mit dem Verlag zeichnet sich durch gegenseitiges Vertrauen und Offenheit für Anregungen und Vorschläge aus.

Sehr herzlich möchte ich auch den Herausgebern sowie den Bearbeitern Dank sagen – unter ihnen Frau Dr. Daniela Münkel und Herrn Professor Dr. Einhart Lorenz, die mit der Bearbeitung der ersten beiden nunmehr vorliegenden Bände gleichsam „Pionierarbeit“ für die Gesamtedition geleistet haben. Mein Dank gilt in gleicher Weise den wissenschaftlichen Mitarbeitern der Stiftung Dr. Wolfram Hoppenstedt, Carsten Tessmer und Dr. Bernd Rother. Sie alle stellen ihr hervorragendes Wissen und ihre ganze Kraft in den Dienst der Edition.

Mein großer Wunsch ist, dass die Berliner Ausgabe möglichst vielen Lesern den Zugang zum Leben und zur Politik Willy Brandts und damit zu bedeutenden Abschnitten der Geschichte des 20. Jahrhunderts erleichtert. Möge die Edition aber auch ein Anreiz zu einer kritischen Auseinandersetzung mit der Periode der Zeitgeschichte sein, die auf das Engste mit dem Namen Willy Brandt verbunden ist.

Berlin, im August 2000
Präsident a. D. Dr. Gerhard Groß
Vorsitzender des Vorstandes der
Bundeskanzler-Willy-Brandt-Stiftung

Vorwort der Herausgeber

Willy Brandt zählt zu den großen Persönlichkeiten und bedeutenden Staatsmännern des 20. Jahrhunderts. Sein Name ist untrennbar verbunden mit der Sicherung des Friedens, der Verteidigung der Freiheit und dem unablässigen Bemühen um mehr soziale Gerechtigkeit. Seine Entwicklung vom jungen Linkssozialisten, den seine politische Überzeugung und der Kampf gegen die nationalsozialistische Diktatur in die Emigration führte, zum Regierenden Bürgermeister von Berlin, Vorsitzenden der SPD und später der Sozialistischen Internationale sowie zum Außenminister und Bundeskanzler der Bundesrepublik Deutschland ist eine der bemerkenswertesten Politikerkarrieren des 20. Jahrhunderts.

Die durch den Deutschen Bundestag 1994 ins Leben gerufene Bundeskanzler-Willy-Brandt-Stiftung, in deren Auftrag die Herausgeber die Berliner Ausgabe vorlegen, will mit dieser Edition die Bedeutung Willy Brandts für die Geschichte des 20. Jahrhunderts dokumentieren und einer breiten historisch-politisch interessierten Öffentlichkeit zugänglich machen. An diesem Zweck orientiert sich die auf zehn Bände angelegte Auswahl wichtiger Reden, Artikel und Briefe Willy Brandts.

Die Berliner Ausgabe wird jene innenpolitischen Weichenstellungen beleuchten, die wesentlich von Willy Brandt herbeigeführt wurden. Sie wird zugleich deutlich machen, dass sein vorrangiges politisches Interesse nicht erst seit seinen Berliner Tagen im Bereich der Deutschland- und Außenpolitik lag. Das Augenmerk der Dokumentation gilt weiter dem Parteiführer, der die SPD in ihrer Binnenstruktur modernisierte und einem neuen Denken öffnete, ihr neue Wählerschichten erschloss und später Ansehen und Gewicht der Sozialistischen Internationale, nicht zuletzt in den Ländern der „Dritten Welt", beträchtlich erhöhte. Immer wieder wird offenkundig, dass es bei Willy Brandt beides gibt: bemerkenswerte Konstanten seines Denkens und Handelns und zugleich ein hohes Maß an Flexibilität gegenüber konkreten zeitbedingten Anforderungen sowie die Fähigkeit zur Korrektur der eigenen Politik angesichts neuer Herausforderungen.

Willy Brandt beherrschte die unterschiedlichen Formen und Instrumente der politischen Meinungs- und Willensbildung gleichermaßen souverän. Große Reden auf Parteitagen, auf Marktplätzen, in Versammlungslokalen und Festhallen stehen neben Ansprachen vor einem intellektuellen Publikum und Zeitschriftenaufsätzen; kurze Briefe neben umfassenden grundsätzlichen Äußerungen, Radio- und Fernsehkommentare neben großen Büchern; konzentrierte und gezielte Diskussionsbemerkungen neben knappen, seinerzeit manchmal kaum wahrgenommenen Einmischungen in politische Entscheidungsprozesse. All das werden die Bände widerspiegeln.

Wie nur wenige deutsche Politiker im 20. Jahrhundert hat Willy Brandt nach dem Zusammenbruch der nationalsozialistischen Herrschaft das Weltgeschehen nicht nur beeinflusst, sondern entscheidend mitgestaltet. Er fühlte sich verpflichtet, sich der Last der deutschen Vergangenheit persönlich zu stellen, was ihm neben Anerkennung auch viel Anfeindung eintrug. Bis in die siebziger Jahre musste er sich politischer Diffamierung erwehren, die ihm als Emigranten und Widerstandskämpfer gegen den Nationalsozialismus galt. Auch dies werden die Bände belegen.

Maßgebliche Fundstellen für die Berliner Ausgabe sind der umfangreiche Nachlass im Willy-Brandt-Archiv im Archiv der sozialen Demokratie der Friedrich-Ebert-Stiftung sowie Parallelüberlieferungen im Archiv der sozialen Demokratie – wie SPD-Parteivorstandsakten, Deposita und Nachlässe anderer Politiker. Hinzu kommen zahlreiche einschlägige Bestände von Archiven, Bibliotheken und Stiftungen, wie diejenigen des Bundesarchivs, und natürlich Publikationen Willy Brandts. Jedem der zehn Bände ist eine umfangreiche Einleitung vorangestellt, in der die Texte in den historischen Zusammenhang eingeordnet und kritisch gewürdigt werden. Jeder Band hat einen Umfang von etwa 500 Druckseiten einschließlich eines Personen- und Sachregisters.

Die Berliner Ausgabe will ein facettenreiches Bild vom Leben und Werk Willy Brandts vermitteln. Die Herausgeber hoffen, dass es auf diese Weise gelingt, die Erinnerung an den bedeutenden Politiker und Staatsmann lebendig zu halten. Sie sind davon überzeugt, dass sein Denken und Wirken tiefe Spuren hinterlassen haben und auch unter den veränderten Bedingungen des 21. Jahrhunderts die politische Entwicklung beeinflussen.

Für die unverzichtbare und kollegiale Zusammenarbeit wissen sich die Herausgeber dem Leiter des Historischen Forschungszentrums der Friedrich-Ebert-Stiftung, Herrn Prof. Dr. Dieter Dowe, zu besonderem Dank verpflichtet.

Prof. Dr. Helga Grebing
Prof. Dr. Gregor Schöllgen
Prof. Dr. Heinrich August Winkler

DANIELA MÜNKEL

Einleitung

„Sozialdemokratie auf dem Weg nach vorn"[1] Willy Brandt und die SPD 1947 bis 1972

Als sich Willy Brandt nach der Bundestagswahl am 19. November 1972 an die Wählerinnen und Wähler wandte, stand er auf dem Höhepunkt seines politischen Erfolges: „Ich bin in dieser Stunde allen Wählerinnen und Wählern Dank schuldig, die mit ihrer Stimme ihr Vertrauen in meine Partei und damit auch ihr Vertrauen zu mir bewiesen haben. Das ist für mich kein Augenblick des Triumphes, wohl aber ist es ein bewegender Augenblick der Genugtuung und des Stolzes und zugleich der Bescheidung; denn wir fühlen uns durch diesen Sieg unserer Sache in die Pflicht genommen."[2] Die SPD konnte den größten Wahlerfolg in ihrer Geschichte verbuchen. Nach einem stark auf die Person Willy Brandts ausgerichteten Wahlkampf errang sie 45,8 Prozent der Stimmen. Brandt und seine Politik hatten nicht nur breite Zustimmung in der Wählerschaft gefunden, auch in seiner Partei war er nun unumstritten.

Bis zu diesem Erfolg hatte er einen langen Weg zurücklegen müssen, der keineswegs geradlinig verlaufen, vielmehr von Anfeindungen und Rückschlägen begleitet war. Dieser Weg begann Ende des Jahres 1947, als sich Willy Brandt entschied, nach den Jahren des erzwungenen Exils in Norwegen und Schweden wieder nach Deutschland zurückzukehren und die Leitung des Berliner Verbindungsbüros des SPD-Parteivorstandes zu übernehmen.[3] Es folgten weitere Stationen bis zum November des Jahres 1972: Mitstreiter Ernst Reuters in Berlin, Vertreter der Stadt im Bundestag, Mitglied und später Präsident des Berliner Abgeordnetenhauses, Regierender Bürgermeister von Berlin, Kanzlerkandidat der Sozialdemokraten, Parteivorsitzender der SPD, Außenminister und Vizekanzler der Großen Koalition und schließlich erster sozialdemokratischer Bundeskanzler der Bundesrepublik Deutschland.

Im Mittelpunkt der Dokumentenauswahl des vorliegenden Bandes steht, neben der politischen Karriere Brandts, vor allem die Frage nach seinem Beitrag zur Erneuerung bzw. Modernisierung der SPD als „Volkspartei" und zur Regierungsbeteiligung. Um darauf eine Antwort zu geben, werden zentrale Bereiche der Tagespolitik, des politischen Stils, der Programmatik und der Organisation erörtert. Brandt war zwar nicht der alleinige „Erneuerer der SPD", doch kann er seit den sechziger Jahren als der herausragende Repräsentant einer Gruppe von Reformern in der deutschen Sozialdemokratie gelten. Zu dieser Gruppe gehörten – u. a. und in wechselnden Konstellationen – Carlo Schmid, Ernst Reuter, Fritz Erler, Waldemar von Knoeringen, Herbert Wehner, Helmut Schmidt und Karl Schiller.

Rückkehr nach Deutschland – Arbeit für die SPD

Willy Brandt kam Ende 1946 als Presseattaché an der norwegischen Militärmission in Berlin im Rang eines „zivil-militärischen" Majors wieder nach Deutschland. Diese Position erlaubte es ihm weiterhin, wie in seinen Exiljahren, journalistisch tätig zu sein, das politische Geschehen in Deutschland hautnah zu erleben, Kontakte zu knüpfen und sich über seine weitere Zukunft klar zu werden. Einige Monate vor der Rückkehr Brandts – im Mai 1946 – war die SPD offiziell für das Gebiet der drei westlichen Besatzungszonen wieder bzw. neu gegründet worden.[4] Gleichzeitig wurde auch der erste Parteivorstand gewählt. Bereits im Mai 1945 hatte Kurt Schumacher den Vorsitz des SPD-Ortsvereins in Hannover übernommen und das so genannte „Büro Dr. Schumacher"[5] eingerichtet, das die Arbeit der Partei in den drei Westzonen koordinierte.[6] Zwar wollte man den Anspruch, eine gesamtdeutsche SPD zu repräsentieren, nicht aufgeben; die Entwicklung in der SBZ machte solche Hoffnungen jedoch schnell zunichte. Dort wurde im Juni 1945 ein Zentralausschuss der SPD unter Otto Grotewohl und Max Fechner gebildet. Bestrebungen von west- und ostdeutschen Sozialdemokraten in den folgenden Monaten, die Bildung einer Einheitspartei zu verhindern, blieben erfolglos,[7] und so wurde am 21. April 1946 unter massivem Druck der sowjetischen Besatzungsmacht die Vereinigung von KPD und SPD zur SED erzwungen. Damit war die SPD in der SBZ – mit Ausnahme Berlins, in dessen Westbezirken sich die SPD-Mitglieder in einer von den Westalliierten durchgesetzten Abstimmung mit großer Mehrheit gegen eine Einheitspartei mit den Kommunisten ausgesprochen hatten – als eigenständige politische Kraft ausgeschaltet.[8]

In den Westzonen bemühte sich die SPD, ihre Organisation weiter auf- bzw. auszubauen sowie die Richtlinien ihrer zukünftigen Politik festzulegen.[9] Am 5. und 6. Oktober 1945 fand in Wennigsen bei Hannover die erste überregionale Konferenz der SPD statt, und vom 9. bis 15. Mai 1946 hielt sie in Hannover ihren ersten Nachkriegsparteitag mit Delegierten aus allen drei westlichen Besatzungszonen ab. An diesem Parteitag nahm auch Willy Brandt als Berichterstatter für skandinavische Zeitungen und Gastdelegierter der Gruppe deutscher Sozialdemokraten in Schweden teil.[10] Kurt Schumacher und Viktor Agartz umrissen in Hannover die politische Richtung sozialdemokratischer Nachkriegspolitik. In seinem Referat „Aufgaben und Ziele der deutschen Sozialdemokratie“ beharrte Schumacher auf dem Führungsanspruch der SPD beim Neuaufbau Deutschlands. Er lehnte gleichzeitig eine Vereinigung mit der KPD ab, wandte sich aber nicht gegen jegliche politische Zusammenarbeit mit den Kommunisten. Als „geschichtliche Aufgabe“ der SPD benannte er nicht zuletzt „die Gewinnung des deutschen Mittelstandes“. Weiter betonte er, dass der politische und wirtschaftliche Neuaufbau unter demokratisch-sozialistischen Vorzeichen erfolgen müsse. Dieser sei vor allem durch Enteignung der Großindustrie, der Großfinanz und des Großgrundbesitzes zu realisieren. Des weiteren hob Schumacher hervor, dass der Neubau Deutschlands nur mit dem Recht auf nationale Selbstbehauptung in einem eigenen Staat, und zwar ohne Gebietsabtretungen, zu verwirklichen sei.[11] Viktor Agartz, zu diesem Zeitpunkt neben Erik Nölting Berater Schumachers und wirtschaftspolitischer Sprecher der SPD, legte in seinem Grundsatzreferat über „Sozialistische Wirtschaftspolitik“ dar, dass die wirtschaftliche Neuordnung Deutschlands im Rahmen einer sozialistischen Planwirtschaft erfolgen müsse. Dies sei allerdings nur in einem demokratischen Rechtsstaat möglich.[12] Neben der politischen Standortbestimmung wurde auf dem Parteitag 1946 auch ein Organisationsstatut beschlossen, das in wesentlichen Punkten an die Organisationsstruktur der Weimarer Sozialdemokratie anknüpfte.[13]

In den Jahren 1946/47 wurden die Organisation der Partei sowie der politische Apparat des Vorstandes durch Bildung von Ausschüssen und Referaten weiter ausgebaut. In diesem Zusammenhang ist auch die Einrichtung eines Verbindungsbüros des Parteivorstandes in Berlin (1946) unter Leitung von Erich Brost zu nennen. Im Herbst 1947 wurde Brandt, der inzwischen auch in der Berliner SPD Kontakte geknüpft hatte, die Übernahme dieses Amtes angetragen. Das Angebot kam ihm sehr entgegen: „Hier eröffnete sich mir ein Wirkungskreis, in dem ich helfen konnte, Verständnis und Unterstützung für eine vernünftige Deutschland-Politik zu gewinnen, aber auch die Möglichkeit zur eigenen Mitarbeit im Berliner Parteileben. Der Zeitpunkt schien mir gekommen, da ich für Demokratie und Frieden als Deutscher in Deutschland wichtigeres leisten konnte als in meinem bisherigen Amt."[14] Bevor er jedoch zusagte, verfasste Brandt einen Rundbrief an seine Freunde aus den Exiljahren, in dem er seine Entscheidung erklärte, nun endgültig in Deutschland zu bleiben und sich dort aktiv am politischen Leben zu beteiligen.[15]

Als sich herumsprach, dass Brandt das Parteiamt in Berlin übernehmen sollte, wurden Kurt Schumacher Gerüchte aus Kreisen des sozialdemokratischen Exils in Skandinavien zugetragen, durch die Brandt wegen seiner linkssozialistischen Vergangenheit der politischen Unzuverlässigkeit bezichtigt wurde. Dies war die erste von vielen Kampagnen gegen Brandt, die dessen Diffamierung zum Ziel hatten und ihn sein ganzes weiteres Leben verfolgen sollten. In einem ausführlichen Brief an Schumacher vom 23. Dezember 1947 trat Brandt den Anschuldigungen entgegen, indem er seinen politischen Standpunkt, verbunden mit dem Bekenntnis zum demokratischen Sozialismus und der Politik der SPD, darlegte.[16] Das bedeutete für ihn aber nicht, dass er sich durch die Übernahme des Amtes zum bloßen Vollstrecker der Anweisungen des Parteivorstandes degradieren lassen wollte. So hob er in dem gleichen Brief auch hervor, dass er großen Wert auf die Möglichkeit lege – zumindest intern – seine Ansichten offen vorzutragen.

Am 1. Januar 1948 wurde Willy Brandt Vertreter des SPD-Parteivorstandes in Berlin.[17] Damit war seine Rückkehr nach Deutschland und in die deutsche Sozialdemokratie endgültig vollzogen.[18] Seinen Aufgabenbereich im neuen Amt beschrieb Brandt folgendermaßen: „Die Aufgabe sah in erster Linie einen quasidiplomatischen Kontakt zu den politischen Dienststellen der alliierten Mächte in Berlin vor. Auch um Auslandskorrespondenten und internationale Gäste hatte man sich zu kümmern. Aufgaben, die sich auf Mitglieder der Partei in Berlin bezogen, kamen hinzu."[19] Darüber hinaus berichtete er regelmäßig über die Entwicklungen in der Stadt.[20] Außerdem nahm er in seiner Funktion an den Parteivorstandssitzungen teil.[21]

Willy Brandt und die SPD in den späten vierziger und fünfziger Jahren: Konflikte und Standortbestimmungen

Nach der Übernahme des Parteiamtes war Brandt bestrebt, seine politischen Vorstellungen über eine europäische und deutsche Nachkriegsordnung, die er zum Teil schon in der Emigrationszeit entwickelt hatte,[22] nicht nur in die Berliner SPD, sondern auch in die Bundespartei einzubringen. In einem Brief an Erich Ollenhauer von Anfang September 1948 äußerte er sein Interesse, sich an der Hauptdebatte auf dem SPD-Parteitag in Düsseldorf 1948 zu beteiligen: „In erster Linie würde es mich reizen, zu einigen Fragen aussenpolitischer Art Stellung zu nehmen."[23]

Brandt plädierte auf dem Parteitag für die Herstellung der europäischen Einheit und die Integration Deutschlands in die westlichdemokratische Staatengemeinschaft.[24] Auch dies war eine Forderung, die er bereits in den Kriegsjahren aufgestellt hatte. Zwei Jahre nach dem Parteitag in Düsseldorf, auf dem Bundesparteitag der SPD im Mai 1950, sprach Brandt sich dafür aus, dass die SPD einem Beitritt der Bundesrepublik zum Europarat zustimmen sollte.[25] Er reihte sich damit in eine kleine Gruppe ein, den so genannten „Bürgermeister-Flügel“, dem u. a. Ernst Reuter (Berlin), Wilhelm Kaisen (Bremen)[26] sowie Max Brauer (Hamburg) angehörten und der nicht nur in dieser Frage andere Auffassungen als Kurt Schumacher und die Mehrheit der Bundespartei vertrat.[27] Schumacher lehnte den Beitritt der Bundesrepublik zum Europarat kategorisch ab. Seine Argumentation stützte sich vor allem auf zwei Aspekte: Zum einen war er der Meinung, dass durch einen Beitritt zum Europarat die geplante Aufnahme des Saargebietes[28] angesichts der für dieses Gebiet von Frankreich forcierten politischen Autonomie begünstigt und ein eventuell späterer Beitritt zur Bundesrepublik erschwert, wenn nicht unmöglich würde. Zum anderen, und das war wohl der entscheidende Beweggrund, fürchtete Schumacher, dass durch eine Integration der Bundesrepublik in westeuropäische Institutionen immer größere Hindernisse für die deutsche Wiedervereinigung aufgebaut würden.[29]

In der Kontroverse um den Beitritt zum Europarat, aber auch in anderen grundsätzlichen Fragen, die die Vorstellungen von einer zukünftigen Politik der SPD betrafen, trat der von Beginn an bestehende Gegensatz zwischen Brandt und Schumacher zusehends deutlicher zutage. In der Retrospektive betonte Brandt zwar, dass er von Kurt Schumacher „sehr beeindruckt“ gewesen sei.[30] So hob er noch in seinen „Erinnerungen“ die Leistungen Schumachers hervor und versuchte, Verständnis für dessen Art und Führungsstil aufzubringen;[31] seine Bedenken gegenüber dem ersten Vorsitzenden der Nachkriegs-SPD hielt er jedoch nicht völlig zurück: „Ich respektierte Schumachers Bedeutung, doch das Apodiktische seiner Aussagen oder Ausbrüche widerstrebte mir, wie auch die Absolutheit seines Anspruchs auf Gefolgschaft.“[32]

Zeitgenössische Äußerungen und Überlieferungen unterstützen die These, dass das Verhältnis Brandt-Schumacher als gegensätzlich zu charakterisieren ist. Das gilt sowohl für die persönliche Beziehung als auch im Besonderen für die politischen Standpunkte. So stellte Brandt im Juni des Jahres 1950 fest: „Meine Mitarbeit in Bonn ist auch darum etwas begrenzt, weil sich – das ist schon kein Geheimnis mehr – mein Verhältnis zu Dr. Schumacher seit dem vergangenen

Jahr wesentlich verschlechtert hat. Das ist öffentlich jetzt dadurch zum Ausdruck gekommen, dass ich der übersteigerten Argumentation gegen den Europarat widersprochen habe. Aber die Meinungsverschiedenheiten und Aversionen beschränken sich nicht auf diesen Punkt."[33] Die anderen „Punkte" bezogen sich vor allem auf den Führungsstil[34] Schumachers und den von ihm verfolgten strikten Oppositionskurs der SPD auf Bundesebene.

Die Erwartungen der Sozialdemokraten, die führende politische Kraft im Nachkriegsdeutschland zu werden, wurden bereits durch die Ergebnisse der ersten Gemeinde-, Kreis-, und Landtagswahlen in den Jahren 1946/47 enttäuscht.[35] Die SPD erzielte nur in wenigen Gebieten bessere Resultate als die CDU. Ihr bestes Wahlergebnis erreichte sie in Berlin mit über 48 Prozent. Der Ausgang der Wahlen hatte zur Folge, dass die SPD im so genannten Wirtschaftsrat – dem im Juni 1947 einberufenen Parlament des Vereinigten Wirtschaftsgebietes der aus amerikanischer und britischer Zone errichteten „Bizone" – nur 20, die CDU/CSU ebenfalls 20, die FDP 4, die KPD 3, das Zentrum 2 und die DP 2 Abgeordnete stellten. Da sich SPD und CDU nicht auf eine Koalition einigen konnten,[36] erklärte die SPD-Führung, sie werde im Wirtschaftsrat die Rolle der „konstruktiven Opposition" übernehmen. Diese Entscheidung, die vor allem auf Schumacher zurückzuführen war und nicht von allen führenden Sozialdemokraten mitgetragen wurde, blieb für die Politik der Bundespartei bis in die fünfziger Jahre bestimmend, zumal sie nach der Bundestagswahl des Jahres 1949 noch einmal bekräftigt worden war. Gegen den „strikten" Oppositionskurs wandten sich vor allem Carlo Schmid[37] sowie die SPD-Ministerpräsidenten und Bürgermeister in den Stadtstaaten, wie Kaisen in Bremen und der Oberbürgermeister von Berlin, Ernst Reuter. Einige von ihnen regierten ja ihrerseits in einer SPD/CDU-Koalition. Diesem Flügel ist auch Brandt, bedingt durch seine Berliner Erfahrungen, zuzurechnen.

Neben der Kritik an dem eingeschlagenen Oppositionskurs regte sich schon Ende der vierziger Jahre Unmut über die Organisationsform der Partei, über ihre Außendarstellung und über die von ihr vertretenen politischen Inhalte. Waldemar von Knoeringen[38] und vor allem Carlo Schmid traten zu diesem Zeitpunkt am nachdrücklichsten für eine Reform der SPD ein, um diese für breitere Schichten zu öffnen und damit neue Wähler zu rekrutieren. Nach dem Tod Schumachers im Jahr 1952 und der verlorenen Bundestagswahl des Jahres 1953 kam erneut eine Diskussion über eine Reform der Partei in Gang. Ansatzpunkte der Kritik bildeten neben Sachproblemen vor allem das allgemeine Profil der Partei, ihr Selbstverständnis sowie ihr Präsentationsstil.[39] Der Anstoß kam jetzt von Heinrich Albertz, damals niedersächsischer Sozialminister. Im *Neuen Vorwärts* vom September 1953 kritisierte er die inhaltlich und sprachlich einseitige Ausrichtung auf die Arbeiterschaft sowie die Ignoranz gegenüber den gesellschaftlichen Verschiebungen zwischen Arbeiter- und Arbeitnehmerschaft. Carlo Schmid und Fritz Erler formulierten ähnliche Kritik. Letzterer wies auf die Veränderungen im Mittelstand hin, die es zu berücksichtigen gelte, und forderte, die traditionellen Symbole der Arbeiterbewegung und der SPD wie die rote Fahne sparsamer einzusetzen.[40] Als Konsequenz aus der langsam beginnenden Parteireformdiskussion, die sich in den nächsten Jahren verstärkte und zu der dann auch Herbert Wehner und Willy Brandt beitrugen, wurden im Dezember 1953 zwei Kommissionen, eine für politisch-theoretische und eine für organisatorische Fragen, vom Parteivorstand eingesetzt, welche die Problempunkte prüfen und Schlussfolgerungen vorlegen sollten.

Die politischen Aktivitäten Willy Brandts konzentrierten sich in dieser Zeit auf Berlin. Seit Anfang 1950 leitete er, inzwischen Kreisvorsitzender der SPD in Wilmersdorf, die Redaktion des Berliner Parteiorgans *Sozialdemokrat.* Im gleichen Jahr wurde er ins Berliner Abgeordnetenhaus gewählt. Dennoch versuchte er – nicht zuletzt als einer der Berliner Abgeordneten im Deutschen Bundestag, dem er bis 1957, 1961 und wieder ab 1969 angehörte – auch in der Bundespartei seinen politischen Standort zu finden und an Einfluss zu gewinnen. Das war anfänglich jedoch nicht einfach: „Die Parteiführung hegte Groll mir – ‚Reuters Mann' – gegenüber und deshalb hatte ich in der Bundestagsfraktion keinen leichten Stand. Doch diese Reputation half mir auch gute Freundschaften zu gründen, zu der vor allem die mit Fritz Erler und Carlo Schmid gehörten."[41]

Diese und andere politische Freundschaften, z. B. zu Herbert Wehner, konnte Brandt im Laufe der fünfziger Jahre ausbauen und dadurch in der Bundes-SPD zunehmend an Einfluss gewinnen, wenngleich der von Brandt auch aufgrund seiner politischen Erfahrungen in Berlin unterstützte Reformkurs in der Partei zunächst noch nicht mehrheitsfähig wurde. Vorher wirkten sich die heftigen Auseinandersetzungen innerhalb der Berliner Partei seit Ende der vierziger Jahre zwischen dem Reuter/Brandt- und dem Neumann-Flügel[42] – Franz Neumann war ein Vertreter der Positionen Schumachers – negativ auf die Stellung Brandts in der Bundespartei aus.

Grundsätzlich muss betont werden, dass sowohl die Politik Schumachers als auch die seiner engsten Mitarbeiter, wie Alfred Nau, Fritz Heine und seines Nachfolgers Ollenhauer, von der Mehrheit der SPD-Parteimitglieder mitgetragen und gutgeheißen wurde; die „Reformer" stellten in jenen Jahren eine Minorität dar, wie z. B. die Ergebnisse der Wahlen zum Parteivorstand bis 1958 unterstreichen. Brandt selbst bekam zu spüren, dass er als Vertreter dieser Minderheit galt, als er 1954 und 1956 vergeblich versuchte, in den SPD-Parteivorstand gewählt zu werden. Dies sollte ihm erst 1958 gelingen, aber da hatte sich die Situation – wie noch zu zeigen sein wird – sowohl in der SPD als auch für Brandt bereits verändert.

Die Gründe für die unterschiedlichen Vorstellungen zwischen Brandt und Schumacher bzw. einem Großteil der Führungsgruppe der Nachkriegs-SPD sowie der Parteimehrheit bis zum Ende der fünfziger Jahre ergaben sich in erster Linie aus den unterschiedlichen politischen Vorprägungen der Akteure. Auf der einen Seite standen Kurt Schumacher mit seiner sehr eigenen Auffassung von Politik und von der Zukunft der SPD sowie die durch die Weimarer Sozialdemokratie geprägten „Traditionalisten" wie Ollenhauer und Heine, auf der anderen Seite die meist jüngeren „Erneuerer" wie Erler, Schmid, von Knoeringen, Wehner und Brandt. Bei Willy Brandt spielten mehrere Faktoren eine Rolle: Wichtig waren für ihn die Erfahrungen im Exil mit und in der norwegischen und schwedischen

Arbeiterbewegung; dies gilt sowohl für die Inhalte der Reformpolitik der norwegischen Arbeiterpartei als auch für deren toleranten politischen Stil.[43] In der Nachkriegszeit gaben ihm die Persönlichkeit und die Politik Ernst Reuters zusätzlich wichtige Orientierungspunkte: „Ernst Reuter hatte für meine Berliner Jahre – und darüber hinaus – eine prägende Bedeutung.“[44] Als dritter Faktor haben die praktischen Erfahrungen in und mit der Berliner Politik eine wichtige Rolle für Brandts politische Positionen – nicht nur in diesem Zeitraum – gespielt.

Die Grundlage von Brandts politischem Handeln: Der demokratische Sozialismus

Im Laufe seiner Exiljahre entfernte sich Brandt zusehends von dem „revolutionären Sozialismus“ jener Sozialistischen Arbeiterpartei (SAPD)[45], deren Mitglied er gewesen war, als er 1933 vor dem Zugriff des NS-Regimes nach Norwegen floh. Er selbst meinte: „Mein Linkssozialismus schliff sich ab. Ich betrachtete mich als modernen Demokraten (und demokratischen Sozialisten, was ich nicht für einen Gegensatz halte).“[46] Zu diesem Prozess hatte vieles beigetragen: neben der Prägung durch die norwegische Arbeiterbewegung vor allem seine Erfahrungen im Spanischen Bürgerkrieg, den er im Jahr 1937 für fünf Monate als Berichterstatter für norwegische Zeitungen und als Verbindungsmann der SAPD miterlebte, sodann die Nachrichten über die Moskauer Prozesse im Zuge der Stalinschen Säuberungen seit Mitte der dreißiger Jahre und schließlich der Hitler-Stalin-Pakt vom 22. August 1939. In den Kriegsjahren gehörte Willy Brandt zu den Exponenten der „Internationalen Gruppe demokratischer Sozialisten“, die seit 1942 in Stockholm arbeitete.[47] Deren von Brandt federführend geprägte Überlegungen zu einer europäischen und deutschen Nachkriegsordnung fanden u.a. ihren Niederschlag in den „Friedensziele[n] der demokratischen Sozialisten“ im Jahr 1943. Auch die Broschüre „Zur Nachkriegspolitik der deutschen Sozialisten“ aus dem Jahr 1944 wurde von ihm mitverfasst. Ziel war die Errichtung einer „sozialistischen Demokratie“, für die es national und international zu kämpfen gelte.[48] Zentrales Anliegen war darüber hinaus die Wiederherstellung der politischen Einheit der Arbeiterbewegung in einer demokratisch-sozialistischen Partei. Dabei wurde eine Einbeziehung der Kommunisten nicht ausgeschlossen. Allerdings rückte Brandt, insbesondere unter dem Eindruck der Zwangsvereinigung von SPD und KPD zur SED in der SBZ, spätestens im April des Jahres 1946 endgültig von dieser Zielsetzung ab.

Auf dem VI. Landesparteitag der Berliner SPD am 8. Mai 1949 hielt Brandt ein Referat zum Thema „Programmatische Grundlagen des demokratischen Sozialismus".[49] In seinem politischen Denken markiert diese Rede gleichzeitig mehrere Einschnitte: Sie ist End- und Anfangspunkt, sie steht für Kontinuität und Wandel. Endpunkt ist sie insofern, als sie Brandts 1942 im Exil begonnene politische Reflexion über die Nachkriegsentwicklung in Deutschland und Europa zum Abschluss bringt.[50] Sie nimmt die zentralen Gedanken über den demokratischen Sozialismus in der europäischen Nachkriegsordnung wieder auf und steht damit für die Kontinuität im politischen Denken Brandts auch über die Zäsur des Jahres 1945 hinaus. Diese Rede ist zugleich aber auch eine erste große öffentliche Standortbestimmung Willy Brandts im Nachkriegsdeutschland. Hier entfaltete er vor dem Hintergrund der sozialdemokratischen Programmtradition erstmals umfassend die Grundlagen für sein politisches Wirken in der Bundesrepublik. Brandt betrachtete seinen Auftritt vor dem Parteitag gezielt als Gelegenheit, sich von jeglicher Form eines totalitären Kommunismus abzugrenzen und deutlich zu machen, dass Demokratie nicht Mittel zum Zweck, sondern eine unumstößliche Voraussetzung für die Verwirklichung des demokratischen Sozialismus sei. In seinen Erinnerungen schrieb er dazu: „‚Die Demokratie ist uns keine Frage der Zweckmäßigkeit, sondern der Sittlichkeit', resümierte ich, damit jenen großen Irrtum zurechtrückend, dem viele in der deutschen Sozialdemokratie – und ich mit ihnen – erlegen waren."[51]

Der entscheidende Unterschied zu seinen Überlegungen während des Krieges lag in seiner Vorstellung von der „Partei des demokratischen Sozialismus". Diese Partei war jetzt einzig die SPD, die zwar die Partei des „arbeitenden Volkes" bleiben, sich allerdings auch für andere soziale Schichten wie Angestellte, Beamte, Angehörige geistiger Berufe, den Mittelstand und die Bauern öffnen sollte. Eine „Volkspartei" im heutigen Sinne aber lag zu diesem Zeitpunkt noch nicht im Horizont seiner politischen Vorstellungen.

Die im Jahr 1949 von Brandt vor den Berliner Delegierten entwickelte Definition des demokratischen Sozialismus blieb für sein Verständnis von „Sozialismus" konstitutiv. Demokratischer Sozialismus war für ihn ohne Freiheit und Demokratie undenkbar: „Der demokratische Sozialismus ist ein in sich nicht abgeschlossenes System von Vorstellungen über eine Neugestaltung der gesellschaftlichen Verhältnisse. Sein formuliertes Programm wird immer nur die Summe gemeinsamer grundsätzlicher Überzeugungen in einer bestimmten Periode entsprechend dem jeweiligen Grad wissenschaftlicher Erkenntnis sein können. Aber diesen sich weiterentwickelnden grundsätzlichen Überzeugungen liegt eine gemeinsame Lebensanschauung zugrunde. Sie fußt auf dem Bekenntnis zur Freiheit und zum Humanismus, zum Rechtsstaat und zur sozialen Gerechtigkeit."[52]

Auf diesem Bekenntnis, das Grundlage und Antrieb für das politische Handeln Brandts war, beruhte dann auch die Reformpolitik der SPD, die seit Übernahme der Regierungsverantwortung im Jahr 1969 das Ziel hatte, eine „soziale Demokratie" zu schaffen. „Die SPD bleibt eine Partei der Reformen. Für sie gibt es nicht einen einzigen, sondern viele Hebel, um den Rechtsstaat auszubauen, der Verfassung widersprechende Zustände abzubauen, den Sozialstaat zu schaffen, mehr Demokratie in Staat und Gesellschaft zu verwirklichen, Demokratie als ‚allgemeine Staats- und Lebensordnung' durchzusetzen. Demokratischer Sozialismus ist – ich wiederhole es – kein Dogma."[53]

Auch in den kommenden Jahren bezog Brandt zwar immer wieder Stellung zum demokratischen Sozialismus.[54] Das Thema trat jedoch in der ersten Hälfte der sechziger Jahre insgesamt etwas in den Hintergrund, d. h., Brandt setzte sich in seinen Reden und Verlautbarungen in dieser Zeit in der Regel nicht mit dem Konzept des demokratischen Sozialismus auseinander. Das bedeutete allerdings nicht, dass Brandt sich vom demokratischen Sozialismus als Grundlage seines politischen Handelns verabschiedet hatte. Er und die SPD hatten sich Anfang der sechziger Jahre für den Weg der „Gemeinsamkeitspolitik", auf die an anderer Stelle noch ausführlich eingegangen wird, als politisch-strategische Handlungsmaxime entschieden. Öffentliche Ausführungen zum demokratischen Sozialismus passten zu diesem Zeitpunkt nicht in das Erscheinungsbild der SPD. Seit 1969 änderte sich dies grundlegend. Durch die Regierungsbeteiligung seit Dezember 1966 und die Übernahme der Regierungsverantwortung 1969 hatte die Partei wieder zunehmend an eigenständigem Profil gewonnen. Dieser Umstand, vor allem aber auch die Diskussionen im Zuge der Studentenbewegung und der Aufschwung der NPD im Jahr 1968 sowie die Kampagnen der CDU/CSU, die die SPD als „sozialistische" und damit „undemokratische" Partei verunglimpften, veranlassten Brandt in den folgenden Jahren dezidiert zu seinem Verständnis von demokratischem Sozialismus Stellung zu nehmen. Er wollte dieses Konzept – von dem die SPD programmatisch ja nie abgewichen war – wieder fest als Fundament sozialdemokratischer Politik verankern. In diesen Zusammenhang ist auch Brandts viel beachtete Rede mit dem Titel „Der Auftrag des demokratischen Sozialismus"[55] zum zwanzigsten Todestag Kurt Schumachers am 20. August 1972 einzuordnen. Wie schon 1949 betonte er auch jetzt, dass Demokratie und Freiheit untrennbar mit dem demokratischen Sozialismus verbunden seien. Gleichzeitig unterstrich er die Unantastbarkeit des Grundgesetzes. Die SPD, deren Charakter als moderne Volkspartei von Brandt hervorgehoben wurde, bezeichnete er als eine „Willens- und Ideengemeinschaft", die an den ethischen Grundwerten orientiert sei, die im Godesberger Programm der Partei von 1959 formuliert seien.[56]

Mit seiner Rede, die er im unmittelbaren Vorfeld des Wahlkampfes 1972 hielt, verfolgte Brandt noch zwei weitere Ziele: Erstens wandte er sich gegen die bereits erwähnten Kampagnen der CDU/CSU. Brandts Antwort darauf war, dass „demokratisch-sozialistisches Handeln" untrennbar mit Demokratie, Rechtsstaatlichkeit sowie persönlicher und geistiger Freiheit verbunden sei – ohne Freiheit gäbe es keinen Sozialismus. Zweitens verwahrte er sich auch gegen linksextreme Strömungen innerhalb und außerhalb der SPD und erteilte deren Sozialisierungsphantasien eine klare Absage: „Ich ließ keine Verwischung gegenüber kommunistischen Gruppen zu, aber gleichzeitig wandte ich mich mit Leidenschaft gegen die – meiner Meinung nach – künstliche Differenzierung zwischen Sozialdemokratie und demokratischem Sozialismus; für mich war und ist dies ein und dasselbe."[57] Mit dieser Aussage wurde erneut die in dieser Frage bestehende Kontinuität im politischen Denken Brandts seit den vierziger Jahren deutlich.

Kanzlerkandidat der SPD: Neue Inhalte – Neue Formen

Nach der klaren Niederlage der SPD bei den Bundestagswahlen des Jahres 1957 entzündete sich abermals innerparteiliche Kritik, vor allem an den „veralteten" Formen der Wahlkampfführung sowie an den politischen Aussagen im Wahlkampf, begleitet von Personaldebatten.[58] Der Ansatzpunkt für die Reformkräfte lag auf der programmatischen Ebene, aber auch in dem Willen, die Erstarrung und Bürokratisierung des Parteiapparates, durch die jegliche Neuerungen behindert wurden, aufzulösen. Die Reformer in der SPD strebten deshalb eine „Reform der Parteispitze" einschließlich personeller Veränderungen an – eine Reform, die zumindest in der Spitze der Bundestagsfraktion noch 1957 vollzogen wurde.[59]

Auf dem Stuttgarter Bundesparteitag wurden 1958 von einer Kommission erarbeitete und von Alfred Nau vorgestellte Vorschläge für organisatorische Veränderungen im Parteiapparat[60] von den Delegierten gebilligt. Es wurde ein Präsidium als geschäftsführender Vorstand eingeführt. Es bestand aus neun Personen und wurde durch den Parteivorstand gewählt.[61] Das in der Regel wöchentlich tagende Präsidium sollte zukünftig das maßgebliche Organ sowohl für tagespolitische Entscheidungen als auch für grundlegende politische Initiativen und Wegmarkierungen sein. Eine weitere Neuerung war, dass neben dem Parteivorsitzenden anstelle von einem nun zwei gleichberechtigte stellvertretende Vorsitzende vom Parteitag gewählt wurden. Außerdem wurde ein so genannter „Parteirat" eingerichtet,[62] der bei innen- und außenpolitischen Entscheidungen, grundsätzlichen organisatorischen Fragen und der Vorbereitung der Bundestagswahlkämpfe vor den Parteivorstandssitzungen tagen und angehört werden sollte. Auch Willy Brandt hatte sich auf dem Parteitag für diese Organisationsreform der Partei ausgesprochen.[63]

Dass sich bei den Parteivorstandswahlen 1958 in Stuttgart verstärkt Reformer durchsetzen konnten, war eine weitere Bestätigung des grundsätzlichen Reformwillens innerhalb der SPD. Herbert Wehner und Waldemar von Knoeringen wurden zu Stellvertretern Erich Ollenhauers gewählt. Fritz Heine und einige andere, die als Repräsentanten des „alten Funktionärstypus" galten, gehörten dem neuen Parteivorstand hingegen nicht mehr an. Erstmals wurde Willy Brandt in das Gremium gewählt.[64] Er hatte seine politische Position inzwischen ausbauen und festigen können. So war er 1957, als Nachfolger des verstorbenen Otto Suhr, zum Regierenden Bürgermeister von Berlin und 1958 zum Landesvorsitzenden der Berliner SPD gewählt worden.

Der nächste wichtige Schritt nach den organisatorischen Reformen war die endgültige programmatische Neuorientierung, die mit der Verabschiedung des Godesberger Programms auf dem außerordentlichen Parteitag im November 1959 vollzogen wurde. Die Diskussion um die Frage, ob die SPD ein neues Grundsatzprogramm oder nur ein Aktionsprogramm benötige, war schon unmittelbar nach ihrer Neu- bzw. Wiedergründung entbrannt. Willy Brandt hatte sich zunächst mit Nachdruck gegen ein neues Grundsatzprogramm ausgesprochen, da ihm Richtlinien für die praktische Tagespolitik und ein Aktionsprogramm als Wahlprogramm vordringlicher erschienen.[65] Einem Grundsatzprogramm, so seine damalige Auffassung, hätten langwierige Klärungsprozesse und Diskussionen vorauszugehen. In dieser Frage war Brandt auf einer Linie mit den Vorstellungen Kurt Schumachers. Dieser hatte sich zunächst sogar strikt gegen jegliche programmatische Festlegung gewandt. Als Argument für seinen Standpunkt führte der Vorsitzende der SPD an, dass man zunächst die weitere politische, gesellschaftliche und ökonomische

Entwicklung Deutschlands abwarten müsse. Schließlich stimmte er dann doch einem Aktionsprogramm zu. Es wurde auf dem Dortmunder Parteitag 1952 verabschiedet und auf dem Berliner Parteitag 1954 ergänzt. Brandt hatte sich im Vorfeld des Berliner Parteitages intensiv mit dem Aktionsprogramm auseinandergesetzt.[66] Auf dem SPD-Parteitag 1954 wurde dann auch eine Kommission zur Erarbeitung eines Grundsatzprogramms eingesetzt.[67] Denn nach den verlorenen Bundestagswahlen der Jahre 1953 – noch mehr nach dem Verlust einer weiteren Bundestagswahl 1957 – hatte sich die Forderung nach einem neuen Grundsatzprogramm verstärkt, da ein solches für die Öffnung der SPD für neue Wählerschichten unerlässlich schien. Auf dem Stuttgarter Parteitag 1958 wurde der erste Entwurf vorgelegt, dessen überarbeitete Fassung in der Folge auf allen Parteiebenen eingehend diskutiert wurde.

Trotz der anfänglich erwähnten Skepsis Brandts gegenüber programmatischen Arbeiten befürwortete auch er schließlich das neue Programm, da es seinen Vorstellungen von einem demokratischen Sozialismus entsprach. Um neue Wählerpotenziale für die Partei zu gewinnen, musste die SPD nach Meinung Brandts drei Vorbedingungen erfüllen: „Wir mußten ideologischen Ballast abwerfen, eine moderne Wirtschaftspolitik formen und zugleich deutlich machen, daß die Sicherheit des Staates und das Verhältnis zu den Verbündeten bei uns in guten Händen sein würden."[68] Da die zur Diskussion gestellten Entwürfe eines neuen Grundsatzprogramms im Jahr 1958 diesen Forderungen weitgehend gerecht wurden, beteiligte sich Brandt nunmehr an den inhaltlichen Diskussionen[69] und bewertete das Ergebnis dann auch sehr positiv: „Entscheidend schien es mir darauf anzukommen, ein möglichst praktisches Programm herauszuarbeiten und eine Politik zu entwickeln, die den Weg zur Regierungsverantwortung erleichtern würde. Dabei mußten manche liebgewordenen Vorstellungen an der gewandelten Wirklichkeit gemessen werden. Das neue Grundsatzprogramm der Sozialdemokratischen Partei Deutschlands, wie es im November 1959 in Bad Godesberg angenommen wurde, war ein bedeutender Schritt in dieser Richtung."[70]

Mit dem Godesberger Programm erteilte die SPD der auf Karl Marx zurückgehenden Vorstellung von einer „naturnotwendigen“ Entwicklung hin zum Sozialismus eine klare Absage und bekannte sich zur „dauernden Aufgabe“, den „freiheitlich-demokratischen Sozialismus“ zu verwirklichen. Im wirtschaftspolitischen Teil wurde eine umfassende Sozialisierung und Planwirtschaft abgelehnt sowie eine Wirtschaftspolitik entworfen, die dem auf Karl Schiller zurückgehenden Grundsatz „Wettbewerb soweit wie möglich, Planung soweit wie nötig“ entsprach. Darüber hinaus wurde die Notwendigkeit einer Landesverteidigung anerkannt. So markierte das Godesberger Programm nach langem Vorlauf die endgültige programmatische Öffnung der SPD zur Volkspartei.

Als eine weitere Folge der Reform- und Personaldebatten innerhalb der SPD kann eine Erklärung Erich Ollenhauers auf einer Parteivorstandssitzung am 5. Juli 1959 – also schon einige Monate vor dem Godesberger Parteitag – gedeutet werden. Erich Ollenhauer erklärte dort, dass er nicht ein weiteres Mal als Kanzlerkandidat der Sozialdemokraten zur Verfügung stehen und sich ganz der Parteiarbeit widmen wolle. Daraufhin schlug Herbert Wehner die Einsetzung eines Ausschusses, die so genannte „Siebener-Kommission“, vor,[71] die personell und sachlich den Parteitag 1960 und den Wahlkampf 1961 planen und vorbereiten sollte. Der Vorschlag schloss auch die Erörterung der Frage nach dem zukünftigen Kanzlerkandidaten ein. Mitglieder der Kommission waren – neben dem Parteivorsitzenden Erich Ollenhauer – Georg August Zinn, Max Brauer, Willy Brandt, Carlo Schmid, Fritz Erler und Heinrich Deist, also überwiegend Repräsentanten des Reformflügels. Als aussichtsreichster Anwärter für das Amt des SPD-Kanzlerkandidaten galt zu dieser Zeit noch Carlo Schmid, der in der Beliebtheitsskala der Bevölkerung weit oben rangierte.[72] Aber auch Willy Brandt, der durch seine Politik in Berlin und dank der Unterstützung der dortigen Massenmedien – vor allem der Springer-Presse – seine Popularität wesentlich hatte steigern können, war schon für diese Aufgabe im Gespräch. Dies war ihm durchaus bewusst. Brandt hatte zwar auf der Parteivorstandssitzung am 5. Juli 1959 noch erklärt, dass „man Anfang des Jahres [1960] Carlo

Schmid für die Kanzlerkandidatur bestimmen sollte"[73], aber bereits zehn Tage später deutete er in einem Brief an, dass auch er zur Übernahme dieses Amtes bereit sei.[74] Dass Brandt Kanzlerkandidat werden könnte, zeichnete sich schon früher ab, als bisher angenommen wurde.[75] Im März 1960 schrieb er, dass Ollenhauer auf einer Parteiratssitzung ihn und Schmid als mögliche Kandidaten benannt habe: „Ich bin von dieser Aussicht [Kanzlerkandidat zu werden] nicht sonderlich begeistert, zumal ich nicht weiß, wie weit wir mit den drückenden Berliner Sorgen fertig werden. Andererseits handelt es sich natürlich nicht um persönliche Interessen, sondern um eine Entscheidung, die die Partei unter dem Gesichtspunkt des größtmöglichen Effekts zu fällen haben wird."[76]

Bei allen Vorbehalten war Brandt offenbar bereit, die Chance für seinen politischen Aufstieg zu nutzen. Seine damalige Zurückhaltung – die er auch noch in seinen Erinnerungen erkennen lässt, ohne dabei freilich seine Erfolgsaussichten wirklich in Zweifel zu ziehen[77] – kann wohl als Vorsicht oder Selbstschutz interpretiert werden. Am 9. Juli 1960 fand in Barsinghausen bei Hannover – ohne Beteiligung des Parteivorsitzenden – eine Zusammenkunft von ca. 80 jüngeren SPD-Mitgliedern statt, die Willy Brandt zu ihrem Kandidaten benannten. Zwei Tage später fiel schließlich auf einer Klausurtagung des Parteipräsidiums und der „Siebener-Kommission" die definitive Entscheidung für Brandt, der im August Parteivorstand und Parteirat zustimmten. Die offizielle Bekanntgabe erfolgte am 24. August 1960,[78] und der Parteitag im November in Hannover nominierte dann Brandt endgültig als Kanzlerkandidaten.

Die Gründe, warum sich Brandt als Kandidat durchsetzen konnte, waren vielfältig: Brandt schien am ehesten die Garantie für einen Wahlsieg der SPD zu bieten. Er stand mit seinen politischen Grundsätzen, wegen seines Alters und dank seines politischen Stils genau für die Veränderung, die er und die übrigen Reformer in der SPD anstrebten: eine moderne Sozialdemokratie, verwurzelt in ihren historischen Traditionen. Damit konnte er als der ideale Herausforderer des greisen Bundeskanzlers Adenauer gelten. Seine Popularität in der Bevölkerung, die seit seinem Amtsantritt als Regierender

Bürgermeister von Berlin ständig gestiegen war, fiel ebenfalls ins Gewicht. Hinzu kamen sein Ansehen und seine guten Kontakte im Ausland. Aus all diesen Gründen fand er auch die nachdrückliche Unterstützung gerade der „jüngeren" führenden Sozialdemokraten wie Fritz Erler oder Herbert Wehner, die ihre eigenen Aussichten weniger günstig einschätzten. Wehner war nach der Nominierung Brandts besonders an einem guten Verhältnis zu dem Kanzlerkandidaten gelegen. In einem Brief von Ende Dezember des Jahres 1960 forderte er Brandt auf, Probleme auszuräumen, die zwischen ihnen bestünden. Weiter hieß es: „Wenn es darauf ankommt, so wirst Du in mir immer einen Genossen und Freund haben, auf den Du bauen kannst."[79] – ein Versprechen, das Wehner seit Ende der sechziger Jahre allerdings immer seltener hielt.

Nach Abschluss der programmatischen Neuorientierung der SPD durch das Godesberger Programm bildeten die Jahre 1960/61 und die Nominierung Willy Brandts zum Kanzlerkandidaten weitere Stationen auf dem Weg der SPD zur modernen Volkspartei und in die Regierungsverantwortung. Brandt selbst spricht in seinen Erinnerungen von einer nach 1957 einsetzenden „Runderneuerung"[80] der Partei. Dies betraf sowohl den Inhalt als auch die Form von Politik. Außen- und innenpolitisch brach die Führung der SPD mit ihrem strikten „Oppositionskurs". Nicht mehr die Betonung der Unterschiede zum politischen Gegner sollte nun im Mittelpunkt sozialdemokratischer Politik stehen, sondern die so genannten „Gemeinschaftsaufgaben",[81] an denen sich die strategische Grundlinie für den Wahlkampf des Jahres 1961 ausrichtete. Die „Gemeinsamkeitspolitik", die darauf abzielte, dass zentrale innen- und außenpolitische Probleme der Bundesrepublik nur über die Parteigrenzen hinweg, „gemeinsam" gelöst werden könnten und müssten, sollte sowohl die Regierungsbereitschaft der SPD demonstrieren als auch die Partei für neue Wählerschichten – vor allem in „der Mitte" – attraktiver machen. Die Erarbeitung des neuen politischen Konzeptes übernahmen Willy Brandt, Herbert Wehner und Fritz Erler. Brandt schreibt dazu in der Rückschau: „Wir hatten das Gelände für dieses Bemühen um mehr Gemeinsamkeit in unserer Partei mit einiger Sorgfalt vorbereitet."[82]

Ansatzpunkt der „Gemeinsamkeitspolitik“ war zunächst die Außenpolitik. Öffentlich vollzogen wurde das Bekenntnis zur „Gemeinsamkeit“ erstmals in einer außenpolitischen Debatte des Bundestages am 30. Juni 1960. Allerdings nahm Willy Brandt, wie von vielen Parteimitgliedern erwartet und auch gewünscht, nicht an der Aussprache teil. Er unterstützte jedoch die anvisierte politische Kursänderung im Vorfeld, indem er auf einer kommunalpolitischen Bundestagung der SPD in Mülheim/Ruhr sechs Punkte formulierte, die zwischen Bundesregierung und Opposition unstrittig sein sollten:[83] 1. Berlin müsse beim Bund bleiben. 2. Das deutsche Volk habe sich gegen jede Diktatur und für die westliche Gemeinschaft sowie 3. gegen den Kommunismus und die sowjetische Deutschlandpolitik entschieden. 4. Das Los der in Mitteldeutschland lebenden Landsleute müsse erleichtert werden, Anstrengungen zur Lösung der deutschen Frage dürften nicht nachlassen. 5. Da Europa in Ost und West gespalten sei, dürfe nicht auch noch das nichtkommunistische Europa gespalten werden. 6. Trotz der Bedeutung der Sicherheit müsse jede Anstrengung unternommen werden, um zur Sicherung des Friedens beizutragen.

Diese von Brandt formulierten politischen Grundsätze fanden ihren Niederschlag in der legendären Bundestagsrede Herbert Wehners zur Außenpolitik am 30. Juni 1960, die ein besonders demonstratives öffentliches Bekenntnis zur „Gemeinsamkeitspolitik“ war. Ganz im Sinne Brandts bot der Sprecher der Sozialdemokraten der Bundesregierung eine gemeinsame außenpolitische Bestandsaufnahme sowie eine Zusammenarbeit bei der Festlegung der Prämissen einer zukünftigen Außenpolitik an. Die zentrale Aussage der Rede Wehners waren das Bekenntnis zur Eingliederung der Bundesrepublik in das westliche Bündnissystem und die Bejahung der Landesverteidigung.[84] Damit korrigierte Wehner Positionen der SPD aus den fünfziger Jahren und vollzog eine Annäherung an die Politik der Bundesregierung.

Während des Wahlkampfes verlagerte sich der Schwerpunkt dann aber stark auf innenpolitische Fragen: „Es geht um den weiteren Weg unseres Volkes und um die Lösung der vielen vernachlässigten Gemeinschaftsaufgaben. Es geht also um eine weitgehend innenpolitische Entscheidung", so Willy Brandt in einer Rede vor der SPD-Bundestagsfraktion Anfang 1961.[85] In den politischen Aussagen des Wahlkampfes von 1961 legte Brandt den Schwerpunkt eindeutig auf innenpolitische Probleme. Diese Tendenz setzte sich in den folgenden Bundestagswahlkämpfen fort, was die gängige, gleichwohl falsche These widerlegt, Brandts Interesse habe mehr oder minder ausschließlich außenpolitischen Fragen gegolten.

Um diesen neuen Weg der außen- und innenpolitischen „Gemeinsamkeit" in der eigenen Partei mehrheitsfähig zu machen und Kritik möglichst schon im Vorfeld zu entschärfen, warben Willy Brandt, Herbert Wehner und Fritz Erler auf zahlreichen lokalen Parteiveranstaltungen und in Interviews für ihren politischen Kurs.[86] Ein zentraler Punkt der Auseinandersetzung war die Frage der von den Unionsparteien gewünschten atomaren Ausrüstung der Bundeswehr, die die Parteispitze durch ihr Bekenntnis zur Notwendigkeit der Landesverteidigung ja indirekt anerkannt hatte.[87]

Hier deutete sich schon an, was für die innerparteilichen Konflikte bis zum Ende der sechziger Jahre bestimmend sein sollte. Die Konfliktlinie verlief in der Regel zwischen Parteiführung und mehr oder weniger großen Teilen der Parteibasis. Die Situation war also anders als in der Zeit bis zum Ende der fünfziger Jahre, als die Parteimehrheit und die Führung in der Regel die gleiche politische Linie vertraten.

Zwar wurde der eingeschlagene Kurs der „Gemeinsamkeitspolitik" auf dem Parteitag im November 1960 in Hannover von den Delegierten bestätigt, doch blieb die Mehrheit der Parteimitglieder weiterhin skeptisch. Auch einige führende Sozialdemokraten wie Ollenhauer waren nicht gänzlich mit der Trendwende einverstanden. Darüber hinaus stellte sich heraus, dass Herbert Wehner den „Gemeinsamkeitskurs" primär auf die Außenpolitik beziehen wollte. Erler und im Besonderen Brandt gingen hier wesentlich weiter. Dass sich auch Brandt insoweit in der Gestaltung seiner Politik keiner Beschränkung unterwerfen wollte, wurde erstmals in dessen Dankesrede nach seiner Wahl zum Kanzlerkandidaten auf dem Hannoverschen Parteitag deutlich: „Es ist vielleicht nicht populär, wenn ich hier erkläre, daß ich nicht einfach nur Willensvollstrecker der Partei sein kann, sondern daß ich nach ernsthafter Überlegung in eigener Verantwortung jene Entscheidungen werde treffen müssen, die im Interesse unseres Volkes erforderlich sind. Aber ich weiß, daß die Sozialdemokratische Partei, deren Vertrauen ich habe, mir die Freiheit der Entscheidungen gewähren wird, die dieses Amt nach dem Grundgesetz braucht."[88]

Neben den außenpolitischen Fragen nannte er vier innenpolitische Schwerpunkte der „Gemeinschaftsaufgaben": „Das nationale Gut der Volksgesundheit muß geschützt und erhalten werden, unsere Städte müssen erneuert, das Verkehrswesen muß auf die Erfordernisse von morgen zugeschnitten werden, die Fähigkeiten und Begabungen, unser wertvollstes Volksvermögen, müssen entsprechend den Anlagen jedes Einzelnen entdeckt und gefördert werden."[89] Diese Aspekte wurden in den Reden Brandts während des Wahlkampfes erweitert und konkretisiert und fanden ihren Niederschlag im „Regierungsprogramm der SPD", das der Öffentlichkeit im April 1961 vorgestellt wurde.[90] Darin fanden sich zehn innenpolitische „Gemeinschaftsaufgaben", die es zu lösen galt. Neben den vier bereits genannten waren dies die Förderung des Breitensports, die Absicherung der Rentner und die Regelung der Kriegsopferfragen, die Förderung des sozialen Wohnungsbaus sowie Familienförderung und der Umweltschutz. In diesem Zusammenhang prägte Brandt auch den berühmt gewordenen Slogan „Der Himmel über dem Ruhrgebiet muß wieder blau werden"[91]. Die Forderung wurde von den meisten Zeitgenossen belächelt, denn ökologische Fragen standen damals noch nicht auf der politischen Tagesordnung. Einmal mehr zeigt sich hier das Gespür Willy Brandts für zukunftsträchtige politische Themen, mit deren Formulierung er seiner Zeit voraus war und deshalb nicht selten auf Unverständnis stieß; das gilt im Übrigen auch für die Anfänge seiner Ost- und Deutschlandpolitik.[92]

Nicht nur im Hinblick auf die politischen Inhalte bildete der Wahlkampf 1960/61 einen Einschnitt, sondern auch in der Präsentation von Politik, Kandidat und „Mannschaft". An dieser Umorientierung hatte Brandt ebenfalls entscheidenden Anteil. Hatte sich die „Propaganda- und Öffentlichkeitsarbeit" der SPD in den fünfziger Jahren kaum an den Möglichkeiten orientiert, die der expandierende Medienmarkt bot,[93] war man nun bestrebt, sich besonders „modern" darzustellen, und dies wurde in weiten Strecken mit „amerikanisch" gleichgesetzt. Dazu Brandt: „Unser Konzept hieß: Öffnung. Wir mußten eine neue Breite gewinnen. Wir mußten auf alte Gewohnheiten des Denkens und der Selbstdarstellung verzichten, um für das Neue bereit zu sein. Wir mußten Zöpfe abschneiden, ideologische und andere."[94]

Es sollte möglichst nichts mehr dem Zufall überlassen werden, eine feste Konzeption wurde entworfen und verfolgt.[95] Brandt sprach nach seiner Nominierung gern von einem neuen „politischen Stil", den er in der SPD und der Bundesrepublik pflegen wollte.[96] Willy Brandt, der nie verhehlte, von John F. Kennedy begeistert zu sein, schickte u. a. Klaus Schütz zur Beobachtung des Präsidentschaftswahlkampfes 1960 nach Amerika.[97] Schütz favorisierte für die deutschen Verhältnisse und die Bedürfnisse der SPD eindeutig das Vorbild des Kennedy-Wahlkampfes.[98] Brandt teilte diese Einschätzung mit einigen Vorbehalten: „Manches war für uns nützlich, anderes nicht. Wir haben die amerikanischen Beispiele sozusagen ‚verdeutscht'".[99] So verwundert es kaum, dass der Wahlkampf der SPD im Jahr 1961 immer wieder mit dem Kennedys verglichen und Brandt als „deutscher Kennedy" apostrophiert wurde.[100] Dabei wird häufig übersehen, dass auch Elemente aus CDU-Wahlkämpfen der fünfziger Jahre aufgenommen und dem eigenen Stil angepasst wurden. Besonders deutlich wird dies bei der „Deutschlandreise" des Kanzlerkandidaten. Solche Wahlreisen hatte bereits Konrad Adenauer unternommen. Zu seiner Zeit war jedoch alles noch mit wesentlich weniger „Show-Elementen" verbunden, als es dann 1961 im Wahlkampf der SPD der Fall war.[101] Brandt reiste vom 10. Mai bis zum 12. August 1961 im cremefarbenen Mercedes-Cabriolet kreuz und quer durch die Bundesrepublik und legte dabei insgesamt 40 000 km zurück. Regionale Schwerpunkte bildeten Landgemeinden sowie Klein- und Mittelstädte.[102] Durch direkten Kontakt zu den Menschen vor Ort wollte Brandt neue Wählerschichten erobern und traditionelle noch stärker an die Partei binden.[103]

Zentrales Element der SPD-Wahlkampagne war der Kandidat. Zwar wurde ihm eine „Mannschaft“ zur Seite gestellt, um Regierungsfähigkeit zu demonstrieren; dennoch stand im Mittelpunkt der junge, aufstrebende Willy Brandt, der den Aufbruch in eine neue Gesellschaft und eine „moderne“ SPD als Gegenpol zur CDU/CSU und ihrem greisen Bundeskanzler Adenauer verkörperte. „Held nach Maß“ titelte *Der Spiegel*.[104]

Die neuen Formen der Präsentation der SPD in der Öffentlichkeit und die Konzentration auf den Kandidaten fanden innerparteilich nicht ungeteilte Zustimmung. Ältere Parteimitglieder beschwerten sich über die Preisgabe traditioneller sozialdemokratischer Attribute, wie der roten Fahnen oder der Anrede „Genosse“, und vollzogen diese Veränderungen in ihren lokalen Organisationen – wenn überhaupt – nur mit Vorbehalten. Der Ausspruch eines langjährigen SPD-Parteimitgliedes, dass er vor vielen Jahren „einer sozialdemokratischen und nicht einer Willy-Brandt-Partei beigetreten sei“,[105] war keine Einzelmeinung zu diesem Thema.

Die Chancen für Brandt und die SPD, 1961 ein Ergebnis zu erzielen, das eine Regierungsbildung unter sozialdemokratischer Führung ermöglicht hätte, waren bis zum Bau der Berliner Mauer am 13. August 1961 relativ gut. Zwar hatte Konrad Adenauer sein Verhalten in dieser Krisensituation – er führte seinen Wahlkampf fort und kam erst anderthalb Wochen nach dem Mauerbau persönlich nach Berlin – viele Sympathien vor allem in der Berliner Bevölkerung gekostet, was wiederum Willy Brandt als Regierendem Bürgermeister von Berlin zugute kam. Dennoch erschien der Mehrheit der Wähler in dieser bedrohlichen Situation ein Regierungswechsel ganz entsprechend dem CDU-Slogan „Keine Experimente“ offenbar nicht opportun. Aber das war nicht der einzige Grund für das Wahlergebnis,[106] das der Sozialdemokratie zwar einen deutlichen Stimmenzuwachs bescherte, aber den Vorsprung der Unionsparteien nicht entscheidend verkürzte. Der SPD war es trotz ihrer neuen Politik und ihrer neuen Wahlkampfstrategien nicht gelungen, sich als echte Alternative zur Regierung zu profilieren und neue Wählerschichten im ausreichenden Maß zu rekrutieren. Deshalb wird auch zu fragen sein, ob die „Gemeinsamkeitspolitik" der SPD zu diesem Zeitpunkt nicht zuviel eigenes Profil gekostet hat.

Nicht zuletzt erwiesen sich für die Wahlaussichten der Sozialdemokratie die Diffamierungskampagnen als nicht zu unterschätzender negativer Faktor,[107] die die CDU/CSU mit Unterstützung der rechtsgerichteten Presse gegen Willy Brandt lancierte. Sie verfehlten ihre Wirkung nicht. Brandt selbst war sich dieser Gefahr bewusst, hatte er doch schon seit seiner Rückkehr nach Deutschland mit Verleumdungen zu kämpfen.[108] Nach seiner Nominierung zum Kanzlerkandidaten hatte er wiederholt auf die Möglichkeit derartiger Angriffe des politischen Gegners hingewiesen, so auf dem SPD Parteitag 1960 in Hannover: „Der Kanzlerkandidat der deutschen Sozialdemokraten wird sich auf mancherlei Anfeindungen gefaßt machen müssen. Ich habe bereits einen kräftigen Vorgeschmack von der schmutzigen Brühe bekommen, die man zusammenbraut. Aber ich sage: Die persönlichen Angriffe sind kein Zeichen von Stärke, sie zeugen von Nervosität!"[109]

Willy Brandts Appelle, einen „sachlichen" Wahlkampf zu führen,[110] fanden kaum Widerhall. Schon im November 1960 sah er sich gezwungen, u. a. gegen Verleumdungen des CSU-Landtagsabgeordneten Ludwig Huber vorzugehen. Dieser hatte in einer Bezirksversammlung der „Jungen Union" behauptet, Brandt sei im Spanischen Bürgerkrieg „Rotfrontkämpfer" sowie Angehöriger der „Internationalen Brigade" gewesen und habe in norwegischer Uniform womöglich auch gegen Deutsche gekämpft.[111] Hinzu kamen im Laufe des Wahlkampfes abwertende Anspielungen auf Brandts uneheliche Geburt, seinen Namenswechsel und seinen angeblich „unmoralischen" Lebenswandel.

Willy Brandt und die SPD versuchten, sich auf verschiedenen Ebenen gegen die Angriffe zu wehren. Dabei wurden sie von großen Teilen der Berliner und der linksliberalen Presse unterstützt. In Unterlassungsklagen, in Presseerklärungen, offenen Briefen sowie in

Wahlkampfreden wurde versucht, die Anschuldigungen zurückzuweisen und zu widerlegen.[112]

Führende Unionspolitiker wie Franz Josef Strauß rückten die Emigrationszeit Brandts gern in den Dunstkreis nicht näher spezifizierter Verdächtigungen. In seiner Vilshofener Rede im Februar 1961 stellte Strauß beispielsweise die Frage: „Eines wird man doch Herrn Brandt fragen dürfen: Was haben Sie zwölf Jahre lang draußen gemacht? Wir wissen, was wir gemacht haben.“[113] Selbst Bundeskanzler Adenauer scheute sich nicht, Brandt mit Mitteln zu bekämpfen, die außerhalb eines fairen politischen Wahlkampfes lagen. Sein Ausspruch „Herr Brandt alias Frahm“[114] einen Tag nach dem Mauerbau in einer Wahlkampfrede ist der bekannteste.[115] Brandt fühlte sich durch diese „Schmutzkampagnen“ persönlich sehr getroffen.

Das Wahlergebnis der Bundestagswahl des Jahres 1961 hätte zwar, rein rechnerisch, für eine SPD/FDP-Koalition gereicht, „doch die politischen Voraussetzungen waren – noch – nicht gegeben“[116], so Brandt. Nach der Wahl versuchte er daher, in Absprache mit dem Partei-Präsidium und ganz im Sinne der von ihm vertretenen „Gemeinschaftsaufgaben“, eine Allparteienregierung anzuregen. Zu diesem Zweck führte er mehrere Sondierungsgespräche mit Vertretern der anderen Parteien.[117] Dass im Ergebnis weder eine Allparteienregierung noch eine Große Koalition gebildet wurde, war vor allem auf den Widerstand der führenden Unionspolitiker Adenauer, Erhard und Strauß sowie von Teilen der FDP zurückzuführen.[118] Bereits ein Jahr später, im November 1962, stand – als Folge der durch die so genannte „Spiegel-Affäre“[119] ausgelösten Regierungskrise – die Frage einer möglichen Regierungsbeteiligung der SPD, diesmal in Form einer Großen Koalition, erneut auf der politischen Tagesordnung. Auf Seiten der SPD war Wehner ihr entschiedener Verfechter. Er war es auch, der die ersten geheimen Gespräche mit CDU/CSU-Vertretern führte. Brandt selbst war wegen einer Grippeerkrankung nur am Rande an den Unterredungen beteiligt, wurde aber von Erich Ollenhauer über den Fortgang der Verhandlungen unterrichtet.[120] Er stand der von Wehner, Erler und Ollenhauer angestrebten Großen Koalition zwar nicht ablehnend, jedoch äußerst zurückhaltend gegenüber. Die Verhandlungen scheiterten schließlich an der Forderung der Union nach der Einführung eines Mehrheitswahlrechtes und an den Bedenken der Sozialdemokratie gegen eine nochmalige Kanzlerschaft Konrad Adenauers.[121]

In den Jahren nach der Bundestagswahl von 1961 bekräftigte die SPD ihr Ziel, Regierungsverantwortung übernehmen zu wollen. In dieser Zeit wurde das Konzept der „Gemeinsamkeitspolitik" weiter verfolgt und konkretisiert und eine Reform des Bildungswesens mit besonderem Nachdruck gefordert. Nach dem Kanzlerwechsel von Adenauer zu Erhard im Jahr 1963 erlebte die Bundesrepublik erstmals einen Regierungschef, der an Außenpolitik nur geringes Interesse hatte. Zur gleichen Zeit profilierte sich Brandt als Befürworter einer Neuen Ostpolitik und als Verfechter einer „Politik der kleinen Schritte", die in den Berliner Passierscheinabkommen 1963 bis 1966 Gestalt annahm. Dadurch gewann er auch auf außenpolitischem Terrain zusehends an Profil. Trotz massiver Angriffe der CDU/CSU vermochte er – von den Medien unterstützt – seine Popularität im In- und Ausland zu steigern.

Der Wahlkampf 1965 ist, wie schon der des Jahres 1961, detailliert geplant worden. Allerdings war die Anlehnung an amerikanische Wahlkampfformen diesmal nicht ganz so ausgeprägt wie noch vier Jahre zuvor. Dem Kanzlerkandidaten Brandt, seit 1964 auch Vorsitzender der SPD, wurde erneut eine Mannschaft zur Seite gestellt und das ganze Repertoire moderner Werbemöglichkeiten, wie z. B. die Ausstrahlung von Fernsehspots, ausgeschöpft. Der zentrale Werbeslogan der Sozialdemokraten „Sicher ist sicher" – der vermutlich dem „Gemeinsamkeitskurs" entsprechend auch die Offenheit der SPD für wichtige gemeinsame Positionen der beiden großen Parteien signalisieren sollte – erwies sich jedoch als nicht besonders wirksam, zumal er an den Slogan „Keine Experimente" der CDU erinnerte. Thematisch war der Wahlkampf stark innenpolitisch ausgerichtet.[122] Das zeigen Brandts Wahlkampfreden. Die bereits 1961 formulierten Gemeinschaftsaufgaben wurden wiederum ins Zentrum der politischen Aussagen gerückt. Auch hierauf dürfte es zurückzuführen sein, dass sich die SPD mit ihren Themen im Wahlkampf 1965 nicht als wirkliche Alternative zur Regierungskoalition darstellen konnte. Hinzu kam die schädliche Wirkung der Diffamierungskampagnen gegen Brandt, die an Bösartigkeit nicht hinter denen von 1961 zurückstanden und mit denen die politischen Gegner versuchten, die deutschlandpolitischen Bemühungen Brandts als Regierender Bürgermeister von Berlin zu diskreditieren.

Die Bundestagswahl vom 19. September 1965 brachte der SPD zwar erneut einen beträchtlichen Stimmenzugewinn (von 36,2 auf 39,3 %). Ihr Ziel, stärkste Fraktion zu werden, erreichten die Sozialdemokraten jedoch nicht. Neben den bereits erwähnten Gründen lag dies vor allem an dem nach wie vor hohen Ansehen Ludwig Erhards, am Kanzlerbonus der CDU/CSU, an der verhältnismäßig stabilen Verfassung von Staat und Gesellschaft sowie an der vergleichsweise ruhigen außen- und sicherheitspolitischen Lage.[123] Am 22. September 1965 trat der Parteivorstand der SPD zu einer Sitzung zusammen, auf deren Tagesordnung die Wahlanalyse und die Planung des weiteren Vorgehens standen. Dort erklärte Willy Brandt laut Protokoll: „In dieser Sitzung solle die Regierungsmannschaft ihren Auftrag an den Parteivorstand zurückgeben. Das gelte für alle, auch für ihn, da er nicht die Absicht habe, ein permanenter Kanzlerkandidat der SPD zu sein. Man müsse rechtzeitig überlegen, in welcher Schlachtordnung man neu antrete. [...] Er wolle in dieser Partei seine Pflicht tun, möchte aber nicht die Partei beschweren durch den Eindruck, er hemme den weiteren Aufstieg der Partei."[124]

In der anschließenden Pressekonferenz gab er der Öffentlichkeit seine Entscheidung bekannt, dass er zwar weiter Parteivorsitzender der SPD und Regierender Bürgermeister von Berlin bleiben wolle, aber „kein Anwärter für 1969 auf das Amt des Bundeskanzlers der Bundesrepublik Deutschland"[125] sei. Über die wirklichen Gründe für diesen Schritt ist viel spekuliert worden. Eine Rolle spielte sicherlich, dass Brandt gesundheitliche Probleme hatte.[126] Die Strapazen der Wahlkämpfe waren nicht spurlos an ihm vorübergegangen. Ausschlaggebend für die Entscheidung aber waren wohl die Diffamierungskampagnen, unter denen auch seine Familie zu leiden hatte. Brandt betonte mehrfach, dass er die SPD und ihre Erfolgsaussichten nicht länger durch seine Biographie, die der politische Gegner als Anlass für die „Schmutzkampagne" benutze, belasten wolle. Hinzu kam, dass er sich dieses „Gezerre" selbst nicht mehr zumuten wollte bzw. konnte. Die zum Teil sehr persönlichen Diffamierungen haben bei Brandt tiefe und bleibende Verletzungen hinterlassen. Das zeigt die Verarbeitung des Themas sowohl in Briefen[127] jener Zeit als auch in seinen autobiographischen Werken.[128]

Dass Brandt im Jahr 1969 doch noch einmal als Kandidat für seine Partei zur Verfügung stand, war auf die für ihn zu diesem Zeitpunkt völlig veränderte politische Situation zurückzuführen: Das Amt des Außenministers und Vizekanzlers in der Großen Koalition hatte sein persönliches Ansehen und seine politische Position gefestigt.

Parteivorsitzender der SPD

Brandt verknüpfte seine Absage an eine weitere Kanzlerkandidatur nach der Bundestagswahl 1965 mit dem Hinweis: „Als Parteivorsitzender wolle er in nächster Zeit nicht so sehr in der Öffentlichkeit, sondern mehr innerhalb der Partei wirken."[129] Dieser Vorsatz sollte nicht von Dauer sein. Nach seiner Nominierung zum Kanzlerkandidaten 1960 war Brandt zunächst nicht organisatorisch in die Führungsriege der SPD eingebunden; um dennoch zu gewährleisten, dass er über Entscheidungen informiert war und sich zu ihnen äußern konnte, nahm er an den Sitzungen des Parteipräsidiums teil. Nach der Bundestagswahl 1961 hatte er mit dem Hinweis auf seine Verpflichtungen in der geteilten Stadt abgelehnt, seinen politischen Schwerpunkt von Berlin nach Bonn in die Fraktion zu verlegen. Diese Entscheidung trug einerseits dazu bei, innerparteiliche Konflikte mit Fritz Erler, der zu diesem Zeitpunkt bereits eine Führungsposition als stellvertretender Vorsitzender in der Fraktion übernommen hatte, zu vermeiden; andererseits kam sie auch dem eigenen Politikstil Brandts entgegen, der mehr auf die eher von Berlin aus mögliche öffentliche Wirkung ausgerichtet war.[130] So rückte er nominell erst auf dem Kölner SPD-Parteitag im Mai 1962 in die Organisationsspitze des Parteiapparates auf, als er mit 298 von 330 abgegebenen Stimmen zum stellvertretenden Parteivorsitzenden – im Übrigen neben Herbert Wehner – und vom Parteivorstand ins Präsidium gewählt wurde. Erich Ollenhauer wurde als Parteivorsitzender noch einmal bestätigt.[131]

Nach dem Parteitag im Frühjahr 1962 wurde nach einer Möglichkeit gesucht, Brandt sowohl in die höchste organisatorische Führung der SPD einzubinden als auch seine Aufgaben in Berlin nicht durch „ressortpolitische Kleinarbeit" in Bonn zu behindern.[132] Solche Lösungsvorschläge sowie die damit zusammenhängenden Personalfragen waren bereits vor dem Parteitag zwischen Wehner und Brandt diskutiert worden.[133] Dabei war schon von der Einrichtung einer so genannten „Planungsgruppe"[134] unter Leitung Willy Brandts die Rede, die schließlich im Juni 1962 in der Tat realisiert wurde. Dieses Gremium, dem auch Herbert Wehner und Alfred Nau als ständige Mitglieder angehörten, sollte nicht nur die Aufgaben einer zentralen Wahlkampfleitung übernehmen, sondern sich auch mit bedeutsamen „politischen, soziologischen und propagandistischen Themen" befassen.[135] Angesichts der Vielfalt der Aufgaben ließen skeptische Äußerungen nicht lange auf sich warten. Im Mittelpunkt der Kritik stand vor allem die Frage, ob Brandt neben seiner Arbeit als Regierender Bürgermeister von Berlin die zusätzliche Belastung bewältigen könne.[136]

Nach dem Tod Erich Ollenhauers im Dezember 1963 nahm Herbert Wehner, der inzwischen seine Position als „Chef der Baracke" gefestigt hatte, endgültig die Fäden in die Hand, um die von ihm angestrebte Neustrukturierung der Parteispitze möglichst umgehend zu verwirklichen. Zu diesem Zeitpunkt war das Verhältnis zwischen Brandt und Wehner durch eine enge Kooperation gekennzeichnet. Ohne die massive Unterstützung Wehners wäre die spätere Wahl Brandts zum Parteivorsitzenden zumindest schwieriger geworden. Am 23. Dezember 1963 schrieb Wehner an Brandt, wie er sich die neue Arbeitsteilung im Einzelnen vorstellte: „Am wichtigsten ist für mich, daß Du die Führung übernimmst. In dieser Beziehung möchte ich allerdings kleine Variationen. Gut erschiene mir, wenn Fritz Erler und ich als stellvertretende Vorsitzende gewählt würden und fungierten. Dies ist ein Experiment, weil Fritz den Fraktionsvorsitz übernehmen wird, aber ich würde raten, es dadurch zu mildern, daß ich – wenn die Fraktion mir die Stimmen gibt – wieder einer der stellvertretenden Fraktionsvorsitzenden werde. Das würde einerseits ‚Rangfolgen' etwas relativieren, andererseits deutlich machen, wie unter Deiner Führung alles ineinandergreift."[137]

Inzwischen waren allerdings zahlreiche Stimmen laut geworden, die Fritz Erler als nächsten Kanzlerkandidaten der SPD sehen wollten.[138] Damit die Umsetzung der Pläne Wehners, mit denen sowohl Brandt[139] als auch Erler einverstanden waren, hierdurch nicht gefährdet wurde, wurde am 15./16. Februar 1964 ein außerordentlicher Parteitag abgehalten, auf dem sich die personelle Konstellation Brandt-Wehner-Erler durchsetzte. Diese Troika mit ihrer spezifischen Arbeitsteilung bewährte sich in den nächsten Jahren trotz der einen oder anderen Unstimmigkeit. Sie trug entscheidend dazu bei, die SPD auf ihrem Weg zur „Volkspartei" voranzubringen und sie in die Regierungsverantwortung zu führen. Willy Brandt wurde mit einem „überwältigenden Ergebnis"[140] (314 von 324 Stimmen) zum neuen Parteivorsitzenden der SPD gewählt. Gleichzeitig wurde er wieder zum Kanzlerkandidaten seiner Partei für die Bundestagswahl 1965 nominiert. Die Wahl Brandts zum SPD-Parteivorsitzenden war wenig umstritten,[141] erfreute er sich doch wegen des engagierten Wahlkampfes von 1961 und durch seine Politik in und für Berlin einer Popularität wie keiner der anderen möglichen Kandidaten.

Will man das Spezifische, das Willy Brandt als Parteivorsitzenden der SPD in den sechziger Jahren auszeichnete, herausarbeiten, so müssen in erster Linie sein Führungsstil, sein Verhältnis zu den Parteimitgliedern sowie sein Umgang mit innerparteilichen Kontroversen, von denen es nicht wenige gab, in das Blickfeld gerückt werden. Im Folgenden werden diese Punkte an solchen Beispielen erörtert, die sich in den Dokumenten dieses Bandes widerspiegeln.

Brandts Führungsstil, den er selbst als „kollegial" bezeichnete,[142] war vor allem durch seine Bereitschaft gekennzeichnet, Entscheidungen im Diskussionsprozess und in Absprache mit seinen Mitarbeitern und Parteiführungskollegen zu treffen. Dies schloss nicht aus, dass er wichtige Entschlüsse gegebenenfalls auch umgehend und ohne Beratung traf.[143] Damit repräsentierte er im Vergleich zu dem autoritären Schumacher und auch zu Herbert Wehner, der ebenfalls eher zu einem autoritären Führungsstil neigte, einen völlig anderen Typus des Parteiführers. Dies führte nicht selten zu Konflikten zwischen Brandt und Wehner. Seit Übernahme der Regierungsverantwortung im Oktober 1969 verstärkte sich das Problem. Brandts Art der Führung war Anlass für manche innerparteiliche Kritik am Vorsitzenden. Sie wurde naturgemäß vor allem in Krisenzeiten geäußert. Brandts Führungsstil wurde dann in der Regel mit Führungsschwäche gleichgesetzt.[144] So schrieb Karl Schiller – um hier nur ein Beispiel zu nennen – im Mai 1969: „Auch wenn es Deiner liberalen Grundeinstellung nicht ganz leicht fallen mag, mußt Du erstens in der augenblicklichen Lage [. . .] die Führung der Partei fester in die Hand nehmen und eindeutig und unmißverständlich klarstellen, daß Du Verstöße gegen übergeordnete Partei- und Wahlinteressen nicht dulden wirst [. . .]."[145] Die Argumentationen auch anderer Kritiker folgten in der Regel diesem Muster. Brandt musste sich während seiner gesamten Amtszeit als Parteivorsitzender damit auseinandersetzen.[146]

Fragt man nach den Auswirkungen des Brandtschen Führungsstils auf die innere Struktur der SPD, so ist festzustellen, dass die Kritik an seiner angeblichen Führungsschwäche die Autorität des Parteivorsitzenden zeitweise schwächte und Machtproben zur Folge hatte. So gesehen, waren die Auswirkungen seiner spezifischen Art, an der Spitze der Partei zu stehen, für Brandt selbst höchst ambivalent: Sie zwangen ihn, sich häufiger als seine Vorgänger gegen Angriffe und abweichende Auffassungen in den Spitzengremien der SPD zur Wehr zu setzen; gleichzeitig trugen sie ihm aber große Sympathien bei seinen Mitarbeitern, der Mehrheit der Parteimitglieder und der Bevölkerung ein. Brandts Art zu führen wurde von vielen Weggefährten und Mitarbeitern auch in der Rückschau noch positiv bewertet.[147]

Brandt pflegte nicht nur einen besonderen Stil bei der Leitung der Partei, sondern auch ein anderes Verhältnis zu den Parteimitgliedern. Hier kam es ihm sehr auf innerparteiliche Kommunikation an. Neben den üblichen Mitteln, wie der Veröffentlichung von Reden, Aufrufen oder Beschlüssen in den parteieigenen Publikationsorganen, ging Brandt dazu über, in zentralen Fragen der SPD-Politik Briefe „An die Mitglieder der SPD“ zu richten. In diesen Schreiben, die je nach politischem Bedarf in unregelmäßigen Abständen verschickt wurden, erläuterte und begründete der Parteivorsitzende das politische Vorgehen der Parteiführung. Vor allem in kontroversen Fragen leistete Brandt so Überzeugungsarbeit und bemühte sich um die Entschärfung von Konflikten. Beispielsweise verfasste er 1966 Schreiben an die Parteimitglieder zu der Frage des geplanten SPD-SED-Redneraustauschs sowie zur Bildung der Großen Koalition oder 1969 zur Verabschiedung eines neuen Regierungsprogramms vor der Bundestagswahl.[148] Diese Form der direkten Ansprache der Parteimitglieder durch Briefe des Vorsitzenden auf Bundesebene war neu. Brandt selbst hatte die „Anschreiben“ erstmals in den fünfziger Jahren in der Berliner SPD eingesetzt.[149] Tatsächlich zeugen zahllose Briefe an den Parteivorsitzenden, kritisch oder zustimmend, vom Bedürfnis vieler Mitglieder, unmittelbar mit dem Vorsitzenden zu kommunizieren. Brandt nahm diesen Schriftwechsel sehr ernst. Wenn er auch nur wenige Briefe selbst beantworten konnte, achtete er doch darauf, dass seine Mitarbeiter keinen Brief, und hatte er einen noch so absurden Inhalt, unbeantwortet ließen.[150]

Trotz der Bemühungen Brandts um innerparteiliche Kommunikation blieben Konflikte auch nach seiner Wahl zum Parteivorsitzenden nicht aus. Sie verschärften sich sogar zum Teil noch und nahmen auch den Vorsitzenden nicht von Kritik aus. Bemerkenswert ist, dass Willy Brandt dennoch mit allerbesten Ergebnissen in seinem Amt als Parteivorsitzender bestätigt wurde. Auf dem Dortmunder Parteitag im Juni 1966, auf dem Brandt nochmals den Regierungswillen seiner Partei bekräftigte, wurde er mit dem überragenden Ergebnis von 324 der 326 gültigen Stimmen wieder zum Parteivorsitzenden gewählt.

Einige Monate später – Ende 1966 – flammte aber eine innerparteiliche Kontroverse auf, die auch in den folgenden Jahren nicht beigelegt werden konnte. Die innerparteiliche und die öffentliche Kritik entzündete sich an der Frage der Bildung der Großen Koalition. Eine Regierungskrise, die aufgrund von Differenzen in der CDU/CSU-FDP-Koalition in Zusammenhang mit der Verabschiedung des Bundeshaushaltes ausgelöst wurde, hatte zur Folge, dass die Liberalen das Kabinett verließen und Ludwig Erhard Anfang November 1966 als Bundeskanzler zurücktreten musste. In dieser Krisensituation bot sich für die SPD die Möglichkeit, die lange angestrebte Regierungsbeteiligung zu realisieren.[151] Der Partei standen mehrere Optionen offen: die Forderung nach Neuwahlen, die aber wegen der Mehrheitsverhältnisse im Bundestag nicht erfolgversprechend war, die Bildung einer Allparteienregierung, eine Große Koalition und eine sozialliberale Koalition.

Innerhalb der Parteiführung gab es vor allem Präferenzen für die beiden letztgenannten Möglichkeiten. So waren Herbert Wehner und Helmut Schmidt uneingeschränkte Verfechter einer Großen Koalition, Willy Brandt hingegen befürwortete zunächst die SPD/FDP-Lösung.[152] In mehreren Präsidiumssitzungen Anfang November 1966 einigte man sich – nach langen Diskussionen – darauf, mit der Union und den Freien Demokraten innen- und außenpolitische Sachfragen zu erörtern. In einer gemeinsamen Sitzung von Partei- und Fraktionsvorstand wurde dieser Absicht am 11. November grundsätzlich zugestimmt und eine Verhandlungskommission benannt, die sich aus Brandt, Wehner, Schmidt, Möller und Schiller zusammensetzte.[153] Nach mehreren Verhandlungsrunden standen der SPD beide Koalitionsmöglichkeiten offen. Um die Partei vor einer Zerreißprobe zu bewahren, musste möglichst schnell eine Entscheidung getroffen werden, wofür Brandt sich auf einer gemeinsamen Sitzung von Partei- und Fraktionsvorstand am 25. November aussprach. Zugleich plädierte er jetzt für eine Große Koalition. Diese Entscheidung bedeutete für ihn allerdings nur „das kleinere Übel". Das Protokoll zitiert den Vorsitzenden weiter: „Eine neue Politik sei nur bei einer absoluten Mehrheit der SPD zu erreichen. Aus einer

Regierungsbeteiligung werde die Partei ihren Nutzen ziehen. Die FDP sei kein entwicklungsfähiger Partner. Dazu sei sie innenpolitisch unzuverlässig. Die CDU sei in einer schwierigen Verfassung. Wenn die SPD mit ihr zusammengehe, bringe sie ihr Kapital für die Bundesrepublik und ihre Bevölkerung ein. – Wenn Brandt in eine Regierung Kiesinger eintrete, werde Deutschland repräsentiert von Persönlichkeiten der verschiedenen Erlebnisbereiche der Vergangenheit. Das könne wesentlich zur Aussöhnung des deutschen Volkes beitragen."[154]

Durch das Einschwenken Brandts auf das Modell der Großen Koalition, in die er als Außenminister und Vizekanzler eintreten sollte, wurde die Geschlossenheit der Parteiführung unter der neuen Troika Brandt-Wehner-Schmidt[155] wiederhergestellt. Sie ermöglichte es noch auf der gemeinsamen Sitzung von Partei- und Fraktionsvorstand, eine Koalition mit den Unionsparteien zu befürworten. Die Meinungsänderung Brandts war das Ergebnis der Verhandlungen mit der CDU/CSU einerseits und der FDP andererseits. Die CDU hatte sich in Sachfragen sehr kompromissbereit gezeigt. Eine SPD/FDP-Lösung schien hingegen einige Unsicherheitsfaktoren zu enthalten: die knappen Mehrheitsverhältnisse[156] und die Gewissheit, dass nicht alle FDP-Abgeordneten einen Kanzler Brandt wählen würden. Letzteres dürfte die ausschlaggebende Rolle für Brandts Votum zugunsten der Großen Koalition gespielt haben. Diesen Standpunkt vertrat er dann auch – trotz vieler Anfeindungen – mit Nachdruck. Sein Urteil über die Politik der Regierung aus Sozial- und Christdemokraten fiel, auch noch im Rückblick, insgesamt positiv aus.

Die innerparteiliche wie die öffentliche Kritik an der Großen Koalition ließ nicht lange auf sich warten. Sie entzündete sich an Personal- und an Sachfragen. Zentrale Kritikpunkte waren die vormalige NSDAP-Mitgliedschaft des Bundeskanzlers Kurt Georg Kiesinger, die Einbeziehung von Franz Josef Strauß ins Kabinett, der durch die „Spiegel-Affäre" diskreditiert war, die Notstandsgesetzgebung sowie die Wahlrechtsreform.[157] Die Opposition gegen das SPD/CDU/CSU-Bündnis fand sich auf allen Ebenen der Sozialdemokratie: Am verbreitetsten war die Kritik jedoch bei den jüngeren Parteimitgliedern, im Besonderen bei den Jungsozialisten und beim Sozialdemokratischen Hochschulbund, aber auch bei vielen Jungakademikern, die zur neuen Mitgliederklientel der SPD zählten. Darüber hinaus wurde dieser Schritt der Partei von vielen Intellektuellen, die mit den Sozialdemokraten sympathisierten, heftig kritisiert. Besonders enttäuscht war man dort darüber, dass ausgerechnet Willy Brandt, von dem sich zahllose Anhänger der SPD den politischen Umschwung erhofften, die gemeinsame Regierung mit der CDU/CSU befürwortet hatte. So schrieb beispielsweise Günter Grass sofort nach Bekanntwerden der Entscheidung der SPD einen offenen Brief an Willy Brandt, in dem er diesen aufforderte, den Schritt noch einmal zu überdenken.[158]

Brandt war sich bewusst, dass die Große Koalition auch in seiner eigenen Partei mit „viel Skepsis oder auch mit offener Ablehnung" aufgenommen werden würde. Aus diesem Grund verfasste er noch im Dezember 1966 einen Brief an die SPD-Parteimitglieder, in dem er die Bildung dieser Koalition rechtfertigte und die Vorteile für die SPD und die Bundesrepublik hervorhob.[159] Um für die Entscheidung zu werben, wurden zahlreiche regionale Parteiveranstaltungen abgehalten sowie Erfolgsmeldungen und Bilanzen veröffentlicht, so z. B. eine 20-seitige Sonderbeilage des *Vorwärts* „Die SPD in der Regierung" im November 1967, in der das erste Jahr Regierungsarbeit dargestellt und bewertet wurde.[160]

Die Bemühungen der Parteiführung um Aufklärung und nicht zuletzt die sichtbaren Erfolge der SPD-Minister in der Koalition trugen mittelfristig dazu bei, den innerparteilichen Konflikt wesentlich zu entschärfen. Vorerst waren die politischen Folgen für die SPD allerdings eher negativ: Es gab Parteiaustritte und Verluste bei den Landtagswahlen des Jahres 1968. Immer wieder erreichten den Parteivorsitzenden Schreiben von beunruhigten lokalen Funktionären über die Stimmung in der Partei. So schrieb z. B. im März 1968 der Bürgermeister einer schleswig-holsteinischen Gemeinde und Abgeordnete im Kieler Landtag Dudda an den Parteivorsitzenden: „Als Bürgermeister einer Industriestadt mit einer mehr als 20-jährigen sozialdemokratischen Mehrheit kann man sich durch ständige

Tuchfühlung mit den Menschen der Stadt ein ziemlich genaues Bild machen, wie diese den Eintritt und die Tätigkeit der SPD in der Großen Koalition aufnehmen. In meiner 22-jährigen politischen Arbeit habe ich noch nie, besonders bei dem sog[enannten] Kleinen Mann, ein derartiges Stimmungstief in seiner Einstellung zur SPD erlebt wie in dem Jahr seit der Großen Koalition. [...] Aus Sorge um unsere Partei schreibe ich diesen Brief. Wenn ich mir überhaupt einen Rat erlauben darf, dann sollte unsere Partei ernsthaft prüfen, ob ihre Beteiligung an der Regierung es rechtfertigt, die Glaubwürdigkeit unserer Partei gegenüber den Wählern solchen Zweifeln auszusetzen."[161] Wie ernst derartige Bedenken vom Parteivorsitzenden genommen wurden, zeigt, dass er diesen Brief persönlich beantwortete: „Auch für mich steht außer Frage, daß wir den Gründen für unsere gegenwärtigen Schwierigkeiten ernsthaft nachgehen müssen. [...] Es ist uns nicht gelungen, mit Überzeugung darzustellen, daß die Regierungsbeteiligung der SPD eine Wirtschaftskrise mit Massenarbeitslosigkeit verhindert hat. [...] Unsere Aufgabe muß sein, solche Leistungen in offensiver Weise darzustellen. Alle, denen das Wohl unserer Partei am Herzen liegt, sollten mithelfen, den Kleinmut auszuräumen und aus Rückschlägen die Kraft zu schöpfen, sich wirksamer als bisher mit unseren Widersachern auseinanderzusetzen."[162]

Der Parteitag im März 1968 sollte die Entscheidung der Führungsgremien über den Eintritt in die Große Koalition im Nachhinein legitimieren. Das Ergebnis war denkbar knapp und unterstrich noch einmal die weiterhin verbreitete innerparteiliche Skepsis gegenüber dem Regierungsbündnis mit der CDU/CSU.[163] Bei der Wiederwahl Willy Brandts zum Parteivorsitzenden machte sich diese Stimmung jedoch nicht bemerkbar. Er wurde mit nur acht Gegenstimmen gewählt. Hier wurde bereits deutlich, was für die Jahre bis 1972 Bestand haben sollte: Als Parteiführer stand Brandt in dieser Zeit für die SPD nicht infrage, auch wenn einzelne seiner politischen Schritte kritisiert wurden. Er befand sich gewissermaßen als Integrations- und Identifikationsfigur jenseits der Konfliktlinien. Diese Position Brandts wurde nach 1969 weiter gestärkt.

Am Ziel

Am 21. Oktober 1969 wurde Willy Brandt erster sozialdemokratischer Bundeskanzler der Bundesrepublik Deutschland.[164] Damit hatten er und die SPD nach zwanzig Jahren eines ihrer wichtigsten Ziele erreicht. Die SPD war Regierungspartei, und die von Brandt angestrebte Erneuerung der SPD zur Volkspartei war, nun auch im Hinblick auf die Wählerschaft und die Mitgliederstruktur, weitgehend umgesetzt.

Der Wahl des Jahres 1969 war ein Wahlkampf vorausgegangen, der sich von denen der Jahre 1961 und 1965 unterschied. Allerdings hatte sich die Situation auch insofern grundlegend geändert, als die Sozialdemokratie erstmals aus der Regierungsverantwortung heraus um die Macht kämpfte. Inhaltlich betonte die SPD nun nicht mehr die „Gemeinsamkeit" mit den anderen Parteien, sondern wies auf die Leistungen ihrer Kabinettsmitglieder und auf ihr Regierungsprogramm hin, das eine umfassende Reform der Politik und eine Modernisierung der Gesellschaft in Aussicht stellte. Dementsprechend waren auch die Wahlslogans – auf Plakaten in oranger Grundfarbe – ausgerichtet: „Wir schaffen das moderne Deutschland" und „Wir haben die richtigen Männer".[165]

Für Willy Brandt wurde ein spezielles Wahlkampfkonzept erarbeitet. Er wurde als Spitzenmann einer profilierten Regierungsmannschaft präsentiert. Von Vorteil war, dass Brandt nicht mehr als Oppositionsführer wie in früheren Wahlkämpfen beliebig von der Union angegriffen und diskreditiert werden konnte, sondern nunmehr Außenminister und Vizekanzler einer gemeinsamen Regierung war. Dies kam auch im Wahlkampfkonzept der SPD zum Ausdruck, das bereits im Dezember 1968 beschlossen wurde. „Willy Brandt ist Außenminister. Deshalb anderer Wahlkampfstil als in den früheren Jahren: keine Kapelle, keine Unterhalter etc."[166] Brandt hatte, um die Regierungsfähigkeit der SPD weiterhin zu unterstreichen, verlangt, dass der Wahlkampf seine Arbeit als Außenminister nicht beeinträchtigen dürfe. Er unternahm deshalb auch keine mehrtägigen Wahlkampfreisen, aber hielt trotzdem insgesamt noch 250 Veranstaltungen ab.

Ein neues Instrument dieses Wahlkampfes, das von Brandt gefördert wurde und einen nicht zu unterschätzenden Einfluss auf das Wahlergebnis der SPD hatte, war die „Sozialdemokratische Wählerinitiative" (SWI),[167] ein breites Bündnis aus Intellektuellen, Künstlern und Bürgern, die sich für die Wahl der SPD, für Brandt als Bundeskanzler organisierten und damit für einen wirklichen Regierungswechsel in Bonn engagierten.

Ein Einsatz von Schriftstellern, Wissenschaftlern und Journalisten für die SPD war in ersten Ansätzen schon im Bundestagswahlkampf 1961 erkennbar. Vor allem jüngere, linke Schriftsteller und Journalisten wollten sich – nach einer Zeit der relativen politischen Einflusslosigkeit von Intellektuellen während der fünfziger Jahre – wieder aktiv am politischen Geschehen beteiligen. Ihr Ziel war ein Regierungswechsel, um die von ihnen für notwendig erachtete Reform der bundesdeutschen Politik und Gesellschaft zu erreichen. Ihre Aktivitäten beschränkten sich zu diesem Zeitpunkt jedoch vor allem auf publizistische Stellungnahmen.[168]

Brandt hatte dieses Engagement schon 1961 begrüßt und unterstützt. Er initiierte damals ein Treffen mit Wissenschaftlern und Schriftstellern und plädierte dafür, die Zusammenarbeit auszubauen. Durch das Engagement von Intellektuellen für die SPD erhoffte sich Brandt insbesondere eine Unterstützung bei der Rekrutierung neuer Wählerschichten. Diese Einschätzung erwies sich grundsätzlich als zutreffend.

Im Wahlkampf 1965 nahm der Einsatz von Künstlern und Intellektuellen für die SPD zu, weil nun die Chancen für einen Wahlsieg um einiges höher eingeschätzt wurden als noch vier Jahre zuvor. Positiv wirkte sich in diesem Zusammenhang aus, dass Brandt seit Beginn der sechziger Jahre einen regen Austausch mit Vertretern von Kultur und Wissenschaft geführt und manche von ihnen als politische Ratgeber und persönliche Freunde gewonnen hatte. Es wurden auch neue Wege der Wahlkampfunterstützung eingeschlagen. Auf Initiative von Günter Grass, Hans Werner Richter und Klaus Wagenbach wurde das „Wahlkontor deutscher Schriftsteller" ins Leben gerufen.[169] Ihr Ziel war, die SPD durch Hilfe beim Abfassen von Politikerreden und dem Erfinden von Wahlslogans für breitere Wählerschichten attraktiver zu machen. Die SPD stellte dafür ein Büro zur Verfügung. Neben Willy Brandt waren es vor allem Karl Schiller, Helmut Schmidt und Fritz Erler, die mit dem Wahlkontor zusammenarbeiteten. Zugleich reiste Günter Grass, unterstützt von Paul Schallück, durch die Republik und hielt Wahlkampfreden für die SPD.[170] Der Autor der „Blechtrommel" stand zu diesem Zeitpunkt schon im regelmäßigen Kontakt mit Willy Brandt. Wenngleich der Eintritt der SPD in die Große Koalition gerade von den freiwilligen Wahlkämpfern besonders kritisiert wurde, wurden auf Initiative von Günter Grass in Absprache mit Willy Brandt schon 1967 erste Überlegungen ausgearbeitet, wie und in welcher Form die SPD im Wahlkampf 1969 unterstützt werden könnte, um einen „wirklichen Machtwechsel" zu erreichen. Im Dezember 1967 traf sich erstmals ein kleinerer Kreis bei Günter Grass, darunter Kurt Sontheimer, Eberhard Jäckel, Günter Gaus und Erdmann Linde, um eine „Sozialdemokratische Wählerinitiative" ins Leben zu rufen, die sich dann auch Anfang 1969 der Öffentlichkeit präsentierte. Gegenüber 1965 wurde der Kreis der Personen, die die SPD im Wahlkampf unterstützten, erweitert. Willy Brandt griff aktiv in die Werbung für die Initiative ein, indem er bekannte Persönlichkeiten zur Mitarbeit aufforderte. Diese Bemühungen waren erfolgreich; so konnten auch viele Prominente aus Film und Fernsehen gewonnen werden. Es gelang überdies, eine breite Bürgerbewegung ins Leben zu rufen. Kurz vor Ende des Wahlkampfes existierten in rund 100 von 248 Wahlkreisen lokale Wählerinitiativen, in denen sich örtliche Prominenz, wie Rechtsanwälte, Architekten und Lehrer, für die SPD engagierten – ein bis heute beispielloser Vorgang in der Geschichte der Bundesrepublik. Es war nicht zuletzt der Aktivität der Wählerinitiative zuzuschreiben, dass die SPD für Angehörige der Mittelschichten und viele Akademiker wählbar wurde, die bislang für die Sozialdemokraten kaum erreichbar waren.

Nach der erfolgreichen Wahl des Jahres 1969 bezog Willy Brandt einen Teil der intellektuellen Helfer in die Politik ein. Er beschäftigte sie als Redenschreiber oder betraute sie in Ausnahmefällen auch mit einem Amt. Dies galt vor allem für die Wissenschaftler und Journalisten unter ihnen. Günter Grass aber gehörte nicht dazu, obwohl er im Oktober 1969 sein Interesse an einem Amt signalisiert hatte.[171] Der Gedankenaustausch mit Grass und anderen Mitgliedern der SWI wurde in nicht institutionalisierter Form fortgesetzt, zumal es Teil des Selbstverständnisses Brandts war, einen solchen Austausch mit Künstlern und Intellektuellen zu suchen. So war er auch der erste Bundeskanzler, der auf einem Schriftstellerkongress sprach.[172] Wie groß der Einfluss der in der SWI engagierten Intellektuellen auf die Inhalte der Politik der SPD und der sozialliberalen Koalition tatsächlich war, ist schwer abzuschätzen. Jedenfalls lässt er sich in wesentlich stärkerem Maße als in anderen Phasen der Geschichte der Bundesrepublik nachweisen. Im Rückblick haben manche Mitglieder der SWI, u. a. Sontheimer, Härtling und Jäckel, bedauert, dass es nicht gelungen ist, die Initiative als „braintrust“ fest in der SPD zu verankern.[173]

In den Jahren 1969 bis 1972 konzentrierte sich die politische Arbeit Willy Brandts – zwangsläufig – auf sein Amt als Bundeskanzler. Gleichwohl kamen von ihm auch in dieser Zeit wichtige Impulse zur innerparteilichen Orientierung der SPD, wie sie z. B. in seiner Rede zum zwanzigsten Todestag von Kurt Schumacher im August 1972 zu finden sind. Bei seinen Aufgaben als Parteivorsitzender wurde Willy Brandt ab Ende Mai 1968 von einem Bundesgeschäftsführer unterstützt – ein Amt, das zunächst Hans-Jürgen Wischnewski und ab 1972 Holger Börner wahrnahm. Gleichzeitig wuchs die Macht der stellvertretenden Parteivorsitzenden und vor allem diejenige Herbert Wehners, der seit dem Regierungswechsel auch das Amt des Fraktionsvorsitzenden innehatte.

Auf der anderen Seite half die wachsende Popularität des Bundeskanzlers Brandt dem Parteivorsitzenden Brandt bei seinem Streben, die Partei zusammenzuhalten. Insbesondere die linksradikalen Tendenzen bei einem Teil der Jusos bestimmten die innerparteilichen Konflikte während seiner ersten Kanzlerschaft. Er versuchte, seine Integrationsfähigkeit einzusetzen, um diese Konflikte zu entschärfen.[174] Die Haltung des Parteichefs gegenüber den Jusos, der allgemeinen Studentenbewegung bzw. den „68ern“ war ambivalent. Bei allem Verständnis und aller Dialogbereitschaft gegenüber der Jugend, der er eine kritische Einstellung zu den hergebrachten Verhaltensformen und Werten durchaus zubilligte, war für ihn die Grenze jedoch dort erreicht, wo Gewalt die politische Diskussion ersetzte und das demokratische System infrage gestellt wurde.

Dass Brandt während seiner ersten Kanzlerschaft im In- und Ausland ein hohes Maß an Anerkennung und Popularität erworben hatte, schlug sich dann auch im Wahlergebnis des Jahres 1972 nieder.[175] Der Wahlkampf war wiederum strategisch geplant worden.[176] Er bezog sich nicht nur – wie vielfach angenommen – auf die neue Ostpolitik, sondern sprach die ganze Bandbreite innenpolitischer Themen an. Die Wahlkampftour des Bundeskanzlers glich einer Art „Triumphzug“ durch die Republik. Unter dem Motto „Willy wählen“ entstand eine regelrechte Massenbewegung, getragen von 350 lokalen „sozialdemokratischen Wählerinitiativen“.

Willy Brandt war im November 1972 auf dem Höhepunkt seines Erfolges, in seiner Partei und großen Teilen der Öffentlichkeit weitgehend unangefochten.

Willy Brandt und die SPD: Eine Bilanz

„Ich versuchte mich vom Gruppendenken frei zu halten und die SPD als moderne Volkspartei zu formen, ohne ihre grundsätzliche Orientierung verblassen zu lassen,“[177] so Willy Brandt 1976 in der Rückschau.

Das Ziel, die SPD zur „modernen Volkspartei“ zu formen, war am Ende der sechziger Jahre weitgehend erreicht,[178] nachdem bereits zehn Jahre zuvor durch die Verabschiedung des Godesberger Programms die programmatische Grundlage dafür gelegt worden war. Dass die Praxis sich erst langsam der Programmatik anpasste, hatte neben parteiinternen auch gesellschaftliche Ursachen. Vor allem die sozio-ökonomischen und kulturellen Wandlungsprozesse in den sechziger Jahren haben dabei eine zentrale Rolle gespielt.

Der Anteil Willy Brandts an der „Modernisierung der SPD“ hin zur Volkspartei und an der Übernahme von Regierungsverantwortung in den sechziger Jahren ist – wie gezeigt wurde – sehr hoch. Brandt prägte sowohl die außen- als auch die innenpolitische Umorientierung der Partei seit Anfang der sechziger Jahre entscheidend mit. Ebenso sind die neuen Formen der Selbstdarstellung der SPD durch Wahlkämpfe und Öffentlichkeitsarbeit auch auf seinen Einfluss zurückzuführen. Kaum ein anderer Politiker dieser Zeit verstand es, sich und seine Politik so zu präsentieren, wie es den Erfordernissen der damals entstehenden modernen Mediengesellschaft entsprach. Er prägte einen neuen politischen Stil, der auch über die SPD hinaus die politische Kultur der Bundesrepublik nachhaltig beeinflusst hat.

Der Aufstieg Willy Brandts und sein Einfluss auf die Entwicklung der SPD waren jedoch keine lineare Erfolgsgeschichte. Das Verhältnis zu seiner Partei durchlief unterschiedliche Phasen: In den fünfziger Jahren ist Willy Brandt einer kleinen Gruppe von Reformern zuzuordnen, die schon früh eine Öffnung der SPD hin zu anderen Wählerschichten, verbunden mit einer organisatorischen, politischen und programmatischen Reform der Partei, forderten. Hierbei war für Brandt bedeutsam, dass seine politischen Vorstellungen und Ziele durch die norwegische Arbeiterbewegung während der Zeit seines Exils geprägt worden sind.

In Brandts Denken und politischem Handeln lässt sich deutlich eine Kontinuitätslinie erkennen. Was er in den fünfziger Jahren bereits gefordert hatte, konnte er in den sechziger Jahren umsetzen und weiterentwickeln. Voraussetzung dafür waren sowohl das Vordringen der Reformkräfte in der SPD, durch die Brandt in der Partei wichtige politische Positionen erreicht hatte, als auch der Wandel der sozio-ökonomischen Verhältnisse in der bundesdeutschen Gesellschaft der sechziger Jahre. Ein weiteres zentrales Moment der Kontinuität im politischen Denken Brandts waren – schon in den vierziger Jahren – seine Überlegungen zum demokratischen Sozialismus als Grundlage seines politischen Handelns. Diese Reflexionen traten zwar in der ersten Hälfte der sechziger Jahre hinter den strategisch-politischen Erwägungen der „Gemeinsamkeitspolitik" zurück, wurden jedoch als Handlungsmaxime von Brandt nie aufgegeben und seit Ende der sechziger Jahre wieder stärker in den Mittelpunkt seiner politischen Aussagen und Erklärungen gerückt.

Von Beginn der fünfziger bis Anfang der sechziger Jahre lässt sich das Verhältnis Brandts zur SPD als „Gleichzeitigkeit in der Ungleichzeitigkeit" charakterisieren. Während er bereits die moderne Volkspartei forderte, war die Mehrheit der Parteiführung und aktiven Parteimitgliedschaft noch weitgehend den Vorstellungen einer traditionellen Arbeiterpartei verhaftet. Dies bestimmte auch die innerparteilichen Konfliktlinien zwischen Parteimehrheit und der kleinen Gruppe von Reformern. Sie konnten sich zwar im letzten Drittel der fünfziger Jahre allmählich in der Parteiführung durchsetzen und die „Erneuerung der SPD" voranbringen, doch fanden die eingeleiteten Veränderungen nicht den ungeteilten Beifall der Mitgliedschaft. Diese Situation änderte sich erst im Laufe der sechziger Jahre. Die sehr hohe Zustimmung, die Willy Brandt bei den Wahlen zum Parteivorsitzenden seit 1966 erhielt, verdeutlicht, dass spätestens zu diesem Zeitpunkt ungeachtet innerparteilicher Differenzen in einzelnen Sachfragen der eingeschlagene Weg von der ganzen Partei mitgetragen wurde. Seit Übernahme der Regierungsverantwortung durch die SPD im Jahr 1969 war Willy Brandt einer der herausragendsten Repräsentanten seiner Partei. Sein Name war für viele gleichbedeutend mit einer modernen SPD und einer „besseren" Bundesrepublik.

Zur Dokumentenauswahl

Die in diesem Band gestellte Frage, welche Rolle Brandt bei der Erneuerung der SPD gespielt hat, bestimmt die folgende Dokumentenauswahl. Angesichts der Spannweite des Themas, das den verhältnismäßig langen Zeitraum von 1947 bis 1972 umfasst, war eine Beschränkung notwendig. Die berücksichtigten Dokumente sind vor allem Überlieferungen aus dem Willy-Brandt-Archiv im Archiv der sozialen Demokratie der Friedrich-Ebert-Stiftung in Bonn. Diese wurden durch Archivalien aus im AdsD lagernden Nachlässen bzw. Deposita anderer führender SPD-Politiker, wie Fritz Erler, Fritz Heine, Erich Ollenhauer, Carlo Schmid und Helmut Schmidt, sowie aus den Beständen des SPD-Parteivorstandes und der Bundestagsfraktion ergänzt. Trotz des umfangreichen Aktenmaterials waren zu einigen zentralen Fragen keine Quellen aufzufinden. So fand z. B. die Tatsache, dass Brandt 1954 und 1956 vergeblich versucht hatte, in den SPD-Parteivorstand gewählt zu werden, weder in seinen Korrespondenzen noch an anderer Stelle – mit Ausnahme einer versteckten Andeutung[179] – ihren Niederschlag.

Um ein möglichst vielfältiges Bild des Politikers Brandt zu vermitteln, wurde bei der Dokumentenauswahl darauf geachtet, verschiedene Quellentypen zu edieren, um damit auch einen Eindruck von der Vielfalt des Nachlasses zu vermitteln. So reicht das Spektrum von den gedruckten Quellen, Reden, Briefen, Interviews, kurzen Notizen, kleineren Abhandlungen, Zeitungsartikeln, Presseerklärungen, bis hin zu Protokoll- und Tagebuchaufzeichnungen. In einigen Ausnahmefällen kamen auch Dokumente Dritter, wie anderer Personen oder der SPD, zum Abdruck. Ediert wurde immer die letzte vorliegende Version eines Dokuments.

Bei der Auswahl war, neben dem zentralen Kriterium der inhaltlichen Aussagekraft eines Aktenstückes, auch dessen Zugänglichkeit von Bedeutung. Wenn möglich, wurden bisher nicht veröffentlichte Texte bevorzugt ausgewählt. Unter anderem auch deshalb wurden kurze Stellungnahmen Brandts auf den SPD-Bundesparteitagen in den fünfziger Jahren dokumentiert, nicht jedoch seine großen Parteitagsreden in den sechziger und Anfang der siebziger Jahre. Diese Prioritätensetzung hatte allerdings noch den weiteren Grund, dass der quantitative Umfang der Reden selbst bei nur auszugsweisem Abdruck den Rahmen des vorliegenden Bandes gesprengt hätte. Zudem sind die Parteitagsreden Willy Brandts leicht zugänglich, denn sie liegen sowohl in den veröffentlichten Protokollen der SPD-Parteitage als auch – in einer Auswahl – in einem Quellenband vor.[180] Darüber hinaus plant die Bundeskanzler-Willy-Brandt-Stiftung, die Parteitagsreden Willy Brandts – mit einer ausführlichen Kommentierung versehen – in einem eigenständigen Band zu publizieren.

Danksagung

Ich bin dem Vorstand der Bundeskanzler-Willy-Brandt-Stiftung, seinem Vorsitzenden, Herrn Dr. Gerhard Groß, und den Professoren Dr. Dieter Dowe und Dr. Gregor Schöllgen für die Initiierung und vielfältige Förderung dieses Projektes außerordentlich verbunden. Prof. Dr. Helga Grebing, Prof. Dr. Gregor Schöllgen und Prof. Dr. Heinrich August Winkler danke ich für ihre engagierte Unterstützung in allen Fragen, die die Berliner Ausgabe betreffen. Prof. Dr. Helga Grebing, die für diesen Band verantwortliche Herausgeberin, hat den Fortgang der Edition nicht nur mit zahlreichen Hinweisen und kritischen Anmerkungen begleitet, sondern sie hat mir auch in zahlreichen Diskussionen neben vielen fachlichen Anregungen ein Stück „Zeitgeist" der fünfziger und sechziger Jahre vermittelt. Für beides sei ihr herzlich gedankt.

Der Geschäftsstelle der Bundeskanzler-Willy-Brandt-Stiftung unter der Leitung von Herrn Dr. Wolfram Hoppenstedt und meinen Bearbeiter-Kollegen danke ich für die sehr gute Zusammenarbeit. Den Mitarbeitern und Mitarbeiterinnen des Willy-Brandt-Archivs und der anderen Abteilungen im Archiv der sozialen Demokratie der Friedrich-Ebert-Stiftung bin ich für die angenehmen Arbeitsbedingungen und die freundliche Unterstützung zu großem Dank verpflichtet. Das Landesarchiv Berlin, das Politische Archiv des SPD-PV, das Archiv Helmut Schmidt und das Archiv der Stiftung Bundespräsident-Theodor-Heuss-Haus haben durch ihre zuvorkommende Hilfe einen Teil der Quellenrecherche sehr erleichtert.

Für die wichtigen Informationen und vor allem dafür, dass sie meinen Kollegen und mir einen ganz besonderen Einblick hinter die politischen Kulissen des „Berliner Büros" Brandts, der SPD-Parteizentrale, des Bundesaußenministeriums und des Bundeskanzleramtes gewährt haben, danke ich den Weggefährten und Mitarbeitern Willy Brandts: Prof. Dr. Horst Ehmke, Dr. h. c. Klaus Schütz, Dr. Klaus von Dohnanyi, Prof. Dr. Harold Hurwitz, Horst Grabert, Dr. Karl-Heinz Klär, Klaus Henning Rosen, Jörg Richter, Dr. Winfried Staar und Dr. Reinhard Wilke.

Mein ganz besonderer Dank gilt Carsten Tessmer und Heiko Buschke für ihre unermüdliche Unterstützung; sie hatten immer ein offenes Ohr für meine Anliegen. Darüber hinaus möchte ich allen, die auf unterschiedlichste Weise die Entstehung dieses Buches unterstützt haben, meinen Dank aussprechen: Mario Bungert, Kerstin Gardill, Andreas Hahn, PD Dr. Siegfried Heimann, Daniel Kilpert, Dr. Susanne Knoblich, Dr. Angela Kuhk, Gertrud Lenz, Prof. Dr. Einhart Lorenz, Dr. Heinrich Potthoff, Dr. Bernd Rother, Dr. Karsten Rudolph, Lu Seegers, Prof. Dr. Klaus Schönhoven, Prof. Dr. Hartmut Soell, Dr. Christoph Stamm und Wolfgang Stärcke.

Göttingen, im August 2000 Daniela Münkel

80	Nr. 1	11. November 1947	Rundschreiben des Presseattachés an der Norwegischen Militärmission in Berlin, Brandt
82	Nr. 2	23. Dezember 1947	Schreiben des Presseattachés an der Norwegischen Militärmission in Berlin, Brandt, an den Vorsitzenden der SPD, Schumacher
90	Nr. 3	3. September 1948	Schreiben des Vertreters des SPD-Parteivorstands in Berlin, Brandt, an den stellvertretenden Vorsitzenden der SPD, Ollenhauer
92	Nr. 4	30. September 1948	Artikel des Vertreters des SPD-Parteivorstands in Berlin, Brandt, für *Das sozialistische Jahrhundert*
99	Nr. 5	8. Mai 1949	Rede des Vertreters des SPD-Parteivorstands in Berlin, Brandt, auf dem VI. Landesparteitag der Berliner SPD
131	Nr. 6	16. Mai 1949	Schreiben des Vertreters des SPD-Parteivorstands in Berlin, Brandt, an den Oberbürgermeister Berlins, Reuter
133	Nr. 7	21. Dezember 1949	Schreiben des Berliner Vertreters im Deutschen Bundestag Brandt an den Leiter des Referates für Presse und Propaganda beim SPD-Parteivorstand, Heine
134	Nr. 8	22. Mai 1950	Redebeitrag des Berliner Delegierten Brandt auf dem Parteitag der SPD in Hamburg
138	Nr. 9	25. Mai 1950	Redebeitrag des Berliner Delegierten Brandt auf dem Parteitag der SPD in Hamburg

142	Nr. 10	9. Juni 1950	Schreiben des Berliner Vertreters im Deutschen Bundestag Brandt an den ehemaligen Mitarbeiter der Abteilung Political Parties des Civil Administration Office von OMGUS Bolten
144	Nr. 11	26. März 1951	Schreiben des Mitglieds des Landesvorstands der Berliner SPD Brandt an den Leiter des Betriebsgruppenreferates beim SPD-Parteivorstand, S. Neumann
145	Nr. 12	4. Juni 1952	Schreiben des Berliner Vertreters im Deutschen Bundestag Brandt an den baden-württembergischen Landtagsabgeordneten Schulz
147	Nr. 13	26. September 1952	Redebeitrag des Berliner Delegierten Brandt auf dem Parteitag der SPD in Dortmund
150	Nr. 14	12. Juni 1954	Referat des stellvertretenden Vorsitzenden des Landesverbandes der SPD Berlin, Brandt, auf dem XI. Landesparteitag der SPD in Berlin
176	Nr. 15	17. August 1954	Aus dem hs. Schreiben des Berliner Vertreters im Deutschen Bundestag Brandt an den Leiter des Presse- und Informationsamtes des Landes Berlin, Hirschfeld
177	Nr. 16	2. Februar 1955	Schreiben des Berliner Vertreters im Deutschen Bundestag Brandt an den Vorsitzenden der SPD, Ollenhauer
179	Nr. 17	Mai-Juni 1956	Artikel des stellvertretenden Landesvorsitzenden der Berliner SPD, Brandt, für *Die Neue Gesellschaft*

190	Nr. 18	11. Juli 1956	Redebeitrag des Berliner Delegierten Brandt auf dem Parteitag der SPD in München
193	Nr. 19	7. November 1957	Schreiben des Regierenden Bürgermeisters von Berlin, Brandt, an den stellvertretenden Vorsitzenden der SPD-Bundestagsfraktion Wehner
194	Nr. 20	7. November 1957	Schreiben des Regierenden Bürgermeisters von Berlin, Brandt, an den stellvertretenden Vorsitzenden der SPD-Bundestagsfraktion Erler
195	Nr. 21	20. Mai 1958	Redebeitrag des Vorsitzenden des Landesverbandes der SPD Berlin, Brandt, auf dem Parteitag der SPD in Stuttgart
199	Nr. 22	24. April 1959	Aus dem Protokoll der Sitzung des Parteivorstands der SPD
200	Nr. 23	16. Juli 1959	Schreiben des Regierenden Bürgermeisters von Berlin, Brandt, an den ehemaligen militärischen Berater des SPD-Parteivorstands und der Bundestagsfraktion, Beermann
201	Nr. 24	17. Juli 1959	Aus dem Schreiben des Mitglieds des SPD-Parteivorstands Brandt an den Vorsitzenden der SPD, Ollenhauer
203	Nr. 25	12. September 1959	Artikel des Vorsitzenden des Landesverbandes der SPD Berlin, Brandt, für die *Berliner Stimme*
206	Nr. 26	13. November 1959	Redebeitrag des Mitglieds des SPD-Parteivorstands Brandt auf dem Außerordentlichen Parteitag der SPD in Bad Godesberg
211	Nr. 27	14. März 1960	Schreiben des Vorsitzenden des Landesverbandes der SPD Berlin,

			Brandt, an den ehemaligen militärischen Berater des SPD-Parteivorstands und der Bundestagsfraktion, Beermann
212	Nr. 28	30. Mai 1960	Schreiben des Mitglieds des SPD-Parteivorstands Brandt an das Mitglied des SPD-Parteivorstands Schmidt
214	Nr. 29	30. Juni 1960	Hs. Vorlage für das Telegramm des Mitglieds des SPD-Parteivorstands Brandt an den stellvertretenden Vorsitzenden der SPD Wehner
215	Nr. 30	14. Juli 1960	Aus dem Schreiben des Regierenden Bürgermeisters von Berlin, Brandt, an das geschäftsführende Präsidialmitglied des Deutschen Städtetages, Ziebill
216	Nr. 31	24. August 1960	Rede des Mitglieds des SPD-Parteivorstands Brandt vor dem Parteirat der SPD
222	Nr. 31A	21. August 1972	Aus dem Interview des Bundeskanzlers und Vorsitzenden der SPD, Brandt, mit dem britischen Publizisten Prittie
224	Nr. 32	29. August 1960	Schreiben des Regierenden Bürgermeisters von Berlin, Brandt, an das Mitglied des SPD-Parteipräsidiums Schmid
225	Nr. 33	1. September 1960	Aus dem Schreiben des Mitglieds des SPD-Parteivorstands Brandt an den Mitarbeiter der ZWL der SPD Anders
227	Nr. 34	2. Januar 1961	Schreiben des Kanzlerkandidaten der SPD, Brandt, an das Mitglied des Deutschen Bundestags Blachstein

228	Nr. 35	18. Januar 1961	Schreiben des Kanzlerkandidaten der SPD, Brandt, an den Bundespräsidenten a.D., Heuss
230	Nr. 36	28. April 1961	Rede des Kanzlerkandidaten der SPD, Brandt, auf dem Außerordentlichen Kongress der SPD in Bonn
257	Nr. 37	Juli-August 1961	Artikel des Kanzlerkandidaten der SPD und Regierenden Bürgermeisters von Berlin, Brandt, für *Die Neue Gesellschaft*
264	Nr. 38	14. September 1961	Artikel des Kanzlerkandidaten der SPD, Brandt, für die *Süddeutsche Zeitung*
268	Nr. 39	20. September 1961	Hs. Notiz des Regierenden Bürgermeisters von Berlin, Brandt
270	Nr. 40	3. Januar 1962	Schreiben des Regierenden Bürgermeisters von Berlin, Brandt, an den stellvertretenden Vorsitzenden der SPD Wehner
273	Nr. 41	4. Juni 1962	Schreiben des stellvertretenden Vorsitzenden der SPD Brandt an den Vorsitzenden der SPD, Ollenhauer, den stellvertretenden Vorsitzenden der SPD Wehner und den Schatzmeister der SPD, Nau
277	Nr. 42	8. Juni 1962	Aus dem Schreiben des stellvertretenden Vorsitzenden der SPD Brandt an den Vorsitzenden des Landesverbandes der SPD Bayern, von Knoeringen
278	Nr. 43	7. Juli 1962	Schreiben des stellvertretenden Vorsitzenden der SPD Brandt an den Mitarbeiter des SPD-Parteivorstands Bortfeldt

281	Nr. 44	25. Juli 1962	Hs. Schreiben des stellvertretenden Vorsitzenden der SPD Brandt an den Vorsitzenden der SPD, Ollenhauer
283	Nr. 45	28. Juli 1962	Hs. Schreiben des stellvertretenden Vorsitzenden der SPD Brandt an den stellvertretenden Vorsitzenden der SPD-Bundestagfraktion Erler
284	Nr. 46	25. Oktober 1962	Schreiben des stellvertretenden Vorsitzenden der SPD Brandt an den stellvertretenden Vorsitzenden der SPD Wehner
287	Nr. 47	30. November 1962	Hs. Schreiben des stellvertretenden Vorsitzenden der SPD Brandt an den Vorsitzenden der SPD, Ollenhauer
288	Nr. 48	3. Dezember 1962	Schreiben des stellvertretenden Vorsitzenden der SPD Brandt an den Sozialwissenschaftler Sternberg
289	Nr. 49	31. Mai 1963	Rede des stellvertretenden Vorsitzenden der SPD Brandt zum hundertjährigen Bestehen der SPD
300	Nr. 50	24. Juli 1963	Schreiben des stellvertretenden Vorsitzenden der SPD Brandt an Funktionsträger der SPD
304	Nr. 51	22. Oktober 1963	Aktenvermerk des Leiters des Presse- und Informationsamtes des Landes Berlin, Bahr, für den Regierenden Bürgermeister von Berlin, Brandt
305	Nr. 52	30. Dezember 1963	Schreiben des stellvertretenden Vorsitzenden der SPD Brandt an den Vorsitzenden des Landesverbandes der SPD Bayern, von Knoeringen

306	Nr. 53	14./15. März 1964	Interview des Vorsitzenden der SPD, Brandt, für den *General-Anzeiger* (Bonn)
309	Nr. 54	25. September 1964	Interview des Vorsitzenden der SPD und Regierenden Bürgermeisters von Berlin, Brandt, mit dem Journalisten Gaus für das ZDF
331	Nr. 55	1. Dezember 1964	Schreiben des Vorsitzenden der SPD, Brandt, an den Parlamentarischen Geschäftsführer der SPD-Bundestagfraktion Schäfer
332	Nr. 56	11. August 1965	Interview des Vorsitzenden der SPD, Brandt, für *Der Spiegel*
336	Nr. 57	14. August 1965	Rede des Vorsitzenden der SPD, Brandt, auf dem Wahlkongress beim Deutschlandtreffen der SPD in Dortmund
344	Nr. 58	22. September 1965	Aus dem Protokoll der Sitzung des Parteivorstands der SPD
354	Nr. 59	22. September 1965	Pressekonferenz des Vorsitzenden der SPD, Brandt
360	Nr. 59A	21. August 1972	Aus dem Interview des Bundeskanzlers und Vorsitzenden der SPD, Brandt, mit dem britischen Publizisten Prittie
362	Nr. 60	15. Oktober 1965	Rede des Vorsitzenden der SPD, Brandt, vor Funktionären der Berliner SPD
372	Nr. 61	21. Oktober 1965	Schreiben des Vorsitzenden der SPD, Brandt, an den Schriftsteller Grass
373	Nr. 62	25. Oktober 1965	Schreiben des Vorsitzenden der SPD, Brandt, an das Mitglied des SPD-Parteivorstands Schmidt

374	Nr. 63	18. November 1965	Schreiben des Vorsitzenden der SPD, Brandt, an den Chefredakteur des SFB, Walden
375	Nr. 64	25. März 1966	Schreiben des Vorsitzenden der SPD, Brandt, an den Vorsitzenden der IG Metall, Brenner
380	Nr. 65	Mai 1966	Schreiben des Vorsitzenden der SPD, Brandt, an die Mitglieder der SPD
382	Nr. 66	15. Juli 1966	Schreiben des Vorsitzenden der SPD, Brandt, an die Mitglieder der SPD
386	Nr. 67	3. November 1966	Interview des Vorsitzenden der SPD, Brandt, für den *Parlamentarisch-Politischen Pressedienst*
389	Nr. 68	11. November 1966	Schreiben des Vorsitzenden der SPD, Brandt, an den Vorsitzenden der CDU und Bundeskanzler, Erhard
390	Nr. 69	26. November 1966	Schreiben des Schriftstellers Grass an den Vorsitzenden der SPD, Brandt
391	Nr. 70	28. November 1966	Schreiben des Vorsitzenden der SPD, Brandt, an den Schriftsteller Grass
392	Nr. 71	Dezember 1966	Schreiben des Vorsitzenden der SPD, Brandt, an die Mitglieder der SPD
395	Nr. 72	September 1967	Broschüre über den Vorsitzenden der SPD, Brandt
399	Nr. 73	15. November 1967	Interview des Vorsitzenden der SPD, Brandt, für das Mittagsmagazin des WDR

402	Nr. 74	5. Januar 1968	Ausführungen des Vorsitzenden der SPD, Brandt, in der Tagesschau des Ersten Deutschen Fernsehens
403	Nr. 75	25. März 1968	Interview des Vorsitzenden der SPD, Brandt, für *Der Spiegel*
408	Nr. 76	16. April 1968	Schreiben des Vorsitzenden der SPD, Brandt, an den Regierenden Bürgermeister von Berlin, Schütz
409	Nr. 76A	16. April 1968	Anlage: Pressemitteilung des Präsidiums der SPD
411	Nr. 77	9. Juni 1968	Aus der Rede des Vorsitzenden der SPD, Brandt, auf der Bundesfrauenkonferenz der SPD in Saarbrücken
420	Nr. 78	Oktober 1968	Schreiben des Vorsitzenden der SPD, Brandt, an die Mitglieder der SPD
424	Nr. 79	6. Januar 1969	Vermerk des Vorsitzenden der SPD, Brandt, für den Bundesgeschäftsführer der SPD, Wischnewski
426	Nr. 80	6. Januar 1969	Schreiben des Chefredakteurs von *Die Neue Gesellschaft*, Bauer, an den Vorsitzenden der SPD, Brandt
428	Nr. 81	14. Januar 1969	Schreiben des Vorsitzenden der SPD, Brandt, an den Direktor des Sigmund-Freud-Instituts, Mitscherlich
429	Nr. 82	13. Februar 1969	Aus den Ausführungen des Vorsitzenden der SPD, Brandt, auf der Sitzung des Parteirates der SPD
439	Nr. 83	18. März 1969	Aus dem Interview des Vorsitzenden der SPD, Brandt, für die *Südwest Presse*
441	Nr. 84	24. September 1969	Schreiben des stellvertretenden Vorsitzenden der SPD Wehner an den Vorsitzenden der SPD, Brandt

444	Nr. 84A		Anlage: Ausarbeitung des stellvertretenden Vorsitzenden der SPD Wehner über mögliche Regierungskombinationen
445	Nr. 85	22. Dezember 1969	Schreiben des Vorsitzenden der SPD, Brandt, an die stellvertretenden Vorsitzenden der SPD Wehner und Schmidt, den Schatzmeister der SPD, Nau, und den Bundesgeschäftsführer der SPD, Wischnewski
448	Nr. 86	11. Dezember 1970	Aus der Rede des Vorsitzenden der SPD, Brandt, auf dem Bundeskongress der Jungsozialisten in Bremen
461	Nr. 87	22. Dezember 1970	Hs. Schreiben des Vorsitzenden der SPD, Brandt, an den stellvertretenden Vorsitzenden der SPD Schmidt
463	Nr. 88	30. Dezember 1970/ 4. Januar 1971	Hs. Schreiben des stellvertretenden Vorsitzenden der SPD Schmidt an den Vorsitzenden der SPD, Brandt
467	Nr. 89	ohne Datum 1971	Rundschreiben des Bundeskanzlers und Vorsitzenden der SPD, Brandt
468	Nr. 90	5. Oktober 1971	Notizen des Bundeskanzlers und Vorsitzenden der SPD, Brandt, für ein Gespräch mit Testimonials
471	Nr. 91	8. November 1971	Artikel des Vorsitzenden der SPD, Brandt, für *Die Neue Gesellschaft*
473	Nr. 92	23. November 1971	Schreiben des Bundeskanzlers und Vorsitzenden der SPD, Brandt, an den Vizepräsidenten des Deutschen Bundestages Schmitt-Vockenhausen
474	Nr. 93	10. April 1972	Interview des Vorsitzenden der SPD, Brandt, für die *Deutsche Presse-Agentur*

476	Nr. 94	18./19. August 1972	Aus den hs. Tagebuchaufzeichnungen des Bundeskanzlers und Vorsitzenden der SPD, Brandt
480	Nr. 95	20. August 1972	Rede des Vorsitzenden der SPD, Brandt, anlässlich des 20. Todestages des ersten Nachkriegsvorsitzenden der SPD, Schumacher
516	Nr. 96	21./22. August 1972	Aus den Tagebuchaufzeichnungen des Bundeskanzlers und Vorsitzenden der SPD, Brandt
517	Nr. 97	24./25. August 1972	Aus den Tagebuchaufzeichnungen des Bundeskanzlers und Vorsitzenden der SPD, Brandt
519	Nr. 98	4. September 1972	Aus den Tagebuchaufzeichnungen des Bundeskanzlers und Vorsitzenden der SPD, Brandt
520	Nr. 99	11. September 1972	Aus den Tagebuchaufzeichnungen des Bundeskanzlers und Vorsitzenden der SPD, Brandt
521	Nr. 100	5. November 1972	Aus den Tagebuchaufzeichnungen des Bundeskanzlers und Vorsitzenden der SPD, Brandt
522	Nr. 101	17. November 1972	Artikel des Vorsitzenden der SPD und Bundeskanzlers, Brandt, für den SPD-Pressedienst
524	Nr. 102	19. November 1972	Aus den Tagebuchaufzeichnungen des Bundeskanzlers und Vorsitzenden der SPD, Brandt
526	Nr. 103	19. November 1972	Erklärung des Vorsitzenden der SPD, Brandt, zum Ausgang der Bundestagswahl

Dokumente

Nr. 1

Rundschreiben des Presseattachés an der Norwegischen Militärmission in Berlin, Brandt
11. November 1947[1]

AdsD, WBA, A 6, 2 (alt).

Und nun möchte ich Dich gern davon unterrichten, daß ich einen sehr ernsten Entschluß gefaßt habe. Er schlägt bei Dir vielleicht nicht wie eine Bombe ein, weil Du weißt, wie ich in all den letzten Jahren mich immer wieder gefragt habe, wo ich mich am besten betätigen könnte. Nun ist es so geworden, daß ich an Halvard Lange geschrieben und ihn gebeten habe, zur Jahreswende meine jetzige Stellung aufgeben zu dürfen.[2]

Die unmittelbare Veranlassung war, daß die Führung der deutschen Sozialdemokraten mit einem eindringlichen Ersuchen an mich herangetreten ist, daß ich den Auftrag als Vertreter der Parteileitung in Berlin und gegenüber den leitenden alliierten Stellen übernehmen sollte. Du kannst versichert sein, daß das keine leichte Entscheidung gewesen ist.

Es ist – wie ich an Halvard [Lange] schrieb – nicht so einfach, daß ich Deutschland statt Norwegens wähle. Ich sehe es aber so, daß ich für die Ideen, zu denen ich mich bekenne, etwas Aktiveres tun kann und sollte und daß ein derartiger Einsatz gerade in diesem Lande nötig ist.

Es war mehreren Ursachen zuzuschreiben, daß ich so lange damit gewartet habe, einen Entschluß zu fassen. Die wichtigste war, daß es mir schwerfiel, Norwegen „aufzugeben". Du weißt selbst, daß es für mich weit mehr als Äußerliches bedeutet hat, als ich norwegischer Staatsangehöriger wurde.[3] Norwegen und die norwegische Arbeiterbewegung haben mich als politischen Menschen und auch sonst geprägt. Das ist das, worüber ich froh und wofür ich dankbar bin, ‹und ich beabsichtige nicht, von etwas von dem, was gewesen ist, fortzulaufen.›[4] Es ist ein schmerzlicher Gedanke, den unmittelbaren

Kontakt mit einem Gemeinwesen aufgeben zu müssen, von dem man sich als ein Teil fühlt, und einem Volk, das man im Guten und Bösen gern hat. ‹Politische Arbeit in Deutschland bedeutet andererseits Gemeinschaft mit einer ganzen Reihe von Menschen, mit denen man nicht viel gemeinsam hat. Hierzu kommt die Unsicherheit, die mit der künftigen Entwicklung verknüpft ist.›[5]

Es hilft aber nichts. Ich weiß, daß die Lösung des deutschen Problems von Entscheidungen abhängen wird, die auf der internationalen Ebene getroffen werden. Es gibt jedoch viel, das in Deutschland getan werden muß – um Europas, der Demokratie und des Friedens willen. Und es gibt, trotz allem, im deutschen Volk positive Kräfte, die der Entwicklung ihr Gepräge werden geben können. Davon brauche ich Dich übrigens nicht zu überzeugen.

Irgendwelche größeren Illusionen hege ich nicht. Ich will aber versuchen mitzuhelfen, daß Deutschland zu Europa zurückgeführt wird und daß es, wenn möglich, ein Teil der dritten Kraft wird, die notwendig ist, um der größten Katastrophe aller Zeiten zu entgehen. Es ist ziemlich sicher, daß ich Enttäuschungen erleben werde, vielleicht auch mehr als das. Hoffentlich werde ich einer eventuellen Niederlage mit dem Gefühl begegnen können, meine Pflicht getan zu haben.

Ich werde all das Gute mitnehmen, das ich in Norwegen und bei meinen norwegischen Freunden erlebt habe – Dir will ich besonderen Dank für die Stockholmer Zeit sagen. Es hat auch weniger gute Dinge gegeben, aber es ist jetzt keine Andeutung von Bitterkeit in meinem Herzen vorhanden. ‹Auch keine formellen Trennungslinien können mich daran hindern, eine Zusammengehörigkeit mit Norwegen zu empfinden. Ihr könnt weiterhin auf mich als einen von Euch zählen!›[6]

Nr. 2

Schreiben des Presseattachés an der Norwegischen Militärmission in Berlin, Brandt, an den Vorsitzenden der SPD, Schumacher 23. Dezember 1947[1]

AdsD, WBA, A 6, 2 (alt).

Lieber Genosse Schumacher,

die Mitteilung, die mir Erich Brost nach seiner Rueckkehr aus Hannover gestern abend machte, hat mich eigenartig beruehrt. Sie laesst mich befuerchten, dass sich bei Ihnen ein Misstrauen eingestellt hat und somit eine gedeihliche Zusammenarbeit in Frage gestellt ist.

Mir wurde gesagt, dass Sie – auf Grund erneuter ‹Heinig'scher›[2] Schreibereien – mit mir sprechen moechten, dass eine solche Besprechung aber nicht vor dem 10. Januar [1948] stattfinden koennte. Ich komme natuerlich gern nach Hannover und muss mich bei der Bestimmung des Zeitpunktes nach Ihnen richten. Eine erneute mehrwoechige Vertagung erscheint mir aber unertraeglich. Sie bringt mich auch gegenueber meinen norwegischen Freunden und Kollegen und gegenueber den alliierten Stellen, die vom geplanten Standortwechsel erfahren haben, in eine unmoegliche Lage.

Ich habe mich darum entschlossen, Ihnen zu den Intrigen, die in den letzten Wochen von skandinavischen Emigrationskreisen gegen mich gesponnen wurden, in aller Offenheit zu schreiben. Erich Brost hat mir versprochen, Ihnen den Brief auf schnellstem Wege zuzuleiten. Ich wuerde mich freuen, Ihre Antwort bald in Haenden zu haben. Es waere besser, einen Schlusstrich zu ziehen, als einen unklaren Zustand andauern zu lassen.

Zunaechst Folgendes: Ich war mir seit langem darueber klar, dass es meine Pflicht sei, ueber kurz oder lang aktiv in die deutsche Arbeit einzusteigen. Ich habe jedoch nicht im entferntesten daran gedacht, dass mir der Parteivorstand seine Vertretung uebertragen wuerde.

Erich Brost hat mich – nachdem die Frage in Hannover besprochen war – im Oktober [1947] gefragt, ob ich gewillt sei, die Vertretung in Berlin zu uebernehmen. Ich habe mir das einige Tage ueberlegt und dann eine positive Antwort gegeben. An einem der ersten Novembertage war ich kurz in Hannover und teilte Ihnen und dem Gen[ossen] Heine meinen endgueltigen Entschluss mit. Bei dieser Gelegenheit erklaerte ich auch, dass ich als Berliner Vertreter natuerlich die Auffassungen der Parteileitung zum Ausdruck zu bringen haette, dass mir das aber umso leichter sein wuerde, falls ich Gelegenheit erhielte, bei etwa auftretenden Meinungsverschiedenheiten zu der einen oder anderen Frage meinen persoenlichen Standpunkt vor den leitenden Koerperschaften der Partei darzulegen. Das wurde damals als Selbstverstaendlichkeit bezeichnet. Von sachlichen oder persoenlichen Vorbehalten mir gegenueber war damals nicht die Rede. An diesem Ausgangspunkt moechte ich festhalten. Ich habe mich nach reiflichen Ueberlegungen entschlossen, meine Stellung und noch einiges mehr aufzugeben. Aber ich habe mich nicht nach einer bestimmten Funktion gedraengt. Ich moechte das auch heute nicht tun. Nur um eins moechte ich bitten, dass man mich nicht laenger hinhaelt, sondern mir klaren Bescheid gibt.

‹Als mich Gen[osse] Brost in Euerm Auftrag fragte, ob ich die hiesige Vertretung uebernehmen koennte, war ich in Hannover kein unbeschriebenes Blatt. Die Genossen kannten meinen politischen Werdegang. Sie wussten, dass Heinig kaum eine Gelegenheit verpasst, ueber mich „aufzuklaeren". Das hindert also nicht, mich mit der fraglichen Position zu betrauen. Waehrend der Skandinavienreise haben dann Heinig und andere mit der Giftspritze gearbeitet – und das ist anscheinend nicht ganz ohne Wirkung geblieben.[3]

Vor ein paar Wochen war ich bei Erich Brost mit den fuehrenden Berliner Genossen beisammen. Franz Neumann liess mich wissen, dass in Emigrantenkreisen u. a. der Vorwurf gegen mich erhoben wuerde, ich sei ein „Geschaeftemacher". Ich habe den Berlinern erklaert, was hinter dieser Verleumdung steckt: der blasse Neid.›[4]

Nur in den ersten Wochen all meiner Auslandsjahre brauchte ich von Unterstuetzungen zu leben. Nachher konnte ich mich mit meiner journalistischen Arbeit durchschlagen und waehrend der letzten Jahre sogar anstaendig leben. Es war mir verhaeltnismaessig leicht, in Skandinavien Fuss zu fassen. Ich war im Gegensatz zu manchen anderen kein Aussenseiter. Ich hatte Erfolg. Das haben mir einige – denen ich ausserdem noch viel zu jung war – bis auf den heutigen Tag nicht verzeihen koennen.

Da gibt es denn solche, die sich vergeblich um die norwegische oder schwedische Staatsbuergerschaft bemuehten, um hinterher nationale Prinzipienfestigkeit zu predigen. Es gibt solche, die ihre Artikel bis auf den heutigen Tag nicht los werden, denen es aber offenbar bei den skandinavischen Fleischtoepfen immer noch ganz gut gefaellt – und die dreist genug sind, jemand gewinnsuechtige Motive zu unterstellen, der freiwillig die deutschen Rationen waehlt. Was ihm uebrigens gar nicht besonders heroisch vorkommt.

‹Ich weiss nicht, ob Ihnen, Gen[osse] Schumacher, meine Entwicklung im Einzelnen bekannt ist. Vielleicht koennen Ihnen die aus Anlage 1[5] beigefuegten Daten ergaenzenden Aufschluss geben. Mit einigen Bedenken fuege ich Ihnen auch – als Anlage 2[6] – die Uebersetzung eines Artikels aus dem Zentralorgan der norwegischen [Arbeiter-]Partei bei. Bedenken darum, weil es so aussehen koennte, als wolle ich Reklame machen. Aber die norwegischen Genossen, mit denen ich jahrelang engstens zusammengearbeitet habe, muessen mich ja letzten Endes einigermassen kennen.

Der Artikel im Arbeiderbladet vom 2. Dezember [1947] war uebrigens eine Folge dessen, dass einige buergerliche Blaetter am Tage zuvor – offenbar aufgrund einer Indiskretion aus dem Aussenministerium – eine Meldung gebracht hatten, ich haette meine Stellung im norwegischen Aussendienst gekuendigt und werde eine Funktion fuer die deutsche Sozialdemokratie uebernehmen. Dabei war faelschlicherweise davon die Rede, dass ich so etwas wie internationaler Sekretaer der SPD werden sollte. Ich weiss nicht, wer das entdeckt hat, aber es wuerde mich wundern, wenn Heinig nicht auch daraus eine Geschichte gemacht haette.

Die Reaktion der buergerlichen Presse – das galt auch fuer Schweden und Daenemark – war durchweg positiv. Das kommunistische Organ in Oslo hat wieder einmal einen Dreckkuebel ausgeschuettet.›[7]

Eine Reihe skandinavischer Freunde und Genossen haben mir im Laufe der letzten paar Wochen geschrieben und ihrer Sympathie Ausdruck gegeben. Wie sie vielleicht wissen, hatte mich Professor Gunnar Myrdal gebeten, eine Stellung bei der UNO-Kommission in Genf zu uebernehmen. Nachdem ich ihm abgeschrieben hatte,[8] antwortete er mir am 24. November [1947]: „Alva and I read your letter of November 8 with the most cordial and respectful feelings of sympathy. We do not know all the circumstances, but we feel that you are doing the right thing by starting work again for the one of your two countries which is the poorest and which is most in need of your assistance."[9]

Wie mir Franz Neumann sagte und Erich Ollenhauer bestaetigte, bin ich in Stockholmer Emigrantenkreisen wohl auch von ein paar Schwaetzern in Oslo als „verkappter SED-Mann" oder etwas aehnliches verdaechtigt worden. In diesem Zusammenhang ist von meiner Verbindung mit Jacob Walcher die Rede gewesen.

Um mit dem letzteren anzufangen: ich habe nie einen Hehl daraus gemacht, sondern Erich Brost Anfang des Jahres ausdruecklich davon erzaehlt, dass mich Walcher gelegentlich besucht. Wir kennen einander seit 1933 und waren in den Jahren vor Kriegsausbruch eng miteinander befreundet. Sachlich gingen unsere Wege seit 1939 immer mehr auseinander. Ich habe ihm im vorigen Sommer, als er noch in Amerika war, klipp und klar geschrieben, dass ich seinen Weg zur SED nicht mitmachen koennte, sondern Sozialdemokrat sei und bleiben werde.

‹Von dem wichtigsten Brief schickte ich damals eine Kopie entweder an Sie oder an den Gen[ossen] Heine. Ich fuege trotzdem noch einmal einen Durchschlag – als Anlage 3[10] – bei.›[11]

Dieser Brief ging damals an eine Reihe von Genossen, mit denen ich aus der SAP-Zeit verbunden war. Ich wuerde meinen Standpunkt heute in manchen Punkten erheblich schaerfer formulieren. Aber Sie werden selbst sehen, dass der entscheidende Gegensatz klar herausgearbeitet ist. Die Kluft zwischen mir und den mehr oder weniger Naiven der anderen Fakultaet hat sich seitdem erheblich vertieft.

Ich habe nie verschwiegen, dass ich seinerzeit Anhaenger einer einheitlichen sozialistischen Partei war, die unabhaengig sein und auf demokratischer Grundlage stehen sollte. Der Streit um diese Frage ist durch die Entwicklung ueberholt. Ich habe in einer Reihe anderer Fragen meine Meinung geaendert und habe nicht den geringsten Grund, das zu verheimlichen oder mich dessen zu schaemen – schon gar nicht aus Nachsicht auf eine kleine Stockholmer Clique, die sich darum nicht zu revidieren braucht, weil sie keine fundierten Meinungen hat.

Lassen Sie mich in unmissverstaendlicher Weise erklaeren: Ich stehe zu den Grundsaetzen des demokratischen Sozialismus im allgemeinen und zur Politik der deutschen Sozialdemokratie im besonderen. Ich behalte mir vor, mir ueber neu auftauchende Fragen selbst den Kopf zu zerbrechen. Und ich werde nie im Voraus Ja sagen zu jeder Einzelformulierung, auch wenn sie von dem ersten Mann der Partei gepraegt wird.

Mir will scheinen, dass es auch nicht der Politik der Partei widerspricht, wenn man – bei schaerfster Frontstellung gegen das Regime des Terrors und der Luege – niemals darauf verzichtet, um den von ehrlichen Willen geleiteten Teil der kommunistischen Arbeiter zu ringen. Ich meine darueber hinaus, dass wir wohl weder in Deutschland noch Europa fertig sind mit der Entwicklung einer wirklichen Strategie der dritten Kraft. Wir stehen vor einer noch schaerferen Auseinandersetzung als bisher mit dem bolschewistischen Machtstreben einerseits und der grosskapitalistischen Reaktion andererseits. In der Auseinandersetzung mit dem Bolschewismus wuerde ich vielleicht staerker als einige unserer Genossen bestrebt sein, die historischen Voraussetzungen der russischen Entwicklung herauszuarbeiten. Ich wuerde auch bei der Beurteilung der Entwicklung in den Laendern der russischen Sphaere geneigt sein, den historischen und sozialen Hintergruenden des heutigen Geschehens entscheidende Bedeutung beizumessen. Andererseits bin ich mir darueber im klaren, dass die Dinge in der Hitze des Gefechts manchmal auf einen reichlich vereinfachten Nenner gebracht werden muessen.

Um noch einmal auf Stockholm zurueckzukommen. Sie haben sicher schon manchmal ein Lied davon singen hoeren, zu welchen Verruecktheiten sich die Emigrantenmentalitaet bisweilen steigern konnte. Mich regt das nicht mehr besonders auf. Ich habe allerdings auch keine Lust mehr, ruhig mit anzusehen, wie man mir ins Gesicht spuckt.

In diesem Zusammenhang moechte ich immerhin daran erinnern, dass mich die damalige Landesgruppe deutscher Sozialdemokraten, die die uebergrosse Mehrheit unserer Genossen in Schweden vertrat – und ebenfalls die kleine Osloer Gruppe – im Vorjahr mit ihrer Gastvertretung auf dem Parteitag in Hannover betraute. ‹Als bezeichnendes Beispiel dafuer, wie verschroben einige an sich gute Kerle draussen geworden sind, moechte ich auch erwaehnen, dass einer, der in Oslo ueber meine angeblichen SED-Verbindungen schwaetzte, hinterher in „alter Freundschaft“ und als ob nichts passiert waere, an mich schreibt und mich bittet, ihn bei verschiedenen Stellen zu empfehlen.

Die Osloer Gruppe wird uebrigens, wenn ich richtig informiert bin, einen Quatscher zur Rechenschaft ziehen. In Schweden werden meine Freunde auch den Versuch unternehmen, die Atmosphaere zu entgiften. Ich wuensche ihnen dabei guten Erfolg. Nur an eines vermag ich nach mehrjaehrigen Erfahrungen nicht zu glauben: den guten Willen von Heinig. Er lebt von Intrigen und dem, was er in voelliger Verkennung der Tatsachen fuer Politik haelt. Ich habe Ihnen schon im vorigen Jahr in Hannover erklaert, dass ich Heinig als ein Unglueck fuer die Partei betrachte. Derselben Auffassung sind zahlreiche fuehrende Genossen aus Norwegen und Schweden.

Die neueste Entdeckung Heinigs bezieht sich, wie mir Erich Brost andeutungsweise mitteilte, auf einige E. Carlsson gezeichnete Artikel in Organen der schwedischen Parteipresse. Dazu moechte ich feststellen, dass es an sich nicht um meine Artikel, sondern um die meiner norwegischen Verlobten handelt.[12] Sie hat ausserdem gelegentlich kurze Meldungen fuer das Osloer Arbeiderbladet geschrieben. Die Genossen Rolf Gerhardsen in Oslo und Stråhle in Stockholm koennen Ihnen jederzeit bestaetigen, dass sie eine diesbezuegliche Vereinbarung mit meiner Verlobten getroffen haben. Beide Stellen haben mir allerdings, als sie vom bevorstehenden Wechsel meiner Taetigkeit erfuhren, geschrieben und vorgeschlagen, dass ich ihnen in Zukunft Artikel schreiben soll. Das moechte ich ab Mitte Januar [1948] gerne tun, falls Zeit dazu bleibt. Diese von mir geschriebenen und signierten Artikel werden sich natuerlich in dem Rahmen bewegen, der durch meine Auffassungen und meine Funktion gegeben ist.

Ich koennte es an sich mit dieser formellen Feststellung genug sein lassen. Das waere aber insofern nicht ganz aufrichtig, weil ich die erwaehnten Artikel natuerlich gesehen und zum Teil wesentlich beeinflusst und verbessert habe. Sie entsprechen nicht dem, was in von mir geschriebenen und signierten Artikeln stehen wuerde. Aber sie koennen sich als Arbeit einer jungen skandinavischen Journalistin sehr wohl sehen lassen.

Im Laufe der letzten Monate sind 8 solche Artikel an die Redaktion der schwedischen A[rbeiterparteien]-Pressen abgegangen, deren norwegische Kopien hier in Berlin sind und ihnen gern zur Verfuegung stehen. Sie behandeln folgende Themen: 1) Illegale nazistische Gruppen, 2) Uranbergbau im Erzgebirge, 3) Die Demontagekrise, 4) Fragen der Besatzungskosten, 5) Verfolgung der Sozialdemokraten in der Ostzone, 6) Diskussion um die nationale Repraesentation, 7) Sokolowskis Erklaerungen im Kontrollrat, 8) Geruechte um Ostzonen-Regierung.

Der einzige dieser Artikel, der moeglicherweise zu einer Diskussion Anlass geben koennte, ist der sechste. Ich habe leider die schwedische Fassung nicht da und weiss erst recht nicht, was Heinig daraus „zitiert" hat. Selbst habe ich an Hand des norwegischen Manuskriptes eine deutsche Uebersetzung niedergeschrieben, die ich als Anlage 4[13] beifuege. Sie werden daraus ersehen, dass von einer illoyalen Behandlung der Frage nicht die Rede sein kann. Man kann nicht von einem skandinavischen Mitarbeiter einer skandinavischen Zeitung verlangen, einfach einen Artikel einer Parteipresse zu uebersetzen.

Was meine eigene Haltung zu Ihnen angeht, so werden Sie sich vielleicht noch an den Artikel erinnern, den ich im vorigen Fruehsommer in Oslo und Stockholm veroeffentlicht habe. Ich fuege auch darum noch einmal eine Kopie bei, und zwar als Anlage 5[14].›[15]

Gestatten Sie mir abschliessend, Ihnen zu versichern, dass ich niemals ein einfacher Jasager gewesen bin und es hoffentlich auch nie werde. Aber ich habe seit langem gelernt, mich einzuordnen und von dem mir einmal zugewiesenen Platz aus mit voller Kraft fuer unsere Sache zu wirken.

Nach den vielen Jahren der Vorbereitung und des Kommentierens sehne ich mich nach aktivem Einsatz. Es waere mir umso leichter, eine verantwortliche Arbeit fuer die Partei zu uebernehmen, da ich von Ihrer programmatischen Forderung weiss, eine erneuerte deutsche Sozialdemokratie zu formen. Tradition bedeutet viel. Aber die Ehrfurcht vor dem Ueberlieferten darf nie soweit gehen, dass man ‹– wie etwa Heinig –›[16] Fehler und Irrtuemer der Vergangenheit nicht eingestehen will. Wie sollte dann eine Partei innerlich wachsen koennen? Und wie sollte sie den Kampf um die junge Generation mit Erfolg bestehen koennen?

‹Unfruchtbare Auseinandersetzungen ueber die theoretischen Grundlagen der Bewegung koennten uebrigens meines Erachtens dadurch vermindert werden, dass in der Schulungsarbeit noch mehr Gewicht auf die Entwicklung sozialistischen Denkens gelegt wird. Niemand wird dann um die entscheidende Bedeutung der marxistischen Grundkenntnisse herumkommen. Die meisten werden aber auch einsehen, dass sie nicht der Weisheit letzter Schluss sein koennen.

Sie wollen wohl die formellen Maengel dieses Briefes entschuldigen. Ich musste ihn schnell herunterschreiben und hoffe, Ihnen gesagt zu haben, woran Sie bei mir sind.

Ich darf Sie bitten, mich nach eventueller Ruecksprache mit den Genossen des geschaeftsfuehrenden Vorstandes wissen zu lassen, was vielleicht noch ergaenzender Erlaeuterungen bedarf. Wenn Sie Fragen besprechen wollen, die fuer die Uebernahme der mir angebotenen Funktion von Bedeutung sind, moechte ich dringend darum ersuchen, dass dies umgehend und jedenfalls vor dem 10. Januar [1948] geschieht.

Wenn tatsaechlich aus mir unbekannten Gruenden entscheidende Bedenken aufgetaucht sind, ist es besser, wir sprechen nicht mehr von diesem Projekt. Ich zweifle nicht daran, dass ich mich auch auf einem anderen Gebiet nuetzlich betaetigen koennte.

Ich weiss sehr wohl, dass die endgueltige Behandlung der Frage erst auf der kommenden Sitzung des Parteivorstandes erfolgen kann, nachdem sie in Bremen und Hannover nicht erfolgt ist. Aber mir geht es jetzt um Ihre Entscheidung.›[17]

Seien Sie nicht boese, lieber Genosse Schumacher, wenn der Brief etwas gereizt klingen sollte. Im Grunde soll damit nichts anderes gesagt werden als: Ich will mich nicht aufdraengen, ich sehe keine Veranlassung mich zu verteidigen, aber ich stehe zur Sache und zu meinem Wort.
Ihr

Nr. 3

Schreiben des Vertreters des SPD-Parteivorstands in Berlin, Brandt, an den stellvertretenden Vorsitzenden der SPD, Ollenhauer
3. September 1948

AdsD, WBA, A 6, Korrespondenz mit PV 1947–1950 (alt).

Lieber Erich!

Im Zusammenhang mit dem Parteitag[1] habe ich mal wieder das Gefühl, parteiorganisatorisch ein bisschen zwischen den Stühlen zu sitzen. An sich stecke ich ja mitten in der Berliner Arbeit. Aber ich bin eben nicht Funktionär der Berliner Partei und musste natürlich auch abwinken, als mich ein paar Kreise fragten, ob ich zur Parteitagsdelegation kandidieren wolle. Andererseits habe ich drüben[2] vorläufig gar keine andere organisatorische Verankerung als die, die durch meine Teilnahme an den leitenden Parteikörperschaften gegeben ist.

Wenn Du es nicht für aufdringlich hältst, möchte ich mich trotz meines formellen Status eines Gastteilnehmers an der politischen Hauptdebatte in Düsseldorf beteiligen. In erster Linie würde mich reizen, zu einigen Fragen aussenpolitischer Art Stellung zu nehmen.[3] Ob ich eventuell auch etwas zur Frage der Ostzone sagen soll, möchte ich einer Absprache mit Dir vorbehalten. An sich stehe ich natürlich auch zur Verfügung, sofern es sich um die Begründung des PV-Standpunktes zu dem einen oder anderen der vorgelegten oder noch vorzulegenden Anträge handelt. Besonders hätte mich eine kurze Kommentierung der Anträge zur Frage Parteiprogramm-Aktionsprogramm gereizt.[4] Aber dafür habt Ihr wahrscheinlich schon jemand bestimmt.

Lass' Dir die Sache mal durch den Kopf gehen. Wenn Du einen bestimmten Vorschlag hast, kannst Du mir ihn vielleicht telefonisch durchgeben, damit ich noch etwas vorbereiten kann. Im andern Fall können wir uns ja noch in Düsseldorf verständigen.

Im Anschluss an den Parteitag bzw. bei der ersten Arbeitssitzung des neuen Vorstandes müssen wir uns über die weitere Arbeit des Berliner Sekretariats[5] unterhalten.

Besten Gruss!

Dein

Nr. 4

Artikel des Vertreters des SPD-Parteivorstands in Berlin, Brandt, für *Das sozialistische Jahrhundert*
30. September 1948

Das Sozialistische Jahrhundert 2 (1948) 21, S. 323–324.

DIE SPD VOR DER VERANTWORTUNG
Zum Düsseldorfer Parteitag

Der diesjährige Parteitag der deutschen Sozialdemokratie sah sich einer schwierigen Aufgabe gegenüber. Hannover 1946 war vom Schwung der neuen Sammlung der Kräfte getragen. Nürnberg 1947 stand im Zeichen der Konsolidierung (innerhalb sehr eng gesteckter Grenzen für die politischen Entscheidungen der Deutschen). Düsseldorf 1948 mußte einen Übergang bedeuten von der Neuformierung und Standorterklärung zur praktischen, gestaltenden Politik.

Ein Teil der Tagespresse hat über die Beratungen und Beschlüsse des Düsseldorfer Parteitages (11. bis 14. September [1948]) eingehend berichtet. Ein Kurzprotokoll ist in Vorbereitung und wird binnen kurzem allen Interessierten erreichbar sein. Dieser Aufsatz will den Lesern nicht das Studium der Dokumente ersparen, aber die These belegen, daß es sich in Düsseldorf um einen produktiven Übergang gehandelt hat.

Die nationalpolitische Aufgabe

Demokratische Parteitage haben nicht nur Kundgebungen zu sein. Andererseits können sie nicht eine intensive Klärung und Diskussion ersetzen (die sowieso weder an Aufmärsche noch Organisationsstatuten gebunden ist). Sie können aber einen Klärungsprozeß fördern oder auch bremsen. Ob sie das eine oder das andere tun, zeugt von der Lebendigkeit oder Erstarrung der betreffenden Partei. Und wie sehr ein solcher Klärungsprozeß im Hinblick auf und für unser gesamtes politisches Leben wichtig, ja sowohl für das deutsche Volk als auch die zukünftige Bedeutung seiner Parteien entscheidend ist, braucht kaum ausgesprochen zu werden.

Auch in Düsseldorf hat sich wieder gezeigt, daß die deutsche Sozialdemokratie nicht nur über ein solides organisatorisches Gefüge verfügt, sondern trotz aller Schwierigkeiten beachtliche Leistungen aufzuweisen hat. Andererseits hat sie infolge der ungünstigen außenpolitischen Bedingungen (zu denen nicht etwa nur die Unterdrückung in der sowjetischen Zone gehört, sondern auch die antisozialistische Intervention der Besatzungsmächte des Westens!) nicht jenen Durchbruch erlangt, der manchem ihrer führenden Vertreter nach Kriegsende vorschwebte.[1] Dennoch ist sie die stärkste politische Partei Nachkriegsdeutschlands.

In dem bisher durch die Art der Besatzungsherrschaft so eng gesteckten Rahmen hat sie sich als Verteidigerin der europäischen Freiheit auf deutschem Boden erwiesen. Von ihren sozial- und wirtschaftspolitischen Vorstellungen hat sie sehr wenig durchsetzen können. Nichtsdestoweniger fällt ihr die Aufgabe zu, jene nationalpolitischen Fragen zu beantworten, die sich aus dem Scheitern der Viermächtepolitik ergeben. Durch die Währungsreform und „Bonn“[2] sind Ansätze einer Entwicklung zum neuen deutschen Staats- und Wirtschaftsleben geschaffen worden. Man mag von den Ansätzen halten, was man will, wegzudiskutieren sind sie nicht mehr. Also hatte man auch in Düsseldorf von ihnen auszugehen.

Die Orientierung auf diese Probleme ist eben erst geschehen. Die entscheidenden internationalen Beziehungen und das Verhältnis Deutschlands zu ihnen sind noch ungeklärt. Wollte man nicht im Deklamatorischen stecken bleiben, so war es nicht möglich, schon heute die ganze Autorität des Parlaments der größten deutschen Partei für ein detailliertes Programm der politischen und wirtschaftlichen Neugestaltung einzusetzen.

Eindeutig aber war die Richtung angegeben auf eine deutsche Republik hin für alle deutschen Länder und mit einer genügenden Zentralgewalt. Und die wesentlichen Elemente jener Politik wurden erörtert, die über ein baldigst zu erlassendes Besatzungsstatut und allgemeine Wahlen zu echter Verantwortlichkeit der Deutschen und zu ihrer Mitwirkung an den europäischen Dingen führen muß.

Das Programm der Freiheit

Die Aufgabe der Sozialdemokratie besteht zweifellos darin, die Partei der Freiheit und des regenerierten Europäertums auf deutschem Boden zu bleiben. Sie hat den Zustand geistiger Unruhe erfreulicherweise nicht überwunden und dadurch der Gefahr der Selbstabriegelung gegenüber der jungen Generation vorbeugen können. Trotz allen Ernstes, mit dem die Fragen der praktischen Politik der Wirtschaft und der Sozialpolitik anzupacken sind, wird sie nicht um die grundsätzliche Klärung ihrer geistigen Grundlagen herumkommen.

In immer stärkerem Maße wird die SPD zur Partei des sozialen Aufbaus. Auch dazu sind durch die 1946 in Hannover angenommene Prinzipienerklärung[3] und durch spätere Ausarbeitungen wesentliche Fundamente vorhanden. Im Hauptreferat Schumachers für Düsseldorf, das außerdem eine Serie brennender nationaler und internationaler Probleme behandelte, wurden die grundsätzlichen Probleme klargestellt.[4] In der Debatte wurde der Kreis der Fragen erweitert. Das ist kein schlechter Start der Programmdiskussion, die im kommenden Jahr durchgeführt werden soll.

Dem Parteivorstand ist aufgetragen worden, eine Programmkommission einzusetzen.[5] Diese sollte von Anfang an unterscheiden zwischen einem Grundsatzprogramm des freiheitlichen Sozialismus und dem Aktionsprogramm der SPD.[6]

Beide Teile werden in breitesten Kreisen diskutiert werden müssen und dürfen keinesfalls als Parteiangelegenheiten im sozusagen familiären Sinne betrachtet werden. Die Erfahrungen der letzten Jahre berechtigen zu der Hoffnung, daß die Befreiung von konservativem Traditionalismus und steriler Dogmatik gelingen wird. Schumacher hat aber nicht ohne Grund vor billigen antimarxistischen Schlagworten gewarnt. Die Grundlage einer programmatischen Neuformulierung sollte eine klare Aufzeigung der *historischen* Entwicklung sozialistischer Zielvorstellungen sein. Und das, was seit 1933 von den sozialistischen Bewegungen anderer Länder erarbeitet wurde, darf man nicht vergessen auszuwerten. Für ein *Aktionsprogramm* der Freiheit und des Aufbaus liegen wesentliche Ansätze vor. Man braucht nicht mit jedem Satz der Referate Rudolf Zorns[7] und Hermann Veits[8] über die wirtschaftspolitischen Aufgaben einverstanden zu sein und kann dennoch ihre wegweisende Bedeutung anerkennen. Sie wurden aus Zeitknappheit nicht genug diskutiert. Die Abgrenzung gegenüber hemmungsloser Konkurrenzwirtschaft einerseits und totaler Planökonomie andererseits ist trotzdem klar genug erfolgt. Die Probleme sozialer Neugestaltung sind als die *sozialistische Gegenwartsaufgabe* erklärt und konkretisiert worden. Dazu gehören die Entschließungen des Parteitages zum Lastenausgleich, zum Wohnungsbau und zur Flüchtlingsfrage, der Entwurf eines Sozialprogramms und die Richtlinien für die weitere Tätigkeit im Wirtschaftsrat.[9]

Zusammenarbeit mit wem?

Aus einer Prüfung der bisherigen Frankfurter Politik[10] ergibt sich die Frage, auf welche Weise ein *verantwortliches* Zusammenwirken der Sozialdemokratie mit anderen Kräften zu erreichen sein wird.

Zu gleicher Zeit zeigt die Frankfurter Erfahrung aber auch, wie schwierig ein solches Zusammenwirken mit der CDU im Westen ist, solange in ihr die großen Besitzinteressen die dominierende Rolle spielen.[11]

Einverständnis herrschte jedenfalls darüber, nichts unversucht zu lassen, um dem in Bonn zu schaffenden Grundgesetz eine möglichst *breite Basis* im Volk zu sichern. Die sich später ergebenden Probleme können weder mit Redensarten von der „einen reaktionären Masse“ noch mit Koalitionsneigungen aus Bequemlichkeit gelöst werden. So manche Faktoren werden gerade durch

95 Artikel für *Das sozialistische Jahrhundert*, 30. Sept. 1948

eine feste Umreißung und entschlossene Vertretung eines sozialdemokratischen Aktionsprogramms positiv beeinflußt werden.

Um falschen Hoffnungen in in- und ausländischen Kreisen vorzubeugen, sei jedenfalls gesagt, daß die Sozialdemokratie nicht für billige Redensarten zu haben ist. Mit dem Ringen um wirkliche Strukturveränderungen, dem Kampf gegen die Errichtung einer neuen kapitalistischen Vorherrschaft im Westen, ist es ihr bitter ernst. Denn sie ist davon überzeugt, daß die Demokratie in Deutschland und in Europa nur Bestand haben wird, wenn es gelingt, sie sozialistisch zu untermauern.

Realistik statt Bankettreden

Obgleich nicht offizielles Thema der Tagesordnung, übte das Berliner Problem[12] einen nahezu beherrschenden Einfluß auf den Düsseldorfer Parteitag aus. Angefangen bei der Eröffnungskundgebung und den Reden der internationalen Gäste, über die Referate Schumachers und Ollenhauers sowie die politische Diskussion, zu der die Berliner Delegation Wesentliches beizusteuern hatte, bis zum dramatischen Höhepunkt des feierlichen Protestes gegen die Terrorurteile,[13] galt Berlin als die Freiheitsinsel im sowjetischen Meer, die die Beratungen in ihren Bann zog.

Nicht allen Beteiligten braucht dabei klar geworden zu sein, daß es hier um mehr als Solidarität geht, nämlich um einen Schwerpunkt deutscher (und übrigens in aller Bescheidenheit auch internationaler) Politik. Diese Erkenntnis wird sich mehr und mehr durchsetzen. Berlin ist die Klammer zu den freiheitlichen Kräften der Ostzone, deren Sehnen und Wollen von der Sozialdemokratie nicht als sentimentale Angelegenheit, sondern als Verpflichtung und als eines der wichtigsten Elemente gesamtdeutscher Politik in Rechnung gestellt wird.

An der Haltung zu den Besatzungsmächten hatte sich im Vergleich mit den beiden vorhergehenden Parteitagen eine nicht unbeträchtliche Modifizierung ergeben. Dem östlichen Totalitarismus gegenüber blieb von vornherein nichts anderes übrig als erbitterter Kampf. Den Westmächten aber war zu sagen, welche

Elemente ihrer Politik die Behauptung der demokratischen Kräfte auf dem europäischen Kontinent erschweren.

Es ist nicht versäumt worden, den Widerspruch aufzuzeigen, größere Vollmachten in deutsche Hände übergehen zu lassen, und den Einsprüchen, wie sie etwa beim nordrhein-westfälischen Sozialisierungsgesetz und beim hessischen Betriebsrätegesetz zutage getreten sind.[14] Die Demontagefrage ist ein anderes Beispiel der Kluft zwischen Theorie und Praxis. In diesem Zusammenhang waren einige deutliche Worte über die Lage in der französischen Zone zu sagen, gerade dann, wenn noch einmal die erstrangige Bedeutung einer französisch-deutschen Verständigung betont wurde. Im Zusammenhang mit dem Parlamentarischen Rat stellte insbesondere Carlo Schmid fest, daß die Sozialdemokratie sich keineswegs vor der Verantwortung drücke, daß sie aber genau wissen wolle, was in Zukunft deutscher Verantwortlichkeit untersteht.

Seit dem vorigen Parteitag war die SPD als vollberechtigtes Mitglied in die internationale Arbeitsgemeinschaft der sozialistischen Parteien aufgenommen worden.[15] Die zahlreichen ausländischen Delegationen in Düsseldorf zeugten von lebendigem Interesse. Es fragt sich allerdings, ob es nicht an der Zeit wäre, Illusionen über die Bedeutung internationaler Begrüßungsansprachen vorzubeugen. Auch bei der Europafrage wird es darauf ankommen, von frommen Wünschen und Bankettreden zu praktischen Vorschlägen und zu ihrer Realisierung zu kommen.

Nicht nach links oder rechts: nach vorn!

Wird der weitere Weg der SPD nach „links" oder nach „rechts" führen? Ich halte diese Fragestellung für unfruchtbar und wäre meinerseits mit dem Weg nach vorn zufrieden. Es sei offen ausgesprochen, daß damit die Hoffnung verbunden ist, die für die Unterstreichung der Kontinuität und für die Erfahrungsvermittlung wertvolle starke Gastvertretung führender Männer der Weimarer Periode möge kein Zurück in der Parteienentwicklung bedeuten. Andererseits ist wenig Positives vom maximalistischen Linksertum

97 Artikel für *Das sozialistische Jahrhundert*, 30. Sept. 1948

zu erwarten, das in Düsseldorf durch den Schleswig-Holsteiner Arp und durch einige lokale Antragsteller repräsentiert wurde.[16]

Vor allem aber sollte ein für allemal mit jener Begriffsverwirrung aufgeräumt werden, die Konzessionen an das, was sich heute Kommunismus nennt, für Radikalismus hält. Bei der Klärung der VVN-Frage ist mit der notwendigen Schärfe klargestellt worden, daß es keine Gemeinsamkeit mit den Trägern und Verteidigern des grausamsten Terrorregimes unserer Tage geben kann.[17] Zu dieser Erkenntnis sind nicht zuletzt auch jene Sozialdemokraten gekommen, die früher unter anderen Aspekten für mehr oder weniger weitreichende Zusammenarbeit eingetreten sind. Es war auch kein schlechtes Zeichen, daß die Diskussion zu diesem Punkt stark durch einen Hamburger Delegierten befruchtet wurde, der bis vor wenigen Jahren zum Zentralkomitee der KPD gehörte.[18]

1945 und 1946 ist immer wieder betont worden, es handle sich nicht um eine einfache Weiterführung, sondern um eine Neubegründung der deutschen Sozialdemokratie.[19] Es kann nicht schaden, daran zu erinnern und damit den kämpferischen Charakter der Partei zu unterstreichen. Das Neue, was von Düsseldorf her zur These vom produktiven Übergang berechtigt, ist die Überwindung sowohl der Tendenz zur opportunistischen Selbstgefälligkeit wie der Neigung zu scheinrevolutionärer Sturheit durch einen echten Radikalismus, nämlich den festen Willen zu gründlicher Neugestaltung.

Nr. 5

Rede des Vertreters des SPD-Parteivorstands in Berlin, Brandt, auf dem VI. Landesparteitag der Berliner SPD 8. Mai 1949

Brandt, Willy: Programmatische Grundlagen des demokratischen Sozialismus, Berlin o. J.

Programmatische Grundlagen des demokratischen Sozialismus

Durch die Geschichte der Menschheit zieht sich ein roter Faden der Freiheitskämpfe. Das freiheitliche Ringen in unserer Zeit steht im Zeichen der Behauptung des Menschen gegenüber politischen und wirtschaftlichen Machtzusammenballungen, die den Bestand unserer Zivilisation in Frage stellen. D e r M e n s c h steht im Mittelpunkt jenes Systems von Vorstellungen über eine Neugestaltung der gesellschaftlichen, nationalen und internationalen Verhältnisse, die wir demokratischen Sozialismus nennen. Um des Menschen willen bemühen wir uns um die Beantwortung der zentralen Fragen dieser Epoche. Sie lauten: Wie können die gewaltigen wissenschaftlichen und technischen Errungenschaften dem Fortschritt, der Kultur, dem Wohlstand dienstbar gemacht werden? Auf welche Weise können wir ein neues Verhältnis erreichen zwischen dem gesunden Eigenleben der Völker und den Erfordernissen kontinentaler und interkontinentaler Räume? Und vor allem: Wie finden wir die Synthese von Freiheit und Ordnung, den Ausgleich zwischen den unveräußerlichen Persönlichkeitswerten und der abschwächbaren, aber kaum aufhebbaren Tendenz zum Kollektivismus?

Mehrere Katastrophen haben in der ersten Hälfte des zwanzigsten Jahrhunderts zur unwiderruflichen Entscheidung gegen die alte Ordnung auf wirtschaftlichem und zwischenstaatlichem Gebiet geführt. Zwischen den beiden Weltkriegen lagen die große Wirtschaftskrise und das Aufkommen der totalitären Regime. Der zweite Weltkrieg hat der Technik und der Entfaltung neuer Wirtschaftsformen weitere Auftriebe gegeben, aber er hat die revolutionäre

Willy Brandt bei seiner Rede „Die Grundlagen des demokratischen Sozialismus" auf dem VI. Landesparteitag der Berliner SPD am 8. Mai 1949

Krise der letzten Jahrzehnte nicht zum Abschluß gebracht. Diese Krise zum Wohle der Menschheit zum positiven Abschluß zu bringen, ist die geschichtliche Aufgabe des demokratischen Sozialismus.[1]

Grundsatzfragen können nur dann geklärt werden, wenn man sich über bestimmte Begriffsbestimmungen verständigt. Sonst redet man aneinander vorbei. Es scheint leider nichts daran zu ändern zu sein, daß gewisse Leute ein Vergnügen daran finden, sich Vogelscheuchen zurechtzumachen, denen sie das Plakat „Sozialismus" um den Hals hängen.[2] Sie treten damit in die Fußspuren derer, die den Sozialdemokraten zu früheren Zeiten andichten wollten, sie beabsichtigten, die Frauen zu sozialisieren und dem Bauern die letzte Kuh aus dem Stall zu holen. Mit offenbaren Böswilligkeiten und dem bewußten Appell an die Dummheit wollen wir uns jedoch nicht auseinandersetzen.

Wir sollten auch über das Stadium hinausgelangt sein, in dem man meinte, gewisse Vorstellungen seien schon darum richtig, weil sie irgendwo *geschrieben* sind. Wer mit den Problemen unserer Zeit fertig werden will, sollte die Zitatenbibel zu Hause lassen und statt dessen das Buch des lebendigen Geschehens studieren. Er sollte es im Geiste des echten Radikalismus tun, der darin besteht, die Wirklichkeit zu erkennen und aus ihr die Konsequenzen zu ziehen. Wer immer nur rückwärts schaut, ist alles mögliche, nur nicht radikal.

Bei der Neubegründung unserer Partei wurde festgestellt, daß es keinen Sozialismus ohne Demokratie und ohne Menschlichkeit gibt. Das war eine eindeutige Willensäußerung unsererseits. Wir wissen, daß es in der Vergangenheit sozialistische Gedankensysteme, autoritäre und antiautoritäre, gegeben hat, die nicht demokratisch waren. Zweitens wissen wir, daß es in unserer Zeit Regime gibt, die sich zwar sozialistisch nennen, mit denen wir aber nicht in einem Atemzug genannt, geschweige denn identifiziert werden wollen. Darum sprechen wir nicht vom Sozialismus schlechthin, sondern vom demokratischen Sozialismus. In ihm vereinigen sich die Ideen der Freiheit, der Gerechtigkeit und der Ebenbürtigkeit. Die Sozialdemokratische Partei ist die Trägerin der Vereinigung dieser Ideen in unserem Lande. Damit ist nicht gesagt, daß es nicht auch noch Reserven des *demokratischen* Sozialismus außerhalb der Reihen unserer Partei geben könnte.

Ein Programm ist eine Zusammenfassung von Zielen. Dabei kann es sich um Nahziele handeln, die sich eine politische Partei für eine Periode von wenigen Jahren stellt. Dann sprechen wir von einem *Aktions*programm, das auch als Wahlprogramm präsentiert werden kann und möglichst mit dem übereinstimmen sollte, was die zum Zuge kommende Partei zum Regierungsprogramm erhebt. Wo es sich um mehr als eine reine Interessenvertretung handelt, werden die Nahziele mit Fernzielen verbunden sein. Eine Zusammenfassung solcher über die nächsten Jahre hinausreichenden Ziele und ihrer ideenmäßigen Begründung nennen wir ein prinzipielles, ein grundsätzliches Programm.

101 Rede auf dem Landesparteitag der Berliner SPD, 8. Mai 1949

Wohlgemerkt: Wir sprechen von Prinzipien und nicht von Dogmen, nicht von religiösen Glaubenssätzen. Grundsätze fußen zumeist auf ethischen Vorstellungen und auf wissenschaftlichen Erkenntnissen. Die letzteren ändern sich darum, weil die Summe der gewonnenen Erkenntnisse dauernd wächst. Aus diesem Grunde ist es widersinnig, ein Programm mit dem Anspruch wissenschaftlicher Vollkommenheit aufstellen zu wollen. Bereits im Stadium seiner Formulierung liefe ein solches Programm Gefahr, überholt zu werden. Damit will ich keineswegs gesagt haben, daß wir auf die präzise Formulierung unserer Ziele und Grundsätze verzichten sollten. An dem Aktionsprogramm für Freiheit und Aufbau, mit dem die deutsche Sozialdemokratie zum ersten überzonalen Wahlkampf anzutreten hat, wird gegenwärtig gearbeitet. Die Diskussionen über ein prinzipielles Programm befinden sich noch im Stadium der vorbereitenden Klärung. Die auf dem Hannoverschen Parteitag im Mai 1946 beschlossene Prinzipienerklärung reicht auf die Dauer kaum aus.[3]

Die Programmdebatte, in deren erster Phase wir uns befinden, wird zu keinem raschen Ergebnis und niemals zu einem endgültigen Abschluß führen können.[4] Unsere Bewegung verfügt unabhängig davon jedenfalls über eine solide Basis gemeinsamer Überzeugungen. Zugleich erinnern wir uns jenes Satzes, der gestern Motto unserer Tagung war und der da lautet, daß jeder Schritt wirklicher Bewegung wichtiger sei als ein Dutzend Programme. Vielleicht darf man sogar sagen: eine Partei kann mit einem ausgezeichneten Programm eine miserable Politik machen oder gar zugrundegehen. Umgekehrt soll es vorgekommen sein, daß Parteien ohne ein bis ins Letzte ausgefeiltes und wissenschaftlich begründetes Programm Respektables geleistet haben. Wir brauchen formulierte Grundsätze, an denen wir unsere Tagespolitik orientieren und an die wir die hoffentlich nie erlahmende geistige Auseinandersetzung in unseren Reihen anlehnen können. Was wir demhingegen nicht brauchen können, ist, um mit Wilhelm Liebknecht zu sprechen, „ein papierner Papst in Gestalt eines unfehlbaren Programms". Rückschauend sollten wir uns zunächst einen Augenblick mit den früheren programmatischen Grundlagen unserer gewiß neu begründeten, aber in sich alles wertvoll Überkommene aufnehmenden Bewegung befassen. Dazu ein freundschaftliches Wort an alle Jungen und Neuen in unseren Reihen: Wie verändert die Verhältnisse auch sein mögen, wie fremd euch die Sprache manchmal anmuten mag, ihr solltet dennoch nicht darauf verzichten, das Kommunistische Manifest und das Arbeiterprogramm[5] mit kritischem Verstand zu lesen und euch mit dem Erfurter Programm von 1891 und dem Heidelberger Programm von 1925 vertraut zu machen. Diese und ähnliche Schriften werden euch nicht nur den Kontakt mit der Geschichte sozialistischen Denkens vermitteln, sondern auch wertvolle Anhaltspunkte für die Bestimmung des neuen Standorts geben. Neu orientieren in der Landschaft kann sich nur, wer Boden unter den Füßen hat. Manchem unserer Gegner könnte es übrigens auch nichts schaden, mit den Quellen Bekanntschaft zu machen, statt unausgesetzt dummes Zeug über den „totalitären Marxismus" oder die „materialistische Sozialdemokratie" nachzureden. Bei einigen dieser Gegner handelt es sich allerdings weniger um Unwissenheit als um gnadenlose Ausnutzung von Zwangsvorstellungen, die von den Nazis großgezüchtet worden sind.

In der ersten Hälfte des vorigen Jahrhunderts standen, wie Sie alle wissen, an der Wiege der sozialistischen Bewegung, die – übrigens nicht immer zu recht geringschätzig – „utopistisch" genannten Anschauungen, die der sozialen Ungerechtigkeit durch Appelle an die Vernunft und die Moral zu Leibe rücken wollten. Zur gleichen Zeit entfaltete sich die erste spontane Arbeiterbewegung gegen die Exzesse der industriellen Revolution. Für diese Arbeiterbewegung bedeuteten die Theorien von Marx und Engels in einer Reihe von Ländern, darunter dem unsrigen, einen bestimmten Halt. Diese Theorien waren nicht die erste Phase sozialistischen Denkens und konnten nicht die letzte sein, wohl aber spielten sie eine entscheidende, nicht mehr wegzudenkende Rolle. Das gilt insbesondere für die Analyse der kapitalistischen Wirtschaft und Gesellschaft und für die Aufdeckung ihrer Entwicklungsgesetze. Damit erhielt auch die Geschichtsforschung wesentliche Impulse, die längst wissenschaftliches Allgemeingut geworden sind.

Im Vordergrund stand damals die Tatsache der Ausbeutung des Lohnarbeiters, die Tendenz zur Polarisierung der Gesellschaft, der sich verschärfende Gegensatz der Klassen. Es ist jedoch ein ausgemachter Blödsinn, wenn man mit der Behauptung krebsen geht, Karl Marx habe den Klassenkampf erfunden. Er hat sich im Gegenteil bemüht, Wege zu seiner Überwindung aufzuzeigen. Unsinn ist es auch, wenn man mit Hinweisen auf die Frühzeit der Arbeiterbewegung einen Gegensatz zwischen Sozialismus und Freiheit konstruieren will. Der Mensch stand auch damals im Mittelpunkt der sozialistischen Theorie. Die Freiheit der Persönlichkeit und alles andere, was von den Totalitären heute mit Füßen getreten wird, gehört sozusagen zur sozialistischen Erbmasse.

Die Arbeiterbewegung des vorigen Jahrhunderts entfaltete sich auf der Ideengrundlage der französischen Revolution. Ihre Vorkämpfer standen auf den Barrikaden des Jahres 1848. Die Sozialdemokratie August Bebels mußte der demokratischen Mitbestimmung in unserem Lande in harten Wahlrechtskämpfen den Weg ebnen. Es ging um den Freiheitsanspruch der Vielen gegenüber den Vorrechten der Wenigen. Vor der Vergessenheit sollte auch die andere Tatsache bewahrt bleiben, daß in der aufsteigenden sozialistischen Arbeiterbewegung infolge der gesellschaftlichen Verhältnisse und des vorherrschenden naturwissenschaftlichen Denkens wohl eine besonders starke Betonung der wirtschaftlichen Faktoren, niemals aber eine Verkennung der grundlegenden moralischen Werte zu verzeichnen war. In den Statuten der I. Internationale wurde allen ihren Sektionen im Jahre 1864 auferlegt, sie sollten Wahrheit, Gerechtigkeit und Sittlichkeit als Regeln ihres Verhaltens anerkennen – zu allen Menschen, ohne Rücksicht auf Farbe, Glaube oder Nationalität.[6] Gefordert wurde eine auswärtige Politik, in der die einfachen Gesetze der Moral und des Rechts, die die Beziehungen von Privatpersonen regeln sollten, als die obersten Gesetze des Verkehrs der Nationen untereinander zu gelten hätten.[7]

Von den ersten Programmen Marxens, Lassalles und Bebels an finden wir die Forderung nach Beseitigung der Klassenvorrechte und aller Vorrechte überhaupt. Anknüpfend daran stellte das Heidelberger Programm fest, die Sozialdemokratie bekämpfe nicht bloß die Unterdrückung der Lohnarbeiter, „sondern ‹die›[8] Art der Ausbeutung und Unterdrückung, richte sie sich gegen ein Volk, eine Klasse, eine Partei, ein Geschlecht oder eine Rasse“[9]. In der Hannoverschen Prinzipienerklärung brauchen wir diese Forderung nur aufzugreifen.

Wir können uns darum stolz auf den Ausgangspunkt der sozialistischen Bewegung berufen und werden uns davon am allerwenigsten durch diejenigen abbringen lassen, deren Handeln im schreienden Widerspruch zu den Erkenntnissen und Geboten derer steht, auf die sie sich noch immer in unverfrorener Weise berufen. Aber da wir wissen, daß es eine letzte Phase der Erkenntnis nicht gibt, werden wir nicht bei der Konservierung überlieferter Theorien und bei der Anwendung ihrer erprobten Bestandteile auf die neue Wirklichkeit stehen bleiben können.

Wir werden uns auch mit der Theorie selbst kritisch auseinanderzusetzen haben. In der Politik ist nämlich nicht nur die Landkarte, sondern bis zu einem gewissen Grade auch der Kompaß, dem Gesetz der Veränderung unterworfen. Es geht nicht um Abweichungen nach links oder rechts, es geht vielmehr um den *Weg nach vorn*.

Das Heidelberger Programm ging von der Tatsache des kapitalistischen Großbetriebes aus. Auch heute haben wir uns mit ihm, dem kapitalistischen Großbetrieb, als einer der weiterhin entscheidenden Kategorien auseinanderzusetzen. Noch wichtiger scheint mir aber nach den Erfahrungen der letzten Jahrzehnte die politische Auseinandersetzung mit den neueren Erscheinungsformen staatlicher Allgewalt. Selbst auf der wirtschaftlichen Ebene wird die Auseinandersetzung zwischen Kapital und Arbeit in immer stärkerem Maße durch neue Formen staatlicher Lenkung beeinflußt. Der Gegensatz zwischen verschiedenen Klassen wird dadurch nicht aufgehoben. Seit Kriegsende haben wir ja gerade in Deutschland einen massiven Klassenkampf *von oben* erlebt. Wir sollten uns aber darüber im klaren sein, daß der Widerstand auf der rein klassenmäßigen Ebene heutzutage nicht mehr ausreicht. Die Ziele der sozialistischen Bewegung können nur erreicht werden, wenn wir ihnen auf der nationalen und übernationalen Ebene zum wirtschaftlichen und gesellschaftlichen Sieg verhelfen.

Es ist eine mehr als primitive Geschichtsschreibung, die den Faschismus einzig und allein als „Diktatur des Monopolkapitals" erklären wollte. Umgekehrt ist es allzu billig, das sowjetrussische System lediglich als Ausgeburt „bolschewistischer Teufelei" hinzustellen und den ökonomischen Zwang sowie die klassenmäßigen Bedingungen zu ignorieren. In beiden Fällen haben wir aber, beim Faschismus wie beim Bolschewismus, das Heranwachsen einer neuen herrschenden Schicht beobachten können, wobei hier völlig unerörtert bleiben soll, ob es sich um eine neue Klassenherrschaft im modernen Sinne handelt oder ob nicht wesentliche Berührungspunkte mit gewissen antiken Herrschaftsformen festzustellen sind.

Jedenfalls haben wir es in den totalitären Staaten mit einem starken und wachsenden Einfluß der B ü r o k r a t i e im weitesten Sinne des Wortes zu tun. Die Rolle der nicht nur verwaltungsmäßigen, sondern vor allem auch der wirtschaftlichen Bürokraten, der „Manager", tritt auch in den nichttotalitären Staaten immer stärker in Erscheinung. Wir haben es mit einem Resultat der sich immer mehr erweiternden öffentlichen Verwaltungsfunktionen und des sich immer mehr komplizierenden Wirtschaftsablaufes zu tun. Pessimisten haben daraus die Forderung abgeleitet, daß uns nur noch die Wahl zwischen Sklavenstaaten verschiedener Couleur bleibt. Wir lehnen diese Forderung ab. Aber wir wissen zugleich, daß sie eine Tendenz ausdrückt, mit der wir uns ernsthaft zu beschäftigen haben. Mit dem einfachen Kampf gegen die Bürokratie ist ebensowenig gewonnen wie seinerzeit mit der Maschinenstürmerei. Verwaltungs-, Leitungs- und Überwachungsfunktionen sind gesellschaftlich notwendige Aufgaben. Worüber wir zu wachen haben, ist, daß sie nicht zu gesellschaftsbeherrschenden Funktionen werden. Also nicht: Kampf den Verwaltern in Staat und Wirtschaft, aber: Wachsamkeit und, wo immer erforderlich, schärfster Kampf gegen Bürokraten, die von ihren Mitbürgern nicht nur auf den Schultern getragen werden wollen, sondern ihnen zum Dank dafür auch noch auf den Kopf spucken möchten.[10]

Die Klassenentwicklung hat sich anders vollzogen, als vor hundert Jahren angenommen werden konnte. Noch in Heidelberg hieß es [1925], daß die Zahl der Proletarier immer größer werde. Und heute haben wir uns gelegentlich mit der Behauptung auseinanderzusetzen, das Proletariat umfasse 90 Prozent unserer Bevölkerung. Diese Art von Klassenanalyse hat weder soziologisches noch politisches, sondern im besten Fall statistisches Interesse. Tatsache ist seit langem, daß die eigentliche Arbeiterklasse infolge der technischen Entwicklung zahlenmäßig stagniert oder prozentual sogar zurückgeht.

Ebenso wichtig ist die andere Erscheinung, daß innerhalb der Arbeiterschaft verschiedene Kategorien erkennbar geworden sind. Jeder erfahrene Gewerkschafter weiß, daß er mit dem Mythos von der Einheit der proletarischen Interessen allein nicht auskommt, wenn es sich darum handelt, Gruppeninteressen mit dem Gesamtinteresse der Arbeitenden in Einklang zu bringen. Das ändert nichts daran, daß der Industriearbeiterschaft infolge ihrer Stellung im Produktionsprozeß weiterhin eine zentrale Bedeutung im sozialen Prozeß zukommt. Das gilt in besonders hohen Maße für jene am besten geschulten und ausgebildeten Schichten, die keineswegs der Meinung sind, sie hätten nichts zu verlieren als ihre Ketten. Gewiß, wir haben alle noch frisch in Erinnerung, wie rasch Motorboot und Sparkassenbuch verloren gehen können, aber wir wissen auch, daß sie im Verlauf einer nationalen Katastrophe verloren gingen, die ihre Opfer nicht nach der Klassenzugehörigkeit ausgesucht hat.

Das Erfurter Programm sprach vom „naturnotwendigen" Untergang des Kleinbetriebes.[11] In Heidelberg 1925 nahm man zur Kenntnis, daß sich diese Tendenz in bezug auf die Landwirtschaft jedenfalls nicht durchgesetzt hatte. Auch die städtischen Mittelschichten haben sich trotz des sich immer wiederholenden Absinkens bestimmter Gruppen in erstaunlichem Maße behauptet. Es hat sich nicht bewahrheitet, daß der Kleinbetrieb unter allen Umständen und auf allen Gebieten gegenüber dem Mammutbetrieb unterlegen sein muß.

Wir haben in der Hannoverschen Prinzipienerklärung die Konsequenz daraus gezogen und erklärt, daß der Klein- und Mittelbetrieb in Landwirtschaft, Handwerk, Gewerbe und Handel in der von uns angestrebten Ordnung wichtige Aufgaben zu erfüllen habe und sich innerhalb der Grenzen der sozialen Wirtschaftspolitik entfalten solle.

Weder gegenüber den alten Mittelschichten noch gegenüber den neuen, zu denen in erster Linie die an Zahl und Bedeutung zunehmenden intellektuellen Berufsgruppen zu zählen sein werden, kann die sozialistische Bewegung eine gleichgültige Haltung einnehmen oder jenem Mißtrauen Ausdruck geben, das in der Formel von der „Neutralisierung" zum Ausdruck kommt. Der demokratische Sozialismus soll das Programm der Arbeiter, Angestellten und Beamten sein, der geistigen Berufe, des Mittelstandes und der Bauern, aber auch derer, die sich durch Herkunft und Besitz nicht davon abhalten lassen, der totalitären Gefahr eine positive Alternative gegenüberzustellen. Das können sie nur gemeinsam mit dem arbeitenden Volk in Stadt und Land.

Es ist übrigens keine neue Erkenntnis, daß es sich beim demokratischen Sozialismus nicht nur um ein Klassenziel, sondern um ein *Menschheitsziel* handelt. Wir können im Erfurter Programm nachlesen, daß die erstrebte gesellschaftliche Umwandlung nicht bloß die Befreiung der Arbeiterschaft, sondern des gesamten Menschengeschlechts bedeute. In Heidelberg sprach man vom Gesamtinteresse der Gesellschaft gegenüber dem kapitalistischen Monopol. In Hannover wurde festgestellt, das Klasseninteresse der deutschen Arbeitenden falle zusammen mit den Notwendigkeiten des gesamten deutschen Volkes und mit der Einsicht und dem Willen aller fortschrittlichen und freiheitlichen Menschen in der ganzen Welt. Da wir von einer Identität der Interessen der übergroßen Mehrheit in den großen Dingen ausgehen, wäre es unsinnig, den demokratischen Sozialismus als enge Klassenbewegung abstempeln zu wollen. Er ist längst zu mehr als einer Klassenangelegenheit geworden und hat nur dann die Zukunft für sich, wenn er zur *Volksbewegung* wird.

Die Partei des demokratischen Sozialismus wird die Partei des arbeitenden Volkes bleiben. Sie wird nicht eine „Volkspartei" im Sinne verschwommener Interessen und unklarer Zielsetzungen sein können. Aber sie wird sein müssen die im Sinne des Volksinteresses wirkende, wahrhaft nationale Partei der gesellschaftlichen Rettung durch Neugestaltung. Wir erkennen dabei ganz genau, daß wir unser nationales Programm nur mit dem Blick auf Europa und mit dem festen Willen zu internationaler Verständigung durchsetzen können. Wir wissen noch eins: daß wir keinen Führungsanspruch der Zahl allein, sondern immer nur einen Führungsanspruch stellen können, der zugleich auch durch die Qualität gerechtfertigt ist.

Die naturwissenschaftlichen Erkenntnisse des 19. Jahrhunderts sind nicht unerschüttert geblieben. Fortschrittsglaube und optimistischer Humanismus haben Rückschläge erlitten. Eine Geschichtsauffassung, die die ökonomischen Faktoren als ausschließliche Triebkräfte des geschichtlichen Geschehens zu betrachten geneigt war, hat sich als irrtümlich oder zumindest einseitig erwiesen. Sie hat weniger bei Marx selbst als bei den Epigonen zu der Annahme geführt, wir hätten es im wesentlichen mit naturnotwendigen Prozessen zu tun. Als sich die deutsche Mehrheitssozialdemokratie im Jahre 1921 in Görlitz ihr erstes Programm nach dem vorigen Weltkrieg gab,[12] wurde diese Anschauung von dem naturnotwendigen Prozeß noch als das „Wesen des Marxismus" bezeichnet. Darüber läßt sich endlos diskutieren, und die Diskussion wird nicht dadurch erleichtert, daß immer wieder Ignoranten vom Materialismus im Sinne des schnöden Mammon sprechen, wenn von der materialistischen Geschichtsauffassung die Rede ist. In dieser Geschichtsauffassung *ist* Raum für das bewußte Eingreifen der Menschen, aber es dürfte heute klar sein, daß etwa die Rechtsbegriffe mehr sind als nur Funktionen der wirtschaftlichen Basis, und daß sich das Bewußtsein der Menschen nicht automatisch aus dem gesellschaftlichen Sein ergibt. Warum hätten wir es sonst 1946 in Hannover zur ausdrücklichen politischen Aufgabe der deutschen Sozialdemokratie erklären brauchen, die umstürzenden Veränderungen des gesellschaftlichen Seins in das politische Bewußtsein der Massen zu übertragen? Daß das mit einigen Schwierigkeiten verbunden ist, sehen wir besonders deutlich an unseren Millionen von Flüchtlingen und Zwangsvertriebenen. Ihr Bewußtsein entspricht im wesentlichen nicht ihrer faktischen Lage eines fünften Standes.

Worauf es ankommt, ist dieses: Gewiß ist den Menschen durch die wirtschaftlichen und sonstigen Verhältnisse der äußeren Wirklichkeit ein Rahmen abgesteckt, innerhalb dessen sie sich bewegen. Absolut notwendige geschichtliche Entwicklungen aber gibt es nicht. Darum kann auch nicht von der Naturnotwendigkeit eines sozialistischen Sieges gesprochen werden. Für die sich formierende Arbeiterbewegung mag das Prophetische neben der realen Forschung ein bedeutender Impuls gewesen sein. Unsere Generation muß sich auf den mit nüchternem Wissen verbundenen unbeugsamen Willen stützen. Zu unserem Wissen aber gehört, daß es in größeren Zusammenhängen und Zeitspannen niemals nur e i n e Möglichkeit gibt. Hitler b r a u c h t e nicht an die Macht zu kommen. Daß er an die Macht kam, zeigte neben anderem, daß es mit dem Appell an die Vernunft der Menschen trotz aller Fortschritte der Volksbildung nicht allein getan ist.

Leider ist der Mensch nicht so gut, wie es in einem unserer schönen Lieder heißt. Der sich langsam erweiternde Einblick in die psychologischen Faktoren enthüllt den unangenehmen Tatbestand, daß die Grenze zwischen Mensch und Tier nicht außerhalb, sondern innerhalb des menschlichen Bereichs verläuft. Ich wiederhole: Hitler hätte nicht zu kommen brauchen, und mancher, der hinterher die junge deutsche Generation schulmeistern wollte, hätte sich lieber vorher überlegen sollen, wie das große Verhängnis abgewendet werden könnte. Aber auch der Krieg brauchte nicht zu kommen. Die diplomatische und außenpolitische Literatur der jüngsten Vergangenheit beweist, daß er 1936, ja wahrscheinlich noch 1938 hätte verhindert werden können. Wir müssen ein für alle mal erklären, daß wir nichts anfangen können mit einer Art von „Theorie", die immer nur hinterher erklären kann, daß es so und nicht anders kommen mußte.

Als man einen nicht ganz unbekannten Vertreter dieser Schule fragte, was denn nun wäre, wenn sich die Wirklichkeit nicht nach seinen ausgezeichneten und vor allem ausführlichen Thesen richte, gab er die klassische Antwort: Um so schlimmer für die Wirklichkeit.

Wie sehr sich die Wirklichkeit, mit der wir uns auseinanderzusetzen haben, verändert hat, sehen wir aber gerade auf dem Gebiet der Wirtschaft. Die kapitalistische Gesellschaft hat sich in einer Reihe von Ländern zu etwas hin entwickelt, was niemand vor hundert oder fünfzig Jahren Kapitalismus genannt haben würde.

Gewiß haben sich einige Haupttendenzen durchgesetzt, die im Erfurter Programm dargelegt wurden. Es kam zur fortschreitenden Monopolisierung der Produktionsmittel, zum riesenhaften Wachstum der Produktivität menschlicher Arbeit, und die Produktivkräfte wuchsen der kapitalistischen Gesellschaft über den Kopf. Das Heidelberger Programm arbeitet einige der neuen Tendenzen heraus: die Bildung von Kartellen und Trusts, die Vereinigung von Industrie-, Handels- und Bankkapital zum Finanzkapital, das Streben der Monopolisten zur Herrschaft über die Gesellschaft. Es kann jedoch die Frage aufgeworfen werden, ob sich die wirtschaftlichen Verhältnisse des Jahres 1925 nicht bereits stärker von denen des Jahres 1891 unterschieden, als das im Programm von Heidelberg, verglichen mit dem von Erfurt, zum Ausdruck kam. Damals, also in Heidelberg, wurde noch das entscheidende Gewicht auf die Feststellung gelegt, das Privateigentum an den Produktionsmitteln sei unvereinbar geworden mit deren zweckentsprechender Anwendung und voller Entwicklung. Faktisch zeichnete sich aber bereits damals eine Entwicklung ab, die das Problem der Verfügung wichtiger erscheinen ließ als das des formalrechtlichen Besitzes. Gerade von dieser Seite her haben ja die „Manager", obgleich sie nicht Träger des formellen Besitzes sind, ihre gewaltige Machtstellung erringen können. Aus politischen Gründen werden Besitzveränderungen weiterhin dringend notwendig sein. Wirtschaftlich aber ist die entscheidende Frage, wie das Eigentum eingesetzt wird, um größtmöglichen gesellschaftlichen Nutzen zu erreichen.

Wir stehen strukturellen Änderungen gegenüber, die sich auf dem Wege vom freien Kapitalismus zur dirigierten Ökonomie, zu den geplanten Wirtschaftssystemen ergeben haben. Die uns bisher bekannten Formen staatlicher Wirtschaftssteuerung sind offenbar nur als Übergangsform zu betrachten. Soviel scheint aber sicher zu sein, daß sie den ursprünglichen Krisenmechanismus zumindest teilweise außer Funktion zu setzen imstande ist. Es ist doch bezeichnend, daß in Moskau sogar der Komintern- und Staatsprofessor Eugen Varga mit der Möglichkeit rechnete, daß die Krise im Westen nicht so rasch kommen und vielleicht auch nicht so tief greifen würde, wie es das Politbüro [der KPdSU] erhoffte.[13] Daß Varga inzwischen Abbitte getan hat, ändert nichts an dieser seiner ursprünglichen Einsicht.

Durch die in den Vereinigten Staaten, in Skandinavien und anderen Ländern seit Anfang der dreißiger Jahre geführte Politik der staatlichen Krisenbekämpfung sind wertvolle Erfahrungen gewonnen worden. Schließlich zeigte ja aber auch der Krieg – und zwar in England ebenso wie in Amerika ohne Einengung der demokratischen Rechte –, was die Wirtschaft zu leisten imstande ist, wenn sie in eine Gesamtplanung einbezogen wird. In Amerika schwört noch fast alles auf die alleinseligmachende private Initiative und auf die wundersamen kapitalistischen Marktgesetze. Aber es unterliegt nicht dem geringsten Zweifel, daß sich auch dort ein langsamer Wandel vollzieht. Vor dreißig Jahren hätte man einen Mann mit dem Programm Trumans zu einem „Roten" erklärt und nicht zum Präsidenten gewählt.

Man braucht auch kein Hellseher zu sein, um mit der Wahrscheinlichkeit beträchtlich gesteigerter, staatlicher Eingriffe im Falle eines stärkeren konjunkturellen Rückschlages in den USA zu rechnen. Interessant ist doch aber auch vor allem die Tatsache, daß mit dem Marshall-Plan ein bedeutendes Element übernationaler Wirtschaftsplanung entstanden ist. Man mag meinen, die Methoden des Marshall-Plans seien unzureichend und widerspruchsvoll. Aber es bleibt ein nicht nur interessanter, sondern auch geschichtlicher Vorgang, daß dieser Planungsversuch aus jenem Teil der Welt kommt, der im Vergleich zu Europa über einen gewaltigen Reichtum und noch unerschlossene innere Expansionsmöglichkeiten verfügt und darum bislang einem viel geringeren inneren Planungszwang unterliegt.

Auch von der wirtschaftlichen Seite her erhalten wir also eine Bestätigung unserer Behauptung, daß die alte Ordnung nicht willkürlich wiederaufgerichtet werden kann. Die Engländer haben dazu ein nettes Wort: Man kann einen Eierkuchen nicht mehr in Eier zurückverwandeln. Es dreht sich nicht mehr um die Frage, ob der Staat eingreift und ob geplant wird, sondern darum, wer plant, wie und vor allem wozu geplant wird.

Zu den strukturellen Änderungen kommen die veränderten Auffassungen vom Sinn und Wesen der Wirtschaft. Der Glaube an die automatischen Funktionen wurde durch Krise und Krieg erschüttert. Weit über das sozialistische Lager hinaus wurde die Massenarbeitslosigkeit als schlimmste Art der Verschwendung betrachtet. In der internationalen ökonomischen Diskussion setzten sich neue Zielsetzungen durch. Man wollte einen Zustand der Vollbeschäftigung erreichen und allen einen nationalen Mindeststandard sichern. Man erkannte, daß wir uns leisten können, was wir zu produzieren vermögen und daß es beim heutigen Stand der Technik eine Organisationsfrage ist, ob der Lebensstandard gehoben wird.

Nun, wir wissen, daß wir von der Erreichung dieser Ziele noch weit entfernt sind. Wir müssen uns wohl auch vor einem blinden Glauben an die Technik hüten. Für sie gilt, was schon in bezug auf die Bürokratie gesagt wurde. In ihr sind gewaltige Fortschritts- und Reichtumsmöglichkeiten vorhanden, aber auch Gefahren eines technokratischen Nihilismus. Es sollte völlig klar sein, daß für uns der Faktor Mensch höher steht als der Faktor Maschine, daß die Menschenwürde höher steht als die Rentabilität. Effektivität bedeutet viel, ist aber kein höchster Wert. Die technische Errungenschaft wird erst dann zum Segen, wenn sie dem sozialen Fortschritt dient.

In der älteren sozialistischen Programmliteratur wird häufig vor dem Spintisieren über den Zukunftsstaat gewarnt. Kautsky schrieb in seinem Kommentar zum Erfurter Programm, über die Formen einer sozialistischen Wirtschaft sollten sich „die Kinder und die Kindeskinder“ den Kopf zerbrechen.[14] Nun, die Kinder, von Kautsky aus gesehen, haben leider weitgehend versagt. Es ist an uns, die sozialistischen Wirtschaftsgedanken zu konkretisieren. Vor allem aber ist es an uns zu verhindern, daß aus dem Zukunftsstaat ein Zuchthausstaat wird.

Nichts steht uns höher als die Freiheit.

Ihre politischen Erscheinungsformen haben sich im Laufe der Zeiten gewandelt, nicht aber ihre Idee. Wer noch nicht wissen sollte, was der erste Punkt unseres Aktionsprogramms und unseres grundsätzlichen Programms ist, der begreift nichts von unserem Anteil am Freiheitskampf dieser Zeit.

Die primäre Bedeutung des Kampfes um die grundlegenden menschlichen und politischen Rechte ist nicht erst von uns erkannt worden. Im Eisenacher Programm[15] der Partei Bebels und Liebknechts steht es geschrieben, daß die politische Freiheit die unentbehrliche Vorbedingung zur ökonomischen Befreiung sei.

Ebenso gehört es zum alten sozialistischen Gedankengut, daß die nationale Freiheit Voraussetzung ersprießlicher internationaler Zusammenarbeit ist.

Die Gegnerschaft zum Obrigkeitsstaat war eine Selbstverständlichkeit, ebenso wie es gegenüber der terroristischen Diktatur eine selbstverständliche Pflicht zum Widerstand mit allen zur Verfügung stehenden zweckdienlichen Mitteln gibt. Auf dem Boden der Demokratie kann es sich aber nur um die Anwendung der zu Gebote stehenden rechtmäßigen Mittel handeln. In der Wahl der Mittel liegt in der Tat mit der wichtigste Unterschied zwischen der Demokratie und der Diktatur.

Für uns heiligt der Zweck die Mittel nicht. Die Demokratie ist uns keine Frage der Zweckmäßigkeit, sondern der Sittlichkeit.

Freiheit und Leben sind eins. Ohne Sicherheit der individuellen Rechtssphäre, ohne geistige Freiheit, ohne die moralischen Normen der Persönlichkeits-, Gemeinschafts- und Menschlichkeitswerte droht der Rückfall in die Barbarei. Nur durch Rettung der unersetzlichen Güter der abendländischen Kultur können wir Hoffnung hegen, zu höheren Formen menschlichen Zusammenlebens emporzusteigen. Aus dem bedingungslosen Bekenntnis zur Demokratie ergibt sich die Forderung, die Schranken zu durchbrechen, die den einzelnen an seinem Recht behindern, als Teil des ganzen die Formen des

Zusammenlebens und der gemeinsamen Arbeit mit zu bestimmen. Das wird nur möglich sein, wenn ein immer größerer Teil der Staatsbürger nicht nur ermächtigt, sondern auch befähigt wird, an der Gestaltung der öffentlichen Dinge verantwortlich mitzuwirken.

Umgekehrt soll der einzelne im Rahmen der Gesamtheit über die volle Freiheit verfügen, sein Leben nach eigenem Ermessen zu gestalten – vorausgesetzt, daß es nicht auf Kosten anderer geschieht.

In der Hannoverschen Prinzipienerklärung wird eine Unterscheidung zwischen „bürgerlicher" und „proletarischer" Demokratie abgelehnt. Die proletarische Demokratie der Kommunisten, die sie nach dem zweiten Weltkrieg in „Volksdemokratie" – also in Demo-Demokratie – umbenannt haben, ist denn auch nichts anderes als die schamhafte Camouflage einer schamlosen Gewaltherrschaft. Sie hat übrigens nicht das geringste mit der von Marx beiläufig ein paarmal erwähnten theoretischen Formel der „Diktatur des Proletariats" zu tun: eine unglückselige Formel, zu deren geschichtlicher Wertung allerdings gehört, daß damalige Selbstverständlichkeiten späterhin fragwürdig wurden und daß der Begriff der Diktatur im 20. Jahrhundert einen ganz eindeutigen Inhalt erhalten hat. Damals handelte es sich um den Gedanken, einer Sabotage und Gewaltanwendung der kapitalbesitzenden Minderheit von seiten der großen, arbeitenden Mehrheit mit nachdrücklichen Mitteln begegnen zu können. Bei den Neukommunisten handelt es sich um etwas ganz anderes. Bei ihnen führt der Weg von der angeblichen Diktatur des Proletariats zur Diktatur *über* die Arbeiterschaft ebenso wie über die anderen Klassen, er führt von der Parteidiktatur zur terroristischen, korrupten und verlogenen Cliquenherrschaft. Daraus ergibt sich die Folgerung, daß sich der demokratische Sozialismus vom diktatorischen Kommunismus nicht nur durch die Verschiedenheit der Wege und Mittel, sondern auch durch die Gegensätzlichkeit der Ziele unterscheidet.

Es dreht sich nicht um verschiedene Wege zum gemeinsamen Ziel, sondern um unterschiedliche Wege zu entgegengesetzten Zielen.

Wir wissen aber auch aus bitterer Erfahrung, daß sich die Demokratie von kapitalistischer und bürokratischer Seite in steter Gefahr befindet. Wir sind sozialistische Demokraten nicht darum, weil uns die Demokratie nur unter den von uns richtig gehaltenen Prognosen verteidigungswert erscheint, sondern wir sind es in dem Sinne, daß wir die politische Freiheit wirtschaftlich und sozial untermauern wollen. Wir wollen die Demokratie im eigentlichen und übertragenen Sinne des Wortes krisenfest machen.

In Hannover haben wir insofern eine Qualifizierung des Begriffs der Demokratie vorgenommen, als wir verlangten, sie müsse stark und kampfbereit sein. Mit administrativer Gemütlichkeit ist es gewiß nicht getan. Die Weimarer Republik ist nicht allein durch den Ansturm ihrer Feinde, sondern auch durch die Unentschlossenheit und Phantasielosigkeit ihrer Träger zugrundegerichtet worden.

Die neue deutsche Demokratie ist noch nicht fertig. Es gibt sie erst als zartes Pflänzchen, das harten Winden ausgesetzt ist und von seinen in- und ausländischen Gärtnern nicht immer besonders zart und sachkundig angefaßt worden ist.

Wir wollen es pflegen und zur vollen Entfaltung bringen. Dann werden wir es aber auch verteidigen, so wie wir in Berlin das Recht auf Selbstverwaltung und Rechtssicherheit, auf Freiheit der Meinung und der produktiven Entfaltung verteidigt haben.

Innerhalb der Demokratie nehmen wir für uns das Recht zur politischen Aktion in Anspruch, ebenso wie wir es den anderen zugestehen. Wir haben erklärt und sollten es ernst meinen, daß die Sozialdemokratische Partei nichts sein will als *eine* Partei neben *anderen* Parteien. Dies ist die Testfrage, denn jede Einparteienherrschaft führt ins Verderb. Es hieße, die Rolle der Gewalt in der Geschichte zu unterschätzen, wenn man ohne Willen zur politischen Macht antreten wollte. Aber es muß sich um den Willen zur Entfaltung in der und für die Demokratie handeln, nicht um den Versuch der Machteroberung außerhalb der Demokratie und gegen sie.

Nun kommen unsere Gegner, vor allem aus dem neuliberalistischen Lager, und erklären: Wenn ihr für die Freiheit seid, könnt ihr nicht gleichzeitig für die Planwirtschaft sein. Denn, so behaupten sie, jede Planwirtschaft bedeute wirtschaftlichen und infolge dessen auch politischen Zwang. Bis zum letzten Hosenknopf könne alles geplant werden. Darum kein Plan. Mit ähnlicher Logik könnte man sagen, keine Regierung, denn es könnte ja über die letzte Kleinigkeit regiert werden.

Hitler-Deutschland und die Sowjetunion sollen die schlagenden Beweise dafür sein, daß man Sozialismus, Planwirtschaft und Diktatur in einen Topf werfen darf. In Deutschland begann das Dritte Reich aber bekanntlich mit der Niederschlagung der sozialistischen Kräfte. Und in Rußland gab es den Einparteienstaat bereits sechs Jahre vor dem Beginn der Fünfjahrespläne. Wir sind bereit, den positiven Gegenbeweis anzutreten. In England bemüht sich die Labour-Regierung seit Kriegsende mit Erfolg, eine überaus hart mitgenommene Volkswirtschaft auf neue Grundlagen zu stellen. Sie betreibt eine Politik zentraler Wirtschaftslenkung, ohne die demokratischen Rechte geschmälert zu haben. Die skandinavischen Sozialdemokraten, die Arbeiterregierungen in Neuseeland und Australien führen in Ländern entwickeltster Demokratie eine beispielgebende Wohlfahrtsplanung durch. Wir werden dieses Erfahrungsmaterial viel eingehender studieren müssen, als es bisher geschehen ist. In unseren Programmdiskussionen dürfen wir auch nicht an dem vorbeigehen, was von den demokratischen Sozialisten anderer Länder gedacht und erarbeitet worden ist, vor allem seit 1933 während der Periode, die für die meisten von uns geistige Isolierung bedeutet hat.

Wir befinden uns in Übereinstimmung mit guten sozialistischen Traditionen und mit einer Haupttendenz der internationalen Diskussion, wenn wir unsere wirtschaftspolitischen Forderungen als Programm der weitergeführten Demokratie entwickeln.[16] Politisch ist die Macht der Wenigen gebrochen dort, wo die Demokratie zur Regierungsform wurde. Aber auf dem Gebiet der Wirtschaft dauert die an feudale Sonderrechte erinnernde Macht der Wenigen an. Eine weitgehend anonyme Minderheit übt einen entscheidenden und allzu oft verhängnisvollen Einfluß auf die Geschicke eines ganzen Volkes oder gar vieler Völker aus. Sonderinteressen hindern den Zustand der Freiheit von Furcht und von Not, der von dem verstorbenen Präsidenten Roosevelt für die Nachkriegszeit gefordert wurde.[17]

Wir haben kein Vertrauen zur ordnenden Kraft des freien Marktes. Und wir empfinden es als Hohn, wenn einer der maßgeblichen Vertreter der neuliberalistischen Schule vom freien Kapitalismus als der funktionierenden Planwirtschaft derer spricht, die es angeht. In dieser freien Marktwirtschaft gehe eine fortgesetzte Volksabstimmung der Verbraucher vor sich – mit dem Geldschein als Stimmzettel! Wir erinnern uns sehr gut daran, daß die große Wirtschaftskrise nicht mit den Methoden der freien Wirtschaft überwunden wurde. In solchen Zeiten erschallt der Ruf nach der Hilfe des Staates, auf daß er das Risiko trage und den subventionierten Betrieben möglichst unbeschnittene Gewinne bleiben. Uns hat aber auch nicht verborgen bleiben können, daß die ursprüngliche Marktwirtschaft unter dem Einfluß der Monopole von Planbestrebungen abgelöst wird, die weitgehend nicht den Interessen der großen, verbrauchenden Allgemeinheit entsprechen. Die Parole von der Wirtschaftsfreiheit wird darum immer mehr zu einer Illusion, oder sie entspringt intellektueller Unaufrichtigkeit.

Wir gehen vom Interesse der Verbraucher aus, und wir wollen es unmöglich machen, daß, wenn auch in ihren Auswirkungen vielleicht etwas abgeschwächte, Krisen wie Naturkatastrophen über die Menschheit hereinbrechen. Aus diesem Grunde sagen wir: die Grundsätze der Demokratie dürfen nicht mehr rationiert, sie müssen auf allen Gebieten des gesellschaftlichen Lebens angewendet werden, um uns zu wirtschaftlicher Sicherheit und sozialer Gerechtigkeit gelangen zu lassen. Die politischen Freiheiten werden dort begrenzt, wo sie zu Lasten anderer gehen. Machtmißbrauch aber ist ein Übel, wo immer es in Erscheinung tritt. Es geht uns um die breitestmögliche Verteilung der Macht, wirtschaftlich wie politisch, um die Demokratisierung und Vermenschlichung der Wirtschaft. Darum lautet die Fragestellung nicht: Freiheit oder Sozialismus? Sie muß lauten: Durch welche wirtschaftlichen Maßnahmen können wir den Bereich der Freiheit festigen und erweitern?

Es wird sich im wesentlichen nicht um restriktive, sondern um anspornende, die private ebenso wie die gemeinschaftliche Initiative fördernde Maßnahmen handeln müssen. Jawohl: private Initiative, wo immer sie wirtschaftlich und gesellschaftlich nutzbar gemacht werden kann. Die freie Konkurrenz ist aber bekanntlich in überaus hohem Maße durch die Monopole ausgeschaltet worden. Wir glauben außerdem, daß die bewußte Verfolgung eines sozialen Zieles eine ebenso gute Energiequelle sein kann wie der Stachel der Konkurrenz.

Wir sagen: bedarfsbestimmte Kooperation an Stelle der profitbestimmten Konkurrenz. Aber wir sind keine weltfremden Gleichmacher. Wir erstreben gleiche Chancen, und wir erstreben eine Nivellierung der sozialen Scheidelinien. Die uns vorschwebende Gesellschaftsordnung wird nicht strukturlos sein. Sie wird auf materielle Antriebskräfte kaum verzichten können. Aber unsere Bewegung ist der beste Ausdruck dafür, wie die Gesinnung einer neuen Gesellschaft im Schoße der alten geboren wird. Was wäre diese unsere Bewegung ohne den Opferwillen, die unermüdliche Kleinarbeit, den Bekennermut und die Gesinnungstreue unserer vielen tausend unbesoldeten, ehrenamtlichen Mitarbeiter!

Demokratischer Sozialismus heißt sinnvolle Kooperation. Gewiß besteht bei zunehmender öffentlicher Lenkung und Planung die Gefahr bürokratischer Hemmnisse und Entartungen. Vor ihnen werden wir auf der Hut sein müssen. Es darf nicht völlig abgestritten werden, daß Betriebe der öffentlichen Hand nicht immer auf der Höhe ihrer Aufgaben stehen und zu berechtigten Klagen Anlaß geben. In den meisten Fällen dürfte es sich um typische Übergangsphänomene handeln oder auch um Erscheinungen, die der kapitalistische Großbetrieb in nicht geringerem Maße aufzuweisen hat, nur daß sie dort weniger leicht aufgedeckt werden.

Zugegeben sei ohne weiteres, daß es offenbar ein gedanklicher Kurzschluß war, sich aus einer Überführung der Produktionsmittel in öffentlichen Besitz zwangsläufig größere Freiheit und gesteigertes Glück für die Menschen zu versprechen.

Die Durchsetzung kollektivistisch-planistischer Lösungen auf der wirtschaftlichen Ebene bietet keine automatische Gewähr für den Sieg des freiheitlich-demokratischen Elementes auf der gesellschaftlichen Ebene. Es handelt sich wirtschaftlich wie politisch um eine nicht nur fatale, sondern auch produktive Spannung zwischen individueller Freiheit und gemeinsamer, sozialer Sicherheit. Nur durch schärfste Wachsamkeit und äußerste Willensanstrengung kann ein Auseinanderklaffen verhindert werden.

Im Rahmen einer Grundsatzdebatte wird kaum dargelegt werden können, wie die Wirtschaftspolitik des demokratischen Sozialismus praktisch im einzelnen auszusehen hat, ebensowenig wie dargelegt werden konnte, welche Einzelforderungen wir etwa auf dem Gebiet der öffentlichen Verwaltung erheben. Kautsky hat in seinem Kommentar zum Erfurter Programm die „Staatswirtschaft des siegreichen Proletariats" als die „Vereinigung sämtlicher Betriebe in einem einzigen ungeheuren Staatsbetrieb" dargestellt. Dabei sollte es sich um die „Verwandlung des Staates in eine einzige Wirtschaftsgemeinschaft" handeln. Wir können damit heute sehr wenig anfangen. Die Formulierungen des Heidelberger Programmes helfen uns auch nicht viel weiter. In ihnen ist davon die Rede, daß Grund und Boden, Bodenschätze und natürliche Kraftquellen in den Dienst der Gemeinschaft überführt werden sollen, während „das Reich" seine eigenen Betriebe ausbauen und die Kontrolle über die kapitalistischen Interessengemeinschaften, die Kartelle und Trusts, übernehmen sollte.

Bei der neuen Aufgabenstellung in Hannover 1946 wurde als Ziel eine sozialistische Wirtschaft durch planmäßige Lenkung und gemeinwirtschaftliche Gestaltung herausgestellt, um so die „ökonomische Befreiung der menschlichen Persönlichkeit" zu erreichen. Im übrigen lehnte man sich an die Ausführungen an, die als Kommentar zum Heidelberger Programm erschienen waren und übrigens ebenfalls von Kautsky stammten.[18] Über die Vergesellschaftung der Produktionsmittel hieß es, sie habe auf verschiedene Weise und in verschiedenen Formen zu erfolgen. Wir bestreiten also gar nicht die These, in einer vielgestaltigen Gesellschaft sei das Leben der einzelnen freier. Die Hannoversche Prinzipienerklärung spricht von einer sozialistischen Gesellschaft mit den mannigfaltigsten Betriebsarten und Formen der Produktion. Sie fordert so viel wirtschaftliche Selbstverwaltung wie möglich unter stärkster Beteiligung der Arbeiter und Verbraucher. Aus dieser unserer Grundeinstellung werden wir überall, wo es möglich ist, der indirekten Lenkung vor der direkten den Vorrang geben.

Diese Gedanken gilt es weiter zu entwickeln, und sie sind in der Parteidiskussion bereits ein Stück weiter entwickelt worden. Dabei scheint sich immer mehr die Anschauung durchzusetzen, daß wir nicht von irgendeinem Wirtschaftsdogma oder Sozialisierungsschema auszugehen haben, sondern von den zu erreichenden praktischen Aufgaben. Planung und Sozialisierung sind nicht Selbstzweck, sondern näher zu begründende Mittel zur Erreichung einer krisenfesten Wirtschaft der Vollbeschäftigung.

An die moderne Gesellschaft stellen wir die Forderung, daß allen Arbeit, ausreichende Ernährung, Kleidung, eine menschenwürdige Wohnung, Freizeit, Schulbildung und Berufsausbildung, Sicherheit bei Krankheit, Armut, Alter und Arbeitsunfähigkeit gesichert wird. Zur Erreichung dieser Ziele und steigenden Wohlstands durch Hebung der unteren Grenze bedarf es des planvollen Einsatzes der Arbeitskraft, der Wissenschaft und der natürlichen Hilfsquellen.

Sozialismus bedeutet mehr als Sozialisierung, aber es wird kaum eine erfolgreiche sozialistische Planung ohne einen bedeutenden sozialisierten Sektor geben. Seine exakte Größe läßt sich nicht vorweg bestimmen. Sie wird auch nicht für allemal festliegen.

Wir sagen Sozialisierung und nicht Nationalisierung, denn wir meinen Vergesellschaftung und nicht einfach Verstaatlichung. Wir haben in Hannover gefordert und halten daran fest, daß die Betriebe des Bergbaus, der Eisen- und Stahlerzeugung, die Versorgungswirtschaft, die Schwerchemie und andere Großbetriebe in das Eigentum der Allgemeinheit überführt werden sollen. Straffe soziale Planung der öffentlichen Hand fordern wir auch in bezug auf die Wohnungswirtschaft und auf dem Gebiet der Geld- und Kreditversorgung sowie des Versicherungswesens.

Was die Betriebsformen angeht, so rechnen wir mit einer reichen Skala vom Bundes-, Landes- und Gemeindebesitz bis zu gemischtwirtschaftlichen Unternehmungen, aber bei ganz besonderer Förderung des genossenschaftlichen und sozialgewerkschaftlichen

Gedankens. Es mag offen ausgesprochen werden, daß bei uns Deutschen immer ein bißchen die Gefahr besteht, über dem Philosophieren und Theoretisieren die handgreiflichen, praktischen Ausarbeitungen zu vernachlässigen. Als die Labour Party in England 1945 ihren Wahlsieg errungen hatte, verfügte sie über bis ins einzelne ausgearbeitete Gesetzesvorschläge, etwa für die Neugestaltung der Kohlenwirtschaft. Wir müssen uns sehr ranhalten, wenn wir mit ähnlich detaillierten Ausarbeitungen bis zu dem Tage fertig sein wollen, an dem wir einen hoffentlich maßgeblichen Einfluß auf die [zukünftige] deutsche Bundesregierung erhalten. Sonst kann es uns wie nach 1918 gehen. Und der Jammer der damaligen Sozialisierungskommission[19] darf sich nicht noch einmal wiederholen.

Es darf in diesem Zusammenhang aber auch nicht unerwähnt bleiben, daß ausländische Eingriffe zur weitgehenden Verhinderung der bisher möglichen Schritte sozialer Neuordnung geführt haben. Das hat dazu beigetragen, daß die 1945 ausgeschalteten Kräfte, die ein gerüttelt Maß Verantwortung für das Aufkommen des Nazismus tragen und am Krieg gut verdient hatten, wieder Wind in die Segel bekommen haben. Neben ihnen ist ein neues Besitzbürgertum skrupelloser Nachkriegsgewinnler entstanden. Verhältnismäßig breite Schichten haben sich mit der Parole vom „christlichen" Sozialismus abspeisen lassen,[20] von dem jetzt nicht mal mehr bei feierlichen Anlässen die Rede ist. Aber auch die Bastardisierung des Sozialisierungs- und Planungsgedankens in der Ostzone hat psychologische Auswirkungen gehabt, die wir nicht unterschätzen dürfen.

Nichtsdestoweniger bleibt die Tatsache bestehen, daß wir uns in unserem Land den Luxus einer Profitwirtschaft, die amerikanischer als die Amerikaner sein möchte, einfach nicht mehr leisten können.

Wir können uns auch nicht den Widersinn einer neuen Millionenarbeitslosigkeit leisten. In unserem Land ist mehr als genug Arbeit für alle, die arbeiten können. In unserem Land bedarf es einer noch rascheren Steigerung der Produktion und einer gerechteren Verteilung der erzielten Gütermenge.

Dazu brauchen wir keine Totalplanung, die von einem allmächtigen Staat diktiert wird. Aber es bedarf zentraler Entscheidungen, über Umfang und Richtung der Produktion, so daß die volkswirtschaftlich vorhandenen Mittel in volkswirtschaftlich erwünschte Bahnen gelenkt werden. Zentrale staatliche Entscheidungen sind in allen fortgeschrittenen Industriestaaten an der Tagesordnung. Wir wollen sie so gefällt wissen, daß Wohnungen gebaut werden, daß unsere Zwangsvertriebenen das Notwendigste erhalten, daß uns noch ein bescheidener Wohlstand und unseren Kindern eine bessere Zukunft gesichert wird.

Wir wollen die Planentscheidungen im demokratischen Staat und auf demokratische Art gefällt wissen. Die Bevölkerung kann – dieses Vertrauen haben wir zu ihr – und soll darüber entscheiden, in welcher Richtung nicht nur die Steuerpolitik verläuft, sondern wie die großen Investitionen einzusetzen sind. Sie soll zwischen verschiedenen Plänen in den großen Zügen wählen können, und sie soll die Durchführung der beschlossenen Pläne überwachen. Auch von dieser Seite her wird die Notwendigkeit verschiedener Parteien nachdrücklich unterstrichen. Als besonders wichtige Probleme zeichnen sich ab: die freie Wahl des Berufs und des Arbeitsplatzes, die sinnvoll gestaltete Mitbestimmung der Betriebsräte und der Gewerkschaften, nicht zuletzt auch die dafür und für die gesamte soziale Planungspolitik erforderliche betriebs- und volkswirtschaftliche Schulung.

Eine solche, nicht totale, sondern R a h m e n planung, wie sie in unseren Diskussionen Gestalt anzunehmen beginnt, hat nichts mehr mit der Vorstellung von dem einen großen Staatsbetrieb zu tun. Sie bedeutet auch keine Aufhebung des Marktes. Man hat das Bild gebraucht, daß der Markt als Steuermann der Volkswirtschaft abgesetzt, den laufenden Verbrauch und Güteraustausch aber weiterhin zu steuern haben würde. Eine solche „regulierende Marktwirtschaft", wie sie etwa dem Düsseldorfer Parteitag im vergangenen Jahr vorgeschlagen wurde,[21] könnte nach grundlegender Änderung der Marktfunktionen nun erst wirklich dem Interesse des Verbrauchers Rechnung tragen.

Die hier nur knapp zitierten Überlegungen drehen sich, wie Paul Sering [d. i. Richard Löwenthal] schrieb, um eine der von uns bereits angeschnittenen Grundfragen unserer Zivilisation, nämlich die Vereinbarkeit von wirtschaftlicher Planung und persönlich-politischer Freiheit.[22] Wir dürfen hoffen, daß wir diese Frage praktisch lösen können, wenn wir uns hüten vor dem Opportunismus administrativer Selbstgefälligkeit einerseits und andererseits vor dem scheinrevolutionären Maximalismus, der alles verspricht und nichts erreicht.

Auch aus diesem Teil unserer Überlegungen dürfte sich, ebenso wie aus dem politischen Teil, die grundsätzliche Unterscheidung zwischen demokratischem Sozialismus und sozialistisch drapiertem Totalitarismus ergeben. Hätten die Kommunisten übrigens nichts anderes auf dem Gewissen, so wäre ihre Degenerierung, Verfälschung und Kompromittierung der sozialistischen Theorie, wie sie im Monstrum des „Marxismus-Leninismus“ zum Ausdruck kommt, schon schlimm genug. Was sie eine wissenschaftliche Lehre nennen, sind textlich-akrobatische Übungen zur Rechtfertigung der jeweiligen „Linie“. Die von ihnen viel betonte Einheit von Theorie und Praxis besteht darin, daß die sogenannte „Theorie“ jeweils entsprechend den Bedürfnissen der Machtpolitik zurechtgebogen wird.

Unsere heutige Auseinandersetzung hat nichts mit den historischen Revisionsdebatten zu tun.[23] Die heutige Sozialdemokratie in Deutschland verwaltet das geistige Erbe auch der „Linken“ in der deutschen und internationalen sozialistischen Bewegung. Der traditionelle Gegensatz zwischen dem revolutionären und dem reformistischen Flügel ist geschichtlich überholt. Wir überwinden ihn auf der höheren Ebene des konstruktiven Sozialismus. Er ist freiheitlich, und er ist revolutionär, indem er den Weg nach vorn zeigt und zur Neugestaltung aufruft.

Wir können feststellen, daß mit dem Zusammenbruch der alten Ordnung auch die Entscheidung gegen das alte staatliche und zwischenstaatliche System gefallen ist. Der überkommene Nationalstaat ist wirtschaftlich zu klein geworden. Durch den letzten Krieg hat die Tendenz zu übernationalen Zusammenschlüssen einen starken Auftrieb erhalten. Durch die Freisetzung der Atomenergie rücken die Möglichkeiten einer riesig gesteigerten Produktion im Weltmaßstab in greifbare Nähe. Zu gleicher Zeit bedrückt uns alle die bange Frage, ob es gelingen wird, diese Möglichkeiten friedlichen Zwecken vorzubehalten. Im anderen Fall würden wir einen Grad der Zerstörung erleben, der alles in der bisherigen Geschichte der Menschheit Dagewesene in den Schatten stellen würde.

Die demokratischen Sozialisten stehen bei der Stellungnahme zu den Fragen der internationalen Zusammenarbeit auf festem Boden. Frieden durch Völkerverständigung, Solidarität und Herrschaft des Rechts haben von allem Anfang an auf ihrem Programm gestanden. Das Gesetz der Interdependenz, der gegenseitigen Abhängigkeit, tritt an die Stelle der begrenzten, übersteigerten und geschichtlich überholten Souveränität. Dieses Gesetz der neuen Beziehungen zwischen den Völkern und Staaten kann sich aber nur dann zum Nutzen der Menschen auswirken, wenn es mit dem Grundsatz der Demokratie fest verbunden wird.

Die Sozialdemokratie hat sich von alters her gegen jede Form des Imperialismus gewandt und in ihren Programmen besonders auf das Streben nach Beherrschung der Weltwirtschaft durch imperialistische Machterweiterung hingewiesen.

Eben in diesem Zusammenhang haben wir einige wichtige neue Erfahrungen in den Kreis unserer Betrachtungen mit einzubeziehen. Die Politik der englischen Arbeiterregierung mag nicht der Weisheit letzter Schluß sein. Wenn aber vieles, was heute im Vordergrund der Diskussion steht, längst vergessen ist, wird noch immer die geschichtliche Tat leuchten, die darin bestand, Indien auf dem Wege freundschaftlicher Verständigung zur Selbständigkeit zu verhelfen und ein Imperium in einen Staatenbund zu verwandeln.[24]

Andererseits stehen wir leider allzu handgreiflichen Ausdrucksformen eines neuen Imperialismus gegenüber, der darum nicht weniger ausbeuterisch ist, weil er sich nicht auf der Basis des Privateigentums an den Produktionsmitteln erhebt. Ich behaupte keineswegs, daß Diktaturen immer und mit absoluter Notwendigkeit zum Kriege treiben müssen. Sie können daran auch gehindert werden. Aber ich behaupte, indem ich an einen früheren Teil meiner Darlegungen erinnere, daß uns die Erkenntnis der wahren Zusammenhänge nicht durch das Schlagwort erleichtert wird, der Kapitalismus müsse mit unabwendbarer Notwendigkeit zum Kriege treiben.

Im Mittelpunkt unserer Beschäftigung mit internationalen Problemen steht das Bekenntnis zur europäischen Einheit. Schon 1866 wurde im Programm des Allgemeinen Deutschen Arbeitervereins die Forderung nach dem „solidarischen europäischen Staat“ erhoben.[25] Im Heidelberger Programm, auf das wir uns bei der Wiederbegründung der Partei berufen konnten, heißt es: die Sozialdemokratie trete ein „für die aus wirtschaftlichen Ursachen zwingend gewordene Schaffung der europäischen Wirtschaftseinheit, für die Bildung der Vereinigten Staaten von Europa, um damit zur ‹Interessensolidarität aller Kontinente›[26] zu gelangen“. Seitdem, seit 1925, sind wir durch den Gang der Ereignisse in eindringlicher Weise daran erinnert worden, daß die Zerstückelung unseres Kontinents den Frieden bedroht und eine rationelle Ausnutzung der produktiven Möglichkeiten behindert. Das Festhalten an einem längst überholten nationalstaatlichen Souveränitätsbegriff ist zum Hemmnis des Fortschritts geworden. Die sich seit Kriegsende nicht zuletzt auf deutschem Boden und vor allem in Berlin abspielende Auseinandersetzung hat gezeigt, daß die rechtsstaatlichen und humanistischen Grundlagen der abendländischen Kultur nicht nur während des zweiten Weltkriegs bedroht waren, sondern erneut einer tödlichen Gefahr ausgesetzt wurden. Auf beiden Seiten des Ozeans gelangte nun die Erkenntnis zum Durchbruch, daß die Demokratie in Europa nur bei wirtschaftlicher Gesundung gesichert und daß der Wirtschaftsaufbau nur mit den Mitteln zwischenstaatlicher Zusammenarbeit und überstaatlicher Zusammenfassung zum Erfolg werden kann. Der durch den Krieg nochmals auf die Spitze getriebene Nationalismus hinderte die europäischen Völker zunächst daran, die Folgerungen aus bitteren Erfahrungen zu ziehen. Inzwischen nimmt einiges von dem praktische Gestalt an, was die demokratischen Sozialisten seit Jahrzehnten gepredigt haben. Der Europarat ist ein erster Schritt, dem die nächsten Schritte nur folgen werden, wenn sich der Wille zur gesamteuropäischen Souveränität durchsetzt. Das neue Europa wird aber eine Illusion bleiben, solange ihm die Basis ausreichender wirtschaftlicher Zusammenfassung und Zusammenarbeit fehlt. Ausgehend von den ersten Ansätzen müssen für alle wichtigen Gebiete planende und lenkende Organe geschaffen und so rasch wie möglich in einem europäischen Wirtschaftsrat zusammengefaßt werden. Diese europäische Wirtschaftspolitik wird unserer Überzeugung nach, wenn sie den Interessen der breiten Massen dienen soll, von Planvorstellungen geleitet sein müssen, wie sie von den Sozialisten vertreten werden. Der demokratische Sozialismus bedeutet für Europa die einzige haltbare, positive Alternative gegenüber dem kommunistischen Totalitarismus. Die Vereinigten Staaten von Europa werden von sozialistischem Gedankengut erfüllt sein, oder sie werden nicht sein. Damit ist nicht gesagt, daß die Mitarbeit der Sozialdemokraten an den europäischen Einigungsbestrebungen an irgendwelche anderen als demokratische Voraussetzungen geknüpft ist. In der Bewegung selbst und bei den einzelnen Maßnahmen praktischer Art werden wir nachzuweisen haben, daß es sozialistischer Lösungen bedarf.

Eine politische Zusammenfassung auf der Grundlage der Menschenrechte kann sich heute noch nicht auf alle europäischen Länder erstrecken. Europapolitik muß dennoch eine Politik für ganz Europa bedeuten. Sie ist in ihrem Ursprung und Wesen nach nicht militärisch bedingt und enthält keine feindliche Tendenz gegen andere Kontinente, schon gar nicht gegen eine internationale Rechtsorganisation oder Bestrebungen, die auf universelle, föderative Lösungen abzielen. Eine zeitweilige und erzwungene Beschränkung der Zusammenarbeit auf die westlichen und mittleren Teile des Kontinents darf kein Abschreiben der osteuropäischen Völker bedeuten – ebensowenig wie der wirtschaftliche und politische Zusammenschluß der westlichen Zonen für uns jemals einen Verzicht auf die gesamtdeutsche Lösung bedeutet hat.

Der Aufbau Europas ist weitgehend von amerikanischer Unterstützung abhängig. Die Europapolitik würde aber ihren Sinn verlieren, wenn sie nicht auch die politische und wirtschaftliche Unabhängigkeit gegenüber den USA erstrebte. Es ist ja auch das erklärte Ziel der Marshall-[Plan-]Hilfe, daß Europa in die Lage versetzt werden soll, sich selbst weiterhelfen zu können. Nur so kann sich Europa zu einer dritten Kraft der internationalen Politik entwickeln, den Frieden sichern helfen und Bundesgenossen in allen Teilen der Welt gewinnen. Dazu bedarf es einer über den Marshall-Plan und den Atlantikpakt[27] hinausreichenden Konzeption der europäischen, sozialen Demokratie.

In unserem eigenen Lande ist Europa zur Hoffnung von Millionen geworden, nachdem wir einen wahnwitzigen Nationalismus teuer bezahlen mußten. Diese Hoffnung darf nicht enttäuscht werden. Ohne den Boden der Tatsachen unter den Füßen zu verlieren, müssen wir vor allem der jungen Generation durch den Übergang vom engstirnigen Nationalismus zum europäischen Patriotismus einen Ausweg aus der Nachkriegskrise zeigen.

Wir deuteten bereits die geistige Krise an, die mit der Umwälzung der alten wirtschaftlichen und zwischenstaatlichen Verhältnisse einhergeht und mit ihr verflochten ist. Wann hat eine Generation in der Geschichte jemals solche Erschütterungen erlebt wie die unsrige?

Die meisten Menschen leben nicht nur in wirtschaftlicher Abhängigkeit, sondern auch in einem geistigen Zwang. Sie leben in einem Zustand dauernder Angst. Zwang und Furcht können mit den Methoden der Massenpsychologie und mit Hilfe der Mittel der Massenbeeinflussung in künstliche Begeisterung verwandelt werden. Wenn diese künstliche Aufpeitschung der Gefühle zurückschlägt, treten häufig Gleichgültigkeit gegenüber den gesellschaftlichen Vorgängen, krassester Egoismus und Negativismus an ihre Stelle. Das ist vielleicht die ernsteste Seite der moralischen Zerrüttung, von der so viel die Rede ist. Von dieser Seite her kann neuen Demagogen der Boden bereitet werden.

Wir können und wollen uns weder des Mittels des Volksbetrugs noch des Mittels der billigen Vertröstung bedienen. Wichtiger als viele, die glauben, sind uns wenige, die wollen, was sie wissen, und wissen, was sie wollen.

Frei von Dogmen und ohne Moralpredigten treten wir der schwergeprüften jungen Generation gegenüber, die den Freiheitsfaden weiterzuspinnen haben wird. Sie will kein Geschmuse, sondern sie will die Auseinandersetzung mit Realitäten.

Mit Realitäten befaßt sich der demokratische Sozialismus, aber nicht im Sinne reiner Magenfragen oder eng begrenzter Tagespolitik. Jener Schriftsteller hat Recht, der neulich schrieb, der Sozialismus sei mehr als eine große Versicherungsanstalt. Er muß ein Ziel bleiben, für das es lohnt, das letzte einzusetzen, eine Vision, die wert ist, geträumt zu werden.

Die sozialistische Bewegung muß mit beiden Beinen auf dem Boden der realen Wirklichkeit stehen. Aber sie würde rückschrittlich werden, wenn sie aufhörte, eine Ideenbewegung zu sein.

Der demokratische Sozialismus ist ein in sich nicht abgeschlossenes System von Vorstellungen über eine Neugestaltung der gesellschaftlichen Verhältnisse. Sein formuliertes Programm wird immer nur die Summe gemeinsamer grundsätzlicher Überzeugungen in einer bestimmten Periode entsprechend dem jeweiligen Grad wissenschaftlicher Erkenntnis sein können. Aber diesen sich weiterentwickelnden grundsätzlichen Überzeugungen liegt eine gemeinsame Lebensanschauung zugrunde. Sie fußt auf dem Bekenntnis zur Freiheit und zum Humanismus, zum Rechtsstaat und zur sozialen Gerechtigkeit.

Für viele von uns ist aber der Sozialismus nicht nur Lebensauffassung, sondern auch Lebensinhalt.

Das bedeutet nicht, daß der demokratische Sozialismus den Menschen und jeden Menschen, der sich zu ihm bekennt, ganz für sich in Anspruch nehmen will. Der demokratische Sozialismus ist kein Kirchenersatz und keine Weltanschauung, er verpflichtet seine Anhänger zu keinem bestimmten religiösen oder philosophischen Bekenntnis.

Was die Stellung zur Religion und zur Kirche angeht, so halten wir es mit dem Görlitzer und Heidelberger Programm: „Religion ist Privatsache, Sache innerer Überzeugung, nicht Parteisache, nicht Staatssache."[28] Eben daraus folgern wir, daß Staat und Kirche voneinander getrennt sein sollten.

Wir fordern Glaubens- und Gewissensfreiheit für alle. Wir brauchen Toleranz, wenn wir demokratisch miteinander leben wollen. Wir brauchen sie ganz besonders in unserem konfessionell zerklüfteten Volk. Toleranz ist das Gegenteil von Vorrechten. Sie kann aber keinen Freibrief für politische Geschäftemacher bedeuten, und zwar auch dann nicht, wenn es die Religion ist, mit der man Geschäfte machen will.

Grundsatzfragen verdienen ernstgenommen zu werden. Sie sind für uns keine Angelegenheit der Taktik. Sie erfüllen uns auch nicht mit irgendeinem Bangen vor dem, was als Endergebnis herauskommen mag, wenn wir mit entschlossenem Realismus ans Werk gehen. Wer von unseren grundsätzlichen Debatten eine Schwächung der deutschen Sozialdemokratie erhofft, wird enttäuscht werden. Sie wird durch diese Debatten an innerer Lebendigkeit und äußerer Schlagkraft gewinnen. Und sie wird stark genug sein, innerhalb des großen Rahmens gemeinsamer Überzeugungen eine Vielfalt von Schattierungen und Nuancierungen beherbergen zu können. Wir werden uns nicht voneinander trennen, weil der eine seine Zugehörigkeit zur Bewegung des demokratischen Sozialismus nicht ganz so begründet wie der andere. Wir werden zusammenstehen und in nie erlahmender geistiger Auseinandersetzung miteinander arbeiten.

Die beste Theorie aber bleibt ein toter Buchstabe, wenn ihr nicht durch persönlichen Einsatz zur Wirksamkeit verholfen wird. Auf das Wollen, auf den mit Wissen gepaarten Willen kommt es letzten Endes an. Auf den kompromißlosen Willen zur Verteidigung der Freiheit, auf die harte Entschlossenheit, die Demokratie aufzubauen und zu sichern, der sozialen Gerechtigkeit und dem sozialistischen Aufbau zum Durchbruch zu verhelfen. Die Idee des demokratischen Sozialismus wird nur dann zur sieghaften Idee, wenn sie in immer stärkeren Maße zur Sache des ganzen Volkes wird und wenn sie von den Besten, den Einsichtigsten und den Mutigsten umgesetzt wird in die Tat.

Nr. 6

Schreiben des Vertreters des SPD-Parteivorstands in Berlin, Brandt, an den Oberbürgermeister Berlins, Reuter 16. Mai 1949

AdsD, WBA, A 6, Korrespondenz mit PV 1947–1950 (alt).

Lieber Genosse Reuter!
Donnerstagabend packte mich das Fieber. Der Arzt will mich auch heute nicht rauslassen. Ich werde also nicht an der Vorstandssitzung teilnehmen können und möchte Ihnen und den Mitgliedern des Landesvorstandes auf diese Weise mitteilen, wie ich zu dem am vorigen Montag gemachten Vorschlag stehe.[1]

So sehr ich das Vertrauen zu schätzen weiss, das Sie und die Genossen des Berliner Vorstandes mir entgegenbringen, bitte ich doch zu beachten, dass mich der Vorstand der Gesamtpartei mit meiner gegenwärtigen Funktion betraut hat. Daraus ergeben sich für mich Loyalitätsverpflichtungen besonderer Art gegenüber dem Parteivorstand und gegenüber den Genossen in Hannover. Die Übernahme eines Amtes oder einer verantwortlichen politischen Funktion in Berlin wäre darum nur möglich, nachdem darüber eine Verständigung zwischen dem Landesvorstand und den Genossen in Hannover herbeigeführt sein würde.

Zum anderen möchte ich meinen persönlichen Standpunkt dahingehend zum Ausdruck bringen, dass ich der Bewegung in einer unabhängigen Position wahrscheinlich wertvollere Dienste leisten kann als bei Übernahme einer ausgesprochen administrativen Aufgabe. Das bedeutet keine Geringschätzung der organisatorischen und verwaltungsmässigen Ebene, auf der ich übrigens während meiner skandinavischen Jahre bereits einige Erfahrungen sammeln konnte.[2]

Wenn die Partei meint, mich mit einer administrativen Aufgabe betrauen zu sollen, werde ich mich dem nicht widersetzen, sondern bemüht sein, die Aufgabe so gut wie möglich zu lösen. Ich glaube jedoch, dass es keine gute Menschenökonomie wäre, wenn ich dann nicht auch die Möglichkeit erhielte, mich parlamentarisch zu betätigen.

Neben der noch ausstehenden Verständigung mit Hannover bitte ich also zu prüfen, ob die Übernahme eines Amts im Magistrat notwendigerweise eine Entsendung in den Bundestag ausschliessen würde.

Die Genossen in Schleswig-Holstein fragten mich im vorigen Monat, ob ich bereit wäre, auf der dortigen Landesliste zum Bundestag zu kandidieren. In Berlin ist gesprächsweise ebenfalls die Rede davon gewesen, dass ich der hiesigen Delegation zum Bundestag[3] angehören könnte. Ein solches Mandat wäre wahrscheinlich mit der weiteren Wahrnehmung meiner jetzigen Aufgaben für den Parteivorstand zu vereinbaren. Aus der Bildung der Bundesbehörden und der Neuregelung des Verhältnisses zu den Alliierten werden sich ausserdem Veränderungen in Bezug auf Art und Umfang der Arbeiten des „Berliner Vertreters" ergeben. Ob man dann noch von einem befriedigenden Arbeitsgebiet sprechen könnte, vermag ich heute nicht zu beurteilen. Das sollte jedoch bei der Beurteilung Ihres Vorschlages unerörtert bleiben, denn an sinnvollen Aufgaben würde es mir auch dann nicht fehlen, wenn die Berliner Vertretung des Parteivorstandes hinfällig oder nicht mehr durch mich wahrgenommen würde.

Aus einem Gespräch mit Erich Ollenhauer Ende des vorigen Jahres werden Sie sich daran erinnern, dass die Genossen in Hannover damals nicht geneigt waren, auf meine Mitarbeit zu verzichten. Kurt Schumacher sagte mir kürzlich, er nehme zur Frage meiner Kandidatur zum Bundestag einen positiven Standpunkt ein, möchte aber zuvor noch die Vereinbarkeit mit meiner gegenwärtigen Funktion geklärt wissen. Am vergangenen Mittwoch sprach ich – nachdem Franz Neumann und ich nicht rechtzeitig zur PV-Sitzung weggekommen waren – telefonisch kurz mit Fritz Heine, der mir keine positive Beantwortung Ihres Vorschlags in Aussicht stellen konnte.

Ich kündigte bei dieser Gelegenheit an, dass sich Franz Neumann wahrscheinlich noch mit Kurt Schumacher über die Sache unterhalten werde. Franz [Neumann] teilte mir dann mit, Sie hätten alle sich aus Ihrem Vorschlag ergebenden Besprechungen selbst übernommen.

Ich kann also nur abwarten, ob sich durch noch ausstehende Besprechungen mit Hannover eine Klärung der Lage ergeben wird. Dafür, dass ich mich selbst einiger Zurückhaltung befleissige, werden Sie und die Genossen des Landesvorstandes hoffentlich Verständnis haben.

Mit freundlichen Grüssen!
Ihr

Nr. 7

Schreiben des Berliner Vertreters im Deutschen Bundestag Brandt an den Leiter des Referates für Presse und Propaganda beim SPD-Parteivorstand, Heine
21. Dezember 1949

AdsD, WBA, A 6, 4 (alt).

Lieber Fritz!
Zunächst möchte ich Dir und allen Genossen des PV-Büros und der Odeonstrasse[1] die besten Wünsche zum bevorstehenden Fest und für ein erfolgreiches 1950 übermitteln.

Kurt Mattick sagte mir, er habe Dich bereits bei Deinem Hiersein Anfang des Monats davon verständigt, dass wahrscheinlich eine Änderung in der Redaktionsleitung des „Sozialdemokrat"[2] erfolgen würde. Als ich zurückkam, traten die Genossen an mich heran und baten mich, diese Aufgabe zu übernehmen. Ich habe unter der Voraussetzung zugesagt, dass eine freundschaftliche Verständigung mit Franz Tausch erreicht würde. Die Aussprache mit ihm hat heute stattgefunden, und er hat sofort erklärt, dass er den Wunsch des Vorstandes und der Pressekommission respektieren werde. Es schmerzt mich trotzdem, dass Franz Tausch etwas den Eindruck hat, als sei er unter Ausnützung seiner Krankheit herausmanövriert worden.

Der formelle Beschluss des Berliner Landesvorstandes steht noch aus. Es ist aber kaum zu bezweifeln, wie er ausfallen wird, nachdem die eingesetzte Kommission einstimmig entschieden hat. Ich bin mir darüber im Klaren, dass die Übernahme der neuen Funktion keine reine Freude sein wird. Aber es reizt mich, eine schwierige Aufgabe anzupacken.

Schon zu diesem Zeitpunkt möchte ich betonen, dass ich – falls ich den Versuch unternehmen soll, das Berliner Parteiblatt durchzubringen – auf engen Kontakt mit Dir angewiesen sein werde. Mein besonderes Streben wird dahin gehen, ein repräsentatives Organ der Berliner Politik zu machen, aber auch den Fragen der Ostzone ganz besondere Aufmerksamkeit zu widmen. Es würde mich sehr freuen, wenn ich gerade in Bezug auf letztere Frage auf Deine aktive Unterstützung rechnen könnte. Vielleicht überlegst Du Dir die Dinge ein bisschen, so dass wir Anfang Januar hier in Berlin darüber sprechen können.[3]

Mit besten Grüssen!

Dein

Nr. 8

Redebeitrag des Berliner Delegierten Brandt auf dem Parteitag der SPD in Hamburg 22. Mai 1950[1]

Protokoll der Verhandlungen des Parteitages der SPD vom 21. bis 25. Mai 1950 in Hamburg, Hamburg 1950, S. 103–105.

Genossinnen und Genossen! Ich habe zunächst den Auftrag, einiges zur Begründung des Antrages Nr. 33 vom Landesverband Berlin zu sagen.[2] Der Antrag befindet sich auf Seite 7 der Vorlage Nr. 5, aber obgleich er insgesamt nur aus acht Zeilen besteht, sind in den acht Zeilen zwei Druckfehler enthalten. Ich darf den Antrag so verlesen, wie er lauten soll:

„Der Parteivorstand wird beauftragt, in Zusammenarbeit mit der Bundestagsfraktion unverzüglich ein Arbeitsbeschaffungsprogramm für die dringlichsten politischen, wirtschaftlichen, sozialen und kulturellen Fragen auszuarbeiten. Es muß die Grundlage des nächsten Wahlkampfes sein, den Klärungsprozeß im deutschen Parteileben fördern und richtungsweisendes sozialdemokratisches Regierungsprogramm werden."

Wir möchten Euch bitten, Genossinnen und Genossen, diesem Antrag zuzustimmen, aber nicht als einer Angelegenheit der Propaganda oder der Taktik, sondern als einer Angelegenheit der politischen Strategie.

Das politische Problem, so, wie es sich vielen von uns darstellt, besteht doch wohl darin, daß wir alle die Widerstandskräfte gegen eine demokratisch-sozialistische Lösung in diesem Lande gegen uns zusammenschweißen. Unsere Aufgabe muß doch wohl in erster Linie darin bestehen, das gegnerische Lager so stark wie möglich zu differenzieren, uns zu stärken und das Zusammenwirken mit anderen Kräften zu ermöglichen. Ich glaube, wir kommen zu dem Ziel, das wir uns gesteckt haben und von dem heute morgen in überzeugender Weise zu verschiedenen Fragen die Rede war, nur dann, wenn unsere Politik von dem unerschütterlichen Willen und festen Vorsatz getragen ist, daß das, was wir wollen, noch realistischer, noch sachlicher, noch positiver, noch konkreter entwickelt werden muß. Wir brauchen das Aktionsprogramm, das im einzelnen erst von uns noch zu schaffen ist, wenn wir nicht in einer sehr unangenehmen Lage uns befinden wollen an dem Tage, wo die Regierung Adenauer durch eine sozialdemokratisch geführte Regierung abgelöst wird. Im kommenden Wahlkampf und in den Auseinandersetzungen müssen wir der Bevölkerung wirklich an Hand von bis ins einzelne gehenden Ausarbeitungen darlegen, wie wir es anders machen wollen, wenn wir die Regierungsgeschäfte in der Hand haben.

Ich will nicht der Mittwoch-Debatte[3] vorgreifen, aber es geht vielleicht manchem Genossen ähnlich wie einem Teil von uns in der Berliner Delegation. So sehr wir die grundsätzlichen Richtlinien des wirtschaftspolitischen Ausschusses zur Frage der Vollbeschäftigung unterstreichen, so entscheidend wichtig erscheint uns doch auf der anderen Seite die Konkretisierung zu sein, wie sie etwa von den Hamburgern angedeutet worden ist in der zusätzlichen Vorlage, die uns gestern unterbreitet wurde.[4] So wichtig es sein mag, wie zwei der Antragsteller fordern, die Diskussion über ein grundsätzliches Programm zu führen, so sehr sind wir doch der Auffassung, daß ein Arbeits-, ein Aktionsprogramm der Partei, das den Weg vom Propagandistischen und überwiegend Polemischen zum Konstruktiven zeigt, zu dem allervordringlichsten gehört, was die Partei zustande bringen muß.[5]

Nun gestatten Sie mir ein paar Bemerkungen zur Europafrage. Ich muß erklären, daß ich den Ausführungen und Auffassungen des Genossen Schumacher zu dieser wichtigen Frage nur zu zwei Dritteln folgen kann, aber ihnen nicht im letzten Drittel zu folgen vermag.[6] Ich bin damit einverstanden, daß wir schärfsten Protest im Bundestag und, wo auch immer über die Frage des Eintritts gesprochen wird, zum Ausdruck bringen gegen die willkürliche Regelung an der Saar und gegen die Verkoppelung von Saar und Europarat. Ich bin weiter einverstanden, daß wir deutlich zum Ausdruck bringen, daß Straßburg kein guter und kein gesunder Start der europäischen Zusammenarbeit ist, daß die eigentlichen Probleme erst n a c h Straßburg kommen. Einige könnten schon heute deutlich umrissen werden. Eines dieser Probleme ist der Marshall-Plan, der auch keine ideale Angelegenheit ist. Dennoch haben wir zu ihm „ja“ gesagt und werden „ja“ sagen zu seiner möglichen Weiterführung im Jahre 1952.

Wir begrüßen es, daß die Frage der deutschen Remilitarisierung von der Tagesordnung der Londoner Konferenz[7] abgesetzt worden ist. Aber wir können auf der anderen Seite nicht darum herumkommen, daß die Frage der Sicherheit des Westens uns als Betroffene im höchsten Maße interessiert und uns zu ernsten

Überlegungen veranlassen muß. Schließlich sollten wir betonen – das gehört auch zu den nicht strittigen Punkten –, daß, wenn es trotz des Protestes der Sozialdemokratie gegen die Saarregelung zur Einbeziehung der Bundesrepublik in die Straßburger Versammlung kommt, daß damit keine Akzeptierung des deutschen Provisoriums im Westen als endgültige Lösung verbunden sein kann. Es muß unterstrichen werden, daß Berlin nicht, wie es in dem Brief Adenauers vorgesehen ist,[8] außerhalb der Bundesrepublik belassen werden kann, sondern daß Berlin, wenn überhaupt eine Regelung zustande kommt, mit zur Bundesrepublik gehören muß, wie es der Beschluß des Bundestages vom vorigen Herbst forderte.[9]

Das letzte Drittel, bei dem sich die Sache mir etwas anders darstellt, besteht in folgendem: Ich glaube, es ist schwierig zu sagen, daß wir den Weg nach Straßburg nicht gehen sollten, weil es nur ein Ersatzeuropa repräsentiert. Ein Ersatzeuropa wäre der Westen auch, wenn er eine bessere Konstruktion hätte. Die Aufgabe, das eigentliche Europa zu schaffen über den Küstenstreifen am Atlantischen Meer hinaus, bestünde auch dann. Auch diese Aufgabe könnte wohl nur mit demokratischen Kräften außerhalb Europas gelöst werden. Ich glaube, wir können nicht so weit gehen, daß wir sagen, wir können eigentlich erst mitmachen, wenn es die Möglichkeit einer sozialistisch-demokratischen Solidarität in Europa gibt. Natürlich wäre uns eine solche Entwicklung die liebste, wie sie uns auch in Deutschland die liebste gewesen wäre. Aber wir haben in Deutschland auch Lösungen akzeptiert als Basis unserer Arbeit, die uns vor 1945 nicht vorgeschwebt haben. Ich weiß nicht, ob wir ohne weiteres sagen sollen, daß die deutschen Sozialisten die besten Internationalisten von allen sind. Für meinen Teil wäre es schon richtiger zu sagen: Wir bemühen uns, ebensogut wie die anderen zu sein. Der Anspruch, die Besten zu sein, könnte auch etwas herabsetzend auf andere und gerade auf unsere ausländischen Gäste wirken.

Ich glaube, daß das Ja zu Europa auch zu seinen Ansätzen, die sich auf wirtschaftlichem Gebiet in der OEEC darstellen und politisch vielleicht in Straßburg ergeben können, gesagt werden müßte und daß dieses Ja neben unseren Bedenken und Protesten zu der unmöglichen Konstruktion, von der die Rede gewesen ist, doch auch deutlich genug bei dem Beschluß des Parteitages zum Ausdruck kommen sollte.

Eine scharfe Auseinandersetzung mit den rückschrittlichen Kräften Europas und über Europa hinaus ist erforderlich. Aber Genossen, die Grundfrage der Auseinandersetzung im Europa von heute und in der Welt von heute ist ja – man kann vielleicht leider sagen – nicht oder nicht allein die Auseinandersetzung zwischen den Kräften des Sozialismus und denen des Kapitalismus, sondern eine Auseinandersetzung, in der es darum geht, überhaupt die Möglichkeiten einer demokratischen, sozialistischen Entwicklung zu erhalten. Und dazu sollten auch, wo immer erkennbare Ansätze zur Gemeinsamkeit auf wirtschaftlichem und politischen Gebiete in Westeuropa sind, sie von uns als Ansatzpunkte erfaßt und womöglich positiv weiterentwickelt werden.[10]

Nr. 9

Redebeitrag des Berliner Delegierten Brandt auf dem Parteitag der SPD in Hamburg 25. Mai 1950

Protokoll 1950, S. 255f.

Genossinnen und Genossen! Erlauben Sie mir, trotz der vorgerückten Stunde, noch ein paar Bemerkungen zu diesem wesentlichen Beitrag der Standortbestimmung unserer Programmdiskussion zu machen, den wir heute von Carlo Schmid entgegengenommen haben.[1] Für mich ergibt sich daraus unter anderem, daß wir an diese Programmdebatte in der Partei nicht in der Absicht herangehen können, ein endgültiges oder wissenschaftlich vollkommenes Programm schaffen zu wollen.[2] Das heißt nicht, auf die präzise Formulierung unter Zuhilfenahme aller nur möglichen wissenschaftlichen Methoden zu verzichten, aber es heißt, glaube ich, sich einzugestehen, daß im politischen Bereich nicht nur die Landkarten, sondern auch die Orientierungsgeräte weitgehend dem Gesetz der Veränderung unterworfen sind.

Wenn wir nach alledem, was wir erlebt und erfahren haben, von der Relativität unserer politischen und auch grundsätzlichen Weisheiten ausgehen, dann schwächt das meiner Überzeugung nach keineswegs unsere Position, gerade auch nicht gegenüber der durch das Schicksal so schwer mitgenommenen jüngeren Generation. Ich glaube vielmehr, daß eine mißverstandene – ich unterstreiche das Wort mißverstandene – Prinzipientreue häufig die Rolle eines Trojanischen Pferdes des Konservativismus innerhalb der Reihen der Arbeiterbewegung spielt.

Für meinen eigenen Teil glaube ich, daß wir mit einer primitiven Geschichtsauffassung, die von der Naturnotwendigkeit des geschichtlichen Ablaufs ausgeht, einfach nichts anfangen können. Es ist auch auf diesem Parteitag noch einmal jene sehr einfache Erklärung des Faschismus als einer mehr oder weniger einseitigen Agentur des Monopolkapitalismus erwähnt worden. Das ist doch, wenn man die Dinge ernsthaft überprüft, eine unerlaubte Vereinfachung, weil es eine der Komponenten enthält, aber eben doch nur eine.

Ich habe manchmal den Eindruck, als ob, nicht auf diesem Parteitag, aber in unseren Reihen sonst manches noch anmutet, als wenn wir in der Zeit der Postkutschen und der Windmühlen lebten und nicht in der Zeit der Stratosphärenkreuzer und Atomenergie. Wenn man sich umstellt, auf die Gegebenheiten in der zweiten Hälfte des 20. Jahrhunderts, dann glaube ich nicht, daß sich daraus eine Schwächung oder Unterbewertung der Rolle der Partei und des dauernd in ihr notwendigen geistigen Ringens ergeben würde. Wir haben nach einem neuen Ordnungsprinzip zu suchen. Und wenn ich etwas vermißt habe an Carlo Schmids Referat – ich will das nicht als eigentliche Kritik vorbringen, denn ein so umfassendes Thema zwang zu einer Konzentration, und es war sicher schwer, zu entscheiden, welche Punkte ausgelassen werden sollten –, aber wenn ich etwas vermißt habe, dann war es die noch klarere Herausarbeitung, daß wir es in diesem 20. Jahrhundert doch ganz anders als in der zweiten Hälfte des vorigen oder auch in den ersten beiden Jahrzehnten dieses Jahrhunderts nicht mehr nur mit dem Ringen auf der Klassenebene zu tun haben, sondern mit dem Ringen, das sich aus den neuen politischen und wirtschaftlichen Machtzusammenballungen ergibt, aus den Auseinandersetzungen mit den totalitären Kräften verschiedenster Art, mit den neuen Formen staatlicher Allgewalt, die den Bestand unserer Zivilisation in Frage stellt. Und daraus ergibt sich doch weiter, daß die Bewegung – ob es einem nun lieb ist oder nicht – manchmal zurückgeworfen wird, und geradezu gezwungen wird, sich mit Fragen zu befassen, die man bei der Begründung der Arbeiterbewegung schon für gelöst hielt. Das gilt für die ganzen Grundlagen des staatlichen Lebens, wo wir Angriffe auf Werte und auf Dinge erleben, von denen man sogar in der Zeit der industriellen Revolution vielfach als Selbstverständlichkeiten ausging.

Und wir erleben es in der internationalen Politik, wo wir geradezu gezwungen werden, zu der einfachen, uns früher allzu einfach erscheinenden Fragestellung von Karl Marx und Friedrich Engels zurückzukehren, nämlich der Untersuchung: welche Kraft repräsentiert auf der internationalen Ebene jeweils geschichtlichen Fortschritt, und welche repräsentiert den geschichtlichen Rückschritt? Wobei die Kraft, die den geschichtlichen Fortschritt vertritt, dort und auf anderen Ebenen keineswegs immer schon das ist, wofür wir als sozialistische Bewegung weiter zu arbeiten entschlossen sind. Ich würde auch wünschen, daß in unserer Programmdebatte das ganze Problem des Heranwachsens neuer herrschender Schichten, die Technik der Machtbehauptung und der Massenbeeinflussung, des Wachsens des bürokratischen Elements auf allen Ebenen, nicht nur in der Wirtschaft und im Staat, stärker herausgearbeitet wird.

Ich möchte noch eins wünschen, Genossinnen und Genossen – mit zu berücksichtigen, daß der Mensch leider nicht *so* gut ist, wie wir ihn in einem unserer schönen Lieder darstellen. Vieles, was wir durchgemacht haben, und gerade auch die faschistische Aera hat uns gezeigt, daß die Grenze zwischen Mensch und Tier nicht außerhalb des menschlichen Bereichs verläuft, sondern innerhalb des menschlichen Bereichs. (Beifall.)

Genossen, wir haben, glaube ich, auch zu sehen, daß zu der ökonomischen Abhängigkeit und Ausbeutung und daß zu der politischen Unterdrückung die Tatsache hinzukommt, daß die Menschen, um die wir zu ringen haben, einem geistigen Zwang unterliegen, der zum Teil durch viele Generationen hindurch verwurzelt ist, daß die Menschen auf Grund eines sich steigernden Angstgefühls in dauernder Unsicherheit leben, die nicht nur ihrer wirtschaftlichen Lage entspringt – und daß aus Zwang und Furcht mit dem Mittel der modernen Massenbeeinflussung, mit den modernen Propaganda- und anderen Mitteln künstliche Begeisterung erzeugt, eine Aufpeitschung der Gefühle erreicht werden kann, eine Mobilisierung der triebhaften Unterwelt gegen die Bastionen sowohl der Moral wie der Vernunft. Der Rückschlag kommt dann nach der Aufpeitschung zur künstlichen Begeisterung in der Form von Gleichgültigkeit, die wir heute bei großen Teilen der Bevölkerung erleben, in der Form krassesten Egoismus, in der Form des Negativismus und der moralischen Zerrüttung, Zuständen, denen wir unsererseits nicht mit dem Mittel des Volksbetrugs und der billigen Vertröstung begegnen können. Wir müssen uns um ein dogmatisches Ordnungsprinzip bemühen. Wir können es teilweise durch unser in sich abgeschlossenes System einer Neugestaltung der sozialen Verhältnisse. Davon wird ja unsere Programmdebatte beherrscht sein müssen, zu versuchen, die Summe gemeinsamer Überzeugungen zu entwickeln, gemeinsamer Überzeugungen in einer bestimmten Periode, entsprechend dem Grad der Erkenntnisse dieser Periode und entsprechend dem Gesamtstrom der in ihr lebendigen geistigen Kräfte. Dieser sich entwickelnden grundsätzlichen Überzeugung unserer Bewegung liegt eine – und soll eine gemeinsame Lebensanschauung zugrunde liegen, die ich nicht mit Weltanschauung verwechselt sehen möchte. Für viele von uns aber ist der Sozialismus nicht nur Lebensanschauung, sondern auch Lebensinhalt, was keineswegs bedeutet, daß wir auf den ganzen Menschen Anspruch erheben.

Aber, Genossen, die beste Theorie – und darauf kommt es mir an, und da pflichte ich Fritz Erler ganz entschieden bei – die beste Theorie bleibt ein toter Buchstabe ohne den persönlichen Einsatz. Es gibt im geschichtlichen Ablauf niemals nur eine Möglichkeit. Hitler brauchte nicht zu kommen (Zuruf: Richtig!) – der Krieg brauchte nicht zu kommen (Zuruf: Sehr richtig!) – Adenauer brauchte nicht Bundeskanzler zu werden.[3] (Zuruf aus dem Saal: Ich glaube doch!)

Es kommt an auf den mit Wissen gepaarten Willen, und es gibt entscheidende Situationen, in denen wir uns daran erinnern müssen, Genossinnen und Genossen, daß dann manchmal wichtiger als die vielen, die glauben, die wenn auch manchmal wenigeren sind, die wissen was sie wollen, und wollen, was sie wissen. (Beifall.)

Nr. 10

Schreiben des Berliner Vertreters im Deutschen Bundestag Brandt an den ehemaligen Mitarbeiter der Abteilung Political Parties des Civil Administration Office von OMGUS Bolten
9. Juni 1950

AdsD, WBA, A 6, 5/6 (alt).

Lieber Seymour!
Es ist eine Schande, dass ich bisher auf Ihren Weihnachtsbrief nicht geantwortet habe. Gemeinsame Freunde haben mir aber gelegentlich von Ihnen erzählt. Sie werden wissen, dass ich im vergangenen Herbst aus der Tätigkeit, die uns so häufig zusammenführte, ausgeschieden bin, da das Berliner Sekretariat des Parteivorstandes im Zusammenhang mit der Verlegung der wichtigsten alliierten Stellen nach dem Westen aufgelöst wurde. Seitdem bringe ich nun meistens 2–3 Tage in der Woche in Bonn zu. Das reicht zu einer ernsthaften Mitarbeit nicht aus. Ich muss mich damit begnügen, die Entwicklung in grossen Zügen zu verfolgen und in ein paar Ausschüssen an ein-

zelnen Beratungen mitzuwirken. Meine Mitarbeit in Bonn ist auch darum etwas begrenzt, weil sich – das ist schon kein Geheimnis mehr – mein Verhältnis zu Dr. Schumacher seit dem vergangenen Jahr wesentlich verschlechtert hat. Das ist öffentlich jetzt dadurch zum Ausdruck gekommen, dass ich der übersteigerten Argumentation gegen den Europarat widersprochen habe.[1] Aber die Meinungsverschiedenheiten und Aversionen beschränken sich nicht auf diesen Punkt.[2]

Umso mehr interessiert mich weiterhin die politische Entwicklung in Berlin. Wie Sie wissen, mache ich seit dem 1. Januar [1950] den früheren „Sozialdemokrat", den wir jetzt „BS" nennen.[3] Ob es gelingen wird, das Blättchen zu halten, erscheint allerdings gerade jetzt wieder überaus fraglich. Die Berliner Schwierigkeiten sind Ihnen sicher bekannt.[4] Dennoch bestätigen mir alle Freunde, die als Besucher Vergleiche anstellen können, dass sich seit dem vergangenen Jahr ein grosser Fortschritt vollzogen habe. Im deutschen Westen scheint sich auch die Erkenntnis durchzusetzen, dass man Berlin nicht hängen lassen kann. Ich bin nach wie vor davon überzeugt, dass eine aktive Politik und ein, wenn auch opfervoller wirtschaftlicher Aufbau in Berlin die weitere deutsche und vielleicht auch europäische Entwicklung massgebend beeinflussen kann.

Wir sind Ende vergangenen Jahres vom Halensee weg und in die Nähe des Schlachtensees gezogen. Wir haben dort ein Reihenhaus in der sogenannten Marinesiedlung, die Sie kennen werden, weil dort bis vor einem Jahr amerikanische Einquartierung war. Unser Junge, der zum Herbst zwei Jahre alt wird, scheint sich zu einem lebhaften Individuum zu entwickeln und bedient sich eines zwar lückenhaften aber nicht uninteressanten Wortschatzes, der aus deutschen und norwegischen Bestandteilen zusammengesetzt ist.

Wenn Sie nicht in Verbindung mit Ihrer Tätigkeit doch mal wieder nach Deutschland kommen, werden wir uns wohl erst wieder treffen können, wenn ich mal in die Vereinigten Staaten fahren kann. Man hatte mir hier zwei Projekte vorgeschlagen, von denen sich das eine über vier, das anders über sechs Monate erstrecken sollte. Ich musste zu beiden Vorschlägen nein sagen, weil ich einfach nicht für so lange Zeit wegbleiben kann. In Bonn hat man mich andererseits nicht gefragt, ob ich an einer der parlamentarischen Delegationen teilnehmen wollte, die sich ja über eine sehr viel kürzere Zeit erstreckt. Aber vielleicht ergibt sich im nächsten Jahr einmal eine andere Möglichkeit.

Es wäre nett, von Ihnen mal wieder zu hören. Seien Sie herzlich gegrüsst von meiner Frau und von
Ihrem

Nr. 11

Schreiben des Mitglieds des Landesvorstands der Berliner SPD Brandt an den Leiter des Betriebsgruppenreferates beim SPD-Parteivorstand, S. Neumann
26. März 1951

AdsD, WBA, A 6, Korrespondenz mit PV 1951–1954 (alt).

Lieber Freund!
Wir haben uns neulich vor Deiner Abreise nicht mehr getroffen, und ich möchte darum auf diesem Wege noch ein paar Bemerkungen zu unserem sonntäglichen Gespräch nachtragen.

Du wirst hoffentlich den Eindruck gewonnen haben, dass mir sehr viel nicht nur an einer Überwindung der Führungskrise in Berlin liegt, sondern auch an einer Normalisierung des Verhältnisses zum PV. Es hat wenig Sinn, im einzelnen zu untersuchen, wie es zur Entfremdung gekommen ist.[1] Für meinen Teil darf ich wohl ohne Überheblichkeit sagen, dass es während der Zeit meiner PV-Vertretung im Jahre 1948 keine nennenswerten Schwierigkeiten im Verhältnis Berlin-Hannover gegeben hat. Vorher hatte es solche Schwierigkeiten gegeben,[2] und seitdem sind sie zuweilen über das Mass des Erträglichen hinausgewachsen. Manches hätte sich vielleicht ändern und verhindern lassen, wenn andere und ich den Stier jeweils gleich bei den Hörnern gepackt hätten, statt uns durch Ränke und Animositäten über Gebühr beeindrucken zu lassen.

Ich hoffe, es deutlich gemacht zu haben, dass ich Kurt Schumacher jederzeit zu einer Aussprache zur Verfügung stehe und dass ich ein offenes, klärendes Gespräch für nützlich halten würde.[3] Es wird ja aber wohl nur zustande kommen, wenn der Wunsch zu einer vorurteilslosen Erörterung auf Gegenseitigkeit beruht. Ich muss Dir überlassen, von diesem Brief jenen Gebrauch zu machen, den Du für angebracht hältst.
Mit den besten Grüssen
Dein

Nr. 12
Schreiben des Berliner Vertreters im Deutschen Bundestag Brandt an den baden-württembergischen Landtagsabgeordneten Schulz
4. Juni 1952

AdsD, WBA, A 6, 9 (alt).

Lieber Freund!
Es ist mir viel lieber, daß mal jemand aufbegehrt, als daß die Tendenz zur Resignation immer mehr um sich greift. Im konkreten Fall kann ich Dir versichern, daß viele Genossen sachlich Deinen Standpunkt teilen.[1] Erwin Schöttle hat daraus zum Beispiel keinen Hehl gemacht.

Andererseits solltest Du Deinen Ausspruch nicht isoliert betrachten. Du solltest vor allem in den Kreis Deiner Betrachtungen einbeziehen, daß es sich nicht lohnt, transitorische Erscheinungen zur Grundlage prinzipieller Entscheidungen zu machen. Was uns auch immer nicht gefallen mag, diese Partei bleibt in der deutschen Misere die einzig ernsthafte Chance einer vernünftigen Politik.

Diesen Gesichtspunkt solltest Du nicht übersehen. Und wenn Du ihn nicht übersiehst, wirst Du sicherlich zu dem Ergebnis kommen, daß eine Trennung von der Partei zu nichts Gutem führen kann. Jedenfalls würde ich es begrüßen, wenn wir über den ganzen Komplex einmal in Ruhe sprechen könnten. Dazu werden wir ja hoffentlich Gelegenheit haben, wenn Du Ende Juni nach Berlin kommst.

Mein Einwand gegen unsere Außenpolitik ist nicht, daß sie die Position Adenauer[2] ablehnt, sondern daß sie einen festen Standpunkt vermissen läßt. Wir neigen dazu, von den verschiedensten Ausgangspunkten her zu argumentieren und dabei manchmal zu recht widersprüchlichen Forderungen zu kommen. Für mich sind die nationalpolitischen Einwände gegen die Adenauersche Politik ausschlaggebend. Übrigens: selbst wenn die Konzeption Adenauers an sich richtig sein sollte, hätte sie immer noch den Fehler, von Adenauer praktiziert zu werden.

Also, lieber K[laus]-P[eter] S[chulz], laß das Temperament nicht mit Dir durchgehen, sondern sei Dir darüber im klaren, daß wir – so schwer es im Einzelfall auch sein mag – in dieser Partei und mit ihr zu besseren Lösungen zu kommen trachten müssen.

Empfehle mich bitte Deiner Frau und sei bestens gegrüßt
von Deinem

Nr. 13

Redebeitrag des Berliner Delegierten Brandt auf dem Parteitag der SPD in Dortmund 26. September 1952

Protokoll der Verhandlungen des Parteitages der Sozialdemokratischen Partei Deutschlands vom 24. bis 28. September 1952 in Dortmund, Bonn o. J., S. 160–162.

Genossinnen und Genossen! Verzeihen Sie, wenn ich Sie zunächst mit der Unterstreichung eines Punktes im Entwurf des Aktionsprogramms im Hinblick auf Berlin behellige. Die Partei und die deutsche Öffentlichkeit müssen sich mehr, als es heute der Fall ist, der Tatsache bewußt sein, daß die Position des freiheitlichen Berlins einer schleichenden, aber tödlichen Bedrohung ausgesetzt ist, wenn sich die Tendenz durchsetzen sollte, einen kalten Frieden auf der Grundlage der Aufrechterhaltung der Spaltung Deutschlands zu schließen. In einer angesehenen englischen Zeitung tauchte gerade in diesen Tagen wieder die Idee auf, man werde die dazu entschlossenen Berliner gegebenenfalls evakuieren müssen. Aus diesem Grunde muß ein Punkt des Aktionsprogramms noch unterstrichen und konkreter und eindeutiger formuliert werden, nämlich die Notwendigkeit, daß wegen dieser Bedrohung eine zusätzliche wirtschaftliche und politische Verankerung Berlins mit dem Bund erfolgen muß. Das heißt, wir fordern von den Alliierten und von den widerstrebenden Kräften im bürgerlichen Lager, daß Berlin nicht irgendwann, sondern an den kommenden Wahlen zum Bundestag unbeschadet der rechtlichen Sonderstellung Berlins, die aus Gründen der Außenpolitik auf manchen Gebieten andauern mag, teilnehmen kann. (Beifall.)

Ich will nicht der Versuchung unterliegen, auf die Debatte von gestern zurückzugreifen, aber mit gütiger Erlaubnis des Vorsitzenden darf ich eine Bemerkung zu den Ausführungen des Lübecker Freundes[1] machen. Das Argument der Nähe der Zonengrenze sollte bei uns ausscheiden. Das könnten diejenigen, die in Berlin hinter der Zonengrenze leben, mit ebenso viel Recht in Anspruch nehmen. Ebenso leidenschaftlich, wie wir für die Vierer-Regelung sind,[2] so leidenschaftlich sind wir dagegen, daß unsere deutsche Politik auf ein totes Gleis geschoben wird und man uns gleichzeitig von der freien demokratischen Welt isoliert.

Die Auseinandersetzung um die Außenpolitik, wie sie im Aktionsprogramm dargelegt wird,[3] und die Auseinandersetzung um die Wiedervereinigungspolitik bleiben einer der Hauptgegenstände unseres Kampfes. Für ein Wahlprogramm genügt es, das Für und Wider zu aktuellen politischen Themen abzuwägen und klar herauszustellen. Im Aktionsprogramm dürfen wir aber nicht versäumen, unsere grundsätzliche Haltung zum Verteidigungsproblem zu umreißen. Und darin bin ich mit dem Bremer Genossen,[4] der heute vormittag sprach, einer Meinung. Wir sind uns darüber einig, daß heute für uns die politischen und sozialen Aspekte des Kalten Krieges im Vordergrund stehen. Aber wir werden – und wir können uns dabei übrigens auf die auf Marx und Engels zurückgehende Tradition des sozialistischen Denkens in der Wehrfrage stützen – nicht übersehen dürfen, daß es auch eine militärische Seite des Sicherheitsproblems gibt. Divisionen allein schaffen es nicht. Aber – das hat der Berliner Änderungsvorschlag anzudeuten versucht, wenngleich wir nicht an den Buchstaben kleben – wir leben in einer Welt, in der es noch schlechter aussähe, als es heute aussieht, wenn es nur Moskauer Divisionen gäbe. (Sehr gut! – Beifall.)

Unsere berechtigten Forderungen nach Gleichberechtigung verlören ihren Sinn, wenn wir nicht unter den bekannten und klaren Voraussetzungen, die unsere Partei formuliert hat, auch unseren Teil zu einem System der möglichst kollektiven Sicherheit beizutragen bereit wären, wenn die Zeit dazu gekommen sein wird. (Beifall.)

Kaum bedarf es der Hinzufügung, daß es immer unser Bestreben bleiben wird, für den Abbau der Rüstungen und für einen echten Frieden zu werben. Die Aufgabe, ein relativ umfassendes Aktionsprogramm zu schaffen, das hoffentlich in der Redaktionskommission, der ich selbst angehöre, noch straffer formuliert werden kann, ist darum so schwierig, weil wir umfassend Stellung nehmen und im Gegensatz zu einem der Genossen, der hier gesprochen hat, leider nicht sagen können, die und jene Dinge können ausgenommen werden, da sich alle demokratischen Kräfte in diesem Lande darin einig sind. Wir können uns eben in diesem Lande zunächst nur auf uns selbst verlassen. Wir sollten aber dabei nicht die Gefahr übersehen, die aus einer zunehmenden Polarisierung unserer deutschen Gesellschaft und aus einer Verkrampfung der gesellschaftlichen Formationen entstehen kann. Im Interesse der Demokratie werden wir bei der Anwendung und Erarbeitung unseres Aktionsprogrammes neben der Erweiterung unserer eigenen Basis und durch die Art der Vertretung unseres Anliegens auch darauf hinwirken müssen, daß uns aus der Gesellschaft demokratische Bündnispartner zuwachsen. Aus diesem Grunde scheint mir so wichtig, was heute morgen vorgebracht wurde und im Aktionsprogramm noch zum Ausdruck kommen muß hinsichtlich des vorbehaltslosen Bekenntnisses der deutschen Sozialdemokraten zur Einordnung der jungen Generation so, wie sie geworden und in die demokratische Ordnung gewachsen ist, um zur vollverantwortlichen Mitgestaltung durch diese junge Generation in unserem Staat zu kommen.

Wegen dieser jüngeren Generation und mit dem Blick auf jene Schichten, deren Sachwalter zu sein wir uns berufen fühlen und deren politischer Kristallisationspunkt wir werden möchten, scheint es mir in dieser Debatte noch auf folgendes anzukommen:

Dieses Aktionsprogramm wird in seiner überarbeiteten Form eine Arbeitsanleitung für die Partei sein können, und es wird nicht nur darauf ankommen, wie der Genosse Hennig meint,[5] es für die einzelnen Schichten aufzugliedern; es wird ebenso darauf ankommen, daß wir die einzelnen Teile und das Ganze nicht auf Parteichinesisch verbreiten, sondern daß wir bemüht sind – und damit knüpfe ich an meine gestrige Diskussionsrede an[6] –, unser Anliegen in einer frischen und zeitgemäßen Sprache, mit lebendigen und, wo notwendig, mit überprüften Formen der Organisation und

Werbung in das Volk hineinzutragen.[7] Den eigentlichen politischen Sinn der vor uns liegenden Aktion, wie sie durch das Programm angedeutet werden soll, möchte ich eben gerade darin sehen, daß wir eine große und starke und ehrenhafte Tradition der sozialistischen Arbeiterbewegung zusammenfließen lassen mit einem zeitnahen System praktischer Vereinigung von Freiheit und Planung, von Wohlstand und Sicherheit. (Beifall.)

Nr. 14

Referat des stellvertretenden Vorsitzenden des Landesverbandes der SPD Berlin, Brandt, auf dem XI. Landesparteitag der SPD in Berlin
12. Juni 1954[1]

Berliner Stimme vom 19. Juni 1954, S. 4, 7 f.

Aufgaben der Sozialdemokratie in der Gegenwart

In den letzten Monaten hat in der sozialdemokratischen Partei eine Aussprache stattgefunden, die ermutigend genannt werden darf. Sie zeugte von geistiger Regsamkeit: sie bewies, daß wir nicht selbstgefällig geworden sind.

Das Wahlergebnis vom 6. September [1953][2] war enttäuschend, obwohl wir eine Million neuer Stimmen zu verzeichnen hatten. Nach diesem Wahlergebnis ging es darum, unsere Arbeit, die Richtlinien unserer politischen Praxis, zu überprüfen. Es ging aber auch – wie in all den Jahren seit 1945 – um die Überprüfung unseres geistigen Rüstzeugs, um die Bestimmung unseres Standorts unter den Bedingungen, wie sie in der Mitte des 20. Jahrhunderts gegeben sind.

Zu den Bundestagswahlen des vergangenen Jahres wäre manches zu sagen. Sie sind zu einem erheblichen Teil mit Methoden bestritten worden, die wir nicht ohne weiteres auf das Konto des „Vergeben und Vergessen“ setzen können. Erinnern wir uns einen Augenblick, was damals vor sich ging:

Die Bonner Regierungsparteien appellierten ziemlich bedenkenlos an die Existenzangst eines eben wieder auf die Beine gekommenen Volkes. Für sich allein nahmen sie in Anspruch, was das Ergebnis harter gemeinsamer Arbeit des deutschen Volkes in der Bundesrepublik gewesen war. Durch unerlaubt vereinfachte Parolen versuchte man den Eindruck zu erwecken, es hänge lediglich von der Zustimmung zu gewissen außenpolitischen Verträgen ab, um mit den Sowjets fertig zu werden. Der Bundeskanzler selbst stellte die verleumderische, später vor deutschen Richtern widerrufene Behauptung auf, sozialdemokratische Vertrauensleute hätten Gelder aus dem Osten angenommen.[3] Aus den gleichen Kreisen, denen die Reise nach Moskau nicht rasch genug gehen kann, wurde den Sozialdemokraten wider besseren Wissens unterstellt, sie seien Wegbereiter des Bolschewismus.[4]

Lassen wir es mit diesen Hinweisen genug sein. Es handelt sich um ein wirklich unerfreuliches Kapitel. Wir haben uns jedoch nicht mit der Anprangerung gegnerischer Entgleisungen begnügen können, und es ist gut, daß wir uns auch nicht mit Beschönigungen unserer eigenen Position zufrieden gegeben haben. Gewiß gab es auch objektive Ursachen für das, was am 6. September [1953] geschah. Uns ist allerdings wenig mit einer Theorie gedient, die immer nur hinterher zu beweisen vermag, warum die Dinge so laufen mußten, wie sie gelaufen sind.

Eine Bewegung, die die Gesellschaft erneuern und die Zukunft gestalten will, muß mit dem Werk der Erneuerung immer wieder bei sich selbst beginnen. Diejenigen, die mit ehrlichem Bemühen zur Debatte um die Überprüfung und – wo erforderlich – Erneuerung unserer Politik beigetragen haben, verdienen nicht getadelt zu werden: sie verdienen Anerkennung. Eine Partei wie die Sozialdemokratie gewinnt an Anziehungskraft, wenn sie nicht künstliche Gleichförmigkeit zur Schau stellt, sondern ein ernstes, offenes und unablässiges Ringen um die Probleme unserer Zeit.

Die Aussprache um die grundlegenden Fragen geht weiter. Das Verhältnis zwischen Diskussion und Aktion läßt sich nicht willkürlich regeln, schon gar nicht nach dem Schema: Stillgestanden – rührt euch. Für die praktische Politik müssen allerdings nach einer jeweils angemessenen Zeitspanne gewisse Folgerungen gezogen werden, und solche Folgerungen müssen für das Handeln der Partei verbindlich sein.

Empfehlungen des Parteivorstandes

Nach einer Vielzahl von Einzelbeiträgen aus der Mitgliedschaft und auf der Grundlage von Vorschlägen besonderer Kommissionen – in beiden Fällen waren Berliner beteiligt – hat der Parteivorstand im März [1954] einige Empfehlungen zur Politik und nicht zuletzt auch zu organisatorischen Fragen beschlossen. Im Mai folgten Empfehlungen zur Außenpolitik und zu den Fragen der Sicherheit.[5]

Gerade in diesen Tagen werden nun noch – nach Ausschußberatungen, an denen wiederum Berliner teilnahmen – Vorschläge ausgearbeitet, die Erneuerungen und Änderungen zum Aktionsprogramm beinhalten.[6] In Anlehnung an die erwähnten Empfehlungen zur Außenpolitik sollen beispielsweise zwei neue Abschnitte in das Programm eingefügt werden. Für den wirtschaftspolitischen Teil werden ebenfalls neue Formulierungen erwogen.

Der Inhalt der neuen Vorschläge ist uns im wesentlichen bekannt; aber sie liegen uns im einzelnen noch nicht vor. Daraus ergeben sich nicht unerhebliche Schwierigkeiten. Die Delegierten zum Bundesparteitag werden sich mit dem noch zu erwartenden Material zweifellos gründlich befassen. Sie werden dabei die Diskussionen berücksichtigen, die in unserem Landesverband geführt worden sind und die heute auf unserem Landesparteitag geführt werden. Aber es ist trotzdem bedauerlich, daß die Vorlagen zum Aktionsprogramm – wie vor zwei Jahren – zu spät kommen, um in den Einheiten der Partei noch gründlich genug behandelt werden zu können.

Wir sind sicher alle der Meinung, daß wir unsere Freunde in Bonn bitten sollten, in Zukunft jene Termine einzuhalten, die eingehalten werden müssen, damit Änderungsanträge in Kenntnis der

Willy Brandt auf einer Wahlkampfveranstaltung der SPD Anfang der fünfziger Jahre

Vorlagen eingebracht werden können. Für Programmfragen müssen wir uns die notwendige Zeit nehmen, um sie von oben nach unten und von unten nach oben miteinander durchsprechen zu können, um einmal diesen populären Ausdruck für die Beziehungen zwischen Vorständen und Mitgliedschaft zu verwenden.

Der Wunsch nach rechtzeitiger Information gilt ganz besonders für die Arbeit an einem neuen Grundsatzprogramm. Eine Forschungsgemeinschaft[7] ist an der Arbeit, und der Parteivorstand will diesen Bemühungen verstärkte Unterstützung zuteil werden lassen. Bei der theoretischen Vorbereitung soll auch die Entwicklung des demokratischen Sozialismus in anderen Ländern untersucht werden. Auf dem Parteitag jetzt im Juli soll vorgeschlagen werden, die grundsätzliche Haltung der Sozialdemokratie in einer Präambel zum Aktionsprogramm von Dortmund zu verdeutlichen.

In der Berliner Präambel wird unsere – wie ich hoffe – gemeinsame Überzeugung zum Ausdruck kommen müssen, daß wir eine Bewegung sind und bleiben wollen, die eine grundlegende Umgestaltung der gesellschaftlichen Verhältnisse erstrebt. Unser tägliches, praktisches und vielfach mühseliges Wirken muß durchdrungen sein von der sozialistischen Freiheitsidee.[8]

Denn was anderes ist der Sozialismus – der freiheitliche Sozialismus – als ein System von Vorstellungen über die Verwirklichung der demokratischen und der sozialen Menschenrechte!

In dem Entwurf einer solchen Präambel, den ich gestern zu Gesicht bekommen habe, wird u. a. festgestellt, daß sich die Sozialdemokratische Partei unbeirrt zu den großen Ideen der Demokratie und des Sozialismus bekenne, zur Befreiung der Menschen aus unwürdiger sozialer Abhängigkeit und geistiger Hörigkeit.[9] Die SPD sei sich bewußt, daß sie ihre Ziele nur unter den Bedingungen der Gegenwart verwirklichen könne, obwohl sie ihr Wesen und ihre Tradition niemals verleugnen werde. Das Menschheitsziel des demokratischen Sozialismus, heißt es weiter, macht ihn zu einer internationalen Bewegung. Er anerkennt das Lebensrecht und die Freiheit jedes Volkes und jeder Gemeinschaft. Um der Freiheit und des Weltfriedens willen werde die SPD niemals bereit sein, das Selbstbestimmungsrecht der Völker den Interessen irgendwelcher Machtblöcke zu opfern. Deshalb kämpfe sie für die Wiederherstellung der deutschen Einheit in Frieden und Freiheit. Unsere Partei vereinige alle Kräfte, „die ohne Rücksicht auf engherzig gehütete Vorrechte für nationale Einheit, für Gerechtigkeit, für wirtschaftliche und politische Demokratie, für geistige Freiheit und Toleranz einzutreten bereit sind".[10]

Die Sozialdemokratie ist eine Partei – heißt es in den Empfehlungen des Vorstandes –, die eine gesellschaftliche Ordnung erstrebt, in der soziale Gerechtigkeit herrscht, in der der Mensch von Ausbeutung und Unterdrückung befreit sein wird, in der geistige und politische Freiheit gewährleistet sein wird. Diesem Ziel nähern wir uns im Verlauf eines außerordentlich widerspruchsvollen Prozesses. Wir müssen uns immer bewußt sein, daß die Freiheit, wo sie auf Einzelgebieten errungen ist, täglich neuer Gefahr ausgesetzt ist und daß sie jeden Tag aufs neue verteidigt werden muß. Die Macht, nicht nur die politische, sondern gerade auch die wirtschaftliche Macht muß in zunehmendem Maße unter echte demokratische Kontrolle gebracht werden.

Zum anderen: Die SPD steht uneingeschränkt auf dem Boden des demokratischen Staates. Die Empfehlungen des Parteivorstandes enthalten das Bekenntnis zur rechtsstaatlichen parlamentarischen Demokratie als jener Staatsform, in der das ganze Volk mitbestimmend und mitverantwortlich für seine Regierung sein kann. Dieses Bekenntnis, heißt es weiter, gilt auch der Bundesrepublik, obgleich sie im Verhältnis zu Gesamtdeutschland ein Provisorium darstellt. Wir mögen an den Verhältnissen im deutschen Westen noch soviel auszusetzen haben, nicht zuletzt auch, daß das Gefühl für das Provisorische vielfach verloren gegangen ist – die Bundesrepublik ist nichtsdestoweniger das zur Zeit einzige demokratische Staatsgebilde Deutschlands.

Dieses Bekenntnis bedeutet den bewußten Verzicht auf das Streben nach alleiniger Machtausübung. Es läßt uns unterscheiden zwischen Gegnern und Feinden. Es bedeutet eine Verneinung des revolutionären Weges zur Macht, aber die Bejahung der Gewalt zur Verteidigung der Demokratie und ihrer Feinde.

Arbeiterbewegung – Volksbewegung

In den Vorstandsempfehlungen heißt es an anderer Stelle: Der Kampf und die Arbeit der Sozialdemokratie liegen im Interesse aller, die kein Vorrecht der Herrschaft und der Bildung für sich und ihre Gesellschaftsschicht aufrechterhalten wollen oder anstreben. Nach ihren Grundsätzen und ihren Zielen ist die Sozialdemokratie nicht auf die Vertretung einer einzigen Gruppe des Volkes beschränkt.

In diesem Zusammenhang wird festgestellt, daß die Arbeiterschaft den Kern der Mitglieder und Wähler unserer Partei bildet.

Das ist eine wichtige tatsächliche Feststellung, nicht aber eine Minderbewertung irgendeiner sozialen Schicht oder Berufsgruppe.

Wir sind uns sicher alle darüber im klaren, daß das heutige Klassenbild nicht mehr dem von vor fünfzig Jahren entspricht. Unsere Analyse der heutigen Verhältnisse, die Durchdringung der heutigen Gesellschaft wird den tatsächlichen Wandlungen noch kaum gerecht. Mit unserer Analyse hat es auch auf anderen Gebieten gehapert. Sonst hätten wir etwa stärker mit der Möglichkeit rechnen müssen, daß ein wirtschaftlicher Wiederaufbau Deutschlands auch mit unserer Meinung nach anfechtbaren Methoden möglich sein würde. Anstatt eine Ismen-Haarspalterei zu betreiben, sollten wir an die Durchdringung der uns umgebenden Wirklichkeit mit dem gleichen Ernst gehen, wie es seinerzeit die Lehrmeister der sozialistischen Bewegung getan haben.

Worauf es ankommt, ist doch wohl dies: Die Sozialdemokratie ist und bleibt die Partei der kleinen Leute. Sie vertritt die Belange der Arbeitnehmer, der Arbeiter, Angestellten, Beamten – aller, die vom Ertrag ihrer Arbeit leben, und jener, die vom Ertrag eigener Arbeit ausgeschlossen sind. Viele selbständig Schaffende haben in unseren Reihen bereits ihren Platz gefunden. Für ein Bündnis zwischen den Bauern und den städtischen Arbeitnehmern haben wir gute Gründe ins Feld zu führen. Wir wissen auch um die gesellschaftliche Bedeutung jener freien Berufe, die sich zu Recht über die Unterbewertung geistiger Arbeit beklagen. Und wir vergessen nicht, was am Anfang der sozialdemokratischen Bewegung stand: Das Bündnis der Denkenden mit den Leidenden.

Mit anderen Worten: Die Sozialdemokratie wird das Werk der Arbeiterbewegung weiterführen und vollenden helfen. Im Entwurf zur Präambel heißt es – über die Formulierung kann man meines Erachtens streiten –, aus der Partei der Arbeiterklasse, als die sie erstand, sei die Sozialdemokratie zur Partei der Nation geworden. Sie wird jedenfalls nicht eine sogenannte „Volkspartei“ im Sinne verschwommener Zielsetzungen sein können. Aber sie will werden, sie soll werden zur umfassenden sozialen Volksbewegung – im Dienste einer grundlegenden Erneuerung in Wirtschaft und Gesellschaft.

Einer der westdeutschen Bezirke empfiehlt uns nun, auf dem Parteitag zu beschließen, die von Karl Marx entwickelten Forschungsmethoden seien heute noch ebenso wertvoll wie die modernen Erkenntnisse der Gesellschaftswissenschaft. Es darf bezweifelt werden, ob ein Parteitag der SPD, der ja weder ein Kardinalskollegium ist noch ein Soziologenkongreß, ein solches Urteil überhaupt fällen kann. Vielleicht sollten wir das sozialistische Denken stärker, als es manchmal geschieht, in seiner Entwicklung werten und erfassen. Letzte, endgültige Aussagen gibt es meiner Überzeugung nach nicht, auch nicht über Fragen der Methoden.

Es mag nützlich sein, daran zu erinnern – der Vorstand beruft sich darauf in seinen Vorlagen –, was Kurt Schumacher bei der Neubegründung der Partei 1945 erklärte. Es sei gleichgültig, sagte er, ob jemand durch die Methoden marxistischer Wirtschaftsanalyse, ob er aus philosophischen oder ethischen Gründen oder ob er aus dem Geist der Bergpredigt Sozialdemokrat geworden sei. Für die Behauptung seiner geistigen Persönlichkeit und für die Verkündung seiner Motive habe jeder das gleiche Recht in unserer Partei.[11]

Wir wären schlecht beraten, wollten wir teuer erkaufte Lehren der Vergangenheit leichtfertig über Bord werfen. Wo uns die Erfahrung dogmatische Kalkbestände erkennen läßt, tun wir jedoch gut daran, sie ohne falsche Sentimentalität abzustoßen.

In der Begegnung mit den freiheitserstickenden Mächten des Totalitarismus, aber auch in der Auseinandersetzung mit den schleichenden Gefahren der freiheitsfeindlichen Kräfte im Lager der Demokratie ist uns stärker denn je bewußt geworden, daß es humanistische Grundimpulse sind, die den Wesenskern des freiheitlichen Sozialismus darstellen und die jedes zeitbedingte Programm überdauern. Diese Grundwahrheit und das Wissen um die Macht moralischer Werte im machtpolitischen Ringen unserer Zeit dürfen wir als ein politisches Vermächtnis Ernst Reuters betrachten.

Gewaltige Wissensgebiete sind in dieser Generation neu erschlossen worden. Aber auch die Grenzen des Beweisbaren wurden uns bewußt. Sie haben manche der klügsten Köpfe demütig die Waffen strecken lassen, wo ihre Vorgänger im vergangenen Jahrhundert einen totalen Sieg des Verstandes vorausgesagt hatten. Vielfach sind es auch nicht mehr die gleichen Fragestellungen, mit denen wir uns heute auseinanderzusetzen haben. Um nur ein paar Beispiele zu nennen:

Einerseits haben die Naturwissenschaften so viel Neuland gewonnen, daß die politische Macht innerhalb gewisser Grenzen bestimmen kann, was nun noch erfunden werden soll. Andererseits hinkt das Wissen um den Menschen selbst, um das menschliche Wesen mit seinen kühnen Höhen und seinen abgründigen Tiefen bedenklich nach, wenngleich auf diesem Gebiet in den letzten beiden Generationen die Grundlagen umwälzender Einsichten bereitet wurden.

Einerseits haben sich die Möglichkeiten einer vernünftigen Steuerung des wirtschaftlichen und politischen Geschehens vervielfacht: Krisen und Kriege brauchen nicht mehr wie Naturkatastrophen über die Menschheit hereinbrechen. Andererseits fragen wir uns an der Schwelle des Atomzeitalters – auch der Entwurf der Präambel geht von dieser Zeitenwende aus[12] –: Werden die neuen Energien große Teile der Menschheit vernichten und unsere Zivilisation auslöschen, oder wird es gelingen, diese Energien – die von der Basis staatlichen Besitzes aus entwickelt werden – für die Schaffung eines noch kaum vorzustellenden Wohlstandes auszuwerten, für die Freiheit von Not und Furcht überall in der Welt?

Einerseits wissen wir, daß sich die eigentliche Verfügungsgewalt über die Produktionsmittel vom Kapitalbesitz weitgehend gelöst hat und vielfach auf die Schicht der Bürokraten und Manager übergegangen ist – auf jene Schicht, die in den totalitären Regimen gar die Rolle einer neuen herrschenden Klasse spielt. Andererseits müssen wir erkennen, daß die Überwachung der wirtschaftlichen und politischen Macht, die Kontrolle anonymer Ballungen von Macht immer schwieriger wird, so daß die Menschen befürchten müssen, sie würden trotz politischer Demokratie zu größerer Ohnmacht verurteilt.

Im industriellen Zeitalter wurde es zur zentralen, nicht immer klar genug erkannten Aufgabe der Sozialisten, die Freiheitsidee gegen totalitäre Bedrohung und bürokratische Gefahren lebendig zu erhalten und ihren schließlichen Sieg vorzubereiten. Im Zeitalter der Atomkraft und des elektrischen Gehirns wird sich diese Aufgabe als noch dringlicher, vielleicht aber auch als noch komplizierter erweisen. Jedenfalls hängt es von ihrer Beantwortung ab, ob die Zukunft den Stempel der Menschlichkeit tragen wird oder den Stempel der Barbarei.

SPD und Christentum

Wir sind gefragt worden: Wie haltet ihr es mit den Werten des Glaubens, wie steht ihr zum Christentum? – Der Parteivorstand sagt dazu in seinen Empfehlungen: Die Zielsetzung der Sozialdemokratischen Partei und die sich daraus ergebenden Verpflichtungen – man kann sie politisch-ethische Verpflichtungen nennen – stehen nicht im Gegensatz zu metaphysischen Überzeugungen – Überzeugungen in bezug auf das Außerweltliche, das Überirdische – und zu religiösen Bindungen. In der neuen Präambel zum Aktionsprogramm soll der Wert und das Recht der christlichen Kirchen und anderer weltanschaulicher Gemeinschaften besonders betont werden. Es heißt in dem vorliegenden Rohentwurf: Im Kampf gegen die sittliche Verflachung und den materialistischen Ungeist unserer machthungrigen und profitgierigen Zeit falle auch den christlichen Kirchen eine unabweisbare Verpflichtung zu. Die sozialistischen Ideen seien keine Ersatzreligion. In Europa sei das Christentum neben dem Humanismus und der klassischen Philosophie eine der geistigen und sittlichen Wurzeln des sozialistischen Gedankengutes.

Die Sozialisten begrüßen, heißt es weiter, die wachsende Erkenntnis vieler Christen, daß das Evangelium eine Verpflichtung zum sozialen Handeln einschließt.

Eine Konfessionalisierung des öffentlichen Lebens lehnen wir ab. Wir wenden uns entschieden gegen den Mißbrauch religiöser Bindungen zu Zwecken weltlicher Macht. Wir halten es auch nicht mit denjenigen, die den 30jährigen Krieg für noch immer nicht abgeschlossen halten wollen. Aber wir erklären ebenso eindeutig:

Unser Verhältnis zu den Glaubensgemeinschaften besteht nicht in einem hochmütigen „von oben herab". Es erschöpft sich nicht in einer Haltung der bloßen Toleranz. Es geht um die echte Anerkennung echter Werte. Wir sagen vorbehaltlos ja zur Freiheit des Glaubens, die zuengst verbunden ist mit der Freiheit des Geistes.

Die praktische Politik

Und nun zu Fragen unserer praktischen Politik. Wenn wir unsere Ziele erreichen wollen, müssen wir das Volk für sie gewinnen. Hier steht die praktische Aufgabe der nächsten Zukunft: Wie gelingt uns der Ausbruch aus dem vielzitierten Turm. Wie erreichen wir jene Unterstützung der Wählerschaft, die uns zu gestaltendem Einfluß im Staat verhilft?

Die Manöverkritik nach dem 6. September [1953] hat ergeben, daß manche unserer Parolen nicht gezündet hatten. Unsere Losungen waren vielfach nicht so abgeklärt und abgerundet, daß sie Anziehungskraft auf neue Wählerschichten auszuüben vermochten. Bei weitem nicht überall erreichten wir die gebotene Klarheit, die erforderliche Systematik und Konzentration auf das Wesentliche.

Der Gegner hatte gewiß nicht recht, wenn er uns eine Partei der Neinsager schalt. Dagegen zeugt unsere positive Leistung beim Aufbau aus materiellen und moralischen Trümmern – in den Städten und in den Ländern, beim Pochen auf lebensfähige Grundlagen für den Bund und nicht zuletzt im Ringen um Berlin. Aber wir haben wohl doch hinzugelernt, daß es in der Regel besser ist, die kritische Haltung mit einem „Ja, wenn" zu begründen statt mit einem „Nein, aber". Wir sollten bemüht bleiben, unsere Forderungen so positiv wie möglich zu erheben.

Das politische Leben in Deutschland scheint mir sehr unter dem Mangel an konkreten Fragestellungen zu leiden. Die Auseinandersetzungen drehen sich zuwenig um klare, überschaubare Themen. Gerade vor Wahlen kommt es aber darauf an, daß sich die Staatsbürger zwischen klar umrissenen Plattformen entscheiden können, und solche Plattformen haben davon zu handeln, was diese und was jene Partei in einer bevorstehenden, überschaubaren Periode weniger Jahre zu tun gedenkt und wie sie es zu tun gedenkt. Auch eine Oppositionspartei kann bis zu einem gewissen Grade das Gesetz der politischen Diskussion bestimmen.

Mit dem Dortmunder Aktionsprogramm vom September 1952 hat unsere Partei einen großen Schritt nach vorn getan. Wie sollte dieses Programm jedoch draußen „ankommen", wenn es noch nicht einmal zum gemeinsamen Rüstzeug der eigenen Mitgliedschaft geworden war!

Tradition und Symbole

Wir sollten uns fragen, ob unsere Aussage klar genug ist, um einer meist gewissenlosen Agitation den Boden zu entziehen, die uns in die Nähe derer bringen möchte, die sich Kommunisten nennen. Die Abgrenzung gegenüber den totalitären Totengräbern des freiheitlichen Sozialismus kann nicht scharf genug erfolgen. Darauf müssen wir sorgsam achten – bei der Art unseres Auftretens, bei der Wahl unserer Worte –, und daran haben wir uns in Berlin seit langem gewöhnt.

Natürlich kommt es in erster Linie an auf den Inhalt der Politik. Es kommt aber auch an auf das Durchbrechen parteipolitischer Enge, auf eine zeitgemäße Aussage, auf eine moderne Sprache, auf eine lebendige Vertretung dessen, was wir wollen.

Den nationalen Symbolen erweisen wir den schuldigen Respekt. Mit ganzer Hingabe bekennen wir uns zu den Farben Schwarz-Rot-Gold, die wir aus Kümmernis und Dunkelheit herübergerettet haben – im Bewußtsein dessen, daß es nach dem Versagen einer großen Mehrheit des deutschen Bürgertums im wesentlichen den Sozialdemokraten vorbehalten blieb, das Erbe von 1848 mitzuverwalten. Mit Stolz bekennen wir uns aber auch zu den alten Bannern der Arbeiterbewegung, unter denen so leidensvoll gestritten wurde und die uns immer wieder mahnen, uns der Opfer vergangener Jahre würdig zu erweisen. Längst haben wir uns übrigens dazu verstanden, wie es dem Aufstieg der Arbeiterbewegung entsprach, unsere traditionellen Symbole einzubetten in die Farben der Republik, in die Wahrzeichen des Bundes und der Länder.

Und so sollten wir es halten: Tradition darf nicht zur Fessel werden; sie muß Kraftquell bleiben.

Wiedervereinigung vordringlich

Als vordringlichste politische Forderung unseres Volkes betrachten wir die Wiedervereinigung seiner staatlichen Einheit – mit friedlichen Mitteln und auf dem Boden der Demokratie. Unechte Volksbefragungen können nie und nimmer eine freie Wahl ersetzen. Wir werden diejenigen, die im Osten die Macht innehaben, im Zusammenhang mit den von ihnen angekündigten „Wahlen" in der zweiten Hälfte dieses Jahres[13] wiederum auf einige unerläßliche Voraussetzungen hinweisen, ohne die es Wahlen, die diese Bezeichnung verdienen, nicht geben kann: 1. Freilassung der politischen Gefangenen, 2. Gleiche Chancen für alle Parteien, 3. Strikte Wahrung des Wahlgeheimnisses, 4. Regierungsbildung aufgrund des so ermittelten Wählerwillens.

Allein aus freien Wahlen kann auch eine gesamtdeutsche Regierung erwachsen – jene Regierung, die dann mit den Besatzungsmächten über den Friedensvertrag zu verhandeln haben wird. Gebietsabtrennungen erkennen wir nicht an – weder im Osten noch im Westen. Über unsere Grenzen kann allein durch den Friedensvertrag entschieden werden.

Die internationale Entwicklung beschwört die ernste Gefahr herauf, daß es auf längere Zeit bei der Spaltung Deutschlands bleibt, daß der Status quo als bis auf weiteres unabänderlich hingenommen wird.

Die Regierenden in Bonn machen unserem Volk diese Gefahr nicht klar, und in der Welt zweifelt man vielfach daran, ob es die Bundesrepublik ernst meint mit dem Verlangen nach der Wiedervereinigung. Eine Repräsentativbefragung im deutschen Westen hat kürzlich das erschütternde Ergebnis gezeitigt, daß nur 12 Prozent der Befragten die Wiedervereinigung als die dringlichste Aufgabe der Bundesregierung bezeichneten.

Was immer in unseren Kräften steht, wollen wir tun, müssen wir tun, um einen festen Willen der Deutschen zu entwickeln – auf daß die Welt es wisse: niemals werden wir uns abfinden mit dem Zustand der willkürlichen Spaltung. Wir sind auch – und nicht erst seit heute – bereit, was an uns liegt, dazu beizutragen, daß im Ringen um die deutsche Einheit und in grundlegenden außenpolitischen Fragen eine größtmögliche Gemeinsamkeit der tragenden Kräfte erreicht wird. Aber dazu bedarf es der Bereitschaft nicht nur der einen Seite.

Unsere Berlin-Forderungen

Der Parteivorstand bezeichnet es im übrigen als Aufgabe der Bundesrepublik, sich ständig für die Normalisierung der Beziehungen zwischen der Bevölkerung der sowjetischen Zone und der Bundesrepublik einzusetzen. Wir müssen uns um die Aufrechterhaltung des menschlichen Kontakts bemühen, um praktische Hilfe, um eine Politik der nationalen Solidarität. Mit einer politischen Anerkennung Pankows hat das allerdings nichts zu tun. Denn wir wissen genau: durch Ulbricht fühlt sich die Bevölkerung in der Zone nicht vertreten, sie fühlt sich durch ihn getreten.

Wir erinnern auch immer wieder daran, daß die Spaltung Deutschlands eine Folge der weltpolitischen Spannungen ist. Die in Betracht kommenden Mächte dürfen aus der von ihnen übernommenen Verantwortung nicht entlassen werden. Wir haben sie immer aufs neue darauf hinzuweisen, daß die Spaltung Deutschlands ohne Krieg, und das heißt eben trotz aller Enttäuschungen schließlich doch auf dem Verhandlungswege überwunden werden muß.

Am Berlin-Abschnitt unseres Aktionsprogramms brauchen wir nichts zu ändern. Einige der dort erhobenen Forderungen haben ganz besondere Aktualität in diesen Tagen, in denen mit Duldung des gegenwärtigen Senats alle möglichen und dabei recht zweifelhafte Mittel angewendet werden, um die Wahl des zweiten Bundespräsidenten nicht in Berlin stattfinden zu lassen.[14] Unter Reuter wiederum wurden die Sozialdemokraten im Westen nicht in die Lage versetzt, berlinischer sein zu müssen als die offizielle Vertretung Berlins.

Wir werden nicht versäumen, die Bevölkerung über das ganze Kapitel der Unzulänglichkeiten aufzuklären. Die deutsche Sozialdemokratie wiederholt ihre Forderungen:

1. Berlin gilt uns heute wie gestern als Hauptstadt Deutschlands und muß in jeder Hinsicht als Bundesland behandelt werden. Die Berliner Abgeordneten zum Bundestag müssen direkt gewählt werden und volles Stimmrecht erhalten.

2. Verstärkte Hilfe des Westens, um den Berlinern durch wirtschaftlichen Aufbau zu Arbeit und sozialer Sicherung zu verhelfen. Maßgebende Berücksichtigung beim Außenhandel und bei der Auftragserteilung der öffentlichen Hand. Stärkere Verlegung von Bundesbehörden nach Berlin.

3. Bei den Maßnahmen des Bundes darf die Bevölkerung des Ostsektors nicht vergessen werden. Verständnisvolle Behandlung des Flüchtlingsproblems. Förderung aller Maßnahmen, die geeignet sind, den Zusammenhalt mit der Bevölkerung der Zone zu erhalten.

Aktive Friedens- und Europapolitik

Es bleibt dabei: Oberstes Ziel unserer Außenpolitik ist die Sicherung des Friedens. Eine friedensbewahrende Politik – lebenswichtig gerade für unser Volk – ist durch die Entwicklung der modernen Waffen zu einer gebieterischen Notwendigkeit geworden. Die internationale Atomkontrolle wird zu einer Lebensfrage der Menschheit.

Wir bejahen die Solidarität aller Nationen, insbesondere auch im Verhältnis zu den unterdrückten Völkern. Das deutsche Volk muß sich um freundschaftliche Beziehungen zu allen Kräften bemühen, die die demokratische Freiheit zu verteidigen bereit sind. Daraus ergibt sich logisch die Ablehnung von Versuchen, faschistische Kräfte hoffähig zu machen und so das Lager der Freiheit zu kompromittieren.[15]

Die Bundesrepublik sollte – nach den neuen Empfehlungen – mit den Organisationen der Vereinten Nationen so eng zusammen arbeiten, wie es deren Satzungen erlauben. Wir sollten uns anstrengen, den Beistand der UN zur Förderung deutscher Anliegen zu erwirken. Zugleich sollte die Bundesrepublik durch ihre Politik die Voraussetzungen schaffen für die Aufnahme Gesamtdeutschlands in die Vereinten Nationen.

Wir erstreben möglichst normale Beziehungen zu allen Staaten, ohne uns etwa über den Charakter der sowjetischen Politik irgendwelchen Illusionen hinzugeben. Wir werden an das Problem unserer Handelsbeziehungen und unseres Verhältnisses zum Ostblock realistisch herangehen und nicht so kopflos, wie es neuerdings in der bundesdeutschen Atmosphäre Mode geworden zu sein scheint.

Wir halten fest an jenem Punkt unseres Programms, der besagt, daß alle Maßnahmen zu unterstützen sind, die geeignet erscheinen, um unterentwickelten Ländern zur Selbstbestimmung und zu sozialem Aufstieg zu verhelfen. Wäre das geschehen, wäre dem in Indien gegebenen Beispiel der Labour-Regierung nachgeeifert worden – der Welt hätten manche Explosionen erspart bleiben können, deren Ursprung eine verhängnisvolle Kolonialpolitik gewesen ist. Im Entwurf zur Präambel wird zu Recht darauf hingewiesen, daß im größten Teil der Welt Hunger herrscht, Armut und soziales Elend. Der Aufstand der Völker, der heute vielfach zu neuimperialistischen Zwecken ausgenutzt wird, entspringt der Ausbeutung und kolonialen Unterdrückung. Er erhält seinen geschichtlichen Sinn erst im Ringen um Unabhängigkeit und Gleichberechtigung.

Unser positives Verhältnis zum europäischen Gedanken darf eine Binsenwahrheit genannt werden. Und dennoch: diese Binsenwahrheit ist in der Öffentlichkeit nicht immer erkennbar geblieben. Darum ist es meiner Meinung nach gut, wenn im außenpolitischen Teil unseres Programms ausdrücklich festgehalten werden soll: Wir sind für eine aktive Europapolitik – eine Politik, die ein gemeinsames Handeln der europäischen Völker sicherstellt – mit dem Ziel einer engeren Gemeinschaft, der Vollbeschäftigung und des Abbaus der

Zölle und damit einer stetigen Besserung der wirtschaftlichen und sozialen Verhältnisse.

Internationale Gemeinschaften dürfen unserer Meinung nach nicht zur Abkapselung und zu unnötiger Aufsplitterung führen. Daher setzen wir uns konkret dafür ein, bestehende internationale Gemeinschaften in vielfältige Beziehungen untereinander und zu Nichtmitgliedstaaten zu bringen – der Entwurf nennt hier die Europäische Gemeinschaft für Kohle und Stahl, den Europäischen Wirtschaftsrat, den Europarat. Soweit Souveränitätsrechte auf übernationale Einrichtungen übertragen werden, müssen diese einer echten parlamentarisch-demokratischen Kontrolle unterstellt werden.

Internationale und europäische Sicherheit

Auf dem Gebiet der Sicherheit, der Verteidigungsbereitschaft, ist die Haltung unserer Partei häufig mißverstanden worden. Die Empfehlungen des Vorstandes enthalten den Versuch einer Klärung. Als Ausgangspunkt dient jener Passus des Dortmunder Programms, dem damals eine Berliner Initiative zugrunde lag und in dem es heißt: Die SPD strebt ein wirksames System kollektiver Sicherheit an, an dem Deutschland gleichberechtigt und ohne Gefährdung seiner Wiedervereinigung beteiligt ist.[16]

Die Freunde aus dem Bezirk Mittelrhein ziehen daraus nun in einem Antrag an den Parteitag die Folgerung, erst das wiedervereinigte Deutschland werde über die Form des deutschen Sicherheitsbeitrages zu entscheiden haben. Eine Wiederaufrüstung des zweigeteilten Deutschlands müssen wir ablehnen, da sich daraus nur eine Verschärfung der außen- und innenpolitischen Spannungen ergeben könne. Können wir uns diese Auslegung zu eigen machen? Ich möchte das bezweifeln.

Tatsache ist doch, daß die Aufrüstung in dem einen Teil Deutschlands, der uns hier in Berlin umgibt, seit Jahren im Gange ist. Daran wird durch mißbilligende Resolutionen unseres Parteitages leider wenig geändert werden.

Die Haltung des hypnotisierten Kaninchens kann uns auch nicht als Vorbild dienen. Die eigentliche Frage ist doch wohl, ob es sich die deutsche Demokratie im Rahmen der Bundesrepublik – und in uneingeschränktem Vertrauen auf die Westmächte – leisten kann, bei Andauern der Spaltung außerhalb eines Systems gemeinsamer Sicherheit zu bleiben. Das scheint mir nicht möglich zu sein.

In den Vorschlägen des Parteivorstandes werden zwei Fälle, zwei Situationen auseinander gehalten, die wir auch in der öffentlichen Darlegung unseres Standpunktes besser auseinanderhalten sollten, als es leider in den letzten Jahren geschehen ist:

Einmal sollte die Bundesrepublik dafür eintreten, daß sich die Besatzungsmächte in künftigen Verhandlungen ernsthaft bemühen, die europäische Sicherheit und die Herstellung der Einheit Deutschlands als ein Ganzes zu behandeln. Die vorhin erwähnte Mitgliedschaft in den Vereinten Nationen würde einem wiedervereinigten Deutschland den Weg zur Teilnahme an einem Sicherheitssystem – weder NATO noch Ostallianz – öffnen, das sich im Rahmen der Satzung der UN hält.

Zum anderen sollte erklärt werden: Die Bundesrepublik kann nach sozialdemokratischer Auffassung an gemeinsamen Anstrengungen des Westens zur Sicherung des Friedens und zur Verteidigung der Freiheit teilnehmen, auch mit militärischen Maßnahmen – und es mag naheliegen, dabei die Möglichkeiten einer gewissen Verbindung mit den Staaten der NATO, des Nordatlantikpakts, in [einer] unserer besonderen Lage gemäßen Form zu erörtern. Allerdings muß gewährleistet sein, daß die Wiedervereinigung Deutschlands nicht zusätzlich erschwert wird und daß – wie es auch die westlichen Außenminister in Berlin erklärt haben[17] – die Entscheidungsfreiheit der gesamtdeutschen Regierung offen bleibt. Zweitens müßten die Beteiligten darin einig sein, daß sie – was an ihnen liegt – die Bildung eines europäischen Sicherheitssystems im Rahmen der Satzung der UN anstreben. Drittens müßten gegeben sein die Gleichberechtigung und die Gleichwertigkeit der Sicherheitsvorkehrungen für alle Teilnehmer.

Über diese Voraussetzungen werden wir mit unseren Freunden in der freien Welt sprechen können und sprechen müssen. Sie werden von unserem eigenen Volk verstanden werden, wenn wir sie nur richtig zur Kenntnis zu bringen verstehen. Im übrigen ist bekannt, daß die Außenpolitik des Bundeskanzlers in eine schwere Krise geraten ist.[18] Wir frohlocken nicht, dazu sind die Dinge zu ernst. Aber manche unserer Warnungen aus der Auseinandersetzung um die bekannten Verträge, die wir auch heute noch für schlecht halten, haben sich rasch bestätigt.[19]

Innenpolitische Gefahren

Wir wollen hier nicht die Einzelheiten dessen wiederholen, was unser Aktionsprogramm auf dem Gebiet der eigentlichen Innenpolitik besagt und was in unseren Reihen durchweg nicht umstritten ist. Eine wichtige Ergänzung wird sich allerdings mit der parlamentarisch-demokratischen Kontrolle bewaffneter Macht zu befassen haben. Künftige Streitkräfte dürfen nicht zu einem Staat im Staate werden. Und der junge Staatsbürger muß, wenn es ihm schon nicht erspart bleibt, Uniform anzuziehen, jedenfalls vor Entwürdigung bewahrt bleiben.

Die Erfahrungen der letzten Jahre, gerade auch seit dem 6. September [1953] können uns nur veranlassen, im Kampf gegen reaktionäre Tendenzen, gegen die Gestrigen und die ewig Vorgestrigen nicht zu ermüden. Allzu viel schwankende Gestalten beherrschen heute den Bilderbogen von Bonn – und nicht nur von Bonn. Wir wollen nicht über Gebühr in den Akten der Vergangenheit wühlen. Aber wir können beispielsweise nicht die Forderung an den Nagel hängen, daß Repräsentant des demokratischen Staates nur sein kann, wer selbst auf dem Boden der Demokratie zu Hause ist.

Die Verteidigung des Rechtes auf freie Meinung der persönlichen und politischen Freiheit ist brennend aktuell geworden in einer Zeit, in der sich einflußreiche Kreise anschicken, das Rad der Geschichte um einige Generationen zurückzudrehen und obrigkeitsstaatlich vorzudenken, wo zu staatsbürgerlichem Nachdenken angeregt werden müßte. Es gibt gefährliche Strömungen auch in der demokratischen Welt. Ein gewisses Mitglied des amerikanischen Senats und die ihn stützenden Kreise spielen objektiv, ob sie das wahr haben wollen oder nicht, die Rolle von Verbündeten jener Kräfte, die zu bekämpfen angeblich der Sinn ihrer Hysterie und ihrer unheimlichen Schnüffelei sein soll. Das zu sagen, haben wir hier vielleicht mehr Recht als an anderer Stelle. In Berlin nehmen wir uns jedenfalls dieses Recht: Wir wollen keinen deutschen McCarthyismus.[20]

Wirtschaftspolitik

Auf wirtschaftspolitischem Gebiet brachte uns Dortmund vor zwei Jahren modernere Formulierungen, die allerdings nicht genügend Verbreitung fanden und wohl auch in unseren Reihen nicht genügend verarbeitet worden sind. Sagen wir es ohne Umschweife: auf diesem gewissermaßen klassischen Kampfboden haben wir Tempoverlust zu verzeichnen. Wir haben einiges aufzuholen und sollten gerade hier unterscheiden zwischen dem, was für die nächsten Jahre ansteht, und dem, was später auf uns zukommen mag.

Nun gilt es aber gerade auch hier, daß wir uns unmißverständlich abzugrenzen haben von den Vorstellungen und Begriffen einer Kommandowirtschaft und von allen Erscheinungsformen eines unter falscher Flagge segelnden ausbeuterischen und terroristischen Staatskapitalismus. An dieser Stelle sei auch ein Wort gestattet zur Diskussion über die zukünftige Gestaltung der wirtschaftlichen Dinge in jenem Gebiet, das wir heute die Sowjetzone nennen: Ich erinnere an das, was Kurt Schumacher in seinem Vorwort zum Aktionsprogramm sagte. Die deutschen Arbeiter lehnen es ab, sagte er, die Wirtschaftsgestaltung in der sowjetischen Besatzungszone als Sozialisierung zu betrachten. Sie lehnen aber mit der gleichen Entschiedenheit eine Politik ab, die auf die Reprivatisierung der Großbetriebe und eine einfache Restauration früherer Verhältnisse hinausläuft.[21]

Was nun unsere Position im allgemeinen betrifft: Wir sind keine Zwangswirtschaftler, sondern wir wollen eine sinnvolle Verbindung zwischen volkswirtschaftlichen Gesamtinteressen und einzelwirtschaftlichem Wettbewerb. Den echten Leistungswettbewerb erkennen wir an in allen dafür geeigneten Wirtschaftszweigen. In der letzten Ausarbeitung des wirtschaftspolitischen Ausschusses beim Parteivorstand heißt es, daß es einer aktiven Wettbewerbs- und Verteilungspolitik aus einem Guß bedürfe: Gewerbefreiheit, gleicher Schutz für alle wettbewerbsfördernden Unternehmenstypen, Monopolgesetzgebung und aktive Kartellpolitik, Reform des Gesellschaftsrechts, insbesondere zum Zwecke einer ausreichenden Publizität und Durchsichtigkeit. Ordnung des Werbewesens, Schutz der Verbraucher sowie ihre Aufklärung und Beratung, Sicherung der freien Konsumwahl, Mitbestimmung der Arbeitnehmer.

Die Legende von der Eigentumsfeindlichkeit der SPD ist spätestens im Dortmunder Programm zerstört worden. Dort ist festgelegt, daß wir das kleine und mittlere Arbeitseigentum nicht zerstören, sondern daß wir es fördern wollen. Insbesondere wollen wir auch der volkswirtschaftlichen und gesellschaftlichen Bedeutung des Handwerks gerecht werden. Dem sollte vielleicht hinzugefügt werden, daß wir Vermögen und Kapitaleigentum anerkennen, soweit es gesetzlich erworben ist und mit der einleuchtenden Ergänzung, daß bei der Verfügung über Kapitaleigentum volkswirtschaftliche Gesamtinteressen zu berücksichtigen sind.

Wählen wir einen anderen Ausgangspunkt: Das deutsche Volk in der Bundesrepublik kann stolz sein auf seinen Aufbau seit der Währungsreform und auf die Voraussetzungen dazu, die unmittelbar nach Kriegsende durch die um ihre Betriebe besorgten Arbeiter geschaffen wurden. Selbst in Berlin wurde ja – obgleich Berlin immer noch ein Paria ist, verglichen mit dem deutschen Westen – unter unserer Führung einiges geleistet, wozu wir uns ohne Scham bekennen können: hunderttausend Arbeitslose weniger ist kein Pappenstiel.

Entscheidend ist doch aber nun angesichts der Anhäufung neuen Reichtums, angesichts der neuen Betriebskonzentrationen die Frage des Anteils der arbeitenden Menschen am Sozialprodukt, die Frage nach einer gerechteren Verteilung des volkswirtschaftlichen Ertrages. Entscheidend ist auch gerade in Deutschland nach unseren

Erfahrungen mit dem politischen Mißbrauch wirtschaftlicher Macht die demokratische Kontrolle wirtschaftlicher Kommandostellen.

Allgemeine Betrachtungen sind jedoch, so richtig sie sein mögen, kein Ersatz für konkrete Forderungen und Vorschläge. Dem Wirtschaftspolitischen Ausschuß ist beizupflichten, wenn er sagt, es sei Aufgabe der Wirtschaftspolitik, alle diejenigen in den Arbeits- und Wirtschaftsprozeß einzugliedern, die arbeitswillig und arbeitsfähig sind. Um die Vollbeschäftigung zu erreichen, müßten Marktwirtschaft und Planung, wirtschaftliche Freiheit und soziale Sicherheit miteinander verbunden werden. Größtmöglicher Ertrag, heißt es weiter, bedeutet nicht ohne weiteres größtmögliche Wohlfahrt des gesamten Volkes: Diese hängt wesentlich ab von der Verteilung des volkswirtschaftlichen Ertrages. Die in Deutschland bestehende Verteilung von Vermögen und Einkommen ist unbefriedigend. Benachteiligt sind vor allem: breite Massen der Verbraucher, der wirtschaftlich Unselbständigen, bestimmte Gruppen der selbständig Schaffenden, ferner die Sozialrentner und Fürsorgeempfänger sowie die Masse der Vertriebenen und Kriegsbeschädigten. Sie alle sind – oder müßten sein – die natürlichen Verbündeten einer sozial orientierten Wirtschaftspolitik.

Das ist alles richtig, so richtig, wie es ist, daß man eine Erhöhung des Sozialprodukts anstreben muß, um eine Wohlstandspolitik auf längere Zeit führen zu können. Aber wir müssen konkreter werden und beispielsweise die Forderung nach Vollbeschäftigung durch ein praktisches Arbeitsbeschaffungsprogramm ergänzen, zumal wir vor konjunkturellen Rückschlägen nicht gefeit sind. Darüber hinaus sollten wir sagen:

1. Der Lohn und Gehaltsanteil liegt zu niedrig, und wir haben nicht übersehen, was die sogenannte Selbstfinanzierung der neuen Milliardenwerte ökonomisch bedeutete: die Finanzierung über niedrige Löhne einerseits und hohe Preise andererseits.

2. Unsere wirtschaftspolitischen Experten weisen darauf hin, die moderne Technik, die der notwendigen Steigerung des Ertrages der Arbeitskraft dient, stelle auch so große Anforderungen an den Menschen, daß die Kürzung der Arbeitszeit schon aus diesem Grunde erfolgen müsse. Die Frage der Fünftagewoche kann in der Bundes-

republik vielleicht nicht von heute auf morgen gelöst werden, aber sie steht auf der Tagesordnung, und wir werden dafür zu sorgen haben, daß sie nicht allzu weit unten stehen bleibt.

3. Es bedarf unablässiger Wachsamkeit auf dem Gebiet der Preispolitik, d.h. der Sicherung gegen unangemessene Belastung über den Gesamtverbrauch. Unsere Forderungen einer sozial gerechteren Lohn- und Einkommenssteuer und einer sozial gestaffelten Umsatzsteuer müssen popularisiert werden. In diesen Zusammenhang gehören auch solche sozialpolitische Maßnahmen, die eine echte Erhöhung des Anteils der breiten Schichten am volkswirtschaftlichen Ertrag bedeuten.

Uns kann es jedoch nicht im Sinne traditioneller gewerkschaftlicher Vorstellungen allein um die Frage des Lohn- und Gehaltsanteils gehen, sondern es muß um den Einfluß auf die wirtschaftliche Macht selbst gehen. Darum gilt es:

1. sich mit den Anfangsformen des Mitbestimmungsrechts nicht zufrieden zu geben. Die wirtschaftliche Mitbestimmung muß ausgebaut, sie muß auch auf außerbetrieblicher Ebene entwickelt werden mit der Spitze eines Bundeswirtschaftsrats.

2. Die gemeinwirtschaftliche Neuerung in den Roh- und Grundstoffindustrien – Kohle, Eisen und Stahl, Energiewirtschaft – ist nicht vorangekommen, da die CDU ihr Ahlener Programm begraben hat. Es bleibt wahr, daß ein Wettbewerb in diesen Industriezweigen sinnvoll nicht möglich ist. Eine Neuregelung der Besitzverhältnisse – verbunden mit einer grundlegenden Umgestaltung der inneren Organisation dieser Wirtschaftszweige – muß darum zum Schutz der Freiheit und Gerechtigkeit weiterhin angestrebt werden.

3. Nach dem bewährten Vorbild u.a. des sozialen Wohnungsbaus sollte der genossenschaftliche und gemischtwirtschaftliche Sektor der Wirtschaft erweitert werden. Gerade auf diesem Gebiet könnten wir von unseren Freunden in den skandinavischen Ländern eine Menge lernen.

4. Anstatt uns mit einer sogenannten Gewinnbeteiligung – wie sie von manchen Großbetrieben eingeführt wurde – zufrieden zu geben, sollten wir mit unseren Kollegen in den Gewerkschaften daran

gehen, die Frage gemeinschaftlichen Miteigentums der Arbeitnehmer ernsthaft zu prüfen. Es ist sehr wohl möglich, daß die dringend gebotene Demokratisierung der Wirtschaft von dieser Seite her wirksam gefördert werden könnte.

5. gehörte in den Rahmen dieser Erörterungen wohl auch die Forderung nach einer wirksamen Kontrolle der Geldpolitik und das von uns seit Jahren vorgeschlagene Nationalbudget zur Koordinierung aller wirtschaftspolitischen Bereiche, das die Regierung dem Parlament periodisch vorzulegen hätte.

Sozialplan

Nachdem ich mich verhältnismäßig ausführlich mit Fragen der Wirtschaftspolitik befaßt habe, bleibt noch zu fragen, warum der Sozialplan[22] unserer Partei, dessen Grundzüge im Aktionsprogramm festgehalten sind, im Wahlkampf des vergangenen Jahres eine verhältnismäßig bescheidene Rolle gespielt hat.

Es ist gewiß notwendig, immer wieder darauf hinzuweisen, daß wir das Durcheinander, die Zersplitterung im sozialpolitischen Bereich überwinden wollen, daß wir zu einer organischen Zusammenfügung gelangen wollen von Versicherung, Versorgung und Fürsorge. Wichtiger aber als alle organisatorischen Einzelheiten, die die Fachleute der Sozialversicherung natürlich in besonderem Maße angehen und interessieren müssen, ist für die Millionen der Betroffenen die Frage: Was kommt für uns dabei heraus?

Für alle Lohn- und Gehaltsempfänger und Hausfrauen, für die schutzbedürftigen Handwerker, Gewerbetreibenden, Bauern und Angehörigen der freien Berufe beinhaltet unser Sozialplan – ich sage damit nichts Neues, sondern halte mich an den Wortlaut unseres Programms:

Eine Gesundheitssicherung, die vorbeugende Gesundheitsfürsorge, ärztliche Hilfe, Krankenhaushilfe, Versorgung mit Medikamenten und Kuraufenthalt vorsieht – ausreichende Renten aus einer Hand bei Erwerbsminderung und Erwerbsunfähigkeit, im Alter oder beim Tode des Ernährers – Mutterschutz und staatliche Kinderbeihilfen – wirtschaftliche Sicherung während der Gesamtdauer der Krankheit und während unverschuldeter Erwerbslosigkeit oder Kurzarbeit.

Leider haben wir verzeichnen müssen, daß die Rentner in ihrer Mehrheit nicht jene Mühe honoriert haben, der sich die Sozialdemokraten im Bundestag immer wieder gerade für diesen Personenkreis unterzogen haben. Das kann uns nicht entmutigen. Wir fordern, was erforderlich ist: Vordringlich ist die Erhöhung der Renten für die Alten und der Grundrenten für die Opfer des Krieges!

Fragen der Organisation

Eine Reihe von Einzelfragen unseres Aktionsprogramms und unserer praktischen Politik mußte im Rahmen einer solchen Übersicht unerörtert bleiben. Das bedeutet keine Unterschätzung der nicht besonders erwähnten Bereiche. Es wird auch nicht möglich sein, in diesem Zusammenhang noch zu den einzelnen Empfehlungen Stellung zu nehmen, die vom Vorstand zu Fragen organisatorischer Art vorgelegt worden sind. Nur einige wenige Feststellungen:

Die Bundestagswahl hat gezeigt, daß die Sozialdemokratie in der Wählerschaft eine Partei der Jungen ist. Ihr Anteil an den jüngeren Jahrgängen war höher als der anderer Parteien. Das ist ein erfreuliches Zeichen. Schenken wir ihm in unserer weiteren Arbeit die gebührende Beachtung.

Eine Mehrheit der Wählerschaft aber stellen die Frauen. Aus dieser Tatsache Folgerungen zu ziehen, kann nicht ernst genug genommen werden – in der Art unserer Aussage, unserer Werbung und Aufklärung.

Die Vertriebenenpolitik – und ich darf wohl die Zonenflüchtlinge gleich mit einbeziehen – betrifft mehr als eine bloße Interessenvertretung. Die Partei sollte auf diesem Gebiet noch aktiver werden.

Vor allem aber, darauf weist auch der Vorstand hin, muß die Betriebsarbeit verstärkt werden. Mit den Gewerkschaften, deren parteipolitische Unabhängigkeit wir anerkennen, wollen wir nicht konkurrieren, wir wollen sie kameradschaftlich unterstützen.

Noch eins: Unsere Organisation ist kein Selbstzweck. Aber wir müssen auch die organisatorischen Fragen sehr ernst nehmen. Wir müssen unseren innerparteilichen Betrieb immer mal wieder überholen. Etwaigen Tendenzen in der Richtung einer Selbstisolierung gilt es entgegenzuwirken. Ein aktiver Sozialdemokrat wirkt so stark wie möglich innerhalb jener gesellschaftlichen Gliederungen, die ihm zugänglich sind.

Vielleicht läßt sich unsere Parteiarbeit doch auch noch moderner und lebendiger gestalten.[23] Ich möchte nicht vom Ballastabwerfen sprechen, aber als Sohn der Wasserkante weiß ich, daß sich der Kapitän toten Gewichtes entledigt, sobald er es durch echte Ladung ersetzen kann. In der Propaganda machen wir es uns doch wohl nicht immer klar genug, daß die Zeit der Postkutsche längst vergangen ist.

Hüten wir uns vor zu viel bloßer Betriebsamkeit. Seien wir in den eigenen Reihen vor solchen Tendenzen auf der Hut, die von dem guten oder bösen Willen der einzelnen ziemlich unabhängig sein können und die wir in der allgemeinen Auseinandersetzung mit dem Bürokratismus überwinden wollen. Bemühen wir uns gemeinsam darum, daß das Gesicht der Partei vor dem Gericht der Epoche bestehen kann.

Wir werden gut tun, vom Bundesparteitag hier in Berlin keine Wunder zu erwarten. Wir werden aber mithelfen müssen, daß nicht gute Ansätze unbeachtet bleiben und deswegen verschüttet werden. Die Beschlüsse, die nach Monaten der Diskussion zu fällen sind, sollten nicht unverbindlich bleiben, sie sollten vorwärts führen. Aufgeschlossen müssen wir an die neuen Aufgaben heran, auf daß wir neues Terrain gewinnen.

So sollten unsere heutigen Beratungen, so sollte der kommende Bundesparteitag dazu beitragen, die Kräfte der deutschen Sozialdemokratie zu aktivieren, ihre Reihen fester zu schließen, ohne dem Wettstreit der Meinungen Gewalt anzutun. Es gilt, das freiheitliche und soziale Programm der deutschen Linken weiterzuentwickeln:

Weiter voran in der SPD, mit der SPD – als Hort geistiger Freiheit, als motorische Kraft des sozialen Fortschritts – als Wächter des Anspruchs auf Wiedervereinigung – als tatkräftige Helferin auf dem

Weg zur europäischen und internationalen Zusammenarbeit, und damit zu Frieden und Wohlstand – bei uns, und nicht bei uns allein.

Nr. 15

Aus dem hs. Schreiben des Berliner Vertreters im Deutschen Bundestag Brandt an den Leiter des Presse- und Informationsamtes des Landes Berlin, Hirschfeld
17. August 1954

Landesarchiv Berlin, E Rep. 2000–18, Nr. 27/1.

Lieber Hans <Hirschfeld>[1]!
Rut [Brandt] und ich sind nun schon seit 3 Wochen in Norwegen. Wir haben uns bei prächtigem Wetter + beim Fischen gut erholt. Merkwürdig + erfreulich, wie rasch man sich doch vom innenpolitischen + innerparteilichen Kleinkrieg entfernen kann.[2] Ich hatte es diesmal nötig. Meine Neigung geht jedoch nicht dahin, zu resignieren. Ganz im Gegenteil es gilt, den Helm fester zu schnallen.
[. . .][3]
Mit herzlichen Grüssen, zugleich von Haus zu Haus
Dein
Willy Brandt

Nr. 16

Schreiben des Berliner Vertreters im Deutschen Bundestag Brandt an den Vorsitzenden der SPD, Ollenhauer 2. Februar 1955

AdsD, WBA, A 6, 12 (alt).

Lieber Erich,

Wilhelm Mellies hat mir in der vorigen Woche die Unterlagen für die Unterzeichnung des Manifests geschickt, das im Zusammenhang mit der Frankfurter Kundgebung bekanntgegeben worden ist.[1] Ich hatte zunächst den Wunsch, ein paar Änderungen anzuregen, erfuhr dann jedoch, dass dazu keine Möglichkeit mehr bestehe. Durch das Rundschreiben Walter Menzels vom 26. Januar [1955] nahm ich ausserdem zur Kenntnis, dass es einer gesonderten Äusserung zur Unterzeichnung nicht mehr bedürfe, da beschlossen worden war, die Namen der Mitglieder des Fraktionsvorstandes kollektiv unter den Aufruf zu setzen.

Ich will nicht verhehlen, dass ich diesen Beschluss insofern für nicht unbedenklich halte, als den Vorstandsmitgliedern meiner Meinung nach die Möglichkeit gegeben gewesen sein müsste, sich noch zu der Formulierung des Manifestes zu äussern. Jetzt möchte ich wenigstens nachträglich sagen, worauf sich meine inhaltlichen Bedenken beziehen:

Der Text ist m. E. zu einseitig an die Adresse des Westens gerichtet. Diesem Einwand hätte Rechnung getragen werden können, wenn man etwa im zweiten Absatz gesagt hätte,[2] die Antwort auf die deutsche Schicksalsfrage der Gegenwart hänge „nicht nur von der Politik der sowjetischen Besatzungsmacht ab, sondern auch von den Entscheidungen im Zusammenhang mit den Pariser Verträgen."

Zum anderen würde ich es vorgeschlagen haben, wenn im vierten Absatz die Worte „durch die Ratifizierung der Pariser Verträge" ausgelassen worden wären. Ich bezweifle die Richtigkeit der These, dass durch die Ratifizierung die Tür zu Verhandlungen zugeschlagen wird. Jedenfalls sind wir uns wohl darüber einig, dass unser Ringen um die Wiedervereinigung durch eine etwaige Ratifizierung nicht abgeschlossen sein kann. Manches scheint mir dafür zu sprechen, dass die wirklichen Entscheidungen erst zwischen der Ratifizierung und einem etwaigen Inkrafttreten des militärischen Teils der Verträge fallen werden.

Unabhängig von dem, was wir vor der Abstimmung im Bundestag warnend zu sagen haben,[3] sollten wir uns nicht der Chancen begeben, die sich auch danach noch und vielleicht gerade dann ergeben können. Ich habe ausserdem den Eindruck, dass wir stark in das Lager der Regierungskoalition hineinwirken können, wenn wir uns um eine Resolution oder eine Ergänzung des Ratifizierungsgesetzes bemühten, um die Verkündigung der Gesetze von neuen und echten Verhandlungen abhängig zu machen.

Vielleicht ergibt sich die Möglichkeit, dass wir in der nächsten Woche in Bonn miteinander sprechen können. Der für Donnerstag voriger Woche in Aussicht genommene Treff konnte ja leider nicht stattfinden, da ich schon frühmorgens nach Berlin zurück musste.
Mit besten Grüssen
Dein

Nr. 17

Artikel des stellvertretenden Landesvorsitzenden der Berliner SPD, Brandt, für *Die Neue Gesellschaft*

Mai-Juni 1956[1]

Die Neue Gesellschaft 3 (1956) 3, S. 194–200.

VORDRINGLICHE AUFGABEN SOZIALDEMOKRATISCHER POLITIK

Jede zusammenhängende und konstruktive Politik setzt eine sich immer wiederholende Verständigung über Prioritäten voraus. Sie erfordert Klarheit über die Rangordnung und die Reihenfolge der zu lösenden Aufgaben. Aus der Fülle der gestellten Fragen gilt es, die für das praktische Handeln jeweils vordringlichen herauszuschälen. Für die Politik des demokratischen Sozialismus kommt es in besonderem Maße darauf an, den Sinn für das Wesentliche zu bewahren und zu schärfen.

Klarheit über den nächsten Schritt

Die Sozialdemokraten haben nicht aufgehört, die gesellschaftliche Wirklichkeit umfassend und grundlegend neu gestalten zu wollen. Sie wissen sich dabei frei von der unhaltbaren Vorstellung, als ob die neue Gesellschaft gewissermaßen über Nacht anbrechen würde. Statt dessen ist immer mehr die Erkenntnis durchgedrungen, daß wir uns inmitten eines weltumspannenden, widerspruchsvollen Prozesses der Umschichtung befinden, dessen Verlauf freilich von der Einsicht und Tatkraft der Sozialisten wesentlich mitbestimmt wird. Sozialdemokratische Politik ist fest in den Realitäten des Hier und Jetzt verankert. Sie bleibt jedoch am Morgen und Übermorgen orientiert und durchbricht insoweit den Rahmen einer x-beliebigen Reformpartei. Der demokratische Sozialismus bleibt ein gemeinsamer Nenner jener Bestrebungen, die den Frieden bewahren, die Freiheit erweitern und den Menschen zum Maß aller Dinge in Staat und Wirtschaft machen wollen.

Vor allem dort, wo demokratische Sozialisten an der Regierung sind, bedarf es einer permanenten Prüfung der Fragen: Welches ist der nächste Schritt zur praktischen Politik? Auf welchen Punkt hat sich die Tätigkeit der Regierung in erster Linie zu konzentrieren? Wofür hat sie sich während einer kommenden Arbeitsperiode das Mandat der Wähler zu sichern? Mit welchem verständlichen, überschaubaren Teilprogramm tritt die Regierung oder die sie tragende Partei vor das Volk? Je mehr eine sozialistische Partei in die Regierungsverantwortung hineinwächst, desto stärker wird ihr Denken durch die Frage nach der Rangordnung der zu lösenden Probleme geprägt sein müssen. Diese Fragestellung wird an Bedeutung noch zunehmen, wenn eines Tages verschiedene Parteien mit gemeinsamer Grundanschauung und auf der Grundlage sozialistischer Tatsachen in Staat und Wirtschaft nebeneinander wirken werden.

Die sich immer wiederholende Verständigung über Prioritäten einer über den Tag hinausreichenden praktischen Politik hat aber auch für eine solche sozialistische Partei entscheidendes Gewicht, die noch in der Opposition wirkt und aus ihr heraus zur Regierungsgewalt strebt. Für die Wirksamkeit einer solchen Partei und für ihre Anziehungskraft kann es von ausschlaggebender Bedeutung sein, ob und wie sie in der Lage ist, ihre Alternative überzeugend und vertrauenerweckend zu entwickeln. Sie wird stets wissen müssen, daß sie nicht allen alles geben kann und daß sich die Frage nach der Rangordnung auch und gerade dann stellt, wenn es um die Gewinnung neuer Anhänger und zusätzlicher Wähler geht.

Sachlichkeit, Klarheit und Wahrhaftigkeit bieten – leider – noch keinerlei Garantie für die Verbreiterung der Basis und für einen Wahlerfolg sozialdemokratischer Politik. Das kann nicht bedeuten, daß sozialdemokratische Politik jemals auf die Kriterien der Sachlichkeit, Klarheit und Wahrhaftigkeit verzichten könnte. Allerdings kann in unserer Zeit auch keine Partei auf eine starke Vereinfachung ihrer Forderungen und auf die Anwendung der Mittel moderner Massenbeeinflussung verzichten. Und dennoch wäre es falsch, die politischen Auseinandersetzungen dieser Zeit zu einer Sache der bloßen propagandistischen Technik machen zu wollen. Für die Sozialdemokraten wird es immer zuerst auf den Inhalt der Politik ankommen, erst dann auf die Verpackung. Sie werden mit der Primitivität, wie sie etwa den Bundestagswahlkampf des Jahres 1953 beherrschte,[2] nur bedingt konkurrieren können. In der Wahl ihrer Mittel sind sie schon darum nicht frei, weil die Lüge niemals ein Mittel ihrer Politik sein kann. Sie können auch nicht auf eine gewisse geistige Inanspruchnahme derer verzichten, an die sie sich wenden.

Das alles spricht zusätzlich für eine möglichst klare und verständliche Darlegung dessen, was die Sozialdemokraten für den jeweils bevorstehenden Zeitabschnitt vorhaben, wofür sie die Unterstützung der Wähler erbitten. Es spricht auch für den gewissenhaften Nachweis der eigenen Leistung und für die Beachtung des persönlichen Faktors in bezug auf jede in die Breite wirkende Politik: Das Volk will wissen, wer diejenigen sind, die die ihnen anempfohlene Alternative durchführen sollen. Es will wissen, ob es eine mit Willen und Leistungsvermögen ausgestattete Mannschaft gibt, die die Ablösung vornehmen kann. Dieser Faktor erhält zusätzliche Bedeutung dadurch, daß im konkreten Fall weit über die Reihen bisheriger sozialdemokratischer Wähler hinaus empfunden wird, wie sehr über der bisherigen Bonner Ära bereits ein Schatten der Vergangenheit liegt.

Neue Tatsachen ins Auge fassen

Außerhalb der deutschen Sozialdemokratie, gelegentlich aber auch in den eigenen Reihen, hat es Ratschläge gegeben, die auf ein mehr oder weniger willkürliches Umschalten von der Außenpolitik zur Innenpolitik (oder umgekehrt) hinausliefen. Ein solches Umschalten wäre jedoch wenig realistisch, denn für jede Politik dieser Zeit und für eine sozialistische Politik im besonderen gilt das Gesetz der Interdependenz, der gegenseitigen Abhängigkeit. Im gespaltenen Deutschland wird die Innenpolitik in außerordentlich hohem Maße durch weltpolitische Faktoren bestimmt. In *diesem* Sinne wäre es wirklich wenig sinnvoll, um die Rangordnung zu streiten.

181 Artikel für *Die Neue Gesellschaft*, Mai-Juni 1956

Die Wiedervereinigung als die nach sozialdemokratischer Auffassung erstrangige Aufgabe deutscher Politik ist an sowohl internationale wie innerdeutsche Voraussetzungen gebunden. Es gilt also, mit gebührendem Nachdruck für die innerdeutschen Voraussetzungen einzutreten und nach außen den Nachweis zu führen, daß unser Recht als Volk mit dem wohlverstandenen Interesse der anderen auf einen Nenner zu bringen ist. Es gilt, das latente Unbehagen in unserem Volk gegen solche Kräfte aufzubringen, die sich mit dem Bonner Provisorium abzufinden bereit sind. Und es gilt vor allem auch, den Anschluß zu finden an die sehr real bedingten Entwicklungen, die den kalten Krieg alter Prägung abgelöst haben.

In der weltpolitischen Landschaft des Jahres 1956 und 1957 kann sich nicht zurechtfinden, wer allein auf die Landkarten des Jahres 1950 und 1951 angewiesen ist. Die deutsche Außenpolitik erfordert Karten, die die uns umgebende Wirklichkeit einigermaßen richtig wiedergeben. Hier handelt es sich um einen Kernpunkt der Auseinandersetzung. Wichtiger noch als Erörterungen darüber, ob die Sozialdemokraten in den vergangenen Jahren in jeder Einzelheit recht gehabt haben, ist der Nachweis, daß unmöglich recht haben kann, wer die Tatsachen nicht oder nicht genügend zur Kenntnis nimmt. Die Sozialdemokraten werden nachzuweisen haben: wie hart zu Beginn des Atomzeitalters die Wahl gestellt ist zwischen kollektivem Selbstmord der Menschheit und ihrem materiellen Aufstieg zu bisher ungeahnten Höhen; wie sehr das Ringen an den nichtmilitärischen, den sozialen und geistigen Fronten zunehmen wird, wenn die Gefahr des Weltkonfliktes in den Hintergrund tritt; was das Auftreten der neuen Nationen auf der Bühne der Weltpolitik bedeutet und welche Aufgaben uneigennütziger Unterstützung auch uns als einem Teil der westlichen Welt gestellt sind; welche Möglichkeiten sich aus den Wandlungen der sowjetischen Weltmacht ergeben und sich aus der tiefsten ideologischen Krise ergeben können, die der Bolschewismus seit seinem Bestehen durchgemacht hat.[3]

Für die Sozialdemokratie wird es sich also gerade in einer Zeit, in der sich die weltpolitische Erstarrung lockert und in der neben unvermindert weiterbestehenden Gefahren neue Chancen sichtbar werden, darum handeln müssen, daß sie ihre Grundforderungen einfach, realistisch und zukunftsweisend zugleich entwickelt:

1. im Kampf um die deutsche Einheit als einem Grundrecht im Zusammenleben der Völker, zugleich aber auch als Beitrag zu einer Politik der Entspannung, der Abrüstung und der gemeinsamen Sicherheit,

2. im Ringen um die Bewahrung und Festigung des Friedens als Voraussetzung für das Überleben der Menschheit,

3. im schöpferischen Mitwirken bei der Förderung von Wohlstand und Freiheit – überall in der Welt.

Prioritäten sozialdemokratischer Politik

Wir meinen – mit anderen Worten – nicht, daß es für die deutsche Sozialdemokratie sinnvoll oder auch nur möglich wäre, die Erörterung der außenpolitischen oder gar der gesamtdeutschen Probleme hintanzustellen. Aber wir wissen, daß sich daraus keine Vernachlässigung der bundesrepublikanischen Innenpolitik ergeben muß. Und wir sind uns dessen bewußt, daß hier, wo es im engeren Sinne um die Lebensbedingungen der uns anvertrauten Menschen geht, hart und geduldig um das Vertrauen der Wähler gerungen werden muß. Hier wird es darum auch besonders auf die Konkretisierung der eigenen Forderungen ankommen.

Bei der Vorbereitung von Wahlen, die nationalpolitisch von solcher Bedeutung sind wie die des Jahres 1957,[4] muß es für die Sozialdemokratie darauf ankommen, sich auf verhältnismäßig wenige, entscheidende Punkte zu konzentrieren und durch ihre Aussage bis zur Wahlentscheidung klar werden zu lassen, daß die Tätigkeit einer sozialdemokratisch geführten Bundesregierung der Verwirklichung der in diesen Punkten zusammengefaßten Forderungen gewidmet sein wird. Ein Wahlprogramm ist bekanntlich nicht dasselbe wie ein für einen längeren Zeitabschnitt gedachtes Aktionsprogramm; es ist jedenfalls nicht zu verwechseln mit einem Grundsatzprogramm.

Bei uns in Deutschland mag es auch mehr als zehn Jahre nach Kriegsende noch einigermaßen schwierig sein, sich auf ein Denken in einfachen Alternativen zu verständigen und die Frage nach der Rangordnung der zu lösenden Aufgaben daraus abzuleiten. Wir sind immerhin zwölf Jahre isoliert gewesen[5] und hatten manche Erfahrungen nachzuholen, die in anderen Ländern – etwa in der Richtung demokratischer Planung – gemacht werden konnten. Auf die Lähmung der ersten Nachkriegszeit folgte eine Konzentration der wiedergeweckten Energien auf den wirtschaftlichen Wiederaufbau, wobei die Erfordernisse im geistig-moralischen Bereich zweifellos zu kurz kamen. Die restaurativen Entwicklungen im deutschen Westen forderten zu einer Gesamtauseinandersetzung heraus und ließen die pauschal ablehnenden, hier und da vielleicht auch als übertrieben „negativ" empfundenen Gesichtspunkte stark hervortreten. Andererseits provozierte die Kommunisierung[6] im Osten eine Gegenbewegung, die zwar aus guten Gründen zu einem wesentlichen Teil durch die Sozialdemokratie mitgetragen wurde, die jedoch objektiv zu einem nicht geringen Teil auch auf Kosten des sozialen Fortschritts ging. Solange die Herausforderung bestehen bleibt, wird es auf beiden Ebenen gründlicher Auseinandersetzungen und „globaler" Gegenüberstellungen bedürfen. Niemand nimmt der deutschen Sozialdemokratie beispielsweise die Aufgabe ab, über das Verlangen nach freien Wahlen hinaus ihre eigenen Vorstellungen über die künftige Gestaltung der wirtschaftlichen und sozialen Struktur der heutigen Sowjetzone und des künftigen Gesamtdeutschland so konkret wie möglich zu Papier zu bringen.

Jetzt geht es jedoch um unsere Meinung darüber, welche innenpolitischen Gesichtspunkte die entscheidenden sein sollten, wenn die Sozialdemokratie im kommenden Jahr um die Stimmen der bundesrepublikanischen Wähler wirbt. Uns will scheinen, daß es sich dabei im wesentlichen um vier Punkte handeln sollte:

1. Die deutsche Politik muß entschlossen und fähig sein, alle nationalen Energien auf die Wiederherstellung der staatlichen Einheit zu konzentrieren, jede sich bietende reale Chance zur Erreichung dieses Zieles auf demokratischer Grundlage zu nutzen und alles zu tun, um den Bestand des Volkes durch ein Höchstmaß an Beziehungen zwischen den willkürlich getrennten Volksteilen zu wahren.

2. Der erstrebte Kurswechsel der deutschen Politik muß sich insbesondere darin äußern, daß die innere Selbstbestimmung und die geistige Freiheit wirksam gegen die sie bedrohenden totalitären und autoritären Kräfte, gegen bürokratische Überheblichkeit und reaktionäres Muckertum verteidigt und erweitert werden.

3. Eine wirkliche Neuordnung auf dem Gebiet der Sozialpolitik soll die Grundsätze der Freiheit von Not und der Sicherheit für alle verwirklichen.

4. Eine moderne Wirtschaftspolitik soll die Erfolge des Wiederaufbaus sichern, eine gerechtere Verteilung des Sozialproduktes gewährleisten, den regulierenden Einfluß der Öffentlichen Hand gegen Monopolinteressen durchsetzen und für den Anschluß an die Erfordernisse der zweiten industriellen Revolution sorgen.

Durch die Reihenfolge dieser Punkte soll keine Wertung zum Ausdruck gebracht werden. Wohl aber möchten wir zum Ausdruck bringen, daß die Sozialdemokratie in dieser Phase der Entwicklung außerordentlich große Aufgaben an der geistig-kulturellen Front erwarten. Die moderne Arbeiterbewegung hat als ein Bündnis zwischen den Leidenden und den Denkenden begonnen. Der Platz demokratischer Sozialisten ist heute wie immer an der Seite derer, die einerseits die Freiheitsrechte bedroht sehen und die andererseits spüren, daß auf den Schulen und Universitäten, in den Laboratorien und Forschungszentren weitgehend über die Welt von Morgen entschieden wird. Die Gewinnung der geistigen Schichten mag quantitativ als nicht so entscheidend betrachtet werden; qualitativ ist sie sowohl unter dem Gesichtspunkt ökonomischer Notwendigkeiten wie unter anderen Aspekten der gesellschaftlichen Umgestaltung von ausschlaggebender Bedeutung.

Daneben aber gilt es, sich stets daran zu erinnern, daß die schwächsten Schichten, nämlich die Rentner, bisher in ihrer Mehrheit nicht sozialdemokratisch gewählt haben und daß die traditionellen Wählerschichten der Sozialdemokratie, die Arbeiter und Angestellten, noch beträchtliche „Rekrutierungsmöglichkeiten" bieten. In beiden Richtungen wird es der Sozialdemokratie möglich sein, durch die Vertretung einer zeitgemäßen Sozialpolitik Erfolge zu erzielen.

Der „Sozialplan"[7] wird in seinen entscheidenden Punkten zusammenzufassen sein, und es wird nachgewiesen werden müssen, daß das Geforderte durch die vorhandene Wirtschaftskraft getragen werden kann. Die Sozialdemokraten werden nicht, zumal wenn sie auf ein Zusammenwirken mit anderen Gruppen angewiesen sind, alle berechtigten Forderungen im Laufe einer Vierjahresperiode durchsetzen können. Aber sie werden sich dafür verbürgen müssen, daß vor allem auf dem Gebiet der Altersversorgung und der Kriegsopferversorgung eine angemessene Neuregelung erfolgt. Es wird auch klargemacht werden müssen, daß Sozial- und Wirtschaftspolitik in sozialdemokratischer Sicht zwei Seiten ein und derselben Sache sind.

Die neuen Wählerschichten, an die sich die Sozialdemokratie wendet, müssen davon überzeugt werden, daß wir den wirtschaftlichen Aufbau nicht gefährden, sondern daß wir ihn sinnvoll fortführen und gegen Rückschläge sichern werden. Weit über den Kreis der traditionellen Anhänger hinaus spüren die Menschen, daß sie sich auf schwankendem Boden bewegen. Von dieser Seite her sind sie auch aufgeschlossen für den Gesichtspunkt, daß die ökonomische Macht demokratisch kontrolliert werden muß. Sofern die Sozialdemokratie in einer kommenden ersten Regierungsperiode die Neuregelung der Eigentumsverhältnisse in der Grundstoffwirtschaft einleiten kann, wird sie durch eine möglichst genaue und begrenzende Beschreibung des Erstrebten dafür zu sorgen haben, daß dem Sozialisierungs-Schreck vorgebeugt wird. Besonderer Nachdruck wird auf solche Maßnahmen zu legen sein, die darauf abzielen, im Interesse der Arbeitnehmer, der Verbraucher und der volkswirtschaftlichen Gesamtheit einen maßgeblichen öffentlichen Einfluß auf die Verfügungsgewalt über die großen Produktions- und Kapitalquellen durchzusetzen.

Eine moderne Wirtschaftspolitik, wie sie von der Sozialdemokratie vertreten wird, muß sich gerade dadurch auszeichnen, daß sie den Kontakt zu den neuen Fragestellungen gewährleistet. Unsere Menschen müssen erfahren, daß diejenigen, die nach der Regierungsgewalt streben, auch um die Veränderungen wissen, die die zweite industrielle Revolution bewirken wird: das sich noch in dieser Generation von Grund auf ändernde Bild der produktiven Grundlagen, die damit verbundenen Konsequenzen für die soziale Gliederung und für die Stellung des Menschen im Arbeitsprozeß, das künftige Verhältnis zwischen Arbeitszeit und Freizeit usw.

Wenn wir diese Fragestellungen andeuten, so nicht, um der Sozialdemokratie die Rolle einer Partei zuzuweisen, die die Welträtsel zu lösen haben würde. Wohl aber muß sie eine Partei sein und bleiben, die sich in lebendigem Kontakt mit den neuen Problemen und mit den geistigen Strömungen dieser Zeit befindet. Sie muß – auch vor einer großen Wahlentscheidung – als eine Partei in Erscheinung treten, der gegenüber die Menschen empfinden, daß ihr Realismus über den Tag hinausreicht und daß sie sich unablässig bemüht, den geistigen Bogen zur Welt von morgen zu schlagen. Insofern bleibt es dabei, daß konkrete Forderungen und Teilprogramme keineswegs eine absolute Grenze sozialdemokratischer Politik darstellen.

Möglichkeiten politischer Entwicklung

Ohne Opposition gibt es keine Demokratie, ohne Kritik keine demokratische Opposition. Aber auch bei der Kritik kommt es, wenn sie richtig verstanden werden will, sehr darauf an, daß sie auf eine begrenzte Zahl entscheidender Fragen unter Beachtung einer regelmäßig zu überprüfenden Rangordnung zugeschnitten wird. Sie muß in solchen Punkten zusammengefaßt werden, die haften bleiben, im Gespräch bleiben und der eigenen wie der allgemeinen Orientierung dienen.

Bei den Auseinandersetzungen um die außenpolitischen, mit dem Wehrbeitrag verknüpften Verträge der Bundesrepublik[8] hat die Sozialdemokratie beispielsweise eine bis ins einzelne gehende Kritik geleistet, wie es den Regeln gewissenhafter parlamentarischer Arbeit entsprach. Es fragt sich jedoch, ob nicht die ins einzelne gehende Kritik in der öffentlichen Diskussion zuweilen mit der Gefahr verbunden war, daß die wirklich springenden Punkte nicht klar genug erkennbar blieben:

a) das Verhältnis zur Wiedervereinigung,
b) das Bemühen um die Sicherung der Demokratie,
c) die Sorge um die wirtschafts- und sozialpolitischen Erfordernisse.

Ähnlich mag es sich darstellen, wenn es um die Auseinandersetzung mit den Gefahren der bundesrepublikanischen Restauration geht. Gerade hier wird es darauf ankommen müssen, gezielte Argumente an die Stelle eines den meisten unverständlichen Schlagwortes treten zu lassen:

a) gegen den neuen Mißbrauch wirtschaftlicher Machtpositionen,

b) gegen die Unverbesserlichen aus der Zeit des Tausendjährigen Reichs, ohne der Versuchung gefährlicher Verallgemeinerung zu unterliegen,

c) gegen die mit (oder ohne) neuer Sauce übergossenen Kräfte der alten Reaktion.

Es lohnt sich im übrigen, Mühe auf den Nachweis zu verwenden, daß und in welchem Umfang sich die Kritik vergangener Jahre bestätigt hat. Politik ist für die Sozialdemokratie immer zugleich auch ein Stück Massenerziehung.

Gerade in unserer Zeit und in unserem Land wollen die Menschen freilich nicht allein kritische Auslassungen hören, sondern sie wollen wissen, wie die Kritiker es anders machen wollen und was sie dort, wo sie die Möglichkeit dazu hatten, selbst geleistet haben. Die deutsche Sozialdemokratie ist vielleicht gelegentlich geneigt gewesen, die Bilanz ihrer eigenen Arbeit unterzubetonen. Sie sollte sich nicht scheuen, in viel stärkerem Maße auf ihren Beitrag zum Wiederaufbau zu verweisen: den Anteil der Sozialdemokraten und Gewerkschafter – in den Gemeinden und in den Betrieben – während der verzweifelten Zeit unmittelbar nach Kriegsende, den Aufbau in den sozialdemokratisch geführten Städten und Ländern, die große Zahl der Initiativen im ersten und zweiten Bundestag, die Leistungen in Berlin, für die Saar und für den Zusammenhalt mit den Menschen im anderen Teil Deutschlands.

Die Sozialdemokratie wird die kommende Bundesregierung nicht allein bilden können. Sie wird also Koalitionspartner brauchen und sich mit ihnen auf ein gemeinsames Arbeitsprogramm verständigen müssen. Man mag meinen, Fragen dieser Art könnten erst am Tage nach der Wahl beantwortet werden, und es sei müßig, sich darüber vorher den Kopf zu zerbrechen. Die Lebenserfahrung spricht in der Tat für die Auffassung, daß man das Fell des Bären nicht verteilen soll, bevor man ihn erlegt hat. Dennoch wird die Frage nach den möglichen Bündnissen in der Zeit bis zur Wahlentscheidung eine beträchtliche Rolle spielen, und man wird ihr nicht ausweichen können. Die Beantwortung ist auch darum gar nicht so schwer, weil ein Mitregieren unter Konrad Adenauer für die Sozialdemokratie außer Diskussion steht und weil noch niemand sagen kann, wie sich die CDU entwickeln wird, wenn sie eines Tages nicht mehr unter der Fuchtel des „Alten" steht. Für die nächste Zukunft ist der Sozialdemokratie ein weitgehendes Zusammenwirken mit solchen Kräften vorgezeichnet, die gleich ihr einen Kurswechsel in Bonn erstreben, falls mit ihnen darüber hinaus eine Verständigung über den Inhalt einer gemeinsamen Politik erzielt werden kann. Bonn, die Bundesrepublik und die gesamtdeutsche Politik haben einen neuen Kurs und frischen Wind nötig. Dies scheint uns für die nächste Zeit der übergeordnete Gesichtspunkt zu sein, aus dem sich das praktische Verhalten dann weitgehend von selbst ergibt.

Es bedarf kaum einer besonderen Unterstreichung, daß der Hinweis auf die Schwerpunkte politischen Wirkens und auf die Rangordnung der zu lösenden Aufgaben auch für die Parteiarbeit der Sozialdemokratie im engeren Sinne von Bedeutung ist. Aus einer Verständigung über das eigentliche politische Wirken ergeben sich zwingende Folgerungen für die Rationalisierung der organisatorischen Arbeit, für den geistigen Gehalt des innerparteilichen Lebens, die Form der Aussage und den sinnvollen Einsatz der verfügbaren Kräfte. Das große Gefüge der deutschen Sozialdemokratie muß ganz in den Dienst der als vordringlich erkannten Aufgaben gestellt werden. Die Sozialdemokraten müssen sich immer wieder selbst von der geistigen Unruhe erfassen lassen, ihre Aktivität auf die jeweils nächsten Ziele richten und in dem Bewußtsein wirken, daß ihnen niemand ihre Aufgabe abnehmen wird.

Nr. 18

Redebeitrag des Berliner Delegierten Brandt auf dem Parteitag der SPD in München 11. Juli 1956

Protokoll der Verhandlungen des Parteitages der Sozialdemokratischen Partei Deutschlands vom 10. bis 14. Juli 1956 in München, Bonn o. J., S. 108–110.

Genossinnen und Genossen! Für die deutsche Politik ist es von wichtiger Bedeutung, die niemand unterschätzen sollte, daß auf diesem Parteitag unsere Alternative zur Regierung Adenauer-Globke entwickelt wurde. Das ist, wie mir scheint, das Entscheidende, damit die Bevölkerung, um deren Vertrauen wir ringen, in positiver, vertrauenerweckender Form mit den wenigen zentralen Gesichtspunkten eines neuen Kurses in Deutschland vertraut gemacht wird, nämlich einer Außenpolitik, die in die heutige weltpolitische Landschaft paßt, einer aktiven und nicht formelhaften Wiedervereinigungspolitik, dem Ausbau der inneren Freiheit und einer modernen Politik der sozialen Sicherheit, der wirtschaftlichen Stabilität und des lebendigen Anschlusses an die revolutionierenden Erkenntnisse des menschlichen Geistes.

Was die Wehrfrage betrifft, Genossinnen und Genossen, so wäre es gut, wenn wir uns im Sinne der Ausführungen von Erich Ollenhauer überflüssige, mißverständliche Streitigkeiten in den eigenen Reihen ersparen könnten und wenn wir unterstellten, daß der zugrunde liegende Tatbestand von uns durchwegs einheitlich beurteilt wird.[1] Unumstritten ist für uns doch, daß der Krieg, zusätzlich zu allen früheren Argumenten, als Mittel der Politik auszuscheiden hat, weil er – mit den modernen Zerstörungsmitteln geführt – die Vernichtung der Menschheit heraufbeschwört. Unumstritten ist auch, so möchte ich meinen, daß die gegenwärtige bundesdeutsche Politik mit der schrecklichen Gefahr verbunden ist, die Spaltung vertiefen zu helfen. Unumstritten dürfte aber auch sein, daß es uns, weil es uns andere aufzwingen, nicht erspart bleibt, uns mit den Fragen der tatsächlichen oder vermeintlichen Sicherheit leider noch zu befassen, und daß wir diese Auseinandersetzung mit dem gesunden Willen zur Macht zu führen haben. Eine große Partei, die regieren will, kann den Fragen der staatlichen Gewalt nicht ausweichen. So möchte ich in der uns vorgelegten Entschließung das Wort von der Revision der Wehrpolitik auffassen, und das andere absolut richtige Wort, daß die Verteidigung der Freiheit viel mehr ist als ein militärisches Problem.[2]

Anders als einige der bisherigen Diskussionsredner, aber in Übereinstimmung mit anderen, insoweit auch mit Lipschitz, unterschreibe ich voll und ganz, was der Parteivorsitzende über Verhandlungen mit Pankow[3] gesagt hat. Pankow hat keine demokratische Legitimation, und – von allem anderen abgesehen – kann es keine gegenseitige völkerrechtliche Anerkennung der beiden deutschen Teilstaaten geben; denn gerade dadurch würde die Teilung verewigt werden können. Man hat uns heute vormittag gesagt, die Sowjets hätten andere Forderungen erhoben. Dem haben wir meines Erachtens sachlich, aber beharrlich, unsere Auffassung entgegenzusetzen und um sie zu ringen. Unser Nein an die Adresse des Ulbricht-Regimes läßt sich aber sehr wohl vereinbaren erstens mit einem aktiven und unermüdlichen Einwirken auf Diskussionen und Entwicklungen in der Sowjetzone, auch in der SED, und zweitens mit einem Höchstmaß an Bemühungen darum, daß der vielfältige Kontakt zwischen der Bevölkerung in den beiden Teilen Deutschlands verstärkt wird und daß praktische innerdeutsche Fragen so vernünftig wie nur irgend möglich geregelt werden, um wo immer möglich jedenfalls die unsinnigsten Auswüchse des kalten Krieges alter Prägung beseitigen zu helfen.

Man fragt uns nach unseren Vorstellungen vom Weg zur deutschen Einheit. Heute ist es, glaube ich, nicht mehr möglich, unsere Vorschläge über ein System gemeinsamer Sicherheit, das Deutschland einen Status besonderer Art gewähren würde, lächerlich zu machen oder uns wegen solcher Vorschläge zu verdächtigen und zu diffamieren. Heute beginnt es zur Binsenwahrheit zu werden, daß wir mit unseren Freunden im Westen – ich sage trotz vieler Meinungsverschiedenheiten absichtlich „Freunde im Westen"; denn ich habe nicht vergessen, wer uns, ich komme ja aus Berlin, aber das gilt nicht nur für die Stadt Berlin, in schwerster Zeit es ermöglicht hat, zu überleben – heute beginnt es also zu einer Binsenwahrheit zu werden, daß wir mit unseren Freunden im Westen offen reden und uns um die Zustimmung der sowjetischen Seite ernsthaft bemühen müssen, wenn wir zu einer Lösung der deutschen Frage kommen wollen. Nachdem die Bundesregierung mit der Entdeckung Indiens durch Herrn Blücher begonnen hat,[4] beginnt es sich auch herumzusprechen, daß wir in den Völkern der asiatischen Revolution Bundesgenossen in unserem Ringen um das nationale Selbstbestimmungsrecht zu finden haben und finden können, Freunde zu gewinnen haben, deren Verständnis und Hilfe wir vielleicht bei künftigen Erörterungen unserer Probleme, z. B. vor den Vereinten Nationen, sehr nötig haben können.

Von den innerdeutschen Voraussetzungen der Wiedervereinigungspolitik ist schon die Rede gewesen. Zu diesen inneren Voraussetzungen gehört weiterhin die Stadt Berlin, die durch ihr einfaches Dasein eine starke objektive Kraft gegen ein Sich-Abfinden mit zwei deutschen Staaten darstellt. (Beifall.) In der „Verbonnung" hat man sich bis in die letzte Zeit ernster Versäumnisse Berlin gegenüber schuldig gemacht, und wir haben immer wieder auf die Hilfe unserer Fraktion zurückgreifen müssen. Ich denke, was die Versäumnisse der anderen Seite angeht, beispielsweise an den Langwellensender,[5] den man uns abspenstig machen möchte, und ich denke daran, daß Berlin erneut ausgeklammert wurde beim Gesetz über die direkten Wahlen zum Bundestag.[6] Ich möchte aber auch, Genossinnen und Genossen, in diesem Kreis und vor den Delegierten des Parteitages ein schlichtes Wort des Dankes sagen für die vielen Beweise ursprünglicher Hilfsbereitschaft von seiten derer, die längst begriffen haben, worum es geht, und ich danke insbesondere als einer der Sprecher Berlins der Arbeiterwohlfahrt und vielen anderen Freunden für die großherzige Aufnahme unserer Berliner Ferienkinder. Das ist eine bessere gesamtdeutsche ursprüngliche Haltung als das formelhafte Hersagen bestimmter Parolen von anderer Seite. (Lebhafter Beifall.)

Schließlich aber – und auch das gehört zum Thema des Weges zur Wiedervereinigung – muß, davon sind wir fest überzeugt, noch viel geschehen, um einen festen Willen in unserem eigenen Volk zu entwickeln. Die Dinge sind nicht stehengeblieben. Die Aufgeschlossenheit hat zugenommen, aber es fehlt noch viel daran, den unbeugsamen Willen zur Wiedervereinigung so zu entwickeln, daß man ihn nirgends in der Welt ignorieren kann.

Lassen Sie mich damit schließen, Genossinnen und Genossen, daß ich sage: Wir haben zwar ein „Kuratorium unteilbares Deutschland",[7] wir haben aber noch nicht eine „Volksbewegung unteilbares Deutschland", und die wird nur entstehen können, wenn sie maßgebend mit getragen werden wird von den selbstlosen politischen Kämpfern der deutschen Sozialdemokratie. (Lebhafter Beifall.)

Nr. 19

Schreiben des Regierenden Bürgermeisters von Berlin, Brandt, an den stellvertretenden Vorsitzenden der SPD-Bundestagsfraktion Wehner 7. November 1957[1]

AdsD, WBA, A 6, 17 (alt).

Lieber Herbert,
ich habe Dir bzw. Euch noch nicht – jedenfalls nicht in gehöriger Form – für die guten Wünsche zu meiner Wahl gedankt.[2] Jetzt ist es aber an mir, Dir zur Wahl als stellvertretendem Fraktionsvorsitzenden zu gratulieren. Um Wilhelm Mellies tut es mir leid, aber es hilft alles nichts:[3] Die Fraktion mußte – der Partei und der Sache wegen – sichtbar werden lassen, daß wir uns neu rüsten.[4] Viel, sehr viel hängt davon ab, daß die Zusammenarbeit zwischen Dir, Carlo [Schmid] und Fritz [Erler] klappt und ob Ihr zu einem vernünftigen Arbeitsverhältnis mit Erich [Ollenhauer] gelangt.

Ich habe mancherlei Sorgen, über die ich gern mit Dir gesprochen hätte. Für die Verkehrsverbindungen Berlin-Bund sehe ich im Augenblick keine Gefahr – im Gegenteil, durch den neuen Interzonenhandelsvertrag sind sogar wesentliche Verbesserungen zu erwarten.[5] Im innerberliner Verkehr sind jedoch für die nächsten Wochen noch weitere Erschwernisse zu erwarten.

Hoffentlich bietet sich bald die Möglichkeit eines Gesprächs in Bonn – falls Du nicht inzwischen mal nach Berlin kommst. Ich werde Günter Klein um eine Terminabsprache bitten.

Herzliche Grüße

Dein

Nr. 20

Schreiben des Regierenden Bürgermeisters von Berlin, Brandt, an den stellvertretenden Vorsitzenden der SPD-Bundestagsfraktion Erler 7. November 1957[1]

AdsD, WBA, A 6, 17 (alt).

Lieber Fritz,

ich habe Dir noch nicht in aller Form für die Glückwünsche gedankt, die Du mir – gemeinsam mit Carlo [Schmid] und Shep[ard] Stone – übermittelt hattest. Daß ich mich darüber gefreut habe, brauche ich kaum besonders zu betonen. Heute ist es jedoch an mir, sehr herzlich zu gratulieren.

Deine Wahl zum stellvertretenden Fraktionsvorsitzenden ist von noch größerer Bedeutung als es manchem heute klar ist. Um Wilhelm Mellies tut es mir leid. Aber es hilft alles nichts: In der Fraktion mußte deutlich gemacht werden, a) daß bei uns etwas in Bewegung ist, und b) daß wir auch personell einiges zu bieten haben.

Es wäre gut, wenn ich Dich bald mal in Bonn sehen könnte. Ich werde Günter [Klein] um die Vermittlung bitten, vielleicht sogar zu einem Gespräch gemeinsam mit Deinen „neuen" Kollegen Carlo [Schmid] und Herbert [Wehner].
Herzlichst
Dein

Nr. 21

Redebeitrag des Vorsitzenden des Landesverbandes der SPD Berlin, Brandt, auf dem Parteitag der SPD in Stuttgart 20. Mai 1958

Protokoll der Verhandlungen des Parteitages der Sozialdemokratischen Partei Deutschlands vom 18. bis 23. Mai 1958 in Stuttgart, Bonn o. J., S. 323–326.

Genossinnen und Genossen! Mir will scheinen, daß bei aller Bedeutung der diesem Parteitag unterbreiteten Referate und bei aller Bedeutung der hier erörterten Fragen und vielleicht gerade wegen der Überschattung anderer Dinge durch die Auseinandersetzungen um die Atomgefahren[1] die Erörterung über die Ursachen unseres Mißerfolges des Jahres 1957,[2] gemessen an den ursprünglichen Debatten, zu kurz gekommen ist. Ich meine damit die Ursachen, die nicht bei anderen liegen, sondern ich meine den Teil der Ursachen, der unbeschadet der großen Anstrengungen der gesamten Partei einschließlich der besoldeten Vorstandsmitglieder – ich wiederhole: einschließlich der besoldeten Vorstandsmitglieder – bei uns selbst liegt oder liegen könnte, als mitbestimmende Gründe dafür, daß wir zum drittenmal seit der Gründung dieser Bundesrepublik unser politisches Ziel nicht erreicht haben. Wir werden auch auf den Grenzgebieten zwischen Organisation und Politik, um die es sich jetzt handelt, zu prüfen haben – nicht im Sinne der Selbstreinigung oder

Selbstzerfleischung –, wie wir dieses Ziel erreichen können, und wir werden es nicht zulassen, wir dürfen es nicht zulassen, daß jemand über die Sozialdemokratische Partei sagen könnte, was eigentlich passieren müßte, bevor in der Sozialdemokratischen Partei in der den Delegierten angemessen erscheinenden Form über die Grundfragen – sowohl der Organisation als auch der Politik – gesprochen wird. (Lang anhaltender lebhafter Beifall.)

Ich will meine Redezeit nicht dadurch belasten, daß ich aus der Schrift mit dem Entwurf des Grundsatzprogramms einen sehr beachtlichen Abschnitt auf Seite 7 verlese. Ich will nur den Satz verlesen, den wir sicher alle unterschreiben:

„... eine Organisation wird nicht nur getragen von dem ihr zugrunde liegenden Ordnungsgedanken, sondern vor allem von Menschen, die sie führen."[3]

Das ist ein Satz, den wir sicher alle unterstreichen. Das Übrige überlasse ich den Delegierten zum Selbststudium. Wir werden auf diesen Punkt ja erst morgen im einzelnen zu sprechen kommen.[4] (Zuruf: Warum nicht heute?)

Nun möchte ich sagen, Genossinnen und Genossen, ich glaube, wir sind es dem Genossen Ollenhauer schuldig, daß wir das, was er vorgetragen hat, und das, was vorher vorgetragen wurde,[5] mit all dem gebührenden Ernst und schuldigen Respekt zur Kenntnis nehmen. Darum hat er gebeten, und das kann ihm niemand verweigern.

Ich glaube, wir stimmen ihm auch alle darin zu, daß wir jedem, der jetzt eine bestimmte Funktion in der Partei hat und sie vielleicht auch in Zukunft haben wird, daß wir jedem von ihnen, die – wie es hier hieß – volle persönliche Achtung entgegenzubringen haben.

Aber was meiner Ansicht nach nicht geht, Genossen, lassen Sie mich das eben offen sagen, das ist, denjenigen, die Bedenken zu einem bestimmten Verfahren bei der Auswahl der führenden Funktionäre anmelden, zu unterstellen, daß sie sich von weniger Loyalität (Sehr richtig!-Rufe) und von weniger Willen zur innerparteilichen Sauberkeit leiten ließen als diejenigen, die diese Vorschläge unterbreiten.[6] (Lang anhaltender, lebhafter Beifall.)

Ich bedaure dabei noch etwas anderes, nämlich daß es nach dem Diskussionsbeitrag des Parteivorsitzenden einem so unendlich schwer gemacht wird, das aus der Sache heraus erneut zu vertreten, was man aus der Sache heraus und nicht unter Bezug auf Personen empfehlen möchte, weil nämlich nach dem, was gesagt ist, nun daraus so etwas wie eine personelle Entscheidung herausgelesen werden könnte.

Nebenbei gesagt: Ich wäre dankbar, wenn uns mitgeteilt würde, ob auch dieser Teil der Empfehlungen eine einstimmige Empfehlung der Gremien war oder ob es nicht auch bei den Vorberatungen dieser Dinge darüber unterschiedliche Meinungen gegeben hat, nämlich auch die Meinung, die ein Teil des Parteitages für richtig zu halten scheint.

Darf ich in Kürze noch einmal folgendes sagen: Es ist schon darauf hingewiesen worden, der Gleichheitsgrundsatz müßte für die besoldeten Mitglieder gelten wie für das Präsidium. Wenn man auf der einen Seite nicht die direkte Wahl durch den Parteitag mag, finde ich, sollte man hier gleichziehen. Wenn man aber sagt, wir brauchen für bestimmte Arbeitsgebiete vom Parteitag dafür ausgewählte Genossen, dann hätte man den Weg konsequent gehen sollen, den man beim Kassierer gegangen ist, und sagen sollen, so wie wir einen Genossen als Kassierer wählen, wählen wir einen als Leiter unserer Wirtschaftspolitik, einen als Leiter dieses Gebiets und einen als Leiter jenes Gebiets. (Sehr richtig!)

Das würde die Diskussion dann erleichtert haben.

Aber, Genossen! Das Argument, das Alfred Nau als drittes vortrug,[7] wenn man nicht so verführe, wie vorgeschlagen wird, dann würde unter Umständen nicht die genügende Zahl von Genossen zur Verfügung stehen für hauptamtliche Tätigkeiten im Parteivorstand – das vermag mich nicht ganz zu überzeugen, und zwar aus dem Grund, weil ich meine, daß es sehr wohl möglich ist, daß in dem einen oder anderen Fall wichtige Sachgebiete, Abteilungen, wenn ihr so wollt, beim Parteivorstand nicht stimmberechtigt, sondern beratend, angehören. (Sehr richtig! – Beifall.)

Das ist eine Art des Verfahrens, das es in der Organisation auch sonst gibt.

Darf ich noch zwei Bemerkungen zu den Organisationsfragen machen. Erstens: Die Berliner Landesorganisation bleibt, obgleich sie nicht sehr viel Hoffnung hat, damit durchzudringen, bei ihrer seit Jahren immer wieder vorgetragenen Meinung, daß auf einem Parteitag nur die von den Organisationen gewählten Delegierten Stimmrecht haben sollten, das, was also im Antrag 105[8] drinsteht, die anderen haben sowieso durch ihr Wort mehr Gewicht. Ich bin persönlich der Meinung, daß im Grunde das Mandat eines Vorstandes erlischt, wenn ein neuer Parteitag zusammentritt, der dann erst einen neuen Vorstand wählt. Immerhin: Der Kreis derer, die außer den gewählten Delegierten mitstimmen, reduziert sich von etwa 90 auf 41.[9] Das begrüßen wir lebhaft. Wir würden es noch mehr begrüßen, wenn man sich darauf einigen könnte, daß die 41 Genossen das Stimmrecht, wenn man das absolut für erforderlich hält, neben den gewählten Delegierten ausüben, nicht aber das Wahlrecht zu dem Gremium, für das sie überwiegend selbst kandidieren. (Beifall.)

Ich würde als dritten Punkt sagen wollen, daß ich in einer gewissen Abweichung von Max Kukil meine,[10] daß ganz egal, was man über die Landesausschüsse in das Statut hineinschreibt, die Stellung der Landesausschüsse so stark wie möglich sein sollte (Beifall), aus dem Grunde: weil diese Bundesrepublik, solange wir sie haben, nun einmal so gegliedert ist. Und selbst wenn die Länder in der Entwicklung etwas aufgeben von ihrer ursprünglichen Funktion, bleiben sie wichtige Gliederungen, und die Sozialdemokratische Partei (Glocke) muß auf dem Wege über die Länder und über die großen Städte und durch die Koordinierung unserer Tätigkeit in den Ländern und in den Städten manches von dem zu kompensieren suchen, was ihr an Gestaltungsmöglichkeiten auf der eigentlichen Bundesebene in dieser Runde noch immer genommen ist. (Beifall.)

Gestattet mir, Genossinnen und Genossen, eine oder zwei abschließende Bemerkungen: Es geht schließlich nicht um kleinlichen organisatorischen Klatsch. Es geht darum, daß eine große Partei wie diese Vertrauen ausstrahlen muß, und dieses Vertrauen muß sich ausdrücken in der Gesamttätigkeit, in der Gesamtaussage, nicht zuletzt aber auch in dem, was man auch in dieser Debatte „das Gesicht der Partei" genannt hat.

Und zweitens: Eine große Partei wie diese – und davon zeugt doch wohl auch dieser Parteitag – muß selbstbewußt sein, über einen gesunden Willen zur Macht verfügen und sich durch Klarheit ihrer Aussage auszeichnen, muß offen sein für alle Strömungen in dieser Zeit. Kein bloßer Weltverbessererklub, sondern eine politische Partei, die die Geschicke eines Volkes, eines Staates gestalten will, die sich das zutraut, die das ausstrahlen läßt auf die Menschen in diesem Volk, und meine Hoffnung geht dahin – trotz allem, daß wir auf diesem Parteitag und über diesen Parteitag hinaus einige Schritte auf dem Wege vorankommen – nicht dieser Partei wegen, sondern der Menschen und der Sache wegen, für die diese Partei steht. (Starker Beifall.)

Nr. 22

Aus dem Protokoll der Sitzung des Parteivorstands der SPD 24. April 1959[1]

AdsD, SPD-Parteivorstand, Parteivorstandsprotokolle April 1959.

[...]

Deutschlandplan

[...]

Brandt: erklärt, dass auch er Bedenken zum Plan habe,[2] die aber nicht die von Paul Hertz seien. Paul Hertz habe auch nur in einer internen Parteiveranstaltung gesprochen und sei für die Veröffentlichung nicht verantwortlich. In Berlin sei man bemüht, keine Differenzen in der Partei aufkommen zu lassen. Verschiedene Resolutionen der Kreise zum Deutschlandplan sind daher abgeriegelt worden. Am 18.3.[1959] habe er per Fernschreiben Erich Ollenhauer gebeten, dass Günter Klein in seiner Vertretung einige Berliner Gesichtspunkte dem PV vortragen dürfe. Das wurde nicht zugestanden. – Nicht klar sei ihm, warum der Plan zu diesem Zeitpunkt unbedingt herauskommen musste, zumal am selben Tage Carlo Schmid und Fritz Erler mit einiger Erschütterung von Moskau zurückgekommen waren.[3] Zudem hätte durch den Stuttgarter Parteitagsbeschluss auch die Anhörung des PR zwingend sein müssen. Er selbst hätte damals, wenn er nicht verhindert gewesen wäre, auch zum Inhalt einige Bedenken vorzubringen gehabt. Sehr anspruchsvoll scheinen ihm die Titel: ‚Der Deutschlandplan bringt die Wiedervereinigung', ‚Rettet Berlin'.[4]

Die Formulierungen zum Berlinprogramm entsprechen seiner Auffassung.[5] Aber auch nach den Erläuterungen durch die Broschüre, die viele Angriffsflächen abbaut, bleibt eine einseitige Stossrichtung mit den Hinweisen auf die Versäumnisse des Westens. Diplomatische Noten sind nur ein Teil der Wirklichkeit, die reale Welt des Ulbricht ist aber ein anderer Teil. In der Partei gibt es Stimmungen, die vom Anti-Adenauer- und Anti-Amerikanismuskomplex zu einer wohlwollenden Betrachtung der Sowjetunion kommen.

Nr. 23

Schreiben des Regierenden Bürgermeisters von Berlin, Brandt, an den ehemaligen militärischen Berater des SPD-Parteivorstands und der Bundestagsfraktion, Beermann
16. Juli 1959

AdsD, WBA, A 6, 22 (alt).

Lieber Fritz Beermann,

ich hoffe, daß Du gut in den USA angekommen bist und daß es Dir dort gefällt. Die Umstellung wird vermutlich nicht einfach sein, aber ich glaube, es ist eine gute Sache, daß Du dieses Jahr zwischenschalten konntest, um dann – wie ich hoffe – an maßgebender Stelle in der Bundeswehr mitzuarbeiten.[1]

Hier bzw. in Bonn ist mancherlei im Gange. Mommer hat nicht locker gelassen, wobei man allerdings darüber streiten kann, ob er den taktischen Erfordernissen immer genügend Rechnung trägt. In der vorigen Woche hat Erich Ollenhauer, wie Du wissen wirst, die erwartete Erklärung abgegeben, daß er nicht mehr für eine staatliche Spitzenfunktion kandidieren werde.[2] Es ist ein Ausschuß aus drei Landesfürsten (Zinn, Brauer, Brandt) und drei Mitgliedern der Fraktion (Schmid, Erler, Deist) gebildet worden, der gemeinsam mit dem Vorsitzenden über die personell und sachlich zu fällenden Entscheidungen beraten soll.[3]

So sehr ich es begrüße, daß bestimmte Dinge in Fluß geraten, so sehr bereitet es mir natürlich auch Sorgen, daß ich mich neben meiner Berliner Aufgabe in zunehmenden Maße für westdeutsche Dinge interessieren muß. Trotzdem wird die Berliner Aufgabe zunächst anderen Erwägungen vorangestellt werden müssen. Ich vermute, wir werden hier heil durch die Krise[4] hindurchkommen. Aber entscheidende Fragen werden eben doch nicht gelöst, sondern es wird ihre Beantwortung hinausgeschoben.

Mit allen guten Wünschen und herzlichen Grüßen

Dein

Nr. 24

Aus dem Schreiben des Mitglieds des SPD-Parteivorstands Brandt an den Vorsitzenden der SPD, Ollenhauer

17. Juli 1959

AdsD, WBA, A 6, 20 (alt).

Lieber Erich,

da ich wegen meines Urlaubs an der Vorstandssitzung am Dienstag nicht teilnehmen kann, möchte ich nachstehend einige Gesichtspunkte zu dem neuen Programmentwurf zu Papier bringen.[1] Nach der Aussprache in der letzten Vorstandssitzung sehe ich ein, daß der ernste Versuch gemacht werden muß, auf dem außerordentlichen Parteitag zu einer Verabschiedung des Programms zu kommen. Um so mehr bedauere ich es, an der Beratung im Vorstand nicht teilnehmen zu können und auch diese meine schriftliche Äußerung unter einem gewissen Zeitdruck vornehmen zu müssen.

Zunächst sind es drei Hauptpunkte, auf die ich gern hingewiesen hätte:

I. Es sollte überlegt werden, in den einleitenden Abschnitt jene Gedanken aufzunehmen, die in der „Berliner Präambel" des Aktionsprogramms einen recht guten Niederschlag gefunden haben.[2]

II. Für wichtig halte ich es, daß die Erfolge der Sozialdemokratie bzw. des demokratischen Sozialismus klarer und stärker herausgestellt werden. Eine Formulierung zu diesem Gegenstand könnte eine wesentlich klärende Bedeutung haben. Hierbei käme es vor allem darauf an, der jungen Generation zu zeigen, daß sich eine Bewegung an sie wendet, die nicht nur wie schon vor Jahrzehnten Zielvorstellungen proklamiert, sondern die in einem gewiß nicht einfachen oder gar widerspruchslosen Prozeß der gesellschaftlichen Umformung doch schon in gedanklicher und gestaltender Hinsicht einiges zu leisten vermochte.

Das Thema ist im 3. Absatz auf Seite 3 angeschnitten.[3] Meiner Meinung sollte darauf hingewiesen werden, was sozialdemokratisch geführte Regierungen geleistet haben (z. B. demokratisch-soziale Umgestaltung in den skandinavischen Ländern, neue Politik gegenüber den Kolonialvölkern unter Führung einer Labourregierung). Vielleicht sollte auch von dem Einfluß demokratisch-sozialistischer Ideen in Asien, Afrika und in anderen Teilen der Welt die Rede sein. Es käme wohl mit auf den Hinweis an, daß manches von dem, was ursprünglich von den Sozialdemokraten allein vertreten wurde, mittlerweile zum Bestandteil oder zumindest zum Diskussionsgegenstand praktischer Politik in weiten Teilen der Welt geworden ist.

In dem Referat, das Oskar Pollak in Hamburg hielt,[4] sind einige Gesichtspunkte enthalten, die für eine Formulierung dieses Abschnitts herangezogen werden könnten.

Hierbei taucht dann natürlich auch die Frage auf, was zur Entwicklung und Leistung der deutschen Sozialdemokratie gesagt werden sollte. Ich wäre dafür, daß folgende vier Etappen zumindest angedeutet würden:

a) historische Leistung der Arbeiterbewegung vor dem 1. Weltkrieg,
b) der Gestaltungsversuch von Weimar und sein Scheitern,
c) Frontstellung gegen Nazismus und neue totalitäre Bedrohung,
d) entscheidende Beiträge zum deutschen Wiederaufbau.

III. Die grundsätzliche Abgrenzung vom Kommunismus sollte nicht im Schlußkapitel vorgenommen werden.[5] Wie die Dinge nun einmal liegen, und keineswegs nur unter dem taktischen Gesichtspunkt der Wirkung nach außen, erfordert dieser Gegenstand ein eigenes Kapitel, das ziemlich vornheran stehen muß. Hierbei sollte klar gemacht werden, daß wir nicht „Wanderer zwischen den Welten" sind und daß wir nicht eine geometrische Mitte zwischen „Kapitalismus" und „Kommunismus" suchen, sondern daß wir an unterschiedlichen Fronten mit unterschiedlichen Mitteln kämpfen.

[. . .][6]

Mit den besten Grüßen
Dein

Nr. 25

Artikel des Vorsitzenden des Landesverbandes der SPD Berlin, Brandt, für die *Berliner Stimme*
12. September 1959

Berliner Stimme vom 12. September 1959, S. 1.

Gedanken zum Grundsatzprogramm

Die heutige Ausgabe dieser Zeitung enthält den neuen Entwurf für ein Grundsatzprogramm,[1] das der Vorstand der SPD dem Außerordentlichen Parteitag in Godesberg[2] als Antrag vorlegen wird. So umständlich muß man den Tatbestand ausdrücken; denn nach einer Kette von Entwürfen, Hunderten von Anträgen und einem guten Dutzend Kommissionssitzungen konnte es erst zu diesem neuen Vorschlag des Vorstandes kommen.

Dieser etwas mühselige und dem Außenstehenden vielleicht verwunderliche Weg zeugt von dem Ernst, den man der Sache gewidmet hat, und gibt vielleicht auch denen recht, die von vornherein mit einer großen Skepsis dem Versuch gegenüberstehen, haltbare Grundsätze für eine politische Partei in dieser sich wandelnden Welt formulieren zu wollen.

Ich erinnere mich einiger Gespräche mit Kurt Schumacher, der, als zu seinen Lebzeiten die Diskussion um ein neues Grundsatzprogramm der Partei begann, von den gleichen Bedenken erfüllt war, in diesem geteilten Lande und angesichts der uns umgebenden weltpolitischen und technisch-wissenschaftlichen Wandlungsprozesse die Grundsätze des demokratischen Sozialismus neu fixieren zu wollen.[3]

Aus der gleichen Zurückhaltung war ja auch der vom Landesparteitag der Berliner Sozialdemokratie gefaßte Beschluß, auf eine Vertagung von Godesberg hinzuwirken, zu verstehen.[4] Die große Mehrheit der Partei hat sich, soweit man es übersehen kann, diesen Bedenken nicht angeschlossen. Es wird mit sehr großer Wahrscheinlichkeit in Bad Godesberg zu einer Beschlußfassung über das Grundsatzprogramm kommen.

Wir Berliner Sozialdemokraten sollten uns an der Diskussion und dieser Beschlußfassung aktiv beteiligen. Auch der Skeptiker sollte seinen Beitrag dazu leisten, daß, wenn Grundsätze für unsere Arbeit formuliert werden, sie klar und nüchtern und unmißverständlich zum Ausdruck kommen. Als einer, der an der Vorbereitung des vorliegenden Entwurfs im Parteivorstand beteiligt war,[5] darf ich heute zum Inhalt des Programms folgendes sagen:

Gegenüber dem Vorschlag, der dem Stuttgarter Parteitag vorgelegen hat,[6] ist der neue Entwurf wesentlich gestrafft und von jenen Einzelfragen befreit, die nicht in ein Grundsatzprogramm, sondern in das Aktionsprogramm gehören. Der Aufbau ist klar und vernünftig gegliedert. Er hält sich frei von Utopien und grenzt die Grundwerte, von denen er ausgeht, deutlich ab von den letzten Bindungen des Gewissens des einzelnen, die ihm seine Religion oder Weltanschauung bieten können.

Sicher wird es zu einigen Hauptfragen noch erhebliche Diskussionen geben. Das Kapitel über die Wirtschaftsordnung ist entscheidend an dem Gedanken der Kontrolle wirtschaftlicher Macht orientiert und kennt die Überführung von Privat- in Gemeineigentum keineswegs mehr als Allheilmittel für die Krankheiten unserer Gesellschaft. Ebenso wird bei dem Kapitel über die Sozialordnung die Diskussion über die schmale Grenze zwischen sozialem Rechtsstaat und Versorgungsstaat noch einmal aufleben.

Zum Problem der Landesverteidigung bringt der Entwurf eine wesentliche Klärung. In der Auseinandersetzung mit der totalitären Bedrohung und anderen freiheitsgefährdenden Mächten ist die Aussage unmißverständlich.

Im ganzen zeigt das Programm die Züge eines modernen, fortschrittlichen demokratischen Sozialismus, der seine eigene Geschichte gewiß nicht verleugnet, aber aus den bitteren Erfahrungen und auch den Irrtümern der letzten Jahrzehnte gelernt hat. Darum kann er auch der Grundriß für die Ordnung sein, die wir uns für ein wiedervereinigtes Deutschland vorstellen.

Diese Ordnung muß frei sein von den Schrecken des menschenverachtenden Totalitarismus. Sie kann aber auch nicht geschaffen werden mit jenen Kräften, die mit ihren Vorstellungen noch immer tief im 19. Jahrhundert leben.

205 Artikel für die *Berliner Stimme*, 12. Sept. 1959

Nr. 26

Redebeitrag des Mitglieds des SPD-Parteivorstands Brandt auf dem Außerordentlichen Parteitag der SPD in Bad Godesberg 13. November 1959

Protokoll der Verhandlungen des Außerordentlichen Parteitages der Sozialdemokratischen Partei Deutschlands vom 13.–15. November 1959 in Bad Godesberg, Hannover-Bonn o. J., S. 74–77.

(Mit lebhaftem Beifall begrüßt) Liebe Genossinnen und Genossen! Ich habe zu denen gehört, die ursprünglich Bedenken gegen die Verabschiedung des Programms zu diesem Zeitpunkt hatten.[1] Drei Gründe haben mich veranlaßt, zusammen mit dem ganz überwiegenden Teil der Berliner Parteiorganisation für die Verabschiedung auf dieser Grundlage einzutreten.

Erstens. Es ist eine im ganzen und im wesentlichen zeitgemäße Aussage, die uns in unserer Arbeit helfen wird und die es unseren Gegnern schwerer machen wird, sich mit einem Zerrbild statt mit der Wirklichkeit der deutschen Sozialdemokratie auseinanderzusetzen. (Beifall)

Zweitens. Es ist ein Programm, das die deutsche Sozialdemokratie nach den bitteren, noch immer nicht abgeschlossenen Erfahrungen mit dem Totalitarismus darstellt als eine kämpferisch demokratische Freiheitsbewegung in dieser Zeit, eine Partei, die den Mut hat und über die Kraft verfügt, als das zu erscheinen, was sie ist.

Und drittens. Es ist, so meine ich, ein Programm, das in seiner Gesamtaussage noch klarer als bisher – wobei wir uns ja im Laufe der nächsten drei Tage noch über eine Fülle von Einzelfragen unterhalten werden – unseren Standort bestimmt, wo es sich um die entscheidend wichtigen Fragen unserer Stellung zum Staat und im Staat einschließlich der bewaffneten Macht, unseres Verhältnisses zu den Kirchen und unserer Beurteilung dessen handelt, was angesichts des Wandlungsprozesses der Wirtschaft erforderlich ist. In diesem Sinne

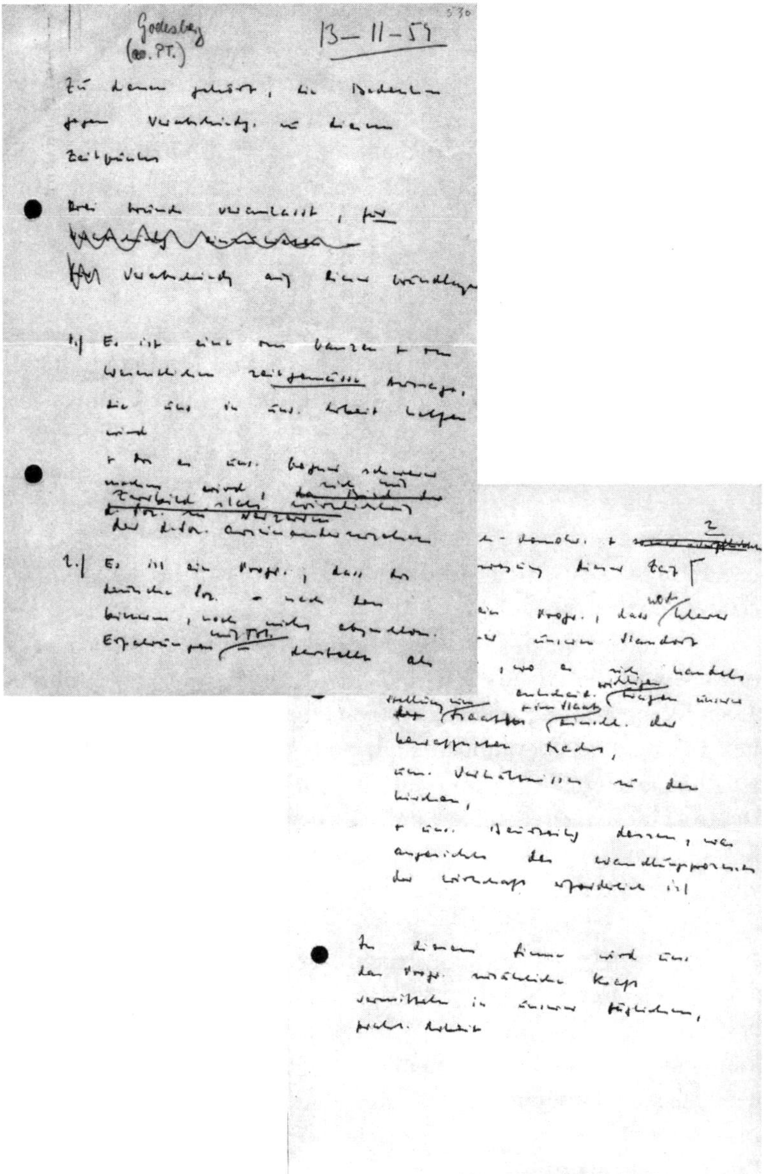

Redenotizen Willy Brandts für den Godesberger Parteitag 1959

wird uns das Programm in unserer täglichen Arbeit zusätzliche Kraft vermitteln.

In der Debatte der hinter uns liegenden Wochen ist u. a. auch die Frage aufgeworfen worden, ob wir nicht warten sollten, bis wir die Wiederherstellung der staatlichen Einheit Deutschlands erreicht hätten. Erich Ollenhauer hat heute morgen darauf schon eine Antwort gegeben.[2] Er hat bei dieser Gelegenheit auch ein Wort des Grußes an unsere Freunde in der Zone und an die Freunde in Berlin, für die ich sprechen darf, gerichtet. Ich bin ihm dafür dankbar. Ich möchte darauf mit einem Wort des Dankes der Berliner Sozialdemokraten und des Volkes von Berlin antworten, des Dankes für all das, was diese große deutsche Sozialdemokratie in den hinter uns liegenden Jahren für den am schwersten bedrängten Teil des freien Deutschlands getan hat. Wir wären manchmal viel mehr verlassen gewesen, als wir es gewesen sind, wenn wir nicht gewußt hätten: Es gab immer einen treuen Verbündeten der bedrängten und doch lebenserfüllten deutschen Hauptstadt, und das war die deutsche Sozialdemokratie. (Beifall)

Aber, liebe Genossinnen und Genossen, ich möchte doch noch folgendes zu diesem Argument „Laßt uns warten bis zur Einheit!" sagen. Wenn wir alle anderen Probleme bewältigen, die mit der Einheit Deutschlands verbunden sind, werden wir es auch noch schaffen, uns auf ein Programm für die Sozialdemokratie im ganzen Deutschland zu verständigen und das heutige Programm bei allem Respekt vor ihm als Zwischendokument zu den Akten, den gewichtigen Akten der Partei zu nehmen.

Im übrigen gilt für die Partei wie für das Ganze, was im Programmentwurf selbst steht, nämlich: Erst in einem wiedervereinigten Deutschland wird das ganze Volk in freier Selbstbestimmung Inhalt und Form von Staat und Gesellschaft gestalten können. Heute können hier in dieser Aussprache keine Einzelfragen der Wiedervereinigungspolitik erörtert werden, obgleich sicherlich in unseren Reihen weitgehend Klarheit darüber besteht, daß wir die Erfahrungen nicht nur der letzten Jahre, sondern gerade auch der letzten Monate werden zu verarbeiten haben, werden wir unsere weiteren Beiträge zum Ausweg aus einer fast hoffnungslos erscheinenden Situation zu unterbreiten haben.

Worauf es ankommt, ist dies: Es gibt keine absolut ausweglose Situation. Hitler mußte nicht an die Macht kommen, die Spaltung Deutschlands mußte nicht versteinert werden, und in der Bundesrepublik muß sich nicht ein pervertiertes Kaiser-Wilhelm-Denken durchsetzen. (Beifall)

Das Thema der Wiedervereinigung, das Thema unseres Standorts im willkürlich gespaltenen Deutschland wird im Programmentwurf unmißverständlich behandelt. Vielleicht kann die Redaktionskommission noch die eine oder andere Unterstreichung vornehmen. Vielleicht kann sie unter anderem noch zusätzlich klarmachen, daß die deutsche Sozialdemokratie auch dort weiterlebt, wo sie gewaltsam unterdrückt wird.

Aber ich möchte im Rahmen der allgemeinen Aussprache doch feststellen dürfen, welche Grundsätze zur deutschen Frage, zum Lebensrecht und zur Selbstbehauptung unseres widernatürlich auseinandergerissenen Volkes im Programm niedergelegt sind. Wir beziehen uns erstens auf das Grundgesetz und stellen fest, daß wir in seinem Sinn die Einheit Deutschlands in gesicherter Freiheit erstreben. Wir sagen zweitens, daß die Spaltung Deutschlands einerseits den Frieden bedroht, daß zum andern ihre Überwindung für das deutsche Volk lebensnotwendig ist.

Wir müssen diese Aussage im Zusammenhang mit dem sehen, was in den Abschnitten über die Grundwerte und Grundforderungen ausgesagt wird, nämlich daß Freiheit und Gerechtigkeit einander bedingen, daß alle Völker sich einer internationalen Rechtsordnung unterwerfen, daß alle Völker die gleiche Chance haben müssen. Das gilt auch für dieses Volk, in dessen mißbrauchtem Namen anderen Völkern schreckliches Unrecht zugefügt worden ist, dem aber auch selbst Unrecht zugefügt wurde. Wir müssen diese Aussage des Programms zur Wiedervereinigung auch im Zusammenhang mit dem sehen, was im Abschnitt über die internationale Gemeinschaft abgehandelt wird. Dort bekennen wir uns, wenn wir dieses Programm annehmen, im Sinne alter sozialistischer und demokratischer

Grundgedanken zum Selbstbestimmungsrecht und zur Gleichberechtigung aller Völker. Wir setzen uns ein für ein Volksgruppenrecht, das in Einklang mit den von den Vereinten Nationen verkündeten Menschenrechten steht. Mit anderen Worten, dieses Volk, in dem wir leben und für das wir politisch wirken, hat ein Recht, die Selbstbestimmung auch für sich in Anspruch zu nehmen, hat ein Recht sich leidenschaftlich dagegen aufzulehnen, daß in diesem Teil der Welt eine neue Art von Kolonialismus errichtet wird, während die Zeit der Kolonialherrschaft in anderen Teilen der Welt zu Ende geht. (Beifall)

Wir dienen unseren heimatvertriebenen Landsleuten nicht mit leichtfertigen Versprechungen und forschen Appellen. Wir treten nicht in Konkurrenz mit den Kräften, die Königsberg und Breslau im innerpolitischen Machtkampf mißbrauchen (Beifall) und die erstaunlich schweigsam sind, wenn befreundete Regierungen anderer Länder über Grenzfragen entscheiden, über die auf Grund internationaler Abkommen erst auf einer Friedenskonferenz entschieden werden kann. (Lebhafter Beifall)

Liebe Genossinnen und Genossen! Wir bleiben dabei, so meine ich, daß wir erstens alles tun wollen, um die deutschen Menschen dort, wo sie heute leben, zusammenzuführen, und daß wir zweitens jede nur mögliche Anstrengung machen wollen, um zu möglichst gerechten Grenzen zu gelangen, das Heimatrecht und ein demokratisches Volksgruppenrecht zu Bestandteilen der internationalen Rechtsordnung werden zu lassen. Vor allem aber wollen wir, obwohl wir diesmal in Godesberg – das wir alle schätzen – tagen, uns nicht geistig und politisch eingraben am linken Ufer des Rheins, auch nicht westlich der Elbe und der Werra. Wir wirken in diesem Teil Deutschlands, aber wir kämpfen für das ganze Deutschland. (Beifall)

Wir wollen mit unverbrauchter Energie, über die dieser Flügel der deutschen Politik verfügt, die politische Führung des Staates übernehmen, und wir werden sie übernehmen. In uns wird lebendig sein und bleiben, was der deutsche Osten uns geistig, was er uns auch menschlich gegeben hat. Dazu gehört auch ein stolzes Kapitel deutscher Arbeiterbewegung. (Lebhafter Beifall)

Nr. 27

Schreiben des Vorsitzenden des Landesverbandes der SPD Berlin, Brandt, an den ehemaligen militärischen Berater des SPD-Parteivorstands und der Bundestagsfraktion, Beermann
14. März 1960

AdsD, WBA, A 6, 26 (alt).

Lieber Fritz Beermann,
Deine Briefe vom 24.7. und 29.8. [1959] vergangenen Jahres sind hier unbeantwortet liegengeblieben.[1] Aber Du wirst Dir vorstellen können, daß ich nur im geringen Maße dazu komme, meine Korrespondenzschulden fristgerecht abzuarbeiten. Nun sagte mir Annedore Leber, daß sie dieser Tage mit Dir zusammentreffen werde. Sie kann Dir dann im einzelnen über unsere Berliner Sorgen berichten. Sollte dieser Brief vor ihr da sein, bitte ich, meine besten Grüße zu übermitteln.

Was Dein unmittelbares Arbeitsgebiet angeht, so wird Dir nicht entgangen sein, daß mit dem Godesberger Programm ein nicht unwesentlicher Fortschritt erzielt wurde. Es ist allerdings fraglich, ob das für die Auseinandersetzungen im nächstjährigen Wahlkampf ausreichen wird. Für das Manifest,[2] das wir auf dem Parteitag im November vorlegen wollen und über das ich mir vorbereitend Gedanken mache, möchte ich allerdings auf eine Behandlung der Wehrfragen ganz verzichten.

In Hannover wird es sich nicht nur darum handeln, daß eine politische Plattform unterbreitet wird (Schwergewicht: Zwang zur Gemeinsamkeit der tragenden politischen Kräfte!), sondern es wird auch die Regierungsmannschaft zu bestätigen sein. Erich Ollenhauer hat kürzlich im Parteirat verkündet, daß die „Mannschaft" von Carlo [Schmid] oder mir anzuführen sein würde.[3] Ich bin von dieser Aussicht nicht sonderlich begeistert, zumal ich nicht weiß, wie weit wir mit den drückenden Berliner Sorgen fertig sein werden. Andererseits handelt es sich natürlich nicht um persönliche Interessen, sondern

um eine Entscheidung, die die Partei unter dem Gesichtspunkt des größtmöglichen Effekts zu fällen haben wird.
Mit herzlichen Grüßen
Dein

Nr. 28

Schreiben des Mitglieds des SPD-Parteivorstands Brandt an das Mitglied des SPD-Parteivorstands Schmidt 30. Mai 1960[1]

AdsD, WBA, A 6, 24 (alt).

Lieber Helmut,
ich habe mich sehr darüber gefreut, daß Du mir Deine Unterstützung vor allem auf militärisch-politischem Gebiet zugesagt hast. Ganz so ahnungslos, wie ich es Dir geschildert habe, bin ich natürlich nicht. Ich versuche, die internationale Debatte zu verfolgen und habe auch von unserem Freund Beermann manchen nützlichen Hinweis bekommen.[2] Aber es fehlt eben doch sehr an Kenntnissen im einzelnen und an solider Untermauerung dessen, was dann vielleicht meistens nur in Form allgemeiner Wendungen wird ausgesagt werden können.

Mir wäre sehr damit geholfen, wenn Du bis zum Herbst ein „policy paper"[3] ausarbeiten würdest, auf das man sich dann bei Stellungnahmen stützen könnte und das gegebenenfalls in den folgenden Monaten zu ergänzen wäre, falls sich wesentliche Veränderungen ergeben.

Unabhängig davon – beziehungsweise zuvor – läge mir an einer kurzen Äußerung dazu, ob und wie die Sicherheitsfrage in jenem „Manifest" zu behandeln wäre, das wir für den Parteitag im November vorbereiten.[4] Es soll sich dabei um ein Dokument von nur zwei bis drei Schreibmaschinenseiten handeln, so daß man in keinerlei

Einzelheiten einsteigen kann und wohl in erster Linie eine positive Formulierung finden muß, die es dem Gegner schwer macht, uns in den falschen Stall zu treiben.

Für die Zeitschrift „Außenpolitik" möchte ich zum Herbst einen Artikel vorbereiten, in dem ich mich zusammenhängend über meine außenpolitischen Vorstellungen äußern will.[5] Die Zeitschrift selbst ist nicht furchtbar wichtig, aber man kann das, was dort gedruckt wird, natürlich auch anderswo verwerten. Mir schwebt vor, daß ich mich in erster Linie mit den neuen Faktoren und mit den Wandlungen befasse, die sich seit 1950 beziehungsweise seit der Verabschiedung der Westverträge ergeben haben. Die Sicherheitsfragen werden nicht im Mittelpunkt dieses Artikels stehen können, aber ich sollte sie wohl auch nicht umgehen. Deshalb wäre mir auch hierzu Dein Rat sehr willkommen.

Herzliche Grüße

Dein

PS: Meine größte Sorge im Augenblick ist die für den 30.6.[1960] vorgesehene außenpolitische Debatte. Du mußt mir helfen zu verhüten, daß dort mehr Porzellan zerschlagen wird als unbedingt nötig ist.[6]

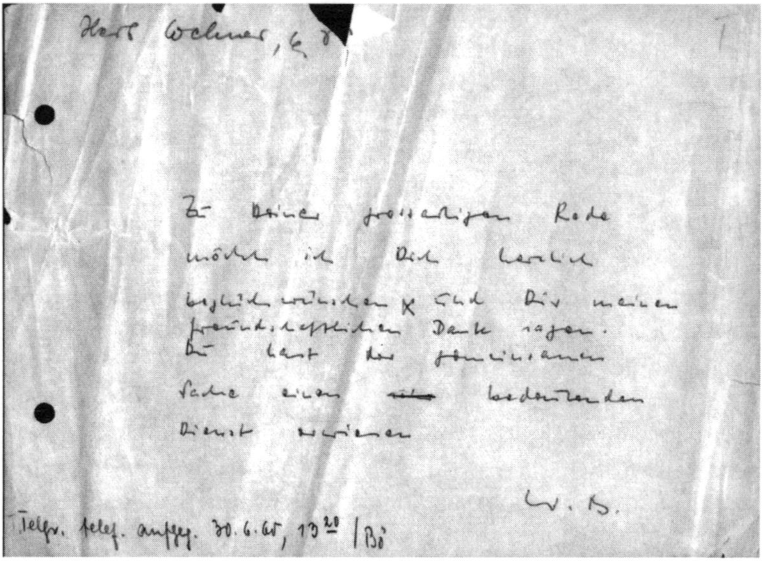

Herb. Wehner,

Zu Deiner grossartigen Rede möchte ich Dich herzlich beglückwünschen x und Dir meinen freundschaftlichen Dank sagen. Du hast der gemeinsamen Sache einen bedeutenden Dienst erwiesen

W. B.

Telegr. telef. aufgeg. 30.6.60, 13 20 / Bö

Entwurf des Telegramms von Willy Brandt an Herbert Wehner vom 30. Juni 1960

Nr. 29

Hs. Vorlage für das Telegramm des Mitglieds des SPD-Parteivorstands Brandt an den stellvertretenden Vorsitzenden der SPD Wehner
30. Juni 1960[1]

AdsD, WBA, A 6, Korrespondenz (alt).

Zu Deiner grossartigen Rede möchte ich Dich herzlich beglückwünschen und Dir meinen freundschaftlichen Dank sagen. Du hast der gemeinsamen Sache einen bedeutenden Dienst erwiesen.[2]
W[illy]B[randt]

Nr. 30

Aus dem Schreiben des Regierenden Bürgermeisters von Berlin, Brandt, an das geschäftsführende Präsidialmitglied des Deutschen Städtetages, Ziebill
14. Juli 1960

AdsD, WBA, A 6, 24 (alt).

Lieber Otto Ziebill,

Dein Brief vom 7. Juni[1] [1960] ist bisher unbeantwortet geblieben. Es stimmt, daß die Spaltung unserer Studentenbewegung hier in Berlin besondere Probleme aufgeworfen hat.[2] Es unterliegt auch keinem Zweifel, daß im hiesigen SDS wertvolle Kräfte stecken, die der Partei nicht verloren gehen dürften. Andererseits sagt man mir, daß der PV über Unterlagen verfüge, die ihn zu einem noch klareren Trennungsstrich gegenüber dem SDS veranlassen würden. Hierüber soll am kommenden Dienstag in Bonn entschieden werden.[3] Daran werde ich allerdings nicht mitwirken können, da ich morgen meinen Jahresurlaub antrete.

[...]

Mit herzlichen Grüßen

Dein

Nr. 31

Rede des Mitglieds des SPD-Parteivorstands Brandt vor dem Parteirat der SPD 24. August 1960[1]

Vorwärts vom 2. September 1960, S. 1 f.

Das politische Leitbild

Die Rede des Kanzlerkandidaten vor dem Parteirat der SPD

Ich habe zunächst Dank zu sagen an Erich Ollenhauer, an den Parteivorstand und Parteirat für das Vertrauen, das sich aus dem Vorschlag und durch die Abstimmung hier ausdrückt, und ich darf den Dank für Carlo Schmid[2] und alle Mitglieder der Mannschaft[3] mit aussprechen. Ich darf in Anlehnung an das, was heute hier schon gesagt worden ist, hinzufügen:

Das Nominieren eines Kanzlerkandidaten und einer Mannschaft muß als mehr aufgefaßt werden als nur als eine Wahl mit propagandistischen Absichten oder als eine Propagandamaßnahme. Es handelt sich auch um mehr als die persönliche oder zeitgemäße Darstellung dessen, was wir politisch vertreten wollen. Es muß als Ausdruck unserer Entschlossenheit empfunden werden, unseren Willen zu bekunden, alle Energien, die in unserer Partei stecken, zu entwickeln und alle unverbrauchte Kraft für das deutsche Volk auf den einen entscheidenden Punkt zu konzentrieren, das heißt: Nicht nur ein bißchen mehr Erfolg, nicht nur Gewinn, sondern Sieg im Herbst 1961.

Man hat von der Mannschaft als von einer Visitenkarte der Partei gesprochen. Ich habe nichts gegen diese Bezeichnung. Man kann von einer Mannschaft von einem Ausdruck eines politischen Leitbildes sprechen, mit dem die Partei in den Wahlkampf eintreten will. Das soll diese Mannschaft sein. Sie ist nicht einfach eine Regierungsmannschaft. Mir liegt daran, auch zu sagen, daß es mehrere hervorragende Persönlichkeiten aus der sozialdemokratischen Poli-

Willy Brandt im Gespräch mit Klaus Schütz am Rande des SPD-Parteitages im November 1960

tik gibt, auf die eine sozialdemokratisch geführte Regierung nicht würde verzichten können, auch wenn diese Persönlichkeiten jetzt nicht in der Mannschaft sind.

Es kann nicht die Aufgabe der Mannschaft sein, an sich Aufgaben heranzuziehen, die nicht nur den Statuten entsprechend, sondern auch nach dem Wesen und dem Aufbau der Partei Aufgaben der Parteiführung sind. Die Aufgabe, die vor uns liegt, wird nur in sehr engem, vertrauensvollem Zusammenwirken zwischen Parteiführung und Mannschaft zu lösen sein, allerdings auch bei klarer Abgrenzung der Verantwortlichkeiten und bei einer Arbeitsteilung, die sich uns aufzwingen wird. Ich bekenne mich zu der Verantwortung in doppelter Hinsicht: Einmal gegenüber der politischen Gemeinschaft, in die wir eingebettet sind, und zum anderen gegenüber der verfassungsgemäßen Ordnung, der wir gegenübergestellt sind, in die wir eingefügt sind und die uns Verantwortlichkeiten auferlegt, die niemand uns abnehmen kann. Wenn uns die große Anstrengung des nächsten Jahres gelingt, und ich bin überzeugt, daß sie uns gelingen kann und gelingen wird, dann wird es sich nicht darum handeln, daß eine Regierung der Sozialdemokratischen Partei, sondern eine neue Regierung des deutschen Volkes und für das deutsche Volk entsteht.

Die Dinge, die vor uns liegen – ich glaube, ich habe einigermaßen reale Vorstellungen davon –, werden uns eine Reihe von Anfeindungen einbringen.[4] Anfeindungen der Person und der Partei. Ich habe mit den Freunden gesprochen, ob ich der Partei zumuten darf, solche Anfeindungen auch auf sie beziehen zu lassen, denn mein Lebensweg war eben nicht einfach. Aber ich habe meine Bücher offengelegt. Das wird gewiß nicht alle daran hindern, der Partei und mir Vorwürfe zuzumuten. Wir müssen wissen, daß der Versuch, uns gegeneinander auszuspielen, bereits begonnen hat, aber erst am Anfang ist, und daß noch viele Anfeindungen kommen werden. Das, was einem gestern mit einer besonderen Plusnote angerechnet wurde, soll einen heute zum Dummerjahn machen.

Ich darf auch offen sagen, ich habe mich fragen müssen: Kann ich diese Kandidatur Berlins wegen annehmen. Von einer einfachen Mitbürgerin aus Berlin habe ich einen Brief bekommen. Sie hat, wie viele, mich beschworen: „Lassen Sie uns hier nicht im Stich“. Es gibt echte Sorgen und nicht nur Leute, die jemanden festloben wollen. Mein Freund, der Minister für gesamtdeutsche Fragen, Landesvorsitzender der CDU in Berlin,[5] hat es für völlig selbstverständlich gehalten und wir haben es ihm nicht übel genommen, daß er als Bundesminister Ende 1954 in die Auseinandersetzungen eingestiegen ist, wer Regierungschef in Berlin wird. Das ist sein gutes Recht und wir wollen es ihm nicht beschneiden. Aber der gleiche Bundesminister meint, es sei unstatthaft, daß ein Chef einer Landesregierung in dem besonderem Falle Berlins für das Kanzleramt kandidiert und sich in das Geschäft hineinbegibt der Auseinandersetzung mit dem verdienten bisherigen Bundeskanzler.

Ich konnte, soweit es Berlin angeht, die Kandidatur nur annehmen, weil ich davon überzeugt bin, daß neue Impulse der deutschen Politik im Ringen um unsere staatliche Einheit auch Berlin helfen werden. Berlin wird nicht allein gelassen, sondern der größere Teil des freien Deutschlands wird mit dem gefährdeten Teil des freien Deutschlands noch enger verbunden werden. Berlin ist ein Glied in der Kette im Ringen um die deutsche Frage. Alle guten Kräfte in der deutschen Politik werden diesen entscheidenden Punkt, die Freiheit Berlins, zusammengefaßt im Auge haben. Das ist für mich ausschlaggebend.

Wenn wir uns anschauen, was sich in den letzten drei Jahren bei den Landtags- und Gemeindewahlen abgespielt hat, wenn wir uns die Meinungsbefragungen ansehen, die öffentlichen und die anderen, die nicht bekanntgemacht worden sind, dann wissen wir, welche beträchtlichen Chancen wir haben. Die Frage an uns ist, ob wir diese Chance von diesem Tage an nutzen wollen.

Es ist meine Überzeugung, daß wir von heute an eine Aufgabe zu erfüllen haben, die allen anderen Aufgaben dieser Partei, so wichtig sie sein mögen, vorgeordnet und übergeordnet sein muß. Jede Politik ist ein Sichbesinnen auf eine Rangordnung, ein Sichverständigen über Prioritäten, ein Sichverständigen darüber, welche Punkte jetzt und heute wichtig und welche grundsätzlich und bedeutungsvoll in der allgemeinen Politik sind.

Wir müssen uns auf das Wesentliche und auf die jeweils nächsten Schritte konzentrieren und das Ressortdenken und das allzu enge Stoffdenken in manchen Fragen zurückstellen. Es hat in Teilen der Partei eine Auffassung gegeben, daß man kommunal- und bundespolitische Auseinandersetzungen mit unterschiedlichen Gewichten durchzustehen habe. Bei regionalen oder kommunalen Auseinandersetzungen geht es um etwas, was recht unmittelbare Ziele angeht, und dann, so sagt man, gibt es noch Dinge, die „die da in Bonn" erledigen. Aber gerade die Energien, die wir in den Städten, Gemeinden und Ländern aufwenden, müssen jetzt auch in der Bundesrepublik und für die bundespolitische Auseinandersetzung mit eingesetzt werden. Wir haben nichts zu verheimlichen, müssen uns nur daran erinnern, daß Manöverkritik am besten nach dem Manöver stattfindet. Das hat nichts mit Opportunismus zu tun. Wir haben erst kürzlich in unserem Programm unsere grundsätzlichen Überzeugungen festgehalten. Die Bewährung einer politischen Partei hat aber in ihrem Ringen um die politische Macht zu erfolgen. Unseren grundsätzlichen Zielen dienen wir alle am besten dadurch, daß wir politisch Einfluß gewinnen. Das geschieht nicht um der Partei, sondern um der Sache willen, wie wir sie sehen. Wo wir Chancen ungenutzt lassen, dienen wir unseren Zielen nicht. Das ist keine Politik bequemer Anpassung, sondern das Gegenteil. Es ist der Versuch einer kämpferischen Politik.

Nach meiner Überzeugung können wir als Ausgangsposition für unsere politische Arbeit drei Punkte festhalten, die zeigen, daß wir die gute Kraft in unserem Volk kennen und alle Kräfte für eine sachliche Politik und einen Ausgleich zusammenführen wollen:[6]

1. Es darf in unserem Volk kein Zweifel darüber bestehen, daß die Regierung, die die SPD stellen wird, dieses Land fest in der westlichen Gemeinschaft läßt, in der westlichen Gemeinschaft und in den Sicherheitssystemen, so unzulänglich sie sein mögen, in die wir hineingestellt sind. Das deutsche Volk kann sich darauf verlassen, daß wir ihm jeden nur denkbaren Schutz vor dem Kommunismus bieten, aber auch alle Kräfte für die Sicherung des Friedens und für eine europäische und internationale Zusammenarbeit einsetzen. Wir be-

mühen uns gleichzeitig um neue Antworten auf die neuen Fragen, die die weltpolitische Entwicklung diesem noch keineswegs gesicherten Volk künftig mehr und dringlicher stellen wird als in der Vergangenheit.

2. Wir bekennen uns zu der Aufbauleistung unseres Volkes in den vergangenen Jahren. Das ist keine Identifizierung mit den Methoden der heutigen Politik, aber wir teilen den berechtigten Stolz auf die Arbeits- und Aufbauleistung. Nur wenige haben das einmal für möglich gehalten. Wir wollen gar nicht alles anders machen. Aber wir wollen das, was das Volk sich geschaffen hat, sichern, ausbauen, es besser machen und vor allem dauerhafter.

3. Die gute Kraft in diesem Volk muß zusammengefaßt werden für alle Antworten, die wir auf die Herausforderung unserer Zeit geben müssen. Diese Antworten sind nicht nur militärischer Art, sie sind auch in der geistigen Mobilisierung zu suchen. Wir müssen alle noch ungenutzten geistigen Kräfte der Demokratie zur Verfügung stellen, sie wecken und der Zukunft des Volkes dienstbar machen.

Dazu ist eine Politik der Sachlichkeit und des Ausgleichs nötig. Und deshalb darf ich um Vertrauen und um jede nur mögliche Unterstützung bitten. Es geht nicht um die Person oder um die Partei. Es geht um viel mehr: Wir müssen den Menschen, die mit uns leben, die Überzeugung geben, daß wir um das Wohl und Wehe unserer staatlichen Gemeinschaft und um die Zukunft unseres Volkes kämpfen.

Nr. 31A

Aus dem Interview des Bundeskanzlers und Vorsitzenden der SPD, Brandt, mit dem britischen Publizisten Prittie
21. August 1972[1]

AdsD, WBA, A 9 (Anmerkungen Willy Brandts zur Biographie von Terence Prittie), 1.

[...]

T[ERENCE] P[RITTIE]: [...] *Die 1. Frage war: War es eine Überraschung in 1961 als SPD-Kanzlerkandidat vorgesehen zu werden? Was waren Ihre Gefühle? Als Sie als Kanzlerkandidat gewählt wurden?*

B[UNDES]K[ANZLER]:Die Entscheidung fiel nicht 1961, sondern natürlich 1960 für die Wahl 1961. Und es war keine völlige Überraschung, wenn es auch nicht völlig klar war, daß so entschieden werden würde. Denn es war vorausgegangen, daß in einer engen Sitzung der SPD-Führung, eine Sitzung, an der ich nicht teilgenommen hatte, weil ich zu diesem Kreis damals nicht gehörte, vereinbart worden war, daß E[rich] Ollenhauer nicht den Wahlkampf 1961 als Spitzenkandidat und damit Kanzlerkandidat führen würde. Dies hat er auch in einer Sitzung bekanntgegeben und dann wurde eine kleine Kommission gebildet.[2] [...] Es gab damals eigentlich 3 Namen, auf die sich die innere Führung konzentriert hatte, das war einmal der damalige hessische M[inister]Pr[äsident] August Zinn, der wie ich zum Vorstand der SPD gehörte, der leider seit einigen Jahren aus dem Amt ist, weil er sehr krank ist, und das war 2. Max Brauer, der Hamburger Bürgermeister, und das war 3. ich.[3] Und dann ist eines Tages der damalige und jetzige Schatzmeister Alfred Nau zu mir gekommen und hat mir zunächst vertraulich gesagt, daß man in der inneren Führung, dem damaligen Präsidium, der Meinung sei, mich vorzuschlagen, und offiziell hat es Waldemar von Knoeringen, der damals einer der beiden stellvertretenden SPD-Vorsitzenden war, mit mir im Sommer 1960 besprochen. Und dies hing natürlich zusammen, das muß man nüchtern sehen, damit, daß der Berliner

Bürgermeister, der ich war, stark hervorgehoben war in jener Zeit, auch eine bestimmte Auslandswirkung hatte und daß ich jünger war als die anderen eben genannten Kandidaten Brauer und auch Zinn. Ebenfalls ist dies dann, wenn ich mich recht erinnern kann, als es vorgeschlagen wurde, einstimmig so beschlossen worden. Aber wie gesagt, als es richtig vorgeschlagen wurde, war ich nicht mehr uninformiert. Und insofern stellt sich auch nicht die Frage von bestimmten Gefühlen, weil es kein plötzlicher Vorgang [war], wo man [...] aus einer Versammlung heraus zu irgendetwas auf den Schild gehoben wird. Es war ein Prozeß, [der] sich über Monate erstreckte, ein stiller, in vertraulichen Gremien [verlaufender Prozeß], aus dem heraus diese Nominierung erfolgte. Die eigentliche Bestätigung durch die Gremien war dann [...] aber keine Überraschung mehr.

T[ERENCE] P[RITTIE]: *Haben Erler und Wehner kein Interesse gehabt, zu kandidieren in dieser Zeit?*

B[UNDES]K[ANZLER]: Wehner überhaupt nicht. [...] Als Ollenhauer erklärte, er wolle sich für ein Staatsamt nicht zur Verfügung stellen, haben Wehner und von Knoeringen als die damaligen beiden Stellvertreter dieselbe Erklärung auch für sich abgegeben. Erler gehörte mit mir zu dem erwähnten Siebener-Kreis. Es wurde ein Siebener-Kreis[4] gebildet mit dem Blick auf die Wahlen [19]61, dem gehörte Erler an, der ganz sicher die Voraussetzungen [zum Kanzlerkandidaten] mitbrachte. Aus irgendeinem Grunde wurde er zu diesem Zeitpunkt für diese Nominierung nicht an einer der ersten 3 Stellen genannt, sondern an den ersten 3 Stellen wurden die genannt, die ich erwähnt habe. Das sagt aber nichts über die tatsächliche Rangordnung von Erler, [...] der ganz gewiß das Zeug zu einem Bundeskanzler hatte. Aber wenn ich etwas so auf die primitive Form bringen darf, es gab keine Rivalitätsprobleme zwischen Erler und mir.

[...]

Als Ollenhauer seinen Entschluß bekanntgab, daß er nicht die Wahl [19]61 führen wolle, diesen Entschluß hat er wohl 1959 bekanntgegeben, im Vorstand der SPD, da hat er ihn u.a. damit begründet, er habe das Gefühl, das Empfinden, daß es Leute gäbe, in der jüngeren oder mittleren Generation, die befürchteten, die Partei könne daran zerbrechen, wenn sie nicht, so rasch es ginge, in die Regierungsverantwortung käme. [...] Ich glaube nicht, daß er oder irgendeiner von uns geglaubt hat, man könne tatsächlich schon 1961 führende Regierungspartei werden. Dazu waren die Abstände zu groß.

Nr. 32

Schreiben des Regierenden Bürgermeisters von Berlin, Brandt, an das Mitglied des SPD-Parteipräsidiums Schmid
29. August 1960

AdsD, NL Schmid, Mappe 1359.

Lieber Carlo,
es war schade, dass Du an den Besprechungen Anfang voriger Woche in Bonn nicht teilnehmen konntest. Egon BAHR hat mir von Deinem Idyll in Südfrankreich erzählt, und ich kann gut verstehen, dass Du Deinen Urlaub nicht vorzeitig abgebrochen hast.

Der Start für die grosse Auseinandersetzung des nächsten Jahres hätte noch besser sein können.[1] Zu den wirklichen Lichtblicken gehört für mich allerdings Deine noble Haltung.[2] Es wird darauf ankommen, dass wir einen wirklichen Arbeitskontakt herstellen und uns vornehmen, wirklich an einem Strang zu ziehen. Dazu bedarf es zunächst einmal einer Generalaussprache, für die wir uns im Laufe des September hier oder in Bonn genügend Zeit nehmen sollten.

Die Chancen sind besser, als manche unserer Freunde wissen.[3] Gross ist aber auch die Gefahr, dass die Chancen nicht so genutzt werden, wie es möglich wäre. Wir müssen mit anderen Worten sehr aufpassen.

Ich wünsche Dir noch schöne Tage der Erholung und hoffe, dass wir uns bald sehen werden.

Herzlichst

Dein

<Willy Brandt>[4]

Nr. 33

Aus dem Schreiben des Mitglieds des SPD-Parteivorstands Brandt an den Mitarbeiter der ZWL der SPD Anders

1. September 1960[1]

AdsD, WBA, A 6 (alt).

Lieber Karl!

Egon BAHR sagt mir, dass wir uns hier am nächsten Mittwoch sehen werden. Ich begrüsse das sehr. Für Dienstag abend bin ich mit Herbert WEHNER verabredet.

Heute in Kürze zu einigen Punkten, über die wir zum Teil noch im einzelnen sprechen sollten:

1. Ich möchte Dich sehr bitten darauf hinzuwirken, dass die in meinem Vermerk über den „Appell von Hannover"[2] genannten Termine eingehalten werden.

2. Ich halte es für gut, dass Alex MÖLLER und Klaus SCHÜTZ im nächsten Monat nach Amerika fahren.[3] Selbstverständlich begrüsse ich auch Deine Reise nach Schweden. Für etwaige weitere Bemühungen in Skandinavien steht uns Ernst PAUL zur Verfügung.

3. Genaue Überlegungen erfordert die von mir angedeutete „fund-raising-campaign"[4] im nächsten Frühjahr. SCHÜTZ hat hierzu einige Überlegungen angestellt.

4. Wegen der policy-papers[5] habe ich keine Sorgen wegen Aussenpolitik einschliesslich Verteidigung, Innenpolitik, Soziales,

Kommunalpolitik, Kulturpolitik und Generationenfrage; hierzu ist einiges eingeleitet. Der schwache Punkt ist die Wirtschaftspolitik.

5. Wir müssen darüber sprechen, was aus den beiden Vorlagen von Heinrich DEIST werden soll. Ich bleibe dabei, dass es ein verhängnisvoller Fehler sein könnte, mit dem Kohleprojekt in den Wahlkampf zu ziehen.[6] Was andererseits die Frage der Vermögensverteilung angeht, so scheinen mir die Dinge noch nicht genügend ausgegoren zu sein.

6. Es wird darauf geachtet werden müssen, dass ich bei meinen Besuchen in verschiedenen Teilen der Bundesrepublik mit bekannten Fachleuten zusammengeführt werde. Darüber kann dann im einzelnen Fall auch berichtet werden. Hier muss die Idee des „brain-trust"[7] übernommen werden, ohne dass man sich dabei auf einen eng begrenzten Kreis beschränkt.

7. Wichtig bleibt die Gedankenlinie „Vom Rathaus zum Bundeshaus". Mir schwebt vor, dass wir im Januar [1961] in Hamburg eine Arbeitsbesprechung mit einer Reihe unserer Oberbürgermeister machen, um sie auf die bundespolitische Auseinandersetzung vorzubereiten.[8] Hamburg deswegen, weil unsere dortigen Freunde zur gleichen Zeit NEVERMANN einführen wollen und dazu eine Kulisse brauchen.[9]

8. Rolf MENZEL, der Chefredakteur des SFB, hat mir gesagt, er hätte Euch das Filmmaterial geschickt, das während meiner vorjährigen Weltreise gemacht wurde,[10] also nicht nur Amerika, sondern auch Asien. Falls erforderlich, kann man sicherlich zusätzlich Material von den Produzenten der Wochenschauen bekommen. Ausserdem soll das Bundespresseamt einen Film über Berlin gemacht haben, in dem ich relativ stark zur Geltung komme. Selbst habe ich diesen Film allerdings nicht gesehen. Zu erwägen ist auch, ob man nicht einen Filmstreifen mitverwenden kann, der zeigt, was in Berlin in den letzten Jahren geleistet worden ist. Hier könnte Egon BAHR nähere Hinweise geben.

9. BAHR und ich sind der Meinung, dass es richtig wäre, an geeigneter Stelle eine Meldung zu bringen, die über die bereits anlaufende und noch zu erwartende Kampagne des Ostens gegen mich Aufschluss gibt.[11] Hierbei spielt das nordische Institut in Greifswald eine besondere Rolle.

10. Mit unseren Freunden in den Bezirken sollte darüber gesprochen werden, dass man in stärkerem Masse durch Leserbriefe einwirken könnte.

11. Deinen Vermerk über die Z[entrale]W[ahlkampf]L[eitung] über den Parteitag in Hannover habe ich gesehen. Im ganzen durchaus einverstanden. Besonders wichtig ist die Frage der Farben.[12] Ich habe nichts dagegen, dass die Tradition in der geeigneten Form gewahrt bleibt; besonders schön finde ich einige der alten Banner wie das eine, das wir noch aus der Zeit von LASSALLE bewahrt haben. Wichtig ist aber, dass die Bundesfarben dominieren. Daneben sollte die niedersächsische Landesfahne und die hannoversche Stadtfahne nicht fehlen. Falls es räumlich möglich ist, könnten auch an einer Wand oder vor dem Tagungslokal alle Länderfahnen mit zur Geltung kommen.

[...]

Beste Grüsse

Dein

Nr. 34

Schreiben des Kanzlerkandidaten der SPD, Brandt, an das Mitglied des Deutschen Bundestags Blachstein 2. Januar 1961[1]

AdsD, WBA, A 6, 26 (alt).

Lieber Peter,

Deinen Brief vom 12.12.[19]60 habe ich erhalten.[2] Für Deine Offenheit und die kritischen Hinweise bin ich dankbar.

Du gehst allerdings von einer falschen Voraussetzung aus, wenn Du meinst, ich hätte mich in Hannover von „den Gewerkschaften" abgrenzen wollen und mein Verhalten zu den Gewerkschaften sei „frostig".

Ich möchte Dich bitten, den betreffenden Passus meiner Hannover-Rede noch einmal anzuschauen.[3] Es liegt doch im gemeinsamen Interesse, daß wir nicht den Anspruch erheben, „Gewerkschaftspartei" zu sein. Tatsache ist freilich, daß mich – und nicht mich allein – gewisse Entwicklungen vor allem in der IG-Metall mit Besorgnis erfüllen;[4] das hat ja auch Erich Ollenhauer in Hannover deutlich werden lassen. Aber du darfst davon überzeugt sein, daß ich sowohl aus allgemeinen Gründen als auch unter den besonderen Aspekten des Wahljahres an einer engen Kooperation mit den Gewerkschaften und ihren Sprechern interessiert bin.

Es würde mich freuen, wenn Du mich wissen liessest, welche praktischen Schritte von mir aus erfolgen sollten, um bei der gebotenen Einheitlichkeit in der Sache zu jener starken Zusammenfassung der Kräfte zu gelangen, die Dir vorschwebt und die ich begrüßen würde. Ich bin auch für alle anderen Hinweise und Vorschläge für dieses schwierige Jahr von vornherein dankbar.
Mit freundlichen Grüßen und allen guten Wünschen für 1961
Dein
gez. W[illy] B[randt]

Nr. 35
Schreiben des Kanzlerkandidaten der SPD, Brandt, an den Bundespräsidenten a. D., Heuss
18. Januar 1961[1]

AdsD, WBA, A 6, 28/29 (alt).

Verehrter Herr Altbundespräsident,
haben Sie herzlichen Dank für Ihren Brief vom 31.12.[19]60.[2] Ich antworte erst heute, weil ich hoffte, noch ein Original des Saar-Flugblatts auftreiben zu können.[3] Das ist mißlungen, und ich muß Ihnen nun eine Photokopie schicken.

Befürchten Sie bitte nicht, daß ich Sie für „meinen" Wahlkampf einspannen will; Sie würden das auch gar nicht mit sich machen lassen. Aber ich muß doch sagen dürfen, daß es hier nicht in erster Linie um meine Person oder meine Chancen geht, sondern darum, ob wir eine Verwilderung der innenpolitischen Sitten als etwas Unabweichliches hinnehmen. An der Saar habe ich in einem Fall schon Mühe gehabt, junge Parteifreunde davon abzuhalten, daß sie ihrer Erbitterung in drastischer Form Luft machen.

Es ist unwahrscheinlich, ob es den Initiatoren der Anti-Emigranten-Kampagne gelingt,[4] die in ihrem Sinne positiven Wirkungen zu erzielen und die objektiv negativen zu verhindern. Ich habe gehört, daß im Mai vorigen Jahres in Karlsruhe Gerstenmaier und Kiesinger vor einer Diffamierungskampagne gewarnt haben; sie haben sich nicht durchgesetzt.[5] Ich weiß, daß auch ein Teil des Katholischen Klerus diese Kampagne mit großen Bedenken sieht. Der einzige, der sie beenden könnte, nämlich der Bundeskanzler, läßt sie geschehen, ohne sich damit identifizieren zu müssen. Und ich habe mich nicht entschließen können, mit ihm darüber zu sprechen, weil ich dabei in die Gefahr geraten wäre, in der Rolle eines Bittstellers in eigener Sache zu erscheinen.

Meine Mitarbeiter haben schon eine dicke Mappe mit üblen Zeitungskommentaren und Versammlungsberichten gefüllt. Ich bin auf Steigerungen gefaßt und glaube trotzdem nicht, daß die Mobilisierung niedriger Instinkte ziehen wird.

Verzeihen Sie, daß ich Sie hiermit behelligt habe.

Mit herzlichen Grüßen

Ihr sehr ergebener

(Willy Brandt)

Nr. 36

Rede des Kanzlerkandidaten der SPD, Brandt, auf dem Außerordentlichen Kongress der SPD in Bonn 28. April 1961[1]

Brandt, Willy: Das Regierungsprogramm der SPD. Außerordentlicher Kongress der SPD, Bonn 28. April 1961 (als Manuskript gedruckt).

Das Regierungsprogramm der SPD

I.

Ende November vergangenen Jahres, in Hannover, haben wir die Grundsätze entwickelt, die für eine von uns geführte Regierung maßgebend sein werden. Diese Grundsätze bleiben unverändert gültig.[2] Ich kann mich auf sie stützen, wenn ich heute das Programm bekanntgebe, das wir in den vor uns liegenden Monaten vertreten werden. Es ist kein Wahlprogramm, sondern ein Regierungsprogramm, denn wir versprechen nichts, was wir nicht in der Regierungsverantwortung zu verwirklichen entschlossen sind.

Die Antwort der Unionspartei auf die in Hannover entwickelten Grundsätze war so, wie diese heutige CDU-Regierung ist: anmaßend, eigensüchtig, widerspruchsvoll und sogar unehrlich. Sie ist verbraucht. Die CDU-Regierung hat sich selbst überlebt. Im Interesse unseres Volkes muß sie abgelöst werden.

Das hat auch der Parteitag der CDU bestätigt.[3] Er war eine Flucht in die sterile Starrheit des Nein. Er ging an der staatspolitischen Notwendigkeit vorbei, alle Kräfte zur Bewältigung der vor uns liegenden Aufgaben zusammenzufassen und war damit eine Sünde an unserem Volk. Dieses Volk wird über diesen Parteitag der totalen Verneinung selbst urteilen.

Ich gehe zur Tagesordnung über. Sachlich und mit offenem Visier, im Sinne des Dichterwortes: Mein Pfeil soll treffen, doch er trägt kein Gift.

Wir haben unserem Volk in den vergangenen Monaten klar gemacht, daß eine neue Regierung die Stellung und das Ansehen der Bundesrepublik im Sicherheitssystem des Westens festigen wird. Die Freundschaft zu den Vereinigten Staaten bleibt ein Eckpfeiler unserer Außenpolitik.

In der Welt vollzieht sich eine Wandlung in den Beziehungen der Menschen und der Völker zueinander. Das Gefühl der Verantwortung füreinander wächst.

Das bedeutet: Wir Deutsche müssen in den kommenden Jahren endlich zu uns selbst finden, wenn wir als Volk und Nation bestehen, wenn wir unsere Verantwortung für uns selbst und gegenüber anderen Völkern erfüllen wollen.

Es geht um die Gesundung unseres Volkes. Die Beseitigung innenpolitischer Ungerechtigkeiten und der Wille zur Entspannung nach außen sind zwei Seiten einer einheitlichen Politik, einer Politik für Deutschland mit den Völkern der Welt.

Die Zeiten sind vorbei, in denen der Nationalstaat der politische Höchstwert war. Ungerechtigkeiten nach innen und Überheblichkeit nach außen sind untauglich für die Bewältigung der vor uns liegenden Aufgaben. Die unveräußerlichen Rechte jedes Menschen und seine Würde treten in den Mittelpunkt aller Politik. Innenpolitik und Außenpolitik sind zwei Seiten derselben Medaille. Ausgleich nach innen und Ausgleich nach außen: das ist die Devise. Wenn wir diesem Ziel nicht gerecht werden in der Innenpolitik, verlieren wir unsere Glaubwürdigkeit nach außen. Wenn wir diesem Ziel nach außen nicht gerecht werden, wird uns die beste Innenpolitik nichts nützen.

An diesem Gesetz will dieses Regierungsprogramm gemessen werden. Dieses Gesetz entspricht unserer Zeit; es wird die Richtschnur unserer Regierung sein. An diesem Gesetz ist auch die bisherige CDU-Regierung zu messen.

Ich sage nicht, daß die bisherige Regierung ohne jedes Verdienst wäre, obwohl sie ohne den Arbeitswillen, den Fleiß und den Idealismus aller Schichten unseres Volkes erfolglos geblieben wäre. Aber sie hat viele ihrer Versprechungen nicht erfüllt. Sie ist weder den Auf-

Willy Brandt auf „Deutschlandreise" im Wahlkampf 1961

gaben unserer inneren Ordnung noch dem Wandel in der Welt gerecht geworden.

Namens der Sozialdemokratischen Partei und ihrer Mannschaft klage ich die bisherige Regierung, ihren Chef, die Kabinettsmitglieder und die führenden Funktionäre der Unions-Partei an, in lebenswichtigen Fragen unseres Volkes versagt zu haben.

1. Ich werfe der bisherigen Regierung vor:

Ihr Versprechen, daß die Politik der Integration und forcierten Rüstung automatisch zur Einheit führen würde, ist nicht eingelöst. Wie von uns vorausgesagt, ist das Ziel aller deutschen Politik, die Wiedervereinigung in Frieden und Freiheit, ferner gerückt und schwieriger geworden.

2. Ich werfe der bisherigen Regierung vor:

Sie hat auch die innere Einheit unseres Volkes nicht hergestellt. Sie hat vor der Aufgabe versagt, die staatsbejahenden Kräfte zu einer gemeinsamen Politik in den Grundfragen unserer Nation zusammenzuführen.

3. Ich werfe der bisherigen Regierung vor:

Sie hat die demokratischen Fundamente unserer inneren Ordnung grob gefährdet. Regierungschef und Minister haben das Amt des Bundespräsidenten zum Spielball persönlicher Neigungen und parteiegoistischer Zwecke gemacht.[4]

Sie haben die Rechte der Länder verletzt und das höchste Gericht, dessen Aufgabe allein der Schutz der Verfassung ist, mißachtet.[5]

4. Ich werfe der bisherigen Regierung vor:

Schwäche und Opportunismus gegenüber Interessentengruppen und damit Vernachlässigung des allgemeinen Wohls. Absprachen hinter dem Rücken der Ressortminister haben Lobbyisten Einfluß auf Regierungsangelegenheiten gestattet.

5. Ich werfe der bisherigen Regierung vor:

Leichtfertigen Umgang mit öffentlichen Geldern und Mißbrauch der Staatsmacht. Die verfassungswidrigen Fernsehgeschäfte und ihr Fiasko müssen aus Steuergeldern gedeckt werden.[6] Jeweils dreieinhalb Jahre hat sie die offene Hand für die Großen gehabt und jeweils ein halbes Jahr vor der Wahl plötzlich ihr Herz für benachteiligte Gruppen der Bevölkerung entdeckt.

6. Ich werfe der bisherigen Regierung vor:

Die großen Gemeinschaftsaufgaben, Forschung und Wissenschaft, Förderung des geistigen Nachwuchses und Vermögensbildung auf breiter Grundlage wurden sträflich vernachlässigt.

7. Ich werfe der bisherigen Regierung vor:

Sie hat die Stellung Deutschlands in der Welt belastet durch anmaßendes Rüstungsgebaren, durch unangebrachte Atomforderungen,[7] durch mangelhafte Zusammenarbeit bei der Entwicklungshilfe.

Alle diese Fehler, Versäumnisse und Unterlassungen sind Merkmale 12jährigen politischen Stils, den wir nicht mehr wollen.

Wir, die Regierungspartei von morgen, die Opposition von heute, sind der öffentliche Ankläger. So ist es unsere demokratische Pflicht.

Wir werden nicht gestatten, daß die gegenwärtige Regierung sich der Rechenschaft und Verantwortung entzieht und in Eigenlob und Verleumdung ausweicht.

Wir werden dieser Pflicht genügen. Aber unsere ganze Leidenschaft gilt der Zukunft. Wir brauchen eine neue Politik, damit wir unserer Zeit gewachsen sind:

Der Herausforderung durch die kommunistische Welt,
den Erwartungen der jungen Nationen
und der wissenschaftlichen Revolution, die nach den Sternen greift.

Wir brauchen die kommunistische Herausforderung nicht zu fürchten. Wir nehmen sie an. Wir werden ihr militärisch widerstehen und sie mit der Stoßkraft unserer freiheitlichen Ordnung überwinden.

Die neue Regierung wird führen, aber nicht herrschen. Sie wird die besten Kräfte zur Beratung und Mitwirkung heranziehen.

Niemand auf dieser Welt ist fähig, ein Volk allein durch die Methode einsamer Beschlüsse zu führen. Die führenden Staatsmänner der Welt folgen nur den Gesetzen unserer Zeit, wenn sie neben dem Regierungsapparat über Gremien unabhängiger Sachverständiger verfügen. Wenn ich, gerufen vom Vertrauen der Wähler, vorgeschlagen vom Bundespräsidenten und gewählt durch den Bundestag, das Amt des Bundeskanzlers zu übernehmen habe, werde ich, unabhängig von Partei- oder sonstiger Zugehörigkeit, allen Sachverstand mobilisieren und Entscheidungen nach Anhören und Abwägen der verschiedenen Gesichtspunkte fällen. So entspricht es dem Geist dieser Zeit.

In den nächsten vier Jahren wird nicht alles getan werden können, was nötig wäre und was wir auf längere Sicht erstreben. Aber bei der Entscheidung am 17. September [1961][8] geht es allein um das, was der vierte Deutsche Bundestag und die neue Bundesregierung bis zum Jahre 1965 tun werden. Ich beschränke mich deshalb auf den nüchternen Vortrag unserer Absichten und Vorhaben in den vor uns liegenden vier Jahren.

II.

Wir wollen ein gesundes Volk in einem gesunden Staat. Das ist die Leitlinie für die gesamte Innenpolitik der von uns geführten Regierung.

Dazu gehört, daß unser Volk die böse Vergangenheit endgültig überwindet und mit sich selbst ins Reine kommt. Entscheidend ist, daß wir ein mündiges Volk werden und uns jeder neuen Bedrohung von Recht und Freiheit zu erwehren wissen. Das Ringen der Meinungen in unserem Volk ist ebenso unentbehrlich wie das Austragen unterschiedlicher Interessen unvermeidlich ist. Aber sie müssen in einem gesunden Organismus harmonisiert werden. Unser Programm der inneren Gesundung ist aber auch wörtlich zu verstehen. Es gibt Gemeinschaftsaufgaben,

Aufgaben und Leistungen für alle,

die, bisher gröblich vernachlässigt, endlich angepackt werden müssen. Der demokratische und soziale Bundesstaat, wie ihn das Grundgesetz vorschreibt, ist noch nicht verwirklicht. Deshalb stecken wir die Grenzen weiter.

1. Der Staat muß der Gesundung seiner Bürger dienen. In der modernen Gesellschaft ist der Mensch nicht nur durch Krankheiten, sondern auch durch frühzeitigen Verbrauch seiner Kräfte stark gefährdet.

Der einzelne bedarf zur Erhaltung seiner Gesundheit einer ausreichenden Erholung. Die gegenwärtige Urlaubsdauer ist nach den Erkenntnissen der ärztlichen Wissenschaft zu kurz.

Die neue Bundesregierung wird deshalb ein Urlaubsgesetz vorlegen, das von 1962 an einen jährlichen Mindesturlaub von drei Wochen vorsieht. Der Mindesturlaub wird bis zum Jahre 1965 auf vier Wochen erhöht.

2. Zur sinnvollen Ausnutzung der Freizeit werden wir Sport und Spiel und die dazu notwendigen Einrichtungen fördern.

Die neue Bundesregierung wird den von der *Deutschen Olympischen Gesellschaft* aufgestellten *Goldenen Plan*[9] nicht nur bejahen, sondern tatkräftig verwirklichen helfen. Sie wird vorschlagen, daß noch im Jahre 1962 ein koordinierender *Deutscher Sportrat* aus Vertretern der Turn- und Sportverbände sowie von Vertretern des Bundes, der Länder und der Gemeinden gebildet wird.

Die neue Bundesregierung wird dafür sorgen, daß die anerkannten Pläne zur Erweiterung von Erholungsgebieten und Naturparks Wirklichkeit werden.

3. Die soziale Krankenversicherung muß in den Dienst der Gesundheitsvorsorge gestellt werden. Jeder Bürger muß die Möglichkeit haben, sich mindestens einmal im Jahr kostenlos untersuchen zu lassen.

Im Krankheitsfalle hat jeder Anspruch darauf, nach den modernsten Erkenntnissen und Methoden der ärztlichen Wissenschaft behandelt zu werden, und zwar ohne Rücksicht auf die entstehenden Kosten. Jede zeitliche Begrenzung der Leistungen muß wegfallen. Eine Kostenbeteiligung der Versicherten lehnen wir ab. Die Krankenkassen müssen von sachfremden Ausgaben befreit werden. Freie Arztwahl, freiberufliche Tätigkeit der Ärzte und ihre Selbstverwaltung sind unantastbar.

Der Bau von modernen Krankenanstalten und Sanatorien wird in Anlehnung an die Vorschläge der *Deutschen Krankenhausgesellschaft* gefördert werden.[10]

Die neue Bundesregierung wird ein Gesetz vorlegen, das allen die berufliche Wiedereingliederung erleichtert, die durch Krankheit, Verkehrs- und Arbeitsunfälle Schaden gelitten haben.

4. Der Wohlstand unserer produktionsstarken Wirtschaft wird zur Ungerechtigkeit, wenn er vor den Türen der älteren Mitbürger halt macht. Wer sein ganzes Leben gearbeitet hat, soll seinen Lebensabend in Ruhe und Sicherheit verbringen können.

Die neue Bundesregierung wird die Rentenreform verbessern und vollenden. Wir werden dafür sorgen, daß jeder Versicherte nach einem vollen Arbeitsleben 75 Prozent seines der Beitragszahlung zugrunde liegenden Arbeitsverdienstes als Altersrente erhält. Die Renten für Witwen werden entsprechend angepaßt.

Wir werden den Selbständigen die gleiche Möglichkeit zur Alterssicherung bieten; zurückliegende Zeiten können überbrückt werden. Frauen erhalten auf Antrag Altersrente mit Vollendung des 60. Lebensjahres.

Der Mindestbetrag der Altersrenten wird nach Ablauf eines vollen Arbeitslebens bis zum Jahre 1962 auf DM 225,– erhöht. Soweit die Mindestrenten nicht durch Beitragsleistung gedeckt werden, werden sie durch Staatszuschüsse aufgestockt.

Wir werden dafür sorgen, daß die Renten unmittelbar nach Vollendung des 65. Lebensjahres ausgezahlt werden, so daß der oft monatelange Weg zum Fürsorgeamt beseitigt wird.

In vielen Fällen geht es nicht allein um eine ausreichende Altersversorgung. Um allen Rentnern ihren Lebensabend verschönern zu helfen, werden wir ihnen beispielsweise von 1962 an den Erwerb von Fernsehgeräten finanziell ermöglichen. Wir werden zusätzlich Wege vorschlagen, damit diejenigen der älteren Mitbürger, die es wünschen, solange wie möglich tätige Mitglieder unserer Gemeinschaft bleiben können.

5. Die neue Bundesregierung wird eine Politik verfolgen, die die Einzelprobleme aller direkten und indirekten Opfer des Krieges in Einklang bringt und nach Möglichkeit innerhalb der kommenden vier Jahre in ein System der sozialen Integration einmünden läßt. Hierbei geht es um die eigentlichen Kriegsopfer ebenso wie um die Heimatvertriebenen, die Sowjetzonenflüchtlinge und die Kriegssachgeschädigten.

In diesem Zusammenhang werden alle Möglichkeiten einer beschleunigten Abwicklung und Verbesserung des Lastenausgleichs ausgeschöpft werden. Unsoziale Stichtagsbeschränkungen sollen aufgehoben, die Unterhaltshilfe soll an die Entwicklung der Sozialrenten angepaßt werden.

Härten für die Zonenflüchtlinge wird die Bundesregierung durch ein besonderes Gesetz beseitigen. Ihnen sollen Eingliederungsbeihilfen nach den Grundsätzen des Lastenausgleichs gewährt werden. Die neue Bundesregierung wird ein wirksames Beweissicherungsgesetz für eingetretene Schäden schaffen.

6. Die neue Bundesregierung wird im Rahmen einer gesunden Familienpolitik die Familiengründung erleichtern und vor allem den jungen Familien helfen. Sie wird dafür sorgen, daß junge Ehepaare verbilligte Darlehen erhalten.

Sie wird die Familie durch Erziehungs- und Ausbildungsbeihilfen entlasten.

Wir werden schon von 1962 an Kindergeld generell für das 2. Kind aus öffentlichen Mitteln gewähren und gleichzeitig den organisatorischen Wirrwarr auf diesem Gebiet beseitigen.

Die neue Bundesregierung wird den Mutterschutz verbessern, vor allem die arbeitsfreie Zeit verlängern. Halbtagsbeschäftigung für Frauen soll in verstärktem Maße ermöglicht werden.

7. Jede Familie hat ein Recht auf eine Wohnung. Der Wohnungsbau darf nicht am Maßstab der Konjunkturpolitik gemessen werden. Wir brauchen noch viele Wohnungen zu tragbaren Mieten. Die Erhebung verlorener Baukostenzuschüsse wird unterbunden. Der soziale Wohnungsbau ist durch systematische Sanierung der überalterten Wohnviertel zu ergänzen.

Die neue Bundesregierung wird es allen dem Gemeinwohl verpflichteten Bauträgern ermöglichen, Eigenheime und Eigentumswohnungen gegen zumutbare Raten zu bauen und zu verkaufen. Auch Angehörige der bisher nicht bevorrechtigten Gruppen werden die Möglichkeit erhalten, zum eigenen Heim zu kommen.

Es ist ein unerträglicher Zustand, wenn der Wille zum eigenen Heim am Wucher von Bodenspekulanten scheitert. Wir werden die Bodenspekulation bekämpfen, damit jeder Bauwillige zu einem angemessenen Preis ein Grundstück erwerben kann.

Das nennen wir eine gesunde und soziale Wohnungspolitik.

8. Ungelöst sind bisher auch viele Aufgaben auf dem Gebiete der Raumordnung und des Städtebaus.

Das Bundesbaugesetz trägt den staatspolitischen Notwendigkeiten kaum Rechnung. Es wird bis 1963 ergänzt. Die Gesichtspunkte der Raumordnung, der Landesplanung und des Städtebaus müssen mit der Energiepolitik, dem Verkehrswesen und dem Siedlungswesen in Einklang gebracht werden.

9. Reine Luft, reines Wasser und weniger Lärm dürfen keine papierenen Forderungen bleiben. Erschreckende Untersuchungsergebnisse zeigen, daß im Zusammenhang mit der Verschmutzung von Luft und Wasser eine Zunahme von Leukämie, Krebs, Rachitis, Blutbildver-

änderungen sogar schon bei Kindern festzustellen sind. Es ist bestürzend, daß diese Gemeinschaftsaufgabe, bei der es um die Gesundheit von Millionen Menschen geht, bisher fast völlig vernachlässigt wurde. Der Himmel über dem Ruhrgebiet muß wieder blau werden.[11]

10. Überfüllte Straßen, mehr Verkehrsunfälle, viele davon mit tödlichem Ausgang, das ist das Bild des Straßenverkehrs in unseren Tagen. Auch ein Wald von Verbotsschildern kann dieses Chaos nicht beseitigen.

Die neue Bundesregierung wird dem Verkehrstod Schach bieten. Sie wird das Straßennetz gleichmäßig und schneller ausbauen. Sie wird die Verkehrssicherheit erhöhen und für verstärkte Verkehrserziehung sorgen.

Die Abgaben des Straßenverkehrs werden ausschließlich dem Straßenbau zugute kommen.

Jeder der vorgenannten zehn Punkte zeigt ein Versäumnis der bisherigen Regierung. In unserem Regierungsprogramm bilden diese zehn Punkte einen entscheidenden Teil der inneren Gesundung und der sozialen Harmonisierung.

III.

Die beiden bestimmten Ziele unserer Wirtschaftspolitik sind

Gesunde Wirtschaft – gerechter Wohlstand

Der wirtschaftliche Aufstieg der Bundesrepublik ist kein Wunder, sondern ist das Ergebnis gemeinsamer Anstrengungen unseres ganzen Volkes; dabei wollen wir, bitte, nie die Initialzündung der amerikanischen Wirtschaftshilfe vergessen.

Der deutsche Wiederaufbau hat in den schwierigsten Nachkriegsjahren begonnen, lange bevor es eine Bundesregierung in Bonn gab Die Aufbauleistungen der Gemeinden und der Länder sind eine historische Tatsache. Die Arbeitnehmer und ihre Gewerkschaften haben daran einen entscheidenden Anteil gehabt.

Aber die Früchte der gemeinsamen Arbeit sind ungerecht verteilt. Die eigentlichen Nutznießer der bisherigen Wirtschaftspolitik sind die Großunternehmer. Sie haben ihre Produktionsstätten im letzten Jahrzehnt in einem ungewöhnlichen Umfang erweitern können. Hierzu steht die Entwicklung der Einkommen bei unseren Arbeitern, Angestellten, Beamten und der freien Berufe in keinem angemessenen Verhältnis.

Begriffe wie Wettbewerb und private Initiative sind zu demagogischen Schlagworten abgewertet worden. Sie sollen den Tatbestand einer Konzentration unübersehbarer wirtschaftlicher Macht verschleiern, während die Klein- und Mittelbetriebe benachteiligt und Preise auf Kosten der Verbraucher diktiert werden. Die neue Bundesregierung wird die Begriffe Leistung und persönliche Tatkraft wieder mit lebendigem Inhalt erfüllen. Der Selbständige, der Verantwortung trägt und persönlich haftet, ist wichtiger und willkommener Partner. Wo jedoch persönliche Haftung und eigene Verantwortung schwinden, wächst die Pflicht der Regierung zur Wachsamkeit im Interesse aller. Freier Wettbewerb und soziale Verantwortung sind keine Gegensätze, sondern müssen einander ergänzen. Im einzelnen wird die Wirtschaftspolitik in den kommenden vier Jahren durch die folgenden Richtlinien bestimmt sein:

1. Die wirtschaftliche Entwicklung gibt uns die Chance, unseren Lebensstandard in weniger als einer Generation zu verdoppeln, wenn der Frieden erhalten bleibt und Krisen verhindert werden. Diesem Ziel gilt unsere Politik.

Die Verdoppelung des Lebensstandards bedeutet Vermehrung des persönlichen Wohlstandes. Vor allem aber muß es bedeuten, daß die bisher vernachlässigten Aufgaben und Leistungen für die Gemeinschaft, wie wir sie umrissen haben, erfüllt werden und die bisher zu kurz gekommenen Gruppen in unserer Bevölkerung einen gerechten Anteil am Ertrag der gemeinsamen Arbeit erhalten.

2. Die neue Bundesregierung wird gemeinsam mit der Deutschen Bundesbank die Währung schützen und die Stabilität der D-Mark sichern.

Sie wird insbesondere den Wettbewerb stärken und wird dahin wirken, daß der technische Fortschritt in Form von Preissenkungen an den Verbraucher weitergegeben wird.

Sie wird jedem Preiswucher entgegentreten.

Die neue Bundesregierung wird einen Preisrat berufen, der die Interessen der Gesamtheit vertritt. Die Hausfrau wird in diesem Preisrat eine gewichtige Stimme erhalten.

3. Die neue Bundesregierung wird eine Politik des gerechten Wohlstandes verfolgen. Das Wachstum unserer Wirtschaft soll allen zugute kommen.

Die Mehrheit der Lohn- und Gehaltsempfänger und auch viele Selbständige sind bis heute nicht in der Lage, Vermögen zu bilden. Ihr Einkommen muß deshalb verbessert werden.

Ein Teil des Wertzuwachses der Großwirtschaft muß für die Vermögensbildung der breiten Schichten unseres Volkes herangezogen werden. Wir haben hierzu die Errichtung einer *Deutschen Nationalstiftung* und die Ausgabe der *Deutschen Volksaktie* vorgeschlagen.[12] Die neue Regierung wird alle geeigneten Vorschläge ernsthaft prüfen und dem Parlament ein umfassendes Programm zugunsten einer breiten Vermögensbildung unterbreiten.

Ein staatliches Kreditsystem soll es jungen Handwerkern, Kaufleuten, Ärzten und anderen ermöglichen, sich zu günstigen Bedingungen selbständig zu machen.

Das Sparprämiensystem wird ausgebaut und vereinheitlicht; Sparern mit kleinen Einkommen werden verstärkte Vorteile gewährt.

4. Die neue Bundesregierung wird nicht dulden, daß unsere Energiewirtschaft zum Spielball mächtiger Interessengruppen wird. Die Lage im Kohlebergbau bedarf besonderer Beachtung. Eine unabhängige Kommission aus Vertretern von Wissenschaft, Wirtschaft und Politik wird beauftragt, Lage und Entwicklungsmöglichkeiten der deutschen Energiewirtschaft zu prüfen und Vorschläge zu einer Neuordnung zu unterbreiten.

5. Im Zeichen der aktiven Wirtschaftspolitik wird die neue Regierung dem Bundestag und dem Bundesrat den „Jahres-Wirtschaftsbericht" unterbreiten. Sie wird darin die Maßnahmen darlegen, die sie für erforderlich hält, um Wirtschaftswachstum, Vollbeschäftigung, Preis- und Währungsstabilität zu sichern.

Bis zum Sommer 1962 wird die Regierung gesetzgeberische und andere Maßnahmen ergreifen, um dem Mißbrauch wirtschaftlicher Macht entgegenzutreten, die Leistungsfähigkeit der mittleren und kleinen Selbständigen zu stärken, gerechten Wohlstand auch für die Landbevölkerung zu sichern und eine Steuer- und Finanzreform einzuleiten.

6. Die neue Bundesregierung weiß, daß die Leistungsfähigkeit der modernen Industriewirtschaft zu einem wesentlichen Teil auf der Leistungskraft der Großunternehmen beruht.

Großunternehmen sind jedoch der Versuchung der Macht ausgesetzt, die sie nicht selten auf Kosten der Selbständigen und der Konsumenten mißbrauchen. Deshalb wird die neue Bundesregierung vorschlagen, die Kartellgesetzgebung zu verbessern und die Befugnisse des Bundeskartellamtes zu erweitern. Gleiche Wettbewerbsbedingungen sind zu sichern, marktbeherrschende Unternehmungen einer wirksamen Kontrolle zu unterstellen. Das Kartellamt soll das Recht erhalten, Fälle von Machtmißbrauch in öffentlichen Verfahren zu untersuchen. Zusätzlich wird eine unabhängige Monopolkommission gebildet.

Die längst fällige große Aktienrechtsreform wird verwirklicht. Dabei ist besonderes Gewicht auf die Offenlegung der Unternehmensverhältnisse, auf den organischen Einbau des Mitbestimmungsrechts und auf einen wirksamen Schutz der kleinen Aktionäre zu legen.

7. Die neue Bundesregierung wird die Leistungsfähigkeit der Selbständigen stärken.

Steuerliches Unrecht muß beseitigt werden. Eine ausreichende Kreditversorgung wird gesichert. Genossenschaftliche und andere Einrichtungen der Selbsthilfe werden gefördert.

Ein leistungsfähiges *„Institut für die selbständigen Mittelschichten"* wird dafür sorgen, daß die Erkenntnisse der modernen Wissenschaft mittleren und kleinen Unternehmen zugute kommen.

8. Die neue Bundesregierung will gleichen Wohlstand für Stadt und Land. Deshalb wird sie die wirtschaftliche, soziale und kulturelle Entwicklung der Landgebiete energisch fördern.[13]

Die Landwirtschaft, die Forstwirtschaft, der Gartenbau, der Weinbau und die Fischerei sind unentbehrliche Faktoren unseres wirtschaftlichen und nationalen Lebens.

Mit Flickwerk ist es nicht getan. Rationalisierung, Flurbereinigung, Aufstockung und Wegebau sind im Interesse der Wettbewerbsfähigkeit der deutschen Landwirtschaft voranzutreiben, nicht zuletzt im Blick auf den europäischen Markt. Die Arbeit der Bäuerin ist durch Sanierung der Gehöfte und Technisierung der Hauswirtschaft zu entlasten.

Für diese Aufgaben wird die neue Bundesregierung ein umfassendes und langfristiges Investitionsprogramm vorlegen.

Bauern und Landarbeiter müssen zu einem Einkommen gelangen, das dem vergleichbarer Bevölkerungsschichten entspricht.

Der bäuerliche Familienbetrieb ist ein wesentlicher Bestandteil einer freien Gesellschaftsordnung. Das private Eigentum des Bauern an Grund und Boden muß durch ein neuzeitliches Bodenrecht gesichert werden.

Marktpolitik, Marktordnung und Preisgestaltung müssen einen redlichen Ausgleich zwischen den Interessen der Erzeuger und der Verbraucher herbeiführen. Genossenschaften und andere Einrichtungen der bäuerlichen Selbsthilfe sind zu fördern.

Die einseitige Bindung der bisherigen Regierung an die industrielle Großwirtschaft wird abgelöst durch eine ehrliche Partnerschaft zwischen Stadt und Land.

9. Die neue Bundesregierung wird unser gegenwärtiges Steuersystem übersichtlicher und gerechter gestalten und den Verwaltungsapparat vereinfachen.

Die Steuerpolitik der bisherigen Bundesregierung hat die Großvermögen ungerechtfertigt begünstigt. Wir werden die Vermögens- und Erbschaftssteuer für die Millionenvermögen gestaffelt erhöhen.

Große Spekulationsgewinne sollen der Einkommensteuer unterliegen. Die derzeitige außergewöhnliche Begünstigung großer anonymer Gesellschaften bei der Körperschaftssteuer wird abgeschafft. Bei der Einkommensteuer ist für Großeinkommen über DM 100 000 eine stärkere Progression einzuführen.

Die Freibeträge bei kleinen und mittleren Vermögen sind zu erhöhen. Bei der Lohnsteuer sollen die Freibeträge für Werbungskosten und Sonderausgaben erhöht werden.

Die Umsatzsteuer muß wettbewerbsneutral sein. Sie darf nicht die Großunternehmen gegenüber den kleinen und mittleren Betrieben begünstigen.

Die freiberufliche Tätigkeit soll der Umsatzsteuer nicht mehr unterliegen.

Die Verbrauchssteuern für Zucker und Salz werden abgeschafft. Kaffee- und Teesteuer sollen schrittweise abgebaut werden.

Bagatellsteuern, wie Zündholz- und Süßstoffsteuer, werden abgeschafft; ihr Aufkommen rechtfertigt nicht den Verwaltungsaufwand.

10. Seit Jahren bedarf es in der Bundesrepublik einer Finanzreform, damit Bund, Länder und Gemeinden ihre Aufgaben in der Rangfolge der Dringlichkeit der Bedürfnisse erfüllen können. Die bisherige Bundesregierung hat auch diese Aufgabe nicht zu lösen vermocht. Die neue Bundesregierung wird sie erfüllen.

Zu den Zielen einer solchen Neuordnung gehört die Stärkung der Finanzkraft der Gemeinden, damit sie ihre Aufgaben zum Wohle ihrer Bürger leisten, insbesondere die innerstädtischen Verkehrsprobleme bewältigen, die Schulraumnot überwinden und den Krankenhausbau verstärken können. Die Gemeinden sollen an dem Aufkommen ertragreicher und krisenfester Steuern beteiligt und in diesem Sinne dritte Säule unserer Finanzverfassung werden.

Die neue Bundesregierung wird unabhängige Sachverständige beauftragen, Vorschläge zur Finanzreform bis 1962 zu erarbeiten.

Modern, sachgerecht und mit dem Blick auf die Probleme von morgen, dem Ausgleich von ungesunden Spannungen und dem wohlverstandenen Interesse aller dienend, so wird unsere Wirtschafts- und Finanzpolitik beschaffen sein.

Man mag uns fragen, ob nicht in gewissen Bereichen der Wirtschafts- und der Sozialpolitik eine Ähnlichkeit zwischen diesem Programm und den Forderungen, die überraschenderweise auch die CDU in Köln erhoben hat, festzustellen ist. Dazu ist zu sagen:

Einmal: Warum hat die gegenwärtige Mehrheitspartei das, was sie jetzt fordert, nicht bereits angepackt? Zeit genug hatte sie.

Zum anderen: Was soll man von einer Partei halten, die die andere große Partei an dem gleichen Tag wegen ihrer politischen Zielsetzung verleumdet, einen großen Teil unserer Forderungen aber abschreibt?

Wenn gewisse Ähnlichkeiten zwischen unseren Vorschlägen und dem Kölner Manifest[14] der CDU auffallen, so ist dazu zu sagen, daß die CDU kurz vor den Wahlen, wenn es um die Stimmen geht, immer ihr soziales Gewissen zu entdecken pflegt.

Es ist pikant, daß diese Partei gleichzeitig bei ihrem politischen Gegner maust und ruft „Haltet den Dieb!" Das gehört zu den vielen Merkwürdigkeiten, zu denen die Wähler berechtigte Fragen haben.

IV.

Unser Volk braucht die Aussöhnung mit sich selbst. Dazu ist erforderlich

ein neuer Stil unserer inneren Ordnung

Die Verketzerung Andersdenkender, die Hexenjagd auf politisch Mißliebige und Gesinnungsschnüffelei müssen endlich aufhören. Wir unterscheiden nicht zwischen Wahrheit, reiner Wahrheit und lauterer Wahrheit, sondern zwischen Wahrhaftigkeit, Lüge und infamer Lüge.

Die neue Bundesregierung wird dafür sorgen, daß ein neuer Geist durch unsere Lande weht, ein Geist der Achtung vor dem Nächsten und der Aussöhnung der Generationen. Wir Deutsche sind trotz allem eine Familie, Glieder einer Schicksalsgemeinschaft. Wir brauchen einen Staat, den jeder Bürger als seine wirkliche Heimstätte betrachten kann.

Die Verwirklichung dieses neuen Stils in der Politik beginnt oben. Die Freiheit des Staatsbürgers ist wichtiger als die Bequemlichkeit der Regierenden. Die Regierung hat sich als Vorbild für jedermann zu verhalten: in der Achtung der Verfassung, in dem Respekt vor ihrem Wortlaut und Sinn. Es wird Schluß gemacht werden mit den Versuchen, das Grundgesetz zu manipulieren, auszuhöhlen, autoritär umzudeuten und damit die Fundamente einer freiheitlichen Staatsordnung zu untergraben.

Im einzelnen bekennen wir uns zu folgendem:

1. Die neue Regierung wird die Rechte des Parlamentes respektieren und in ihm nicht ein willfähriges Instrument, sondern den Partner sehen.

Sie wird den föderalen Aufbau der Bundesrepublik achten und vertrauensvoll mit den Ländern zusammenarbeiten.

Sie wird die Freiheit der öffentlichen Meinung vor jeder Zensur und jeder unberechtigten Beeinflussung bewahren.

Wir brauchen mehr freiheitlichen Geist und Duldsamkeit in unserem staatlichen Leben, aber

wir brauchen auch Härte gegen alle Feinde der Demokratie. Wir werden die freiheitliche Ordnung kraftvoll nach innen und außen sichern. Gemeinsam mit allen demokratischen Kräften im Bund und in den Ländern werden wir für den Fall von Notständen vorsorgen, gleichzeitig aber sicherstellen, daß Willkür nicht Tür und Tor geöffnet werden.

Die neue Bundesregierung wird endlich den Auftrag des Grundgesetzes erfüllen und ein Parteiengesetz vorlegen, das eine finanzielle Beherrschung durch anonyme Geldgeber verhindert.

2. Die neue Regierung anerkennt, daß die großen Verbände wichtige Bestandteile der modernen Industriegesellschaft sind.

Als Vertreter der Arbeitnehmer und ihrer Familien haben die Gewerkschaften besondere Bedeutung für die freiheitliche Ordnung unseres gesellschaftlichen Lebens. Wir werden ihre Unabhängigkeit achten und schützen.

Die Tarifautonomie bleibt Grundlage für die Ordnung des Arbeitslebens.

3. Die neue Regierung weiß, daß der Staat auf tüchtige, dem ganzen Staat verpflichtete Beamte angewiesen ist. Eine solche Beamtenschaft nimmt sie in ihren Schutz.

4. Für alle Interessenvertreter in der Bundeshauptstadt und ihrer Umgebung wird eine Registrierpflicht eingeführt.

Interessenvertretung ist legitim. Es ist Schuld der Regierung, wenn sie unangemessenen und unsachlichen Einfluß gewinnt.

5. Die Justizpolitik der neuen Regierung wird die rechts- und sozialstaatlichen Grundsätze unserer Demokratie zur vollen Geltung bringen. Sie wird die Rechtssicherheit verstärken, die Reform des Strafrechts vollenden und den Verfahrensgang vor den verschiedenen Gerichten durch eine allgemeine Prozeßordnung vereinheitlichen und vereinfachen.

6. Die Pflege der geistigen Kräfte, die Förderung der Künste und Wissenschaften gehören zu den Pflichten jeder Bundesregierung, die sich für die unvergänglichen Güter der Nation und für ihre Zukunft verantwortlich fühlt.

Kulturpolitik ist Aufgabe der Länder. Sie haben dabei auch eine bundesstaatliche Aufgabe zu erfüllen. Die Bundesregierung wird die Zuständigkeiten, die das Grundgesetz festlegt, sorgfältig beachten. Aber das Grundgesetz verbietet der Bundesregierung nicht, für das Notwendige einzutreten und den Ländern durch Bereitstellung von Mitteln dabei zu helfen, daß sie ihre Pflichten voll erfüllen können.

Die neue Bundesregierung wird der Gefahr begegnen, daß unser Volk durch eine Vernachlässigung von Wissenschaft und Forschung, von Bildung und Ausbildung, seinen Platz als führende Industrienation verliert.

Sie wird darauf hinwirken, daß die Schulpflicht auf das neunte Schuljahr ausgedehnt, ein freiwilliges zehntes Schuljahr vorgesehen, das Berufsschulwesen ausgebaut und der zweite Bildungsweg verwirklicht wird. Jeder junge Mensch hat unabhängig vom Einkommen seiner Eltern einen Anspruch auf volle Entfaltung seiner Fähigkeiten. Die Jugendlichen aus Stadt und Land werden die gleichen Ausbildungschancen bekommen. Unser Volk kann es sich nicht leisten, Begabungen brachliegen zu lassen. Wir können auf kein Talent verzichten.

Die neue Regierung wird darauf hinwirken, den Mangel an Schulräumen und Lehrkräften endlich zu beseitigen.

Sie wird die Vorschläge des *Wissenschaftsrates* entschieden unterstützen und den schnellen Ausbau der Universitäten und Hochschulen fördern.[15] Ausreichend dotierte Plätze für wissenschaftliche Forschung und Lehre müssen dem Abwandern junger Kräfte Einhalt gebieten.

Die wissenschaftliche Forschung bedarf der wirksamen Koordinierung durch den Bund. Geeignete Einrichtungen sind finanziell so auszustatten, daß sie Aufträge vergeben können, deren Ergebnis allen Zweigen der Wirtschaft zur Verfügung stehen.

[7.] Die neue Bundesregierung erkennt die Öffentlichkeitsaufgabe der Kirchen an, aus den Grundsätzen ihrer Glaubenslehren ihr Wort zu den allgemeinen Fragen des Lebens zu sagen. Sie garantiert der Kirche Schutz ihrer Wirksamkeit und dem Bürger Glaubens- und Gewissensfreiheit.

Sie weiß und wird es fördern, daß die brüderliche Gemeinschaft der Kirchen eine der wenigen Klammern für den inneren Zusammenhalt unseres gespaltenen Volkes darstellt.

8. Die neue Bundesregierung wird die junge Generation aufrufen, mehr Verantwortung zu tragen, und sie wird ihr die Wege dahin ebnen. Sie wird auch dafür sorgen, daß tüchtige Frauen in der Bundesregierung sind und auch sonst führende Stellungen übernehmen.

Wir können uns keinen Bruch der Generationen leisten, sondern müssen die Kontinuität wahren und die Erfahrungen weitergeben. Unsere Jugend ist in der Lage, wichtige Aufgaben zu übernehmen. Sie ist einer der lebendigsten Träger der Verständigung zwischen den Völkern.

Für die wichtigen Gebiete der Jugendhilfe, des Jugendschutzes und der Berufsausbildung wird die neue Regierung zeitgemäße bundesgesetzliche Regelungen vorlegen, sie wird den Jugend-Arbeitsschutz verbessern.

9. Die neue Bundesregierung weiß, daß die Träger staatlicher Verantwortung der Unterstützung und des Rates der Sachverständigen bedürfen. Sie weiß auch, daß die geistigen Schichten eine besondere Verantwortung für unser Volk tragen.

Die Schatten der Vergangenheit gebieten uns, der Welt zu zeigen, daß die Bundesrepublik ihren Weg als demokratischer Staat unabhängig, frei und sicher geht. Mit den Verbrechern jener Vergangenheit hat sie nichts gemein. Jene Vergangenheit hat bei uns keine Zukunft.

Aber kein Deutscher kann an der Geschichte seiner Nation vorbeileben. Es ist das Vorrecht des freien Menschen, seine Verantwortung zu sehen. Das nazistische Unheil ist nicht zuletzt deswegen über uns gekommen, weil die führenden Schichten versagt haben. Unnötige Zwistigkeiten, unerlaubte Resignation oder freiwillige Isolierung in allerlei Elfenbeintürmen haben in jenen Jahren dazu geführt, daß das Feld freigegeben wurde, auf dem Opferbereitschaft und guter Wille mißbraucht, der deutsche Name entehrt und unser Zusammengehörigkeitsgefühl bis zum heutigen Tage vergiftet worden ist.

Unsere Jugend übernimmt ein schweres Erbe. Sie ist frei von Schuld und Verantwortung, aber unsere Geschichte ist eine Einheit, und wir müssen, alle zusammen, im Einklang mit ihr leben – nicht nur mit ihren glanzvollen geistigen Höhepunkten, sondern auch mit ihren dunklen Abgründen.

Dies meinen wir, wenn wir davon sprechen, daß unser Volk mit sich selbst versöhnt werden muß. Niemand von uns kann diese Vergangenheit von unserem Volk abwerfen, niemand kann sich von ihr lossprechen. Wir haben sie zu tragen, aber wir haben dafür zu sorgen, daß wir darüber nicht die Gegenwart und die Zukunft verlieren. Ihr müssen alle Energie, aller Elan, aller Wille und alle Zähigkeit dienen.

Aus der Vergangenheit sollten wir die Erfahrung mitnehmen, daß niemand abseits stehen darf, daß vor allem auch die Intelligenz sich nicht aussperren lassen darf, daß die Besten unseres Volkes, wo immer sie im einzelnen stehen, mitwirken müssen. Kein guter Deutscher kann seine Verantwortung für das, was heute ist und morgen sein wird, leugnen. Unsere Zukunft wird das Abbild dessen sein, was wir heute alle miteinander zu tun bereit sind. Und niemand, der den guten Willen hat, darf ausgeschlossen werden.

In diesem Sinne wünschen wir uns die Verantwortung. Ich glaube daran, daß es in diesem Geist gelingen wird, unser Volk endlich gesund zu machen und gesund zu erhalten.

V.

Wir haben an uns selbst die Forderung zu stellen, daß innenpolitisch glaubhaft sei, was wir an Außenpolitik vertreten, und daß an unserer Außenpolitik erkannt wird, was uns innenpolitisch Wirklichkeit ist.

Dies ist eine Einheit: Ob Kopf oder Zahl, es sind immer nur die zwei Seiten einer einzigen Münze. Das zeigt sich an der ersten Aufgabe jeder deutschen Politik: der Wiederherstellung unserer staatlichen Einheit.

Das oberste Gebot, dem sich dieses Ziel unterzuordnen hat, ist die Erhaltung des Friedens. Die neue Bundesregierung wird freilich weder Freunde noch Gegner darüber im unklaren lassen, daß sie den aktiven Anspruch auf die Zusammenführung der deutschen Menschen nicht aufgeben wird. Wer etwas anderes glaubt, hängt Illusionen nach. Das Selbstbestimmungsrecht, das einen Siegeszug um die ganze Welt angetreten hat, wird auf die Dauer auch an den deutschen Grenzen nicht aufzuhalten sein. Selbst wenn wir heute kein Datum wissen: die Tage eines Neo-Kolonialismus im Zentrum Europas sind schon gezählt.

Wir rufen unseren Landsleuten in der Zone zu, daß wir ihnen danken für ihr Ausharren und für alle Zeichen, sich nicht dem kommunistischen Regime zu beugen. Sie erfüllen damit eine schwere Aufgabe, die im Interesse unseres ganzen Volkes liegt. An ihrer inneren Abwehr, an ihrer Kraft, sich die Reste individueller und geistiger Freiheit zu bewahren, entscheidet sich das Schicksal unseres Volkes.

Sie sollen wissen, daß wir sie mit einbeziehen, wenn wir dieses Regierungsprogramm für die Zukunft unseres Volkes verkünden. Und unsere aus der Heimat vertriebenen oder geflüchteten Landsleute sollen wissen, daß die neue Regierung keine Politik hinter ihrem Rücken betreiben wird.

Die neue Bundesregierung wird jedem Versuch wehren, die Zwei-Staaten-Theorie in unser Denken aufzunehmen. In der Bundesrepublik Deutschland ist die demokratische Ordnung nicht auf Widerruf geschaffen. Aber die Bundesrepublik ist nicht des Deutschen ganzes Vaterland. So will es auch das Grundgesetz.

Ich brauche nicht viele Worte zu machen, wie ernst es der neuen Bundesregierung sein wird, die Freiheit Berlins zu erhalten und eine enge Verbindung mit dem größeren Teil des freien Deutschland zu bewahren. Unsere Behauptung in Berlin, das ist die Behauptung unseres Anspruchs auf die Einheit unseres Volkes. Damit dienen wir auch dem Frieden der Welt.

Dies sind die Richtlinien unserer Außen- und Sicherheitspolitik:

1. Die außenpolitische Stellung der Bundesregierung auf der Seite des Westens ist unverrückbar. Das schließt ein die korrekte Erfüllung aller außenpolitischen Verträge und die Treue zum Atlantischen Verteidigungsbündnis. Auch die Sowjetunion wird von dieser Tatsache ausgehen müssen.

Das ist das Ergebnis einer geschichtlichen Entwicklung, die nicht wiederholbar ist. Wir werden der gegenwärtigen Regierung nicht den Gefallen tun, die Tatsachen von heute zu leugnen, die sich aus nüchterner Bestandsaufnahme ergeben.

2. Die neue Regierung wird die Verteidigungspolitik in Übereinstimmung mit den Beschlüssen der NATO führen. Sie wird für eine bessere politische Koordination und für eine Arbeitsteilung in der Atlantischen Gemeinschaft eintreten. Die NATO muß von dem Zwang befreit werden, in Fällen konventioneller Aggression atomare Waffen einsetzen zu müssen. Wir werden deshalb an unsere europäischen Verbündeten den Wunsch richten, sich stärker als bisher an der konventionellen Rüstung zu beteiligen.

Die neue Bundesregierung wird die notwendigen Lasten auch dem deutschen Volk zumuten. Die Bundeswehr muß den in der NATO beschlossenen Umfang haben. Dazu kann derzeit auf die Wehrpflicht nicht verzichtet werden.

Die neue Bundesregierung wird eigene Vorschläge zu einer gleichwertigen und kontrollierten Abrüstung machen. Verteidigungsbereitschaft und Rüstungskontrolle sind die beiden Seiten unserer unteilbaren Sicherheit. Das erfordert ein besonderes Amt in der Bundesregierung.

Die neue Bundesregierung wird sich innerhalb des Bündnisses gegen die Gewährung der Verfügungsgewalt über atomare Waffen an weitere Staaten aussprechen. Sie wird das Doppelspiel in der Frage der Atombewaffnung beenden und jeden Verdacht beseitigen, daß die Bundesrepublik auf diese Weise an Gewicht gewinnen will.[16]

Unsere Soldaten haben Anspruch darauf, daß in der Bundeswehr veraltete Waffen und Fahrzeuge durch modernes Gerät ersetzt werden. Die neue Bundesregierung wird die Bundeswehr führen – aber nicht verwalten. Sie wird sich dabei von erfahrenen Offizieren beraten lassen. Sie bringt den Soldaten das selbstverständliche Vertrauen entgegen, denn die Bundeswehr dient immer nur dem ganzen Staat und darf niemals Werkzeug der jeweils regierenden Partei sein.

3. Das Werk der europäischen Einigung ist unvollkommen geblieben. Die Aussöhnung mit unserem französischen Nachbarn wird vom ganzen Volk getragen und hat eine schwere Last von der europäischen Entwicklung genommen.

Die Bildung der Europäischen Wirtschaftsgemeinschaft war ein großer Schritt nach vorn. Die Bundesregierung wird darauf hinwirken, daß die Zersplitterung innerhalb der bestehenden Gemeinschaften beseitigt und die parlamentarischen Kontrollen verstärkt werden.

Europa besteht nicht nur aus der Gemeinschaft der Sechs. Die neue Bundesregierung wird alle Anstrengungen machen, um den Gegensatz zwischen EWG und EFTA so schnell wie möglich zu überwinden und damit engere Beziehungen zu Großbritannien herzustellen. Jeder Zeitverlust erschwert die Zusammenarbeit des ganzen Europa.

Die Bundesregierung wird die neue Organisation für wirtschaftliche Zusammenarbeit und Entwicklung (OECD) unterstützen und aktiv in ihr mitarbeiten.

4. Zu den neuen Elementen ihrer Außenpolitik werden die Bemühungen der künftigen Regierung gehören, mit allen osteuropäischen Völkern, vor allem mit dem polnischen Nachbarvolk, friedlich zusammenzuarbeiten und das Verhältnis zu ihnen zu versachlichen. Dabei kann einem Friedensvertrag nicht vorgegriffen werden.

Der neuen Bundesregierung wird es nicht nur um Formalitäten, sondern um den Inhalt der Beziehungen gehen. Ein besseres gegenseitiges Verständnis kann ohnehin nicht beschlossen, sondern muß gewollt, gefördert und gepflegt werden.

Unabhängig von den gegenwärtigen politischen Schwierigkeiten müssen wir uns immer daran erinnern, daß Europa nicht an der Elbe aufhört und daß wir einer europäischen Zusammenarbeit den Weg ebnen müssen, die Ost und West zusammenführt.[17]

5. In der Entwicklungshilfe hat die bisherige Bundesregierung eine unglückliche Rolle gespielt. Sie hat die Aufgabe zu spät erkannt und dann geglaubt, mit großen Summen eine fehlende Konzeption ersetzen zu können.

Die Bundesrepublik kann und will auf die Freundschaft der jungen Nationen nicht verzichten. Wir wollen sie gewiß nicht zu Verbündeten im Kalten Krieg, sondern zu Freunden, denen wir mit Respekt vor ihrem eigenen Weg, ihrer eigenen Tradition und ihrer besonderen Lage gegenübertreten. Wir müssen bereit sein, zu helfen, wo diese Hilfe erwünscht ist und wo sie im Rahmen unserer Möglichkeiten liegt.

Die neue Bundesregierung wird das verwaltungsmäßige Durcheinander beseitigen und fortlaufend einen angemessenen Beitrag in den Haushalt einstellen. So dienen wir unserem Wunsch und unserer Glaubwürdigkeit, Menschen zu helfen, die noch immer von Hunger und Seuchen geplagt sind. Sie haben das gleiche Recht wie wir, menschenwürdig zu leben.

Die neue Bundesregierung sieht eine weltweite Partnerschaft bewußt als einen ihrer außenpolitischen Schwerpunkte.

Die neue Bundesregierung wird geeignete junge Menschen aufrufen, den jungen Nationen zu helfen. Sie wird dafür sorgen, daß den Entwicklungshelfern bei der Rückkehr in ihre Heimat keine Nachteile erwachsen.

6. Die neue Regierung wird alles tun, um die fachlichen Fähigkeiten und die Verantwortungsbereitschaft des Auswärtigen Dienstes der Bundesrepublik zu mehren und wirkungsvoll zu nutzen. Wir glauben nicht, daß in dieser komplizierten Welt die Eingebung eines Mannes oder die Sachkunde einiger weniger für alle Probleme ausreichen.

7. Die auswärtige Kulturpolitik der Bundesrepublik muß verbessert und wirksamer zusammengefaßt werden. Hierzu bedarf es vertrauensvoller Zusammenarbeit mit den Ländern und mit den freien Kräften der Kunst, Wissenschaft und Volksbildung.

Die neue Bundesregierung wird einen Deutschen Rat für Internationalen Kulturaustausch berufen. Dieser wird sich vor allem auch der kulturellen Entwicklungshilfe anzunehmen haben. Die deutsche Mitarbeit in der UNESCO ist zu verstärken.

Über die Förderung der deutschen Sprache und Bildung hinaus muß ein lebendiger Eindruck davon vermittelt werden, daß Deutschland wieder eine Heimstätte des Geistes und nicht nur des wirtschaftlichen Erfolges ist. In diesem Sinne werden wir der Kulturpropaganda des Zonenregimes positiv und überzeugend begegnen.

Die künftige deutsche Außenpolitik wird ein Spiegelbild der neuen deutschen Innenpolitik sein: aufgeschlossen, verantwortungsbereit, loyal, verpflichtet dem Ausgleich der Interessen, der Entspannung und dem Frieden.

VI.

Das ist unser Regierungsprogramm. Und nun werde ich Ihnen sagen, wie wir die Wahlen gewinnen werden.

Wir werden den Kampf sachlich, hart, positiv, aber vor allem offensiv führen. Wir werden wirksamere Werbemittel als früher einsetzen. Aber diese Wahlen werden nicht entschieden in den Büros von Meinungsmachern und Meinungsmanipulatoren. Sie werden nicht durch mehr oder weniger gerissene Reklametricks entschieden. Diese Wahlen werden entschieden in den Herzen und Köpfen unserer Mitbürger, und wir werden zu ihnen hingehen, ihnen in die Augen sehen und mit ihnen das große Gespräch führen, das in die Entscheidung des 17. September [1961] einmündet.

Wir werden den Gegner, der sich hinter der Mauer von Vorurteilen und aufgeputschten Gefühlen verschanzen will, aus dem Versteck heraustreiben. Wir werden ihn stellen und schlagen.

In Arroganz und Hoffart glauben die Berater des CDU-Chefs, sich um das klärende Gespräch im Fernsehen herumdrücken zu können.[18] Sie werden gerade diesen Entschluß noch bereuen. Dieser Wahlkampf wird zu einer einzigen großen Debatte vor dem ganzen Volk werden.

Auf unserer Seite befindet sich die Kraft einer Volkspartei, die Überzeugungstreue und Hilfsbereitschaft unserer Freunde überall. Stärker als früher stoßen zu uns auch unabhängige Gruppen, große Teile der jungen Generation und der geistigen Kräfte.

Wir werden um jede einzelne Stimme ringen. Wir werden den vielen Menschen, die eigentlich unsere Freunde sind, helfen, über veraltete Klischeevorstellungen hinwegzukommen und den Weg zur richtigen Entscheidungen zu finden.

Wir machen uns zum Dolmetscher dessen, was zeitgemäß und für unser Volk gut ist. Die Menschen wollen, daß unsere Bundesrepublik zu einer wahren Heimstätte wird. Ausgleich nach innen und außen ist nötig.

Regierungsprogramm und Wahlkampf sind ein einheitliches Ganzes. Mannschaft und Parteiführung sind eine Einheit. Alles ist aufeinander abgestimmt, alles fügt sich ineinander. Gemeinsam ringen wir um das Vertrauen unseres Volkes. Niemand wird sich dabei schonen. Gemeinsam werden wir die Signale auf freie Fahrt stellen, auf freie Fahrt für eine neue deutsche Politik.

Lassen Sie mich noch ein persönliches Wort sagen. Ich bin gefragt worden, warum ich mich bereit erklärt habe, für das Amt des Bundeskanzlers zu kandidieren, ob ich es nötig gehabt hätte, mich zur Zielscheibe politischer Heckenschützen machen zu lassen, ob ich mich nicht allein auf mein Berliner Amt hätte konzentrieren sollen.

Nun, die Heckenschützen hätten auch eine andere Zielscheibe gefunden. Sie haben im Grunde nur zu erkennen gegeben, daß sie Angst haben vor unserer Herausforderung und vor meiner Kandidatur.

Daß ich in Berlin eine große Aufgabe zu erfüllen habe, weiß ich selbst am besten. Aber Berlin liegt nicht auf einem anderen Stern, und die Entscheidung, um die es hier geht, ist für Berlin mindestens so wichtig, wie für jede andere Stadt.

Ich hatte und habe die große Sorge, daß die Zukunft Deutschlands überhaupt aufs Spiel gesetzt wird, wenn eine verbrauchte Führung an der Macht bleibt. Und außerdem: Wer zu diesem Amt gerufen wird, darf sich nicht verweigern und darf kein persönliches Opfer scheuen. Dies ist auch das Ergebnis einer ernsten Prüfung vor mir selbst.

Es geht darum, daß unser Volk nicht stehenbleiben darf. Der Zukunft und des Lebens wegen muß unser Volk weiter voran.

Wir werden die Wahlen gewinnen, weil wir regierungsfähig sind, weil wir verantwortungsbereit sind, weil wir selbstbewußt und entschlossen sind und weil wir siegen wollen.

Man soll unser Programm unter die Lupe nehmen. Niemand wird guten Gewissens sagen können, es enthalte leichtfertige Versprechungen. Niemand wird sagen können, wir hätten es uns leicht gemacht. Nein, man wird – wenn auch hier und da widerwillig – zugeben müssen, daß hier ein Alternativprogramm aus einem Guß unterbreitet wird.

Wir haben sachlich dargelegt, was wir in den nächsten vier Jahren durchführen können. Auch dort, wo wir uns mit einem knappen Hinweis begnügen mußten, liegen sorgfältige Ausarbeitungen vor. In dem einen oder anderen Punkt wären wir gern einige Schritte weitergegangen. Wir haben es nicht getan, weil wir uns nichts vornehmen wollen, was wir nicht verantworten können.

Jeder unserer Vorschläge ist hieb- und stichfest. Unabhängige Fachleute haben die finanziellen Auswirkungen dieses Programms in seiner Gesamtheit geprüft und durchgerechnet. Es ist solide und ehrlich. Ich verbürge mich für seine Durchführbarkeit.

Unser Volk spürt, daß die alte Richtung abgewirtschaftet hat, daß die alten Kräfte verbraucht sind.

„Adenauer, Erhard und die Mannschaft" – das ist ein Schlagwort für Vergeßliche. Es soll vergessen machen, daß der gegenwärtige Bundeskanzler seinen Stellvertreter für unfähig erklärt hat, sein Nachfolger zu werden.[19] Es ist ein Schlagwort, das die Menschen täuscht. Ich bin überzeugt, daß unser Volk weiß: Wer CDU wählt, der wählt nicht Adenauer, der wählt auch nicht Erhard, sondern einen ganz anderen.

Unser Programm atmet den Geist unserer Zeit. Es ist der Ausdruck neuen Stils.

Es geht um mehr als um einen Wechsel der Parteien. Was von unserem Volk erwartet wird, ist ein Bekenntnis des Vertrauens in seine eigene Zukunft. Die Ruinen des alten müssen wir hinter uns lassen. Die Vergangenheit müssen wir überwinden.

Es geht darum, einen neuen Bundestag und durch ihn eine neue Regierung zu wählen – eine Bundesregierung, die den Weg nach vorn kennt und die besten Kräfte des Volkes zusammenfaßt.

Es geht um die Absage an Selbstgefälligkeit, Verneinung und Entzweiung.

Es geht um den Sieg unseres Programms der Zuversicht und der Tatkraft, des Verantwortungsbewußtseins und der Gerechtigkeit. Der Erfolg dieses Regierungsprogramms wird ein Sieg unserer Nation sein.

Nr. 37

Artikel des Kanzlerkandidaten der SPD und Regierenden Bürgermeisters von Berlin, Brandt, für *Die Neue Gesellschaft* Juli–August 1961

Die Neue Gesellschaft 8 (1961) 4, S. 245–249.

Entscheidung für Deutschland

In den nächsten Wochen wird der Wahlkampf in der Bundesrepublik seinen Höhepunkt erreichen. Es ist eine merkwürdige Sache mit Wahlkämpfen bei uns in Deutschland. Manche der daran Beteiligten betrachten das politische Gespräch mit ihren Mitbürgern vor einer solchen Entscheidung offenbar als eine Gelegenheit, um Stimmungen zu mobilisieren, wobei sich die ins Spiel gebrachten Farben oft zu denkwürdigen Mustern mischen.[1] Zugleich pflegen dieselben Politiker mit einem Augenzwinkern zu versichern, ein Wahlkampf sei eben ein Wahlkampf, und man dürfe das alles nicht so ernst nehmen.

Ich halte von dieser bloß taktischen und zuweilen zynischen Auffassung nichts. Vor allem sollten wir uns gerade jetzt davor hüten, Gemeinsamkeiten zu zerreden, die alle politisch verantwortlichen Kräfte in der Bundesrepublik selbstverständlich verbinden müssen. Das ist erstens unser Wille, diese Bundesrepublik als einen demokratischen Rechtsstaat nach innen und außen zu sichern. Das ist zweitens unsere Entschlossenheit, alles Notwendige zur Überwindung der kommunistischen Bedrohung unserer Freiheit zu tun. Das ist drittens unser energisches Bemühen um das Recht auf Selbstbestimmung für unser ganzes Volk und um Ausgleich mit allen unseren Nachbarn. Und das ist viertens, so hoffe ich, die Anerkennung der Notwendigkeit, daß politische Gegner in unserem Lande nicht wieder zu Feinden werden dürfen. Mancher mag sagen, die Übereinstimmung in diesen Grundsätzen sei nicht viel wert. Wesentlicher seien die Wege, die man zum gemeinsam angestrebten Ziel einschlagen wolle.

An diesem Einwand ist sicher etwas Richtiges. Gerade um die Wege, die wir in der deutschen Politik einschlagen können, geht es bei der Entscheidung am 17. September [1961].[2] Meine politischen Freunde und ich sind entschlossen, bei der Suche nach dem jeweils gangbaren Weg nicht dogmatisch und parteiegoistisch vorzugehen, sondern das Gespräch mit allen aufgeschlossenen Menschen in unserem Lande zu suchen. Ich möchte wünschen, daß sich auch die andere große Partei ihren Blick und die Sicht ihrer Verantwortung für das Ganze nicht durch Filzbrillen verdunkeln läßt, wenngleich manche ungereimte Äußerung des gegenwärtigen Regierungschefs diese Neigung erkennen läßt.

Unabhängige Wissenschaftler und Fachleute sollen bei der Gestaltung unseres öffentlichen Lebens ihr gewichtiges Wort sprechen können. Wir wollen keine Parteiregierung und keinen Konfessionsproporz bei der Besetzung öffentlicher Ämter.[3] Wir wollen eine Regierung bilden, die alle Gruppen und Kräfte des Volkes zu gemeinsamer Anstrengung und Arbeit zusammenführt. Das bedeutet nicht, es jedem recht machen zu wollen. Es ist vielmehr ein Appell an jeden einzelnen Bürger, sich seiner Mitverantwortung für unser aller Schicksal bewußt zu bleiben, über den Wahltag hinaus. Wir werden diese Politik eines neuen Stils und eines sachlichen Ausgleichs im freien Teil Deutschlands verfechten, vor und nach den Bundestagswahlen dieses Jahres.

Hierzu möchte ich einige Bemerkungen anfügen zu der Kritik, die das Regierungsprogramm,[4] das ich in Übereinstimmung mit meinen Freunden der deutschen Bevölkerung zur Entscheidung vorgelegt habe, bei unseren politischen Mitbewerbern gefunden hat. Diese vielfach an der Sache vorbeigehende Kritik ist darin begründet, daß sich die CDU/CSU natürlich von den Sozialdemokraten unterscheiden will. Es wäre naheliegend gewesen, das durch ein eigenes Programm zu tun. Man kann aber bei allem Wohlwollen den Kölner Appell der CDU[5] und den Münchner Aufruf der CSU[6] nicht als eine Aussage über die Grundlinien der Regierungspolitik der nächsten vier Jahre bezeichnen. Es sind Allgemeinplätze, die an Stimmungen appellieren, aber nicht erkennen lassen, in welcher Weise die Politik in den nächsten Jahren geführt werden soll.

Damit wird ein Gebot der Demokratie vernachlässigt: dem Staatsbürger die Unterscheidung zu ermöglichen zwischen den Zielen und Absichten der einzelnen Parteien. Mit einem Bekenntnis zum christlichen Abendland, zu einer Fortsetzung der Politik ohne Phantasie, ist es nicht getan. Es ist gewiß zutreffend, daß ein Wahlkampf immer mit starken Gefühlen verbunden sein wird, aber die Aufgabe demokratischer Parteien bleibt es gerade deshalb, Stimmungen soweit wie möglich mit Argumenten zu konfrontieren. Und ich habe bis heute von der gegenwärtigen Regierungspartei nicht gehört, welche sachlichen Argumente sie gegen das Regierungsprogramm der SPD vorzubringen hat. Die Argumentation, unser Programm sei finanziell nicht durchführbar, hat man längst eingestellt, nachdem die Prüfung von verschiedenen Seiten die Durchführbarkeit bestätigt hat. Es bleibt jetzt nur, die sachliche Notwendigkeit dessen zu diskutieren, was wir vorgeschlagen haben. Wir haben uns dabei nicht von parteiegoistischen Gesichtspunkten leiten lassen, sondern undoktrinär in das Regierungsprogramm aufgenommen, was nach objektiven Erkenntnissen notwendig ist, ohne das, was aus finanziellen oder sonstigen Gründen in den unmittelbar vor uns liegenden vier Jahren nicht verantwortet werden kann. Die Kritik der CDU an unserem Programm ist der Versuch, sich ein Alibi für Versäumnisse oder für den Mangel an einem eigenen Programm zu beschaffen.

Die gegenwärtige Regierungspartei sagt unserem Volk nicht, wohin die Reise in den nächsten vier Jahren gehen soll. Sie stützt sich in ihrer Argumentation auf eine überholte Farbenskala in der deutschen Politik, auf Begriffe, die seit langem unscharf geworden sind. Worte wie liberal, konservativ, sozial sind heute in dem, was sie sachlich meinen, nicht mehr ohne weiteres eindeutig. Sie bedürfen der Klärung durch den, der sie verwendet. Natürlich kann man sagen, konservativ sei eine Politik, die das erhalten will, was ist, und restaurativ sei eine andere, die etwas wiederherstellen will, was schon vergangen ist. Sozial ist selbstverständlich das christliche Gebot der Nächstenliebe, und Liberalität (etwa im Sinne von Theodor Heuss) ist ein Wesenszug jeder freiheitlichen modernen Demokratie.

Heute kommt es auf die Folgerungen an, die die einzelnen politischen Parteien aus diesen Ideen ziehen, wie sie diese Ideen verwirklichen wollen. Das kann man nur, wenn man genau sagt, was man in den verschiedenen Bereichen der Politik zu tun vorhat. Den Sozialdemokraten ist es bei ihrem Regierungskonzept genau darum gegangen. Sie haben ihren Mitbürgern gesagt, auf weiche Weise Freiheit, Gerechtigkeit und ein Zusammenleben, das von der Nächstenliebe und von der Solidarität bestimmt sein soll, heute zu gestalten sind. Sie haben damit den Sprung von überholten und starren Ideologien zu den lebendigen großen Ideen gewagt, die nach wie vor unser staatliches und persönliches Leben bestimmen müssen, wenn wir ein Volk und eine große Gemeinschaft bleiben wollen.

Eine unserer Zeit gemäße Antwort auf die Spannungen zwischen dem Einzelnen und der Gesellschaft kann man nicht in einer theoretischen Polarisierung von Staat bzw. Gesellschaft und Individuum finden, sondern nur durch ein Ausgleichen der Anliegen, die der einzelne Bürger an die Gesellschaft, an den Staat heranträgt, und den Forderungen, die die Gemeinschaft an ihre Bürger richten muß.

Die Sozialdemokraten sind mit der Reform ihrer politischen Vorstellungen einem alten Grundsatz treu geblieben: das offen zu sagen, was sie denken und wollen. Ich brauche mich nicht mit dem Einwand zu befassen, unser Programm sei ein Ergebnis opportunistischer Erwägungen. Wer die Geschichte der Sozialdemokratie und ihren Kampf für unser Volk kennt, weiß, daß ein solcher Vorbehalt nur bösem Willen oder Unkenntnis entspringen kann.

Aber es geht heute eben nicht mehr, daß man Politik einfach im Stile der Großväter weiter betreibt. Nicht nur die Bedingungen der Außenpolitik, auch die innenpolitischen Gegebenheiten haben sich in den letzten Jahrzehnten verändert. Eine politische Partei, die den Anspruch erhebt, unser Volk sicher in die Zukunft führen zu wollen, muß daraus ihre Folgerungen ziehen. Wer das bestreitet oder es jemandem anlastet, der einen solchen Weg gehen will, der kennzeichnet sich selbst als einen Anhänger großväterlicher Erinnerungen. Sie geben keine Konzeption für die deutsche Zukunft her.

Es verrät die Verlegenheit der gegenwärtigen Regierungspartei, wenn sie meinen politischen Freunden und mir vorwirft, in einen farblosen und langweiligen Wohlfahrtsstaat hineingleiten zu wollen. Der Begriff Wohlfahrt ist eine schlechte Übersetzung des englischen welfare, was sich eher mit Wohlergehen übersetzen und als der Anspruch jedes Menschen deuten läßt, ein glückliches Leben ohne Not und Furcht führen zu können. Dem Wort Wohlfahrt haftet im Deutschen das Odium einer von Standesvorurteilen noch belasteten Fürsorge an. Wir sprechen deshalb von einem modernen, sozialen Rechtsstaat. Diesen sozialen Rechtsstaat hat die Regierung Adenauer nicht geschaffen. Sie verwechselt das Recht häufiger als zuträglich mit den Auffassungen einer wandelbaren Parlamentsmehrheit, und sie hat eine Sozial- und Wirtschaftspolitik betrieben, die wenigen sehr viel zukommen ließ. Was ist das für eine politische Parole, die den arbeitenden Menschen in unserem Volk sagt, Bescheidenheit sei eine Tugend, die sich aber gleichzeitig auf zahlenmäßig kleine Gruppen stützt, die seit Jahren mit Hilfe dieser Bundesregierung einen übersteigerten Lebensstandard zu ihrem Götzen machen! Die Bärenjagden in den Karpaten oder die Spesenmißwirtschaft einzelner Krämerschichten sind nur zwei extreme Beispiele für die doppelte Moral einer solchen Politik. Ich möchte sie nicht einfach im alten Sinne kapitalistisch nennen, aber sie ist durch und durch unaufrichtig.

Ich halte nichts von einer verallgemeinernden Kritik am sogenannten Wohlstandsdenken, solange dieser Wohlstand so ungleichmäßig verteilt ist wie heute. Die Gefahren des Wohlstandes kann man schließlich nur am Verhalten derjenigen studieren, die ihn haben. Ich bin mit meinen Freunden der Auffassung, daß in einer entwickelten Industriegesellschaft jeder Bürger das selbstverständliche Recht hat, ohne materielle Sorgen leben zu können. Damit sind nicht alle Probleme des Lebens gelöst, aber man soll hier nicht Aufgaben der Bildung mit dem Gebot gleicher Startchancen für jeden und einer gerechten Verteilung des Wohlstandes verquicken oder verwechseln. Es ist leider kennzeichnend für das Denken der noch in Bonn regierenden Partei, daß sie unsere These vom doppelten Lebensstandard in einer Generation dahin hat mißverstehen können, wir wollten jedem sozusagen statt eines Autos nun zwei Autos geben und neben einem Fernsehgerät in der guten Stube noch ein zweites auf den Nachttisch stellen. Kaum etwas verrät die politische Moral des doppelten Bodens von vielen Politikern der CDU/CSU so deutlich wie dieses Mißverständnis. Wir haben in unserem Regierungsprogramm unmißverständlich gesagt, daß wir die Absicht haben, den steigenden Lebensstandard unseres Volkes auch für die Lösung von großen Gemeinschaftsaufgaben in der Gesundheits- und Verkehrspolitik, in Wissenschaft und Bildung, in der Sorge für unsere Alten und in der Familienhilfe einzusetzen. Das ist etwas völlig anderes als eine Politik, die dem Meistbietenden ihre Gunst erweist und die Mehrheit auf die Zehn Gebote verweist.

In der Eigenart der modernen Demokratie liegt es begründet, daß die politischen Aussagen der Parteien nicht zuletzt in den Personen deutlich werden, die sie für die Übernahme von Führungsaufgaben im Staat nominieren. Ich bin stolz darauf, daß die deutschen Sozialdemokraten unserem Volk vorgeschlagen haben, mir das Vertrauen zu geben, die Regierung unseres Landes verantwortlich zu führen. Ich habe nie einen Hehl daraus gemacht, daß ich nicht die Absicht habe, den autokratischen Regierungsstil des gegenwärtigen Bundeskanzlers fortzusetzen. Das sei gesagt, ohne die persönliche Leistung und die Eigenarten Konrad Adenauers Mißverständnissen aussetzen zu wollen. Aber außerdem entscheidet die Septemberwahl dieses Jahres nicht darüber, ob Konrad Adenauer oder ich die Führung der Regierung übernehmen. Die Deutschen haben im Grunde darüber zu befinden, ob sie den von den Sozialdemokraten vorgeschlagenen Bewerber oder Franz Joseph[7] Strauß wählen wollen. Ludwig Erhard, der Apostel einer nicht ganz so freien Marktwirtschaft, würde nur ein Statthalter sein können. Ich führe deshalb diesen Wahlkampf nicht so sehr gegen Konrad Adenauer als gegen die Ideenlosigkeit, einen ethisch verbrämten Krämergeist von Politikern der CDU/CSU und ihrer Exponenten. Strauß und ich würden uns noch deutlicher, als das heute schon sichtbar ist, in einer politischen Grundfrage unterscheiden: Ich will der deutschen Politik eine starke, beständige, verläßliche Führung geben. Strauß würde, so fürchte ich, der Politik in unserem Lande den Stempel seiner Herrschaft und den seiner Partei aufprägen wollen. Er würde den lebensnotwendigen Kreislauf der Ideen und der Gestaltung in einem demokratischen Gemeinwesen bei sich beginnen und enden lassen, ohne daß die übrigen Organe und Gruppen des Staates und der Gesellschaft eine andere Aufgabe behielten als die der Akklamation.

Unser Volk entscheidet deshalb am 17. September [1961] nicht nur zwischen zwei großen politischen Parteien, von denen die eine sagt, was sie will, und die andere sich einem arithmetischen Mittel von Opportunismus und Stimmungen anvertraut. Wir Deutschen entscheiden gleichzeitig darüber, welcher politische Stil unser Zusammenleben prägen soll. Dieses Zusammenleben muß frei bleiben von jeder dogmatischen, weltanschaulichen und ideologischen Erstarrung oder Verengung. Die Freiheitlichkeit unseres Staates darf nicht eingeschränkt werden durch das Bleigewicht einer pathetischen Vereinsmeierei und von den unterschiedlichen Graden der Wahrheit, für deren Differenzierung schon der bisherige Regierungschef einen so ausgeprägten Sinn entwickelt hat.

263 Artikel für *Die Neue Gesellschaft*, Juli–Aug. 1961

Wir wollen die Führung in der deutschen Politik übernehmen, weil wir zutiefst davon überzeugt sind, heute die politische Kraft zu sein, die darauf einen Anspruch erheben kann und muß. Ich möchte mich nicht zu den etwas verfrühten Überlegungen äußern, wer denn nach den Wahlen mit wem und unter welchen Bedingungen eine Koalition bilden könnte. Niemand weiß, ob die außenpolitische Entwicklung uns nicht sehr bald dazu zwingen könnte, innerstaatliche Erwägungen in den Hintergrund zu rücken. Wem es tatsächlich um ein Zusammenwirken aller Kräfte und fruchtbaren Ideen in der deutschen Politik geht, der kann aus dogmatischen oder taktischen Gründen keine mögliche Koalition ausschließen, sondern er wird bei dieser Entscheidung von der Sache ausgehen müssen. Über diese Sache aber äußern sich erst einmal die Bürger unseres Landes.

Ich schlage dem deutschen Volk eine Politik vor, die von einem aufgeschlossenen Wirklichkeitssinn, von einer unorthodoxen Vorstellungskraft und von einem starken Gestaltungswillen bestimmt sein wird. Ich vertraue darauf, daß unser Volk die Zeichen der Zeit versteht und mutig das Tor zu seiner Zukunft öffnet.

Nr. 38

Artikel des Kanzlerkandidaten der SPD, Brandt, für die *Süddeutsche Zeitung* 14. September 1961[1]

AdsD, WBA, A 3, 125.

Der Wahlkampf zum vierten deutschen Bundestag ist nun zuende. Er hat sich vor dem ernsten Hintergrund der Schandmauer und der neuen Atompilze vollzogen.[2]

Am Ende dieser innenpolitischen Auseinandersetzung steht die Frage, ob wir uns dieser besonderen Lage, in der sich unser Volk befindet, gewachsen gezeigt haben.

Ich empfinde einen gewissen Stolz darauf, dass meine Freunde und ich uns ständig bemüht haben, fair und sachlich zu bleiben. Wir haben es uns nicht leicht gemacht. Wir hatten dabei den Vorteil, dass wir unsere Grundforderung, das Gemeinsame über das Trennende zu stellen, nach dem 13. August [1961] nicht zu ändern brauchten. Das Verlangen nach Gemeinsamkeit in den Existenzfragen unserer Nation ist in diesen Wochen nur für jedermann überzeugend geworden. Unsere Forderung war auch vorher richtig. Jetzt weiss jeder, dass diese Forderung notwendig ist.

Wenn es nach uns gegangen wäre, hätte es spätestens seit dem 14. August [1961] eine enge Zusammenarbeit aller verantwortlichen Kräfte in der Bundesrepublik gegeben. Wir hätten den Wahlkampf im herkömmlichen Sinne beendet. Das bedeutet nicht, dass die Wahl selbst hätte vertagt werden müssen. Ein mündiges Volk kann sehr wohl auch ohne die Begleitmusik eines überhitzten Parteienstreits seine innenpolitische Entscheidung treffen. Wir hätten gelernt, uns über die Innenpolitik sachlich auseinanderzusetzen und nach aussen zusammenzustehen.

Ich muss meinen innenpolitischen Gegnern den Vorwurf machen, dass sie sich dieser Lage nicht gewachsen gezeigt haben. Sie haben zuweilen getan, als würde die deutsche Geschichte am 17. September [1961][3] zuende sein. Sie haben den Appell zur Gemeinsamkeit abgelehnt, obwohl sie selbst wissen, dass wir schweren Wochen entgegensehen, in denen uns bittere Rechnungen für manches Versäumnis der Vergangenheit präsentiert werden dürften. Keine Partei wird die dann fälligen Entscheidungen allein auf ihre Schultern nehmen können.

Wir werden das Panier der deutschen Selbstbestimmung nicht sinken lassen dürfen. Das ist die Selbsterhaltungspflicht der Demokratie, es ist unsere nationale Pflicht und es entspricht unserer Verantwortung gegenüber unseren Freunden in der Welt, wenn nicht der 13. August [1961] auch die Geburtsstunde von Geistern werden soll, die wir ein für allemal verbannen müssen.

Die letzten Wochen haben aber auch eine Reihe von Vorurteilen über die Menschen in der Bundesrepublik revidiert. Es ist ein tiefer

Schock durch unser Volk gegangen, der diejenigen Lügen straft, die gemeint haben, alle unsere guten Eigenschaften, Fleiss, Gründlichkeit und Tüchtigkeit seien in die Ellenbogen gerutscht und würden nur noch zum persönlichen Fortkommen eingesetzt werden. Die geistigen und moralischen Kräfte, die unserem Volk oft abgesprochen werden, sind in Wahrheit vorhanden. Sie sind nur nicht geweckt worden; aber wir werden sie brauchen.

Die bisherige Bundesregierung hat es nicht verstanden, die moralischen Kräfte unseres Volkes zusammenzufassen. Sie ist dafür verantwortlich, wenn heute die Gefahr besteht, dass wir in die vor uns stehende Krise mit der Belastung der inneren Zwietracht hineintaumeln. Das ist eine Schuld, an der wir alle schwer zu tragen haben werden. Ich hoffe, dass es keine historische Schuld ist.

Die CDU/CSU hat in der letzten Phase des Kampfes zu der Waffe der Verleumdung gegriffen.[4] Es hat Angriffe gegen mich gegeben, die wörtlich mit den Angriffen der Kommunisten in Ost-Berlin gegen mich übereinstimmen. Man ist so blind geworden, nicht zu merken, wenn man aus dem gleichen Verleumdungskübel wie Ulbricht schöpft.

Die CDU/CSU hat nicht einmal gezögert, unserem gemeinsamen erbitterten Widersacher in die Hände zu spielen, indem sie ihn zum Schiedsrichter anrief. Ich empfinde das als eine zutiefst unwürdige Haltung.

In diesen letzten Tagen des Wahlkampfes sollte das Volk in eine neue Verwirrung gestürzt werden. Die CDU/CSU ist mit Adenauer als ihrem Spitzenkandidaten in den Wahlkampf gezogen. Sein Kopf ist immer noch auf den Plakaten. Es gibt keine andere Erklärung als die, dass der Kanzlerkandidat der CDU/CSU Adenauer heisst.

Nun versucht man, den Eindruck zu erwecken, als ob die [CDU/]CSU mit dem Gedanken kokettiert, Adenauer durch Erhard zu ersetzen. Das bedeutet, vom Wähler einen Blankoscheck zu verlangen, den die [CDU/]CSU nach der Wahl ihrem Parteiinteresse entsprechend ausfüllt. Drei Tage vor der Wahl ist die CDU/CSU in einer Situation, in der sie zwar von Stabilität einer Regierung redet, in Wahrheit aber dem deutschen Volk mehrere Regierungsumbildungen während der vor uns liegenden vier Jahre ankündigt.

Sie verlangt eine starke Regierung und lehnt trotzdem die Gemeinsamkeit ab. Sie erzeugt ein Zwielicht zwischen Adenauer und Erhard in der Annahme, dass niemand sich danach fragt, was nach Erhard kommt. Professor Erhard ist ein guter Wirtschaftsminister, aber ich glaube nicht, selbst wenn man der Meinung des derzeitigen Bundeskanzlers nicht folgt,[5] dass Erhard von Politik nichts verstehe, dass er die Regierung zusammenhalten oder Franz-Joseph[6] Strauss daran hindern könnte, die oberste Sprosse zu besteigen. Keine deutsche Regierung der nächsten vier Jahre könnte den Streit dieser beiden Männer um die Führung ertragen.

Die Stabilität einer starken Regierung auf breiter Basis, die für Sicherheit und Frieden sorgt, kann nach Lage der Dinge nur gewährleistet werden, wenn meine Freunde und ich die Mehrheit erhalten. Die Risse in der CDU/CSU-Führung disqualifizieren sie, in der nächsten Legislaturperiode die Führung zu übernehmen.

Die CDU/CSU sucht heute, drei Tage vor der Wahl, einen Kanzlerkandidaten. Unser Volk aber wird sich am Sonntag entscheiden müssen. Es ist die Entscheidung zwischen einem doppelten Ja und einem doppelten Nein, zwischen dem Ja und Nein zu unserem grossen Programm der nationalen Notwendigkeiten, mit dessen Hilfe wir unseren Staat zu einer Heimstätte für alle ausgestalten können. Am kommenden Sonntag wird aber auch entschieden zwischen dem Ja und Nein zur gemeinsamen Verantwortung in den Lebensfragen unseres Volkes.

Ich vertraue auf den Sinn für Anstand, für Fairness und für Selbstvertrauen in unsere eigene Zukunft. Gemeinsam wird es leichter sein, für die Erhaltung des Friedens wirklich etwas zu tun. Ich weiss, dass Millionen von Menschen dies genauso empfinden. Das gilt gerade für die Stillen im Lande, die sich kopfschüttelnd abgewendet haben, weil ihr Vertrauen missbraucht worden ist. Ich hoffe, dass jeder einzelne dieser Menschen an unsere Landsleute hinter dem Stacheldraht denkt, die am Sonntag eine Wahl ohne Urne vornehmen müssen.[7] Im freien Teil unseres Landes hat jeder wirklich das Recht, zu entscheiden und zu bestimmen. Ich kann nur wünschen, dass alle diese Menschen keine Furcht haben und ihrer inneren Stimme folgen. Ich bin überzeugt, dass wir mit einer starken neuen Regierung auf einer möglichst breiten Basis die vor uns liegenden Schwierigkeiten meistern werden.

Nr. 39

Hs. Notiz des Regierenden Bürgermeisters von Berlin, Brandt 20. September 1961[1]

AdsD, WBA, A 6, 63 (alt).

1. Am Montag 18.9.[1961] war ich von 16[.00] – 17.00 [Uhr] in der Godesberger Wohnung von B[undes]T[ags]-Präsident Dr. Gerstenmaier.

Ich legte ihm dar, weshalb es jetzt einer offenen Orientierung der Parteivertreter durch den amtierenden Bundeskanzler bedarf und schilderte ihm, was aussenpolitisch auf uns zukommt. G[erstenmaier] sagte, er sei über diese Dinge nur als Zeitungsleser orientiert. Aber er bestreite nicht, dass sich ein Notstand ergeben könnte, der über die gemeinsame Beratung hinaus die gemeinsame Regierungsverantwortung erforderlich machen würde.[2]

Es wurden die verschiedenen Möglichkeiten im Zusammenhang mit der bevorstehenden Kanzlerwahl und Regierungsbildung zwanglos erörtert. G[erstenmaier] ging hierbei davon aus, dass Erhard der Nachfolger Adenauers sein würde. Er selbst würde sich nur unter ganz aussergewöhnlichen Umständen bereitfinden können, für die Kanzlerschaft zur Verfügung zu stehen.

2. Am Dienstag 19.9.[1961] war ich vormittags – nach Verabredung zwischen den Herren Bahr und Schmückle – für eine gute halbe Stunde bei F[ranz]-J[osef] Strauss in dessen Bonner Privatwohnung.

Ich appellierte an sein Wissen um den Ernst der auf uns zukommenden Belastungen und Entscheidungen. Ihn selbst schien dabei

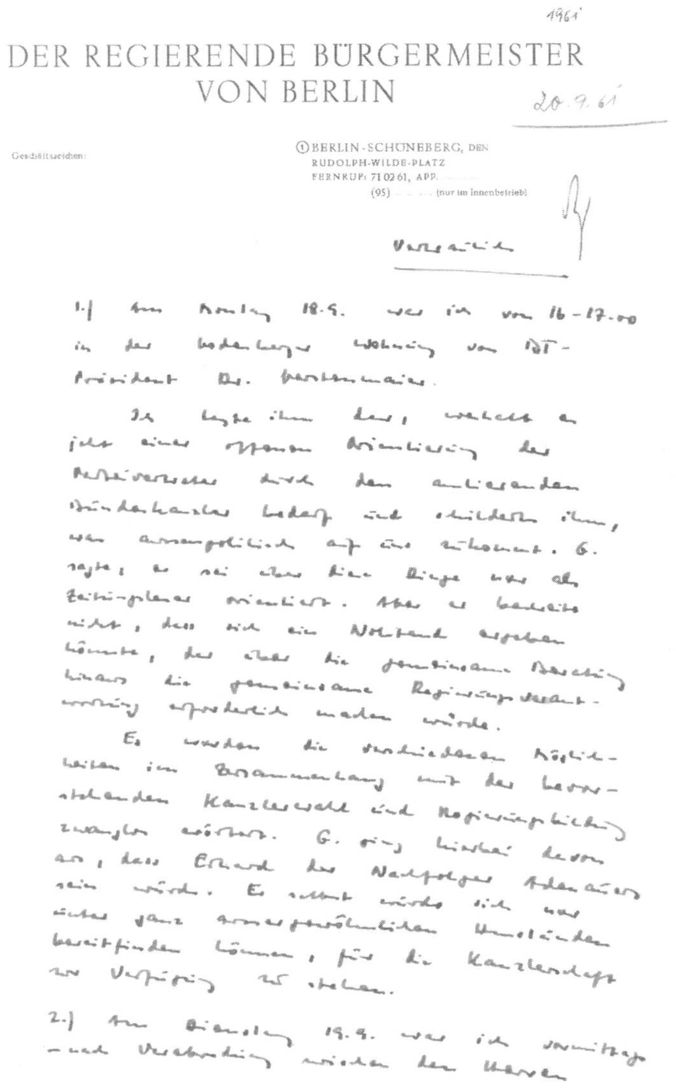

1961

DER REGIERENDE BÜRGERMEISTER
VON BERLIN

20.9.61

Geschäftszeichen:

① BERLIN-SCHÖNEBERG, DEN
RUDOLPH-WILDE-PLATZ
FERNRUF: 71 02 61, APP.
(95) .... (nur im Innenbetrieb)

Vertraulich

1.) Am Montag 18.9. war ich von 16–17.00 in der [illegible] Wohnung von BT-Präsident Dr. Gerstenmaier.

Ich sagte ihm dass, weshalb es jetzt einer offenen Orientierung der Parteivorsitzenden durch den amtierenden Bundeskanzler bedarf und schilderte ihm, was aussenpolitisch auf uns zukommt. G. sagte, er sei über diese Dinge nur als Zeitungsleser orientiert. Aber er bestreite nicht, dass sich ein Notstand ergeben könnte, der über die gemeinsame Beratung hinaus die gemeinsame Regierungsverantwortung erforderlich machen würde.

Es wurden die verschiedenen Möglichkeiten im Zusammenhang mit der bevorstehenden Kanzlerwahl und Regierungsbildung zwanglos erörtert. G. ging hierbei davon aus, dass Erhard der Nachfolger Adenauers sein würde. Er selbst würde sich nur unter ganz aussergewöhnlichen Umständen bereitfinden können, für die Kanzlerschaft zur Verfügung zu stehen.

2.) Am Dienstag 19.9. war ich vormittags – nach Verabredung zwischen den Herren

„Vertrauliche Notiz" Willy Brandts über ein Gespräch mit Bundestagspräsident Eugen Gerstenmaier, 20. September 1961

besonders zu beschäftigen, dass die Souveränität der Bundesrepublik auf verteidigungspolitischem Gebiet eingeengt werden könnte.

Er bejahte vollinhaltlich den Vorschlag der Orientierung und gemeinsamen Beratung. Hieraus sollte seiner Meinung nach etwas Beständiges werden.

Für den Fall eines noch klarer sichtbaren Notstandes wollte er auch die Möglichkeit eines Allparteien-Kabinetts nicht ausschliessen.[3] Im übrigen sei über die Regierungsbildung noch nichts entschieden. Er werde dem Kanzler im Laufe des Vormittags einige Vorschläge und bittere Wahrheiten namens der CSU übermitteln.

Auf den Wahlkampf nahmen wir beide nur mit wenigen Sätzen Bezug.

Str[auß] meinte, man müsse sich doch einmal eingehender unterhalten. Ob ich nicht einmal eine Einladung zum Essen bei ihm annehmen würde. Ich lehnte dies nicht ab.

Er fragte, ob er meinen Vorschlag betr. Orientierung und gemeinsame Beratung als parteioffiziell betrachten und davon Gebrauch machen könne. Ich bejahte dies und fügte hinzu, er könne auch von der Tatsache der Unterhaltung mit mir Gebrauch machen.
<Br[andt]>[4]

Nr. 40

Schreiben des Regierenden Bürgermeisters von Berlin, Brandt, an den stellvertretenden Vorsitzenden der SPD Wehner 3. Januar 1962[1]

AdsD, WBA, A 6, 33 (alt).

Lieber Herbert,
habe noch einmal Dank für Deinen Brief vom 17. Dezember [1961], über den ich mich – nicht nur wegen der Glückwünsche zum Ge-

burtstag – gefreut habe.[2] Meine guten Wünsche zum neuen Jahr möchte ich für Dich und die Deinen wiederholen.

Das Gespräch zwischen uns kann nun leider erst stattfinden, wenn ich aus Tunesien zurück sein werde. Ich werde mich nach der Rückkehr aus dem Urlaub melden, damit wir uns über Ort und Termin verständigen. Wahrscheinlich ist es am zweckmäßigsten, wenn wir es mit meinem nächsten Aufenthalt in Bonn verbinden.

Heute möchte ich mich nur kurz zu folgenden Punkten äußern:

1. Wie Du weißt, hat sich hier „senatsseitig" einiges verändert.[3] Karl Schiller wird es als Wirtschaftssenator nicht leicht haben, vor allem, da er bis auf weiteres auch keinen Senatsdirektor hat. Aber ich bin überzeugt, daß er uns wertvolle Energien zuführen wird. Heinrich Albertz hat sich, nach allem, was ich übersehen kann, schon in wenigen Tagen gut in sein neues Ressort eingearbeitet. Klaus Schütz sind Vorschußlorbeeren erspart geblieben. Das ist gar nicht so schlecht, denn er kann nun beweisen, daß die hier und da zum Ausdruck gebrachte Skepsis nicht berechtigt ist. Ernst Sünderhauf als neuer Chef der Senatskanzlei bringt nicht nur die Erfahrungen als Reinickendorfer Stadtrat und als Senatsdirektor der Finanzverwaltung mit. Er ist ja auch ein alter Parteihase, der auf seine Weise mithelfen wird, meine verschiedenen Tätigkeiten vernünftig zu koordinieren. Als neuen Persönlichen Referenten haben wir uns für Assessor Staar entschieden, der mich während der ganzen Deutschlandreise und während des eigentlichen Wahlkampfes begleitet hatte. – Ich halte es nebenbei gesagt für durchaus erwünscht, wenn sichtbar wird, daß Genossen, die sich bewährt haben, auch in der Verwaltung vorankommen.

2. Was den Parteitag in Köln betrifft, bin ich selbstverständlich bereit, ein Referat zu übernehmen, das etwas über die Stellung Deutschlands in der heutigen Welt aussagt.[4] Ich bitte nur zu überlegen, ob man den Rahmen nicht so setzen könnte, daß neben der „Außenpolitik" auch – hoffentlich fundierter als bisher – etwas zu den vernachlässigten Gemeinschaftsaufgaben gesagt werden könnte. Den Gedanken, ein besonderes Referat zur Lage und zu den Aufgaben der jungen Generation vorzusehen, halte ich für sehr erwägenswert.

Wenn noch ein „Fachthema“ gefunden werden soll, sollte man überlegen, ob wir nicht jemanden finden können, der sich gründlich und wirksam mit den Problemen der Volksgesundheit befaßt.

3. Zur Frage der Parteispitze hatte ich vor Weihnachten in Paris ein Gespräch mit Fritz [Erler]. Ich hatte den Eindruck, daß er aus durchaus nicht egoistischen Gründen für eine Konstellation ist, die ihn mit ins Spiel bringt. Dies ist wohl im besonderen eine Sache, über die wir noch einmal in aller Ruhe sprechen sollen.

4. Eine Beschlußfassung über den „Planungsstab“ sollten wir tatsächlich aufschieben, bis wir den Parteitag hinter uns gebracht haben.[5] Ich habe Klaus Schütz gebeten, inzwischen mit Alfred [Nau] und Dir beziehungsweise Erich [Ollenhauer] zu sprechen, damit einige praktische Dinge anlaufen können. Es geht einmal darum, daß ich die hier noch immer reichhaltig anfallende Korrespondenz weiterhin bearbeiten lassen kann. Es geht zum anderen auch darum, daß man beginnen sollte, den einen oder anderen Auftrag zu vergeben, der Planungsaufgaben betrifft und der einen in die Lage versetzen würde, konkreter als bisher darzulegen, worum es eigentlich geht. Ich weiß nicht, ob schon zugunsten einer „Forschungsstelle“ beim PV entschieden ist.[6] Es gibt hierzu auch Anregungen von [Ulrich] Lohmar, die man prüfen sollte. Er geht davon aus, daß gewisse Verbindungen zu jüngeren nicht parteigebundenen Wissenschaftlern besser unter der Firma der Fraktion gepflegt werden könnten. Mit Werner Steltzer, der die Leitung unseres neuen Informationszentrums[7] übernommen hat, werde ich heute darüber sprechen, wie wir ihn und andere aus dem Kreis um Dr. Robinsohn vernünftig mit unserer Arbeit verbinden können.[8] Aber es kommen ja noch viele andere Dinge hinzu, so auch der gar nicht unwichtige Kontakt zur Gruppe 47.[9]

Mit herzlichen Grüßen
Dein
gez. Willy Brandt

Nr. 41

Schreiben des stellvertretenden Vorsitzenden der SPD Brandt an den Vorsitzenden der SPD, Ollenhauer, den stellvertretenden Vorsitzenden der SPD Wehner und den Schatzmeister der SPD, Nau

4. Juni 1962

AdsD, WBA, A 6, 33 (alt).

Liebe Freunde,
im Anschluß an unsere kurze Unterhaltung am Mittwochnachmittag, möchte ich gern darauf hinweisen, dass meine terminlichen Verpflichtungen in Berlin – jedenfalls in den nächsten Monaten – den Vorrang haben müssen. Mein Auftreten in Westdeutschland sollte unbeschadet der neuen Funktion[1] „überparteilich" sein, wo es die Notwendigkeiten erfordern. Auslandsaufenthalte werden von mir aus auf ein Minimum reduziert (bisher nur: Anfang Oktober, Harvard Universität)[2]. Mein Sommerurlaub ist für Mitte Juli bis Mitte August vorgesehen (wahrscheinlich Norwegen).

Im übrigen möchte ich folgende Punkte festhalten:

1. Über mein Büro im Parteihaus werde ich bei nächster Gelegenheit mit Alfred [Nau] sprechen.

Hierbei wird auch die Frage einer Sekretärin, die das Büro betreut, zu klären sein.

Die Frage eines weiteren Mitarbeiters wird sich aus der Notwendigkeit ergeben, einen Sekretär für die in Aussicht genommene Planungsgruppe zu bestellen.

2. Das Büro in der Müllerstraße wird aufrechterhalten als Berliner Büro des PV und damit auch des in Berlin tätigen stellvertretenden Parteivorsitzenden. Neben Jochen Holtz als Sekretär gehören diesem Büro Jule Hammer (nebenberuflich) und Wolfgang Müller (auf Honorarbasis) an.

3. Ich werde meinen Persönlichen Referenten Winfried Staar – bei dem mein Terminplan geführt wird – beauftragen, eine Verfah-

rensregelung zu entwerfen, die das gute Zusammenwirken zwischen den Bonner und Berliner Büros und meinem Büro im Rathaus gewährleistet. Dies gilt auch für die Unterrichtung des Berliner Landesvorstandes sowie für den Kontakt zwischen meinem Pressechef und der Presseabteilung des P.V.

4. Wegen der Sitzungen des Präsidiums ist vorgesehen, daß ich – wenn nicht etwas Außergewöhnliches dazwischen kommt – jedenfalls an jedem ersten Montag in Bonn bin, und zwar auch schon zu Vorbesprechungen am Vormittag. Es ist vereinbart worden, daß das Präsidium einmal im Monat in Berlin tagt. Ich würde vorschlagen, hierfür jeden 3. Montag im Monat in Aussicht zu nehmen.

Klaus Schütz sollte als mein Vertrauensmann für die Verbindung mit der Arbeit des Präsidiums sorgen und in meiner Abwesenheit auch Gelegenheit haben, meine Vorschläge zu unterbreiten.

5. Von Wichtigkeit erscheint es mir, daß wir uns kurzfristig über eine mögliche Reorganisation der Arbeit im Parteihaus verständigen. Wenn auch hierüber erst in der zweiten Juliwoche näher gesprochen werden sollte, ist es doch wichtig, daß schon einige Vorarbeiten geleistet werden, d. h.:

a) Herbert [Wehner] sollte die Gedanken zu Papier bringen, die er Mittwochnachmittag skizziert hat.

b) Alfred [Nau] sollte nach einem Gutachter bzw. einer Firma Ausschau halten, die wir damit beauftragen könnten, wie wir unseren „Betrieb" den heutigen Gegebenheiten entsprechend so effektiv wie möglich gestalten können.

6. Ich möchte die schon vor Monaten erörterte Planungsgruppe[3] bilden und darf Euer Einverständnis voraussetzen, daß ich hierüber in der nächsten Präsidiumssitzung meine Vorstellungen vortrage. Im einzelnen möchte ich heute auf folgende Punkte hinweisen:

a) Wir waren uns darüber einig, daß die Planungsgruppe keine Entscheidungskörperschaft ist, sondern ein Organ, mit dessen Hilfe einer der beiden stellv.[ertretenden] Vorsitzenden – vor allem langfristige – Entscheidungen des PV vorzubereiten hilft.

b) Wir waren uns weiter darüber einig, daß – neben mir – Herbert [Wehner] der Planungsgruppe angehört. Ich würde im übrigen davon ausgehen, daß der Vorsitzende und der Schatzmeister vor jeder Zusammenkunft der Gruppe unterrichtet werden und sie entscheiden, ob sie selbst teilnehmen wollen.

c) Wegen der Verzahnung mit der Arbeit der Fraktion würde ich die regelmäßige Mitarbeit von Fritz Erler (eventuell zu vertreten durch Karl Mommer) für erwünscht halten.

d) Objektiv erwünscht wäre die Mitarbeit von je einem Genossen für die Arbeitsgebiete: Länder, Gemeinden, Gewerkschaften. Es ist jedoch nicht erforderlich, daß hierfür sofort eine Lösung gefunden wird. Wir können uns auch mit der Methode des Hinzuziehens von Fall zu Fall begnügen, die ohnehin auf anderen Gebieten wird angewendet werden müssen.

e) Der Planungsgruppe sollten weiter angehören:
der zu bestellende Sekretär der Planungsgruppe,
Klaus Schütz,
Karl Garbe,
der verantwortliche Mitarbeiter des Grundlagenreferats, nachdem auf diesem Gebiete die entsprechenden Erfahrungen vorliegen,
ein Vertreter des Godesberger Instituts,
ein noch zu bestimmender Mitarbeiter auf dem Gebiet der Publizistik.

f) Für die sekretariatsmäßige Betreuung der Planungsgruppe habe ich bisher keinen personellen Vorschlag. Es sollte vielleicht noch einmal geprüft werden, ob hierfür Herm[ann] Bortfeldt, den ich leider nicht näher kenne, in Betracht käme.

g) Ich würde in Aussicht nehmen, daß die Planungsgruppe zweimal im Monat zusammentritt, am besten am Freitag. (In meinem Terminplan sind der 1. und 3. Freitag für Verpflichtungen außerhalb Berlins reserviert.)

7. Der Vorschlag Waldemars [von Knoeringen] bzw. der Auftrag des Stuttgarter Parteitages,[4] ein wissenschaftliches Büro zu errichten, sollte wie folgt verwirklicht werden:

a) beim PV wird ein Referat für Gruppenarbeit, dabei insbesondere für die Beibringung der für unsere Arbeit erforderlichen wissenschaftlichen Unterlagen, eingerichtet.[5] Für dieses Referat könnte Gen[osse] Helfer in Betracht kommen, falls er nicht durch seine kulturpolitischen Arbeiten in Anspruch genommen bleibt. Außerdem sollte eine Form gefunden werden, Ulrich Lohmar fest in diese Tätigkeit einzubinden.

b) es werden die erforderlichen Absprachen getroffen, um die Möglichkeiten der [Friedrich-]Ebert-Stiftung in vollem Umfang nutzbar zu machen.

c) es werden die erforderlichen Kontakte zu Instituten und Einzelwissenschaftlern organisiert und hierfür entsprechende Mittel zur Verfügung gestellt. (Hierbei ist auch eine Besprechung mit Dr. Robinsohn erforderlich, um die Möglichkeiten des durch ihn betreuten Klubs zu erläutern.)[6]

d) das Grundlagen-Referat steht auch der Bildungsarbeit zur Verfügung, die als eine wichtige Sache der Organisation zu betrachten ist.

e) statt des Beirats könnte ein geeignet zusammengesetzter Ausschuß für Bildungsarbeit eingesetzt werden, der auch die ihm geboten erscheinenden Empfehlungen für Aufträge an das Grundlagen-Referat aussprechen kann.

8. Im Parteihaus wird eine den Erfordernissen unserer Arbeit entsprechende Handbibliothek eingerichtet. Hierzu wird der geeignete Bestand der bisherigen Bibliothek eingebracht.

Im übrigen wird mit der Ebert-Stiftung ein Vertrag geschlossen, der das Archivmaterial der Partei in deren Hände bringt – unter der Voraussetzung, daß in geeigneten Räumlichkeiten die Gewähr fachlicher Betreuung ebenso gewährleistet ist wie die Möglichkeit wissenschaftlicher Arbeit.[7]

Mit freundlichen Grüßen
W[illy] B[randt]

Nr. 42

Aus dem Schreiben des stellvertretenden Vorsitzenden der SPD Brandt an den Vorsitzenden des Landesverbandes der SPD Bayern, von Knoeringen
8. Juni 1962

AdsD, WBA, A 6, 33 (alt).

Lieber Waldemar,
in Köln hat sich leider keine Möglichkeit ergeben, nach dem Abschluß des Parteitages noch miteinander zu sprechen.[1] Ich glaube, es war im ganzen kein schlechter Parteitag, und ich bin sehr froh darüber, daß sich Dein Ausscheiden aus der Gruppe der Vorsitzenden beziehungsweise mein Einrücken in Deine Stelle in so erfreulichen Formen abgespielt hat.[2] Du wirst ja selbst gespürt haben, wie sehr Du das Ohr des Parteitages hattest und welch gute Gefühle unserer Freunde Dich begleiteten.

Wegen der Fragen, die Dich im besonderen Maße interessieren und über die wir gemeinsam mit [Hans-]Jochen Vogel und Klaus Schütz gesprochen haben, werde ich am kommenden Montag in Bonn Unterhaltungen führen. Ich glaube, daß wir um eine grundlegende Reorganisation des Parteihauses nicht herumkommen. Neben der Planungsgruppe,[3] für die ich verantwortlich zeichnen werde und die sich weniger mit taktischen als mit strategischen Fragen zu befassen haben wird, sollten wir als nächsten Schritt ein Grundlagenreferat bilden,[4] das praktisch die Aufgaben eines wissenschaftlichen Büros erfüllt beziehungsweise diese vorbereitet. Für dieses Referat käme wohl unser Freund [Klaus] Helfer in Betracht, falls er nicht überwiegend durch seine kulturpolitischen Arbeiten in Anspruch genommen bleibt. Ich denke, es läßt sich eine Form finden, Ulrich Lohmar fest in diese Tätigkeit einzugliedern. Sodann sind jene Absprachen zu treffen, die uns einmal die Möglichkeiten der [Friedrich-]Ebert-Stiftung nutzbar machen und die Arbeitskontakte zu anderen Instituten und Einzelwissenschaftlern garantieren.

Das Grundlagenreferat, das in der Planungsgruppe vertreten sein muß, sollte andererseits auch der Bildungsarbeit zur Verfügung stehen. Statt des empfohlenen Beirats scheinen die beiden anderen Vorsitzenden und Alfred Nau eher einen geeignet zusammengesetzten, nicht allzu großen Ausschuß für die Bildungsarbeit anzustreben, der auch die ihm geboten erscheinenden Empfehlungen für Aufträge an das Grundlagenreferat aussprechen kann.

Ganz egal ob Beirat oder Ausschuß, halte ich es für dringend geboten, daß Du an dieser Arbeit maßgebend beteiligt bleibst; dazu hast Du ja auch Dein Einverständnis erklärt. Darüber hinaus wäre ich natürlich außerordentlich dankbar, wenn ich auch für die strategischen Überlegungen der Planungsgruppe auf Deine Mitarbeit rechnen könnte. Vielleicht läßt du mich gelegentlich wissen, ob Du das für möglich hältst. Ich wäre durchaus mit einer Form einverstanden, die Dich terminlich nicht zu stark in Anspruch nimmt.[5]

[...]

Mit herzlichen Grüßen

Dein

(Willy Brandt)

Nr. 43

Schreiben des stellvertretenden Vorsitzenden der SPD Brandt an den Mitarbeiter des SPD-Parteivorstands Bortfeldt 7. Juli 1962

AdsD, WBA, A 6, 34 (alt).

Lieber Hermann Bortfeldt!

Wir haben ja am Montag nur sehr kurz miteinander sprechen können. Aber ich höre, daß es inzwischen ein Gespräch mit Klaus Schütz, Karl Garbe und Heinz Castrup gegeben hat und daß Du daraufhin einige der von Dir zu betreuenden Aufgaben skizzieren wirst.

Von mir aus möchte ich die Ergebnisse einer Besprechung festhalten, die am Mittag des 2. Juli [1962] stattgefunden hat und an der die drei Vorsitzenden, Alfred Nau, Fritz Erler, [Klaus] Schütz und [Karl] Garbe teilnahmen. Ich habe dort darauf hingewiesen, daß jedenfalls folgende Dinge rasch angepackt bzw. weitergeführt werden müssen:

1. a) Zusammenfassung vorliegender Untersuchungen über die Bundestagswahl, gegebenenfalls durch einige zusätzliche Arbeiten zu ergänzen ‹, auch betr. NRW›.[1] Jedenfalls muß dieses Material im Laufe des Herbstes fertig sein.

b) Anfang nächsten Jahres müssen die Ergebnisse der Landtagswahlen[2] ausgewertet und mit den Untersuchungen über die Bundestagswahl auf einen Nenner gebracht werden. Praktisch handelt es sich dabei um die Planungsgrundlagen für 1965.

2. Wir müssen in den nächsten Monaten intensiv daran arbeiten, daß die vier in meinem Kölner Referat behandelten Gemeinschaftsaufgaben[3] so sehr wie möglich konkretisiert werden.

a) Mit Klaus Helfer besprechen, wann jenes Gebiet bearbeitet sein wird, das unter dem Arbeitstitel Z II[4] läuft.

b) Für das Thema „Alter“ sollte ein Schwerpunkt auf jener Konferenz gebildet werden, die im Oktober anläßlich des Berlin-Treffens[5] durchgeführt wird.

c) Das Thema „Gesundheit“ muß mit dem neu zu bildenden Fachausschuß durchgeackert werden. Inzwischen könnte man vielleicht jemanden ansetzen, der uns über den neuesten Stand in der Krebsforschung und der Mittel gegen den Herzinfarkt unterrichtet.

d) Ein oder zwei geeignete Mitarbeiter sollten angesetzt werden, um das zum Teil ausgezeichnete Material zusammenzutragen und für unsere Zwecke auszuwerten, das beim Deutschen Städtetag und beim Deutschen Gemeindetag vorhanden ist. Als Thema muß klar werden, was für den einzelnen Menschen von der Stadterneuerung abhängt.

3. Mit unseren Wirtschaftlern muß gesprochen werden, wie wir wirksam in die Debatte über Löhne und Preise einsteigen können, wie Herbert Wehner meint: unter besonderer Berücksichtigung der Interessen des Sparers.

4. füge ich hier hinzu, wenn auch in der Besprechung am 2. [Juli 1962] nicht ausführlich erwähnt: ich bereite für Anfang Oktober zwei Vorlesungen an der Harvard Universität vor, die im unmittelbaren Anschluß daran in Amerika und in Deutschland als kleines Buch veröffentlicht werden.[6] Darin sollen Fragen der Koexistenz und einer wirksamen Zusammenarbeit innerhalb der nichtkommunistischen Welt behandelt werden. Wenn es gelingt, das Thema in den Griff zu bekommen, würden wir also hierdurch einen Beitrag für unsere außenpolitische Meinungsbildung zur Verfügung haben.

Über persönliche Fragen müssen wir nach dem Urlaub eingehend sprechen. Heute nur folgende Hinweise: Carlo [Schmid] sollte so stark wie möglich beteiligt werden, insbesondere auch dadurch, daß ihm Ausarbeitungen zur Begutachtung vorgelegt werden. Dies sollte auch auf den betreffenden Fachgebieten für Deist, Möller, ‹Waldemar v[on] K[noeringen],›[7] Helmut Schmidt und andere PV-Mitglieder gelten.

Die Mitarbeit von [Ulrich] Lohmar ist wichtig. Möglicherweise übernimmt er den Vorsitz eines Fachausschusses „Wissenschaft und Politik“. Dann könnte er darüber hinaus einen weiteren Kreis von Nahestehenden betreuen, wozu es ja im vergangenen Jahr wichtige Ansätze gegeben hat.

Fritz Erler hält die möglichst rasche Mitarbeit von Fritz Schäfer für erwünscht. Das hätte den Vorteil, daß damit auch ein gewisser Kontakt zu den Ländern hergestellt wäre, denn Schäfer kümmert sich ja auch um die Koordinierung unserer Bundes- und Landespolitik.

Werner Steltzer, der mir im vorigen Jahr sehr geholfen hatte, und der jetzt unser Informationszentrum in Berlin leitet, sollte für Einzelaufgaben herangezogen werden. Das gilt auch für Klaus Voigdt, der jetzt bei der „Deutschen Welle“ ist. Klaus von Dohnanyi in München hat seine Mitarbeit angeboten. Wir sollten darauf zurückgreifen, was allerdings wegen gewisser Spannungen zwischen den Godesbergern[8] und Dohnanyi nicht ganz einfach ist.

Zur Mitarbeit angeboten hat sich Edzard Reuter, der Justitiar bei der UFA war und jetzt Geschäftsführer jener Fernsehproduktionsgesellschaft in München ist, die wohl in erster Linie durch Bertelsmann getragen wird. Wir müssen darüber sprechen, wie wir R[euter] vielleicht für Sonderaufgaben heranziehen können.

Wichtig ist natürlich auch im Hause eine gute Zusammenarbeit mit Klaus Helfer, dem das Grundlagen-Referat anvertraut werden wird.
Mit den besten Grüßen
(Willy Brandt)

Nr. 44

Hs. Schreiben des stellvertretenden Vorsitzenden der SPD Brandt an den Vorsitzenden der SPD, Ollenhauer
25. Juli 1962

AdsD, NL Ollenhauer, Mappe 254.

Lieber Erich,
wir sind schon anderthalb Wochen in der Einsamkeit der norwegischen Berge. Es ist wirklich grossartig und sehr erholsam. Mit dem Wetter haben wir bisher auch Glück gehabt. Die Gedanken sind allerdings immer wieder in Berlin (von wo ich regelmässig höre) und auch in Bonn.

Von Genf ist, was unsere Fragen angeht, sicherlich auch diesmal kein Fortschritt zu erwarten.[1] Ich fürchte, wir müssen uns darauf einstellen, dass es im weiteren Verlauf des Jahres doch zu dem Separatvertrag[2] kommen könnte – vielleicht bei Ausklammerung der „Westberlin-Frage".

Ich arbeite hier etwas an den Vorlesungen über Fragen der Koexistenz, zu denen mich die Harvard-Universität für Anfang Oktober eingeladen hat.[3] Ausserdem mache ich mir Notizen für die Planungsarbeiten,[4] die ich übernommen habe und mit denen wir im Herbst – möglichst ohne Publizität – vorankommen müssen.

Es ergibt sich aber auch unabhängig von den langfristigen Aufgaben die Notwendigkeit einer Reihe von Initiativen. Im Regierungslager gehen die Dinge sehr durcheinander, und wir haben eine grosse Chance, uns als stabilisierende, gestaltende und vorwärtsdrängende Kraft der deutschen Politik zu bewähren. Ich hoffe, dass wir im kleinen Kreis möglichst bald nach dem Urlaub zu einem ruhigen Gespräch über diese Fragen kommen können. Von grosser Bedeutung wird dann auch die gemeinsame Sitzung mit dem Fraktionsvorstand sein.

Du weisst, wie sehr mir daran liegt, dass wir die uns gestellten Aufgaben in vertrauensvoller Zusammenarbeit und ohne unnötigen Reibungsverlust anpacken. Leider kann ich ja wegen meiner starken Berliner Inanspruchnahme nicht so intensiv mitarbeiten, wie ich es möchte, aber im Rahmen der Möglichkeiten werde ich immer mitwirken.

Hoffentlich kommst Du dort zur Erholung! Ich werde – wenn nicht noch etwas dazwischen kommt – am 12.8.[1962] wieder in Berlin sein. Spätestens am 19.8.[1962] werden wir uns in Hannover sehen.[5]
Dir und Martha [Ollenhauer] herzliche Grüsse und alle guten Ferienwünsche, auch von Rut
Dein
Willy

Nr. 45

Hs. Schreiben des stellvertretenden Vorsitzenden der SPD Brandt an den stellvertretenden Vorsitzenden der SPD-Bundestagfraktion Erler 28. Juli 1962

AdsD, NL Erler, Mappe 67 A.

Lieber Fritz,
Über Deine Rede zum 20. Juli [1944][1] habe ich soviel Gutes gehört, dass ich Dir dafür auch von hier aus noch einmal Dank sagen möchte.

Ich bin nun schon zwei Wochen hier in der sonnenreichen und erholsamen Einsamkeit der norwegischen Berge. Die Gedanken sind aber natürlich immer wieder in Berlin und – was bleibt einem anderes übrig? – auch in Bonn.

Alfred Nau hat mir Dein und Jaegers Buch geschickt.[2] Ich habe Deinen Beitrag, der das Sicherheits-Thema ja berechtigterweise sehr breit angeht, aufmerksam gelesen und finde, es ist eine wirksame Präsentation. Mir will scheinen, Veröffentlichungen dieser Art müssen nicht nur an einen Kreis von Meinungsträgern geschickt werden, sondern sie müssen auch an einen geeignet ausgewählten Kreis innerhalb der Partei gehen. Wenn wir hier die entsprechende Technik entwickeln, können wir rationelle Bildungsarbeit betreiben, ohne dass uns das viel kostet.

Von grosser Bedeutung wird die gemeinsame Sitzung von PV und FV sein,[3] die wir nach dem Urlaub durchführen wollen. Auf dem Hintergrund des Bonner Durcheinanders haben wir eine grosse Chance, uns als die stabilisierende, gestaltende und der Zukunft zugewandte Kraft in der deutschen Politik zu bewähren. Aber dazu werden wir manches systematisieren und mit mehr Inhalt erfüllen müssen, was reichlich schablonenhaft als „neuer Stil" bezeichnet worden ist. Wir werden ja durch die Planungsarbeit gezwungen sein, uns hiermit sehr eingehend zu befassen. Von Dir wird es zu einem grossen Teil abhängen, wie die Fraktion ihre Kräfte einsetzt. Von der zweiten Hälfte dieses Jahres kann schon viel abhängen.

Noch zwei besondere Dinge:

a) Kannst Du mithelfen, dass Carlos [Schmid] Misstrauen und Unzufriedenheit überwunden werden? Ich werde ihm an seinen Ferienort schreiben.[4]

b) Günter Klein wird dieser Tage aus dem Krankenhaus entlassen worden sein. Er wird mit seinen Kräften haushalten müssen, aber wir müssen ihm das Gefühl geben, dass er in der Fraktion gebraucht wird. Kannst Du ihm ein paar Zeilen schreiben und ihm in Aussicht stellen, dass Du nach dem Urlaub mit ihm sprechen wirst, bzw. wir gemeinsam? Er hat mir das Leben nicht leicht gemacht, aber er hat doch auch seine Qualitäten, und ausserdem sollten wir versuchen, alte Freundschaften nicht verkümmern zu lassen.

Mit herzlichen Grüssen und guten Urlaubswünschen Dir und Deiner Familie, auch von Rut
Dein
Willy Brandt

Nr. 46

Schreiben des stellvertretenden Vorsitzenden der SPD Brandt an den stellvertretenden Vorsitzenden der SPD Wehner 25. Oktober 1962[1]

AdsD, WBA, A 6, 33.

Lieber Herbert,
die peinliche Panne[2] am vergangenen Sonntag hat bei mir einen Schatten auf die Berlin-Woche[3] geworfen. Auch der Besuch der Schlußkundgebung war eine Enttäuschung und kein Ruhmesblatt in der Berliner Partei. Ich habe darum gebeten, daß die Techniker eine

Willy Brandt als Redner beim Berlin-Treffen der SPD im Oktober 1962

schriftliche Erklärung über die Fehlschaltung zu Beginn der Veranstaltung geben.

Insgesamt war die Woche zweifellos ein Erfolg, der sich hier für uns und ganz gewiß auch für die Gesamtpartei günstig auswirken wird. Mit dem bisherigen Presseecho können wir durchaus zufrieden sein. Ich möchte Dir meinen besonderen Dank dafür sagen, daß Du das Berlin-Treffen so wirksam gefördert hast.

Bei dem Tischgespräch am Sonntag bezog sich Dein Groll auf einige Punkte, die mir unverständlich sind. Was die Wahl in Köln angeht,[4] so kann ich natürlich nicht für jeden einzelnen der Berliner die Hand ins Feuer legen. Aber der Eindruck, den du wiedergabst, ist ganz bestimmt falsch. Hierüber und über anderes müssen wir miteinander reden, sobald sich dazu die Möglichkeit ergibt.

Für die Klausurtagung hat mein Büro einen Termin mit Alfred [Nau] vereinbart,[5] der hoffentlich auch den anderen paßt. Dabei kann man natürlich auch, wie Erich [Ollenhauer] mir andeutete, über

„Büro Brandt" und „Berater Brandts" sprechen. Aber im wesentlichen geht es doch wohl um wichtigere Probleme. Das „Büro Brandt" kann nur als Berliner Büro des PV verstanden werden und muß noch besser als bisher mit der Arbeit des Landesverbandes koordiniert werden. Das Gerede um die „Berater" ist vom Gegner in die Debatte gebracht worden. Hier kann Klarheit nur geschaffen werden, wenn man sich an den Adressaten selbst hält und wenn gleichzeitig klargestellt wird, zu welchen Sachpunkten er sich möglicherweise durch unzweckmäßige Ratschläge hat beeinflussen lassen.

Ich hatte mit Hermann Bortfeldt vereinbart, (Staar hat inzwischen auch wegen eines Termins mit ihm gesprochen) daß wir noch im November ein gründliches Gespräch über die anlaufenden Planungsarbeiten haben sollten. Das könnte auch eine nützliche Vorbereitung der Klausurtagung sein.

Die DGB-Entscheidung vom Mittwoch[6] mit den unerfreulichen Begleiterscheinungen kann uns noch schwer zu schaffen machen. Ich möchte die Dinge nicht dramatisieren. Aber es wird doch wohl nicht zu vermeiden sein, daß wir unseren eigenen Standpunkt so klar wie möglich herausstellen, um dadurch Schaden für die gemeinsame Sache abzuwenden.

Es hat wenig Sinn, daß ich mich zu den Dingen in der Welt äußere. Man hat mich wissen lassen, wozu es ja keiner besonderen Fantasie bedarf, daß wir auf Rückwirkungen vorbereitet sein müssen.
Herzliche Grüße
Dein

Nr. 47

Hs. Schreiben des stellvertretenden Vorsitzenden der SPD Brandt an den Vorsitzenden der SPD, Ollenhauer 30. November 1962

AdsD, NL Ollenhauer, Mappe 254.

Lieber Erich,
es ist wohl besser, wenn ich heute noch liegen bleibe. Seit drei Tagen schlafe ich den grössten Teil der Zeit.

Sage bitte den Freunden, die zur PV-Sitzung da sind, einen schönen Gruss.[1] Morgen früh möchte ich vorbei kommen. Ich habe Heinrich Albertz gebeten, den Bericht zu geben. (Ein Bericht darüber muss, wegen der Berliner Sonntagszeitungen, bis 11 Uhr raus)

Vielleicht können wir dann morgen vormittag anschliessend an die Sitzung noch im kleineren Kreis miteinander reden.

In der kommenden Woche will ich alle überflüssigen Termine streichen. Aber ich hoffe, dass ich jedenfalls zur Klausur-Tagung[2] werde kommen können.

Wegen der Forderung nach Neuwahlen würde ich Vorsicht empfehlen. Dann wäre schon erwägenswerter, eine eigene Initiative in Bezug auf Wahl eines neuen Kanzlers zu empfehlen, z. B. Eugen Gerstenmaier, und zwar mit ausdrücklicher Betonung, dass eine solche Initiative nicht mit dem Anspruch auf Regierungsbeteiligung gekoppelt zu sein bräuchte.

Alfred [Nau] wollte heute mittag über die Wirtschafts-Untersuchung sprechen. Ich glaube, wir sollten so disponieren, dass hieraus ab Mitte 1963 ein zusätzliches innenpolitisches Thema werden kann.

Dieser Tage war ein indischer Sozialist[3] bei mir. Frage: können wir etwas tun, um eine nicht nur regierungs-offizielle Hilfsaktion für Indien einzuleiten zu helfen? Die Wirkung könnte beträchtlich sein.
Herzliche Grüsse!
Dein

Nr. 48

Schreiben des stellvertretenden Vorsitzenden der SPD Brandt an den Sozialwissenschaftler Sternberg 3. Dezember 1962

AdsD, NL Sternberg.

Lieber Fritz,
ich wende mich heute in einer etwas eigenartigen Sache an Dich. Es handelt sich um eine unliebsame gerichtliche Auseinandersetzungen, die dem Wahlkampf des vorigen Jahres gefolgt sind.[1] In den Prozessen, die gegen so unappetitliche Figuren wie Kapfinger und Frederik geführt werden, spielt auch die Behauptung eine Rolle, unsere bzw. meine Haltung zur Volksfront-Frage und zu den Einheitsbestrebungen in den dreißiger Jahren stellten den Beweis dafür dar, daß ich damals „Kommunist" gewesen sei – wobei natürlich immer eine Identifizierung mit der sowjetischen Politik unterstellt wird.

Es wäre sehr nett, wenn Du Dir die Mühe machen und mir den Gefallen tun würdest, in den nächsten Tagen einmal aus Deiner Sicht zu Papier zu bringen (nicht mehr als eine Schreibmaschinenseite), worum es sich bei unseren damaligen Debatten wirklich gehandelt hat.[2] Natürlich kann ich für mich weder in Anspruch nehmen, daß ich „immer recht gehabt" noch daß sich meine Auffassungen nicht gewandelt hätten. Aber ich kann wohl guten Gewissens sagen, daß ich schon in den dreißiger Jahren – wie auch während des Krieges und nach dem Kriege – von den Kommunisten heftig angegriffen worden bin.

Mit bestem Dank im voraus und mit freundlichen Grüßen
Dein
‹Willy Brandt›[3]

Nr. 49

Rede des stellvertretenden Vorsitzenden der SPD Brandt zum hundertjährigen Bestehen der SPD 31. Mai 1963[1]

Sopade-Rednerdienst 6/1963, S. 1–9.

Sozialdemokratie auf dem Weg nach vorn

Wir haben uns versammelt, um der Tatsache zu gedenken, daß die Sozialdemokratische Partei Deutschlands in diesem Jahr ihren 100. Geburtstag feiert. Hundert Jahre – das ist eine lange Zeit. Deutsche Politik bedeutet in der Zeitspanne zwischen 1863 und 1963 häufig genug, die Brücken hinter sich abzubrechen, ohne gleichzeitig eine tragfähige Verbindung zur Zukunft aufzubauen. So gesehen ist eine 100jährige politische Gemeinschaft etwas außergewöhnliches, ja einmaliges in unserer Geschichte.

Nicht nur der ist modern in unserer modernen Zeit, der keinen historischen Ballast abzuwerfen braucht, weil er keinen besitzt. Die formelhafte Beschwörung der Vergangenheit allein wird allerdings dem geschichtlichen Zusammenhang auch nicht gerecht. Man muß eine Vergangenheit haben, um aus dieser Vergangenheit für die Zukunft lernen zu können.

Das ist der tiefe Sinn unserer Veranstaltungen zum 100jährigen Bestehen der SPD. Wir kommen nicht zusammen, um uns gegenseitig auf die Schultern zu klopfen und uns zu bestätigen, wie gut wir sind, nur weil wir einer traditionsreichen politischen Gemeinschaft angehören. Wir kommen zusammen, weil wir gemeinsam nachdenken wollen, was diese Tatsache für unser politisches Wirken in der Gegenwart und für die Zukunft unseres Volkes bedeutet.

Volk und Sozialdemokratie – unteilbare Einheit

Ich sehe meine Aufgabe nicht darin, hier ein lückenloses Bild von der 100jährigen, dramatischen und erregenden Geschichte unserer Partei zu entwerfen. Das geschieht in diesen Tagen relativ ausführlich und häufig auch eindrucksvoll in den Illustrierten, im Rundfunk und im Fernsehen. Ich begrüße diese Tatsache. Sie ist ein Zeichen dafür, daß wesentliche Teile der deutschen Öffentlichkeit gelernt haben, die Geschichte der deutschen Sozialdemokratie als einen wesentlichen Teil der Geschichte des deutschen Volkes zu begreifen. Das deutsche Volk und seine Sozialdemokraten sind eine unteilbare Einheit. Beide gehören zusammen. Beide müssen zusammen gesehen werden.

Schumacher und Adenauer haben beide die jüngste deutsche Geschichte geprägt. Und vor 50 Jahren, beim Tode August Bebels, erzählte Friedrich Naumann, er habe lange Zeit in seinem Zimmer die Bilder von Bismarck und Bebel nebeneinander hängen gehabt. In ihnen habe „gegensätzlich und doch zusammengehörig" die deutsche Reichsgründerzeit gelebt.

August Bebel gehörte zur zweiten Generation der deutschen Sozialdemokraten. Geboren im Deutschland der bürgerlichen Revolution, gereift unter den Drangsalierungen des Sozialistengesetzes, gestorben am Vorabend des ersten Weltkrieges, gab er den deutschen Arbeitern politisches Profil und organisatorische Einheit und führte sie durch die harten Jahre der Verfolgungen zu großen Wahlerfolgen. Sein Freund und Mitkämpfer Wilhelm Liebknecht formulierte im Leipziger Hochverratsprozeß aus dem Jahre 1872 die strategische Grundhaltung der damaligen Sozialdemokratie, als er den Präsidenten des Gerichts mit den klassischen Worten konterte:

„Unsere Partei ist keine Partei der Putsche, keine Partei, die Krawalle und Verschwörungen auf ihre Fahne geschrieben hat. Die Frage der Gewalt ist bis ‹heute›[2] immer nur durch unsere Gegner gestellt worden, nicht durch uns. Wir wollen die Majorität der Bevölkerung für unsere Ansichten durch Propaganda gewinnen."[3]

Propaganda, Werbung, Überzeugung – dazu bedarf es der Meinungsfreiheit, der Versammlungsfreiheit, der politischen Demokratie. Dazu bedarf es aber auch des Selbstbewußtseins jener, die werben und überzeugen wollen.

Ferdinand Lassalles Forderungen

Niemand hat dies klarer gesehen als Ferdinand Lassalle, von dem das stolze Wort stammt, der Arbeiter Sache sei die Sache der gesamten Menschheit. Lassalle wußte vor 100 Jahren recht genau, daß drei Dinge zusammengehörten, wenn die breiten Schichten unseres Volkes die doppelten Fesseln ihrer Ausbeutung und ihrer Unmündigkeit abwerfen wollten: Die Überwindung proletarischer Lebensbedingungen, eine allgemeine Demokratisierung des Staates und eine gesellschaftliche Mitverantwortung für die moderne industrielle Produktion.

Die Forderung nach dem allgemeinen, freien Wahlrecht steht am Beginn sozialdemokratischen Wirkens in unserem Land. Fabrikarbeiter und Handwerksmeister, freiheitliche Bürger und Männer des geistigen Deutschland fanden einander im Ringen um die Demokratie. Aber während die demokratische Ordnung früheren Generationen noch als Mittel zum Zweck erschienen sein mag, ist sie uns nach bitteren Erfahrungen zum Eigenwert geworden. Sie ist uns nicht nur Plattform, sondern Lebensform.

Ferdinand Lassalle repräsentiert die erste Generation der deutschen Sozialdemokraten. Er war geboren im Deutschland reaktionärer Kleinstaaterei. Er reifte in den Zeiten der Revolution von 1848 und starb in der Gründungszeit der ersten Sozialistischen Internationale. Er gab den deutschen Arbeitern Mut und Selbstvertrauen, sich zu organisieren und als politische Kraft in die Arena der Geschichte zu treten. Der Organisation gab er ein konkretes Programm, um innerhalb der bestehenden Wirklichkeit wirksam zu werden und sie neu gestalten zu helfen.

Karl Marx, als dessen Schüler Lassalle sich bezeichnete, hat mit seinen theoretischen Schriften weit über die erste Generation hinausgewirkt. Er ist vielfach mißverstanden und schrecklich mißbraucht worden. Er hat auch schwer geirrt. Aber nur Ignoranten können leugnen, daß diese ungewöhnliche geistige Kapazität von einer starken sittlichen Idee beherrscht war und erfüllt von leidenschaftlichem Gerechtigkeitsgefühl.

Sozialdemokratie nicht auf Marx eingeschworen

Die deutsche Sozialdemokratie ist nicht auf Marx eingeschworen. Sie ist auch keine Ersatzkirche dieser oder jener Prägung. Aber sie hat den ganzen Strom sozialistischen Denkens, unendlich viel ehrliches Ringen und Streben in sich aufgenommen und verarbeitet. Sie führt Menschen zusammen, die unterschiedliche Bekenntnisse haben mögen, die aber aus gemeinsamer Verantwortung politisch handeln wollen. Die gemeinsam tun wollen, was für die Fortentwicklung unseres Volkes notwendig ist. Es war die Gemeinschaft, die man schon damals vor 100 Jahren wollte, auch wenn man es nicht so nannte. Was seitdem deutsche Sozialdemokraten gedacht und getan haben, war letzten Endes allein auf dieses Ziel gerichtet: Die Gemeinschaft der Menschen, der Bürger unseres Staates und dann auch der Völker zu verwirklichen.

Schon die ersten beiden Generationen haben viel erreicht, um die materielle Not und die Rechtlosigkeit der Mehrheit unseres Volkes überwinden zu helfen. Dazu bedurfte es der Abgrenzung vom konservativen Beharrungsvermögen und von liberalistischer Unterschätzung dessen, was im Interesse der Gemeinschaft jeweils notwendig war. Inzwischen hat die deutsche Sozialdemokratie natürlich auch Elemente des liberalen und des konservativen in sich aufgenommen. Sonst wäre sie nicht zur Partei des Volkes geworden.

Des Reichspräsidenten Friedrich Eberts Verdienst

Unsere dritte Generation verkörpert sich in dem Namen Friedrich Ebert. Geboren im Jahre der deutschen Reichsgründung, gereift in der Geburtsstunde der Weimarer Republik, gestorben, als Hitler seinen aufhaltbaren, aber unaufgehaltenen Aufstieg zur Macht begann, hatte er entscheidenden Anteil an der Gestaltung der ersten deutschen Republik. Ebert und seine Generation deutscher Sozialdemokraten gaben ihr Bestes, um Freiheit und Recht zu tragenden Säulen des Weimarer Staates zu machen.

Sie repräsentierten einen neuen Stil der deutschen Arbeiterbewegung. Friedrich Ebert sagte 1919 vor der atemlos lauschenden Nationalversammlung:

„Ich will und werde als Beauftragter des ganzen deutschen Volkes handeln, nicht als Vormann einer einzigen Partei. Ich bekenne aber auch, daß ich ein Sohn des Arbeiterstandes bin, aufgewachsen in der Gedankenwelt des Sozialismus, und daß ich weder meine Herkunft noch meine Überzeugung zu leugnen gesonnen bin. Jede Gewaltherrschaft, von wem sie auch komme, werden wir bekämpfen bis zum Äußersten.“[4]

Wer diese dritte Generation der deutschen Sozialdemokratie kritisiert – ich habe dies in meiner Jugend lebhafter als heute getan[5] –, der muß das Schicksal der Demokratie in Deutschland kritisieren. Denn schon die erste deutsche Republik war nicht das Werk siegreicher Demokraten, sondern die Folge eines verlorenen Krieges. Die demokratische Ordnung kam über Nacht, und bald schmolz die Zahl derer, die sie aus vollem Herzen bejahten. Vielen Arbeitern war die Republik zu „bürgerlich“, den besitzenden Bürgern und den Gebildeten aber war sie zu „proletarisch“. Im verborgenen schmiedeten die Feinde der Demokratie ihre Pläne – und ihre Waffen. Dies war das Schicksal der dritten Generation: Sie wurde zerrieben im Kampf mit den Feinden von links und rechts.

Es kann keine Gemeinsamkeit mit den Kommunisten geben

Im deutschen Kommunismus steckte zunächst noch ein beträchtliches Stück radikaler Arbeiterbewegung. Das hat sich durch kalte Gewalt und blutige Unterdrückung verändert. Mit den totalitären Kommunisten kann es für die freiheitlichen Sozialdemokraten keinerlei Gemeinsamkeit geben. Der Rechtsradikalismus ist nach dem zweiten Weltkrieg nicht wieder zu einer ernsthaften Kraft geworden, und dabei wird es hoffentlich bleiben. Die tiefbraunen Flecken auf der bundesrepublikanischen Weste haben wir freilich nicht übersehen können. Wir sind für die wirkliche Aussöhnung unseres Volkes. Aber wir sind gegen faule Kompromisse.

Für die weitere Entwicklung bleibt wichtig, daß wir die Lehren aus beiden Zusammenbrüchen beherzigen, dem von 1945 und dem von 1933.

Die Versuchungen der Macht sind groß. Aber wer aus politischer Verantwortung handelt, der muß politische Macht gewinnen wollen und sie zu handhaben wissen. Parteien sind kein Selbstzweck, sondern die in unserer Verfassung vorgesehenen Instrumente, um den politischen Willen unseres Volkes auszudrücken und zu organisieren. Eine große Partei wird zu einer Art von Glasperlenspiel, wenn sie nicht ständig bewußt auf dem Weg in die staatliche Verantwortung ist.

Die Demokratie kann etwas Nobles sein, aber sie schwebt nicht über den Wolken. Sie wird uns nicht ein für allemal geschenkt, sondern wir müssen sie immer wieder neu sichern. Und wenn sie angegriffen wird, dann muß sie sich, dann müssen wir sie mit Klauen und Zähnen verteidigen. Und gleichzeitig müssen wir sie mit pulsierendem Leben erfüllen. Denn die moderne Demokratie ist kein Nachtwächterstaat, sondern die staatliche Ordnung, die dem einzelnen sein Glück nicht streitig macht und die der Gemeinschaft gibt, was ihr im Interesse aller gebührt.

Kurt Schumacher – nationaler Politiker mit weltbürgerlicher Verantwortung

In Hitlers Konzentrationslagern verzehrte sich die vierte Generation deutscher Sozialdemokraten. Ihr Repräsentant ist Kurt Schumacher. Er gehört zu jenen seltenen Persönlichkeiten, die einem Volk nicht oft geschenkt werden. Er faßte die historischen Leistungen der drei vorangegangenen Generationen in seiner Person zusammen: Er gab den einfachen Menschen in unserem Volk ihr Selbstbewußtsein zurück. Er grenzte die wiederbegründete SPD gegen den Machtanspruch der Kommunisten unverwischbar ab. Er öffnete die Partei für alle Schichten des Volkes und behauptete sich als nationaler Politiker mit weltbürgerlicher Verantwortung.

Kurt Schumacher und mit ihm die vierte Generation der deutschen Sozialdemokraten war geprägt durch das Grauen des ersten Weltkrieges, gereift in den politischen Kämpfen der Weimarer Zeit, gezeichnet in den Prüfungen der Gewaltherrschaft, verzehrt beim Aufbau eines neuen Deutschland. Hier haben wir anknüpfen müssen. Von hier aus müssen wir unseren Weg nach vorn ins Auge fassen.

Ich habe versucht, die Kontinuität der deutschen Sozialdemokratie in wenige große Namen zusammenzufassen. Ferdinand Lassalle – August Bebel – Friedrich Ebert – Kurt Schumacher. Von der Geburtsstunde an haben drei Elemente das Wirken der deutschen Sozialdemokraten charakterisiert:

Der Kampf um die Befreiung und Gleichberechtigung der breiten arbeitenden Schichten;

Das Ringen um die Demokratisierung des Staates und der Gesellschaft;

Der Versuch verantwortlicher Beeinflussung des wirtschaftlichen Geschehens.

Es ging in all diesen Jahrzehnten um die Idee der Solidarität, der möglichst großen Gerechtigkeit für die Menschen innerhalb der Gemeinschaft, und es sind Ideen, die Geschichte machen. Ohne den Gemeinschaftsgedanken sind die brennenden Fragen unserer Zeit nicht zu beantworten. Nur eine Zivilisation der Gemeinschaft wird uns vor der Barbarei und dem Untergang bewahren können. Aber auch die Gemeinschaft ist kein Gott. Mittelpunkt unseres Bemühens sind der Mensch und seine Würde.

Wir brauchen eine dynamische Demokratie

Was wir brauchen, ist nicht die behäbige, sondern die dynamische Demokratie. Ihr Ziel muß ein Höchstmaß an Gerechtigkeit und Entfaltungsmöglichkeit sein. Dazu brauchen wir nicht nur die Freiheit in den staatsbürgerlichen Dingen, sondern auch die Freiheit zur Umgestaltung und Neugestaltung.

Wir wollen gemeinsam nachdenken, was eine 100jährige Geschichte für unser politisches Wirken in der Gegenwart und für die Zukunft unseres Volkes bedeutet. Wo stehen wir heute? Mein Freund Professor Richard Löwenthal hat auf der 100-Jahr-Feier der Berliner SPD gesagt, die Bundesrepublik sei in den ersten 14 Jahren ihres Bestehens ein konservativerer Staat gewesen als Weimar in den besten Jahren seines Bestehens. Aber sie sei gleichzeitig eine ungleich stabilere Demokratie, denn die konservativen Elemente seien diesmal überwiegend auch Demokraten. Er fuhr fort:

„Was wir in diesen Tagen an öffentlicher Aufmerksamkeit gegenüber der Geschichte der Sozialdemokratie erleben, das ist nicht nur ein Ausdruck der Erwartung vieler, daß diese Sozialdemokratie bald Regierungspartei sein wird, es ist auch und sehr wesentlich ein Ausdruck der Tatsache, daß mehr als in Weimar die Sozialdemokratie auch von ihren politischen Gegnern als ein notwendiger und wesentlicher Bestandteil des demokratischen Staates akzeptiert wird.“[6]

Wenn das richtig gesehen ist, dann erhebt sich die Frage: Welche Aufgaben ergeben sich hieraus? Was kann unser Volk nach dem hinter uns liegenden Jahrhundert von seiner Sozialdemokratie erwarten?

Was wurde bisher erreicht ...

Die ersten 100 Jahre haben gezeigt, daß die Sozialdemokraten immer eine ehrliche Antwort auf die Not unseres Volkes zu geben versuchten. Auf eine Not, die durch Menschen verursacht war und die durch Menschen beseitigt werden konnte. Wesentliche Forderungen unserer Partei sind heute erfüllt, manche Ziele sind erreicht.

Unsere Idee war die soziale Sicherung der Menschen. Wir ringen noch immer um sie, aber wir sind ihr näher gekommen.

Unsere Idee war die wirtschaftliche Sicherung der Menschen. Wir ringen noch immer um sie, aber wir sind ihr näher gekommen.

Unsere Idee war das Hineinführen der Menschen in die Gemeinschaft. Davon sind wir noch weit entfernt, aber es muß erreicht werden, daß unser Staat zur Heimstätte für alle wird.

Wir haben breiten Schichten unseres Volkes nicht nur Arbeitsschutz und Freizeit gebracht, sondern auch Bildung und Kultur. Die Sozialdemokraten haben sich wahrlich bemüht, ihren Beitrag zur deutschen Geschichte und zur europäischen Zivilisation zu leisten. Wir können vor unser Volk treten und mit Stolz auf die Erfolge eines langen Kampfes zeigen. Vom Stimmrecht der Frauen bis zur sozialen Sicherung: Das Gesicht unseres Volkes trägt unauslöschliche Züge der Sozialdemokratie. Mehr sogar, als vielen unserer Mitbürger bewußt ist.

Im freien Teil unseres Vaterlandes besitzt heute fast jeder Mensch ungleich mehr Freiheit, mehr Gerechtigkeit, mehr soziale Sicherheit und einen größeren Anspruch auf persönliches Glück als vor 100 Jahren. Aber es ist auch wahr, daß im geschichtlichen Prozeß niemals ein bestimmtes Ziel voll erreicht wird. Die Menschen setzen sich immer wieder neue Ziele, die aus der Gegenwart in die Zukunft weisen. In der Geschichte eines Volkes gibt es kein Vakuum. Wer rastet, der rostet. Wer sich auf seinen Lorbeeren ausruht, der hat verspielt.

Im ersten Jahrhundert ihres Wirkens haben die deutschen Sozialdemokraten den Fortschritt gefordert. Sie haben viele soziale und innenpolitische Reformen erzwungen.

und was bleibt zu tun?

Zu Beginn des zweiten Jahrhunderts ihres Wirkens werden die deutschen Sozialdemokraten beweisen müssen, daß sie aus Überzeugung, mit Mut und Sachverstand jene innen- und außenpolitischen Maßnahmen verantwortlich durchführen, zu denen sich andere nur mit halbem Herzen und unter dem Druck der Verhältnisse bereit finden oder die sie nicht erkennen.

Wenn Ferdinand Lassalle vor 100 Jahren zur Emanzipation des Arbeiters und zur Befreiung der Frau aufrief, so geht es uns heute um jene gesellschaftlichen Bedingungen, die gleiche Chancen für alle ermöglichen: Es geht uns um neue und moderne Bildungschancen für unsere Jugend und um menschliche Hilfe für unsere Alten.

Wenn die Vorkämpfer gegen die Macht des Kapitals angingen, so geht es uns heute um mehr Eigentum für die breiten Schichten, um eine solidarische Gesellschaft, in der die Kluft zwischen Eigentümern und Nichteigentümern überwunden ist.

Wenn Lassalle und Bebel gegen die Armut angingen, so geht es uns heute unter anderem darum, die Zivilisationskrankheiten als neue Geißel der Menschheit wirksam zu bekämpfen.

Wenn die Sozialdemokraten vor 100 Jahren für ein allgemeines gleiches Wahlrecht kämpften, so ringen wir heute um das gleiche Recht für die von uns getrennten Landsleute.

Wenn unsere Partei vor 100 Jahren für ein geeintes Deutschland stritt, so streiten wir heute für ein heiles Deutschland in einem geeinten Europa. Ich sage Ihnen: Die deutschen Sozialdemokraten werden immer ein zuverlässiger Freund und Helfer jener sein, die der Hilfe bedürfen.

Wir werden den Bürgern unseres Landes immer die Wahrheit sagen, auch wenn diese Wahrheit unpopulär sein sollte. Wir werden durch Tatkraft und schöpferische Experimente dafür sorgen, daß die Utopien unserer Eltern zur Wirklichkeit unserer Kinder werden.

Durchbruch zur Volkspartei

Die Partei des Godesberger Programms ist zu einer Partei des Volkes geworden. Aber sie ist kein opportunistischer Haufen. Sie hat sich als praktisch-politische Kraft und als Gesinnungsgemeinschaft neu formiert. Sie hat manches hinter sich lassen müssen. Aber das Gerechtigkeitsstreben wird sie niemals über Bord werfen.

Insofern stimme ich Konrad Adenauer zu, wenn er in seiner Eigenschaft als CDU-Vorsitzender gesagt hat, die SPD sei in ihren tragenden Pfeilern geblieben, was sie gewesen ist. Ich stimme ihm auch zu, wenn er die Aufwärtsentwicklung der deutschen Sozialdemokraten in den letzten Jahren zur Kenntnis nimmt und mit unserem entscheidenden Erfolg im Jahre 1965 rechnet. Seine Deutung der letzten Landtagswahlen[7] hält allerdings einer ernsthaften Prüfung nicht stand.

Adenauer meint, die Ergebnisse der Landtagswahlen seien nicht allgemein-politisch, sondern regional begründet. Das ist falsch und außerdem ungerecht. Denn es ist ungerecht, allein den CDU-Politikern in den Ländern aufbürden zu wollen, was die CDU in Bonn zu verantworten hat und was ihren Abnutzungsprozeß kennzeichnet.

Die Berliner Wahlentscheidung vom Februar 1963 war kein Zufallsergebnis, sondern das Ergebnis harter Arbeit und umfassender Wählererfahrung. So war es auch in Hessen, in Rheinland-Pfalz, in Niedersachsen. Dem bedeutenden, wenn auch begrenzten Wahlerfolg vom September 1961 ist ein kontinuierlicher Vertrauenszuwachs für die SPD gefolgt. Dabei hat vielerorts ein direkter Wählerwechsel von der CDU zu den Sozialdemokraten stattgefunden.

In allen Ländern haben die Sozialdemokraten gegenüber den voraufgegangenen Landtagswahlen an Einfluß gewonnen. Sie haben durchweg auch die hohen Stimmziffern der letzten Bundestagswahl wesentlich steigern können. Immer mehr Stimmberechtigte brechen auf zu neuen Ufern.

Moderne Sozialdemokratie auf dem Weg nach vorn

Die moderne Sozialdemokratie ist tatsächlich auf dem Weg nach vorn, auf dem Weg zur entscheidenden Mitgestaltung. Dies ist die Krönung einer 100jährigen Tradition. Gestützt auf diese Tradition werden wir die politische Macht erringen. Und dann werden wir mehr Ehrlichkeit und mehr Gerechtigkeit nicht nur fordern, sondern verwirklichen.

Wir wollen das Alte überwinden und an einer Ordnung bauen, die dem Kommunismus eindeutig überlegen ist.

Wir wollen nicht rasten noch ruhen, bis das Leben unseres Volkes im Zeichen gemeinschaftlichen Vorwärtsstrebens steht – frei von Not und frei von Furcht.

Die Sozialdemokratische Partei Deutschlands verbindet die Erfahrungen aus 100 Jahren mit dem jugendlichen Mut, die Zukunft zu formen.

Nr. 50

Schreiben des stellvertretenden Vorsitzenden der SPD Brandt an Funktionsträger der SPD
24. Juli 1963[1]

AdsD, WBA, A 6, 38 (alt).

Lieber

In den letzten Wochen ist deutlich geworden, daß unser innenpolitischer Gegner den Versuch machen will, uns die Thematik der Gemeinschaftsaufgaben zu entwinden und gleichzeitig der Öffentlichkeit zu suggerieren, wir verfügten über kein sich deutlich abhebendes Programm.

Als ich am 15. Juli [1963] in Tutzing war,[2] argumentierte Berthold Martin (Mitglied des Programmausschusses der CDU) mit einiger Überheblichkeit auf der Linie, daß er jede Alternative vermisse. Fast alles, was ich bemängele oder vorschlage, sei von der Regierung längst angepackt oder von der CDU längst erkannt worden.

[Franz Josef] Strauß hat auf der Landesversammlung der CSU nicht nur auf seine Widersacher eingedroschen; er hat auch Zielvorstellungen entwickelt, die in der Berichterstattung untergegangen sind. Es ist durchaus legitim, wenn wir Erhard eine Schelle umhängen und den CSU-Vorsitzenden so einstufen, wie er es verdient. Aber wir sollten nicht überhören, was er beispielsweise am 10. Juli [1963] im Bayerischen Rundfunk ausgeführt hat.[3]

Dort war von dem „Fernziel" die Rede, dem die Regierung Erhard und mit ihr die Union zustreben müsse: „nämlich unserem Volke ein wissenschaftlich fundiertes Bild der künftigen Wirtschafts- und Gesellschaftsordnung vorzuhalten, wie das Leben in der Bundesrepublik Deutschland in den 70er Jahren unter der Politik der Union aussehen soll". Schon heute müßten umfangreiche Mittel für die Lebensgrundlagen der nächsten Generation bereitgestellt werden: „Das gilt für die großen Bildungsprobleme, für wissenschaftliche Entwicklungen, für technische Forschung, für verstärkte Investitionen, für die Lösung der Gemeinschaftsaufgaben." Strauß teilte bei gleicher Gelegenheit mit, im Fraktionsvorstand der CDU/CSU sei Anfang des Monats über diese Problematik gesprochen worden, und man werde sich noch während der Parlamentsferien in kleinen Arbeitsgruppen mit diesen Fragen beschäftigen.

Der Presse konnte man dieser Tage entnehmen, daß Frau Schwarzhaupt dem Kabinett eine umfangreiche Vorlage zum Thema der Volksgesundheit zugeleitet hat. Minister Lenz hat sich mit Versäumnissen der Länder und des Bundes befaßt und durchaus treffend davon gesprochen, daß die Forschung von heute unser Brot von morgen ist. Die Sozialausschüsse der CDU und die Freien Demokraten bemühen sich um publikumswirksame Konzeptionen auf dem Gebiet der Sozialen Sicherung.

Unsere Veranstaltungen Ende August in Hamburg und die Öffentlichkeitswirkung, die davon ausgehen kann, gewinnen auf diesem Hintergrund eine zusätzliche Bedeutung.[4] Das gilt für den Kongreß ebenso wie für die Sondertagungen und Fachgespräche. Wir sollten nicht nur unser Erstgeburtrecht behaupten, was die Gemeinschaftsaufgaben angeht, sondern wir müssen es erneut und überzeugend deutlich werden lassen, daß wir uns in zunehmendem Maße qualifizieren, dem Ausbau der Bundesrepublik und der Zukunft unseres Volkes die Richtung zu weisen.

Im Zusammenhang mit der Kulturkonferenz wird es in Hamburg auch darum gehen, ob wir auf zwei wichtigen Gebieten unsere Glaubwürdigkeit verstärken können:

1. Der innenpolitische Gegner wird in der kommenden Zeit immer wieder auf tatsächliche oder behauptete Versäumnisse der Länder verweisen, wenn wir von der Notwendigkeit sprechen, Bildung und Wissenschaft stärker zu fördern. Unsere Forderungen zur Bildungs- und Kulturpolitik werden in ihrem Wert gemindert, wenn sie nicht durch gemeinsame Überzeugungen und Anstrengungen unserer Freunde in der Länder- und Bundesverantwortung bestätigt werden. Vorschläge wie Staatsvertrag und Bildungsrat werden uns nur abgenommen, wenn unsere Länderchefs und Kultusminister dahinter stehen. Die Frage ist, wie die erforderliche Koordinierung noch

vor oder spätestens in Hamburg erreicht werden kann. (Einer solchen Koordinierung bedarf es auch, wenn wir auf dem Gebiet der Raumordnung über das Theoretisieren hinauskommen wollen.)

2. Wie wir alle wissen, wird die weitere Entwicklung in der Bundesrepublik wesentlich davon abhängen, ob der veränderte Trend in den überwiegend katholischen Gebieten andauert und verstärkt werden kann. Die schulpolitischen Erörterungen in Hamburg können hierbei eine wichtige Rolle spielen. Ich glaube, daß der Entwurf des bildungspolitischen Programms insoweit eine geeignete Plattform ist und uns keineswegs in einen Gegensatz zur Substanz unserer traditionellen Forderungen bringt. Es wird zu überlegen sein, wie wir auch noch auf andere Weise Vorurteile abbauen können, ohne uns dem Vorwurf des Opportunismus auszusetzen.

Im weiteren Verlauf dieses Jahres werden uns vier weitere innenpolitische Aufgaben besonders in Anspruch nehmen:

a) Für die besprochene Zwischenbilanz zu unserem Regierungsprogramm werden die Unterlagen der Fraktions-Assistenten demnächst zur Verfügung stehen. Vermutlich wird dieses Material im wesentlichen für die Stellungnahme zu Erhards Regierungserklärung auszuwerten sein.[5] Darüber wird im September [1963] ohnehin in den Vorständen der Partei und der Fraktion eingehend zu sprechen sein. Wir sollten aber nicht nur auf Erhard reagieren, sondern der Öffentlichkeit schon vorher klarmachen, welches die Elle ist, mit der wir ihn als Kanzler messen werden. Die Fraktionssitzung Anfang Oktober [1963] könnte die geeignete Gelegenheit sein, dies halb-öffentlich zu tun.[6]

b) Die Wirtschafts-Konferenz im Oktober ist wichtig,[7] weil der Gegner ohne Zweifel bemüht sein wird, uns gerade auf diesem Gebiet in Widersprüche zu verwickeln. Wir müssen dem nicht nur vorbeugen, sondern vor allem auch klar werden lassen, wie ein ausgewogenes wirtschaftliches Wachstum unter den Bedingungen der 60er und 70er Jahre gewährleistet werden kann. (Die Krise unserer Landwirtschaft wird uns unabhängig davon in den nächsten Monaten dauernd beschäftigen. Der Gegner weiß, daß für ihn hier auch wahlpolitisch einiges auf dem Spiel steht. Wenn wir uns vornehmen wollten, das Gros der Bauern in der nächsten Runde für uns zu gewinnen, übernehmen wir uns. Saubere Antworten können aber auch auf andere Weise dazu beitragen, die Vorrangstellung der Union auf dem Dorf zu brechen.)

c) Der außerordentliche DGB-Kongreß im November [1963][8] bietet eine Möglichkeit, in den großen Fragen den Gleichklang von Partei und Gewerkschaften deutlicher werden zu lassen. Für unsere Öffentlichkeitsarbeit bietet sich die Chance, „Godesberg" gewissermaßen noch einmal an den Mann zu bringen. (Es kann allerdings nicht deutlich genug gemacht werden, wie sehr es darauf ankommt, den Begriff des Arbeitnehmers nicht zu eng zu fassen. Die letzte niedersächsische Befragung hat gezeigt, von wie großer Bedeutung es dort auch gewesen ist, daß sich Teile der Angestellten und Beamten neu orientiert haben.)

d) Unsere Sozialpolitiker sollten ermutigt werden, ihre Überlegungen spätestens bis Ende des Jahres zum Abschluß zu bringen, damit wir Anfang des nächsten Jahres auf einer Fachtagung wirksame Aussagen über unser Programm der Sozialen Sicherung machen können.

Auf außenpolitische Fragen möchte ich heute nicht näher eingehen. Ich gehe davon aus, daß wir uns leichter als andere in einer veränderten weltpolitischen Landschaft zurechtfinden werden. In der Europa-Frage schwebt mir eine neue Initiative vor; sie kann aber erst begriffen werden, wenn die inhaltlichen Fragen hinreichend geklärt sind. Dem plumpen Versuch, Labour gegen uns auszuspielen, müssen wir mit verstärkten Bemühungen um tragfähige Elemente einer gemeinsamen Politik begegnen. Wenn das mißlingt, bedarf es eindeutiger Abgrenzung.

Im übrigen gefällt es uns gut in den Bergen. Ich bleibe hier bis zum 12. August [1963], bin am Vormittag des 13. in Zürich und nachmittags in Berlin.
Herzliche Grüße

P.S.: Egon Bahrs Diskussionsbeitrag in Tutzing hat einige Aufregung verursacht.[9] Ich habe nicht die Absicht, über den Stock zu springen, den die Gegner hinhalten. Man muß den vollen Text lesen, um die Sache vernünftig beurteilen zu können. Ich war damit einverstanden, daß diese Gedanken zur Diskussion gestellt würden. Sie sollten in den richtigen Rahmen eingeordnet und weder durch Hysterie noch durch mangelndes Selbstbewußtsein untergebuttert werden.

Nr. 51

Aktenvermerk des Leiters des Presse- und Informationsamtes des Landes Berlin, Bahr, für den Regierenden Bürgermeister von Berlin, Brandt
22. Oktober 1963[1]

AdsD, WBA, A 6, 63 (alt).

R[egierender]b[ürger]m[eister]
Es ist meiner Meinung nach notwendig, das Problem Ihrer vollen Tätigkeit in Bonn mindestens noch einmal zu überlegen.[2] Dabei stellen sich folgende Fragen:

1. Gilt der R[egierende]b[ürger]m[eister] von Berlin in den Augen der westdeutschen Bevölkerung als Aussenseiter, als Fort-Kommandant, den man nicht ablöst während einer Krise? Diese Fragen sind durch Meinungsforschung objektiv zu beantworten.

2. Kann es sein, dass die Bewerbung um das entscheidende politische Amt in Deutschland weniger ernst genommen wird, wenn es von einem Mann ausgeht, der ein hohes Amt hat oder könnte umgekehrt die Entschlossenheit positiv wirken, wenn der Kanzlerkandidat sich ausschliesslich als Führer der Opposition auf den grossen Kampf konzentriert?

3. Ergeben sich aus dem Wechsel von Adenauer zu Erhard Momente, die den Wahlkampf erschweren, ganz besonders, wenn dieser Kampf vom R[egierenden]b[ürger]m[eister] geführt wird, mit anderen Worten: könnte es nicht eine Erleichterung sein, den Kampf

ohne die Rücksichtnahmen führen zu können, die der R[egierende]-b[ürger]m[eister] nehmen muss?

Mir sind die Argumente bewusst, die dagegen stehen. Ausserdem gehen mir die Fragen an sich contre cœur[3]. Aber bei der Bedeutung der Sache, um die es geht, muss man nüchtern und sachlich versuchen, das beste im Interesse der Sache herauszufinden und danach zu entscheiden.

‹Ba[hr]›[4]
(Bahr)

Nr. 52

Schreiben des stellvertretenden Vorsitzenden der SPD Brandt an den Vorsitzenden des Landesverbandes der SPD Bayern, von Knoeringen
30. Dezember 1963[1]

AdsD, WBA, A 6, 39/40 (alt).

Lieber Waldemar,
mit den besten Wünschen zum Neuen Jahr liegt mir daran, Deine Meinung zu hören, bevor wir uns Mitte Januar im PV über die personellen Fragen schlüssig werden, über die auf dem außerordentlichen Parteitag entschieden werden soll.[2]

Nach reiflicher Überlegung bin ich zu dem Ergebnis gekommen, daß ich für den Parteivorsitz nur zur Verfügung stehen kann, falls damit nicht die Erwartung verbunden ist, daß ich das Berliner Amt niederlege. Ein Aussteigen hier würde ungünstige Wirkungen haben, auch im Ausland. Davon abgesehen, würde ein Parteivorsitzender in Bonn, der nicht gleichzeitig für die parlamentarische Arbeit verantwortlich zeichnet, sich ohnehin in einer wenig beneidenswerten Situation befinden.

Es ist nicht meine Sache, darüber zu befinden, ob mir der Vorsitz nach dieser Vorentscheidung angetragen werden soll. Ich kann nur versichern, daß ich nicht die Absicht habe, mich zu drücken. Eine zeitliche und büromäßige Regelung, die der neuen Lage gerecht würde, ließe sich sicherlich finden.

Wenn Fritz Erler neben der Fraktionsführung stellvertretender Parteivorsitzender wird, und wenn Herbert Wehner neben dem stellvertretenden Parteivorsitzenden wieder einer der stellvertretenden Fraktionsvorsitzenden wird, ergibt sich für die anlaufende Arbeit ein Maximum an Verzahnung. Dem Vorsitzenden müßten dann das Büro des Präsidiums und der Sprecher des PV unmittelbar unterstehen. Außerdem müßte klargestellt sein, daß der Vorsitzende die Mitglieder der Regierungsmannschaft – nach entsprechender Vorklärung – beruft.

Ich wäre Dir sehr dankbar, lieber Waldemar, mir zu schreiben, was Du von diesen Erwägungen hältst.[3]

Mit herzlichen Grüßen auch an Deine Frau
Dein

Nr. 53

Interview des Vorsitzenden der SPD, Brandt, für den *General-Anzeiger* (Bonn) 14./15. März 1964[1]

General-Anzeiger vom 14./15 März 1964.

Die SPD will ihre Bewegungsfreiheit behalten

FRAGE: „Herr Brandt, in welcher Weise wird Ihre Partei den Bundestagswahlkampf 1965 führen? Welches werden dabei die wichtigsten Sachgebiete Ihrer Argumentation sein und wird der „weichen Welle“, der Persönlichkeitspropaganda von 1961 diesmal wieder eine stärkere Betonung der effektiven politischen Programmpunkte folgen?"

BRANDT: „Den ersten Teil Ihrer Frage kann ich nicht in einem Satz beantworten: Wir werden hart darum ringen, 1965 zur stärksten Wählerpartei in der Bundesrepublik zu werden, aber wir werden den Wahlkampf fair führen. – Auf unserem Parteitag in Karlsruhe im November dieses Jahres werden wir ein Regierungsprogramm für 1965 bis 1969 bekanntgeben.[2] Ein Schwerpunkt dieses Regierungsprogrammes werden die Fragen von Bildung, Ausbildung und Forschung sein. Aufstieg durch Bildung wird bei uns groß geschrieben werden. – Wir werden uns weiter bemühen, ein wirkliches ‚Sozialpaket' zusammenzuschnüren, das auch finanziell zu verantworten ist. Die Probleme der Erhaltung der Gesundheit und die Verantwortung gegenüber den Alten werden darin einen wichtigen Platz einnehmen. – Nachdem unsere Bundestagsfraktion das wegweisende Dritte Wohnungsbaugesetz eingebracht hat,[3] werden wir es ergänzen und mit unseren Vorschlägen für Stadterneuerung, für den rascheren Ausbau der Verkehrswege, für Raumordnung und Regionalplanung ergänzen. – Auch Fragen der Währungsstabilität, der Reform der öffentlichen Finanzen, der Schutz der Verbraucher und Sparer, die Anpassung der Landwirtschaft an die europäische Entwicklung und die Sicherung der Mittelschichten werden in diesem Programm den gebührenden Platz finden.

Ich bin nicht der Meinung, daß man die Werbung des Jahres 1961 als ‚Weiche Welle' klassifizieren kann. Aber ich kann für 1965 auf jeden Fall keine schwächere Gangart voraussagen. Die Bundesregierung und die sie tragenden politischen Gruppen werden sich gefallen lassen müssen, daß sie an den Notwendigkeiten gemessen und daß Worte und Taten miteinander verglichen werden. Natürlich wird es bei den Wahlen 1965 auch um Personen gehen. Meine Partei hat mich beauftragt, den Wahlkampf so zu führen, daß wir nach den Wahlen die Führung in der Bundesregierung übernehmen können. Man wird sich logisch auch mit den Exponenten der großen Parteien und ihren Zielsetzungen zu beschäftigen haben."

FRAGE: „Wie werden Sie sich in der Wahlauseinandersetzung den Freien Demokraten gegenüber verhalten?"

BRANDT: „Ebenfalls fair! Ich will die Bedeutung der FDP nicht verkleinern. Sie ist schließlich in vier Ländern unser Koalitionspartner. Und diese Koalitionen arbeiten nicht schlecht. Auf der anderen Seite weiß jeder, daß die Schwerpunkte der Auseinandersetzungen bei den großen Parteien liegen. Wir werden die FDP auch an dem messen, was sie getan hat und wie ihre Zielsetzung für 1965 aussieht. Die SPD wird sich ihre Bewegungsfreiheit gegenüber den beiden anderen Parteien erhalten."

FRAGE: „Welche konkreten innenpolitischen Absichten hat Ihre Partei noch für die nächste Zeit? Welche wichtigen Gesetzesvorgaben hofft sie, bis zu den Bundestagswahlen 1965 durchsetzen zu können?"

BRANDT: „Die Probleme, die wir im Regierungsprogramm für 1965 ansprechen, können selbstverständlich nicht bis Ende 1965 in den Eisschrank gelegt werden. Manche sind darunter, wie der Bildungsnotstand, die uns auf den Nägeln brennen. Sie müssen deshalb auch in der laufenden Legislaturperiode behandelt werden, selbst wenn wenig Hoffnung besteht, daß von der gegenwärtigen Koalition noch große Aufgaben angepackt werden. Wir werden auf jeden Fall drängen."

FRAGE: „Welche Chancen rechnet sich Ihre Partei für die nächsten Bundestagswahlen aus?"

BRANDT: „Die besten! Wir wollen stärkste Partei werden. So furchtbar groß ist der Abstand zwischen SPD und CDU ja ohnehin nicht mehr."

FRAGE: „Glauben Sie, daß auch Fragen der Außenpolitik in großem Maße die Wahlauseinandersetzung des nächsten Jahres bestimmen werden?"

BRANDT: „Niemand kann voraussagen, vor welcher außenpolitischen Situation wir 1965 stehen werden, wenn der eigentliche Wahlkampf beginnt. Aber wie die Lage auch dann sein wird, meine Auffassung ist es, daß außenpolitische Probleme nicht ohne zwingende Not im Wettstreit der Parteien stehen sollten. Wenn wir sagen, daß in Lebensfragen der Nation ein Höchstmaß an Gemeinsamkeit erforderlich ist, dann gilt das auch für den Wahlkampf 1965. Das bedeutet aber keinesfalls, daß ich meine, außenpolitische Probleme stehen außerhalb der Diskussion. Wir bemühen uns um Gemeinsamkeit, aber in den Fragen, in denen wir es für erforderlich halten, werden wir auch unsere Meinung sagen. Es kommt aber entscheidend auf die Formen an, in denen man das tut. Von anderer als sozialdemokratischer Seite ist in dieser Hinsicht gerade in der jüngsten Vergangenheit schwer gesündigt worden."[4]

Nr. 54

Interview des Vorsitzenden der SPD und Regierenden Bürgermeisters von Berlin, Brandt, mit dem Journalisten Gaus für das ZDF 25. September 1964[1]

Tatsachen – Argumente, Nr. 104, Oktober 1964.

Zur Person: Willy Brandt

GAUS: *Herr Bürgermeister Brandt, Sie werden in diesem Jahr 51 Jahre alt und gehören damit zu jener Generation, die auch auf der politischen Bühne immer mehr in den Vordergrund rückt. Schröder, Strauß, Mende sind ungefähr im gleichen Alter. Sehen Sie eine Gemeinsamkeit dieser Generation, gibt es etwas, was allen diesen Politikern gemeinsam ist, unabhängig von ihrer Parteizugehörigkeit und ihrem Hintergrund?*

BRANDT: Ja, Herr Gaus, ich habe mich jetzt langsam daran gewöhnt, daß man zu gleicher Zeit ein jüngerer Politiker und ein älterer Angestellter sein kann. Oder, wenn nicht mehr „jüngerer Politiker", dann doch einer, der politisch im besten Alter steht; und das habe ich dann gemeinsam mit den Herren, die Sie erwähnten, und anderen.

Also wir, die wir um die fünfzig herum sind, haben doch wohl jedenfalls dieses gemeinsam: Wir haben noch etwas mitgekriegt vom Niedergang der Weimarer Republik, wir haben auf die eine oder andere Weise die Erfahrung des Nationalsozialismus und des Krieges hinter uns und sind dann nach dem 2. Weltkrieg ernsthaft in die öffentliche Verantwortung hineingekommen. Unser Denken, das Denken der meisten von uns, ist wahrscheinlich weniger als das Denken Älterer – wenn ich jetzt mal meinen Sektor des politischen Lebens nehme – von dem fast unbegrenzten Fortschrittsglauben vergangener Zeiten bestimmt. Wir haben eine ganze Menge durchgemacht schon in jungen Jahren und sind genötigt gewesen, sind es immer noch, mit dieser Welt, so wie sie ist, fertig zu werden und mit der Lage unseres Volkes, die ganz abweicht von dem, woran man sich früher gewöhnt hatte.

GAUS: *Glauben Sie, daß diese enge Vertrautheit mit den Schwierigkeiten, in die jede Welt, jede Gesellschaft, jeder Staat jederzeit geraten kann, glauben Sie nach all den Erfahrungen, die Ihre Generation gemacht hat, daß dies ein Wert ist, der nicht nur den Älteren fehlt in der Beurteilung politischer Vorgänge, sondern der auch den Jüngeren vielleicht fehlt, die heutzutage in einer relativen Sorglosigkeit aufwachsen?*

BRANDT: So weit möchte ich nicht gehen. Ich erlebe das ja selbst zu Hause. Ich wundere mich, wenn meine Jungs, na, sagen wir mal Hitlerplatten hören und darüber lachen, weil sie sich nicht vorstellen können, welchen Zusammenhang das hat mit einer für unser Volk so gewichtigen Realität. Aber ich glaube doch nicht, daß wir den nachwachsenden Jüngeren wünschen sollten, daß sie alles noch einmal durchexerzieren, was wir, die wir jetzt um die fünfzig sind, haben durchleben müssen. Ich glaube schon, daß sich das auch vermitteln läßt.

GAUS: *Das wollte ich fragen. Kann man so etwas, diese Erfahrungen, diese Erkenntnisse, den Nachwachsenden mitgeben?*

BRANDT: Ich glaube, ja; das, was daraus abzuleiten ist. Es ist nicht nötig, daß jeder das Lehrgeld voll selbst bezahlt.

GAUS: *In einem Punkte, Herr Bürgermeister, hat natürlich Willy Brandt vielleicht eine noch leidvollere Erfahrung machen müssen als seine Altersgenossen. Man muß dazu etwas ausholen. Sie haben einmal in einer sehr noblen Rede im November 1960, als Sie Kanzlerkandidat Ihrer Partei, der Sozialdemokraten, geworden sind, Sie haben mit dieser, wie ich finde, noblen Rede Stellung genommen zu Unterstellungen und Kampagnen, die gegen Sie geführt worden sind. Sie erwähnten darin, daß Sie Ihren Geburtsnamen Herbert Ernst Frahm abgelegt haben, und sagten: „Mit meinem Geburtsnamen und dem meiner damals unverheirateten Mutter verband mich wenig mehr als die Erinnerung an eine nicht ganz leichte Kindheit. Das mag vielen ungewöhnlich erscheinen und ist es wohl auch, aber es hat niemand das Recht, mir meine Ehre streitig zu machen.“*[42] *Wer seinerzeit diese Rede hörte, der hatte den Eindruck einer, wie schon gesagt, noblen Klarstellung, und darüber hinaus wirkten Sie wie jemand, der ganz froh ist, daß er diese Dinge einmal klar beim Namen nennt. Das bringt mich zu meiner Frage: Hat Sie diese Besonderheit ihrer Herkunft, das Aufwachsen ohne Vater, irgendwann im Leben bedrückt, geniert, etwa im Kreise ihrer wohlsituierten Mitschüler?*

BRANDT: Ich würde das nicht ganz verneinen. Ich will es nicht dramatisieren, das mit der schwierigen Kindheit oder „nicht ganz einfachen Kindheit“, so hatte ich wohl gesagt. Ich möchte es nicht schwieriger machen, als es war. Man hat gut für mich gesorgt, das war es nicht. Aber es ist wahr, man unterschied sich von anderen.

GAUS: *Und wie empfanden Sie diesen Unterschied? Empfanden Sie ihn schmerzlich?*

BRANDT: Schmerzlich ist wohl zuviel gesagt, aber etwas bedrückend manchmal.

GAUS: *Sie sind 1913 in Lübeck geboren, aufgewachsen unter dem Einfluß Ihres Großvaters, eines ehemaligen Landarbeiters, dann Lastwagenfahrers und überzeugten, fast möchte man sagen, gläubigen Sozialdemokraten, wenn man Ihrem Bericht über diesen Mann vertraut. Sie haben sich der sozialistischen Jugendbewegung angeschlossen und damit Ihre politische Tätigkeit begonnen. Das ist ein sehr direkter Weg: Einfluß des Großvaters, Traditionen und Milieu der Familie, folgerichtiger Entschluß des Enkels. Haben Sie niemals mit einer anderen politischen Ideenwelt als der der Sozialisten geliebäugelt, und sei es nur aus Opposition gegenüber der Umwelt, nur weil eben dieser Weg so vorgezeichnet war? Hat Sie das nicht verlockt, etwas anderes zu tun?*

BRANDT: Nein. Nein! Das, was ich in mich aufnehmen konnte, durch den Großvater, den Sie erwähnten, durch meine Mutter, die ebenso in dieser politischen Heimat, wie man es empfand, stand, das hat mich bestimmt. Die Opposition gegen das Elternhaus und die Familie, die wir sonst so häufig als ein Merkmal von Menschen finden, ist bei mir wahrscheinlich überspielt worden dadurch, daß das Unterschiedensein von der Umwelt noch bedeutsamer war.

GAUS: *Es hat Sie hingeführt zur Familie und nicht weggeführt?*

BRANDT: So ist es. Das ist das eine. Das zweite ist – obwohl es diese Anlehnung gab, dieses im selben Milieu Aufwachsen, in dieser geistigen Welt –, daß es nicht ohne ‹Friktion›[3] war. Ich kann mich noch sehr genau erinnern, es wird so im Jahre 1931 gewesen sein. ([Gaus:] Damals waren Sie Gymnasiast?) Damals war ich Gymnasiast und war mit meinen Freunden aus der sozialistischen Jugendbewegung gegangen, in einem Ersten-Mai-Umzug mag es gewesen sein oder in einem anderen Zug. Wir hatten ein Transparent mitgeführt, auf dem stand: „Republik, das ist nicht viel – Sozialismus ist das Ziel!“[4] Mein Großvater, der ein sehr einfacher, aber echter, großartiger Mensch war, der hat mit mir am gleichen Abend noch oder am nächsten gesprochen und gesagt: „Wie könnt Ihr eigentlich so undankbar sein.“ Mir ist erst später richtig klar geworden, was das bedeutete. Er war – Sie haben es vorhin gesagt – als Landarbeiter großgeworden, seinen Vater hatte man noch bei einem Grafen im westlichen Mecklenburg über den Bock gelegt, um ihn zu züchtigen. Er selbst war in die Stadt gegangen, er lebte in den dreißiger Jahren in einer kleinen Neubauwohnung mit ein paar Zimmern, einem kleinen Bad, ich hatte meine Kammer oben auf dem Boden. Er zahlte dafür 50 Mark, das war einer der vier Wochenlöhne im Monat. Er empfand dies als einen gewaltigen sozialen Aufstieg gegenüber dem, was früher gewesen war. Er stand auf der Liste zur Bürgerschaftswahl, nicht um gewählt zu werden, sondern weil man auch noch Namen brauchte, um die Liste ganz auszufüllen, er war Wahlvorsteher in einem Wahllokal, er nahm eine Reihe anderer ehrenamtlicher Aufgaben wahr. Er fühlte, daß er dabei war in dieser Republik, von der wir sagten, sie sei nicht viel. Insofern bedeutete dieses Dabeisein nicht, daß es nicht auch eine ganze Menge (Gaus: Spannungen) Spannungen gab, ja.

GAUS: *Es muß welche gegeben haben, denn 1931, eben in jenem Jahr, in dem Sie im Mai-Umzug dieses Transparent mit umhergetragen haben, haben Sie die SPD verlassen und sind Mitglied der Sozialistischen Arbeiterpartei, einer weiter links orientierten Splittergruppe, geworden. Warum?*

BRANDT: Ja, warum? Es war damals so, daß ein großer Teil der sozialistischen Jugend in Lübeck wie in einer ganzen Reihe anderer Städte mehr mit linksstehenden Abgeordneten im Reichstag sympathisierte, die also gegen die Tolerierungspolitik der Regierung Brüning waren, die etwas vertraten, was wir damals als konsequenter, als radikaler empfanden. Ich würde sagen, das, was uns bewegte, war ein Aufbegehren gegen die Kraftlosigkeit der Kräfte, die meine eigene Partei damals führten. Wir sind zu weit gegangen in der Kritik, aber es war das Unbefriedigtsein damit, daß die Weimarer Republik nicht einen großen Wurf zustande brachte.

GAUS: *Wenn Sie mit dem, Herr Brandt, was für Ihre Familie im wahrsten Sinne Heimat war, mit der Sozialdemokratie, unzufrieden waren als sehr junger Mann, dann interessiert mich, warum dann diese Splittergruppe „Sozialistische Arbeiterpartei", warum nicht KPD?*

BRANDT: Die Frage hat sich uns damals in Lübeck gar nicht gestellt. Für uns war es eine Entscheidung innerhalb der sozialistischen Jugendbewegung, und wir empfanden diese Splittergruppe doch als einen Teil der sozialistischen Bewegung. Ich glaube, ich hätte, was die Kommunisten anging, allenfalls für eine Figur wie Trotzki größeres Interesse aufbringen können. Der war aber schon außer Landes[5] gegangen.

GAUS: *Er hätte aber möglicherweise auch bei der Sozialistischen Arbeiterpartei sein können?*

BRANDT: Das weiß ich nicht. Aber was uns erfüllte, war doch eine grundsätzliche Einstellung, und sie stand – so falsch manches sonst gewesen sein mag, wofür wir uns damals einsetzten – schon damals in einem klaren Widerspruch und Gegensatz zu den bürokratischen, autoritären Tendenzen der Kommunistischen Partei, die nicht so sehr ein Werkzeug Moskaus war, wie es das Ulbricht-Regime später geworden ist, aber die eben doch praktisch damals schon ein Stück der sowjetischen Außenpolitik genannt werden konnte.

GAUS: *Ich glaube, Herr Bürgermeister, daß wir mit dieser Sozialistischen Arbeiterpartei und ihrem Anschluß an sie zu einem sehr wichtigen Punkt gekommen sind. An die politische Wirksamkeit dieser sektiererhaften linkssozialistischen Partei konnte doch wohl nur glauben, wer dogmatische, programmatische Fragen wichtiger nahm als die politische Realität. Ist das bei ihnen so gewesen? War für Sie in dieser Zeit die dogmatische Seite des Sozialismus jene Seite, die Sie begeisterte?*

BRANDT: So wird es wohl gewesen sein: Rückschauend sehe ich es ein bißchen anders. Rückschauend finde ich, daß die, die von links opponierten, und die „Aktivisten", die von rechts opponierten innerhalb der Sozialdemokratie, einander viel näher standen.

GAUS: *Sie haben das geschrieben,*[6] *und zwar in bezug auf Julius Leber, der im Zusammenhang mit dem 20. Juli 1944 ermordet worden ist* ([Brandt:] Ja) *und den Sie aus ihrer früheren Lübecker Zeit als Ihr Vorbild hinstellen. Ich glaube dennoch, daß es mehr – ich würde das noch einmal fragen mögen – die Neigung des jungen Mannes zur Utopie war. Ist das falsch?*

BRANDT: Nein, das ist nicht ganz falsch. Ich habe aber auch seitdem programmatischen Fragen immer großes Interesse beigemessen, ein anderes als damals, aber ich bin daran weiter interessiert geblieben.

Für mich war dann wichtig, ‚rauszukommen' und dort konfrontiert zu werden mit einer anderen Art, die politischen Dinge zu sehen. Aber ich muß Ihnen recht geben – ich will jetzt in meinem Lebenslauf nicht vorgreifen –, ich habe damals als junger Mann den Fragen der dogmatischen Programmatik größere Bedeutung beigemessen, als ich es heute tun würde. Und trotzdem bedaure ich nicht, daß ich die Erfahrung dieser Splittergruppe mitgemacht habe. Ich möchte sie nie wiederholen, aber ich bedaure nicht, daß ich sie mitgemacht habe, denn in einer solchen Gruppe wird der einzelne viel mehr auf die Probe gestellt als das Mitglied einer Massenpartei. Man mußte sich als einzelner viel mehr mit den Fragen auseinandersetzen, und ich habe jedenfalls eine Menge dadurch gelernt.

GAUS: *Können Sie versuchen, rückwirkend die Motive zu nennen, die Sie zu diesem Glauben an die Utopie, an die ehrenwerte Utopie, veranlaßt haben?*

Was war das? War es Mitleid, war es das Gefühl: „Ich gehöre zu einer Gruppe, die zu kurz gekommen ist und die ihre Chance erhalten muß"?

BRANDT: Nein, es war das Festhalten an etwas, das ich geerbt hatte und wovon ich glaubte, daß die offizielle Sozialdemokratie es verließe. Es war die Bebelsche Sozialdemokratie, die in den jungen Linkssozialisten lebendig war. Es war das, was mein Großvater mir eigentlich gesagt hatte, uns vermittelt hatte. Und es war das Unbefriedigtsein vom Weimarer Staat, wobei wir nur damals glaubten – das war der eigentliche Irrtum –, daß es am zu geringen Sozialismus läge; es lag aber an der zu wenig kämpferischen Demokratie.

GAUS: *Sie kommen da auf einen Unterschied, den ich für sehr bedeutsam halte in ihrem Lebenslauf. Sie sind 1933 in die Emigration nach Norwegen gegangen und dann bis zum Ende des Nationalsozialismus viel in Europa umhergereist, als Journalist und als linkssozialistischer Funktionär.*[7] *Sie sind auch vorübergehend illegal in Deutschland gewesen. Wir werden auf diese Zeit noch kommen. An dieser Stelle interessiert mich nur eines: Der Wandel Ihres Verhältnisses zur Programmatik, zur dogmatischen Programmatik, wie Sie gesagt haben; wenn Sie so wollen, ihre Entideologisierung. Inwieweit und auf welche Weise ist dies durch ihre Begegnung mit Skandinavien bewirkt worden?*

BRANDT: Ganz entscheidend. Man glaubt es kaum, aber während ich in Norwegen war, das heißt in den dreißiger Jahren, ist dort zum ersten Male das „Kapital" von Karl Marx ins Norwegische übersetzt worden. Das gab es vorher gar nicht, und es wurde dort von einer Intellektuellengruppe übersetzt und herausgegeben. ([Gaus:] Zu der Sie gehörten, glaube ich?) Mit der ich Verbindung hatte. Aber das, was die skandinavischen Sozialdemokraten mit ihren Schattierungen – die Norweger waren ein bißchen mehr links als andere –, was die skandinavischen Sozialdemokraten insgesamt trug, das war das, was aus den Kraftquellen des Christentums und des Humanismus gekommen war, viel mehr als das, was in der deutschen Sozialdemokratie von der Marxschen Soziologie, oder wie immer man die Lehre umschreiben will, gekommen war. Ich lernte eine große Offenheit kennen – bei uns blieb auch während der Weimarer Zeit alles doch sehr abgekapselt, Schichten, Gruppen, Klassen, wenn man so will, im Verhältnis zueinander ([Gaus:] und im Verhältnis zum Staat) und im Verhältnis zum Staat. Ich lernte dort kennen, wie wirklich um die Demokratisierung eines Staatswesens gerungen wird, wie das aussieht, wenn man wirklich dabei ist und sich um praktische Aufgaben zu kümmern hat. Ich kam dorthin, als von meinen norwegischen Freunden eine Wahl gewonnen wurde unter dem Motto: „Das ganze Volk in Arbeit". Das war das, womit in Amerika der New Deal bestritten wurde, eine aktive Krisenpolitik, während bei uns die Dogmatiker – es gab nicht nur Linkssozialisten, es gab auch Regierungsdogmatiker – glaubten, die deutsche Währung bräche zusammen, wenn man ein paar Milliarden aufgebracht hätte für ernsthafte Krisenbekämpfungs- und Arbeitsbeschaffungsprogramme. Ich lernte kennen, wie eine moderne Sozialpolitik gestaltet wurde, und eine ganze Menge anderer Dinge.

GAUS: *Sie sind, Herr Bürgermeister, nicht nur Kanzlerkandidat Ihrer Partei, sondern seit Anfang dieses Jahres auch der Vorsitzende der SPD. In dieser Position, die durch das politische Gewicht des Regierenden Bürgermeisters von Berlin weiter gestärkt wird, hat natürlich Ihr ganz persönliches Verhältnis zu den hergebrachten Denkformen des Sozialismus, des Marxismus, Folgen für das Selbstverständnis Ihrer Partei.*

Ich habe dazu zwei Fragen: Der Widerstand in der SPD gegen die Reformer, zu denen Sie gehören, ist doch beträchtlich gewesen, und es hat lange Jahre gedauert, bis man endlich zum Godesberger Programm gelangte. Worin sehen Sie die Motive für diesen Widerstand, Sie ganz persönlich? Waren das nach Ihrer Kenntnis und nach Ihrer Auffassung vornehmlich Personalkämpfe, waren das Sentimentalitäten, war das verknöcherter Traditionalismus?

BRANDT: Darf ich zunächst mal, Herr Gaus, auf den Ausgangspunkt Ihrer Frage zurückkommen? Sie sagten, ich sei nun nicht mehr nur Kanzlerkandidat meiner Partei, sondern auch Vorsitzender dieser Partei. Ich sehe das eigentlich nicht als zwei verschiedene Aufgaben. (Gaus: Es ist eine Zeitlang an zwei Personen gebunden gewesen.) Das Natürliche ist, daß ein gewählter Vorsitzender, ein vom Vertrauen seiner politischen Freunde getragener Vorsitzender einer großen Partei diese Partei auch in den Wahlkampf führt, das heißt,

Kanzlerkandidat ist. Das ist zeitweilig anders gemacht worden, weil Herr Ollenhauer nicht wünschte, diese Koppelung in seiner eigenen Person vertreten zu sehen, und daher kam der Vorschlag, der mich zum Kanzlerkandidaten und zum stellvertretenden Vorsitzenden der SPD machte. (Gaus: Das war 1960?) Ja. Nun die eigentliche Frage: Welches waren die Motive für den Widerstand gegen die Erneuerungen, gegen die Modifizierung der Sozialdemokratie? Eigentlich gab es den ersten großen Ansatz ja gar nicht durch die, die dann das Godesberger Programm durchgesetzt haben; den ersten Anlauf machte Kurt Schumacher. Das ist vielfach vergessen worden. Kurt Schumacher sagte 1946: „Dies ist nicht einfach eine wiederbegründete SPD, sondern eine neu begründete."[8] Er wollte damit sagen: eine Partei, die zwar anknüpft, die auch unter demselben Namen wieder auftritt wie vor Hitler, die aber die Erfahrungen der Zwischenzeit, die Erfahrungen mit dem Totalitarismus, mit den Nazis, mit den Kommunisten, mit verarbeiten will. Das, was dann an Widerstand kam, hat, glaube ich, mit persönlichen Dingen verhältnismäßig wenig zu tun gehabt. Es hat zu tun gehabt mit der verständlichen Neigung der Menschen, das, was sie einmal in sich aufgenommen haben, möglichst nicht, wie sie es empfinden, „über Bord zu werfen"; sie neigen dann dazu, am Buchstaben zu kleben. Aber ich will das nicht in herabsetzender Bedeutung verstanden wissen. Es bleibt natürlich in einer so großen Partei immer ein gewisses Ringen zwischen mehr konservativen – im höchst anständigen Sinne des Wortes konservativen – und mehr vorwärtsstrebenden Tendenzen und Meinungen. Aber wir können doch sagen – ich sehe es jedenfalls so –, daß diese offene, für alle Schichten offene, moderne deutsche Sozialdemokratie angeknüpft hat an das, was über ein Jahrhundert hinweg Vorstellung geblieben ist: Nämlich das Ringen darum, daß breite Schichten unseres Volkes, die Außenseiter waren, buchstäblich an den Tisch der Gesellschaft und des Staates herangeführt werden. Es bleibt die Vorstellung von einer Erweiterung der Demokratie: Demokratie nicht auf Rationierungskarten, sondern Demokratie weit ausgedehnt verstanden. Es bleibt drittens die Vorstellung von einer verantwortlichen Beeinflussung des wirtschaftlichen Geschehens, damit die Menschen nicht nur dessen Objekte sind.

GAUS: *Ich komme in diesem Zusammenhang zu meiner zweiten Frage, Herr Bürgermeister. Sie haben in einer Rede im Sommer vorigen Jahres gesagt, als Krebsschaden der Deutschen nach dem Kriege betrachteten Sie, ich zitiere nun: „... das Diktat kleiner oder sogar kleinlicher Zweckmäßigkeitserwägungen. Es gibt bei uns zulande zu viel Opportunismus, und wir haben alle auf der Hut zu sein, damit nicht der begrüßenswerte Trend zur Entideologisierung mit dem Preis der Grundsatzlosigkeit bezahlt wird."*[9]

Nun ist es so: Gerade diese Zweckmäßigkeitserwägungen und die Gefahr der Grundsatzlosigkeit werden Ihnen und Ihrer Partei nicht nur von parteipolitischen Gegnern zum Vorwurf gemacht. Es wird gelegentlich gesagt, die SPD und ihr Vorsitzender Willy Brandt hätten aufgehört, die Pflichten der Opposition wahrzunehmen. Was sagen Sie zu einem solchen Vorwurf? Wo ziehen Sie die Grenze zwischen Entideologisierung, die Sie wünschen, und Grundsatzlosigkeit, die auch Sie fürchten?

BRANDT: Zuerst einmal ist die SPD nicht nur die Oppositionspartei in der Bundesrepublik Deutschland; das würde den föderativen Aufbau unseres Staates nicht genügend berücksichtigen. Die SPD ist auf der Länderebene in all diesen Jahren immer in der Verantwortung gewesen, in einer kleineren oder größeren Zahl von Ländern. Sie hat die deutschen Gemeinden, den größten Teil der deutschen Städte verantwortlich mitgetragen. Aber ich sehe die Gefahr, von der ich allgemein gesprochen hatte, auch für den Sektor des politischen Lebens, für den ich selbst Verantwortung trage. Da muß man selbst sehr aufpassen und mit seinen Freunden darum ringen, daß das legitime Bemühen um das Vertrauen, auch um Wählerstimmen (Gaus: Um die Gunst), um die Gunst der Wähler, nicht so etwas wird wie der Papagei, der sich einem auf die Schulter setzt und dann diktiert, was man zu tun hat. Man muß sich immer wieder selbst die Frage stellen – wie meine Partei es getan hat im Godesberger Programm und in späteren Dokumenten –: Welches sind die Grundwerte, die Zielvorstellungen, an denen man sich orientiert?

GAUS: *Ich muß etwas boshaft werden. Sie haben in einer Autobiographie „Mein Weg nach Berlin", die Sie zusammen mit dem Schriftsteller Leo*

Lania verfaßt haben, geschrieben: „Was wir brauchen, ist die Synthese von praktischem Denken und idealistischem Streben. Sagt nicht ‚entweder – oder‘, sondern ‚sowohl als auch‘, wie Strindberg empfiehlt.“[10] *Das haben Sie geschrieben. Nun kommt meine Boshaftigkeit. Gelegentlich hat man, wenn man dieses Buch von Ihnen liest, wenn man Ihre Reden hört – aber nicht nur bei Ihren Reden, sondern, durchaus nicht auf Ihre Partei beschränkt, bei allen Parteien – das Gefühl, daß ein Zug vorherrscht, nämlich der Drang, jedem etwas zu sagen zu haben. Befürchten Sie nicht, Herr Bürgermeister, daß auf diese Weise die Austragung politischer Gegensätze unterbunden wird zugunsten einer möglichst publikumswirksamen Dauerwerbung?*

BRANDT: Da ist was dran. Aber wenn Sie mich zitiert haben, dort aus dem Buch „Mein Weg nach Berlin“, dann darf ich sogar dem, was da steht, noch etwas hinzufügen, was ich selbst seitdem noch gelesen habe und was mich beeindruckte. Ein kluger Mann in einem anderen Land hat gesagt: „Man kann heutzutage nur ein guter Realist sein, wenn man auch an Wunder glaubt.“ Da ist auch das „sowohl als auch“, nur etwas anders ausgedrückt, Herr Gaus.

GAUS: *Für den Kanzlerkandidaten der Opposition ist es natürlich besonders hübsch, wenn er auf den Glauben an Wunder verweist, wenn ich das sagen darf.*

BRANDT: Augenblick mal, da muß ich etwas deutlicher werden, bevor wir auf die folgende Frage noch einmal zurückkommen. Ich habe es auf den Berlin-Fall einmal so angewandt: Wir, die wir Politik machen, haben ja doch alle oder fast alle Bismarck gelesen und wissen um ihn als einen der großen deutschen Staatsmänner, ganz gleich, ob man nun jeden seiner Schritte nachträglich für richtig hält oder nicht. Von Bismarck stammt die einfache Faustregel, daß die Politik die Kunst des Möglichen sei. Wir in Berlin haben uns sagen müssen – ich habe das seinerzeit in Gesprächen mit Ernst Reuter in den allerschwersten Nachkriegsjahren entwickelt –, daß wir heute damit nicht mehr auskommen. Für uns in Berlin – aber das gilt auch für die deutschen Dinge überhaupt – ist Politik zu der Kunst geworden, das zunächst unmöglich Erscheinende dennoch möglich werden zu lassen. Man kann nicht nur in den Tag hineinleben und sich arrangieren, man muß auch abzielen auf Dinge, von denen einem die meisten sagen: Das wird wohl nicht, oder das wird wohl nicht so rasch. Insofern bleibe ich also ganz bei dem, was da steht, und wäre eher geneigt, es noch dick zu unterstreichen.

Aber trotzdem haben Sie recht, wenn Sie hinführen zu einer Betrachtung darüber, ob nicht bei zwei großen Parteien oder 2 1/2, jedenfalls bei zweien, die sehr in die Breite gehen, ob nicht bei beiden – man sieht ja davon auch etwas in anderen Ländern – die Gefahr besteht, es zu vielen Leuten recht machen zu wollen. Ich sehe das als eine Gefahr. Ich glaube, es ist deutlich genug, und wenn es etwas unklar geworden sein sollte, wird es bald wieder sehr klar werden: Auf der einen Seite ist ein größeres Beharrungsvermögen da, ein stärkeres Verhaftetsein im Vergangenen und im Jetzigen, im Grunde der Glaube daran, daß die Welt, wie wir sie haben, eine der schönsten ist. Auf der anderen Seite ist eine Kraft, die stärker an den Anschluß an die neuen Fragestellungen, an die Fortentwicklung unseres Staates und unserer Gesellschaft denkt.

GAUS: *Zurück zu Ihrer Emigrationszeit, Herr Bürgermeister. Sie haben geschrieben: „Ich wollte kein Emigrant sein."*[11] *Folgerichtig haben Sie sich um die norwegische Staatsbürgerschaft bemüht, die Sie schließlich nach der Ausbürgerung durch die Nationalsozialisten erhalten haben und erst um die Jahreswende 1947/48 gegen die deutsche wieder eintauschten. Erklären Sie mir bitte, was das heißt: „Ich wollte kein Emigrant sein"?*

BRANDT: Darin steckt mehr als eine Frage. Erstens hatte ich immer etwas gegen das Wort selbst. Emigranten waren im vergangenen Jahrhundert diejenigen unserer Landsleute, die nach Amerika ausgewandert sind, weil sie dort eine neue Heimat finden wollten. Diejenigen, die während der Nazizeit Emigranten genannt wurden, teils von der Nazipropaganda, aber so übernommen auch in die Sprache des Volkes, waren nicht Emigranten. Sie waren politische oder rassische oder auch religiöse Flüchtlinge. Flüchtlinge! Wir nennen die, die aus der Zone kommen, auch nicht Emigranten, wir nennen sie Flüchtlinge.

Das war das eine. Aber es kam noch etwas hinzu. Ich war 19 Jahre, als ich flüchtete, und ich hatte das Glück, schon etwas Kontakt zu haben zu dem Land, in das ich ging. Ich konnte seine Sprache schon etwas sprechen und sie sehr rasch so lernen, daß ich mich der Sprache nach nicht unterschied von anderen in diesem Land. Ich hatte also das Glück, daß ich, anders als Intellektuelle sonst, eine Tätigkeit in dem Land finden konnte. Das war sonst die Tragik derer, die nicht Handarbeiter waren. Auch Handarbeiter hatten es dort, wo Arbeitslosigkeit war, noch sehr schwer, aber die, die Rechtsanwälte waren oder Beamte oder Journalisten, besonders die Älteren, hatten ja das Handicap des Schreibens in einer anderen Sprache, oder sie hatten ein anderes Recht gelernt und was der Dinge mehr sind. Das war für mich wegen meiner Jugend keine Hürde. Ich konnte also dort eine Tätigkeit ausüben, ich war in einer großen Hilfsorganisation tätig, ich war als Journalist tätig und ich habe gelernt im Rahmen der Arbeiterbildungstätigkeit in Norwegen und später in Schweden. Aber das hat nicht bedeutet, daß ich mich getrennt hätte von den Freunden, die aus Deutschland gekommen waren. Ich habe immer in Norwegen und später in Schweden zu den Gruppen der deutschen Sozialisten oder Sozialdemokraten in der Emigration gehört. Es bedeutete nur für mich, daß ich nicht den großen Teil meines Tages mit dem verbrachte, womit andere ihn verbringen mußten, nämlich überwiegend damit, darüber nachzudenken, warum es so gekommen war, wie es 1933 gekommen war. Ich stand mehr in einem täglichen Leben, das stark mit der Wirklichkeit meines Gastlandes, das dann meine zweite Heimat wurde, zusammenhing.

Und da bin ich bei meiner Staatsbürgerschaft, Herr Gaus. Sie sagen richtig – mir liegt daran, es hier noch einmal zu unterstreichen, weil das manchmal falsch dargestellt wird –, ich bin im Jahre ‹1936›[12] ausgebürgert worden durch die nationalsozialistische Regierung. Ich war dann staatenlos. Als Staatenloser habe ich die norwegische Staatsangehörigkeit angenommen, und ich war dankbar dafür, daß sie mir gegeben wurde, wie anderen auch. Als ich dann zurückkehrte, habe ich die deutsche Staatsangehörigkeit wieder beantragt. Ja, um genau zu sein, es gab sie noch gar nicht wieder, denn es gab noch keine Bundesrepublik. Die Landesregierung von Schleswig-Holstein in Kiel hat mich, weil ich in Lübeck geboren war, bei sich im Lande Schleswig-Holstein wieder eingebürgert. Damit entfiel meine norwegische Staatsangehörigkeit, weil ein Mann nach norwegischem Recht nicht zwei Staatsangehörigkeiten haben kann.

GAUS: *Sie sind wegen einer Reihe von Büchern, Broschüren und Artikeln, die Sie während der Zeit, in der Sie im Ausland waren, geschrieben haben, im letzten Bundestags-Wahlkampf heftig attackiert worden,*[13] *unter anderem wegen Artikeln, die Sie im Zusammenhang mit dem spanischen Bürgerkrieg geschrieben haben, den Sie als Journalist und als Beobachter für Ihre linkssozialistische Gruppe gesehen haben.*[14] *Offensichtlich haben Sie sich gegen einen Vorwurf, Herr Bürgermeister, entschieden zur Wehr gesetzt, gegen die unrichtige Behauptung nämlich, wie man, glaube ich, feststellen kann, daß Sie mit der Waffe in der Hand gegen Deutschland gekämpft hätten. Ich habe dazu eine Frage. Wenn Sie sich ausgerechnet gegen diese Unterstellung besonders verwahren, beugen Sie sich damit nicht bösen Ressentiments, die es da und dort hierzulande noch gibt? Wie denken Sie über die Berechtigung des bewaffneten Kampfes von Deutschen gegen das militaristische, nationalsozialistische Deutschland?*

BRANDT: Darf ich, bevor ich das beantworte, noch einmal zu Spanien ein Wort sagen, Herr Gaus (Gaus: Bitte.)

Sie haben eine Tätigkeit dabei jetzt nicht erwähnt (Gaus: Sekretär des Hilfskomitees?) Ja. Denn das hat mich von der spanischen Zeit ab bis in die Zeit, in der ich wieder nach Berlin zurückging, immer begleitet: Die enge Verbindung mit humanitärer Tätigkeit. Ich wurde Sekretär des von den norwegischen Gewerkschaften getragenen Komitees, das Lebensmittel, Kleidung und Medikamente nach Spanien schickte. In ein Spanien überdies, das damals meine Sympathie hatte, weil gegen eine legale Regierung ein Aufstand passierte. Es waren keine Kommunisten, gegen die geputscht wurde; die haben später erst Einfluß bekommen. Es war eine Regierung unter Führung eines Liberaldemokraten, und es waren Sozialdemokraten und Christdemokraten mit in dieser Regierung. Ich sehe heute vieles anders als damals, aber das eine muß man festhalten: Es ist so gewesen, und viele in der ganzen Welt empfanden es so, daß dort in Spanien, im

Vorfeld des 2. Weltkrieges, der Versuch gemacht wurde, eine Demokratie zu stabilisieren. Auch in Spanien selbst sehen das heute viele Leute anders und sind wohl auf dem Wege der Aussöhnung ein gutes Stück vorangekommen.

Der Vorwurf, von dem Sie sprechen: mit der Waffe in der Hand gekämpft zu haben, ist gelegentlich in Verbindung mit Spanien erhoben worden. Mehr aber in Verbindung mit Norwegen. Er ist in beiden Fällen falsch. Und wenn ich Wert darauf gelegt habe, die Vorwürfe gerade zu diesem Punkt vor deutschen Gerichten klären zu lassen – und sie sind geklärt worden vor deutschen Gerichten –, dann deswegen, weil mir einfach daran lag, die Tatsachen festzustellen. Es ist nicht wahr: ich habe nicht mit der Waffe in der Hand, ich habe nicht gegen deutsche Soldaten gekämpft. Wer das behauptet, sagt etwas Falsches. Wenn es jemand behauptet, will er damit ein Ressentiment schaffen gegen den Mann, der eine bestimmte politische Aufgabe in diesem Land, in diesem Volk übernommen hat und vor sich hat. Darum muß ich Wert darauf legen, daß solche verleumderischen Behauptungen als das charakterisiert werden, was sie sind.

Das, was Sie mir nun als Frage stellen, geht weit über eine solche Klarstellung hinaus. Lassen Sie mich – das hilft uns vielleicht – als Beispiel erst ein außerdeutsches, dann ein deutsches wählen. Wir wissen alle, daß der General de Gaulle ein großer Franzose ist und eine große Erscheinung dieser Zeit, ganz gleich, ob man immer mit ihm einer Meinung ist oder nicht. Nun ist es geschichtsnotorisch, daß der General de Gaulle als Führer der Freien Franzosen gegen Franzosen gekämpft hat: in Syrien, in Nordafrika zeitweise und anderswo. Gegen Franzosen, die einer Regierung in Paris, dann in Vichy unterstanden, die sich als die legale französische Regierung bezeichnete. Niemand wird sagen wollen, daß de Gaulle – jedenfalls bei ihm zu Hause sagt man es nicht – ein schlechter Franzose sei. Jetzt nehme ich den deutschen Fall. Wir wollen doch wohl nicht sagen, daß, wenn irgendwo an der Zonengrenze etwas passiert – wir hoffen, es passiert nichts –, wenn unser Grenzschutz . . . nun, nehmen wir an, Deutsche stehen Deutschen gegenüber: Dann wird man doch wohl nicht zu dem Deutschen auf der anderen Seite, der sich abwendet, sagen, er sei ein schlechter Deutscher. Jedenfalls ist das nicht unsere Art des Denkens heute. Man sagt für die Staatlichkeit – oder quasi-Staatlichkeit, auf den einen Fall bezogen –, die es heute gibt, nicht, daß es einen unbedingten Gehorsam gegenüber der Obrigkeit gibt. Wir legen andere Maßstäbe an. Ich will damit sagen: ich selbst habe meinen politischen Kampf gegen das Hitler-Regime geführt und es für richtig gehalten, dort die Grenze zu setzen. Aber ich muß denen meinen Respekt bekunden, jedenfalls mein Verständnis, die in Lagen hineingeraten sind, die schwieriger waren als meine Lage.

GAUS: *Was hat Sie 1948 bewogen, die deutsche Staatsbürgerschaft wieder anzunehmen?*

BRANDT: Sehen Sie, ich war nach Berlin gekommen – der Außenminister <Halver>[15] Lange, mit dem ich seit jungen Jahren befreundet war, fragte mich, ob ich gehen wollte – und habe im Laufe weniger Monate gemerkt, daß ich nicht zu lange warten dürfte, wenn ich mich wieder in die deutschen Dinge einfügen wollte. Ich habe das Gefühl gehabt, daß ich hier – ich sage das ohne alle Überheblichkeit – mehr gebraucht würde, als ich in jenen Jahren in meiner zweiten Heimat hätte gebraucht werden können. Ich glaubte, daß ich nach dem, was ich gelernt hatte draußen, auch einiges dazu beitragen könnte, Dinge wieder in Ordnung zu bringen, vermittelnd, ausgleichend zu wirken. Auch wurde mir gerade 1947 in Berlin klar, was für Deutschland und für ganz Europa davon abhängen würde, ob der Versuch, die deutsche Demokratie ein zweites Mal aufzubauen, gelingen würde oder nicht. Nun, im Herbst 1947 fragte mich meine Partei, mit der ich immer Kontakt gehalten hatte, ob ich ihr Vertrauensmann für den Kontakt mit den Alliierten in Berlin und für einige andere Verbindungsaufgaben sein wollte. Ich habe dann meinen norwegischen Freunden erklärt, daß ich zur Jahreswende 1947/48 das mache, wovon ich überzeugt war, daß es das Richtige sei. Ich habe nicht erst abgewartet, bis die Dinge im Deutschland wieder in Ordnung waren. Dies war vor der Währungsreform und weit vor der Berliner Blockade. Ich habe es für richtig gehalten, mich damals einzuordnen in das, was war, mit allen Risiken, die drin waren, aber auch mit der großen Chance, die es gewesen ist, an einem schwierigen Punkt zu zeigen, daß man ein bißchen beitragen kann, daß man auch aus schwierigen Situationen etwas machen kann.

GAUS: *Sie sind mit einer Norwegerin in zweiter Ehe verheiratet, mit der Sie 3 Buben haben. Aus der ersten Ehe haben Sie eine Tochter, die in Norwegen lebt. Was hat Ihre Frau gesagt zu dem Entschluß, in Deutschland zu bleiben?*

BRANDT: Meine Frau war damit ganz einverstanden. Sie hat sich rasch zurechtgefunden in Berlin. Es wäre ihr vielleicht nicht überall so leicht gewesen. Sie hat zunächst manchmal gesagt, Hamburg wäre auch noch leicht gewesen für jemanden, der vom Norden kommt. Inzwischen ist sie überall in Deutschland gut zu Hause.

Sie haben meine Tochter erwähnt. Ich bin stolz auf sie. Sie ist eine junge Lehrerin in Oslo. Sie ist jedes Jahr bei uns, oder wir sehen uns bei ihr. Meine Frau und sie sind gute Freunde, und das hat alles sehr viel leichter gemacht, als es hätte sein können.

GAUS: *Mit der Neueinbürgerung, Herr Bürgermeister, ist Willy Brandt, wie Sie sich zunächst nur als Schriftsteller genannt haben, der amtliche Name geworden. Ich würde gern einmal hören, wie Sie auf Willy Brandt als Pseudonym gekommen sind.*

BRANDT: Das hat sich so ergeben in einem Gespräch mit den Freunden im Lübeck im März 1933, noch bevor ich weggegangen bin. So bin ich durch meine Freunde damals den Norwegern avisiert worden, so habe ich geschrieben, gesprochen. Ja, es heißt, man macht sich einen Namen. Ich habe mir im eigentlichen Sinne des Wortes diesen Namen gemacht, seit ich 19 war. Auf ihn lautete auch der Paß, den ich in meinem Status als norwegischer Mann bei der Vertretung in Berlin hatte. Es war etwas anderes, als wenn jemand mit 40 oder 50 Jahren sich draußen einen „nom de guerre“, einen Decknamen wählt. Ich war unter meinem ursprünglichen Namen noch nichts oder fast nichts gewesen. Alles, was ich war, seit ich erwachsen wurde, was ich getan hatte zum Guten und manchmal zum nicht ganz Überlegten, mit allen Fehlern drin, das hatte mit diesem Namen zu tun. Und ich habe es damals, 1947/48, so gesehen:

„Wenn ich davor jetzt weglaufe, wird mir gerade das vorgeworfen werden". Darum wurden in meiner Einbürgerungsurkunde beide Namen aufgeführt und das, was sonst nach deutschem Gesetz erforderlich ist, wurde in die Wege geleitet.

GAUS: *Sie sind bei Ihrer Nachkriegskarriere in der SPD sehr bald als ein Vertreter des rechten Flügels in Erscheinung getreten. Wann haben Sie die endgültige Abkehr von linksradikalen Vorstellungen vollzogen?*

BRANDT: Das kann ich selbst nicht sagen. Ich bin auch nie ganz sicher gewesen, ob das mit „rechts" und „links" heute noch stimmt.

GAUS: *Ein bißchen stimmt es schon. Die Politiker neigen heutzutage dazu, diese Begriffe nicht mehr gelten lassen zu wollen, obwohl sie immer noch die besten Hilfsmittel sind.*

BRANDT: Ja, aber wissen Sie, wenn man mit „links" fortschrittlich, radikal im guten, im sich vorwärtsbewegenden Sinne meint, dann steht solches „links" im Gegensatz zum Verhaftetsein in überkommenen Dingen, die nicht mehr mit der Wirklichkeit von heute übereinstimmen, dann kann das, was Sie „rechts" nennen, radikaler sein. Aber das können wir vielleicht beiseite lassen.

Meine Wandlung zum Sozialdemokraten heutiger Prägung hat sich noch vor dem Kriege in Skandinavien vollzogen, zum Sozialdemokraten, wenn Sie so wollen, norwegischer Prägung. Ich habe dies von dort mit nach Hause gebracht. Aber wie nun das genau in Prozenten auszurechnen ist, das kann ich nicht sagen. Ich hatte nach Kriegsende, als ich mich 1949 z. B. vor den Berliner Sozialdemokraten über die programmatischen Grundlagen des demokratischen Sozialismus äußerte,[16] noch manches drin, was ich heute für überholt und für dogmatische Befangenheit halte, aber doch schon das Entscheidende, was meine Plattform war und geblieben ist.

GAUS: *Wie dachten Sie nach dem Kriege über die Möglichkeit einer Einheitspartei der Arbeiterschaft?*

BRANDT: Das war für mich keine Frage nach dem Kriege. Es klang höchstens ein bißchen davon nach.

GAUS: *Sie haben in Ihrer Emigrationszeit darüber geschrieben.*

BRANDT: So ist es.[17] Das war eine entscheidende Frage während der Emigrationszeit. Sehen Sie, bei denen, die in Deutschland in den Lagern saßen oder in den Gefängnissen, ebenso bei denen, die sich draußen unter freieren Bedingungen treffen konnten, gab es immer die Diskussion über mehr Einheitlichkeit als während der Weimarer Zeit. Wenn wir es recht sehen, ist ja eine Frucht solcher Überlegungen aus Untergrund und Illegalität die CDU. Sie ist eine Frucht des Wunsches, eine nichtsozialistische – im Ausgangspunkt vielleicht ein bißchen, dann nicht mehr sozialistische – einheitliche Partei zu bilden. Jene, die aus dem kamen, was man die Arbeiterbewegung nennt mit ihren verschiedenen Flügeln, hatten ebenfalls diese Sehnsucht nach der Einheit, dieses Gefühl, auch deshalb untergegangen zu sein, weil Hitler einer zersplitterten Gruppe von Gegenkräften gegenüberstand. Nun war bei manchen damit die Hoffnung verbunden – so auch bei mir –, daß eine einheitliche sozialistische Bewegung die deutschen Kommunisten herausnehmen könnte aus der Abhängigkeit von Moskau. Aus genau dieser Vorstellung heraus hat es unmittelbar nach dem Ende des Hitler-Regimes an manchen Orten in Deutschland, auch in dem, was wir heute die Bundesrepublik nennen, gemeinsame Parteibildungen gegeben, von den Alliierten zunächst noch gar nicht recht zugelassen, in denen sich frühere Sozialdemokraten und Kommunisten und Gewerkschaftler, die nicht eng parteigebunden waren, zusammenfanden. Dann kam interessanterweise der erste Stoß gegen diese Art von Einheitspartei von den Moskauer Kommunisten. Als Ulbricht zurückkam aus Moskau nach Berlin, hat er zunächst das alles stoppen lassen, dort, wo er Einfluß auf die deutschen Kommunisten bekam. Erst in der Entwicklung der folgenden Monate, im Zusammenspiel mit der militärischen Macht in dem, was wir die Sowjetzone nennen, wurde dann die Einheitspartei kommunistischer Prägung, sowjetischer Prägung gestartet. Und da war es das große Verdienst, das geschichtliche Verdienst von Kurt Schumacher, daß er dagegen einen Wall aufgerichtet hat.

GAUS: *Ihr Verhältnis zu Schumacher ist nicht frei von Spannungen gewesen,*[18] *Herr Brandt. Worauf gründeten sich diese Spannungen?*

BRANDT: Ja, worauf eigentlich? Sie haben recht, es ging nicht so gut, wie es hätte gehen können, und das hat mir leid getan. Erst in den letzten Tagen seines Lebens sind wir einander wirklich nähergekommen.

Ich kann mich an ein paar Besuche bei ihm oben auf dem Venusberg erinnern, im Sommer noch des Jahres, in dem er starb, nämlich 1952.

Das Ganze fing schon mit einer Belastung an. Leute, die es nicht gut mit mir meinten, hatten nicht gut über mich gesprochen bei ihm, und das führte dazu, daß ich – noch bevor ich meine Aufgabe als Vertreter des Parteivorstandes in Berlin, als sein Vertreter übernahm – ihm einen Brief schrieb,[19] in dem ich ihm unter anderem sagen mußte, ich hätte mich noch nie ganz einem anderen untergeordnet. Dies werde auch ihm gegenüber nicht der Fall sein. Er hat das akzeptiert, aber das Verhältnis ist zunächst nicht herzlich geworden.

GAUS: *Es gibt Äußerungen von Ihnen über Kurt Schumacher, aus denen man schließen kann, daß ihnen die Fähigkeit zum Fanatismus, die er vielleicht gehabt hat, unheimlich gewesen ist. Ist das richtig?*

BRANDT: Fremd. – Aber man muß ihm gerecht werden. Er war mehr auf der Wellenlänge der deutschen Situation damals. Er war die Inkarnation dieses deutschen Elends, dieser körperlich so gezeichnete Mann, der schwer gelitten hatte, und der nun auf eine sehr leidenschaftliche Weise das Selbstgefühl dieses Volkes wieder aufzurichten half. Und ich war eben einer, der nun von draußen zurückkam, nicht, wie manche glauben, von Fleischtöpfen – es hat auch für die, die draußen waren, schwierige Situationen gegeben –, aber doch aus einer ganz anderen Umgebung.

Es hat aber überdies noch etwas eine Rolle gespielt, das ich gern mit angeschnitten hätte. Ich war ja schon etwas älter geworden als 19, ich war 30 mittlerweile, ein bißchen darüber sogar, und ich geriet in das Spannungsfeld Schumacher-Reuter – nicht nur, weil Reuter in Berlin war und ich auch, sondern weil Reuter mir näher war in seinem Werdegang, in seinen Erfahrungen gerade während der Nazijahre und der Jahre draußen. So übertrug sich das Spannungsverhältnis zwischen diesen beiden bedeutenden Männern ein bißchen auf mich. Ich war halt ein wenig abgestempelt bei Kurt Schumacher als jemand, der Reuter nahestand. Aber ich finde, ich bin verpflichtet zu sagen, daß das alles nur Randbemerkungen sind. Keiner kann davon etwas abschneiden, Schumacher war eine der großen Gestalten dieser deutschen Nachkriegsentwicklung, und er ist nicht wegzudenken aus diesem Prozeß.

GAUS: *Herr Brandt, auf welche Weise haben Sie und Herbert Wehner sich gefunden?*

BRANDT: Wir sind ziemlich verschiedene Typen. (Gaus: Das kann man sagen.) Aber wir haben im Laufe der Jahre seit 1949 eine Menge miteinander zu tun gehabt. Ich war ja 8 Jahre lang im Bundestag, saß in seinem Ausschuß,[20] in anderen auch, hatte mich dort sehr um Berlin-Dinge gekümmert, Eingliederung Berlins in den Bund und viele andere Geschichten. Wir haben einen sachlichen Arbeitskontakt in jenen Jahren entwickelt. Es dauerte ein bißchen, bis wir einander menschlich näherkamen. Wir sind gute Freunde geworden.

GAUS: *Hätten Sie ohne Wehners Unterstützung das werden können in der Partei, was Sie jetzt sind?*[21]

BRANDT: Das, was jetzt ist, hat sehr viel damit zu tun, daß diese beiden Männer, der Wehner und der Brandt, sich zu einem Gespann zusammengefunden haben, mit ein paar anderen noch dabei. Herbert Wehner hat mir einen Brief geschrieben um die Jahreswende 1960/61. (Gaus: Als Sie schon Kanzlerkandidat waren?) Ja. Er hat mir gesagt: „Du kannst immer mit mir rechnen, wenn es darum geht, aus dieser Partei eine wirkliche, konsequente Reformpartei zu machen und sie als solche weiterzuentwickeln, und Du kannst zweitens immer mit mir rechnen, wenn es darum geht, denen entgegenzutreten, die meinen, es reiche aus, Rouge aufzulegen."[22]

GAUS: *Es heißt gelegentlich, Herr Bürgermeister, daß Ihnen in entscheidenden Augenblicken Stehvermögen abgeht, daß Sie dann in ihren Entscheidungen schwankend würden und allzu beeinflußbar seien. In dem Zusammenhang wird dann gern die Absage des Gesprächs mit Chruschtschow, das Sie im ‹Juni 1963›*[23] *verabredet hatten, erwähnt.*[24] *Worin sehen Sie selbst Ihre Schwächen, Ihre wirklichen Schwächen als Politiker? Sie können natürlich sagen, Sie sehen keine.*

BRANDT: Darf ich mal hier etwas zum Stil eines Mannes sagen, der politische Verantwortung trägt. Jeder muß wohl seinen eigenen haben. Zu meinem gehört, daß dort, wo ich den Vorsitz habe, selten abgestimmt wird. Ich bin viele Jahre Berliner Bürgermeister, aber Sie können an den Fingern einer Hand abzählen, wann mal abgestimmt worden ist. Ich schätze es, eine Frage zu diskutieren, diskutieren zu lassen, die Argumente gegeneinander abzuwägen, zu spüren, was in einer Situation drin ist und was nicht, Änderungen anzuhören und dann meine Entscheidung zu fällen.

GAUS: *Fällt es ihnen schwer, solche Entscheidungen dann zu treffen?*

BRANDT: Ich habe sie manchmal sehr rasch und ganz allein fällen müssen. Als im November 1958 das Chruschtschow-Ultimatum kam,[25] war das für Berlin psychologisch eine solche Situation, daß ich weder Bonn noch Washington fragen konnte. Da mußte ich mich an meinen Schreibtisch setzen und die fünf Punkte aufschreiben, die die Begründung für das Nein waren.[26] Als in der vorigen Woche die Passierscheingeschichte in Berlin fast zu Ende war – am 24. [September 1964] wurde unterzeichnet,[27] am Abend vorher also, am 23. –, da kam mein Beamter aus Ostberlin zurück. Er hatte dort eine letzte Besprechung unterbrechen müssen und berichtete mir von einer zusätzlichen Zumutung der anderen Seite. Es war für mich eine ganz schwierige Situation. Im letzten Augenblick! Alles glaubte, die Sache sei schon perfekt. Ich habe weder den Senat gefragt, noch die Bundesregierung in Bonn, sondern ich habe dem Beamten gesagt: „Gehen Sie zurück und sagen Sie, jetzt ist Schluß und dabei bleibt es!" Und er kam zurück: Jawohl, es ist zurückgezogen worden. (Gaus: Welche Zumutung war das?) Es hilft nicht sehr, das jetzt auszumalen, aber es hätte für den einzelnen eine zusätzliche Belastung bedeutet, für die vielen einzelnen, die jetzt Gott sei Dank rübergehen können.

GAUS: *Herr Bürgermeister, erlauben Sie mir eine letzte Frage. Ein Politiker muß auch Fortune haben, Glück. Sie haben 1961 den Sprung ins Kanzleramt nicht geschafft. Sagen Sie mir bitte, soweit man das kann, was hat für Sie diese Niederlage persönlich bedeutet, als die Wahl vorbei war, die Sie nach sehr modernen Methoden bestritten haben und dann hat es nicht ganz gereicht?*

BRANDT: Natürlich hat es nicht gereicht, und insofern war ich gescheitert. Nun ist ja das bei uns etwas anders als dort, wo es ein echtes Zweiparteiensystem gibt. Ich konnte mir immerhin sagen, die Partei, die du in diesen Wahlkampf geführt hast, ist mit 2 Millionen Stimmen mehr rausgegangen als das vorige Mal, und diese Partei, so habe ich mir seitdem sagen können, ist, wenn man die deutschen Länder zusammennimmt, zum ersten Male, seit es die Bundesrepublik gibt, auf jener Ebene die stärkste Wählerpartei. Ohne Meinungsbefragungen wichtiger zu nehmen, als sie genommen werden müssen: 1960, als ich an die Aufgabe heranging, lag meine Partei im Durchschnitt 7 Punkte hinter den beiden Unionsparteien zusammen; in den entsprechenden Monaten dieses Jahres liegt sie gleich mit den Unionsparteien. Das heißt, es war nicht ganz so schwer, die Niederlage zu tragen.

GAUS: *Das war die Antwort des Politikers Willy Brandt. Die Antwort des Privatmannes Willy Brandt, den es ja auch gibt? Wie ist das Gefühl, wenn man über einen ganzen Wahlkampf hin ganz vorn gewesen ist, aufgestellt von einer Partei, die sich sehr bemühte, es mit diesem Mann zu schaffen, und ganz schafft er es doch nicht?*

BRANDT: Das hat mich eigentlich weniger bedrückt. Was mich ein bißchen gequält hat, das waren meine Freunde draußen im Land, die sich mehr erhofft hatten und denen ich mehr Hoffnung hatte machen müssen. Das Gefühl, die hast du enttäuschen müssen, das hat mich etwas gequält. Aber sonst habe ich den Eindruck gehabt, daß ich zusammen mit meinen Freunden die Dinge ganz gut auf den Weg gebracht habe.

Nr. 55

Schreiben des Vorsitzenden der SPD, Brandt, an den Parlamentarischen Geschäftsführer der SPD-Bundestagsfraktion Schäfer 1. Dezember 1964[1]

AdsD, WBA, A 6, 44/45 (alt).

Lieber Fritz,

Du hast sicherlich verstanden, weshalb ich mich bei der Vorstellung der Mannschaft mit der Lösung begnügt habe, für die jetzt eine breite innerparteiliche Basis zu erlangen war.[2] Zu den nächsten Schritten gehört jene zusammenfassende Tätigkeit, die nicht dankbar ist, die aber sein muss und für die Deine massgebende Mitarbeit unerlässlich ist. Hierüber werden wir im einzelnen sprechen müssen.

Vor allem aber liegt mir heute daran, Dir für die grosse Arbeit zu danken, die Du auf Dich genommen hast, um passable Sachentschliessungen vor den Parteitag zu bringen.[3] Es tut mir leid, dass die Schlussrunde mit dem Manifest nicht mehr klappte. Nach aussen ist das ja glücklicherweise kaum in Erscheinung getreten.

Mit den besten Grüssen

Dein

Nr. 56

Interview des Vorsitzenden der SPD, Brandt,
für *Der Spiegel*
11. August 1965

Der Spiegel, Nr. 33 vom 11. August 1965, S. 32.

Gescheite Dinge nur in den späten Abendstunden

SPIEGEL: Herr Regierender Bürgermeister, ist es wahr, daß Sie sich ausschließlich für Politik interessieren?

BRANDT: Ich glaube, das ist gar nicht wahr. Es kommt natürlich darauf an, wie weit oder wie eng man den Begriff Politik faßt; der ist ja auch sehr weit zu fassen. Ich lese eine ganze Menge über Dinge, die nicht nur mit Politik zu tun haben. Ich interessiere mich für Menschen – die natürlich auch zur Politik gehören.

SPIEGEL: Wo muß man Ihre stärksten privaten Interessen suchen – Interessen jenseits der Hobbys und außerhalb der Politik?

BRANDT (nach langer Überlegungspause): Das kann ich so gar nicht beantworten. Die Politik läßt kaum etwas übrig. Vielleicht ein wenig Geschichte.

Willy Brandt auf Wahlkampftour im Jahr 1965

SPIEGEL: Würden Sie sich selber als einen Intellektuellen bezeichnen?

BRANDT: Nicht als jemand, der irgendwo im Elfenbeinturm sitzt, ganz gewiß nicht. Ich schäme mich nicht, daß ich etwas gelernt habe; ein bißchen über das hinaus, was man in der Schule lernt. Aber ich glaube, ich habe es ganz gut umgesetzt und kann auch immer noch so sprechen, wie den Leuten der Schnabel gewachsen ist. Meine eigene Art, mich mit einem Problem auseinanderzusetzen, ist sicher mehr die eines Intellektuellen, ja.

SPIEGEL: Haben Sie Freunde – nicht nur politische, sondern auch persönliche Freunde?

BRANDT: Ja.

SPIEGEL: Haben Sie denn auch Zeit für Freunde?

BRANDT: Zu wenig. Das ist interessant, daß Sie das aufwerfen. Ich stelle nämlich manchmal selber fest: Da wirken alte Freundschaften stärker als neue. Wenn ich Leute treffe, mit denen ich früher zusammen war, dann nehme ich mir mehr Zeit als für Freunde aus der jüngeren Zeit; wenn ich zum Beispiel ins Ausland komme, wo ich

333 Interview für den *Spiegel*, 11. Aug. 1965

früher gelebt habe, oder wenn ich Freunde treffe, die mit mir draußen waren.

SPIEGEL: Sind Sie ein Systematiker? Stört Sie zum Beispiel ein voller Schreibtisch; haben Sie lieber einen leeren?

BRANDT: Ich möchte gern einen ganz leeren Schreibtisch haben. Ich habe ihn aber meistens nicht gehabt. Das ist jetzt übrigens besser geworden.

SPIEGEL: Haben Sie genug Zeit nachzudenken? Und was ist Ihre bevorzugte Umgebung für das Nachdenken?

BRANDT: Das Flugzeug zum Beispiel, obwohl ich das viele Fliegen gar nicht liebe. Oder ein Spaziergang im Garten. Ich will Ihnen ein anderes Beispiel nennen: Neulich abends hatte ich mir zuerst vorgenommen, ich sehe was im Fernsehen; dann hat mich das aber nur halb interessiert, und ich habe ein Buch daneben genommen und dann noch einen Zettel daneben; denn beim Lesen fällt mir etwas ein, was damit gar nicht unmittelbar zusammenhängt, sondern was mit meiner Arbeit zusammenhängt.

SPIEGEL: Können Sie denn mehrere Dinge gleichzeitig tun?

BRANDT: Nicht wie Napoleon, nein ... Früher ist es mir so gegangen, daß ich gescheite Dinge eigentlich nur in den späten Abendstunden zustande gebracht habe; daß ich das Gefühl hatte, du mußt ein bißchen müde sein, um was Gutes machen zu können: Wenn man ganz frisch ist, was bei mir eh erst im Lauf des Vormittags passiert und nicht ganz früh morgens schon, dann kreuzt sich zuviel im Denken. Das war meine Erfahrung in einer ganzen Reihe von Jahren.

SPIEGEL: Was tun Sie, um fit zu bleiben? Wie ist heute Ihre Konstitution?

BRANDT: Viel besser als vor vier Jahren. Ich habe die ganze offizielle Esserei auf ein Minimum abgebaut, sowohl mittags als auch abends. Das hält ja auch kaum jemand durch; ich kenne Leute, die sich daran kaputt gemacht haben. Sonst passe ich ein bißchen auf beim Essen und Trinken und laufe ein bißchen.

SPIEGEL: Seit Ihrer Kur in Bad Kreuth sollen Sie keine harten Sachen mehr, sondern nur noch Wein, allenfalls mal ein Bier trinken; ist das wahr?

BRANDT: Ja.

SPIEGEL: Und auf wie viele Zigaretten kommen Sie pro Tag?

BRANDT: Das zähle ich nicht. Ich rauche jetzt überwiegend Zigarillos. Das ist nicht mehr so schlimm mit dem Rauchen. Meine Frau findet sicherlich, ich rauche immer noch zuviel.

SPIEGEL: Sie fahren nicht selber Auto. Hat das einen bestimmten Grund?

BRANDT: Ja, hat es wohl. Aber vielleicht wird das zu einer fixen Idee. Ich habe in früheren Jahren gemeint, es hänge mit Kindheitserinnerungen zusammen. Ich bin bei meinem Großvater aufgewachsen, der Kraftfahrer war, und der hat ein- oder zweimal ein Malheur gehabt – er konnte beide Male nichts dafür –, wo jemand umgekommen ist. Das hat mich in meinen jungen Jahren verfolgt. Vielleicht wäre ich später sogar ein ganz guter Fahrer geworden. Aber ich habe das Gefühl, mir geht es nicht so wie denen, die sagen, sie spannten ab beim Autofahren. Ich kenne manche, die eher etwas nervöse Typen sind, und die sagen, beim Autofahren werden sie ganz ruhig. Ich habe das Gefühl, das ist bei mir genau umgekehrt.

SPIEGEL: Haben Sie eine „dünne Haut"?

BRANDT: Ob ich empfindlich bin, meinen Sie? Sicher, manchmal ja. Ich glaube, es wechselt sehr. Und es ist wohl auch ganz gut, wenn man nicht zu sehr abgebrüht ist und sich noch ärgern kann über was, wenn's nur nicht allzu sehr haften bleibt.

SPIEGEL: Wie reagieren Sie zum Beispiel darauf, daß immer wieder persönliche Angriffe an Ihrer Vergangenheit, besonders an Ihrer Emigration aufgehängt werden?[1] Macht Sie das wütend, traurig, mutlos?

BRANDT: Nicht mehr, nicht mehr.

SPIEGEL: Aber?

BRANDT: Manchmal frage ich mich, ob es richtig war, daß ich mich jemals überhaupt gegen die Vorwürfe zur Wehr gesetzt habe. Das ist das einzige, was mich dabei beschäftigt. Aber es wird mich nicht mehr stören und mir nicht unnötig Kraft nehmen wie in früheren Jahren.

Nr. 57

Rede des Vorsitzenden der SPD, Brandt, auf dem Wahlkongress beim Deutschlandtreffen der SPD in Dortmund 14. August 1965

Tatsachen – Argumente, Nr. 175/1965.

Ja zur SPD – Ja zu Deutschland

Worum geht es in den kommenden 35 Tagen bis zum 19. September [1965]?[1] Geht es darum, wer besser schimpfen kann? Ich meine nein. Ich meine es geht darum, alle Mitbürgerinnen und Mitbürger zum Mitdenken und zur Mitverantwortung zu bewegen. Es geht darum, daß sie ihr Ja sagen zum deutschen Weg nach vorn.

Die Schicksalsfragen unseres Volkes können nicht von oben herab gemeistert werden. Heutige deutsche Politik muß der bewußte Ausdruck des Volkes sein, muß gemacht werden aus der Mitte des Volkes heraus. Sie muß alle aufbauenden und unverbrauchten Kräfte wecken und zusammenführen.

Wer geglaubt hat, wir wären hier in Dortmund, um das Schauspiel der CDU vom vorigen Sonntag zu beantworten,[2] den muß ich enttäuschen. Wir Sozialdemokraten führen unseren Wahlkampf nicht gegen etwas oder gegen andere. Wir führen den Wahlkampf für etwas, für Deutschland, für eine Politik der Zukunft. Wir werden uns nicht in Angriffen gegen CDU, CSU und FDP erschöpfen. Wir haben ein Programm, ein Programm, das gut ist für die Bundesrepublik Deutschland und für das ganze deutsche Volk.

Dieses Programm richtet sich aus an unserer Vorstellung von der Rolle Deutschlands in der Welt. Um der Sicherheit willen wollen wir im westlichen Verteidigungsbündnis loyal unsere Pflichten erfüllen. Aber unser Volk hat weder den Ehrgeiz noch die Fähigkeit, wieder eine militärische Weltmacht zu werden.

Die Bundesrepublik Deutschland muß mehr sein als eine Interessengemeinschaft zur Erzeugung von Wohlstand mit der unbehaglichen Sorge vor morgen. Sie soll eine große Macht werden auf allen Gebieten des Geistes, der Technik, der großzügigen inneren Ordnung. Hier wollen wir uns bewähren, hervortun, ein großes Volk sein. Wir wollen der Welt etwas geben, und wir wollen der Welt etwas sein. In diesem Sinne soll Deutschland vorankommen, soll Deutschland vorn sein.

Wir lieben dieses Land und dürfen uns freuen, wenn uns Tüchtigkeit, Fleiß und guter Wille nachgesagt werden. Darum ist unser Weg in die Zukunft möglich. Wir werden ihn gemeinsam gehen. Die Menschen dieses Landes haben es verdient, daß es wieder eine handlungsfähige, tatkräftige Regierung gibt. Diese neue Regierung wird den Weg nach vorn weisen, verantwortungsbewußt, zielstrebig, zuverlässig und ohne Scheuklappen.

Wirtschaftlich nahezu ein Riese, verhält sich die Bundesrepublik Deutschland politisch wie ein Zwerg. Gewisse Eierschalen müssen weg. Wir kommen nicht durch als Musterschüler, der jeweils nickt, wenn der amerikanische Präsident sich räuspert oder der General in Paris hustet. Unser Volk ist mündig und hat seinen verantwortlichen Beitrag zur Erhaltung des Friedens zu leisten – als erwachsener Partner, als verläßlicher Verbündeter, als ein Land mit Selbstvertrauen und Stolz.

Ich kenne die Staatsmänner der uns verbündeten Staaten und weiß, daß Feigheit vor dem Freund sich nicht lohnt. Ich kenne viele Staatsmänner der neutralen Welt und weiß, daß sie auf ein Deutschland warten, das seine Rolle in der Welt würdig, fest und mit Gewicht zu spielen versteht.

Wir werden eine Politik führen, die jeden möglichen Beitrag leistet, um den Frieden sicher zu machen, in Deutschland, in Europa, in der Welt. Das soll keine Duckmäuserpolitik sein, im Gegenteil: eine mutige Politik. Aber ich erkläre feierlich: Von Deutschland aus wird es keinen Krieg, keine Drohung mit Gewalt geben.

Wir überschätzen uns nicht, wir werden uns nicht mit erhobenem Zeigefinger zu allen Problemen in aller Welt äußern. Das gilt für den Kongo, für Lateinamerika, auch für Vietnam. Aber niemand soll sich im unklaren sein können über unsere brennende Sorge um den Frieden überall in der Welt.

Wenn die Gefahren in Südostasien gebannt sind, wird es leichter sein, über die Sicherung des Friedens in Europa zu sprechen. Friede in Europa, das heißt: über Deutschland reden. Diese Stunde wird kommen, und sie muß uns Deutsche vorbereitet finden.

Es wird zu den vordringlichen Aufgaben einer sozialdemokratisch geführten Bundesregierung gehören, Grundzüge eines Friedensvertrages zu erarbeiten. Die werden wir mit unseren Verbündeten abstimmen und das Gespräch dann auch mit der Sowjetunion beginnen. Ich bin auch in dieser Hinsicht ohne Illusionen. Dieses Werk ist schwer, es wird viel Zeit, Geduld und Beharrlichkeit erfordern.

So dankbar wir für die Verständigung mit den Nachbarn im Westen sind, Sicherheit und Ruhe wird es für unser Volk erst geben, wenn wir auch den Ausgleich mit unseren östlichen Nachbarn gefunden haben werden.

Voll ehrlicher Überzeugung und guten Gewissens kann ich sagen: Eine von mir geführte Regierung wird über Deutschland nicht nur reden, sondern endlich und tatkräftig an die Lösung der deutschen Fragen herangehen. Das entspricht auch unserer gewachsenen Verantwortung.

Wir werden alles tun, daß der Beginn der europäischen Einigung nicht zerstört wird. Zugleich werden wir ein größeres Europa ins Auge fassen. Wir werden für einen dauernden Frieden arbeiten, einen Frieden, der nicht das Produkt der Furcht ist, sondern die Interessen Deutschlands, Europas und der Weltmächte auf einen Nenner bringt. Die Wunden unserer Nation können nicht geheilt werden mit Autos und Kühlschränken. Solange die Teilung anhält, werden wir geduldig um Kontakte mit den Menschen im anderen Teil Deutschlands ringen. Wir werden erreichen, was ohne Anerkennung des Zonenregimes, das heißt ohne die Teilung anzuerkennen, zu erreichen ist.

Mit Gedenktagen ist es nicht getan. Die Menschen beider Teile Deutschlands dürfen sich nicht aus den Augen, nicht aus dem Sinn verlieren. Ich überschätze nicht die Bedeutung von Passierscheinen und anderen kleinen Schritten. Immer habe ich gewußt, daß das alles an großen Zielen zu messen ist. Aber ich bleibe dabei: alle Politik ist nichts wert, wenn sie nicht dazu dient, den Menschen im Rahmen des Möglichen das Leben leichter zu machen. Was in Berlin möglich war,[3] darf für die ganze Bundesrepublik nicht unmöglich sein: fest gegen Drohungen, taub gegen Lockungen, aber nicht erstarrt im bloßen Anti.

Gestern waren vier Jahre vergangen seit dem Bau der Mauer in Berlin. Die Machthaber im anderen Teil Deutschlands haben sich damit selbst gerichtet. Eine vernichtende Abfuhr muß denen zuteil werden, die diese Schande im freien Teil Deutschlands verteidigen oder verniedlichen möchten.

Beschämend bleibt es aber auch, daß CDU, CSU, FDP vor vier Jahren die Herausforderung durch die Mauer nicht begriffen haben. Es wurde im Wahlkampf weiter geholzt, als ob nichts passiert wäre.[4] Es wurde nach den Wahlen überhört, daß wir die gemeinsame Regierungsverantwortung vorschlugen als angemessene Antwort auf die unüberhörbare nationale Not.[5]

Wir sind seither niemandem nachgelaufen und werden uns auch weiterhin nicht aufdrängen. Aber wir werden unser Gewicht einsetzen, um aus der Bundesrepublik Deutschland einen aktiven, verantwortungsbewußten Partner zu machen. Die politischen Energien sollen aus einem Land fließen, das sich mutig und besonnen, vorausschauend und selbstbewußt auf seine Zukunft ausrichtet. Nationalbewußtsein heißt verantwortungsbewußte politische Aktion. Das ist unser Programm. Es heißt Ja zu Deutschland.

Frieden und Friedensvertrag, Deutschland und Europa – das sind die Orientierungspunkte unserer Politik. Und in diesem Zusammenhang geht es auch um die innere Ordnung, um den Ausbau unserer Bundesrepublik zu einem vorbildlichen Land. Das Grundgesetz sagt, daß diese Bundesrepublik ein demokratischer und sozialer Rechtsstaat sein soll. Das ist keine Situationsbeschreibung. Das ist ein Auftrag. Und zwar der dauernde zwingende Auftrag zu Erneuerung und Fortschritt.

Hier liegt der wesentliche Unterschied zwischen den beiden Hauptrichtungen deutscher Politik. Die Unionsparteien sind damit beschäftigt, auf die Vergangenheit zurückzublicken. Sie begnügen sich mit dem, was ist und treten auf der Stelle. Nun, die Sozialdemokraten wissen, woher sie kommen. Aber sie wissen vor allem: Der Mensch befindet sich in einem unaufhörlichen Kampf um Veränderungen zum Fortschritt. Seine Horizonte sind nicht starr. Damit sie nicht enger werden, muß er sie erweitern. Er muß sich mit dem Fortschritt verbünden.

Die CDU sagt, sie führe den Wahlkampf gegen die SPD. Das überrascht uns nicht, und es wirft uns nicht um. In Wirklichkeit führt sie ihn zu ihrer Selbsterhaltung. Der Wahlkampf wird hart, hat sie hier am vergangenen Sonntag verkündet. Es muß in der Tat hart sein, wenn eine verbrauchte, zerrissene Partei mit verschleiertem Blick für die Zukunft bloß um ihre Selbsterhaltung ringt.

In den vergangenen vier Jahren ist die Ära Adenauer zu Ende gegangen.[6] In peinlichen Affären und Koalitionskrächen haben sich die Koalitionsparteien systematisch zermürbt; dem Ausland bot sich ein blamables Bild. Unter Erhard bekamen wir ein Kabinett der guten Vorsätze, der manchmal schönen Worte, aber der fehlenden Entscheidungen, der peinlichen Schwäche.

Aus Herrn Erhards wiederholten und meist dilettantischen Initiativen wurde nichts. Wann immer er zum Schlage ausholte, brachte er es nur zu Schlägen ins Wasser. Aus den versprochenen inneren Reformen wurde eine Serie von Versäumnissen und neuen Versprechungen.

Wert und Rang der Gemeinschaftsaufgaben werden auch von der Union nicht mehr bestritten. Aber die CDU/CSU darf nicht so tun, als sei sie sechzehn Jahre lang in der Opposition gewesen und als möchte sie nun endlich zeigen, was sie in der Regierung leisten kann. Die gegenwärtige Bonner Koalition hat nicht verdient, daß ihr Mandat verlängert wird. Sie hat ihren Kredit überzogen. Es ist höchste Zeit für eine Wachablösung. Oder, da wir im Ruhrgebiet sind, kann ich auch sagen: Schichtwechsel.

Auf die Schimpfereien von Ludwig Erhard brauche ich nicht einzugehen. Er war schlecht beraten und unbalanciert, als er die Schriftsteller „Pinscher" nannte.[7] Er war schlecht beraten und unbalanciert, als er über die Gewerkschaften herfiel, statt die große Leistung der deutschen Arbeitnehmer zu würdigen.[8] Er war schlecht beraten und unbalanciert, als er die Opfer des Krieges und der Vertreibung anrempelte, indem er ihnen ihr hartes Schicksal als einen „zweiten Beruf" vorwarf.[9] So spricht man nicht, wenn man seiner Sache sicher ist. So spricht man nicht, wenn man ein gutes Verhältnis zu den breiten Schichten seines Volkes hat. Darüber hätte es sich gelohnt, auch im Deutschen Fernsehen zu sprechen.

Die Wählerinnen und Wähler wollen keine Olympiade des Schimpfens. Sie wollen wissen, wer eine vernünftige Politik machen kann. Auf diesen Wettbewerb sind wir gut vorbereitet. Keiner hat die Wahrheit gepachtet, niemand hat die Weisheit mit Löffeln gegessen. Aber die sozialdemokratische Regierungsmannschaft hat gute Antworten auf die offenen, die brennenden Fragen unseres Volkes.

Dieser Wahlkampf geht in Wahrheit darum, daß Deutschland seine Nachkriegsperiode hinter sich läßt und mündig, selbstbewußt und verantwortlich seine Zukunft gestaltet. Dieser Wahlkampf ist entschieden, wenn es uns gelingt, die Blicke unseres Volkes nach vorn zu richten.

Die sozialdemokratische Regierungsmannschaft ist stark und gerüstet.[10] Sie sieht, was zu tun ist. Sie wird tun, was getan werden muß. Unsere Partei ist besser gewappnet als je zuvor.

Es ist Aufgabe jedes einzelnen unserer Freunde, sich mit aller Kraft dafür einzusetzen, daß jedermann in Stadt und Land, jeder wahlberechtigte Bürger weiß, was wir wollen, und sich bewußt entscheidet für das bessere Programm, für die Zukunft.

Die Bundesrepublik Deutschland muß sich kraftvoll und mutig den Herausforderungen der Zukunft stellen. Wer zurückblickt, mag zufrieden sein. Aber wer nach vorn blickt, sieht die riesigen Aufgaben. Wer nur zurückblickt, bringt unser Volk in Gefahr zurückzufallen. Unser Gewicht als Industrienation hängt ab von der Erkenntnis, daß es lebensnotwendig ist vorauszuschauen. Das ist nicht bequem. Die SPD verzichtet bewußt auf ein Programm der Bequemlichkeit.

Mit bloßen Versprechungen ist es nicht mehr getan. Wir denken nicht daran, allen nach dem Mund zu reden. Wir möchten vielmehr unsere Mitbürgerinnen und Mitbürger ins Vertrauen ziehen. Wir möchten ihre Unterstützung für eine klare Rangordnung der zu lösenden Probleme. Was für die unmittelbare Zukunft am wichtigsten ist, muß mit Vorrang angepackt werden – selbst wenn wir dann auf anderen Gebieten zeitweilig kürzer treten müssen. Wir versprechen nicht jedem alles, sondern allen nur das Mögliche. Wir erklären unser Programm und sagen, was wir halten können. Dafür verbürge ich mich.

Wir haben ein Programm dessen, was nötig ist für unser Volk. In dem „Aufruf 1965"[11] sind die Aufgaben umrissen, für die ausgearbeitete und durchgerechnete Leitlinien vorliegen. Die Gemeinschaftsaufgaben sind darin der Schwerpunkt. Sie bedeuten: Zügiger Ausbau und rasche Modernisierung; sie bedeuten vor allem auch mehr Achtung, mehr Sorge für den einzelnen im Interesse aller.

Unser innenpolitisches Programm leitet die Bundesrepublik Deutschland sicher in den wissenschaftlichen und technischen Fortschritt. Wir werden sie fit machen für die nächsten zehn bis zwanzig Jahre. Gerade auf diesem Sektor wollen wir eine führende Nation werden. Niemand kommt mehr ohne Vorausschau aus. Es wird Zeit, daß sie auch in unserer Bundesrepublik heimisch wird. Die sorglose Überheblichkeit, in den Tag hinein und von der Hand in den Mund zu leben, ist auf die Dauer zu teuer, und das können wir uns nicht leisten. Eine sorgsame Vorausschau hat das freie Spiel der Kräfte nicht abzulösen, sondern zu ergänzen. Wir sind nicht nur dagegen, daß irgend jemandem etwas weggenommen wird. Wir sind auch gegen bürokratisches Hineinregieren in die Betriebe. Aber systematisches Vorausdenken ist heute lebensnotwendig.

Unser Programm ist finanziell solide durchgerechnet. Die neue Regierung muß als Hinterlassenschaft der alten ein großes Defizit übernehmen. Insofern werden wir kein leichtes Erbe antreten. Das Jahr 1966 wird das Jahr der finanziellen Gesundung und Ordnung sein müssen. Dennoch werden wir unverzüglich für die Gemeinschaftsaufgaben Akzente setzen, Weichen stellen, Ansätze schaffen. In den folgenden Jahren werden wir sie umfassend verwirklichen. Das ist keine populäre Aussage, aber sie entspricht unserer Verantwortung für die Bundesrepublik Deutschland und für eine wertbeständige D-Mark.

Unser Wahlziel ist klar: Wir wollen am 19. September [1965] auch im Bund zur stärksten Partei werden. Wir wollen ein Vertrauensvotum für die Führung der Bundesregierung erlangen.

Unsere Chance ist ebenfalls klar: Zum ersten Male sind die beiden großen Lager der deutschen Politik gleichgewichtig in den Wahlkampf gegangen. Die Entscheidung fällt in den nächsten 35 Tagen. Sie fällt in 248 Wahlkreisen. In Karlsruhe, im November vergangenen Jahres, habe ich gesagt: ‹Es ist nicht sicher, ob wir siegen werden, aber ich bin sicher, daß wir siegen können.›[12] Heute sage ich Euch: Der Sieg ist zum Greifen nah. Er ist unser, wenn wir das Vertrauen mobilisieren, das uns für die Arbeit in Gemeinden und Ländern entgegengebracht worden ist. Und wenn wir unser Wählerreservoir wirklich ausschöpfen. Und deshalb müssen und werden wir in diesen fünf Wochen überzeugen, arbeiten, nochmal arbeiten und kämpfen. Es ist interessant, wie sehr sich andere den Kopf über künftige Koalitionen zerbrechen. Es ist amüsant und rührend, wie sie sich deshalb zerstreiten und verzanken. Ich habe gesagt und dabei bleibt es: Erst müssen die Wähler entscheiden. Über eine Regierungszusammenarbeit wird nicht vor, sondern erst nach dem 19. September [1965] verhandelt. Dies ist verbindlich für die SPD. Es geht im übrigen nicht um einen Proporz, sondern um Aufgaben und Gestaltung der deutschen Zukunft.

Das ist meine Bitte an alle Freunde: Gehen Sie alle mit Mut und Kraft gestärkt an die Arbeit, dann ist der Erfolg sicher.

Das ist meine Bitte an die Wählerinnen und Wähler: Helfen Sie meinen Freunden und mir, daß wir den Weg nach vorn, den Weg in die Zukunft verantwortungsvoll und sicher miteinander gehen können.

Ich bitte Sie für den 19. September [1965] um Ihr Ja. Um das Ja zur SPD, das Ja zu Deutschland.

Nr. 58

Aus dem Protokoll der Sitzung des Parteivorstands der SPD 22. September 1965[1]

AdsD, SPD-Parteivorstand, Protokolle September 1965 – März 1966.

Leitung: Willy Brandt

[. . .]

Brandt: eröffnet die Sitzung und begrüsst neben den Mitgliedern des Parteivorstandes die Mitglieder des bisherigen Fraktionsvorstandes und Wenzel Jaksch, den man wegen Vertriebenenfragen besonders eingeladen habe.

Brandt: geht auf das Wahlergebnis ein[2] und stellt fest, dass die Partei zwar erneut Terrain gewonnen habe, aber das gesteckte Wahlziel nicht erreicht worden sei. Das Wahlergebnis müsse untersucht werden, auch im Hinblick auf Unterschiede, die sich in den einzelnen Ländern gezeigt hätten. Das Wahlergebnis selbst sei eine gute Ausgangsbasis für die nächsten Landtags- und Kommunalwahlen. Es gebe jetzt noch zwei Nachwahlen zum Bundestag und es müsse alles getan werden, um das Mandat im Obertaunuskreis zu bekommen.[3]

Zunächst wolle er allen für die Mitarbeit und die gute Zusammenarbeit während des Wahlkampfes danken. Die Arbeit im Erich-Ollenhauer-Haus, die früher oft geschmäht worden sei, sei in diesem Wahlkampf draussen von allen gelobt worden. Man sei beeindruckt gewesen von der einheitlichen Wahlkampfführung und auch von dem guten Material, das herausgekommen sei. Den Dank für diese Leistung habe er allen Mitarbeitern des Hauses bereits ausgesprochen.

Das Präsidium habe beschlossen, am 25. 9. 1965 eine Informationstagung durchzuführen.[4] Man habe diesen frühen Zeitpunkt gewählt, um durch die Unterrichtung der führenden Genossen allen möglichen Kombinationen, die sicherlich gestellt würden, entgegenzutreten.

Willy Brandt und Klaus Schütz im Wahlkampfsonderzug 1965

Das Wahlergebnis bedeute, dass von uns keine Initiative in Bezug auf die Regierungsbildung erfolgen könne.

Andererseits sei Zurückhaltung notwendig, um die anderen nicht unnötig zusammenzutreiben. Den Streit innerhalb der Koalition sollte man nicht überwinden helfen.

Das Gespräch mit Lübke habe nicht viel ergeben und es sei daraus auch nichts abzuleiten.[5]

Ein Gespräch mit Mende habe er führen lassen (Einzelheiten siehe Vorsitzendenbesprechung am 21.9.1965).[6]

In dieser Sitzung solle die Regierungsmannschaft ihren Auftrag an den Parteivorstand zurückgeben. Das gelte für alle, auch für ihn, da er nicht die Absicht habe, ein permanenter Kanzlerkandidat der SPD zu sein. Man müsse rechtzeitig überlegen, in welcher Schlachtordnung man neu antrete.

Karl Schiller und Helmut Schmidt sollten sich in nächster Zeit entscheiden, ob sie das Bundestagsmandat annehmen.[7] Er würde es sehr begrüssen, wenn sie in der Fraktion mitarbeiten würden.

Waldemar von Knoeringen solle gebeten werden, dass er sich der kulturpolitischen Arbeit annehme und ausserdem in Zusammenarbeit mit August Zinn sich der Aufgaben Bund, Länder und Gemeinden widme. Die bisherige Arbeit des Länderausschusses müsse gefestigt werden. W[aldemar] v[on] Knoeringen solle möglichst bald einen konkreten Vorschlag machen, wie diese Arbeit gestaltet werden könne. Ausserdem solle er in Zusammenarbeit mit Carlo Schmid und Willi Eichler Vorschläge für die Neubesetzung des Kulturpolitischen Ausschusses beim Parteivorstand unterbreiten.

Erwin Schoettle solle in Zusammenarbeit mit [Hans-]Jochen Vogel Vorschläge für die Neubesetzung des Kommunalpolitischen Ausschusses beim Parteivorstand unterbreiten. Dabei sollten die Erfahrungen der letzten Zeit mit berücksichtigt werden. Man müsse überlegen, welchen Landrat man für die anders geartete Arbeit der Landkreise gewinne, weil Zerbe durch seine Wahl in den Bundestag für diese Arbeit nicht mehr zur Verfügung stehen könne, da er sein Landratsmandat aufgeben müsse.

Schoettle solle – in Zusammenarbeit mit Georg Leber – Vorschläge für den Wohnungspolitischen Ausschuss beim Parteivorstand machen. Dabei müsse eine Verzahnung mit der Arbeitsgemeinschaft sozialdemokratischer Wohnungswirtschaftler (Geschäftsführer Paul Nevermann) erreicht werden.

Als Vorsitzender der Partei sei er (W[illy] B[randt]) gewillt, die volle Verantwortung für die Gesamtpolitik der Partei zu übernehmen. Darunter verstehe er die Verantwortung auf allen drei Ebenen (Bund, Länder, Gemeinden). Fritz Erler und Herbert Wehner hätten als Stellvertreter versichert, dass sie mit dieser Auffassung uneingeschränkt übereinstimmen und zur Mitarbeit und Zusammenarbeit zur Verfügung stehen. In dieser Situation sei die einheitliche Führung der Partei besonders wichtig. Es gebe keinen Grund, von dem Kurs, den die Partei gesteuert habe, abzuweichen (Beifall des Parteivorstandes). Da dürfte es keine Schwierigkeiten geben. Der Vorsitzende habe die Verantwortung für die gesamte Politik. Durch diese Feststellung sei einer künftigen Politik nicht vorgegriffen. Er möchte feststellen, dass es in der Partei keine erblichen Ämter gebe. Die führenden Genossen müssten sich immer neu prüfen und stellen.

Die tatsächliche Wirksamkeit des Berliner Amtes dürfe nicht unterschätzt werden. Man sehe das an dem kleinen Beispiel der Passierscheinverhandlungen.[8] Trotzdem meine er, dass in dieser Situation – trotz aller Schwierigkeiten – Berlin für die Partei ein starker Punkt bleibe. Man könne nicht Bürgermeister bleiben und der Bundestagsfraktion angehören. Er habe sich die Sache nicht leicht gemacht und vor seiner Entscheidung um Rat gefragt. Er habe unterschiedlichen Rat bekommen. Wenn er sich für das Verbleiben in Berlin entschieden habe, werde das dem nicht gerecht, was manche von dem Parteivorsitzenden erwartet haben. Er sei nicht unberührt geblieben von der Kampagne,[9] die man gegen ihn geführt habe und die auch in der Partei zu einer gewissen Unsicherheit geführt habe. Es sei nicht einfach, in dieser Gesellschaft als Kind aus dem Chaos zu bestehen. Ihn habe auch beeindruckt, was Allensbach zum Ausdruck brachte: dass es um die SPD gut gestanden habe, bis sich die Positionen Erhard/Brandt zugespitzt hätten. Dann sei es schlechter geworden. Trotzdem müsse er sich fragen, warum das Ergebnis Dortmund anders sei als in anderen Gebieten.[10] Er wolle in dieser Partei seine Pflicht tun, möchte aber nicht die Partei beschweren durch den Eindruck, er hemme den weiteren Aufstieg der Partei. Als Parteivorsitzender wolle er in nächster Zeit nicht so sehr in der Öffentlichkeit, sondern mehr innerhalb der Partei wirken.

Jetzt wolle er folgende Vorschläge machen:

1. Prüfung des Wahlergebnisses durch zwei Kommissionen:

a) Untersuchung der strukturellen, soziologischen und psychologischen Fragen im Verhältnis zum Wahlergebnis. Mit dieser Arbeit sollten Helmut Schmidt, Georg Leber und Heinz Kühn betraut werden;

b) Untersuchung aller Probleme durch ‚infas';

c) Untersuchung der Wahlkampagne und Werbemittel. Hier sollte Herbert Wehner mit der Federführung beauftragt werden. Ausserdem solle eine Konferenz der Bezirksgeschäftsführer sich mit diesen Fragen befassen. In diesen Komplex müsse auch die Aktion ‚Steigerung der Wahlbeteiligung der Arbeitnehmer' einbezogen werden.

2. Die Aktivitäten, die sich an der Peripherie des Wahlkampfes gezeigt hätten (Schriftsteller, Schauspieler, Intellektuelle, Architekten),[11] müssten weiter verfolgt und bearbeitet werden.

3. In diesem Wahlkampf habe es auch besondere Kontakte zur Wirtschaft gegeben. Diese seien so intensiv geführt worden, dass es sogar gelungen sei, eine grosse Anzeigenkampagne kurz vor den Wahlen zu verhindern. Auch diese Kontakte seien zu pflegen.

4. Das Problem Partei und Gewerkschaft müsse noch mehr in den Griff genommen werden.[12] Otto Brenner habe sich um grosse Loyalität bemüht. Daran müsse man anknüpfen.

Seine (W[illy] B[randt]) in der Rede vor dem Kongress der IG-Metall gemachten Formulierungen seien faule Äusserungen gewesen.[13] Es müsse für die Zukunft erreicht werden, dass es keine doppelte Loyalität gebe.

Bei den Betriebsratskonferenzen, die er während des Wahlkampfes durchgeführt habe, habe er grosse Zustimmung bekommen.

Daraus schliesse er, dass es möglich sei, in den grossen Fragen der allgemeinen Politik zu einer Zusammenarbeit zu kommen.

Für den nächsten Parteitag solle man auch Überlegungen über eine mögliche Veränderung des Parteirates anstellen. Vielleicht könne dieser noch erweitert werden. Er denke dabei an Vertreter der Gewerkschaften und andere. Es müsse versucht werden, den Parteirat in seiner Bedeutung anzuheben.

Für die weitere Arbeit komme es darauf an, das im Wahlkampf vertretene Programm, für die praktische Politik Rangordnungen zu schaffen, nicht untergehen zu lassen. In der Auseinandersetzung mit den Koalitionsparteien müsse diese Rangordnung im Vordergrund stehen. Ausserdem müsste den anderen Parteien klar sein, dass es keine Situation geben werde, in der die SPD-Stimmen einspringen, wenn bei bestimmten Problemen die Stimmen des eigenen Lagers fehlen. Das sei sicher in der praktischen Arbeit schwierig, aber der Versuch müsse unternommen werden. Zu dieser Frage gehöre auch, dass man die anderen auf ihre Wahlkampfversprechungen festnagele. Wenn es zu einem Gespräch über bestimmte Notwendigkeiten kommen sollte, sollte man nicht gleich ablehnen. Aber auch das dürfe nicht dazu führen, dass die anderen ihren Katalog aufstellen und uns vor vollendete Tatsachen stellen bzw. uns dann ansprechen, wenn sie den Zeitpunkt für gewisse Fragen für gekommen halten.

In Bezug auf verfassungsändernde Gesetze – wie Notstand – werde sich die andere Seite sicher melden. Wir sollten in solchen Fragen nicht vorprellen. Der Komplex der auswärtigen Politik sei sehr schwierig und auch da sollten wir auf Klarheit drängen.

Erler: Er könne jedes Wort, das Willy Brandt gesagt habe, unterstreichen. Der Kurs der Partei sei richtig und daran müsse auch in Zukunft festgehalten werden. Die zukünftige Arbeit im Parlament müsse geprüft werden. Das von Willy Brandt vorgeschlagene Prinzip, sich nicht missbrauchen zu lassen, sei richtig. In der Praxis werde das jedoch sehr schwierig, denn es könne Situationen geben, in denen Anträge von uns von einem Teil der anderen Zustimmung erhalten würden. Es tauche auch die Frage auf, solle man schlechte Entwürfe der anderen passieren lassen und sie so schlecht lassen, oder solle man versuchen, sie zu verbessern, auch dann, wenn die anderen den Erfolg für sich verbuchen könnten.

Zur Wahlkampagne wolle er eindeutig feststellen, dass der Erfolg nicht möglich gewesen wäre, ohne den Einsatz von Willy Brandt. Seine Reise habe Erfolg gebracht. Auch sei er der Meinung, dass man an der Konstellation der Parteiführung nicht rütteln solle. Mit der Führung sei man gut gefahren und das werde auch in Zukunft so sein.

Kühn: dankt Willy Brandt für seinen Einsatz. Dieser verdiene besondere Anerkennung. Er sei der Meinung, dass jeder, der an die Spitze gestellt werde, von den anderen systematisch abgewertet werde.

Blachstein: dankt ebenfalls Willy Brandt und glaubt, dass dessen Vergangenheit keine Belastung für die Partei sei. Er rege an, über die Aussenpolitik zu sprechen, um in diesen Fragen zu einer Verständigung zu kommen.

Franke: geht auf das Ergebnis in Niedersachsen ein[14] und verweist auf das völlige Verschwinden der DP: Dadurch sei der Stimmenzuwachs der CDU zu erklären. Das Konkordat habe für den Wahlausgang seiner Meinung nach keine grosse Bedeutung gehabt.[15] Die FDP habe den Wahlkampf ausschliesslich mit der Haltung gegen das Konkordat geführt und habe auch in Niedersachsen einen grossen Stimmverlust [erlitten].

Gabert: dankt Willy Brandt und allen Mitgliedern der Regierungsmannschaft. Für Bayern solle man überlegen, ob die bayerische Organisation in Zukunft in Bezug auf Inserate etc. eine grössere Freiheit erhalten könne, um speziell der CSU wirksamer und gezielter entgegentreten zu können.

Ein Gespräch über die Fragen und das Verhältnis zu den Vertriebenenverbänden sei sicher notwendig.

Jaksch: nimmt Bezug auf die Flüsterpropaganda gegen bestimmte Personen und wendet sich gegen die Geschichtsklitterung. Er sei der Meinung, dass man dagegen aggressiv vorgehen müsse.

Fuchs: unterstützt die Bemerkungen, dass man am Kurs der Partei nichts ändern solle. Es sei ein schwieriges Unterfangen, in dieser Zeit der Bevölkerung klarzumachen, dass sie anders wählen solle. Die Anlage des Wahlkampfes sei richtig und gut gewesen. Er möchte denen danken, die in monatelanger Kleinarbeit alles vorbereitet haben. Er sei gegen den Vorschlag Jaksch's. Man solle über die Vergangenheit keine gross angelegte Auseinandersetzung führen. Wir müssten den inneren Frieden anstreben.

Conrad: bringt seine Befriedigung über das Ergebnis im Saarland zum Ausdruck.[16] Unsere Politik dürfe nicht geändert werden. Es müsse verstärkt daran gearbeitet werden, bestimmte Randschichten anzusprechen.

Pressekonferenz

Der Parteivorstand beschliesst, nach der Sitzung eine Pressekonferenz mit Willy Brandt in Bonn durchzuführen.[17]

Brandt: Die Landesorganisation Baden/Württemberg solle besonders untersuchen, worauf das schlechte Ergebnis in diesem Lande zurückzuführen sei.[18] Vielleicht spiele dabei eine Rolle, dass die Politik im Lande zu sehr von führenden Kräften entblösst sei.

In Zukunft müsse noch stärker der Versuch gemacht werden, die Politik zu verbinden mit dem Abbau von Vorurteilen.

Das von Jaksch angesprochene Problem müsse im Sinne eines inneren Ausgleichs in unserem Volke angepackt werden und nicht umgekehrt.

Wehner: schildert die Vorbereitungen, die Strategie und die Taktik sowie den Ablauf des Wahlkampfes. Besonders sei die Aktion der ‚NEUEN BILDPOST' zu erwähnen, die das ‚Gag Festival' in die Wahlauseinandersetzung gebracht habe.[19] Durch einen Formfehler der ‚NEUEN BILDPOST' sei es noch gelungen, eine einstweilige Verfügung zu erreichen. Trotzdem seien viele Exemplare des Sonderdrucks verteilt worden.

Zur Führungsfrage sei er für eine andere Lösung eingetreten. Er habe gewünscht, dass Willy Brandt nach Bonn komme. Willy Brandt habe anders entschieden, und er müsse das respektieren.

Die von Willy Brandt vorgeschlagenen Kommissionen sollten schon möglichst bald mit ihrer Arbeit beginnen. Eine Inventur über die Werbemittel sollte gemacht werden, ohne Ansehen der Person.

Auch zu der ständig erhobenen Forderung einer Alternative wolle er kurz Stellung nehmen. Er müsse sagen, dass es bedeutsam gewesen sei, dass die CDU in einer Voruntersuchung habe feststellen müssen, dass die Bevölkerung die Regierungsmannschaft [der SPD] als regierungsfähig bezeichnet habe. – Im übrigen glaube er, dass wir eine gute Alternative in dem Programm der Regierungsmannschaft haben.

Vor dem Vorschlag Wenzel Jaksch wolle er auch warnen.

Käber und ‹Hansen›[20]: nehmen zu den Ergebnissen in Schleswig/Holstein und Bremen Stellung.[21] Hansen glaubt, dass das schlechte Ergebnis in Bremen auf bremische Probleme zurückzuführen sei.

Behrendt: glaubt, dass es notwendig sei, sich den Problemen der Angestellten mehr anzunehmen. Man solle mit den Gewerkschaften darüber sprechen.

W. v. Knoeringen: regt an, die Länderfragen weiter zu aktivieren. Das müsse ein Beratungspunkt im Parteivorstand werden.

H. Schmidt: stellt fest, dass es im Schnitt gesehen, den Menschen in der Bundesrepublik gutgehe. Der Durchschnittsbürger sei auch an den grossen politischen Fragen nicht interessiert. Wenn uns trotzdem weitere Millionen die Stimme gegeben hätten, sei das sehr ermunternd. Es wäre auch falsch zu glauben, dass andere Personen an der Spitze mehr Erfolg gebracht hätten. Es wäre jeder diffamiert worden. Über den Verlauf der Debatte sei er erfreut, denn keiner habe gesagt, dass die Politik falsch war oder dass man in der Parteiführung etwas ändern müsse.

Ein besonderes Problem sei das Verhältnis Gewerkschaft und Partei. Darüber müsse im Parteivorstand demnächst einmal ausführlich gesprochen werden.

Zum Problem Erhard wolle er bemerken, dass es möglich sei, dass dieser Glück habe und sich weiterhin durchwursteln könne. Es müsse aber auch damit gerechnet werden, dass dieser strauchelt und ein anderer aktiverer und besserer Mann an seine Stelle komme. Dann werde die Auseinandersetzung für uns noch schwerer. Man müsse damit rechnen, dass Erhard schon jetzt mit jungen Leuten ‹umgehen›[22] werde. Diese Sache dürfe man nicht unterschätzen und auch unsere Partei müsse sich bemühen, junge Leute im Bund, aber auch in den Ländern bewusster zu fördern.

Während seiner Wahlkampfreise habe er Erfahrungen über Schwächen und Unterschiede in unserer Organisation sammeln können. Er würde vorschlagen, zu überlegen, für jeden Bezirk, Unterbezirk bzw. Wahlkreis einen verantwortlichen Genossen als Wahlkampfleiter einzusetzen. Auch solle man überlegen, ob es nicht zweckmässig sei, von den Kundgebungen abzukommen und Versammlungen mit Diskussionen durchzuführen. Das Interesse – gerade junger Menschen – an einem Gespräch sei sehr gross.

Nau: teilt die Meinung, dass man sich den Fragen der Gewerkschaften besonders annehmen müsse; auch um die Gemeinwirtschaft müsse man sich kümmern. Die Gefahr der Entpolitisierung in der Spitze sei gegeben. Hier müsse man aktiver werden.

Zum Wahlkampfabkommen wolle er feststellen, dass dieses natürlich nicht vollkommen sein könne. Wenn man aus den jetzt gesammelten Erfahrungen noch mehr machen könne, sei das eine gute Sache. Immerhin sei es gelungen, die Diskrepanz im Aufwand der CDU und uns schon durch dieses Abkommen zu verkleinern.

Die Diskussion im Parteivorstand habe ihn befriedigt, denn man habe sowohl in der Sache als auch zu den Personen richtig gelegen und brauche nichts zurückzunehmen. Das Wort von Helmut Schmidt über führende Personen sollte auch öffentlich gesagt werden. Man sollte noch hinzufügen, dass Willy Brandt das uneingeschränkte Vertrauen des Parteivorstandes besitze.

Über den Vorschlag von Alfred Nau gibt es eine Diskussion und es wird dann die aus dem anliegenden Kommuniqué ersichtliche Fassung beschlossen.[23]

Konferenz am 25.9.1965[24]

Die Durchführung der Konferenz mit Referaten von Willy Brandt, Fritz Erler und Herbert Wehner wird beschlossen.

Brandt: stellt zusammenfassend fest, dass die von ihm gemachten praktischen Vorschläge keinen Widerspruch finden. Das Präsidium werde daran arbeiten und darauf zurückkommen. Folgende andere Punkte aus der Diskussion wolle er herausstellen:

1. Fragen der Angestellten;
2. weitere Bearbeitung des Wahlbegrenzungsabkommens;
3. Generationenproblem (Förderung junger Genossen).

Ausserdem solle betont werden, dass der Parteivorstand in einer selbstbewussten und kritischen Art festgestellt habe, dass der Kurs der Partei unverändert bleibe und dass man mit einer gestärkten Position in die nächste Phase der politischen Arbeit eintreten werde. – Über die menschlichen Worte des Dankes und der Anerkennung habe er sich besonders gefreut.

Nr. 59

Pressekonferenz des Vorsitzenden der SPD, Brandt
22. September 1965[1]

AdsD, WBA, A 3, 218.

Franz Barsig: Meine Damen und Herren, ich darf die Pressekonferenz eröffnen. Sie wissen schon aus unserer technischen Mitteilung, daß Sie zu einer hier für Bonn nicht ganz gewöhnlichen Zeit stattfinden muß,[2] aber der Vorstand legte Wert darauf, ohne Zeitdruck zu beraten. Wir bitten dafür um Entschuldigung. Herr Brandt wird eingangs eine Erklärung abgeben. Nachher stehen wir Ihnen zu Fragen zur Verfügung.

Willy Brandt: Meine Damen und Herren, auch von mir aus Dank dafür, daß wir uns zu dieser, wie Herr Barsig sagt, nicht ganz gewöhnlichen Tageszeit für eine Pressekonferenz hier zusammenfinden können. Der Vorstand der SPD hat heute die Situation nach den Bundestagswahlen vom Sonntag besprochen und festgestellt, daß die SPD Terrain gewann, aber nicht die Schlacht gewonnen hat, d.h. nicht das Ziel erreicht hat, das sie sich gesetzt hatte. Die Beratungen des Vorstandes waren selbstbewußt und selbstkritisch. Sie bezogen sich auf drei Gebiete, nämlich erstens die Politik, die sich ableitet aus diesem Wahlergebnis; die Arbeit der Partei, die gedanklich (eins und zwei) ineinandergreifen, und die Vorbereitung der Wahlen, die jetzt in den nächsten Monaten bevorstehen.[3] Da gibt es mehrere wichtige regionale Lokalwahlen,[4] für die wir unsere Vorbereitungen getroffen haben, gestützt auf das Ergebnis vom letzten Sonntag.

Was die unmittelbaren Konsequenzen der Bundestagswahl angeht, unmittelbare Konsequenzen für die Regierungsbildung, so liegt es in der Natur der Sache, daß eine Initiative in dieser Frage von der SPD nicht ausgehen konnte und nicht ausgehen kann. Die rein rechnerische Möglichkeit, aus dem Zusammenzählen von SPD- und FDP-Mandaten eine Mehrheit festzustellen, ist keine Möglichkeit der praktischen Politik. So wird es auch vom Vorsitzenden der FDP gesehen, habe ich Anlaß anzunehmen.

Ohne jede Bitterkeit über den Ausgang der Wahl, der der SPD nicht Stimmenverluste, sondern Stimmengewinne gebracht hat, ist es unsere Meinung und Überzeugung, daß durch diesen Wahlausgang keines der Sachprobleme gelöst worden ist, um die es schon ging und jetzt erst recht geht – innen- und außenpolitisch –, und ich fürchte, daß ich einer Regierung Erhard, die auf der Basis der kleinen Koalition gebildet wird, keine besseren Prognosen stellen kann, als es der Zustand der Unentschlossenheit und der Zerstrittenheit in den hinter uns liegenden zwei Jahren gezeigt hat.

Was die SPD angeht, so ist der Kurs des Godesberger Programms und die Politik, die die SPD in diesem Wahlkampf vertreten hat, nachdrücklich einmütig unterstrichen worden. Sollte es irgendwo jemanden geben, der glaubt, er könne, gestützt auf den jetzigen Zustand, an Godesberg rütteln, dann wird der sich wundern, auf eine wie geschlossene Sozialdemokratische Partei er dabei stößt. Das ändert nichts daran, daß es in bezug auf die Formen der Arbeit, die zusätzliche Vertrauenswerbung immer noch Möglichkeiten und Notwendigkeiten gibt, das war zu verbessern. Der Vorstand hat eine Reihe von Arbeitsaufträgen vergeben,[5] auch solche, die sich auf eine analytische Betrachtung des Wahlergebnisses beziehen. Sie wissen ja ebenso gut wie ich, daß diese Bundestagswahlen stärker als irgendwelche früheren Bundestagswahlen durch starke regionale Unterschiede gekennzeichnet sind.[6]

Die Regierungsmannschaft, die diesen Wahlkampf geführt hat, die sozialdemokratische Regierungsmannschaft, hat ihren Auftrag an den Vorstand der SPD zurückgegeben. Die sachlichen und personellen Positionen aus der Regierungsmannschaft werden in die normalen Körperschaften, Organe der Partei zwischen zwei Wahlen eingebracht. Ich darf hinzufügen, daß von den Sachpunkten, die die Regierungsmannschaft der SPD erarbeitet hat und die die ganze Partei vertreten hat in diesem Wahlkampf, nichts abgestrichen wird für die praktische Politik, die jetzt vor uns liegt.

Ich darf im Anschluß daran eine Bemerkung machen oder einige Sätze sagen, die sich auf mich selbst beziehen. Gestützt auf das Vertrauen meiner politischen Freunde werde ich als Vorsitzender der SPD für die gesamte Politik dieser Partei verantwortlich bleiben, und kann das um so leichter mir zutrauen, weil ich es in dem Bewußtsein tue, daran mitgewirkt zu haben, dabei mit geholfen zu haben, daß diese Partei jetzt im Bund bei Bundestagswahlen über 12,4 Millionen Wähler verfügt, eine höhere Zahl als sie jemals auf diesen Teil Deutschlands bezogen um sich hat scharen können. Meine Stellvertreter im Parteivorsitz, Herbert Wehner und Fritz Erler, und ich werden diese engere Führungsgruppe der Partei geschlossen darstellen und können uns dabei auf einen einheitlichen Vorstand unserer Partei stützen. Zum anderen bleibe ich in meiner staatlichen Verantwortung in Berlin Regierender Bürgermeister. Ich habe in Berlin, bevor diese Runde der politischen Auseinandersetzungen in Deutschland begann, gesagt, daß ich Regierender Bürgermeister bleiben würde, wenn ich nicht in eine Regierungsverantwortung in Bonn einzutreten haben würde. Ich bin insoweit im Wort. Die Sozialdemokratische Partei Deutschlands war, von meiner Person abgesehen, immer im Wort Berlin gegenüber. In einer Zeit oder zu einem Zeitpunkt, da alliierte Vorbehalte Berlin gegenüber eher noch deutlicher unterstrichen worden sind, wie ich es sehe, ohne daß ein eigener Standpunkt der deutschen Seite durch die gegenwärtige Regierung deutlich gemacht worden ist, mag diese Verzahnung auch als eine positive Klammer gelten zwischen dem größeren und dem kleineren Teil des freien Deutschland. Das heißt, als Vorsitzender der SPD trage ich die Verantwortung, von der ich gesprochen habe, für die Gesamtpolitik dieser Partei. Ich bleibe in der staatlichen Verantwortung als Regierender Bürgermeister. Daraus ergibt sich, daß ich nicht im kommenden Bundestag mitwirken oder gar die Führung der parlamentarischen Opposition übernehmen werde. Daraus folgert auch, daß ich kein Anwärter für 1969 auf das Amt des Bundeskanzlers der Bundesrepublik Deutschland bin.[7]

Die Anerkennung, die meine Freunde mir haben zuteil werden lassen am heutigen Tage, und die glaube ich auch in einem Kommuniqué[8] ihren Niederschlag gefunden hat, hat mich sehr gefreut, hindert mich aber nicht daran, Ihnen in diesem Kreis in allem Freimut folgendes zu sagen.

Es hat eine offizielle Wahlkampagne gegeben, die man mehr oder weniger fair nennen kann. Es hat eine darunter liegende Wahlkampagne gegeben, die mich wie 1961 nicht unverletzt aus diesem Wahlkampf hat herausgehen lassen.[9] Ich bin mit sauberen Händen nach Deutschland zurückgekommen, mit sauberen Händen nach Deutschland zurückgekommen. Ich bekenne mich zu meinem Lebensweg. Ich bekenne mich zu dem Stück freiheitlicher Tradition dieses Landes, in der ich stehe. Auch die Bitterkeit über die Dreckkampagne, die auf der Ebene unterhalb des offiziellen Wahlkampfes gegen mich bis in die letzten Tage [ge]führt worden ist, hindert mich nicht daran und wird mich nicht daran hindern, das weiter zu verfolgen mit meinen Möglichkeiten, wofür ich mich vor fünf Jahren auf dem Hannoverschen Parteitag der SPD ausgesprochen habe, nämlich alles, was in meiner Kraft steht, zur Aussöhnung dieses Volkes zu tun.[10] Aber ich gebe es zu, ich bin nicht unversehrt aus dieser Kampagne herausgekommen.

Was die Politik der SPD angeht, so sage ich das im Bundestag und auf den anderen Ebenen der Politik, daß die SPD die Verantwortung trägt, die ihr 12,4 Millionen Wähler in diesen Wahlen auferlegt hat. Diese Politik wird orientiert sein an den Sachprogrammen, die die sachliche Alternative darstellen. Die Sachprogramme kann jeder nachlesen. Die werden weiterentwickelt werden, immer wieder in geeigneter Weise zusammengefaßt und eingeführt werden in die Abschnitte deutscher Politik, mit denen wir es zu tun haben werden. Dabei ist es die Meinung des Vorstandes der SPD und meine eigene, daß eine ohne die SPD gebildete Regierung der kleinen Koalition nicht darauf rechnen darf, beliebig auf Stimmen der SPD zurückgreifen zu können für eine Mehrheit, die einer solchen kleinen Koalition bei Sachentscheidungen fehlen sollte. Ebenso wird die SPD nicht auf Abruf bereitstehen für einen Katalog der Notwendigkeiten, den andere ohne Beratung mit der SPD aufstellen.

‹Zweitens›[11]: Die SPD wird sich an die von ihr selbst entwickelten und für notwendig gehaltenen Rangordnungen halten. Das haben wir in diesem Wahlkampf vertreten – der ganze Komplex der Gemeinschaftsaufgaben ist von uns seit Jahr und Tag entwickelt, wir werden versuchen, davon soviel einzubringen, wie uns Wähler beauftragt haben, dies zu versuchen.

Drittens: Wir werden eine gegen uns gebildete Regierung und Koalition auf deren Versprechungen im Wahlkampf festnageln, einschließlich der Versprechungen, die den Kriegsopfern und den Heimatvertriebenen in diesem Wahlkampf gegeben worden sind.

Viertens: Wir werden aufmerksam als scharf und genau kontrollierende Partei im Bundestag prüfen, wie die, die die Regierungsverantwortung übernehmen, den Haushalt in Ordnung bringen und die Preisstabilität und die Währungsstabilität sichern wollen.

Fünftens: Wir werden bei Grundgesetzänderungen stets zu Sachgesprächen bereit sein, aber nicht bereit sein, ad hoc aus der Interessenlage anderer zur Verfügung zu stehen. Oder noch ein bißchen mehr zugespitzt: es wird keine Grundgesetzänderungen geben zu Vorschlägen und Vorstellungen, die nicht denen der SPD entsprechen.

Sechstens: Man spricht manchmal von der Stunde der Wahrheit. Ich denke, die Jahre der Wahrheit werden kommen und die Sozialdemokratische Partei wird auch gestützt auf den Wählerauftrag, den sie hat, auf Offenheit und Klarheit in außenpolitischen und gesamtdeutschen Fragen bestehen müssen. Sie wird, wenn man uns weiter erzählt, mit wem man alles in der Welt einig sei, sehr bestimmt danach fragen, worüber man einig sei. Und sie wird auch sagen müssen, daß die Zerstrittenheit einer Regierungskombination keine Entschuldigung ist für die Vernebelung außenpolitischer und gesamtdeutscher Zusammenhänge, insofern wird also ein Zustand, der bis in den Wahlkampf hinein ja eine beträchtliche Rolle gespielt hat, so nicht einfach andauern können. Ich weiß nicht, ob es bekannt ist, am Sonnabend wird ein etwas größerer Kreis von Mandatsträgern meiner Partei in Godesberg zusammenkommen,[12] die neugewählten Abgeordneten, das, was wir den Parteirat nennen, unsere führenden Mitarbeiter in den Ländern und Parteibezirken, werden gerade, was diesen Teil angeht, sich über die Ausformung der künftigen Politik aussprechen, gestützt auf das Ausspracheergebnis des heutigen Tages.
Ich danke Ihnen.

Nr. 59A

Aus dem Interview des Bundeskanzlers und Vorsitzenden der SPD, Brandt, mit dem britischen Publizisten Prittie 21. August 1972[1]

AdsD, WBA, A 9 (Anmerkungen Willy Brandts zur Biographie von Terence Prittie), 1.

[. . .]

T[ERENCE] P[RITTIE: [. . .] *Und warum ist es nicht besser in [19]65 gegangen? Was Sie eben von [19]61 gesagt haben, ist [. . .] klar, das war keine große Enttäuschung für Sie. Sie haben das praktisch erwartet, daß Sie nicht gewinnen konnten. Aber in [19]65, Sie haben sicherlich Ihre Chancen besser beurteilt.*

B[UNDES]K[ANZLER: Ich kann das nicht so genau rekonstruieren. Die Lage [19]65 war nicht objektiv besser für die SPD, als [19]61, glaube ich, vor allen Dingen aus folgendem Grunde nicht. Es war [19]63 der Kanzlerwechsel erfolgt, und bei aller Popularität, die Konrad Adenauer erreicht hatte, hatte eben doch gegen Ende seiner Karriere das Gefühl zugenommen, nun habe er eine gewisse Altersgrenze erreicht, und es kam Ludwig Erhard, der ja doch in der ersten Zeit seiner Kanzlerschaft sich auf eine starke Popularität stützen konnte. Und aus dieser heraus den Wahlkampf führen konnte. [. . .] seine Schwierigkeiten kamen erst nach der Wahl [19]65 und führten dann im Herbst [19]66 zu seinem Debakel. Aber [. . .] es wirkte wie eine erneuerte Regierung, und er hat selbst in der ersten Zeit seiner Kanzlerschaft seine Popularität noch zu steigern vermocht, insofern glaube ich nicht, daß es an und für sich vom Start her sehr viel bessere Chancen gab als [19]61. Eine andere Sache ist dann, das klang in Ihrer Frage mit an, der relative Wahlerfolg, es gab bei den Wahlen [19]61 und [19]65 je etwa 3 % Stimmenzuwachs für die SPD, das ist in Ländern mit Proportionalwahlrecht gar nicht so schlecht, wenn man von Wahl zu Wahl 3 % dazulegt.[2] [. . .] Aber meine Reaktion auf das Wahlergebnis [19]65 war eine, die sehr stark zusammenhing mit der

Art, in der der Wahlkampf geführt worden war. Nun war ich [auch] im [19]61er Wahlkampf nicht zimperlich behandelt worden und nicht mit Samthandschuhen angefaßt worden, sondern es gab eben auch ins Persönliche gehende Angriffe. Das war [19]65 wieder der Fall, und meine Reaktion [war] damals zu sagen, dies sei meine letzte Kandidatur gewesen und ich wolle jetzt nach Berlin zurückgehen, allerdings ohne den Vorsitz der Partei niederzulegen.[3] Das war eine andere Frage. Das ist ja auch in unserem System nicht notwendigerweise verbunden. Ich war ja auch vorher Vorsitzender, ohne Kanzler zu sein. Das war ein Ergebnis von Gesprächen mit Freunden aus dem Lande, die mir gegenüber von ungewöhnlicher Freundschaft und Solidarität waren, aber nicht verhehlten, daß sie vor allen Dingen in den entlegeneren und in den landwirtschaftlichen Gebieten großen Schwierigkeiten ausgesetzt gewesen waren wegen der Angriffe, die auf mich gerichtet waren. Und mein Empfinden war, daß ich ihnen damit vielleicht zu viel zumutete. [...]

T[ERENCE] P[RITTIE: *Ich habe den Eindruck, ich habe natürlich bis jetzt sehr viel von Ihnen und von der ganzen Geschichte und vor allem gelesen und gehört. Ich habe den Eindruck, daß Sie manchmal, was auf Englisch the late reaction*[4] *genannt wird, erlitten haben. Bei den großen Strapazen haben Sie nichts gemerkt, sondern der Effekt kam etwas später.*

B[UNDES]K[ANZLER: Ja, das stimmt. Nun kommt auch natürlich ‹...›[5] altersmäßig hinzu. Ich weiß nicht, ob das ungewöhnlich ist. Ich war also Ende [19]63 50 Jahre alt geworden. Und das ist, glaube ich, häufig so, daß Männer, wenn sie 50 oder etwas über 50 sind, so allmählich in eine Krise kommen. Und bei einigen ist es dann überhaupt so, daß sie etwas absacken und bei anderen ist es so ein Zwischenstadium, bevor sie den Kopf wieder ganz hoch nehmen. Aber das andere, was Sie sagen, das stimmt schon. Das hab ich in der Tat häufig gespürt. Richtige Anstrengungen, die machen nicht soviel aus, aber es kommt dann auf eine andere Weise hinterher.

[...]

T[ERENCE] P[RITTIE: *Gab es besondere Gefühle nachher, als Sie wirklich diesen Eindruck gehabt haben, daß Sie so zwischen Leben und Tod ...*[6]

B[UNDES]K[ANZLER: Es war eben so, ich mußte mich einige Wochen schonen, insoweit war es schon eine gesundheitliche Geschichte. Aber plötzlich sah das Leben etwas anders aus. Viele Dinge nahm man nicht mehr so wichtig, und es war sozusagen für mich der Punkt, noch deutlicher als ‹[19]61›[7] war es mehr eine äußere Sache, von der ab ich, wenn Sie so wollen, nichts mehr werden wollte. No more ambition[8]. Was nicht bedeutet, daß man nicht trotzdem ganz gerne was tut. Und sobald man, das hab ich jedenfalls gefunden, sobald man als Politiker zu diesem Punkt gekommen ist, kann man unter Umständen effektiver sein, weil dann kommt es mehr darauf an, was andere einem zutrauen und was man mit denen zusammen machen kann.

Nr. 60

Rede des Vorsitzenden der SPD, Brandt, vor Funktionären der Berliner SPD 15. Oktober 1965[1]

Berliner Stimme vom 30. Oktober 1965.

„Laßt Euch den schönen Erfolg nicht vermiesen!"

Eine Partei, die mit 12,8 Millionen Stimmen aus diesen Bundestagswahlen hervorgegangen ist, die, wenn man Berlin mitrechnet, mit knapp 14 Millionen Stimmen im freien Teil Deutschlands dasteht, ist keine schwache Partei, sie ist eine starke politische Kraft.[2] Ich habe von dem Vorsitzenden einer großen europäischen Bruderpartei gleich nach der Wahl ein Telegramm bekommen, in dem der Satz stand: „Laßt Euch den schönen Erfolg nicht vermiesen", und meine norwegischen Freunde haben mir geschrieben: „Wir verstehen das gar nicht, bei uns haben die nichtsozialistischen Parteien ein Prozent Stimmen gewonnen, und das war ein Sieg, und Ihr habt drei Prozent gewonnen und macht daraus eine Niederlage oder laßt eine daraus machen."

Solche Betrachtungen mögen als Gegengewicht nützlich sein, können mich aber von meiner Gesamteinschätzung nicht abbringen. Wer es verfolgt hat, der weiß ja, daß ich nach reiflicher Überlegung noch in der Wahlnacht gesagt habe:

Zu weit vorgeschobenes Ziel?

Wir haben diese Wahlen nicht gewonnen, wir haben unser Wahlziel nicht erreicht. Und wenn man das Ziel, das man sich selbst setzte, nicht erreicht hat, dann hat man politisch eine Schlappe hinnehmen müssen. Man mag bei der Debatte, die wir jetzt miteinander in unserer Partei zu führen haben werden, die Frage aufwerfen: Ja, aber war das Ziel vielleicht ein zu weit vorgeschobenes Ziel? Es mag auch mancher meinen, es sei ein nicht realistisches Ziel gewesen. Ich würde dann aber wahrheitsgemäß darzulegen haben – dazu stehe ich –, daß ich vor dem 19. September [1965] nicht gegen meine eigene Überzeugung gesagt habe, daß ich es für erreichbar hielte, mit der anderen großen Partei in etwa gleichzuziehen oder sie gar knapp zu überrunden und eine Situation zu schaffen, in der die Bildung einer neuen Bundesregierung gegen die Sozialdemokratische Partei nicht mehr möglich sein würde.

Nun, die Union, die ich der Einfachheit halber hier als eine Partei werten will, hat ihr Wahlziel auch nicht erreicht, denn sie wollte die absolute Mehrheit erlangen, wenn möglich der Stimmen, jedenfalls aber der Mandate. Sie war von der Hälfte der Mandate schon das vorige Mal nicht weit entfernt. Aber sie hat diesmal ganze drei Mandate dazu gewonnen, die CDU/CSU, und wenn man in Berlin sich darüber unterhält, muß man sich darüber im klaren sein, das sind genau drei Mandate, die die Berliner Sozialdemokraten der Berliner CDU 1963 abgenommen hatten. Das heißt, diese drei Mandate werden aufgewogen durch die drei Mandate, mit denen die Berliner Sozialdemokraten mehr nach Bonn gehen, nämlich 15 statt 12 und die CDU mit sechs statt neun.[3]

Die Koalition, die die bisherige Regierung getragen hat und die die neue Regierung mehr schlecht als recht tragen wird, hat Mandate nicht gewonnen, sondern eingebüßt. Die SPD hat Mandate nicht verloren, sondern gewonnen. Wir haben unser Wahlziel nicht erreicht. Die CDU hat ihr Wahlziel auch nicht erreicht. Trotzdem ergab sich bei der Regierungsbildung – und das ist der erste entscheidende und in der Regel dann für vier Jahre maßgebende politische Akt – für uns keine eigentliche Manövrierfähigkeit. Ich habe gerade heute wieder einige Telegramme aus der Organisation bekommen, auch solche mit dem Hinweis, man solle doch Mende versprechen, daß er bei uns Gesamtdeutscher Minister bleiben würde.

Selbstbewußt und nüchtern

Diese Telegramme gehen davon aus, daß die Mandate von SPD und FDP zusammengezählt im Bundestag eine, wenn auch ganz schwache, Mehrheit ergeben.[4] Rechnen können wir auch, das können auch die Kollegen von der FDP. Diese rein rechnerische Möglichkeit war und ist aber keine Möglichkeit der praktischen Politik. Sie war es schon 1961 nicht, sie war es 1962 nicht bei der Strauß-Krise,[5] und sie wäre es auch jetzt nicht gewesen. Und für diejenigen, die ein Fragezeichen dahintersetzen, möchte ich die Feststellung hinzufügen – ohne in Einzelheiten einzutreten –, auch Dr. Mende hat es so gesehen, und ich habe mich dessen vergewissert.[6] Es lohnt also nicht, in Debatten in unserem Kreis darüber Worte zu verlieren, das ist unnütz aufgewendete gedankliche Energie.

Nach dem ganzen Verlauf des Wahlkampfes, aber auch bei dem politischen Naturell des gegenwärtigen Bundeskanzlers, das sich ja im Wahlkampf nicht enthüllt, sondern nur bestätigt hat, durfte man auch nicht damit rechnen, daß etwa eine Erwägung erneut angestellt werden würde, wie wir deutschen Sozialdemokraten sie vier Jahre früher aus der Nachmauersituation heraus angestellt hatten, nämlich ob angesichts einer bestehenden Entwicklung der außenpolitischen und gesamtdeutschen Dinge man einmal ganz neu und gestützt auf ein ganz bestimmtes Programm für eine Vierjahresperiode an die Dinge herangehen könnte oder sollte.

Wir haben dann lediglich deutlich gemacht – auch durch unser Verhalten in den letzten drei Wochen, das manche so aufgefaßt haben mögen, als hätten wir uns auf Tauchstation begeben –, daß wir nicht die Absicht hatten, uns im Koalitionsspiel der anderen zu Spielkätzchen machen zu lassen. Dazu sind wir uns zu schade. Dazu ist diese Partei zu groß, dazu nimmt sich diese Partei selbst zu ernst.

Die FDP hat trotz Mendes Äußerung über den Sieg der Koalition eine Million Stimmen verloren. Was aber für diesen Bereich, für den Bereich außerhalb der CDU/CSU einerseits und der SPD andererseits, am charakteristischsten ist, das ist das weitere Absorbieren dritter oder vierter Kräfte, ein Vorgang, der sich sowohl auf Parteien bezieht, die schon das vorige Mal nicht mehr im Bundestag vertreten waren, wie auf die FDP.[7] Ich will das jetzt nicht im einzelnen ausmalen, sondern nur sagen, der Konzentrationsprozeß in der westdeutschen Wählerschaft außerhalb des sozialdemokratischen Bereichs dauert an, der Konzentrationsprozeß, auf die CDU/CSU bezogen, dauert an. Außer bei der FDP ist nun freilich nicht mehr viel zu holen. Die weitere Entwicklung wird deshalb sehr interessant, weil sich herausstellen wird, wieweit die FDP diesem Konzentrationsprozeß im nichtsozialdemokratischen Bereich gegenüber wird standhalten können.

Noch entscheidender bleibt freilich die Frage: Wie sieht eigentlich soziologisch und bewußtseinsmäßig die Gruppe deutscher Wähler aus, die jetzt mit einer gewissen Regelmäßigkeit allein bei Bundestagswahlen in Erscheinung tritt. Wir haben diesen Prozeß mehrfach nacheinander erlebt, und es gibt Methoden, durch die jedenfalls annähernd erfaßt werden kann, aus welchen Schichten, aus welchen Gruppen sich die Wähler zusammensetzen, die, grob gesprochen, an Landtagswahlen nicht teilnehmen, aber zur Bundestagswahl hingehen. Die bei der Bundestagswahl zwar nichts daran ändern, daß die absolute Zahl der sozialdemokratischen Stimmen weiter zunimmt, bei der CDU aber dann die absolute Ziffer, die runtergegangen war, sehr rasch und steil, gemessen an der zwischenliegenden Landtagswahl, nach oben ging. Übrigens, mancher in unseren Reihen, der die Welt für einfacher hält, als sie ist, wird, was die soziologische Zusammensetzung dieser Gruppe angeht, dann vermutlich überrascht sein. Das geht in die niedriger bezahlten Arbeiterschichten tief hinein, es geht in Rentnerschichten hinein, von denen man auf Grund anderer Analysen meinte, daß sie soziologisch bei der Arbeitnehmerschaft ihre eigentliche Anlehnung und Entsprechung fänden. Aber ich will gründlicheren Untersuchungen nicht vorgreifen.

Eine Analyse setzt überhaupt gründliche Vorarbeit voraus, auch wirklich wissenschaftliche Vorarbeit. Nun ist in den letzten Tagen an mehr als einer Stelle viel darüber geschrieben worden, wie wohl die innerparteiliche Aussprache in der SPD verlaufen werde.[8] Und der eine und andere, der darüber geschrieben hat, in den anderen Bundesländern (Westdeutschlands) mindestens soviel wie in Berlin, der hat fast den Eindruck vermittelt, als sei das ein Novum, wenn die SPD eine innerparteiliche Aussprache zu führen hat. Diesen Eindruck kann nur jemand vermitteln, der diese Partei nicht kennt. Innerparteiliche Diskussion ist in der SPD kein exzeptioneller, kein einmaliger und kein unerwünschter, sondern ein normaler, ein permanenter und ein erwünschter Vorgang. Innerparteiliche Diskussion macht die Partei nicht schwächer, sondern macht sie stärker. Ich bin sehr für eine solche Diskussion über die Erfahrungen der letzten Bundestagswahl, und ich habe in der ersten Sitzung des Parteivorstandes nach den Wahlen selbst die entsprechenden Vorschläge gemacht, wie diese innerparteiliche Debatte sachlich vorbereitet werden sollte, und zwar durch drei solide Untersuchungen, die dann zur Debatte gestellt werden sollen:[9] erstens eine unabhängige Untersuchung von Leuten, die durch ihre Ausbildung und von Berufs wegen massenpsychologische Entwicklungen, Wählerentwicklungen, Trendentwicklungen zu deuten verstehen und dabei ja auch die wichtige Aufgabe haben würden, uns einiges zu sagen über interessante Auseinanderentwicklungen in den Einschätzungen verschiedener deutscher Meinungsforschungsinstitute. Die zweite Aufgabe, mit der wir drei Parteivorstandsmitglieder beauftragt haben,

Helmut Schmidt, Heinz Kühn, unseren nordrhein-westfälischen Landesvorsitzenden, und Georg Leber, den Vorsitzenden der IG Bau.

Solide Analyse

Wir haben diese drei gebeten, sich – von den demoskopischen und ziffernmäßigen Dingen losgelöst oder jedenfalls zusätzlich zu diesen – auch um die interessanten regionalen soziologischen und massenpsychologischen Entwicklungen, mit denen wir es hier zu tun hatten, zu befassen und uns darüber ihre Eindrücke aufzuschreiben. Und drittens werden wir noch im November mit unseren Bezirksgeschäftsführern und anderen Mitgliedern, auch gestützt auf Empfehlungen des Ausschusses für Öffentlichkeitsarbeit beim Parteivorstand und nach einer Klausurtagung unseres Präsidiums, die Anlage der Kampagne selbst untersuchen, die publizistischen, die werbemäßigen Methoden. Wir werden uns fragen, was war geglückt, was war vielleicht nicht so geglückt, und dann auch darüber einen Bericht zusammenstellen. Und ich glaube, wenn wir das haben, diese drei Grundlagen, dann können wir manches besser beurteilen, als wir es heute können, als auch ich es heute kann.

Meine Bemerkungen heute abend stehen also unter dem Vorbehalt, daß die Grundlagen für eine ernste Analyse erst noch erarbeitet werden müssen. Das ist nicht in zwei Wochen, das ist, wenn es seriös sein soll, auch nicht in zwei Monaten zu machen.

Niemand will bestreiten, daß diese Partei immer wieder aus ihren Erfahrungen zu lernen hat und sich immer wieder Gedanken darüber zu machen hat, wie sie es noch besser machen könnte. Aber laßt mich auch offen sagen: Zur Analyse gehören Nüchternheit und Sachlichkeit. Und zu einer Analyse gehört, daß möglichst alle maßgeblichen Gesichtspunkte und Faktoren einbezogen werden. Und ich bin wirklich davon überzeugt, daß man dieser Aufgabe, um die es hier geht, mit gefühlsmäßigen Reaktionen, mit Einäugigkeit, zumal mit oberflächlicher Einäugigkeit, mit eingeengter Betrachtungsweise oder auch mit vorgefaßten Meinungen nicht gerecht werden kann. Und mit Ereifern, mit gelegentlichen Verunglimpfungen schon gar nicht. Und auch, daß ich diesem Punkt jetzt große Bedeutung beimesse, das kann ja ohnehin nur ein Ausrutscher gewesen sein, Kretinismus ist jedenfalls kein Faktor in der Meinungsbildung der SPD und wird es hoffentlich niemals sein.

Krise der Großstadtorganisationen

Wir müssen über manches sprechen, auch darüber, daß sich trotz der ausgezeichneten Erfolge, wie sie in Dortmund, in Oberhausen, in Gelsenkirchen usw., usw. oder in Hagen errungen wurden, auf das Bundesgebiet insgesamt gesehen so etwas wie eine Krise von Großstadtorganisationen abzeichnet. Und dieses Thema wird nicht hinreichend beantwortet dadurch, daß in Hamburg zweimal der Erste Bürgermeister gewechselt worden war oder daß in Bremen kurz vor Beginn des Wahlkampfes Wilhelm Kaisen abgelöst wurde.[10]

Eine weitere Feststellung, gedacht als Merkposten für später, ist diese: In einer Zeit, in der die modernen Massenkommunikationsmittel noch an Bedeutung zunehmen, erleben wir zugleich, daß eine Partei wie unsere, die als Volkspartei expandieren will, in zunehmendem Maße auch wieder wird anknüpfen müssen bei den ältesten, den urältesten Formen der Wahlarbeit. Das heißt, die modernen Massenkommunikationsmittel machen nicht überflüssig, daß eine Partei, die die Hand am Puls halten will, eine Partei, die etwas bewegen will, selbst wieder den unmittelbaren Weg zum Wähler finden muß. Das ist nicht nur der Weg des Gesprächs im Betrieb, das ist auch das Gespräch mit den Menschen dort, wo sie wohnen.

Grob gerechnet können wir sagen, mit Ausnahme von Nordrhein-Westfalen und dem Saargebiet ist die CDU auf das Bundesgebiet insgesamt bezogen erfolgreicher gewesen beim Ausschöpfen des Stimmenreservoirs in ihren Hochburgen, als die SPD es geschafft hat, das Wählerreservoir in ihren Traditionsgebieten auszuschöpfen. Und eine zweite erlaubte Verallgemeinerung ist, daß bei der besonderen konfessionellen Gliederung in der Bundesrepublik Deutschland offensichtlich die antisozialdemokratischen Ressentiments in einer Reihe katholischer Regionen haben abgebaut werden können.

Dann, liebe Freunde, ist es eine alte Erfahrung, nicht nur in Deutschland, daß Unruhe in der Welt durchweg zugunsten einer an der Macht befindlichen Regierung geht. Und wer das verfolgt hat, der weiß ja, wie gerade auch in den letzten 10, 12, 14 Tagen vor der Wahl nicht nur Vietnam, sondern dann Indien, Pakistan und was es da sonst noch gab,[11] ein wenig in der öffentlichen Darstellung angeheizt wurden – nach dem Motto: Die Lage war noch nie so ernst.

Zwei weitere Kriterien: Dort, wo Frauen- und Männerstimmen getrennt gezählt wurden, ist noch einmal deutlich geworden, daß die Frauen nicht im gleichen Maße den Sozialdemokraten zugetan sind wie die Männer. Unser Kandidat Dr. Rau beispielsweise, der im Wahlkreis Ulm kandidiert hat, würde dort den Bundeskanzler Prof. Erhard geschlagen haben, wenn nur die Männerstimmen gezählt hätten. Die Wahl in Ulm ist durch die Frauenstimmen entschieden worden. Ich habe neulich schon in Godesberg gesagt[12] und auch jetzt ist es nur eine Randbemerkung, die dem Thema insgesamt nicht gerecht wird: Auch das, was sozialdemokratische Frauenarbeit genannt wird, stellt zweifellos in den meisten Teilen Deutschlands nur einen ganz bedingten Transmissionsriemen dar, zu diesem großen Gebiet der Vertrauenswerbung, das vor uns liegt.

Brandt, Wehner und Erler lassen sich nicht auseinandermanövrieren

Ich bin davon überzeugt, daß sich bei der innerparteilichen Meinungsbildung der nächsten Monate ganz eindeutig zeigen wird, daß die Partei in ihrer erdrückenden Mehrheit auf dem Boden des Godesberger Programms steht, die Politik des Godesberger Programms weitergeführt sehen will und sich auch zu den Sachprogrammen bekennt, die wir, gestützt auf dieses Godesberger Programm, entwickelt haben. Außerdem: Wer darauf setzen sollte, den Brandt und den Wehner und den Erler auseinandermanövrieren zu können, der irrt. Sie werden zusammenstehen, so, wie es ihre Pflicht in der Partei ist.

Die Anlage des Wahlkampfes ist nicht durch ein kleines Gremium, sie ist auf dem Karlsruher Parteitag beschlossen worden. Ich werde die Debatte führen als einer, der dafür mitverantwortlich ist, daß der Wahlkampf so geführt worden ist, wie er geführt worden ist. Damit sage ich nicht, daß alles richtig war. Ich bin auch hier bereit, über Plakate, Texte, Formate und Farben, über alles mit mir reden zu lassen, nur vergeßt eine alte Lebensweisheit dieser Partei nicht. Das entscheidende Kriterium dafür, ob Plakate gut oder schlecht waren, ist das Wahlergebnis. Ich meine auch, daß unsere innenpolitischen Schwerpunktaufgaben im ganzen alternativ gut herausgearbeitet worden sind. Nicht immer konkret genug, das gebe ich zu, manches ist Formelkram geblieben und nicht in gängige Münze umgesetzt worden. Auf manchen Gebieten haben wir Stahl produziert und nicht schon Werkzeuge daraus gemacht. Das mag alles stimmen.

Einige unserer Freunde meinen, wir hätten unser Verhältnis zu den Gewerkschaften strapaziert, das kann man auch umgekehrt sehen, womit ich nicht die Gewerkschaften meine. Ich habe auf dem Metallkongreß mitten im Wahlkampf in Bremen gesagt,[13] daß es sich hier nicht darum handeln kann, daß der eine vor dem anderen kuscht, daß der eine der Gefangene des anderen ist. Aber ich füge ebenso offen hinzu: Das sind keine Formeln, die weit über eine momentane Situation hinaus tragen, sondern da fängt das Problem erst an. Eine Partei unseres Typs mit ihrer Geschichte, die weitgehend identisch ist mit der der Gewerkschaft, muß zwangsläufig auch bereit sein, auf sich einwirken zu lassen, durch prononcierte, zuweilen über eigene Programme hinausgehende Interessenforderungen dieser großen Gruppe der Arbeitnehmer, durch prononcierte Auffassungen nicht nur zur Sozialpolitik und zum Arbeitsschutz, sondern auch zur Wirtschaftspolitik. Das ist doch klar. Aber was die eigentliche Staatspolitik angeht, dabei kann es keine doppelten Loyalitäten von Mitgliedern der Sozialdemokratischen Partei Deutschlands geben. Das ist das Problem, dafür müssen wir die Formen finden, da müssen wir zusätzliche Kontakte, ernste Aussprachen finden.

Die künftige Politik der Partei ergibt sich aus dem Godesberger Programm, aus den Vorschlägen der sozialdemokratischen Regierungsmannschaft und aus dem Auftrag von 40 Prozent der bundesdeutschen Wähler. Im Vordergrund wird stehen die eigene Initiative entsprechend unserer eigenen Verantwortung, unserer eigenen Überzeugung. Das bedeutet: Die Sozialdemokratische Partei hatte ein Regierungsprogramm entwickelt, das ein Ergebnis langer sorgfältiger Arbeit gewesen ist, und das war orientiert an dem, was notwendig ist, und an dem, was möglich ist. Und das, was nötig und was möglich ist, das gilt heute genauso wie bis zum 19. September [1965]. Mit anderen Worten: die SPD wird ihr konstruktives Programm dem der gegen sie gebildeten Regierung gegenüberstellen. Und wir werden die gegen uns gebildete Regierung zwingen, sich mit unseren Forderungen auseinanderzusetzen, und wir werden ohne Illusionen versuchen, unseren eigenen Forderungen Geltung zu verschaffen.

Gewachsene Verantwortung

Die SPD, davon bin ich überzeugt, begreift ihre gewachsene Verantwortung. Und es wird schnell deutlich werden, daß sie im Bundestag – aber auch mit gewachsenem Gewicht im Bundesrat – die solide Alternative ist zu einer Koalition, die ihre tiefen Meinungsverschiedenheiten durch Formeln verkleistert, ohne damit die Meinungsverschiedenheiten auszuräumen. Nichts braucht zurückgenommen zu werden von dem, was wir im Wahlkampf vertreten haben. Die Sorge vor der Erstarrung der deutschen Teilung ist nur zu berechtigt. Die Sorge vor dem Zurückbleiben der Bundesrepublik Deutschland hinter der internationalen Entwicklung, auch die Sorge vor einer Isolierung der Bundesrepublik Deutschland, die ist nach dem tragikomischen Gezerre um die Koalitionsbildung in Bonn begründeter denn je.

Die Regierungsparteien haben sich offenbar noch nicht recht klargemacht, wie die Mehrheitsverhältnisse sind. Sie verstehen bisher nur die einfacheren Rechenkunststücke. Anders ist es nicht zu erklären, daß sie glauben, über ein Sachprogramm sich verständigen zu können, ohne mit der SPD geredet zu haben. Entweder CDU/CSU und FDP klammern wichtige Sachfragen aus ihrem Sachprogramm aus, Sachfragen wie die Finanzreform oder wie die Sicherung der Grundrechte in Krisenzeiten, Sachfragen, zu denen Verfassungsänderungen erforderlich sind. Wenn sie aber diese Fragen oder auch wichtige Vorhaben wie die Sanierung der beiden größten Bundesbetriebe, Bundesbahn und Bundespost, in den nächsten Jahren lösen wollen, dann können sie das nicht ohne die SPD, und sie können es nicht gegen die SPD. Solange in diesen Punkten keine Übereinstimmung mit der SPD existiert, ist das Programm der Koalitionspartner zu diesen Punkten der deutschen Politik nicht das Papier wert, auf dem es aufgeschrieben wurde.

Die SPD trägt ihre Verantwortung für unsere deutsche Zukunft. Aber sie wird nicht das Feigenblatt sein, das die Schwäche der Koalition verdeckt. Für mich steht fest, daß das Godesberger Grundsatzprogramm unumstritten ist, für mich steht fest, daß unsere Sachprogramme für die praktische Politik in der Partei im wesentlichen unumstritten sind, so sehr sie auch weiterentwickelt werden müssen. Für mich steht fest, daß wir die lebendige Meinungsbildung zu einer Vielzahl der aufgeworfenen Fragen des Wahlkampfs brauchen, aber für mich steht auch fest, daß alle schließlich innerhalb und außerhalb der Partei zur Kenntnis nehmen werden, daß die Führung dieser Partei fest gefügt ist und sich nicht auseinander manövrieren lassen wird!

Nr. 61

Schreiben des Vorsitzenden der SPD, Brandt, an den Schriftsteller Grass
21. Oktober 1965[1]

AdsD, WBA, A 6, 48/49 (alt).

Lieber Herr Grass,
erst nach unserem letzten Beisammensein in der Menzelstrasse[2] habe ich Ihre Darmstädter Rede[3] nachlesen können. Ich möchte Ihnen aufrichtigst danken für den Nachdruck, den Sie Ihrem staatsbürgerlichen Engagement verliehen und für die kraftvolle Hilfe, die Sie mir gewährt haben.

Mit Karl Schiller habe ich gesprochen. Er ist bereit, für den Kontakt zwischen SPD und Schriftstellern verantwortlich zu zeichnen. Ich habe ihm von Ihrer Bereitschaft berichtet, in einem Kreis führender Sozialdemokraten über Ihre Wahlkampf-Erfahrungen zu berichten.

Schiller hatte ohnehin vor, die Teilnehmer am Wahlkontor[4] zu einem Vortrag zu bitten. Er will es so einrichten, dass ich daran teilnehmen kann.

Weiter nachdenken sollten wir über einen „Beirat Kunst" beim Vorstand der SPD.

Mit herzl[ichen] Grüssen

Ihr

Nr. 62

Schreiben des Vorsitzenden der SPD, Brandt, an das Mitglied des SPD-Parteivorstands Schmidt 25. Oktober 1965

AdsD, WBA, A 6, 48/49 (alt).

Lieber Helmut,

am vergangenen Dienstag hatte ich Dir in der Fraktion schon kurz sagen können, daß ich mich über Deinen Brief aus New York-Hamburg sehr gefreut habe.[1] Es ist gut, bestätigt zu finden, daß sich unsere Zusammenarbeit auf eine so freundschaftliche Gesinnung stützen kann.

Als wir uns auf dem Frankfurter Flughafen trafen, war ich auf dem Wege nach Südfrankreich. Dort war es sehr schön, nur war die achttägige Unterbrechung etwas zu kurz. Trotzdem ist es jetzt sehr viel leichter, die Überlegungen über die zukünftigen Aufgaben in Berlin und im Vorsitz der Partei zu ordnen. An Arbeit wird es auch weiterhin nicht fehlen. Vielleicht gelingt es mir, mich aus dem

Kommentieren der Tagesereignisse weitgehend herauszuhalten und dadurch etwas mehr Kraft aufwenden zu können für die langfristigen Aufgaben.

Da ich schon beim Schreiben bin: Für Dich wird es sehr darauf ankommen, daß Du Dich nicht übernimmst und vor wichtigen Entscheidungen den Rat guter Freunde hörst.[2] Zögere bitte nicht, Dich an mich zu wenden, wenn immer Du es für zweckmäßig hältst.

Über die Schlachtordnung für 1969 sollten wir nicht zu früh entscheiden. Ich habe gewisse Vorstellungen über das Verfahren, und darüber werden wir wohl auch im Vorstand sprechen müssen.
Mit nochmaligem Dank und guten Grüßen
Dein

Nr. 63
Schreiben des Vorsitzenden der SPD, Brandt, an den Chefredakteur des SFB, Walden
18. November 1965[1]

AdsD, WBA, A 6, 49 (alt).

Sehr geehrter Herr Walden,
haben Sie herzlichen Dank für die klare und noble Haltung, mit der Sie in Ihrer „Quick"-Kolumne einen besonderen Aspekt der letzten Bundestagswahl behandelt haben.[2]

Selbst würde ich in doppelter Hinsicht nicht so weit gehen. Ich betrachte die Emigration und die Aktivität draußen nicht als ein Verdienst und möchte daraus nicht nachträglich einen Maßstab für das Verhalten anderer ableiten.[3] Das würde der Aussöhnung in unserem Volk nicht zuträglich sein. Mir reicht der Respekt, auf den ich – mit anderen – Anspruch habe. Außerdem würde es nicht schaden, wenn die Ahnungslosen erführen, daß mancher auch draußen böse

Zeiten durchgemacht und mehr als einmal das Leben aufs Spiel gesetzt hat.

Andererseits glaube ich nicht, daß in den Reihen meiner politischen Freunde eine nennenswerte Neigung besteht, der von Ihnen vermuteten „Legende einer Niederlage" anzuhängen.[4] Ich kann Ihnen nur sagen, daß ich erschrocken war, als ich – in diesem Umfang erst nach dem 19. September [1965][5] – erfuhr, was sich tatsächlich in einer Vielzahl von Wahlkreisen zugetragen hat. Einer meiner Mitarbeiter stellt das gerade zusammen. Ohne über eine volle Übersicht zu verfügen, habe ich meinen Freunden in den Tagen nach der Wahl gesagt, sie hätten für mich viel mittragen müssen, und ich könnte leider nicht wissen, ob meine eigenen Anstrengungen nicht durch die Wirkungen der Dreck-Kampagne aufgewogen worden seien.

Mit freundlichen Grüßen

Ihr

gez[eichnet] W[illy] B[randt]

Nr. 64

Schreiben des Vorsitzenden der SPD, Brandt, an den Vorsitzenden der IG Metall, Brenner 25. März 1966[1]

AdsD, WBA, A 11 (Allgemeine Korrespondenz), 29.

Lieber Otto,

In Deinem Bergneustädter Diskussionsbeitrag Ende Januar [1966] hast Du einige wichtige Fragen angeschnitten, die das Verhältnis zwischen Partei und Gewerkschaften bzw. zwischen Parteiführung und sozialdemokratischen Gewerkschaftsführern betreffen.[2] Ich möchte endlich auf die Niederschrift dieses Beitrages eingehen, will aber sowohl die historischen wie die aktuell-politischen Punkte außen vor lassen und beschränke mich deshalb auf folgende Bemerkungen bzw. Vorschläge:

1. Du stellst fest, daß es am 19. September 1965 nicht gelungen sei, „das Reservoir an Arbeitnehmerstimmen für die SPD ganz auszuschöpfen“ und sagst weiter: „Dabei wurde deutlich, daß die Partei dort besonders viel Arbeitnehmerstimmen für sich gewinnen konnte, wo der Wahlkampf in enger Zusammenarbeit mit sozialdemokratischen Gewerkschaftsfunktionären geführt wurde. Umgekehrt kann man daraus aber auch die Schlußfolgerung ziehen, daß das Verhältnis zwischen der sozialdemokratischen Parteiorganisation und den sozialdemokratischen Gewerkschaftsfunktionären nicht im ganzen Bundesgebiet so gut ist, wie es sein sollte.“

Dieser Analyse würde ich nicht generell widersprechen wollen. Im Gegenteil, ich habe selbst – vor allem an Rhein und Ruhr – sehr schöne Beweise der von Dir erwähnten Zusammenarbeit erlebt. Trotzdem möchte ich zwei Erwägungen für die weitere Diskussion vorgemerkt wissen:

a) Es gibt leider auch Beispiele dafür, daß sozialdemokratische Gewerkschaftsfunktionäre sich vom Bundestagswahlkampf ferngehalten oder durch ihr Verhalten sogar Bemühungen der Partei behindert haben.

b) Es muß weiter als eine Tatsache gelten, daß „die Gewerkschaften“ von einem großen Teil der Bevölkerung, auch der arbeitnehmenden Bevölkerung ungerecht beurteilt werden und daß diese ungerechte Beurteilung bis zu einem gewissen Grade auf die Partei übertragen worden ist.

2. Du bemängelst zu Recht, daß die Verbindungen nicht nur auf betrieblicher, lokaler und regionaler Ebene zu wünschen übrig lassen, sondern auch „zwischen dem Parteivorstand und den Gewerkschaftsvorständen“. Du sagst weiter, bei einer nüchternen Prüfung der Tatsachen müsse man feststellen, „daß es vielfach zu einer gewissen Entfremdung und zu einer ganzen Reihe von Spannungen zwischen SPD und Gewerkschaften gekommen ist, und daß sich diese auf die Arbeit sowohl der Partei als auch der Gewerkschaften auswirken“.

Nun sind wir ja dabei – nicht zuletzt in Anknüpfung an die Unterhaltung, die wir nach der Bundestagswahl hatten –, „Spitzengespräche" regelmäßiger und substantieller zu führen.[3] Wir sollten jedoch nicht von der Vorstellung ausgehen, als handele es sich um zwei Gruppierungen, die einander gegenüberstehen. In den Führungsgremien der Partei bemühen wir uns immer wieder, die Entwicklung in den Griff zu bekommen und richtige Antworten auf neue Fragen zu finden. In den Reihen der sozialdemokratischen Gewerkschaftsführer gibt es neben den gemeinsamen Überzeugungen natürlich auch manche unterschiedliche Beurteilung. Es wäre also gut, wenn wir davon ausgingen, daß Sozialdemokraten, die an verschiedenen Stellen eine wichtige Verantwortung tragen, ihre Auffassungen aufeinander abzustimmen haben, wenn sie ihrer Verpflichtung gerecht werden wollen. Für mich ist klar, daß dies auf dem Boden des gegenseitigen Respekts und der Achtung voreinander zu geschehen hat.

3. Du gehst davon aus, daß es „im Zeichen der Entwicklung der SPD von einer reinen Arbeitnehmerpartei zur Volkspartei" im gewerkschaftlichen Bereich zu Spannungen gekommen sei, denn diese Entwicklung sei „zwangsläufig mit vermehrten Bemühungen der Partei in sozialen Schichten außerhalb der Arbeitnehmerschaft verbunden". Du sprichst von den „an sich sehr verständlichen und begrüßenswerten Bemühungen der Partei, neue Wählerschichten zu erobern", die jedoch mit der Gefahr verbunden sei, „daß für einen großen Teil der Arbeitnehmer das politische Profil der Partei undeutlich wurde": „Man konnte den Wandel, der mit dem Godesberger Programm im Jahre 1959 begann, nicht so recht begreifen." An anderer Stelle sagst Du, es sei „einfach unverkennbar, daß die Taktik der Partei sich von der offenen Identifizierung mit der Politik der Gewerkschaften im einzelnen immer weiter entfernt hat".

Dieser Interpretation kann ich im wesentlichen nicht folgen, und zwar aus folgenden Gründen:

a) Die Entwicklung „von einer reinen Arbeiternehmerpartei zur Volkspartei" ist nicht durch das Godesberger Programm ausgelöst worden, sondern mit dieser Problematik hat es die Partei seit August Bebels Tagen zu tun.[4]

b) Das Godesberger Programm läßt es aus der Sicht der modernen Sozialdemokratie an der Identifizierung mit der Arbeitnehmerschaft und an einer politischen Würdigung der Gewerkschaften bestimmt nicht fehlen.

c) Eine Identifizierung mit der „Politik der Gewerkschaften" stößt dann auf Schwierigkeiten, wenn diese mit der „Politik der Partei" nicht auf einen Nenner zu bringen ist.

4. Du beschäftigst Dich dankenswerterweise mit der Arbeit unserer Betriebsgruppen und verweist auf den Beschluß des Stuttgarter Parteitages vom Mai 1958[5] sowie auf die Richtlinien vom Frühjahr 1959[6].

Es ist nicht zu bestreiten, daß unsere Betriebsgruppenarbeit – wie all unsere Arbeit – immer wieder kritisch überprüft werden muß. Du hast sicher Recht mit der Feststellung, daß unsere Betriebsgruppen vielfach nur dort und dann Aktivität entfalteten: „wenn unsere Gegner mit Erfolg sozialdemokratische Positionen im Betrieb gefährdeten". Du merkst auch an, „daß die Betriebsgruppenarbeit, wenn sie nicht behutsam geführt wird, sogar Konflikte mit den Gewerkschaften auslösen kann".

Kritische Hinweise gibst Du im Hinblick auf die Sozialen Arbeitsgemeinschaften, die nur in einigen Bereichen funktionieren. Deine Bedenken beziehen sich insbesondere darauf, daß bestehende SAGs „als ein Instrument der Partei benutzt werden und sich nicht zu Gremien entwickelt haben, in denen sozialdemokratische Gewerkschaftsfunktionäre und Parteifunktionäre gemeinsam Aufgaben und Meinungen diskutieren". Du sprichst von einer „Einbahnstraße ohne Gegenverkehr".

Zunächst möchte ich darum bitten, daß Du Dir die „Richtlinien für die Betriebsgruppenarbeit", die ich als Anlage beifüge, noch einmal ansiehst.

Zum anderen wäre es erforderlich, daß die überwiegend positiven Erfahrungen, die wir mit unseren Arbeitnehmertagungen gemacht haben, in den Kreis dieser Betrachtungen mit einbezogen werden.

In diesem Zusammenhang sollten wir auch nicht ganz übersehen, daß in manchen Gebieten einzelne Gewerkschaftsgruppen versuchen, ihre Vorstellungen von der Politik der Partei durchzusetzen – und zwar nicht als Einzelmitglieder der SPD, sondern als Vertreter von außerhalb der Parteidiskussion erarbeiteter Meinungen.

Ich möchte vorschlagen, daß eine besondere Besprechung bzw. Konferenz vorbereitet wird, um über unsere Betriebsgruppenarbeit und über die Weiterentwicklung bzw. Neubelebung der SAGs zu beraten. Es wird kaum möglich sein, dies mit angemessener Vorbereitung noch vor dem Dortmunder Parteitag zu tun; aber es sollte ein Termin kurz nach den Sommerferien in Aussicht genommen werden.

Es wäre jedoch gut, wenn Du selbst und/oder andere Freunde an dem Arbeitskreis III des Parteitages teilnehmen könnten.[7] Ich hielte es für erwünscht, daß die Thematik des Arbeitskreises durch einige qualifizierte Beiträge zu dem hier erörterten Gegenstand bereichert werden würde.

5. Der entscheidende Punkt ist für mich Deine Feststellung, „daß es in unserem eigenen Interesse zu den wichtigsten Aufgaben gehört, das Verhältnis zwischen Gewerkschaften und Partei zu verbessern“.

Neben den „Spitzengesprächen“ sollten wir für die angeregte Konferenz bzw. auch schon für den Dortmunder Parteitag einvernehmlich an praktikablen Vorschlägen für die SAGs auf zentraler und regionaler Ebene arbeiten.

Bleibt die wichtige Frage, wie wir zu einer institutionellen Verzahnung gelangen können, damit mehr führende sozialdemokratische Gewerkschafter in die Beratungen und Entscheidungen der Parteiführung einbezogen werden. Meine Erwägung, dies so zu tun, daß die zentralen SAG das satzungsmäßige Recht erhielte, mehrere Vertreter in den Parteirat zu entsenden, begegnet von der Systematik her gewissen Schwierigkeiten. Eine entsprechende Form könnte dann auch von anderen Arbeitsgemeinschaften gefordert werden, selbst wenn diese ein erheblich geringeres Gewicht hätten. Der Organisationsausschuß beim Parteivorstand ist beauftragt worden, die Fragen zu erörtern und einen Vorschlag einzureichen.

Diese meine Stellungnahme ersetzt natürlich nicht eine eingehendere Behandlung der von Dir aufgeworfenen Fragen.[8]
Mit freundlichen Grüßen
(Willy Brandt)

Nr. 65
Schreiben des Vorsitzenden der SPD, Brandt, an die Mitglieder der SPD
Mai 1966[1]

AdsD, WBA, A 3, 232.

Liebe Freunde,
niemand kann sagen, ob es zu „Chemnitz und Hannover" kommen wird.[2] Das Thema der Konfrontation, des offenen und öffentlichen Austausches von Meinungen und Argumenten, wird jedoch nicht mehr von der Tagesordnung der deutschen Politik verschwinden. Dank der Haltung der Mitgliedschaft der SPD wurde es möglich, das freie Wort im sowjetisch besetzten Teil Deutschlands zur Geltung zu bringen. Ich möchte mit diesen Zeilen einmal die Leitlinien für die Auseinandersetzung deutlich machen und einige Hinweise geben, die von allen Gliederungen und Mitgliedern unserer Partei zu beachten sind.

Die SPD wird die innerdeutsche Auseinandersetzung offensiv weiterführen, auch wenn die Führung der kommunistischen SED auf Zeitgewinn spekuliert oder sich überhaupt drücken will. Dabei kann es nicht auf einen bestimmten Monat ankommen. Entscheidend kommt es auf unsere selbstbewußte Bereitschaft [an], stellvertretend für alle demokratischen Kräfte, die deutschen Lebensfragen vor den Ohren und Augen des ganzen Volkes zu erörtern.

Nur dadurch

zwingen wir die SED, in den Kernfragen der deutschen Politik Farbe zu bekennen, erkunden wir, wie weit den Menschen im geteilten Land geholfen werden kann, eine Aufgabe, die den Deutschen niemand abnehmen kann, können wir ohne Illusionen auch weiterreichende Entwicklungen positiv beeinflussen.

Für diese Politik

müssen die demokratischen Kräfte in der Bundesrepublik in den entscheidenden Fragen zusammenwirken,

dürfen wir uns nicht von dem Kernthema abbringen lassen: das Leben in unserem bis auf weiteres geteilten Land leichter zu machen,

müssen wir uns freihalten von Wunschdenken; denn wenn es zu den öffentlichen Veranstaltungen kommt, wird dadurch weder die Mauer in Berlin fallen oder gar die Teilung Deutschlands beendet sein.

Aber im Interesse der Menschen gilt es, jede Möglichkeit der Konfrontation und des Ringens um Erleichterungen wahrzunehmen, auch wenn der Erfolg vorher nicht sicher ist.

Für unsere Partei kommt es bei einer solchen Politik entscheidend darauf an, die erforderliche Einheitlichkeit und Geschlossenheit zu wahren. Für uns gibt es keinen Ersatz für die zentrale Konfrontation.

Versuche der SED, auf Gespräche und Kontakte auf lokaler und regionaler Ebene auszuweichen, müssen wie bisher einheitlich und eindeutig zurückgewiesen werden. Die SPD ist weiterhin für kommunistische Anbiederungsversuche oder Volksfrontmanöver nicht zu haben.

Wer für die Konfrontation ist, muß die Subversion bekämpfen. Die kommunistische Subversion, das heißt die Durchdringung der SPD-Basis, soll die SPD unfähig zur Konfrontation machen.

Die Bilanz der bisherigen Auseinandersetzung zeigt: Wir haben im In- und Ausland ein ungewöhnliches, ganz überwiegend positives Echo gefunden. Im Ausland wird wieder über Deutschland gesprochen, in der Zone sind unsere Fragen verstanden worden,[3] in der Bundesrepublik wird das Zusammenwirken der Parteien auf eine Probe gestellt.

Mit unserer Initiative nehmen wir der Bundesregierung nicht die Verantwortung ab. Und dennoch: Wenn es um Deutschland geht, sind die Sozialdemokraten unentbehrlich.

Wir werden uns nicht beirren lassen. Wir werden kleinliche Einwände zurückweisen und gehässige Angriffe abwehren. Wir werden auf dem als richtig erkannten Weg weitergehen. Dafür erbitte ich die Unterstützung und das einheitliche Verhalten der Mitglieder unserer Partei.

Mit den besten Grüßen
‹Willy Brandt›[4]

Nr. 66

Schreiben des Vorsitzenden der SPD, Brandt, an die Mitglieder der SPD 15. Juli 1966[1]

AdsD, WBA, A 3, 236.

Liebe Freunde,
nachdem die für den 14. und 21. Juli [1966] vereinbarten Versammlungen in Chemnitz und Hannover durch die Absage der SED-Führung unmöglich gemacht worden sind, ergibt sich für die SPD diese Notwendigkeit: Es muß den Kommunisten unmöglich gemacht werden, ihr eigenes Ausweichen vor der direkten öffentlichen Diskussion hinter Ausflüchten und Täuschungsmanövern zu verstecken.

Der Parteivorstand hat sich in seiner Sitzung am 15. Juli [1966] mit der Situation befaßt.[2] Er ist entschlossen, die mit der Offenen Antwort der SPD vom 18. März 1966 begonnene Aktion fortzuführen.[3] Der einstimmig gefaßte Beschluß des Dortmunder Parteitags ist die eindeutige Richtlinie. Der Wortlaut dieses Beschlusses wird hiermit allen Mitgliedern unserer Partei in Erinnerung gebracht:

> „Der Parteitag begrüßt die durch den Vorstand eingeleitete offene Auseinandersetzung mit der kommunistischen SED und erklärt sich einverstanden mit den Offenen Antworten vom 18. März und 15. April 1966.
> Der Parteitag fordert den Vorstand auf, seine Bemühungen fortzusetzen, um vor den Menschen in ganz Deutschland den Austausch von Argumenten über die Kernfragen der deutschen Politik in Gang zu bringen und den Menschen im gespaltenen Deutschland das Leben leichter zu machen."[4]

Der Parteivorstand dankt den Mitgliedern der SPD für die Einsicht und Disziplin, mit der sie in den vergangenen Monaten entscheidend zu dem bisherigen Erfolg der offenen Auseinandersetzung beigetragen haben. Die SPD kann stolz darauf sein, daß das politische Verantwortungsbewußtsein ihrer Mitglieder dem wirksamen Handeln des Parteivorstandes die notwendige einheitliche und klare Grundlage gegeben hat.

Der Parteivorstand erwartet von allen Mitgliedern der SPD, daß sie weiterhin aktiv und solidarisch im Sinne dieses Beschlusses den Parteivorstand bei der Fortführung der Aktion unterstützen.

Der Führung der SED muß und wird durch die politische Geschlossenheit der SPD deutlich gemacht werden, daß es vergebliche Mühe sein wird, sich durch ihre Sendboten an Ortsvereine, Unterbezirks- und Bezirksvorstände und überhaupt an Mitglieder der SPD heranzumachen, um durch Infiltration die verweigerte öffentliche Konfrontation mit der Führung der Sozialdemokratischen Partei Deutschlands zu umgehen.

Folgende Tatsachen dürfen nicht vernebelt werden:

1. Die SED hat sich vor der offenen und öffentlichen Auseinandersetzung mit der Führung der SPD nun wiederholt gedrückt. Ende März hat die SED die Einladung abgelehnt, sich an einer unbeschränkten Fernsehdiskussion zu beteiligen. Dann hielt die SED-Führung die für Mai vorgeschlagenen Versammlungstermine (Chemnitz und Hannover) nicht für opportun. Sie hat sich schließ-

lich mit immer neuen Vorbedingungen vor den zwischen den Beauftragten beider Seiten in aller Form vereinbarten Juli-Terminen gedrückt. Einen erneuten Versuch, dann wenigstens zur öffentlichen Fernsehdiskussion zu kommen, hat die SED-Führung wiederum mit fadenscheinigen Gründen abgelehnt.

2. Die SED-Leute reden jetzt von einer „zweiten Phase" und meinen damit die einseitig gesteuerte kommunistische Tätigkeit in der Bundesrepublik Deutschland und insbesondere in den Organisationseinheiten unserer Partei. Sie sagen jetzt offen, es müsse zu vielen kleinen Veranstaltungen in der Bundesrepublik kommen. Sie versuchen bereits, auf anderen Ebenen der Partei Kontakte zu finden und „Gespräche" mit Sozialdemokraten einzuleiten. Die Kommunisten haben selbst nach dem Dortmunder Parteitag noch nicht begriffen, daß man die SPD nicht auseinanderdividieren kann.

Trotz alledem wird sich die SED nicht der Konfrontation mit uns und unseren Argumenten entziehen können, auch wenn sie sich noch so sehr in alten Positionen des Kalten Krieges festzukrallen versucht. Das Rad läßt sich nicht mehr zurückdrehen. Das Rad wird auch nicht so laufen, wie sich das die Kommunisten ausgedacht haben.

In dieser Situation möchte ich allen Sozialdemokraten sagen, daß es für uns gegen alle derartigen Manöver nur ein klares Nein geben kann. Es gibt keinen Ersatz für die zentrale Konfrontation. Jedem Mitglied muß klar sein, daß ein anderes Verhalten einen Verstoß gegen die Parteitagsbeschlüsse von Dortmund darstellt und daß dies als eine Desavouierung der Partei und der von ihr konsequent verfolgten Politik betrachtet und behandelt werden muß. Bei aller verständlichen Ungeduld gerade auch junger politischer Menschen angesichts der Spaltung unseres Landes kommt es darauf an, die ganze Kraft der Sozialdemokratie als einheitlich handelnde politische Willensgemeinschaft und damit das Gewicht des freien Teils Deutschlands einzusetzen. Die Konfrontation erfordert die Geschlossenheit der Partei, sie erfordert – soll sie erfolgreich sein – das Vertrauen in die Führung der SPD.

Im Einvernehmen mit dem Parteipräsidium haben Jungsozialisten und Falken Vorschläge für eine Neufassung der „Richtlinien für Ostkontakte"[5] entworfen. Erste Besprechungen mit den Landes- und Bezirksgeschäftsführern sowie dem Ausschuß für Organisations- und Beitragsfragen fanden darüber dieser Tage statt. Wir wollen unserer Organisation und allen Mitgliedern klare Richtlinien an die Hand geben, die einerseits die Begegnung von Menschen aus Ost und West – einschließlich der wirtschaftlichen und kulturellen Kommunikation – fördern und andererseits den Mißbrauch von Begegnungen gerade in dieser Phase der Konfrontation ausschließen helfen.

Unsere Partei wird den eingeschlagenen Weg weitergehen. Sie wird vor den Menschen in ganz Deutschland den offenen und öffentlichen Austausch von Argumenten über die Kernfragen der deutschen Politik vertiefen. Wir werden weiterhin Möglichkeiten zum Handeln suchen und nutzen. Wir Sozialdemokraten werden uns von niemandem beirren lassen, den als richtig erkannten Weg fortzusetzen.

„Aller Anfang ist schwer", hatte die SED in einem ihrer „Briefe" gemeint. Mit „Initiative und Geduld" – so hatten wir den Ball aufgefangen – wird doch manches in Gang zu bringen sein, das schließlich dazu beitragen wird, den Menschen im gespaltenen Deutschland das Leben und das Zusammenkommen leichter zu machen.[6] Zu diesem Ziel soll und wird uns Sozialdemokraten keine Anstrengung zu groß sein.

Ich vertraue auf die Solidarität aller Sozialdemokraten, die zum Erfolg führen wird.

Mit freundlichem Gruß

‹Willy Brandt›[7]

Nr. 67

Interview des Vorsitzenden der SPD, Brandt, für den *Parlamentarisch-Politischen Pressedienst* 3. November 1966[1]

Parlamentarisch-Politischer Pressedienst, Nr. 212/66 vom 3. November 1966.

In der SPD: Jugend in die Verantwortung

PPP: Die Aufgaben, die der Führung einer Partei von der Größe und der Bedeutung der SPD erwachsen, sind so umfassend geworden, daß sich in zunehmendem Maße die Frage stellt, ob die jetzige Organisation noch den gewachsenen Erfordernissen entspricht. Halten Sie diese Frage für berechtigt, Herr Brandt?

Willy Brandt: Natürlich unterliegt jede Organisation, auch die Organisation einer Partei wie der SPD ständig der prüfenden Kontrolle, ob sie so funktioniert, daß sie den ihr zugewiesenen Aufgaben voll gerecht werden kann. Das Organisations-Skelett und das Organisations-Schema der SPD, die beide durch Jahrzehnte gewachsen sind, haben sich aber im Prinzip bewährt, so daß ich im Augenblick keine Notwendigkeit sehe, hier wesentliche Änderungsvorschläge erarbeiten zu lassen und sie dann den Führungsgremien meiner Partei vorzulegen. Wenn es sich als erforderlich erweisen sollte, diese Parteiorganisation den Erfordernissen einer modernen Massenorganisation noch mehr anzupassen, wird das aber zweifellos geschehen. So hat unsere große Mitgliederpartei auch erhebliche Verwaltungsaufgaben zu bewältigen. Dafür haben wir noch nicht die Formen gefunden, die auf der Höhe der Zeit sind. Bei der Einführung von Verbesserungen würde ich mich vor allem auch auf die Erfahrungen und Ratschläge des stellv[ertretenden] Parteivorsitzenden Herbert Wehner und unseres Bundesschatzmeisters Alfred Nau stützen.

PPP: Wenn also der Apparat als solcher im Prinzip gut durchorganisiert ist und daher auch recht gut arbeitet, so bleibt doch die Frage nach den Menschen. Dazu eine ganz direkte Frage: Glauben Sie,

Herr Brandt, daß die Führungsspitze Ihrer Partei, so, wie sie heute ist und sich darstellt, ausreicht oder, besser gefragt, die anfallende Arbeit tatsächlich noch bewältigen kann?

Willy Brandt: Nein, das läßt sich nicht einfach positiv beantworten. Das hat, und diese Beteuerung braucht es faktisch gar nicht, nichts mit den erprobten und erwiesenen Fähigkeiten der einzelnen Mitglieder dieser Führungsspitze meiner Partei zu tun. Aber Sie sprachen vorhin schon selbst von den gewachsenen Erfordernissen oder Aufgaben, denen sich die SPD gegenübersieht, als der Gemeinschaft von 730.000 aktiven Parteimitgliedern und als der Partei, die im Bundestag und in den Ländern eine entscheidende Rolle spielt und in Tausenden von Gemeinden Verantwortung trägt. An dieser Unsumme von Aufgaben, Pflichten, Verpflichtungen und auch Rechten gemessen, ist die heutige Führungsspitze der Gesamt-SPD zu schmal. Die bedauerliche Tatsache, daß der stellv[ertretende] Parteivorsitzende und Bundestags-Fraktionsvorsitzende Fritz Erler wegen Krankheit seit einiger Zeit ausgefallen ist und leider auch noch einige Zeit der aktiven Parteiarbeit fernbleiben muß, berührt diese Erwägung nicht. Auch dann, wenn Fritz Erler wieder an unserer täglichen Arbeit teilnehmen kann, werden wir uns über eine Verbreiterung der Spitze Gedanken zu machen haben. Die Aufgaben des Geschäftsführenden Vorstandes werden bei uns durch das zehnköpfige Präsidium wahrgenommen.[2] Aber die Mitglieder des Präsidiums haben natürlich eine Fülle sonstiger Arbeiten und Verpflichtungen.

PPP: Wenn dem so ist, Herr Brandt, würde eine angestrebte Änderung dieser Situation nicht doch auf eine Organisations-Korrektur hinauslaufen müssen?

Willy Brandt: Nein, die Konstruktion der Führungsspitze braucht nicht umgemodelt werden. Notwendig ist eine Verbreiterung des unmittelbar unter der Führungsspitze stehenden personellen „Unterbaus". Nicht nur die drei Vorsitzenden, aber vor allem sie, müssen sich auf eine Gruppe fähiger und tatkräftiger Mitarbeiter der jüngeren Generation abstützen können. Daneben liegt es im Interesse unserer Arbeit und des Führungsauftrages unseres Parteivorstandes, daß eine Anzahl von jüngeren Politikern, die ihre Sporen verdient und sich in ihrem Bereich als ideenreiche und in ihrer täglichen Arbeit tüchtige Führungspersönlichkeiten erwiesen haben, mehr Verantwortung für die Formulierung der sozialdemokratischen Politik und für ihre Vertretung nach außen übernehmen sollten, dadurch wird sich zu gegebener Zeit auch eine sog[enannte] „Wachablösung" organisch vollziehen. Denn unter diesen jungen und jüngeren SPD-Politikern werden sich die Männer und Frauen finden, die nach und nach an die Schalthebel unserer zentralen Arbeit gelangen werden.

PPP: So bestechend dieser Gedanke ist, Herr Brandt, so schwierig dürfte seine Verwirklichung sein, denn schließlich gibt es keine festen Kriterien, nach denen Sie selbst oder Sie und Ihre Stellvertreter oder Sie und die Führungsgremien Ihrer Partei insgesamt die Auswahl der „jungen Männer im zweiten Glied" vornehmen könnten. Vielleicht ist die Frage verfrüht, da es sich ja, wie Sie sagen, um Überlegungen und nicht um einen Plan handelt, aber trotzdem: Wie wollen Sie Ihre Absicht personell realisieren?

Willy Brandt: Natürlich nicht nach einem Schema des bürokratischen Aufstiegs, obwohl die Praxis und der Erfolg zwei durchaus erhebliche Auswahl-Möglichkeiten sind. Vergessen Sie bitte nicht: Die Partei hat immer schon, aus sich heraus, die Männer und Frauen in Spitzenpositionen gebracht, die nicht nur das Vertrauen der Gemeinschaft hinter sich wußten, sondern die auch ihre schwere Aufgabe erfüllen konnten. Was mir jetzt zusätzlich vorschwebt, das ist das Bemühen, das diesen Prozeß auf breitere Grundlage stellt und Begabungen früher in führende Verantwortung ruft, als das von selbst der Fall sein würde. Es geht mir um die bewußte Förderung jüngerer Führungskräfte, die sich bereits bewährt haben. Es soll eine gute Chance gegeben werden, zum Nutzen der Partei und damit zum Nutzen der ganzen demokratischen Gemeinschaft.

Nr. 68

Schreiben des Vorsitzenden der SPD, Brandt, an den Vorsitzenden der CDU und Bundeskanzler, Erhard 11. November 1966[1]

AdsD, WBA, A 11, ungeordnet.

Sehr geehrter Herr Professor Erhard,
auf Grund der Beratungen der Vorstände der SPD und Ihrer Bundestagsfraktion möchte ich Ihnen folgendes vorschlagen:[2]

Die Vorsitzenden der im Deutschen Bundestag vertretenen Parteien und ihrer Fraktionen sollten zur Überwindung der Regierungskrise so schnell wie möglich in gemeinsame Erörterungen der von einer künftigen Regierung zu lösenden politischen Sachprobleme eintreten. Ich erlaube mir, Sie zur Aufnahme solcher gemeinsamen Beratungen einzuladen.

Ich habe Herrn Castrup gebeten, unverzüglich die erforderlichen Absprachen mit Ihrem Büro zu treffen, um möglichst schnell dafür einen allen Seiten passenden Termin zu vereinbaren.

Vorstand und Bundestagsfraktion der SPD haben heute eine Kommission benannt, die beauftragt wurde, Verhandlungen über die mit der Bildung einer neuen Bundesregierung zusammenhängenden Sachfragen zu führen.[3] Dieser Kommission gehören an:

der Vorsitzende der SPD, Willy Brandt,

der amtierende Vorsitzende der Bundestagsfraktion, Herbert Wehner,

die stellvertretenden Fraktionsvorsitzenden Dr. Alex Möller, Prof. Dr. Karl Schiller und Helmut Schmidt.

Einen Beitrag zu einigen Schwerpunkten der Innen-, Deutschland- und Außenpolitik darf ich Ihnen nachreichen.

Mit vorzüglicher Hochachtung
Ihr sehr ergebener
gez. Willy Brandt

Nr. 69

Schreiben des Schriftstellers Grass an den Vorsitzenden der SPD, Brandt 26. November 1966[1]

AdsD, WBA, A 3, 243.

Lieber Willy Brandt,
bevor es zur Grossen Koalition kommt, bevor also Sie zwischen Kiesinger und Strauss den Kronzeugen einer falschen Harmonie werden abgeben müssen, bitte ich Sie, den Vorsitzenden der SPD, einer Partei also, in die ich meine Hoffnung setzte und setze,[2] noch einmal die Folgen einer solchen Entscheidung zu bedenken.

Diese Entscheidung wird mich und viele meiner Freunde, gegen ihren und meinen Willen, in eine linke Ecke drängen und zum blossen, obendrein politisch machtlosen Widerpart der NPD degradieren. Wie sollten wir weiterhin die SPD als Alternative verteidigen, wenn das Profil eines Willy Brandt im Proporz-Einerlei der Grossen Koalition nicht mehr zu erkennen sein wird?

Zwanzig Jahre verfehlte Aussenpolitik werden durch Ihr Eintreten in eine solche Regierung bemäntelt sein. Der unheilbare Streit der CDU-CSU wird so auf die SPD übergreifen. Ihre Vorstellung vom „Anderen Deutschland“ wird einer lähmenden Resignation Platz machen. Die grosse und tragische Geschichte der SPD wird für Jahrzehnte ins ungefähr münden. Die allgemeine Anpassung wird endgültig das Verhalten zu Staat und Gesellschaft bestimmen. Die Jugend unseres Landes jedoch wird sich vom Staat und seiner Verfassung abkehren; sie wird sich nach links und rechts verrennen, sobald diese miese Ehe geschlossen sein wird.

Meine kritische Sympathie Ihnen und der Sozialdemokratischen Partei Deutschlands gegenüber verpflichtet mich, Ihnen diese Gedanken mitzuteilen. Ich weiss, dass Herbert Wehner allzu rasch geneigt ist, im Andersdenkenden einen Neurotiker zu vermuten. Den-

noch bitte ich Sie, diesen Brief der Fraktion zu verlesen. Nichts soll unversucht bleiben.
‹Freundliche Grüße,
Ihr
Günter Grass›[3]

Nr. 70

Schreiben des Vorsitzenden der SPD, Brandt, an den Schriftsteller Grass 28. November 1966

AdsD, WBA, A 11, ungeordnet.

Lieber Günter Grass,
Sie haben die Sorgen und Befürchtungen formuliert,[1] die viele Menschen – und nicht die schlechtesten – in unserem Land mit Ihnen teilen.

Die Große Koalition enthält Risiken. Gefühl und Wille zur Führung wiesen vielen von uns einen anderen Weg. Nach sehr ernster Prüfung auf dem Hintergrund der dürren Ziffern im Bundestag und angesichts der Aufgaben im Innern und nach außen habe ich zu dem Ergebnis kommen müssen, daß der andere Weg nicht gangbar war.

Wenn sich die SPD, schwer genug, zur Großen Koalition durchringt, gibt es alles andere als die Selbstgefälligkeit, es „endlich geschafft zu haben". Wir wissen, daß wir die Zähigkeit und Kraft und Nüchternheit brauchen, damit der Schritt der SPD unserem Volk nützt und Ihre Sorgen nicht Wirklichkeit werden.

Es wird kein Zudecken von Versäumnissen und Fehlern und keinen faden politischen Eintopf geben. Die Große Koalition wird zu einem Fehlschlag führen, wenn sie sich nicht deutlich von dem abhebt, was in die Regierungskrise geführt hat. Dies ist die begrenzte, heute mögliche Alternative zum bisherigen Trott.

Die SPD wird sich messen lassen an ihren bisherigen Forderungen. In einer Koalition gleichwertiger Partner wird Politik erst recht nicht gegen die SPD gemacht werden können. Sorge um das politische Profil Willy Brandts sollten Sie sich nicht machen.

Sie, Ihre Freunde und viele der kritischen jungen Menschen dürfen sich gerade jetzt nicht in das Abseits der Resignation oder des bloßen Protestes stellen. Die demokratische Linke und unser Land würden nicht nur ärmer, sondern auch schwächer werden. Das Gewissen der Sozialdemokratischen Partei schlägt nicht außerhalb dieser Partei.

Niemand sollte den Stab brechen, solange wir nicht die Chance gehabt haben, zu beweisen, was jetzt möglich ist. Für uns ist dies ein neuer Beginn. Wir werden in das neue Kapitel der deutschen Nachkriegsgeschichte wesentlich neue Elemente einführen. Dafür werden wir Verantwortung tragen und gerade das geistige Deutschland nicht enttäuschen.

Ich danke Ihnen für die Offenheit und Verbundenheit, die wir uns erhalten sollten.[2]

Freundliche Grüße

Ihr

gez[eichnet] W[illy] B[randt]

Nr. 71

Schreiben des Vorsitzenden der SPD, Brandt, an die Mitglieder der SPD

Dezember 1966[1]

AdsD, WBA, A 3, 244.

Liebe Freunde,

die Bildung der Regierung Kiesinger-Brandt bedeutet einen wichtigen Schritt für unsere Partei. Der 1. Dezember 1966 bedeutet auch einen Einschnitt in die deutsche Nachkriegsentwicklung. Zum erstenmal seit 36 Jahren wird die deutsche Regierung wieder durch unsere Partei mitgetragen. Zum erstenmal seit 1949 haben sich die Unionsparteien bereitfinden müssen, die Regierungsverantwortung mit den Sozialdemokraten zu teilen.

Wir haben uns die Entscheidung über diesen Schritt nicht leicht gemacht. In langen Beratungen wurde das Für und Wider abgewogen. Dabei ergab sich:

1. Eine handlungsfähige Bundesregierung konnte nicht mehr ohne die SPD gebildet werden.

2. Falls SPD und FDP bei der Kanzlerwahl überhaupt die Mehrheit erreicht hätten, würde eine so gebildete Regierung nicht stabil genug gewesen sein, um die großen Aufgaben nach innen und außen zu meistern.[2]

3. Für die große Mehrheit des Parteivorstandes, des Parteirats und der Bundestagsfraktion stellt es sich deshalb so dar, daß zu entscheiden sei zwischen Verbleiben in der Opposition und Mitverantwortung für eine auf breiter Basis gebildete Regierung. Die Entscheidung wurde dadurch erleichtert, daß unser Sachprogramm im Mittelpunkt der Koalitionsgespräche stand und in allen wesentlichen Teilen anerkannt wurde. Das wird sich zeigen, wenn das Programm der neuen Regierung demnächst vorliegt.

Die Regierung Kiesinger-Brandt wird ungewöhnliche Aufgaben zu meistern haben, wenn unser Volk und unser Staat nicht schweren Schaden leiden sollen. Für die Mitglieder und Freunde unserer Partei ist dies eine ungewohnte Situation. Es ist deshalb durchaus selbstverständlich, daß es viele besorgte Fragen und kritische Ratschläge gegeben hat.

Ich möchte mich bei allen Mitgliedern und Freunden unserer Partei für das große Interesse bedanken, mit dem sie die Bonner Beratungen der vergangenen Wochen begleitet haben.[3] Vor allem weiß ich auch das Vertrauen all jener zu schätzen, die uns ermunterten, den Versuch der Regierungsbildung unter sozialdemokratischer Führung zu machen.

Seien Sie sicher: Nicht Mangel an Mut hat uns von diesem Versuch abgehalten. Ein kalkulierbares Risiko wäre zu rechtfertigen gewesen, aber ein Abenteuer durften wir weder unserer Partei noch unserem Volk zumuten.

Keine der anderen Parteien war bereit, den Weg zu Neuwahlen freizumachen. Wir aber konnten nicht im November 1966 ohne Neuwahlen die Bundestagswahlen vom September 1965 nachträglich gewinnen. Also mußten wir das politische Gewicht, das sich aus dem Wählerauftrag ergibt, für die jetzt mögliche und sachlich gebotene Lösung einsetzen.

Wir sind nicht in eine CDU-Regierung eingetreten, sondern wir haben eine neue Regierung gebildet. Wir haben uns nicht der CDU-Politik angepaßt, sondern wir haben unsere Voraussetzungen für eine neue Politik formuliert. Die Bildung der neuen Regierung auf der breiten Grundlage von CDU/CSU und SPD bedeutet keine Verbrüderung, kein Verwischen der Gegensätze, schon gar nicht ein Vermischen von Grundüberzeugungen.

Worum es sich handelt, ist eine Partnerschaft, um einige große Aufgaben für die Bundesrepublik Deutschland gemeinsam anzupacken. Jeder der politischen Partner trägt die Verantwortung für das, was er sachlich und personell in die Regierungsarbeit einbringt. Jede der Parteien hat sich personell und sachlich zu bewähren.

Um diese Bewährung geht es jetzt. Dabei brauchen wir gerade jetzt eine aktive, lebendige Sozialdemokratische Partei.

Repräsentanten unserer Partei haben in der neuen Regierung die Verantwortung für wichtige Arbeitsgebiete übernommen.

Darüber hinaus haben wir die Gesamtpolitik der Regierung mitzubestimmen. Unsere Fraktion im Bundestag wird dafür sorgen, daß es an parlamentarischer Kontrolle und Lebendigkeit nicht fehlt.

Wir werden alles tun, um die Sicherheit der Arbeitsplätze und das wirtschaftliche Wachstum zu sichern, die Gesundung der Staatsfinanzen und die Reform des Verhältnisses zwischen Bund, Ländern und Gemeinden zu erreichen, die Gefahr außenpolitischer Isolierung abzuwenden und Handlungsfähigkeit für die Bundesrepublik wiederzuerlangen und nicht zuletzt: vernünftige, wirklichkeitsnahe Aktivität in die gesamtdeutsche Politik einzuführen.

Liebe Freunde! Wir haben uns nicht aussuchen können, wann wir in die Regierungsverantwortung eintreten würden. Jetzt kommt es darauf an, daß wir uns nicht durcheinander bringen lassen, sondern in Vertrauen und Einsatzbereitschaft zusammenstehen.

Meiner Überzeugung nach wird die Demokratie in Deutschland jetzt nicht schwächer, sondern stärker werden. Die Chance für eine neue deutsche Politik durfte und darf nicht vertan werden. Für unsere Sozialdemokratische Partei bedeutet dies eine große Anstrengung, aber auch die große Möglichkeit, auf dem Wege des Godesberger Programms voranzukommen.

Mit herzlichen Grüßen
Euer
‹Willy Brandt›[4]

Nr. 72
Broschüre über den Vorsitzenden der SPD, Brandt
September 1967[1]

Vorstand der SPD (Hrsg.): Warum bin ich Sozialdemokrat, Bonn 1967.

Warum
... bin ich Sozialdemokrat

Willy Brandt

wurde am 18. Dezember 1913 in Lübeck geboren. Dort hat er die Schule besucht und sein Abitur abgelegt. Der SPD gehört er seit 1930 an.

Während der Jahre des NS-Regimes lebte Willy Brandt in Skandinavien. Er studierte an der Universität Oslo und war vor allem journalistisch tätig. Ende 1946 kam er nach Berlin. Dieser Stadt hat er über zwei Jahrzehnte gedient: als Vertreter der SPD, als Mitglied des Bundestages, als Präsident des Abgeordnetenhauses und seit 1957 als Regierender Bürgermeister.

Ehrendoktorwürden und andere Auszeichnungen wurden ihm im In- und Ausland zuteil. Seit Januar 1964 ist Willy Brandt Vorsitzender der SPD, seit Dezember 1966 Bundesminister des Auswärtigen und Vizekanzler der Bundesrepublik Deutschland.

Für mich war der Weg in die SPD leicht. Fast kann ich sagen, daß ich in sie hineingeboren wurde. Ich war noch sehr jung, als ich der sozialistischen Jugendbewegung in meiner Heimatstadt Lübeck beitrat. Meine journalistische Laufbahn begann, als ich noch die Schulbank des Johanneum drückte.

Aber es war dann doch kein einfacher Weg, den ich vor mir hatte. Nicht ohne Irrungen und Enttäuschungen habe ich mir den eigenen politischen Standort suchen müssen.

Gerade 19 Jahre alt, mußte ich erleben, wie das „Tausendjährige Reich" über Deutschland kam. Die Geschehnisse des Jahres 1933 sind mir gut im Gedächtnis geblieben. Ich habe für immer daraus die Lehre gezogen: Niemals wieder darf sich unser Volk entmündigen und verführen lassen. Ich weiß, daß heute viele dieser Erkenntnis zustimmen, die damals die Dinge anders gesehen haben.

Die Jahre 1933 bis 1945 habe ich, durch das damalige Regime aus der Heimat vertrieben, überwiegend in Norwegen und Schweden verbracht. Dadurch mußte ich auf manche Erfahrung verzichten, die man nur in der Heimat selbst hat machen können. Andererseits waren für mich die Jahre im Ausland wertvoll und lehrreich. Vor allem habe ich in Skandinavien miterlebt, was Sozialdemokraten leisten können, wenn das Volk sie in die volle politische Verantwortung ruft. Beispielhaftes ist dort geleistet worden – für den sozialen Ausgleich, die wirtschaftliche und kulturelle Entfaltung und eine bewußte Vertiefung des demokratischen Lebens.

Über meine Lehr- und Wanderjahre sind unsinnige und böswillige Gerüchte in Umlauf gebracht worden. Die Tatsachen wurden vor deutschen Gerichten eindeutig geklärt, die Verleumder verurteilt. Ich habe immer auf seiten des wahren Deutschland gestanden, gegen das sich die braunen Gewalthaber so frevelhaft vergingen. Wer will, kann sich davon überzeugen.

Titelblatt der SPD-Broschüre „Warum bin ich Sozialdemokrat?"

397 Broschüre über Brandt, Sept. 1967

Als ich in die Heimat zurückkehrte und in Berlin politische Aufgaben übernahm, waren Deutschland und seine Hauptstadt ein großes Trümmerfeld. Die Sorge um das tägliche Brot überschattete alle unsere Gedanken Es war mein großes Glück, daß ich damals mit Ernst Reuter zusammenarbeiten durfte. Er und seine sozialdemokratischen Freunde haben alle Herausforderungen der kommunistischen Machthaber zurückgewiesen und eine Trümmerwüste mit neuem Leben erfüllt.

Meine Arbeit in und für Berlin habe ich immer gesehen als einen Beitrag für die Sicherung des Friedens und für die Wiederherstellung unserer staatlichen Einheit. Diesem Ziel bleibe ich auch in meiner neuen Verantwortung als Außenminister und Stellvertreter des Bundeskanzlers verpflichtet. In der Bundesregierung arbeite ich mit daran, daß Wirtschaft und Finanzen wieder in Ordnung kommen und daß wir in der Außenpolitik Fortschritte machen.

Die Sozialdemokratische Partei wird sich gerade in der Regierungsverantwortung als die unverbrauchte und vorwärtsdrängende Kraft unseres politischen Lebens erweisen. Sie steht seit mehr als 100 Jahren ein für Werte und Ideale, auf die kein Volk verzichten kann. Und zu denen ich mich bekenne.

Nichts ist vollkommen. Auch nicht die SPD. Aber sie hat sich selbst in den dunklen Tagen der deutschen Geschichte nicht von ihrem Weg abbringen lassen. Wir haben Irrtümer korrigieren, aber uns keiner Gesinnungslumperei schämen müssen.

Von dem ursprünglichen Auftrag der Sozialdemokratie bleibt viel zu erfüllen. Das Wort Gerechtigkeit wird noch zu klein geschrieben. Breite Schichten unseres Volkes fühlen sich noch vom staatlichen Geschehen ausgeschlossen. Wir arbeiten daran, dies zu ändern.

Die Politik stellt täglich neue Aufgaben. Der demokratische und soziale Rechtsstaat ist ein dauernder Auftrag. Sozialdemokraten werden sich als letzte mit dem zufriedengeben, was man heute oder morgen gerade erreicht haben mag.

Es gibt für uns kein selbstgenügsames Ausruhen. Deshalb bin ich vor mehr als 35 Jahren Sozialdemokrat geworden. Und deshalb

bin ich stolz, heute als Vorsitzender dieser größten deutschen Partei sprechen zu dürfen.
Ihr
<Willy Brandt>[2]

Nr. 73

Interview des Vorsitzenden der SPD, Brandt, für das Mittagsmagazin des WDR 15. November 1967[1]

AdsD, WBA, A 3, 263.

Frage (Langer):
Herr Minister, als eine Orientierung in der ungewohnten Landschaft der Regierungsmitverantwortung hat Herbert Wehner am Anfang diese Bundeskonferenz bezeichnet. Sie wissen, das Echo auf diese Mitarbeit in der Regierung, also auf diesen ungewohnten Besuch in der ungewohnten Landschaft war zwiespältig,[2] sowohl in den eigenen Reihen als auch in der Öffentlichkeit, in der Wählerschaft. Man kann da wieder einmal die Wahlergebnisse in den Landesparlamenten heranziehen.[3] Nun haben Sie zum erstenmal eigentlich seit Beginn der Großen Koalition Gelegenheit gehabt, das Echo in den eigenen Reihen auf dieser bundesweiten Ebene zu testen. Wir hatten ja keinen Parteitag zwischendurch. Wie ist dieses Echo Ihrer Meinung nach zu bezeichnen?
Antwort:
Es hat eine sehr sachliche Tagung hier gegeben, eine große Bereitschaft zuzuhören und mitzudenken. An sich ist ja ganz verständlich, daß eine Partei, die lange Jahre nicht in einer Reichs- oder Bundesregierung beteiligt war, sich in dieser von Ihnen erwähnten und von Wehner erwähnten ungewohnten Landschaft zurechtfinden muß. Das gilt übrigens für andere auch, die sich daran gewöhnt hatten, al-

lein zu regieren oder mit einem ganz kleinen Partner auskommen zu müssen. Ob die Landtagswahlen, die Sie auch erwähnten, soviel mit der Bundespolitik zu tun hatten, wie man häufig angenommen hat, das kann mit Sicherheit keiner sagen. Es hat hier und da auch eben starke landesbetonte Faktoren gegeben. Aber ich habe selbst in meinem Einleitungsreferat gesagt, ich gehe davon aus, daß die Mitarbeit der SPD in der Regierung der Großen Koalition bisher von den Wählern nicht honoriert worden ist.[4] Auf der Konferenz hat es eigentlich keine Diskussion mehr darüber gegeben, ob es vernünftig ist, in einer solchen Regierung mitzuwirken, sondern die Diskussion hat sich ganz darauf konzentriert, wie sich diese Mitarbeit gestaltet, was sie bedeutet, was man tun kann und wie man die Tagespolitik einordnet in den größeren Zusammenhang sozialdemokratischer Politik.

Frage:

Ja, Herr Minister, in diesem Zusammenhang ist gleich der Blick in die Zukunft getan worden. Man hat schon von 1969 natürlich gesprochen. Sie haben sich wie Herbert Wehner, wie die anderen Kollegen bereit erklärt, daß nach [19]69 möglicherweise die Große Koalition, wenn es der Wählerwille ist, fortbesteht. Was hieße ‚Wählerwille' bzw. diese Ihre Äußerung setzt eine Konstellation voraus gewissermaßen? Daß Sie Mitverantwortung weiter tragen wollen, ist klar. Das ist eigentlich das Ziel jeder Partei. Aber was soll es genau sagen? Was bringen Sie damit eigentlich indirekt zum Ausdruck, wenn sie mit der CDU möglicherweise weitermachen wollen?

Antwort:

Also erstmal ist das ja noch weit weg. Jetzt ist eine Menge Arbeit zu tun. Dann kommt irgendwann auch einmal die Vorbereitung des Wahlkampfes für 1969. Und da wird die SPD natürlich gestützt auf ihre Leistung und gestützt auf das, was ihrer Meinung nach notwendig ist, sich darum bemühen, soviel Zustimmung in der Wählerschaft zu bekommen, daß sie die Führung übernehmen kann, daß sie die Politik eindeutiger nicht nur mitbestimmen kann. Ich habe gesagt, und dabei bleibe ich, es wäre unklug und im Grunde auch unpolitisch, irgendeine Lösung auszuschließen, über die man sich ein genaueres Bild erst machen kann, wenn man a) weiß, wie sieht das

Wahlergebnis aus, wie sind die Kräfteverhältnisse im neuen Bundestag, und wenn man b) weiß, welche Aufgaben stehen dann an, wieviel ist bis dahin erledigt worden, wieviel bleibt übrig und wieviel neue Probleme könnten im Innern und nach außen anstehen. Ich habe aber ebenso deutlich gesagt, daß ich es für verhängnisvoll hielte, im Sinne der Demokratie verhängnisvoll, wenn der Eindruck aufkäme, im Grund wurde die Fortführung einer Großen Koalition abgesprochen, so daß die Wähler den Eindruck hätten, sie hätten es mit einem abgekarteten Spiel zu tun. Die nächste Entscheidung liegt dann wirklich bei den Wählern. Und gestützt auf ihr Votum, auf die Kräfteverhältnisse im Parlament und die Analyse der Aufgaben kann dann erst befunden werden über die Bildung einer neuen Bundesregierung.

Frage:

Mit anderen Worten: Ein Wähler, der der SPD seine Stimme gibt, darf zunächst davon ausgehen, daß die SPD um die Alleinverantwortung kämpft, daß sie aber bereit ist, im Falle beispielsweise eines ähnlichen Wahlausganges wie beim letzten Mal mit der CDU wieder zu koalieren.

Antwort:

Ich sage, man schließt vernünftigerweise kein Bündnis zwischen demokratischen Parteien aus, wenn es nützlich ist, um Aufgaben erledigt zu bekommen, oder wenn es, wie im letzten Winter, notwendig ist, damit das Land überhaupt eine Regierung hat. Das war ja die Lage im letzten Winter.[5]

Frage:

Herr Minister, eine letzte Frage zu einem ganz anderen Thema. Die Jugend in der Demokratie, das ist angesprochen worden auch von Herbert Wehner.[6] Und er hat bemerkenswerterweise gesagt, daß sie natürlich das Recht hat, ihre Meinung laut zu äußern, daß aber bereits die Provokation sehr nachdenklich stimmen muß, das mobilisiere ja eigentlich nur die radikalen Kräfte. Eigentlich eine Absage an so manches, was sich in der Jugend heutzutage tut.

Antwort:

Ja, jedenfalls ein deutlicher Hinweis darauf, wo wir Grenzen sehen und selbst auch Grenzen ziehen. Wir sind offen für all das, was sich in der jungen Generation regt. Wir sind bereit und, ich hoffe, fähig hinzuhören. Wir möchten sprechen auch über Auffassungen, die weit von unseren eigenen abweichen mögen. Aber wir meinen, daß ein solches Gespräch nur einen wirklichen Sinn hat, wenn es rational geführt wird. Und wir können uns also wenig versprechen von tumultartigen Auseinandersetzungen um die Weiterentwicklung des Staates und der Gesellschaft. Ich glaube übrigens, daß der überwiegende Teil der jungen Generation das nicht sehr viel anders sieht.

Nr. 74

Ausführungen des Vorsitzenden der SPD, Brandt, in der Tagesschau des Ersten Deutschen Fernsehens 5. Januar 1968[1]

SPD Pressemitteilungen und Informationen, Nr. 12/68 vom 5. Januar 1968.

Hier und da ist der Eindruck entstanden, als ob die SPD dabei sei, sich ein neues Programm, ein neues Aktionsprogramm zu geben, oder ein solches als Gegenstück zu dem in Diskussion befindlichen Aktionsprogramm einer anderen Partei auszuarbeiten. Davon kann keine Rede sein. Die SPD hat ein Programm, sie braucht sich jetzt nicht ein neues zu geben. Es geht um etwas anderes. Um den Parteitag der Sozialdemokraten in Nürnberg im März[2] gut vorzubereiten, wird der Vorstand dieser Partei in den nächsten Tagen eine ausführliche Diskussionsgrundlage unterbreiten. Diese Diskussionsgrundlage wird handeln von den sozialdemokratischen Perspektiven im Übergang zu den siebziger Jahren.[3] Es wird sich also weniger darum handeln, in diesem Dokument zu tagespolitischen Fragen Stellung zu nehmen, sondern zu dem, was die Welt in den nächsten zehn, fünfzehn Jahren beschäftigen wird und was auf unser eigenes Volk einwirkt. Dabei geht es um unsere Friedenspolitik, es geht aber vor allem anderen um die großen gesellschaftspolitischen Aufgaben im Innern, was eigentlich erforderlich ist für Bildung und Ausbildung, für Forschung und Wissenschaft, für die Stellung der Arbeitnehmer in der Wirtschaft, in Bezug auf die Vermögensbildung, die Raumordnung, die Strukturpolitik in der Bundesrepublik, die Modernisierungsaufgaben für Staat, Gesellschaft, Wirtschaft, Wissenschaft. Das sind die Themen, die zur Diskussion gestellt werden. Und dann wird, nachdem ein paar Monate diskutiert worden ist, das Ganze noch einmal neu überarbeitet und auf dem Parteitag in Nürnberg zur Diskussion und Entscheidung unterbreitet werden.

Nr. 75

Interview des Vorsitzenden der SPD, Brandt, für *Der Spiegel* 25. März 1968

Der Spiegel, Nr. 13 vom 25. März 1968.

Eine Partei ist kein Mädchenpensionat

SPIEGEL: Der Vorstand Ihrer Partei hat darauf bestanden, von diesem Parteitag[1] eine nachträgliche Billigung des Eintritts in die Große Koalition zu erhalten. Bekommen hat er den Beweis, daß die SPD in dieser Frage in zwei annähernd gleich große Teile gespalten ist.

BRANDT: Wenn man die Abstimmungsergebnisse analysiert, sieht man, daß es sich nicht um zwei in etwa gleich starke Strömungen handelt, sondern eine eindeutige Mehrheit die Bildung der Großen Koalition nachträglich gutgeheißen hat, und zwar mit 173 gegen 129 Stimmen. Den sozialdemokratischen Ministern und der Bundestagsfraktion wurde anschließend mit 259 gegen 17 Stimmen bestätigt, eine Politik der „Sicherung der Arbeitsplätze, der Währung und des wirtschaftlichen Wachstums, der Wiedergewinnung außenpolitischer Handlungsfähigkeit" betrieben zu haben. Es gab freilich ein Unbehagen, sich zur Großen Koalition noch einmal äußern zu sollen oder gar festlegen zu lassen. Der harte Kern, der den gegenwärtigen Kurs generell ablehnt, besteht nach meiner Einschätzung aus etwa 60 Delegierten.

SPIEGEL: Also etwa die 69 Gegenstimmen bei der Wahl von Helmut Schmidt zum stellvertretenden Parteivorsitzenden?

BRANDT: Zum Beispiel, ja. Das ist eine ernst zu nehmende Gruppierung.

SPIEGEL: Ein größerer Block als auf allen bisherigen Parteitagen. Welche Konsequenzen wird das haben?

BRANDT: Es ist nicht ein festgefügter Block. Das habe ich gewußt, bevor ich auf den Parteitag ging. Die Meinungsverschiedenheiten auf wichtigen Gebieten, vor allem der Innenpolitik, sind nicht einfach erledigt durch einen Parteitag.

Die Diskussionen werden weitergehen.

SPIEGEL: Bei der Kampfabstimmung am Montag um Mitternacht machte der Parteivorstand keine gute Figur.[2] Warum suchte er diese Konfrontation? Hat er die Lage falsch eingeschätzt, etwa aus Mangel an Kontakten zum Parteivolk?

BRANDT: Nein, darunter leiden wir nicht. Wir waren der Meinung, daß es richtig sei, einen so wichtigen Vorgang seit dem letzten Parteitag wie die Bildung der Großen Koalition nicht unter den Tisch fallen zu lassen, trotz des Risikos, das in einer solchen Abstimmung steckt. Zu dieser Billigung hätte man allerdings auch noch auf eine andere Weise kommen können. Ich gebe zu, der Vorstand hat sich das nicht gut genug überlegt gehabt. Ohne sich etwas zu vergeben, hätte er auf den guten Willen der Delegierten eingehen können, die sehr weit gehen wollten. Das zeigt, daß auch Vorstände nicht die Weisheit mit Löffeln gegessen haben.

SPIEGEL: Früher hielt Herbert Wehner die Verbindung nach unten. Ist dieser Kontakt abgerissen?

BRANDT: Sie rühren an ein wichtiges Thema. Es wird unmittelbar im Anschluß an den Nürnberger Parteitag Vorschläge des Vorstandes geben, wie die Aufgaben der Regierungsführung und der Parteileitung besser wahrgenommen werden können als in letzter Zeit.

SPIEGEL: Wie soll das gehen?

BRANDT: Einige meinen, wir sollten einen Bundesgeschäftsführer einsetzen. Hier in Nürnberg haben wir noch im alten Präsidium darüber gesprochen. In den nächsten Wochen werden wir im Parteivorstand außerdem erwägen, ob für einige wichtige Aufgabengebiete eine besonderer Planungsstab gebildet werden soll, so für die längerfristige Planung der SPD. Ein zweites Gebiet wären Werbung und Öffentlichkeitsarbeit, ein drittes wirtschaftliche und finanzielle Angelegenheiten, für die es zwar einen Schatzmeister gibt, der aber, da er zugleich Geschäftsführendes Präsidialmitglied ist, einer Entlastung bedarf.
SPIEGEL: Auch während des Parteitags war die Unruhe unverkennbar, die in der SPD herrscht. Liegt die tiefere Ursache für diese Unruhe in der Partei nicht einfach darin, daß immer mehr Mitglieder die SPD-Chancen für die nächsten Bundestagswahlen 1969 durch den Regierungsbund mit den Christdemokraten gefährdet sehen?
BRANDT: Es mag Mitglieder geben, die das so sehen. Die übersehen dabei, daß eine Veränderung im Bild der deutschen Wahlergebnisse eingetreten war schon vor der Bildung der Großen Koalition. Die für die SPD nicht so günstig verlaufenen Landtagswahlen in Bayern und Hessen[3] fanden bekanntlich vor der Bildung der Großen Koalition statt, zum Zeitpunkt der tiefsten Krise der Union. Man kann rückschauend feststellen, daß die SPD in ihrer damaligen Opposition unmittelbar fast nichts hat hinzugewinnen können aus dieser Krise der CDU.
SPIEGEL: Aus der Regierungsbeteiligung hat Ihre Partei aber auch noch nichts gewinnen können.
BRANDT: Ich weiß nicht, ob man nach so kurzer Zeit schon Zwischenbilanz machen soll. Es gibt Anzeichen dafür, daß zwar einerseits einige Protestwähler es schwer haben, der SPD zu folgen, und einige Stammwähler es schon schwer gehabt haben, den Übergang in die Regierungsverantwortung zu verstehen und zu billigen. Andererseits ist festzustellen, daß große Wählergruppen, die früher der SPD nicht zutrauten, sie könne die Wirtschafts- und Außenpolitik dieses Landes leiten, jetzt anders denken. Durch die Regierungsbeteiligung gelang der Nachweis, daß die SPD sehr wohl dazu in der Lage ist.

Diese Veränderung braucht jedoch Zeit, ehe sie sich numerisch bei Wahlen bemerkbar macht. Sie kann sich aber nach einem weiteren Jahr schon stärker ausgewirkt haben als jetzt.

SPIEGEL: Wird dieser Prozeß nicht behindert oder gar gestoppt durch den deutlichen Linksruck, der sich auf diesem Parteitag gezeigt hat?

BRANDT: Ich weiß nicht, was links ist heutzutage. Ich selbst werde, wie die Wahlergebnisse zeigen, weder mit dem einen noch mit dem anderen Etikett bedacht.

SPIEGEL: Nun, Sie stehen über den Parteiungen in der Partei. Aber wie ist denn die Forderung nach erweiterter Mitbestimmung sonst zu verstehen?

BRANDT: Da hat der Parteitag nur seine Absicht gesagt. Die Delegierten wissen natürlich auch, daß es in diesem Bundestag dafür keine Mehrheit gibt. Helmut Schmidt hat deutlich darauf hingewiesen, daß bei allen freundschaftlichen Kontakten zwischen SPD und dem Deutschen Gewerkschaftsbund weder die Partei noch die Bundestagsfraktion unbesehen Entwürfe des DGB im Bundestag einbringen.

SPIEGEL: Kann es sich die SPD-Spitze nach diesem knappen Votum des Parteitages 1969 noch einmal leisten, als Junior-Partner in eine Regierung mit der CDU zu gehen?

BRANDT: Es ist völlig legitim, diese Frage zu stellen. Es ist aber auch legitim, sie nicht zu beantworten.

SPIEGEL: Werten Sie den Verlauf des Parteitages als Auftrag, sich dem von Kanzler Kiesinger kürzlich erneuerten Führungsanspruch der CDU in dieser Koalition zu widersetzen?

BRANDT: Die Partei will sich ja, ebenso wie ihre Mitglieder in der Bundesregierung, nicht unterbuttern lassen. Es ist gar nicht schädlich, wenn der Partner weiß, daß es hier eine demokratische Führung gibt, die ihre Anhängerschaft erst überzeugen muß und nicht über sie verfügen kann.

SPIEGEL: Gefährdet die hektische Reaktion der CDU auf ihre „Anerkennung oder Respektierung der Oder-Neiße-Linie" bis zu einer friedensvertraglichen Regelung nicht künftig die Zusammenarbeit in der Koalition?

BRANDT: Ich sehe nicht, daß es deswegen zu einer Zerreißprobe kommen muß in der Regierung der Großen Koalition. Ich gebe allerdings zu, daß der Parteitag Gegengewichte setzen wollte gegen die Versuche anderer, diese vereinbarte Außenpolitik der gegenwärtigen Regierung zu verwässern, Abstriche zu machen. Die SPD wird darauf bestehen, das vereinbarte Regierungsprogramm auch durchzuführen. Wenn andere das nicht wollen oder nicht können, werden sie das deutlich machen müssen.

SPIEGEL: Aber haben Sie nicht auch den Eindruck, daß ein ständig wachsender Flügel Ihrer Partei darauf dringt, die SPD solle den Bruch vollziehen? Wird es darüber künftig zu Richtungskämpfen in der Partei kommen?

BRANDT: Ich selber habe schon scherzhaft von der Sehnsucht nach der Großen Opposition gesprochen. In der Geschichte der SPD hat es immer wieder Perioden heftiger Meinungskämpfe gegeben. Gegenwärtig ist das allerdings weniger aus der Tradition der SPD als aus dem Zustand der Gesellschaft zu erklären. Manche Umbruchs- und Unruheerscheinung in der Gesamtgesellschaft findet ihre Entsprechung in einer Partei wie der SPD. Das gilt für das Reagieren auf außenpolitische Vorgänge, auf soziologische Vorgänge, auch für den sich andeutenden Generationswechsel.

SPIEGEL: Gilt das auch für die rüden Umgangsformen, die sich in den Beziehungen der Parteiflügel während der Nürnberger Tage gelegentlich gezeigt haben?[4] Fanden Sie das nicht alarmierend?

BRANDT: Man sollte das nicht übertreiben. Wir erleben in der Gesellschaft eine Tendenz zu Aggressionen, nicht nur bei jungen Menschen. Wir erleben das in vielen Bereichen.

SPIEGEL: Nun auch in der SPD?

BRANDT: Eine große Partei besteht nicht aus Leuten, die nun einander alle als persönliche Freunde verbunden sind. Parteizugehörigkeit ist keine Art von Liebesverhältnis. Man findet sich zusammen, um politische Aufgaben in einer Gemeinschaft anzugehen. Und Menschen sind das auch alles. Müde sind sie auch manchmal, ärgern dürfen sie sich manchmal. Wir sollten da nicht zimperlich sein. Eine Partei ist kein Mädchenpensionat.

Nr. 76

Schreiben des Vorsitzenden der SPD, Brandt, an den Regierenden Bürgermeister von Berlin, Schütz 16. April 1968[1]

AdsD, SPD-Parteivorstand, 6826.

Lieber Freund Schütz,
in der Anlage darf ich Dir die Stellungnahme des Präsidiums der SPD über die Ereignisse der letzten Tage übermitteln.[2]

Zusätzlich erwartet das Präsidium, daß die zuständigen Behörden dafür Sorge tragen, daß Recht und Gesetz geachtet werden. Dies ist in erster Linie die Aufgabe der Polizeibehörden, die vor außerordentlich schwierigen Aufgaben stehen und die natürlich bei den organisierten, rücksichtslosen Angriffen auch immer wieder Gefahr laufen, hart zu reagieren. Die Beamten müssen in diesen schweren Tagen das Gefühl haben, daß die politisch verantwortlichen Männer ihre Leistungen schätzen, daß sie es aber genauso erwarten, daß sich die Beamten nicht provozieren lassen, sondern besonnen und umsichtig ihre Pflicht erfüllen.

Besonders wichtig ist, daß die Justizbehörden eng mit der Polizei zusammenarbeiten. Es kann nicht angehen, daß z.B. führende SDS-Funktionäre tagelang unbehelligt zu Gewalttätigkeiten aufrufen und öffentliche Vorbereitungen für eindeutig rechtsbrecherische Aktivitäten treffen.[3] Hier müssen Polizei und Justiz schon im Stadium der Vorbereitungen tätig werden. Wer die Rädelsführer in Ruhe ihre Vorbereitungen durchführen läßt, muß sich darüber im klaren sein, daß er die Chance versäumt, Gewalttätigkeiten im Keim zu ersticken.

Wir sind gewiß, daß allen unseren Freunden bewußt ist, welche besondere Verantwortung wir als Sozialdemokraten in diesen Tagen zu tragen haben.
Mit besten Grüßen
Willy Brandt

Nr. 76A

Anlage: Pressemitteilung des Präsidiums der SPD 16. April 1968[1]

AdsD, WBA, A 11, ungeordnet.

Das Präsidium der SPD billigt die Erklärungen, die das Geschäftsführende Präsidiumsmitglied Alfred N a u am 12. und 13. April [1968] abgegeben hat[2] und stellt fest:

Die SPD lehnt mit aller Entschiedenheit Terror und Gewalttätigkeit ab. Wir Sozialdemokraten haben erlebt, wohin politischer Mord schon in der Weimarer Republik und insbesondere im nationalsozialistischen Unrechtsstaat geführt hat. Wir verabscheuen das verbrecherische Attentat auf Rudi Dutschke. Das Attentat hat mit Recht Empörung und tiefe Beunruhigung ausgelöst.

Eine kleine Gruppe radikaler Studenten, die sich vor allem im SDS organisiert hat, ist schon seit langem bestrebt, das Grundgesetz der Bundesrepublik Deutschland zu beseitigen und die freiheitlich-demokratische Grundordnung zu zerstören. Sie hat das Attentat zum Anlaß rechtswidriger Aktionen benutzt und dabei auch andere, die die Ziele des SDS nicht teilen, zur Mitwirkung verführt. Diesen Letzteren rufen wir nachdrücklich ins Bewußtsein, daß jeder, der sich zu Gewalttaten der Verwüstung, der gemeinschaftlichen Sachbeschädigung, der Brandstiftung und zum Landesfriedensbruch hinreißen läßt, nicht nur die Rechtsordnung verletzt, sondern auch der Sache der Demokratie großen Schaden zufügt, der er angeblich nutzen will. Was immer Anlaß zu Unruhe oder Unmut sein mag, kann nur in fairer Diskussion geklärt werden.[3]

Die SPD ist nach wie vor zum Gespräch mit jedem bereit, der zum Grundgesetz der Bundesrepublik Deutschland steht und die Rechtsordnung unverletzt gewahrt wissen will.

Uns in diesem Grundgesetz zusammenzufinden und seine Aussagen als Lebensform zu verwirklichen, ist die gemeinsame Aufgabe.

Wir sind bereit, Kritik anzuhören und uns ihr zu stellen, aber wir haben auch selbst Fragen zu stellen.

Millionen von Gewerkschaftern, Kriegsopfern, Heimkehrern, Bergleuten, Taxifahrern, Bauern oder Studenten haben in den letzten Jahren ihr Recht auf friedliche Demonstrationen wahrgenommen, um damit nachhaltig für ihre Auffassung zu wirken. Die SPD wird nicht zulassen, daß dieses Grundrecht angetastet wird. Sie wendet sich aber mit aller Entschiedenheit gegen die flagranten, teilweise vorsätzlich organisierten Rechtsverletzungen, die es gerade in den letzten Tagen in großer Zahl gegeben hat. Das Recht auf Demonstration findet seine Grenze an der Verletzung von Freiheit und Rechten anderer.

Es darf keinen Zweifel geben: Die Autorität des Rechtes und die Autorität des Gesetzes muß mit großer Besonnenheit, aber ebenso auch mit großer Energie gewahrt werden. Die Polizei hat in den letzten Tagen und Nächten die Freiheit und die Rechte der Bürger nach besten Kräften geschützt. Die Aufgabe der Polizei ist in solchen Fällen besonders schwierig. Die SPD erwartet, daß auch in Zukunft die Freiheit und die Rechte aller Bürger geschützt werden, daß die Strafverfolgung von Rädelsführern und Gewalttätern zügig durchgeführt wird und daß bei Ankündigung gesetzeswidriger Handlungen bereits vor deren Ausführung zu ihrer Verhinderung eingeschritten wird.

Wir appellieren an alle demokratisch gesonnenen Bürger unseres Landes, den Feinden der Demokratie von links und rechts entschlossen entgegenzutreten. Das gilt für die NPD genauso wie für die Linksradikalen.

Wir müssen daran erinnern, daß die Vorgänge der letzten Tage bedenkliche Erscheinungen in anderen politischen Bereichen überschattet haben.

Es besteht die Gefahr, daß solche Vorgänge gegen die Bundesrepublik Deutschland ausgenutzt werden. Die neuerliche Beschränkung des freien Zugangs nach Berlin sollte Mahnung an alle sein,[4] zur Selbstbeherrschung zurückzufinden. Die Bundesrepublik Deutschland muß auch nach außen handlungsfähig und in ihrem Ansehen unbeschädigt bleiben.

Nr. 77

Aus der Rede des Vorsitzenden der SPD, Brandt, auf der Bundesfrauenkonferenz der SPD in Saarbrücken 9. Juni 1968

AdsD, WBA, A 3, 279.

Demokratie in der Bewährung

I.

Die SPD geht durch eine kritische Phase. In der fortdauernden Diskussion, die für eine große demokratische Partei selbstverständlich ist, gibt es Zuspitzungen, die zugleich den Reifegrad des Problems anzeigen. Man muß diskutieren, man muß sich auch entscheiden können. Und wir haben uns entschieden!

Wir haben nach Sinn und Nutzen der Regierungsbeteiligung auf Bundesebene gefragt. Die Antwort lautet: Wir stehen zu der Entscheidung, die Ende 1966 getroffen und auf dem Nürnberger Parteitag gutgeheißen wurde.[1] Wir stehen zu den Aufgaben, die wir uns im Regierungsbündnis der Großen Koalition vorgenommen haben. Es ist bekannt, daß ich gesagt habe, und dazu stehe ich: Die Aufgaben müssen zügig angepackt werden. Dies ist der Hinweis auf etwas, worum sich alle Beteiligten kümmern müssen. Aber ich sage ebenso deutlich: Wir werden selbst bestimmen, was wir für notwendig halten, und wir werden uns nicht daran hindern lassen, sozialdemokratische Initiativen innerhalb oder außerhalb der Koalition zu entwickeln und zu erklären.

In einer lebendigen Diskussion haben wir den Standort unserer Partei überprüft. Das Ergebnis lautet: Wir sind und bleiben eine sozialdemokratische Volkspartei, die es nicht nötig hat, sich mit besonderen Vorzeichen zu versehen. Wir müssen immer wieder den Kurs überprüfen, um mit den Wandlungen der Zeit und den Anforderungen des Tages Schritt zu halten, aber die Grundrichtung ist und bleibt das Godesberger Programm.

In der Führung der Partei haben wir uns gefragt, welche organisatorischen Verbesserungen getroffen werden können, um die Aktionsfähigkeit dieser politischen Willensgemeinschaft zu verstärken. Die Berufung eines Bundesgeschäftsführers und andere Maßnahmen zur Straffung und Durchblutung der Organisation sprechen für sich selbst.[2] Eine gute, eine richtige Politik spricht im Grunde für sich selbst. Wir wissen aber auch, daß sie sich in einer Zeit des verschärften Wettbewerbs noch nicht von selbst verkauft. Unsere besten Werbeträger sind – um im Bilde zu bleiben – unsere Vertrauensleute, unsere Mitglieder. Sie müssen verstehen, was gewollt wird, sie müssen von dem durchdrungen sein, was diese große Bewegung in der praktischen Politik will und was sie über das nüchterne Tagesgeschäft hinaus trägt.

Es geht auch um den ununterbrochenen Prozeß der demokratischen Willensbildung. Eine große Partei drückt durch die, die mit ihr gehen und hinter ihr stehen, einen Teil des Volkswillens aus. Sie hört auf die Stimme des Volkes, aber sie läuft nicht unter Verleugnung ihrer Grundsätze und Pläne hinter dem Wähler her. Das wäre verantwortungsloser Opportunismus. Ich sage das, weil wir uns nicht irremachen lassen dürfen durch falsche Ratschläge, eine kurzsichtige Lagebeurteilung oder gar durch Panikmache.[3]

Die Verantwortung, die eine staatstragende Partei für das Ganze hat, ist in einer parlamentarischen Demokratie nicht im Grundsatz davon abhängig, ob sie in der Regierungsverantwortung steht oder in der Opposition. Unsere Beteiligung an der Bundesregierung kann auch nicht nach dem unmittelbaren Nutzen bemessen werden, wie er sich in Zwischenwahlergebnissen ausdrückt. Die staatspolitische Notwendigkeit des zeitweiligen Bündnisses der beiden großen Parteien hat noch niemand total verneint. Die Frage ist, was wir daraus machen. Nun, wir haben gezeigt, und wir werden es noch deutlicher machen, daß die Sozialdemokraten das dynamische, vorwärtsdrängende Element dieser Koalition sind. Wir haben mit unserer Regierungsmannschaft tüchtig gearbeitet und werden sichtbar machen, daß wir uns von dem vereinbarten Arbeitsprogramm nichts abhandeln lassen.

Und wenn sonst alles nichts gewesen wäre, bleiben doch die beiden großen Pluspunkte: Der sozialdemokratische Wirtschaftsminister [Karl Schiller] hat die Arbeitsplätze gesichert und eine neue Politik des Aufschwungs eingeleitet, und zum anderen haben wir eine Außenpolitik begründet, die wirklichkeitsnah ist und sich eindeutig an der Sicherung des Friedens orientiert.

Hinter die Debatte über das Für und Wider hat der Nürnberger Parteitag den Schlußpunkt gesetzt.[4] Wir können es nicht zulassen, daß alles, was an Problemen auf uns zukommt, immer wieder auf diesen Punkt zurückgeführt wird: So, als wäre die Bonner Regierungsbeteiligung ein unauslöschlicher Sündenfall gewesen. Die Flucht vor der Verantwortung ist nicht viel besser als die Methode von Extremisten, die den Kampf um die Macht nur als taktisches Spiel betreiben.

Wenn ich mich umsehe in Deutschland, in Europa und in der Welt, finde ich viele Anzeichen für große Umwälzungen. Es ist ein Zeichen der Gesundheit dieser Partei, daß sie wie ein Seismograph die sich ankündigenden Erschütterungen registriert. Das belebt sie auch, selbst wenn es zunächst scheint, als werde sie unsicher. Und es stärkt sie, weil sie besser als andere Formationen gewappnet sein wird. Nicht die Große Koalition hat die Dinge in Bewegung gebracht, sondern die Notwendigkeit ihrer Bildung war bereits der Ausdruck einer neuen Entwicklung. Was mit den Parteien vorgeht, ist auch der Niederschlag gesellschaftlicher Wandlungen. Wo sonst sollten sich Veränderungen im Denken der Menschen äußern? In diesem Sinne können wir sogar stolz auf die Unruhe sein, die unsere Reihen erfüllt und die uns, wie ich vermute, auch so bald nicht verlassen wird.

Wir müssen nur darauf achten, daß unser Kampfeswille nicht gelähmt, unser Selbstvertrauen nicht erschüttert, unsere Zielvorstellungen nicht zerredet werden. Und da gibt es, um ganz offen zu sein, einige Gefahren. Man darf die Freude am Theoretisieren nicht zu weit treiben, die Beschäftigung mit der Analyse nicht in eine Art Masochismus ausarten lassen.[5] Sonst kann die Bevölkerung leicht den Eindruck von Verwirrung und innerer Zerrissenheit gewinnen. Und wenn wir uns fatalistisch nicht mehr die Chancen ausrechnen, die wir tatsächlich haben, wird natürlich unsere Regierungsfähigkeit in Zweifel gezogen. Eine Partei wie die SPD ist aber nicht nur dazu da, Theorien zu entwickeln; sie ist vor allem dazu da, politisch zu handeln, zu bewegen, zu verändern.

Wie könnten wir vor der jungen Generation bestehen, wenn wir keine überzeugenden Antworten auf die großen Fragen dieser Zeit fänden? Was würde diese Jugend von uns halten müssen, wenn sie ernsthaft daran zu zweifeln hätte, daß diese Partei willens und in der Lage ist, die Dinge zu ändern, die geändert werden müssen? Diese Jugend, die aus dem Gehege einer satt erscheinenden Gesellschaft ausgebrochen ist und die sich auflehnt gegen die vermuteten oder auch tatsächlichen Manipulationen dieser technisierten Epoche, muß wissen:

Die Sozialdemokraten sind zwar nicht die Partei des gewaltsamen Umsturzes, wohl aber der radikalen Reformen. Die SPD ist in ihrem Wesen und ihrer Bestimmung nach ein ständiger Appell an alle Kräfte, die davon durchdrungen sind, daß etwas geändert werden kann und daß etwas geändert werden muß, um das Gemeinwesen auf der Höhe der Zeit zu halten.

Wir verteidigen diesen Staat, aber nicht, weil wir ihn für vollkommen halten, sondern weil wir ihn verbessern und nach unseren Vorstellungen mitgestalten wollen. Wir sind im Bunde mit allen, die grundlegende Reformen anstreben. Wir wissen die Werte, auch die materiellen Güter einer Zivilisation zu schätzen, die das Leben erleichtern und angenehm machen. Aber wir sind keine Wohlstandssklaven. Wir lassen uns nicht durch Lack und Chrom korrumpieren. Wir halten Boulevard-Blätter nicht für Volkserzieher. Wir glauben an die Kraft der Ideen und unterwerfen uns dem Gebot der Vernunft.

Das allgemeine politische Interesse, das vor allem die akademische Jugend auch hierzulande gezeigt hat, ist im Grunde zu begrüßen und muß fruchtbar gemacht werden. Aber der Schritt vom moralischen Protest zum politischen Widerstand hat manche in die Irre geführt.[6] Viele erkennen, daß man damit nicht weiterkommt. Totale Negation führt in die totale Isolierung, und dann entweder in die Selbstaufgabe oder in das gewaltsame Abenteuer. Mit beiden ist weder dieser Jugend noch diesem Volk und seinem Staat gedient. So ist der Augenblick gekommen, an diese Jugend zu appellieren und ihr zuzurufen, der Vernunft mehr Raum zu geben.

Wir brauchen sie, wir brauchen ihre Mitarbeit, besonders in unserer Partei, um die Erneuerung der gesellschaftlichen Strukturen und die Modernisierung des Staates anzupacken. Die SPD ist niemals die Partei der Restauration gewesen. Wir haben auch keine Hypothek der Unterdrückung und Ausbeutung abzutragen. Wohl aber haben die Sozialdemokraten – und das ist ihr politischer Kern – die Frage nach der Vereinbarkeit von Sozialismus und Freiheit schlüssig beantwortet.[7]

Aber ich weiß: Wer sich hochkämpfen muß, trägt Wunden davon. Wir haben viele Narben, und wenn wir auch immer gewußt haben, daß wir für eine gerechte Sache eintraten – das Verhältnis zu denen, die es uns sehr schwer machten, politisches und gesellschaftliches Selbstbewußtsein zu erlangen, war auch dann noch gestört, als wir das meiste geschafft hatten. Der Staat – das waren zu lange „die anderen".[8] Ich will auf dem Thema nicht verweilen, wir sollten christlicher sein als manche, die sich nur so nennen, und akzeptieren, daß diese Dinge nun der Vergangenheit, der Geschichte angehören.

Jedenfalls, ohne die Sozialdemokraten wäre dieser Staat nicht, was er heute ist. Es ist zwar jetzt gerade Mode, alles an ihm schlecht zu machen, aber er bietet seinen Bürgern doch persönliche Freiheit, er sichert sie gegen Notfälle, und er gibt uns ein größeres Maß an sozialer Sicherheit, als man es zu Beginn dieses Jahrhunderts zu träumen gewagt hätte. Ich habe schon gesagt: Viele der großen Reformen, durch die die Gesellschaft anpassungsfähig an ihre technische, wirtschaftliche und kulturelle Entwicklung gemacht werden muß, stehen noch aus. Aber ich halte die konstitutionelle Basis, die wir mit geschaffen haben, für so stabil und entwicklungsfähig, daß man darauf weiterbauen kann – mit uns Sozialdemokraten.

Wir warten nicht, daß die Dinge auf uns zukommen, um dann nur zu reagieren. In dem Wunsch und Willen, zu einer gerechteren und gleichzeitig freiheitlichen Gesellschaftsordnung voranzuschreiten, sind wir uns in dieser Partei alle einig.

Wir haben eine lange Tradition auch des harten innerparteilichen Ringens der Meinungen, und wir werden auch diesmal gestärkt daraus hervorgehen. Aber diesmal, nach der Regierungsbeteiligung im Bund, war einiges doch schwieriger.

Einige grundlegende Dinge waren bei uns wohl doch nicht ausreichend geklärt. Manche Sozialdemokraten hatten den Staat, den sie mitgestaltet haben, doch noch nicht als den ihren akzeptiert. Die oft schäbige Behandlung von seiten solcher, die sich für die Erbpächter der politischen Macht in Deutschland hielten, hatte diesen Prozeß behindert. Das ist verständlich, und das hat sich ausgewirkt. Hinzu kommt etwas anderes: In unserer Gesellschaft haben die Bürger nicht nur lesen und schreiben gelernt, sondern viele sind auch besser informiert als zuvor. Größer als zuvor ist die Zahl derer, die man gern als „mündige Bürger" zu bezeichnen pflegt: Leute mit politischem Interesse und Verantwortungsgefühl, die ernstgenommen werden wollen und müssen, die ihr Vertrauen nicht verschenken, ehe man sie nicht überzeugt hat. Die Zahl dieser Bürger ist durch bessere Chancen in Erziehung und Ausbildung noch zu steigern. Mit ihnen haben wir in steigendem Maße zu tun, auf sie haben wir die Formen unserer politischen Arbeit einzustellen. Das kostet mehr Anstrengung, aber nur so erreichen wir die einer freiheitlichen Demokratie auch in Zukunft gemäße Arbeitsform. Morgen wird nicht alles anders, aber es wird vieles anders sein. Je klarer wir uns über den Charakter der Veränderungen, die Bedingungen des Wandels sind, desto besser kann unsere Politik sein.

[...][9]

III.

Es war richtig, die zukünftige Entwicklung von Gesellschaft und Staat in den Mittelpunkt der Betrachtungen dieser Konferenz zu stellen. Erst aus dieser Sicht wird ganz deutlich, daß und warum die Zeit vorbei sein muß, in der man glaubte, die Hälfte eines Volkes aus der politischen Verantwortung ganz oder weitgehend ausklammern zu können. Die politische Gestaltung der modernen Gesellschaft bedarf der Beteiligung aller dazu fähigen Menschen, Männer und Frauen. Es geht nicht nur um Produktionsraten, sondern vor allem darum, auch den kommenden Generationen eine menschenwürdige Lebensform zu ermöglichen.

Was der rasante Fortschritt in Wissenschaft und Technik uns bringen wird, was es da alles für gute und gefährliche Möglichkeiten gibt, ist nun wieder etwas klarer geworden. Aber die Vielfalt dessen, was da auf uns zukommt, was unser Leben beeinflussen und verändern wird, die Masse von Informationen ist für den einzelnen auch verwirrend, ja beängstigend. Auf sich gestellt kann er heute und in Zukunft nicht bewältigen, was ihm da alles an Verantwortung aufgeladen wird. Und das kann nur bedeuten, daß politische Verantwortung – die man in früheren, weniger komplizierten Gesellschaften einzelnen übertragen konnte – heute Sache von vielen sein muß. Das heißt eigentlich: Demokratie.

Es zeigt sich, daß uns hier und dort zur Bewältigung unserer Aufgaben nicht genügend Menschen zur Verfügung stehen, die selbständig aber in ständiger Beratung und im Einvernehmen mit anderen handeln können. Dem müssen wir rasch und zielbewußt durch eine Reform unseres Bildungswesens begegnen, an deren Anfängen wir erst stehen. Das hat sich ja nun wohl herumgesprochen, auch bei denen, die sich nur langsam an die Veränderung lieb und vertraut gewordener Verhältnisse gewöhnen können. Wir müssen aktivieren, was an Kräften vorhanden ist. Wir brauchen, weil vorausschauende, vorsorgende politische Arbeit das Gebot der Stunde ist, alle verfügbaren Talente, also gerade auch die Frauen.[10]

Nun ist das, wie wir alle wissen, leichter gesagt als getan. Hier ist ja nicht ohne Grund gesagt worden, daß schöne Worte, Lippenbekenntnisse, denen keine Änderung in der inneren Einstellung folgt, nicht genügen. Gedanken sind schneller als Taten. Nicht nur in unserem Volk, überall in der Welt finden wir, daß Frauen im öffentlichen Leben nur langsam Fuß fassen, aus dem sie durch Erziehung und Konvention verbannt worden waren. Man gewöhnt sich nicht von heute auf morgen daran, alte Denkgewohnheiten und Verhaltensschablonen aufzugeben und etwas Neues an ihre Stelle zu setzen. Die Frauen selbst, bis auf den heutigen Tag in Elternhaus und Schulen zu Tugenden erzogen, die nicht gerade ihr Selbstbewußtsein und Durchsetzungsvermögen in Beruf und Öffentlichkeit fördern, wissen, wie schwer es ist.

So haben wir nach einem Jahrhundert der Emanzipationsbewegung immer noch zu beklagen, daß man im Zweifel die Frauen eben doch als das dümmere Geschlecht abwertet, ihre geistige Entwicklung nicht für überaus förderungswürdig hält und das Feld der Gestaltung unserer Gesellschaft eigentlich den Männern vorbehalten möchte. Ich kann die Zahl der hervorragenden Frauen aus der Frauenbewegung, auch der kirchlichen, und aus den Parteien, die durch ihre eigenen Leistungen längst solche Vorstellungen absurd gemacht haben, gar nicht aufzählen. Ich brauche auch nicht auf diejenigen hinzuweisen, die wir mit Selbstverständlichkeit an der Arbeit sehen. Hier unter uns sind wir ja einig, aber draußen ist es oft anders. Und darum würde ich es für wichtig halten, daß man einmal – statt immer nur auf die Mängel in der derzeitigen Situation der Frauen in der Bundesrepublik Deutschland hinzuweisen – der großen Öffentlichkeit klarer als bisher vor Augen führt, was Frauen alles leisten.

Auch unsere eigene Partei gehört zu der Öffentlichkeit, die man noch darüber informieren muß. Die sechs Regionalkonferenzen unserer Partei über das Verhältnis von SPD und Frauen haben sowohl die positiven wie die negativen Seiten dieses Verhältnisses deutlich gemacht.[11]

Die SPD hat 1919 dafür gesorgt, daß die Frauen in alle politischen Rechte des Staatsbürgers eingesetzt wurden.[12] 1949 ist unsere Partei es gewesen, die den Grundsatz der Gleichberechtigung verfochten und im Grundgesetz verankert hat.[13] Sozialdemokratische Initiative hat die notwendige Untersuchung über den tatsächlichen Rang der Frauen in Familie, Beruf und Öffentlichkeit in Gang gebracht, und Sozialdemokraten werden an vorderster Stelle mit dafür sorgen, daß die großen Lücken in der von uns geforderten Frauenenquete ausgefüllt werden.

Nur dürfen wir nicht über all diesen Verdiensten, die wir uns unstreitig für die Frauen in unserem Volk erworben haben, in

Selbstgerechtigkeit erstarren und meinen, das Nötige sei getan. Ich sage noch einmal: Vom Gedanken zur Tat ist es weit, und vom Satz auf dem Papier ist es ein langer Weg bis zur gesellschaftlichen Wirklichkeit. Ich meine, gerade die Sozialdemokratische Partei ist heute verpflichtet, weitere organisatorische und institutionelle Hilfen dafür zu geben, daß Frauen, weil sie politisches Talent haben, an der Arbeit beteiligt werden, die uns aufgegeben ist. Für mich handelt es sich hier um eine gesellschaftspolitische Aufgabe ersten Ranges, nämlich die Partnerschaft von Mann und Frau in allen wesentlichen Bereichen des Lebens.

Angesichts der zunehmenden politischen Aktivität, des zunehmenden Willens der Frauen, sich am öffentlichen Leben noch mehr als bisher zu beteiligen, muß es beklagt werden, daß ausgerechnet jetzt die Zahl der weiblichen Mandatsträger in Bund, Ländern und Gemeinden zurückgeht.[14] Ich werde alles tun, um als Vorsitzender der Sozialdemokratischen Partei Deutschlands dieser Entwicklung entgegenzuwirken. Zum anderen bin ich der Meinung, daß sozialdemokratische Mandatsträger in ihrem Einflußbereich dafür sorgen müssen, daß Frauen mit den selben Ausbildungsvoraussetzungen auch dieselben Aufstiegschancen haben wie ihre männlichen Kollegen. Für die Zukunft unseres demokratischen Gemeinwesens ist es von entscheidender Bedeutung, daß alle verfügbaren Talente unseres Volkes sie mittragen, und es ist für die Zukunft unser Sozialdemokratischen Partei von entscheidender Bedeutung, daß sie ihren Einsatz für die soziale Gerechtigkeit und für die Erweiterung der Demokratie gerade auch in Bezug auf die Frauen versteht.

Nr. 78

Schreiben des Vorsitzenden der SPD, Brandt, an die Mitglieder der SPD Oktober 1968[1]

AdsD, WBA, A 3, 287.

Liebe Freunde,
in den letzten Wochen hatte ich Gelegenheit, mit vielen Mitgliedern unserer Partei zu sprechen. Und ich bin froh, daß ich feststellen konnte: Überall zeigt sich neue Aktivität. Eine gewisse Unsicherheit hat neuer Zuversicht Platz gemacht. Innerparteiliche Schwierigkeiten sind in den Hintergrund getreten oder bereits überwunden.

Die Auseinandersetzungen über den Wert der Großen Koalition sind beendet. Die sozialdemokratischen Leistungen in der Regierung sind für jedermann sichtbar.

Es war legitim, daß um die Bildung der Großen Koalition gestritten wurde. Ungut waren solche Diskussionen, die in der Öffentlichkeit ein falsches Bild unserer Partei entstehen lassen konnten. Daraus sollten wir lernen.

Die Notstandsdiskussion liegt hinter uns.[2] Das Verhältnis zu den Gewerkschaften hat sich verbessert. Viele Intellektuelle und auch ein Teil der kritischen Jugend gewinnen eine neue Beziehung zur Partei.[3] Wir sollten alle zur Mitarbeit auffordern, deren kritisches Engagement mit unserer Zielsetzung zu vereinbaren ist. Für die kommenden Aufgaben brauchen wir viel Kraft und viele Ideen.

Ideen und Initiative sind notwendig, wenn wir unsere Vorstellungen und Ziele durchsetzen, wenn wir die Bundestagswahlen des Jahres 1969 gründlich vorbereiten und erfolgreich bestreiten wollen.

1965 hatten wir den Wählern deutlich gesagt, wie unser Regierungsprogramm aussehen würde. Wir haben viele Stimmen gewonnen, aber wir wurden nicht stärkste Partei.[4] In einem Acht-Punkte-Programm haben wir im November 1966 unsere Forderungen für die Politik einer neuen Bundesregierung genannt.[5] Sie wurden von unserem späteren Koalitionspartner im wesentlichen akzeptiert, weil die Krise auf andere Weise nicht mehr zu lösen war.

Diese Krise haben wir abgewendet, obgleich die offenen Rechnungen der Regierung Erhard/Mende bezahlt werden mußten – zum Teil mit Maßnahmen, die verständliche Kritik herausforderten.

Zu einer guten Politik gehören zwei Dinge: die anstehenden Aufgaben erfolgreich zu lösen und diese Erfolge den Wählern überzeugend darzustellen. Die beste Politik ist nur halb soviel wert, wenn sie nicht zu Ende geführt werden kann. Und darüber entscheidet der Wähler.

Mit unseren Leistungen können wir uns sehen lassen. Das Erreichte bestätigt auch, was unser Eintritt in die Bundesregierung bedeutet hat. Es war einfach notwendig, die Rezession zu überwinden, die Arbeitsplätze zu sichern, die Finanzen in Ordnung zu bringen und die Gefahr außenpolitischer Isolierung abzuwenden.

Niemand kann leugnen, daß die Erfolge der Großen Koalition zum wesentlichen Teil in der Arbeit der sozialdemokratischen Minister und der Aktivität der sozialdemokratischen Bundestagsfraktion begründet sind.

Wir haben vieles erreicht. Aber wir haben manches, das auch notwendig war, nicht erreichen können. Denn wir verfügen im Bundestag nicht über die Mehrheit.

Die sozialdemokratischen Minister und die Bundestagsfraktion unserer Partei sind entschlossen, darauf zu drängen, daß das für diese Legislaturperiode vereinbarte Regierungsprogramm durchgeführt wird.

Darüber hinaus werden wir eigene gesellschaftspolitische Initiativen ergreifen. Wir werden für den Ausbau des Betriebsverfassungs- und Personalvertretungsgesetzes eintreten und für die Verbesserung der Mitbestimmung konkrete Vorschläge unterbreiten. Außerdem wird unsere Partei sich darum bemühen, im Laufe des nächsten Jahres die Lohnfortzahlung im Krankheitsfalle auch den Arbeitern zu sichern.

Bei den nächsten Wahlen wird nicht nur über die Stärke der einen oder anderen Partei entschieden. Bei den nächsten Wahlen wird vor allem entschieden, in welcher Richtung unser Volk weitergehen, in welche Richtung sich unsere Gesellschaft weiterentwickeln soll.

Für die Diskussion über die gesellschaftspolitischen Ziele der Sozialdemokratischen Partei Deutschlands sind auf dem Nürnberger Parteitag die „Perspektiven im Übergang zu den siebziger Jahren" vorgelegt worden.[6] Wir haben darin gesagt, was noch getan werden muß. Jetzt gilt es, die in den „Perspektiven" erarbeiteten Leitgedanken weiterzuentwickeln und in konkrete Vorschläge umzusetzen. Alle Mitglieder sind aufgefordert, an der Diskussion teilzunehmen. Schickt uns bitte Eure Vorschläge und Anregungen bis zum 15. Januar des kommenden Jahres.

Wir wollen unsere Vorstellungen aber nicht nur weiterentwickeln, wir wollen sie verwirklichen. Hier sind wir auf die Unterstützung aller angewiesen, die sich zu unserer Partei bekennen. Wir sollten alle zur Mitarbeit auffordern: die Kolleginnen und Kollegen, die Nachbarinnen und Nachbarn, die kritische Jugend, die Frauen, denen viele noch immer das Recht und die Befähigung zu politischer Arbeit bestreiten, alle Kreise der Bevölkerung, die zum politischen Engagement bereit sind.

Es gibt vielerorts eine Bereitschaft zur aktiven Mitarbeit. Das zeigen die guten Erfolge, die in diesen Wochen bei der Werbung neuer Mitglieder zu verzeichnen sind.

Unsere Stärke und unsere Chance wird auch in Zukunft darin liegen: alle, die positiv mitwirken wollen, zur Mitarbeit heranzuziehen; die Kraft derer zu aktivieren, die zum Engagement bereit sind; die Ideen derjenigen auszuschöpfen, die sich kritisch und ernsthaft mit unserer augenblicklichen Lage und mit unserem zukünftigen Weg auseinandersetzen. Wenn wir zum Beitritt einladen, dann gehört zur Kritikbereitschaft auch die Übereinstimmung mit den Grundsätzen der Partei.

Das wird uns helfen, unsere Chancen zu nutzen und den Wahlkampf so zu gestalten, daß die SPD als führende Kraft der deutschen Politik aus den Bundestagswahlen 1969 hervorgeht.

Liebe Freunde, alle unsere Bemühungen – das sollten wir bei alledem nicht vergessen – werden sinnlos, wenn es nicht gelingt, den Frieden zu erhalten. Alle unsere Vorstellungen, Wünsche und Forderungen sind nicht das Stück Papier wert, auf dem sie geschrieben sind, wenn nicht – illusionslos und konsequent – daran gearbeitet wird, vom Gleichgewicht des Schreckens zu einer Friedensordnung zu kommen, in der alle Völker ohne Mißtrauen und Angst leben können.

Wir Deutschen allein haben nicht die Kraft, dieses Ziel zu erreichen. Wir können nur dazu beitragen, daß in unserem überschaubaren Bereich der Frieden bewahrt und die Spannungen abgebaut werden.

Die Friedenspolitik der Bundesregierung hat durch den Überfall der Warschauer-Pakt-Staaten auf die CSSR einen Rückschlag erlitten.[7]

Solche Rückschläge können die europäische Normalisierung vorübergehend stoppen, endgültig aufhalten dürfen sie die Entwicklung nicht. Es gibt keine Alternative zu der von uns geforderten und praktizierten Friedenspolitik.

Gerade die Ereignisse in der CSSR sollten ein Anlaß für uns Sozialdemokraten sein, der Überzeugungskraft unserer Ideen noch mehr zu vertrauen. Natürlich sind Dubcek und seine politischen Freunde nicht plötzlich Sozialdemokraten geworden. Was aber stimmt, ist dieses: Sie wollten ihre Ordnung verbinden mit Freiheit, Humanismus, Demokratie und sozialer Gerechtigkeit. Das aber sind die Grundlagen der Sozialdemokratischen Partei seit jeher. Diese Forderungen werden sich allen Widerständen zum Trotz durchsetzen. Das Wissen um die Stärke unserer Grundüberzeugungen sollte uns Sozialdemokraten noch selbstbewußter machen.

Neuen Mut brauchen wir, um die vor uns liegenden Aufgaben zu lösen. Wir brauchen Eure Mitarbeit, um die Partei noch stärker zu machen. Die an Mitgliedern größte deutsche Partei soll für die Wahlen 1969 noch besser gerüstet sein.

Wir brauchen Eure Unterstützung bei der Vorbereitung des Wahlkampfes. Wenn wir erfolgreich sein wollen, sind wir auf Euer Selbstbewußtsein und Engagement, auf Eure Überzeugungskraft und

Einsatzbereitschaft angewiesen. Wir haben allen Grund, zuversichtlich an die großen Aufgaben der kommenden Jahre heranzugehen.
In freundschaftlicher Verbundenheit
‹Willy Brandt›[8]
Vorsitzender der Sozialdemokratischen Partei Deutschlands

Nr. 79

Vermerk des Vorsitzenden der SPD, Brandt, für den Bundesgeschäftsführer der SPD, Wischnewski
6. Januar 1969[1]

AdsD, WBA, A 11.3, 15.

Lieber Hans-Jürgen,
über die Feiertage haben sich bei mir einige Fragen ergeben, die ich in Form eines Sprechzettels festhalten möchte:

1. Über Folgerungen aus den infratest-Berichten[2] müßte in der Z[entralen]W[ahlkampf]L[eitung] gesprochen werden. Wenn irgend möglich, müßten wir, obwohl Alfred [Nau] abwesend ist, hierfür noch vor meiner Asien-Reise einen Termin finden.

2. Für wichtig halte ich u. a. die These 20 von infratest, „daß die SPD sowohl regional als auch überregional im Bereich des kulturellen und wirtschaftlichen Lebens durch akzeptierte Meinungsführer vertreten ist". Dies sollte auch im Zusammenhang mit dem gesehen werden, was in bezug auf „Leitbilder" für weibliche Jungwähler ausgeführt wird.

Es sollte ein Plan ausgearbeitet werden, wie die geeigneten „Meinungsführer" ins Bild gebracht werden können.

In diesem Zusammenhang sollte auch meiner früheren Frage nachgegangen werden, ob wir eine führende „Gruppe der Jüngeren" herausstellen wollen.

3. Es bedarf eines Antriebs für den Gewerkschaftsrat oder für eine kleinere Gruppe der dafür besonders in Betracht kommenden Gewerkschaftsführer, wie wir die Aktivitäten im nächsten halben Jahr möglichst gut aufeinander abstimmen. Es könnte sich empfehlen, hierfür eine besondere Arbeitsgruppe einzusetzen.

Auch das Problem der Frauen von Arbeitnehmern sollte in einem solchen Kreis durchgesprochen werden.

Zur Vermögenspolitik sollten wir nicht nur Schiller ins Bild bringen, sondern auch Leber ermutigen, sein Interesse auf diesem Gebiet neu zu entwickeln.

4. 1965 hatten wir eine kleine Arbeitsgruppe unter Leitung von Klaus Schütz, die sich besonders mit dem Thema der Wahlbeteiligung befaßte. Ich gebe zu erwägen, ob auch diesmal etwas ähnliches eingeleitet werden sollte.

5. Zu den außenpolitischen Fragen, die im infratest-Bericht aufgeworfen wurden, werde ich selbst noch Stellung nehmen.[3]

6. Auch noch in Verbindung mit infratest: Wir müssen unsere Vertriebenen-Plattform möglichst rasch abklären. (Gerhard Jahn wollte mir etwas für eine Sitzung im Vertriebenen-Ausschuß vorbereiten.)

Die Frage der Kandidatur von Reinhold Rehs muß in diesem Zusammenhang auch bald geklärt werden.

7. Während meiner Abwesenheit aus Bonn ist mir von Bundeswehr-Offizieren, die Mitglied der Partei sind, gesagt worden, daß Heinemann beim überwiegenden Teil der Bundeswehr auf starke Ablehnung stoße. Es muß überlegt werden, ob und wie er sich äußern könnte.

8. Ich bitte zu prüfen, ob eine kleine Arbeitsgruppe sich fortlaufend damit befaßt, wie man gehässig-gegnerische Angriffe behandelt.

9. Leo Bauer hatte sich am 6. Dezember [1968] wegen der Zusammenkünfte mit befreundeten Journalisten geäußert. Ich denke, daß man diesem Gedanken positiv nachgehen sollte, und zwar noch bevor Jochen Schulz seine Tätigkeit aufnimmt.

10. Carl-Heinz Evers hat mir am 22. Dezember [1968] in Berlin berichtet, daß er für bildungspolitische Gespräche – da er jetzt Präsi-

dent der Kultusministerkonferenz ist – jeweils zum Wochenende im Parteihaus zur Verfügung stehe und daß er sich hierüber bereits mit Dir abgesprochen hat.

Ich unterstelle, daß dies im Einvernehmen mit Johannes Rau geschieht und begrüße es sehr, wenn diese „Flanke" für die kommenden Monate freigehalten wird.

11. Ich bitte zu überlegen, ob und wie wir in Bayern eine Gegenfigur zu Strauß bzw. zur CSU ins Bild bringen können. Es ist nicht angemessen, daß wir auf jede von dort kommende Rüpelei zentral antworten. Wir sollten uns unseren Gegen-Rüpel halten.

12. Ich weiß nicht, ob beachtet worden ist, daß Anfang August 100 Jahre seit dem Eisenacher Parteitag[4] vergangen sein werden. Dies ist in Wirklichkeit – mehr als der Nürnberger Kongreß von 1868[5] – die Gründung der Bebelschen Partei gewesen. Die Frage ist also, ob wir unbeschadet der Sommerpause durch geeignete Veröffentlichungen die „100 Jahre" kurz vor dem Wahlkampf noch einmal aktualisieren wollen.
Willy Brandt

Nr. 80

Schreiben des Chefredakteurs von *Die Neue Gesellschaft*, Bauer, an den Vorsitzenden der SPD, Brandt 6. Januar 1969[1]

AdsD, WBA, Leo Bauer, 1.

Lieber Willy,
am 4. und 5. Januar [1969] haben die Freunde der sozialdemokratischen Wählerinitiative[2] getagt – diesmal ohne Günter Grass, der noch im Tessin weilt. Es wurde insbesondere über die zu veröffentlichende Zeitung und über die Erweiterung des Kreises gesprochen. Man legte den Namen der Zeitung fest. Nach langem Hin und Her

wurde man sich einig, die Zeitung „DAFÜR" zu nennen.[3] Es wurde auch eine große Liste von Namen festgelegt, die sowohl für die Zeitung als auch für die Mitarbeit im Rahmen der sozialdemokratischen Wählerinitiative kontaktiert werden sollen. Das soll dadurch geschehen, daß die führenden Leute des Kreises die ihnen bekannten Persönlichkeiten direkt anschreiben oder ansprechen.

Bei einer Reihe von Persönlichkeiten (Liste s. Anlage)[4] war der Kreis der Meinung, daß es günstig wäre, wenn Du als Vorsitzender der SPD einen Einführungsbrief schreibst, der Dir einerseits die Möglichkeit gibt, Dich vom Kreis genügend zu distanzieren, der aber andererseits auch die Unabhängigkeit des Kreises gegenüber der SPD erkennen läßt. Man hielt diesen Brief für gut, um auf die Eitelkeit verschiedener Leute Rücksicht zu nehmen.

Günter Gaus hat einen Briefentwurf formuliert (s. Anlage), er wurde vom Kreis einstimmig gutgeheißen. Ich wurde gebeten, Dir den Wunsch des Kreises zu übermitteln und Dich wiederum zu bitten, diesen Brief zu schreiben, wobei dieser natürlich verändert werden kann, wenn Du es für richtig hältst und besonders, wenn Du den Adressaten schon besonders gut kennst.[5]

Ich wäre für eine baldige Stellungnahme dankbar. Für den Fall, daß Du einverstanden bist, würde ich Dich um Durchschläge Deiner Briefe bitten, damit die Freunde des Kreises die betreffenden Persönlichkeiten kontaktieren können.

Mit herzlichen Grüßen
Dein
<Leo>[6]
(Leo Bauer)

Nr. 81

Schreiben des Vorsitzenden der SPD, Brandt, an den Direktor des Sigmund-Freud-Instituts, Mitscherlich 14. Januar 1969[1]

AdsD, WBA, A 11.1, 6/7.

Sehr geehrter Herr Professor Mitscherlich,
meine Aufgabe in diesem Brief ist nicht ganz einfach. Ich will Sie über ein Vorhaben informieren, in das ich – als Vorsitzender der SPD – nur indirekt einbezogen bin, von dem ich jedoch meine, daß es Förderung verdient.

Ein Kreis von Wissenschaftlern, Schriftstellern und Journalisten hat sich vorgenommen, im Jahre 1969 der Sozialdemokratischen Partei Deutschlands zu helfen.[2] Ihm gehören u. a. an die Herren Günter Gaus, Günter Grass, Prof. Dr. Kurt Sontheimer, Klaus Harpprecht. Einige Mitglieder des Kreises sind Sozialdemokraten, andere nicht. Was sie eint, ist die Überzeugung, daß in einer Zeit, in der extreme Kräfte links und rechts die politische Vernunft in unserem Lande bedrohen, verantwortungsvolle Bürger den demokratischen Politikern helfen sollten.

Der Kreis hat mich dahin belehrt, daß er Wert darauf legt, die SPD zu unterstützen, weil er in dieser Partei die ihm am nächsten stehende politische Kraft sieht – daß es dem Kreis aber ebenso wichtig ist, seine Unabhängigkeit von der Partei, seinen Anspruch auf abweichende Meinungen zu wahren. Ich begrüße das, denn unabhängige Köpfe tun unserem Land not. Deshalb war ich bereit, diesen Brief zu schreiben. Er soll es dem Kreis erleichtern, Kontakt mit Ihnen aufzunehmen, um Sie über die Absichten dieser Bürger-Initiative zu informieren.

Unter anderem ist die Herausgabe einer Publikation geplant,[3] in der parteigebundene und nicht-parteigebundene Berichte und Analysen über die Zukunftsaufgaben unserer Gesellschaft zusammengefaßt werden sollen. Ein Vertreter der Gruppe wird sich bei Ihnen melden; er kann näheren Aufschluß geben als ich, dessen Funktion eine Vermittlerrolle war (einem Außenminister ein gewohntes Brot)

und dessen Vertrauen in die Stabilität unserer Demokratie zusätzlich gefestigt wurde durch den auch von diesem Kreis erbrachten Beweis, daß es genug Staatsbürger gibt, die in besonderen Zeiten besondere Pflichten zu erfüllen bereit sind.
Mit freundlichen Grüßen
gez[eichnet] W[illy] B[randt]

Nr. 82
Aus den Ausführungen des Vorsitzenden der SPD, Brandt, auf der Sitzung des Parteirates der SPD
13. Februar 1969[1]

AdsD, SPD-Parteivorstand, PV-Protokolle 11/68–3/69.

Willy Brandt: Zunächst noch ein paar Worte zu dem, was Max [Seidel] eben ausgeführt hat,[2] damit es dann hinterher keine Unklarheiten gibt. Der Fraktionsvorstand hatte in der vergangenen Woche die Anregung gegeben, daß erstens kurzfristig eine gemeinsame Sitzung [an] Parteivorstand und Fraktionsvorstand zu diesem Gegenstand durchgeführt werden sollte; und dann anschließend, also heute früh, eine Sitzung des Parteirates. Diese Anregung hat sich das Präsidium zu eigen gemacht. Ich war selbst nicht dabei. Ich habe ja eine kleine Pause machen müssen. Aber ich war damit einverstanden. Für diejenigen, die etwa noch – wie im Landesverband Schleswig-Holstein – auf die statutenmäßige Seite zu sprechen kommen sollten, muß man zwei Paragraphen des Statuts nebeneinander sehen. Das eine ist der uns wohlbekannte Paragraph, der dem Parteivorstand, nicht dem Präsidium, auferlegt, das Präsidium, den Parteirat einzuberufen.[3] Aber nach Paragraph 24[4] ist der geschäftsführende Vorstand (Präsidium) für die laufenden Geschäfte da und kann in einer solchen Situation auch, ohne daß eine Vorstandssitzung stattgefunden hat, in einer besonderen Situation den Parteirat einberufen.

Das entspricht bisheriger Praxis. Die Entschließung,[5] liebe Genossen, die Euch vorliegt, die ist gestern abend von einer Kommission ausgearbeitet worden, die die beiden Vorstände eingesetzt hatten. Ich habe sie ebenso wie alle anderen heute früh auf den Tisch bekommen und kann nicht zu ihrer Begründung im einzelnen sprechen. Das, denke ich, werden Gustav Heinemann und Heinz Kühn tun, die im Anschluß das Wort ergreifen werden. Ich möchte ein paar allgemeine Erwägungen und auch ein paar spezielle Hinweise voranschicken. Ohne das, was um uns vor sich geht, über Gebühr dramatisieren zu wollen, ohne es aber auch auf die leichte Schulter nehmen zu wollen, sage ich, es kommt darauf an, daß überall im Lande das Gefühl vorhanden ist oder verstärkt wieder hergestellt wird, daß man sich auf die SPD verlassen kann, möglichst in ihrer Gesamtheit, wo es um den Schutz der Bürger, um den Schutz der demokratischen Einrichtungen und um den Schutz der Arbeitsplätze geht. Das ist das erste. Diese Partei hat gezeigt und sie muß erneut zeigen, daß sie für den Schutz der Demokratie unabdingbar einzutreten weiß. Hier darf es keine Unsicherheit geben. So, wie es im Meinungsstreit, im Meinungsstreit ein betontes Recht von Minderheiten gibt, so gibt es dort, wo Meinungsstreit umschlägt in Gewalttätigkeit,[6] nicht nur primär, sondern überhaupt das Recht der Angegriffenen, im demokratischen Staat. Ich meine also, den um sich greifenden Gewalttätigkeiten muß wirksam und einheitlich begegnet werden. Dabei kann es nicht zweierlei Maß geben. Dabei ist es wichtiger, bestehende Gesetze anzuwenden, als nach neuen zu rufen. Und vor allem darf mit den Erscheinungen, an die ich denke und über die ich spreche, nicht – und dabei denke ich nicht nur an das Wahljahr 1969, in dem wir stehen – damit darf die SPD nicht, auch nicht um die Ecke herum, identifiziert werden können. Das ist der Ausgangspunkt. Dabei muß man dann ergänzend wissen, daß die Auseinandersetzung mit Radikalismus und Terrorismus nicht allein eine Sache von Staatsbürgern sein kann. Sondern, daß sie vor allem auch sein muß, diese Auseinandersetzung, eine Sache des moralischen Engagements des Staatsbürgers. Und die SPD müßte sich an die Spitze dieses Engagements stellen. Aber ich sage auf einen möglichen Einwand hin, dabei geht's auch nicht nur um moralisches Engagement. Dort, wo wir, wie in einer Anzahl von Städten, dem systematischen Versuch der Störung von Versammlungen gegenüberstehen, und zwar in erster Linie gezielt auf Versammlungen der Sozialdemokratischen Partei, da kann die Reaktion darauf überhaupt keine andere sein, als daß diese Partei, wenn sie nicht waschlappig erscheinen will, sich das nicht gefallen läßt. (Beifall) Und dafür sorgt, daß sie ihre Auffassungen vor dem Bürger so entwickeln kann, wie sie ein Recht darauf hat. Aber laßt mich auch ganz offen sagen, ich denke, unsere Partei – die SPD – ist keine Partei von Klageweibern. Und von Impotenzlern. Ja, aber dies noch in einer anderen Einsicht als der, an die der Zwischenrufer denkt oder eine ‹Zwischenruferin.›[7] Wir haben zu fragen, was zu tun ist, und es dann auch zu tun. Wir haben auch zu fragen, was versäumt wurde und dann, wenn wir die Antwort darauf finden, Abhilfe zu schaffen. Wir haben auch in einer Zeit, wo wir Werte, Einrichtungen, Prozesse der Meinungsbildung schützen müssen, zu fragen, was das ist, was uns an Tendenzen zunehmender Gewalttätigkeit begegnet, woher es kommt. Und so gut es geht, auseinanderzuhalten, das, was an Terror und manchmal auch an Perversion sich entfaltet. Das, was auch nicht bequem ist, aber was ganz anderes ist, nämlich ein extremes Infragestellen überkommener Werte und etablierter Ordnungen. Das ist nicht dasselbe, auch wenn es häufig sich aneinander einreiht und ineinander fügt. Und drittens: woher kommt das Gewährenlassen in einigen Gruppen und Schichten mehr als in anderen? Das heißt, woher kommt ein gewisses Eingebettetsein extremer Erscheinungen? Ich denke, wir müssen uns daran erinnern, daß die SPD für Schutz und Aufbau der Demokratie steht. Für Ordnung und Freiheit einsteht. Für Stabilität und Fortschritt eintritt. Und deshalb erscheint es mir so wichtig zu sein, daß in unserer Stellungnahme zu diesem Komplex auch die Gleichgewichtigkeit zum Ausdruck kommt, die in den eben genannten Begriffspaaren ausgedrückt sein soll. Zu einigen Diskussionen der letzten Zeit möchte ich sagen, wir sollten nicht glauben, daß die Zeit allein zum Jammern da sei. Und niemand, der sich in der Welt von heute umschaut, wird ganz leichte Antworten bei der Hand haben. Auf die Fragen, ‹denen›[8] wir gegenüberstehen. Bekanntlich macht ein Prozeß der Gärung und des Aufbegehrens auch, wenn man so will, selbst vor den Kirchen nicht halt. Alte Autoritäten, das ist schmerzlich für manchen, werden an vielen Stellen der Welt, nicht nur bei uns in der Bundesrepublik Deutschland, in Frage gestellt. Respektlosigkeit – auch Hemmungslosigkeit – greifen um sich. Man spricht von einem anderen Lebensgefühl vieler in einer neuen Generation. Nicht nur bei uns, in vielen Teilen der Welt greifen Elemente der Verrohung und der Gewalttätigkeit um sich. Ich frage mich selbst, ob nicht mehr, als wir lange angenommen haben, von dem, was hierin steckt, von Vietnam ausgegangen ist. In der doppelten Hinsicht des nicht Verstehenkönnens und der täglich übermittelten Verrohung, wie es heute durch die modernen Massenkommunikationsmittel eben sehr leicht, sehr leicht an den Mann gebracht wird. Nun, ich komme gleich noch einmal darauf zurück, was meiner Meinung nach zu tun ist. Was ich nicht für richtig halte, ist folgendes: angesichts ärgerlicher, zum Teil empörender Vorgänge uns eine Existenzkrise des Staates einreden zu lassen. Das halte ich nicht für richtig und objektiv nicht für gerechtfertigt. Wer übrigens eine solche Existenzkrise des Staates unterstellen wollte, der würde noch mehr zugeben müssen, als ich es zugebe, daß die Ursachen dessen, womit wir uns befassen, woanders liegen müssen als bei einigen tausend oder einigen zehntausend in den Terrorismus gelegentlich abgleitenden Extremisten. Wenn wir zum Beispiel den Bereich der Universitäten nehmen. Wenn wir es dort beim Abschluß gerade dieses Semesters, an einigen Stellen mehr, an anderen weniger, deutlich mit einer verstockten, in den Terrorismus abgleitenden Minderheit zu tun haben, mit der ein Gespräch sinnlos geworden ist, dann muß man doch auch eine Erklärung dafür bei der Hand haben, warum sich so relativ viele andere, wenn nicht mit dieser verstockten Minderheit solidarisieren, so doch es schwer haben, sich zu entsolidarisieren. Und, ohne daß ich dies durcheinanderbringen will mit der Frage des sich nicht nur Absetzens von dem, was verdammenswert ist, will ich doch keinen Hehl machen aus meiner Überzeugung, daß vieles, was diesen Entsolidarisierungsprozeß hemmt, damit zu tun hat, daß nicht unbedeutenden Gruppen in der jungen Generation unsere Gesellschaft nicht wahrhaftig genug erscheint, nicht aufgeschlossen genug erscheint und nicht reformfreudig genug erscheint. Ich frage mich, ob sich hier nicht noch Jahre danach manches von dem Denkfaulen rächt, was in dem Slogan ‚Keine Experimente'[9] zum Ausdruck kam. Und ich frage mich, ob wir selbst ein ganz bis zuletzt ganz gutes Gewissen dabei haben dürfen. Ob wir selbst ganz Schritt gehalten haben oder – um eine andere Seite zu nehmen, die auch mal gesagt werden muß, weil sie einen relativ aktuellen Vorgang betrifft. Wie soll man eigentlich in einer schwierigen Situation der jungen Generation oder denen, die zu hören bereit und imstande sind, deutlich machen, daß diese Partei, obwohl sie nicht die Mehrheit hat im Parlament, in einem mühseligen Ringen und so, daß einem manchmal die Lust daran vergehen kann, aber daß sie im Vorgriff auf eine hoffentlich stärkere Position darum gerungen hat, nicht nur diesen Staat wieder in Ordnung zu bringen mit seiner Wirtschaft und seinen Finanzen, sondern die Voraussetzung zu schaffen für einige bedeutende Reformwerke. Was soll man denn eigentlich erwarten? Wenn daraufhin einige, die es besser wissen sollten, zum Beispiel an der Spitze großer gewerkschaftlicher Organisationen, nichts anderes als eine globale Vermiesung dieses Bemühens unter die Leute bringen. Das selbstverständlich in der psychologischen Landschaft, in der wir uns befinden, ähnlich wie die Notstandskampagne, dann einen Nährboden schafft bei anderen, die über weniger Voraussetzungen verfügen für das Verständnis politischer komplizierter, politischer Vorgänge und mühsamer Meinungsbildungsprozesse. Aber das ändert alles nichts daran. Wer Reformen will, der muß nicht nur über Reformen reden wollen, so wie jetzt seit vielen Jahren über die Hochschulreform geredet wird, sondern der muß verändern wollen. Mit verbalen Beschwichtigungen ist es da nicht getan. Und ich möchte hier ein Wort aufgreifen, das ich gestern im Parteivorstand verwendet habe, wir müssen der heimlichen Koalition, die es an den Universitäten gibt, zwischen den rückständigen und egoistischen Professoren einerseits und terroristischen, nicht an Reform[en] interessierten Studentengruppen andererseits, wir müssen dieser heimlichen Koalition, die zugleich unheimlich ist, eine Koalition der Reformer gegenüberstellen.[10] Die Partei darf nicht müde werden in diesen ihren Bemühen. Überall, wo sie für vernünftige Reformwerke Unterstützung finden kann, auch partiell zu kooperieren. Auch partiell zu kooperieren. Wer sich mit Gewalt revolutionär gebärden will, den muß man in diesem Anspruch ernst nehmen und entsprechend hart begegnen. Terror muß gebrochen werden. Da darf man nicht mit sich spielen lassen, und wer uns – wie auch immer motiviert – zum Hauptfeind erklärt, wird ohnehin nicht mit besonderem Langmut rechnen dürfen. Und wer sich nur mit solchen Erscheinungen auseinanderzusetzen hat, in der Art von Staat, in dem wir leben, der verdient dafür nicht getadelt zu werden, sondern der verdient Verständnis. Und die, die zum Beispiel da als Polizeibeamte ihren Dienst tun, müssen wissen, daß die Sozialdemokratische Partei hinter ihnen steht. Hinter ihnen steht. Das schließt gar nicht aus, daß es auch in solchen Bereichen immer mal wieder das eine oder das andere zurecht zu rücken gilt, das ist ja auch ein ganz verständlicher und nicht neuer Vorgang. Aber wenn es diese Solidarisierung nicht gibt, dann gibt es statt dessen eine Demoralisierung im Staat. Und dann wird es Zersetzungserscheinungen geben, die über die aktuellen Vorgänge weit hinausreichen. Wer sich nicht mit konkreter Politik auseinandersetzen will, mag dafür seine Begründungen haben. Aber er hat dann im demokratischen Meinungsaustausch nichts zu suchen. Wobei ich übrigens – um auch das offen zu sagen – wobei ich immer noch einigen jungen Leuten eher einen Rabatt gewähre auf ihre Erkenntnisse und Entwicklungen in den kommenden Jahren, als mich mit denen zu solidarisieren, die hier am liebsten lebenslängliche Verurteilungen herbeiführen möchten, wie in manchen konservativen Schichten unseres Volkes es geschieht, während sie nicht mehr erinnert werden möchten, wie vor einer Generation nicht nur Steine geworfen worden sind und Fensterscheiben kaputtgemacht worden sind, was schlimm genug ist, sondern Millionen Menschen umgebracht worden sind und man es nicht – auch die Regierung hat bisher nicht die Kraft dazu gehabt – für richtig hält, dieses Kapitel bis zu Ende rechtlich auszustehen.[11] Das gehört auch zu den Elementen dessen, was nicht zusammenpaßt.

Und was mit zur inneren Unwahrhaftigkeit des Staates und der Gesellschaft führt. Aber auf die Partei selbst bezogen, liebe Genossen. Die Partei – und dies ist ein dringlicher Appell vor allem an alle Bezirks- und Landesvorsitzenden, mit der Bitte, es in den Vorständen zu besprechen, mit der Bitte, es weiterzugeben in die Unterbezirksorganisationen – die Partei muß jetzt endlich abschütteln, was nicht zu ihr gehört und was fälschlich mit ihr identifiziert wird. (Beifall) Die Partei darf den Mißbrauch ihres Namens nicht hinnehmen. Wo eine Arbeitsgemeinschaft oder eine andere Organisation unter fälschlicher Verwendung des Namens Sozialdemokratisch auf den eben genannten Gebieten eine frontal gegensätzliche Position bezieht,[12] dann muß der Trennungsstrich völlig deutlich gemacht werden. Hier müssen wir rasch reagieren, wachsam sein, durchgreifen, wo durchgegriffen werden muß, nicht erst für den Wahlkampf, aber natürlich auch für den Wahlkampf, zusätzliche Vorkehrungen treffen, damit Versammlungen geschützt werden können. Nebenbei gesagt, nicht nur damit Versammlungen geschützt werden können. Für den zur Revolution neigenden Teil in der jungen Generation, der nicht ganz identisch ist mit dem auf Gewalttätigkeiten festgelegten, bedarf es auch in der Partei größeren Wissens, größerer geistiger Kapazität in der Auseinandersetzung mit den Ideen, abstrus, wie sie manchmal sein mögen. Mit anderen Worten, es gehört für mich mit den zu den Lehren übrigens des Kongresses mit der jungen Generation, den wir neulich hatten,[13] daß, obwohl eine ganze Anzahl loyal zur Partei stehende junge Menschen da waren, die Bereitschaft und Fähigkeit, sich auseinanderzusetzen, unterentwickelt war[en], offensichtlich unterentwickelt war[en]. Wir brauchen eine genügend, eine genügend große Zahl gerade auch von jungen Menschen, die neben den Fragen der Tagespolitik nicht nur Bescheid wissen über das, ‹was man die Tomologie des Kommunismus nennen könnte – Entomologie ist bekanntlich Insektenkunde, dann wird klar, was Tomologie heißen soll –›[14], sondern die auch sich mit dem Anarchismus auseinandersetzen können, mit dem sich die Partei ja in ihren frühen Jahrzehnten schon lange – nebenbei gesagt, sogar auf Parteitagen – hat auseinandersetzen müssen.[15] Liebe Genossen, nicht Kleinmut, nicht ein Sicheinengen und Verkrampfen, schon gar nicht Fatalismus ist die angemessene Antwort auf die Art von Herausforderung, mit der wir es zu tun haben, sondern ein kämpferisches Selbstbewußtsein, zu dem auch gehört – und hier auch die Bitte um das Nachdenken, die Bitte vor allem an die Bezirksvorsitzenden – es gehört dazu auch, zu zeigen, wie stark wir sind. Die Mehrheit muß zeigen, wie stark sie ist. Durch ihre Veranstaltung. Das wird es übrigens auch leichter machen. Einen Vorgang abzuwickeln, den wir ohnehin vorgenommen haben. Das ist nicht für die Öffentlichkeit bestimmt, aber es gehört mit in den Parteirat. Mit denen, die für Funk und Fernsehen – vor allen Dingen für das Fernsehen Verantwortung tragen – nach den Erfahrungen des letzten Jahres erneut zu sprechen, um den Versuch zu machen, sich darüber zu verständigen, ob die Wertigkeit und Gewichtigkeit von Nachrichten nicht heute anders zu sehen ist als vor einem Jahr und ob nicht der Effekt des Fernsehens als Verständigungsinstrument zwischen den Angehörigen extremer Minderheiten ernster genommen werden muß. Aber ich sage für die Präsentation dessen, was interessant ist in unserem Volk, gehört auch, daß die SPD nicht erst im Wahlkampf, sondern vorher zeigt, daß sie lebendig und wie stark sie ist. Alle Bemühungen, die allein polizeilich und disziplinarisch bestimmt sind, werden meiner Überzeugung nach scheitern. Wir dürfen uns bei der klaren Abgrenzung, von der ich spreche, von den eigentlichen Aufgaben nicht abbringen lassen, wir dürfen in einer solchen Auseinandersetzung das Bild der Reformpartei nicht verdunkeln lassen. Nur so kann ich mir die Führung eines Wahlkampfes vorstellen, nur so – noch genauer gesagt – kann ich ihn mitführen, nicht anders. Dabei bleibt richtig, daß die Extremisten einander in die Hände arbeiten. Nicht richtig ist es, auf Grund der momentanen besonders herausfordernden, empörenden, zerstörerischen Aktivitäten anarchistischer oder ähnlicher Provo[kationen] den Rechtsradikalismus weniger ernst zu nehmen. Das ist übrigens nicht rein schematisch ein Problem NPD. Obwohl ich bedauere, daß man sich zu einer Zeit, die dafür günstigere Voraussetzungen schuf, auch rechtlich, als heute, nicht hat entschließen können, die Partei mit den Richtern in Karlsruhe zu konfrontieren.[16]

Es ist nicht identisch mit NPD, ich habe darum auf dem Nürnberger Parteitag absichtlich von Nazismus gesprochen,[17] von dem ich meine, ‹daß er›[18] teils in der NPD und teils außerhalb ihr steht. Und von dem ich genagt habe, er sei Verrat, schlicht Verrat am Land und Volk. Und da ist es für mich gar kein Trost, daß die sich im Moment manierlich benehmen. Die Schreibtischmörder im Dritten Reich haben sich auch sozusagen manierlich benommen. Das gilt nun andererseits wieder auch für bestimmte Schreibtischtäter, auf die sich mit mehr oder weniger Recht manche Gruppen der extremen Linken beziehen. Wir müssen – ohne daß uns das im praktischen sehr hilft, aber die begriffliche Klärung ist ja auch nicht unwichtig – wir müssen sehen, daß die Studentenunruhen, die Neigung zu Anarchismus, eine zunehmende Neigung zu Gewalttätigkeiten in gesellschaftlichen Abläufen eine bedauerliche, aber eine internationale Erscheinung sind. Deshalb muß man auch immer genau hingucken, was woanders ist, nicht um sich zu trösten, es sei ja woanders nicht besser als bei uns, sondern um immer noch mal den Versuch zu machen, zu verstehen und Argumente dafür zu kriegen, wie man differenzieren kann. Nazismus gleich Völkermord wird auch in der Welt des Jahres 1969 weiterhin primär mit dem Volk identifiziert, in dem wir leben und für das wir unser Stück Verantwortung tragen. Als auch hier Gleichgewichtigkeit der Betrachtung. Ich habe vorgestern vor der Fraktion gesagt, damit laßt mich schließen, ich muß sehr herzlich darum bitten, daß wir der gelegentlichen Neigung zum Fatalismus widerstehen. Wenn ich allein an die letzten paar Jahre denke, es gab eine solche Neigung in Teilen der Partei nach der Bildung der gegenwärtigen Regierung. Da konnte man an sich brave Genossen treffen, die sagten, das ist ja nun wohl klar, die Partei wird nicht nur die Wahl 1969, sie wird auch die Wahl 1973 verlieren, und dann kann man wieder anfangen zu reden, wie man die Wahl 1977 plant. Das war hier und dort die Meinung. Dann gab es die Reaktion auf bestimmte NPD-Entwicklungen, zumal in Verbindung mit Baden-Württemberg.[19] Und anstatt die Auseinandersetzung zu führen, ging das Gerede um, das war nun nicht so sehr bei der SPD, das war anderswo noch mehr, als ob kein Kraut dagegen gewachsen sei, daß die NPD mit 10, 12 oder mehr Prozent in den Bundestag einziehen würde. Was nirgends geschrieben steht. Und bei entsprechendem Verhalten zusätzlich zu einer einigermaßen günstigen Konjunktur lassen sie sich sogar sehr viel weiter runterhalten, als viele es vor einem Jahr für möglich gehalten haben. Jetzt gibt es eine Neigung hier und da, und der sollten wir nicht erliegen, zu meinen, es sei ein Naturgesetz, daß das, was man APO nennt, unscharf übrigens begrifflich, sowohl von dort aus gesehen wie in der Betrachtung des Vorgänge, aber wir wissen schon, was wir damit meinen, ich meine nun insbesondere den anarchistisch gewalttätigen, terroristischen Bereich, daß dies schon im Vorweg den Erfolg dar CDU/CSU sichere oder – wie ich irgendwo gelesen habe – für 20 Jahre die[se] erneut als Staatspartei etablieren werde. Dem muß man entgegentreten. Daß Gefahren da sind, daß sich das hochschaukelt, das ist klar. Um solche Gefahren abzuwenden, müssen wir nicht nur die Abgrenzungen vornehmen, von denen ich spreche, sondern auch die Schutzmaßnahmen, nach denen wir nicht nur bei anderen rufen sollen, sondern zu denen wir uns selbst entschließen müssen. Aber wir müssen das tun in dem Bewußtsein, daß wir selbst Fehlentwicklungen verändern können. Wir müssen in diesem Sinne auch aus Anlaß dieses Gegenstandes die Partei nicht mit niederdrücken in Zweifeln, sondern sie hochreißen. Nur dann können wir der Bevölkerung, und nur dann kann die Partei der Bevölkerung Vertrauen geben. Ich kann niemandem helfen angesichts der Tatsache, daß wir in dieser unserer Gesellschaft mit Schwierigkeiten zu leben haben werden. Mit denen hat man zu leben, um den Erdball herum. Und denen muß man nachgehen und die muß man differenzieren, sage ich noch einmal. So gut man es kann. Da muß man trotz allen Ärgers und trotz berechtigter Empörung immer dabei bleiben, möglichst viel junge Leute [zu] gewinnen, statt den Stab vorzeitig über sie brechen zu wollen. [Das] gehört auch zum Differenzieren. Und da muß man vor allem – auch dort, wo man sich hart auseinanderzusetzen hat – die Demokratie mit so viel Leben und so viel Lebendigkeit erfüllen, daß sie die Anfeindungen, denen sie ausgesetzt ist, ohne ernste Gefahr überstehen kann. [...] Ich danke für Eure Aufmerksamkeit. (Beifall)

Nr. 83

Aus dem Interview des Vorsitzenden der SPD, Brandt, für die *Südwest Presse*

18. März 1969[1]

SPD Pressemitteilungen und Informationen, Nr. 86/69 vom 17. März 1969.

Frage: Die Mitteilung des Präsidiums der SPD, Sie seien auch 1969 der Kanzlerkandidat der Sozialdemokratischen Partei,[2] hat Überraschung ausgelöst. Schließlich hatten Sie 1965 auf eine erneute Kandidatur praktisch verzichtet.[3] Gibt es für diese Änderung Ihres Entschlusses besondere Gründe?

Antwort: Das Präsidium der SPD hat mich nicht als „Kanzlerkandidat[en]" benannt, sondern es hat den zuständigen Gremien der Partei empfohlen, mich „als Kanzler einer sozialdemokratisch geführten Bundesregierung" zu nominieren.

Sie weisen zu Recht darauf hin, daß ich 1965 erklärt habe, ich würde mich nicht erneut um die Führung der Bundesregierung bewerben, das habe ich auch nicht getan. Das Präsidium meiner Partei hat vielmehr empfohlen, der jetzige Außenminister und Vizekanzler sollte die Führung der Regierung übernehmen, wenn der Wahlausgang dies möglich macht.

Frage: Ist es richtig, daß eine Gruppe in Ihrer Partei lieber Bundeswirtschaftsminister Professor Schiller als Kanzlerkandidaten der SPD sähe?

Antwort: Ich glaube, hier geht es mehr darum, Gruppen innerhalb meiner Partei zu konstruieren. Karl Schiller und ich denken nicht daran, uns gegeneinander ausspielen zu lassen. Im übrigen ist es gut, wenn eine Partei mehrere Personen hat, denen man zutraut, daß sie wichtige und wichtigste Führungsaufgaben erfüllen können.

Frage: Wer soll Ihrem Schattenkabinett angehören und wann wird es offiziell vorgestellt?

Antwort: „Schattenkabinett" ist etwas für die Opposition, die SPD ist in der Regierung. Wir haben eine Regierungsmannschaft, die sich bewährt hat. Wir haben eine Fraktionsführung im Bundestag, die sich gleichfalls bewährt hat. Wir haben außerdem keinen Mangel an nachrückenden jungen Führungskräften. Auf dem SPD-Parteitag in Bad Godesberg im April wird zu diesem Thema Näheres mitgeteilt werden.[4]

Frage: Schließt Ihr Entschluß zur Kanzlerkandidatur die Möglichkeit einer Koalition SPD/FDP nach den Bundestagswahlen ein?

Antwort: Die CDU hat erklärt, daß sie lieber mit der FDP als mit der SPD koalieren möchte. Die SPD will stark genug werden, um anhand der zu lösenden Sachfragen selbst zu entscheiden, wie die kommende Bundesregierung zusammengesetzt sein soll.

Frage: Wird Ihr relativ früh bekundeter Anspruch auf die politische Führung nach den Wahlen das Klima in der Großen Koalition jetzt zusätzlich belasten?

Antwort: Durchaus nicht. SPD und CDU haben beide erklärt, daß sie die politische Führung haben wollen. Der Wähler wird darüber entscheiden müssen. Inzwischen ist noch viel sachliche Arbeit zu leisten. Ich halte nichts von der „Opposition in der Koalition", wie sie in zunehmendem Maße durch den Bundesfinanzminister in dessen Eigenschaft als CSU-Vorsitzender betont wird.

Frage: Stimmt es, daß eine Reform unseres Wahlrechts von Ihrer Partei ad acta gelegt worden ist,[5] nachdem die FDP, der eine Wahlrechtsänderung zuerst schaden würde, die Wahl des SPD-Kandidaten Gustav Heinemann zum Bundespräsidenten ermöglicht hat?[6]

Antwort: Mit der FDP sind vor der Wahl Gustav Heinemanns zum Bundespräsidenten seitens der SPD keinerlei Absprachen getroffen worden, auch nicht zum Wahlrecht. Was die SPD 1969 zum Wahlrecht zu sagen hat, wird man auf dem Godesberger Parteitag[7] erfahren können.›[8]

[...]

Nr. 84

Schreiben des stellvertretenden Vorsitzenden der SPD Wehner an den Vorsitzenden der SPD, Brandt 24. September 1969[1]

AdsD, WBA, A 11.3, 15.

Lieber Willy!
So, wie es aussieht, wirst Du wohl keine Gelegenheit haben, mit mir vor der Wahlnacht zu sprechen. Ich kenne nicht die Gespräche, die mit anderen über denkbare oder wünschbare Regierungskombinationen nach der Wahl geführt worden sind. Es ist andererseits nicht meine Absicht, mit eigenen Gesprächen solche Kombinationen zu konstruieren oder von Dir und Deinen Freunden ins Auge gefaßte Kombinationen zu durchkreuzen. So, wie die Dinge laufen, erscheint es mir aber erlaubt und ratsam, Dir eine knappe Übersicht zu geben, die ich heute niedergeschrieben habe, um mir selbst und möglicherweise auch Dir vor Augen zu führen, was bedacht werden muß oder soll.[2]

Über jede Überlegung läßt sich naturgemäß diskutieren. Es ist nicht zu vermeiden, daß die unter A, B und C niedergeschriebenen Überlegungen miteinander in Beziehung gebracht werden müssen, das heißt, Abwägen erforderlich ist. Vielleicht kann meine kleine Tabelle zum Abwägen beitragen.

Wenn ich unter A 1 und unter C 1 jeweils der Großen Koalition die Priorität gegeben, aber die Koalition SPD-FDP nicht ausgeschlossen, sondern sie als nächste Wahl notiert habe, so möchte ich dazu erläuternd hinzufügen, daß dies bei A 1 bedeutet, das Gewicht der SPD im Kabinett zu erhöhen, während es bei C 1 die Annahme der Wahrscheinlichkeit ausdrückt, mit der CDU werde sich in dieser Beziehung konkreter über die in Frage kommenden Schwerpunkte eine Verständigung erzielen lassen als mit der FDP. Daß sich von diesen Zahlen her bei jedem der beiden denkbaren Partner ein Sachzwang ergeben könnte, möchte ich nicht unerwähnt lassen.

Wahlplakat 1969

Schließlich muß dabei stets bedacht werden, daß es unter gewissen Umständen bei bestimmten Fragen die heimliche kapitalistische Koalition von CDU und FDP geben kann und wird (siehe die Abstimmungen in den Ausschüssen bei Gesetzen wie dem über die Lohnfortzahlung oder bei städtebau- und mietpreispolitischen Streitfragen).

Falls meine persönlichen Wünsche Dich interessieren, so möchte ich nur kurz bemerken, daß ich am liebsten nicht ein zweites Mal in einer Regierung, die so geführt wird wie die jetzige, tätig sein möchte. Andererseits kann es Umstände geben, die das unvermeidlich machen können. In jedem Fall bedarf es gründlichster und allseitiger Überlegungen, falls wir uns genötigt sehen sollten, die Aufgabe der Opposition zu übernehmen. Dabei dürfen wir uns nicht von noch so verständlichen Stimmungen mitschwemmen lassen, vor allem nicht von eigenen.

Was meine eigene Position in der gegenwärtigen Regierung betrifft und die Denkbarkeit ihrer Fortsetzung oder Erneuerung, so bitte ich unter allen Umständen, mir Gelegenheit zu geben, meine eigenen Ansichten darüber in Ruhe vortragen zu können.[3] Wenn es auch nur die mindeste Chance geben sollte, die Position, die ich gegenwärtig halte, durch einen Sozialdemokraten zu besetzen, der nicht in dem Rufe steht, in dem ich stehe, so soll diese Chance wahrgenommen werden. Allerdings unter der Voraussetzung, dabei keine Illusionen zu haben oder zu nähren. Auch ein gefälligerer Mann als ich wird es immer wieder mit Zementmauern zu tun bekommen, die von der anderen Seite errichtet, befestigt und gehalten werden.

Mit guten Wünschen und herzlichem Gruß

Dein

‹Herbert Wehner›[4]

Nr. 84A

Anlage: Ausarbeitung des stellvertretenden Vorsitzenden der SPD Wehner über mögliche Regierungskombinationen

A: Vom Wahlresultat her:

1. Bei gleichzeitiger Mandatszunahme der SPD
und gleichzeitiger – Abnahme der CDU ..... Gr[oße] Koalition
.... SPD – FDP
2. Bei Stimmenrückgang und Mandatsverlust der SPD
und gleichzeitiger Zunahme der CDU .... Opposition
3. Bei absoluter Mehrheit der CDU-Mandate.......... Opposition
4. Bei Anwesenheit der NPD, verstärkter SPD und
geschwächter CDU .... SPD-FDP
Gr[oße] Koalition
5. Bei Anwesenheit, der NPD, geschwächter SPD
und verstärkter CDU .... Opposition

B: Von den politischen Notwendigkeiten her

1. Ablösung der CDU/CSU durch eine von der SPD geführte Koalition
2. Dezimierung einer in den Bundestag eingezogenen NPD durch eine von der SPD geführte Koalition oder in zweiter Wahl durch Gr[oße] K[oalition]
3. Opposition durch SPD gegen absolute Mehrheit der CDU (ob sie dann allein oder mit der FDP regiert)

C: Von den politischen Neigungen der denkbaren Partner und den Notwendigkeiten der SPD her

1. Wirtschafts- und Finanzpolitik aus einem Guß als Grundlage für die sozialen und kulturellen Erfordernisse ist schwierig in Kombination CDU-SPD und in Kombination SPD-FDP. Bei Schwerpunkt-Verständigung und unter Berücksichtigung der unter A angeführten Kriterien wahrscheinlich
.... Gr[oße] Koalition
.... SPD-FDP

2. Auswärtige, Sicherheits- und Deutschlandpolitik (Friedens-Sicherheit) ist schwierig mit CDU infolge der Haltung der CSU und wird schwierig in Kombination mit der FDP sowohl wegen deren Neigung zum Spekulativen nach der anderen Richtung als auch wegen der nationalistischen Opposition der CDU/CSU, insofern deren Zahl ins Gewicht fallen würde .... SPD-FDP
Gr[oße] Koalition

Nr. 85
Schreiben des Vorsitzenden der SPD, Brandt, an die stellvertretenden Vorsitzenden der SPD Wehner und Schmidt, den Schatzmeister der SPD, Nau, und den Bundesgeschäftsführer der SPD, Wischnewski
22. Dezember 1969[1]

AdsD, WBA, A 11.3, 15.

Liebe Freunde,
da die Besprechung am vergangenen Mittwoch ausfallen mußte, möchte ich in Stichworten die Punkte festhalten, die ich – neben einigen Personalien – gern erörtert hätte. Wir müssen versuchen, möglichst bald nach dem 10. Januar [1970] zu einem Termin zu kommen.

1. Es bleibt nicht viel Zeit, um dem Parteivorstand am 24. Januar [1970] die Tagesordnung für den Parteitag zu unterbreiten.

Wichtig sein wird, ob die Arbeitsgruppe zu dem Ergebnis kommt, daß sich eine erste „quantifizierende" Präsentation unserer Gesellschaftspolitik so rasch darstellen läßt. Und, wenn ja, wer der Redner sein soll.[2]

2. Ich stimme dem Vorschlag von Helmut [Schmidt] zu, für den Parteivorstand ein Arbeitsprogramm aufzustellen, das es möglich

macht, im Laufe des Jahres – neben der laufenden Arbeit – einige wichtige Themen vorklären und diskutieren zu lassen.[3]

3. Zu erwägen gebe ich, ob Parteivorstandssitzungen – jedenfalls 1970 – nicht doch wieder häufiger außerhalb Bonns durchgeführt werden sollten.[4] Das ginge nur in parlamentsfreien Wochen, und es dürfte sich nicht um bloße „Solidaritäts"-Sitzungen in Verbindung mit Wahlen handeln. – In den ersten Nachkriegsjahren wurden die PV-Sitzungen sicherlich auch deshalb vielfach außerhalb von Hannover abgehalten, weil man sich davon eine integrierende Wirkung versprach. Vielleicht haben wir das, unter veränderten Bedingungen, wieder nötig.

4. Meines Wissens haben Alfred [Nau] und Hans-Jürgen [Wischnewski] überlegt, wie die Arbeitsverteilung innerhalb des Präsidiums neu geregelt werden könnte.[5] Vielleicht sollte man damit aber, von Einzelfragen abgesehen, bis nach dem Parteitag warten.

Unabhängig davon sollten wir das kürzlich begonnene Gespräch darüber fortsetzen, wie wir die auf unseren engen Kreis bezogene Arbeit möglichst gut zuordnen.

5. Die Zusammenarbeit zwischen einigen Regierungsmitgliedern droht schwieriger zu werden, als ich es vermutet hatte. Ich denke dabei nicht daran, daß man aus einem Kabinett von heute auf morgen ein Team machen könnte; hier werden sich ohnehin nur Annäherungswerte erreichen lassen. Viel gefährlicher sind die, zunehmend auch bedenklicher in die Öffentlichkeit dringenden, nicht aufeinander abgestimmten Äußerungen zu wirtschaftspolitischen und damit verbundenen Fragen. Hinzu kommt, daß manche Sozialdemokraten in Ländern, Gewerkschaften etc. schon zu diesem frühen Zeitpunkt nicht mehr zu bedenken scheinen, was auf dem Spiel steht. Ende vergangener Woche haben wir an einunddemselben Tag erlebt, daß unterschiedliche Meinungen zu Grundfragen der Wirtschafts- und Finanzpolitik durch Pressekontakte hochgespielt wurden; daß der ÖTV-Vorsitzende [Heinz Kluncker] eine Einigung bei den Tarifverhandlungen ablehnte, obwohl wir bis an die Grenze des jetzt Vertretbaren (nach Schillers, Lebers und anderer Meinung: über

diese Grenze hinaus) gegangen waren; daß die Kriegsopfervorlage im Bundesrat unter Mitwirkung unserer Stuttgarter Freunde gestoppt wurde; daß die Steuervorlagen der Bundesregierung (hinter die ich freilich, was den zeitlichen Ablauf angeht, in der letzten Parteiratssitzung selbst ein Fragezeichen gesetzt hatte) von Sozialdemokraten aus den Ländern behandelt wurden, als hätten sie zum ersten Mal davon gehört und wüßten nicht, daß Beschlüsse vor und nach der Wahl vorlagen.

Eine der wichtigsten Aufgaben im Januar wird es sein, daß wir nicht nur zentral zu den notwendigen Klärungen kommen, sondern auch unsere Freunde „außerhalb von Bonn" mit den neuen Notwendigkeiten vertraut machen. Um das, was das Kabinett angeht, muß ich mich selbst kümmern; aber auch dabei brauche ich Eure Unterstützung. Für das übrige brauchen wir den Parteivorstand, den Gewerkschaftsrat, vielleicht auch eine Zusammenkunft mit den Landes- und Bezirksvorsitzenden.

Die zunächst für heute vorgesehene Kabinettssitzung habe ich abgesagt. Karl Schiller wäre wohl ohnehin nicht dabei gewesen. Ich habe ihn gebeten, seinen Urlaub nicht zu verschieben; es wird darauf ankommen, daß wir ihm bei seiner schwieriger gewordenen Aufgabe helfen, so gut wie wir können. Alex Möller entlastet die Lage sehr durch seine Erklärungen zu den Empfehlungen des Finanzkabinetts. Aber der Januar wird harte interne Diskussionen bringen. Es kommt darauf an, sachliche und persönliche Brüche zu vermeiden und der Bevölkerung eine plausible Deutung der zu erwartenden Entwicklung zu geben.

6. Außenpolitisch zeigt sich, daß manche unserer Freunde Illusionen gehabt haben und immer noch haben. Die Opposition liegt dabei nicht weniger schief, aber sie wird alles versuchen, unsere Deutschlandpolitik als gescheitert hinzustellen. Die Ostlage ist differenzierter als die Illusionisten <u>und</u> die Negativisten verstehen, aber die Differenziertheit der Lage und die Schwierigkeit der Aufgabe sind nicht immer leicht darstellbar. Wir werden uns um viel Behutsamkeit bemühen müssen. Mein Bestreben wird es deshalb beim „Bericht zur Lage der Nation" sein,[6] in diesem Augenblick nicht mehr Kon-

troversen auszulösen, als wegen der Absichten der Gegenseite ohnehin vermeidlich ist.
Besten Gruß
gez[eichnet] W[illy] B[randt]

Nr. 86

Aus der Rede des Vorsitzenden der SPD, Brandt, auf dem Bundeskongress der Jungsozialisten in Bremen 11. Dezember 1970[1]

SPD Pressemitteilungen und Informationen, Nr. 473/70 vom 11. Dezember 1970

[. . .]
Friedenspolitik und innere Reformen gehören zusammen. Wir haben begonnen, Versäumtes aufzuholen, Überfälliges anzupacken, neue Elemente der Demokratie in der Bundesrepublik zu entwickeln.

Wir stehen erst am Anfang eines Weges, der lang und mühsam sein wird. Eines Weges, der uns erst in vielen Einzelschritten dem gesetzten Ziel näherbringen wird. Er birgt Chance und Herausforderung zugleich. Die Chance, sich den gesellschaftlichen Problemen zu stellen und selbst gestaltend an den Lösungen mitzuarbeiten, unsere gesellschaftliche Zukunft wesentlich mit zu prägen. Die Herausforderung, aktiv im Wettstreit der Ideen und Auffassungen der politischen Kräfte unseres Landes einen von der Mehrheit bejahten Weg der Reformen zu finden und durchzusetzen.

Es ist in diesem Zusammenhang notwendig, dass wir über den Inhalt sprechen, den wir unserer Reformpolitik geben wollen, aber auch darüber, wie die einzelnen Vorhaben zu realisieren sind. Hierzu möchte ich an eine Diskussion erinnern, die nach meiner Meinung zu den Höhepunkten des Saarbrücker Parteitages gehörte.

Hans Eichel, Mitglied des Bundesvorstandes der Jungsozialisten, hatte im Rahmen der Diskussion über mein Referat das Problem der Reformen unter dem Gesichtspunkt der systemüberwindenden Wirkung behandelt. Die Jungsozialisten wollen, so sagte er, Reformen, die auch zugleich mehr Demokratie in diese Gesellschaftsordnung hereinbringen. Einschränkend fügte er hinzu, dass die innenpolitische Realität der Bundesrepublik nicht verkannt würde.[2] Herbert Wehner hat zu den Ausführungen von Hans Eichel ausführlich Stellung genommen. Und Norbert Gansel erklärte anschliessend, dass die Jungsozialisten diese Ausführungen kritisch und selbstkritisch überarbeiten würden.[3]

Herbert Wehner sagte damals, er rate dazu, Reformen nicht zu klassifizieren in solche, die als systemüberwindend, und in andere, die als nur systemgerecht bezeichnet würden. Er wolle damit nicht behaupten, dass es keinen Unterschied zwischen dem Karatgehalt von Reformen gäbe, aber er wolle davor warnen, sich in eine Begriffsauslegung zu verstricken. Nun zitiere ich wörtlich:

„Alle Reformen erfordern Augenmass und Leistungsfähigkeit, Augenmass für das, was nach unserem Verständnis der Wirklichkeit notwendig ist, und Augenmass dafür, in welchem Grade unter den gegebenen Verhältnissen das, was für notwendig gehalten und als notwendig erkannt wird, zu verwirklichen ist. Dazu bedarf es des Augenmasses auch für die Gegenkräfte, die durch bestimmte Reformen herausgefordert, herausgelockt werden oder vielleicht zeitweilig sogar unsere eigenen Kräfte in Bedrängnis bringen könnten. Zweitens bedarf es der Leistungsfähigkeit. Dazu gehört erstens die Kraft, die dafür sicher ist, ferner diejenige, die zusätzlich durch bestimmte Reformen aufgebracht werden kann, auch wenn es sich nur um punktuelle Reformen handelt. Dazu gehört aber auch – das ist etwas, worüber man leidenschaftslos sprechen muss, auch wenn es in der Praxis sehr schwierig zu lösen ist – die finanzielle Leistungsfähigkeit, und zwar sowohl die direkte, die eine Reform oder eine Reihe von Reformen zur Voraussetzung haben, als auch die indirekte, nämlich die Auswirkungen auf andere, auf den Anreizeffekt und was dabei noch zu bedenken ist.“[4]

Wehner sagte weiter, es gehe nicht um einen theoretischen Streit, um die Begriffe Reform oder Revolution, sondern „vielmehr um ein Ringen darum, die Basis für solche Reformen zu halten und zu verbreitern, die dem konkreten Menschen helfen und dadurch unsere eigene Basis für immer weitergehende Reformen vergrössern. Das ist ein Prozess, das ist auch ein dialektisch zu verstehender Prozess."[5] Wirtschaftliche Macht dürfe nicht die Grundrechte zugunsten der Konservierung von Privilegien schmälern. Er kenne wohl den Unterschied zwischen Verfassungstext und Verfassungswirklichkeit. Aber wir dürfen uns und andere nicht in Konflikt mit dem Verfassungstext bringen lassen, während dieser uns in Wirklichkeit helfen könne, die Verfassungswirklichkeit konformer zu machen in dem, was die Menschen brauchen.

Herbert Wehner hat von einem Prozess des Ringens gesprochen, das Grundgesetz und das Godesberger Programm in diesen Prozess hineingestellt, sich auf Gustav Heinemanns Vision der Freiheit für alle berufen und gefragt, was wichtiger ist: sich über Veränderungen zerstreiten oder Veränderungen durchführen. Wer die Flagge zeigen wolle, brauche dafür auch den Boden, damit sie stehen und weitergetragen werden kann. Ich meine, dies ist eine gute Grundlage für diesen Teil der Diskussion.

Und ich meine: Obwohl wir nicht die Mehrheit im Bundestag haben und die Regierungsverantwortung in loyaler Weise gemeinsam mit den Freien Demokraten tragen, haben wir im Innern eine Politik eingeleitet, mit der wir bestehen können.

Zuerst einmal eine Feststellung: im jetzt zu Ende gehenden Jahr konnten die Arbeitnehmer ihre Reallohnposition stärker als in jedem Jahr zuvor verbessern. Die Lohnquote, die langfristig zwar ein unsicheres Mass, von Jahr zu Jahr jedoch ein deutliches Zeichen der Veränderung ist, hat sich zugunsten der Arbeitnehmer verschoben: von 65,4 Prozent im Jahre 1969 auf 67,4 Prozent im Jahre 1970.

Von den Gesetzen, die im ersten Jahr der laufenden Legislaturperiode eingebracht oder verabschiedet wurden, möchte ich nur einige wenige nennen, die besonders die Arbeitnehmer betreffen:

Willy Brandt auf dem Juso-Bundeskongress im Dezember 1970

1. Auf dem Gebiet der sozialen Sicherung ist das zweite Krankenversicherungsänderungsgesetz – nicht nur wegen des Arbeitgeberanteils für die Angestellten – von ganz grosser Bedeutung. Dies gilt auch für die Dynamisierung der Kriegsopferrenten.

Die Leistungen des Kindergeldgesetzes konnten im Rahmen der finanziellen Möglichkeiten verbessert werden. Die Ausschüsse beraten ausserdem das von der Bundesregierung im August eingebrachte Gesetz zur Einbeziehung der Schüler und Studenten in die gesetzliche Unfallversicherung.

2. Auf dem Gebiet der verbesserten Sparförderung sind Lösungen zugunsten der schwächeren Gruppen gefunden worden. Durch das neue Gesetz ist die Zahl der Arbeitnehmer, die an entsprechenden tarifvertraglichen Leistungen partizipieren, bereits auf rund sieben Millionen angestiegen.

Die hier bereits sichtbar gewordene Konzeption wird ihre Ergänzung in der Steuerreform finden, und sie wird Pate stehen bei den weiteren Überlegungen, die die Bundesregierung in ihrem Vermögensbildungsbericht darlegen wird.

3. Auf dem Gebiet der Mitbestimmung hat das Kabinett den Entwurf eines neuen Betriebsverfassungsgesetzes vorgelegt. Mit diesem Gesetzentwurf erhält die – betriebliche – Mitbestimmung einen entscheidenden neuen Impuls:

- Die Rechte des einzelnen Arbeitnehmers wie des Betriebsrates werden wesentlich verbessert;
- die Präsenz der Gewerkschaft im Betrieb wird anerkannt;
- Rechte und Aufgaben der Jugendvertretung wurden neu gefasst und erweitert, um nur einige entscheidende Punkte zu nennen.

Diese Zwischenbilanz könnte leicht verlängert werden. Es wäre gut, wenn sich viele mit den wirklichen Unterlagen befassten. Es geht eben nicht nur um reformerische Lippenbekenntnisse. Es wird gehandelt. Dabei geht es den einen zu rasch, den anderen zu langsam.

Die Partei hat sich für die Regierungsverantwortung entschieden. Jetzt muss sie daraus das Bestmögliche machen. Und ich denke nicht daran, mich hinter den Freien Demokraten zu verstecken. Wir werden 1973 gut dastehen, wenn wir das durchgeführt haben, worauf wir uns im Oktober 1969 mit der FDP verständigt haben.

Ich muss auch auf die Beschränkungen hinweisen, die jeder reformerischen Politik in der Bundesrepublik entgegenstehen und die nur geduldig überwunden werden können.

1. An einer durch lange Jahre konservativer Politik geprägten öffentlichen Meinung kommen wir nicht durch Kraftakte vorbei. Es gilt Vertrauen zu gewinnen, nicht Vorurteile zu mobilisieren.

2. Das Tempo der Reformen hängt entscheidend ab von den wirtschaftlichen Ressourcen, die freigemacht werden können. Wenn wir nicht für wirtschaftliche Stabilität und für finanzpolitische Solidität sorgen, dann wird man uns nicht folgen. Hinzu kommt, dass die bisherige Konzentration auf den privaten Konsumstandard es zusätzlich schwer macht, Mittel zugunsten öffentlicher Leistungen umzuschichten. Wir wissen, dass der Kampf gegen die öffentliche Armut wichtig ist, weil öffentliche Armut zu allererst die Armut der Armen ist.

3. Die Verfilzungen der politischen und wirtschaftlichen Interessen sind natürlich nicht mit dem 28. September 1969 verschwunden. Ich will nicht moralisieren, sondern – beispielsweise mit dem Blick auf die Umweltprobleme – sagen: Wir brauchen eine scharfe Analyse und gute Öffentlichkeitsarbeit.

4. Wir gehen schrittweise vor, weil die Komplexität und Vielfalt unserer Gesellschaft uns keine andere Möglichkeit lässt. Wer heute die Gesellschaft verändern will, der muss an einzelnen Missständen ansetzen, diese beseitigen und Neues schaffen und zwar Neues, das besser ist.

Es wäre also gut, wenn uns die Jungsozialisten dabei hülfen, realistische Reformvorschläge zu entwickeln, das Bewusstsein der Mitbürger auf die neuen Notwendigkeiten einzustellen und – natürlich – auch Wahlen zu gewinnen.

Wir haben die Möglichkeit gewonnen, politisch führend für dieses Land zu wirken. Wir sollten diesen Weg nicht unnötig erschweren. Der Jargon der „geschlossenen Gesellschaft“ wird leicht zum Jargon der Verhinderung. Beträchtliche Teile unserer Bevölkerung haben die Notwendigkeit zu Reformen erkannt. Aber viele haben trotzdem eine unbestimmte Angst vor unübersehbaren Veränderungen. Und die Jungsozialisten werden zum Buhmann gemacht, um die Angst zu schüren. Lasst Euch nicht zum Buhmann machen! Initiativen zur Reform und die Phantasie im Ausdenken von Alternativen gesellschaftlicher Wirklichkeit liegen manchmal ganz nahe beim Missbrauchtwerden zur Verhinderung jeglicher Veränderungen. Es ist auch nicht hilfreich, wenn man abstrakt und polemisch behauptet, bestimmte Reformen müssten abgelehnt werden, weil sie den Leistungscharakter der Gesellschaft stärken würden. Glaubt jemand ernsthaft, wir könnten die Gesellschaft reformieren, wenn wir nicht gleichzeitig die Leistungen steigern! Ein modernes fortschrittliches Deutschland kostet Geld, viel Geld!

Die Sozialdemokratische Partei als ganzes muss den Weg finden, der zugleich die Phantasie für eine bessere Gesellschaft und das Gewinnen von Wahlen zulässt. Es ist nicht leicht, diesen Weg im einzelnen abzustecken, aber der Kurs ist im Godesberger Programm festgelegt, und die Partei wird sich von diesem Kurs nicht abbringen lassen. Ich möchte die Jungsozialisten bitten, die Anstrengung auf diesem Weg der schrittweisen Veränderung zu verstärken und das Gewinnen des Vertrauens der Mehrheit unseres Volkes in seiner vollen Bedeutung zu erkennen.

Es gibt einige Gruppen in der Bundesrepublik, die Herrn Scheel und mich an die Wand stellen möchten. Die unsere Demokratie hassen und nicht zögern würden, Deutschland in ein neues Unglück zu stürzen. Das wird ihnen nicht gelingen. Trotzdem brauchen wir gegen diese Provokationen alle freiheitlichen Kräfte. Ich bin sicher, darin sind wir einig. Das beeinträchtigt auch natürlich nicht die innerparteiliche Diskussion.

Die Delegierten, die Partei, aber auch andere erwarten, dass ich mich hier zum Verhältnis zwischen der SPD und der Arbeitsgemeinschaft der Jungsozialisten äussere. Ich bin nicht hierher gekommen, um den Schulmeister zu spielen, sondern um meine Meinung zu sagen und zu diskutieren. Ernsthafte Diskussionen sollten nicht unter taktischen Gesichtspunkten geführt werden, sonst haben sie keinen Sinn.

Als Vorsitzender unserer Partei habe ich hier die Meinung der Partei zu vertreten, wie sie sich aus dem Programm, aus den Beschlüssen der Parteitage und der vom Parteitag gewählten Gremien ergibt. Dies ist für mich keine Pflichtübung, sondern eine Frage der Redlichkeit und des eigenen Engagements.

Die Aufgabe der Arbeitsgemeinschaften ist von der Partei nach zwei Richtungen, nach aussen und nach innen, folgendermassen definiert worden: „Die Arbeitsgemeinschaften haben bestimmte Aufgaben der Partei in der Öffentlichkeit wahrzunehmen, um stärkeren Einfluss auf einzelne Gesellschaftsgruppen auszuüben. Sie stellen Beratungsgremien für die verantwortlichen Körperschaften der Partei dar."[6] Nun weiss ich sehr wohl, dass es im Bereich der Arbeitsgemeinschaften von der Sache her gewiss Differenzierungen gibt. Aber zweierlei muss klar sein: Es kann keine Partei in der Partei geben, und man kann auch nicht in zwei Parteien zugleich sein.

Aufgrund meiner eigenen Erfahrung möchte ich ausserdem zu bedenken geben, ob nicht eine Arbeitsgemeinschaft, wenn sie sich als Richtungsorganisation missversteht, den immer notwendigen Prozess der Meinungsbildung in der Gesamtpartei eher belastet denn fördert. Politische Stellungnahmen, die als Beschluss einer Arbeitsgemeinschaft veröffentlicht und den Gremien und Mitgliedern der Partei aus der Presse bekannt gemacht werden, müssen fast zwangsläufig Widerstände oder auch organisatorische Konflikte hervorrufen, die die erforderliche sachliche Diskussion erschweren oder gar verhindern. Auf die Dauer führen Arbeitsgemeinschaften, die als selbständige Organisationen auftreten, mindestens zur Bildung von gleichfalls selbständig auftretenden Gegenorganisationen. Das kann nicht im Interesse der Partei liegen, und das kann sie nicht zulassen. Es gibt sozialdemokratische Parteien in anderen Ländern, deren Fehlentwicklungen uns ein warnendes Beispiel sein sollten.

Ich muss auch ernste Bedenken gegenüber der Vorstellung anmelden, man könne Richtungsfragen generationsmässig fixieren. Wenn die Arbeitsgemeinschaften der Jungsozialisten die Organisation der jüngeren Sozialdemokraten und zugleich Richtungsorganisation sein wollten, würden sie fast zwangsläufig ihren unmittelbaren Auftrag, ihre eigentliche Aufgabe vernachlässigen. Wenn ich mir einen Teil der diesem Kongress vorliegenden Anträge und einige andere Veröffentlichungen ansehe, dann wird darin praktisch nur gegen Mehrheitsmeinungen der Partei,[7] gegen die politische Aktion der SPD in dieser spezifischen Situation polemisiert, und man erfährt wenig darüber, was die Jungsozialisten <u>für</u> die Partei, <u>für</u> die von der Partei beschlossene Politik tun wollen – vor allem im Hinblick auf die Vertretung sozialdemokratischer Auffassungen und Forderungen innerhalb der jungen Generation.

Meiner Meinung nach muss in aller Klarheit festgehalten werden: Es kann nach dem Charakter der deutschen Sozialdemokratie weder eine „Einzelstrategie“ noch eine „Doppelstrategie“ gegenüber der eigenen Partei geben.[8] Das gilt für Jungsozialisten ebenso wie für andere, die sich zur SPD bekennen und in ihr tätig sind. Es kann nur eine Politik und eine Strategie der SPD geben, und die werden vom Parteitag, von den dort gewählten Gremien und von der Bundestagsfraktion bestimmt. Der Vorsitzende dieser Partei hat dafür zu sorgen, dass für alle Mitglieder der SPD – ob jung, ob alt und aus welchen Motiven auch immer der einzelne zu dieser Partei gestossen ist – die gleichen Regeln für den Umgang miteinander gelten und gleichermassen von allen die Beschlüsse der Partei beachtet werden. Jeder hat das Recht, auf dem Boden des Programms und der Satzung um politische oder auch personelle Alternativen zu ringen. Aber bei der Ausübung dieses demokratischen, innerparteilichen Rechts kann niemand für sich Sonderrechte in Anspruch nehmen, die anderen nicht zukommen. Deshalb sage ich noch einmal: Die SPD kann nicht zulassen, dass irgendeine, wenn auch noch so wichtige Arbeitsgemeinschaft sich als Partei in der Partei etabliert. Das wäre schädlich für die Meinungsbildung in der Partei und für ihre wirksame politische Arbeit, und dazu gehört auch ihr Auftreten in der Öffentlichkeit.

Ich wünsche mir eine grosse, lebendige, permanent vorwärtsstrebende Partei. Diesem Anspruch kann die SPD natürlich nur gerecht werden, wenn in ihr auf allen Ebenen, nicht nur in den Führungsgremien, die sachliche politische Diskussion auch brisanter Themen geführt wird. Ich weiss, daran hapert es manchmal. Insofern ist meine Mahnung an mehr als eine Adresse gerichtet. Für die innerparteiliche Diskussion gilt meines Erachtens immer noch ein Wort August Bebels auf dem Parteitag 1891: „Der Parteitag erklärt ausdrücklich, dass die Kritik an den Handlungen oder Unterlassungen der Parteiorgane und der parlamentarischen Vertreter der Partei" – Regierungsmitglieder gab es ja damals noch nicht – „ein einem jeden Parteigenossen zustehendes selbstverständliches Recht ist. Er verlangt aber, dass diese Kritik in Formen ‹geführt wird›[9], die eine sachliche Auseinandersetzung ... ermöglichen. Er" – der Parteitag – „fordert insbesondere, dass kein Parteigenosse persönliche Anschuldigungen oder Anklagen öffentlich erhebt, bevor er sich nicht von der Richtigkeit ... überzeugt und alle ihm nach der Organisation zustehenden Mittel erschöpft hat, um Abhilfe zu schaffen ... Als ehrlicher Mann soll ich dem Gegner immer nur das sagen, was ich in ehrlicher Weise vertreten kann. Wieviel mehr ist ein solches Verfahren den Genossen gegenüber Pflicht."[10] – Soweit Bebel.

Dieses Wort von vor nahezu achtzig Jahren müsste auch heute in unserer Partei eine Selbstverständlichkeit sein. Und diese Partei muss wachhalten, was sie über viele Jahre der Bedrängnis hinweg unbesiegbar gemacht hat: die Solidarität.

Es erscheint mir auch sehr wichtig, dass wir in der innerparteilichen Diskussion einander keine falschen Motive unterstellen. Wenn etwa in dem Berliner Beschluss des Bundesausschusses der Jungsozialisten den verantwortlichen Parteigremien unterstellt wird, die ideologische Abgrenzung der Sozialdemokratie zum Kommunismus solle dazu gebraucht werden, „die sozialistischen Kräfte in der SPD zurückzudrängen"[11], und der Vorwurf erhoben wird, die Partei habe damit den primitiven Anti-Kommunismus neu belebt, dann werden Absichten unterstellt, die neben der Sache liegen und dem Gegenstand einfach nicht gerecht werden.

Unsere praktische Politik beweist, dass wir frei sind von primitivem Anti-Kommunismus. Aber wo kommen wir hin, wenn wir nicht – neben der Bereitschaft zur Entspannung und zur Verständigung der Völker – auch in aller Deutlichkeit sagen, welches die gegensätzlichen Positionen und Überzeugungen sind! Die Kommunisten tun es, wir tun es. Jeder soll wissen, was er praktisch-politisch und grundsätzlich von anderen zu halten hat.

Das eigentliche Motiv der Münchner Entschliessung der Parteigremien war es,[12] den sich in letzter Zeit häufenden Versuchen der DKP entgegenzuwirken, ihre schmale Basis durch Aktionsgemeinschaften mit Mitgliedern der SPD zu erweitern und ihr nahestehende Publikationsorgane durch Garnierung mit Namen von SPD-Politikern aufzuwerten. Das machen wir nicht mit. Wir sind verantwortlich für eine starke und integre deutsche Sozialdemokratie.

Zur Glaubwürdigkeit der SPD gehört, dass die prinzipiellen Gegensätze gegenüber dem Kommunismus nicht verkleistert werden. Dies ist besonders nötig in einer Zeit, in der wir die Beziehung zu den kommunistisch regierten Staaten normalisieren. Im Dokument „Sozialdemokratie und Kommunismus" heisst es: „Friedenspolitik und

Sicherung der Freiheit gehören für die deutsche Sozialdemokratie untrennbar zusammen."[13] Für die SPD bleibt es dabei, dass Sozialismus und Demokratie unlösbar zusammenhängen.

Natürlich wissen wir, dass die internationale kommunistische Bewegung längst kein monolithischer Block mehr ist. Aber wir haben uns in diesen Prozess nicht einzumischen. Wir müssen unseren eigenen Weg bestimmen. Für uns gibt es keine Aktionsgemeinschaft mit kommunistischen Organisationen. Und erst recht nicht sollten wir uns als Blutspender hergeben für Sekten aller möglichen Schattierungen, die sich teils durch Spaltung fortpflanzen, teils aber auch durch ihre unkontrollierten Äusserungen und exhibitionistischen Aktionen willkommene, wenn auch nicht bewusste Helfer unserer Gegner sind.

In die Münchner Beschlüsse der Parteigremien ist manches hineindiskutiert worden, was nicht drinsteht.

Wo Kommunisten beispielsweise in Betriebsräte, Gewerkschaftsleitungen oder Gemeinderäte gewählt wurden, werden Sozialdemokraten selbstverständlich nicht das Feld räumen, sondern ihre eigenen politischen Positionen vertreten und um mehr Zustimmung der Kollegen und Wähler ringen. Die Abgrenzung, um die es hier geht, ist weder ein blindes Anti, noch soll sie die geistige Auseinandersetzung verhindern. Im übrigen, die Behauptung von der Unmöglichkeit der ideologischen Koexistenz haben nicht wir erfunden. Wir sind und bleiben bereit zur geistig-politischen Auseinandersetzung. Das erfordert aber eine unmissverständliche Haltung unsererseits. Mit anderen Worten: Wir müssen uns einig sein, dass wir die Auseinandersetzung als Sozialdemokraten führen.

Wir müssen uns klar werden, was uns in den nächsten Monaten und Jahren bevorsteht. Im negativen: Unsere Gegner werden alle verfügbaren Mittel im Kampf gegen uns anwenden. Was sich in den letzten Wochen und Monaten abzeichnete, war ein Vorgeschmack dessen, was auf uns zukommen wird. Denn je deutlicher unsere politischen Gegner erkennen, dass wir mit unserer Politik der Friedenssicherung und der inneren Reformen Erfolg haben, desto ungehemmter werden manche von ihnen um sich schlagen.

Ich möchte hier in aller Deutlichkeit feststellen: Die deutschen Sozialdemokraten haben aus den Erfahrungen der Vergangenheit gelernt. Sie werden nicht dulden, dass durch nationalistische Hetze und reaktionäre Phrasen die Demokratie in unserem Lande gefährdet wird. Wir werden diese Demokratie schützen, weil sie die Grundlage unserer Arbeit ist und weil wir sie ausbauen wollen. Aber dann ist auch erforderlich, dass unser Verhältnis zum Grundgesetz und zum demokratischen Staat nicht in Zweifel gezogen werden kann.

Im positiven: Vielerorts in der Welt setzt man auf uns deutsche Sozialdemokraten Hoffnungen, die zeigen, dass man uns mehr zutraut, als wir beim besten Willen zu leisten vermögen. Dennoch sollten wir uns verpflichtet fühlen, europäisch und international zu leisten, was in unseren Kräften liegt.

Zuhause erleben wir, dass die Aufgeschlossenheit für Reformen nicht abnimmt, sondern zunimmt. Unser relativer Erfolg in diesem Jahr sollte uns jedoch nicht vergessen lassen, dass es noch nicht gelungen ist, eine solide Mehrheit von der Richtigkeit unserer Politik zu überzeugen. Unsere innenpolitischen Gegner werden sich bemühen – und das kann man ihnen nicht gut zum Vorwurf machen –, unsere Schwächen auszunützen. Ein der CDU nahestehendes Blatt meinte kürzlich, die Chancen der Union würden durch unsere Auseinandersetzung mit den Jusos grösser werden, und sie könnten noch grösser sein, wenn die CDU das aus den Wahlkämpfen übernommene konservative Erscheinungsbild bald wieder durch dynamisches Vorwärtsdenken ablösen könnte. Nun, zum Letzteren kann ich nur viel Erfolg wünschen. Und zum Ersten: Wir müssen so eindeutig miteinander auf dem Boden der Partei stehen, dass für Spekulationen der anderen kein oder möglichst wenig Raum bleibt.

Wir können uns, trotz mancher objektiver Schwierigkeiten, voller Zuversicht den grossen Aufgaben in der Innen-, Gesellschafts- und Aussenpolitik stellen, wenn wir als Partei miteinander wissen, was wir wollen. Das geht nur, wenn wir uns als handelnde politische Partei und nicht als Debattierclub abstrakter Ideen verstehen. Ich habe viel Sinn für die Frage nach der „konkreten Utopie". Aber als Partei brauchen wir das Augenmass für das Mögliche und das Notwendige. Wir müssen wissen, wo wir neue Verbündete für unsere Bemühungen finden können. Wir haben, weil uns die Mehrzahl der Mitbürger die Fähigkeit zur demokratischen Fortentwicklung zutraut, grosse Chancen. Daran ändern auch nichts die Resultate der Landtagswahlen in diesem Jahr, die im übrigen, vergleicht man die Ziffern der Koalitionspartner und die der Opposition, das Ergebnis der Bundestagswahlen 1969 bestätigen, allerdings mit leichten Verschiebungen zugunsten der FDP, was die Koalition angeht, und zugunsten der CDU/CSU, was das Aufsaugen des extrem-rechten Stimmenreservoirs angeht.[14]

Wir müssen uns klar sein: Es kann nicht genügen, 1973 ebenso viel Prozent der Stimmen für uns zu gewinnen wie bei den Bundestagswahlen 1969. Der FDP kann es nicht genügen, auf zufällige Fluktuationen angewiesen zu sein. Die Kontinuität unserer Politik über 1973 hinaus lässt sich nur sichern, wenn es gelingt, die politisch interessierten und informierten Wähler einer mittleren Schicht – und dazu gehören heute Angestellte und Beamte genauso wie Facharbeiter –, die 1969 – schon mit halbem Herzen – noch einmal die CDU/CSU wählten, über unsere Ziele und Leistungen zu informieren und sie für uns zu gewinnen. Die CDU/CSU mag sagen, was sie will: Die Landtagswahlen 1970 haben die Voraussetzungen geschaffen, in den nächsten Jahren die in der Regierungserklärung vom 28. Oktober 1969 festgelegte Politik fortzusetzen. – Dabei will ich übrigens ausdrücklich Dank sagen für den starken Einsatz, mit dem viele Jungsozialisten an den Wahlkämpfen mitgewirkt haben. Nur ist nichts so gut, als dass es nicht noch besser sein könnte.

Wessen „Genosse“ aber der berühmte Trend ist, wird von der täglichen politischen Arbeit abhängen, von der Klarheit unserer politischen Aussagen und von der Geschlossenheit unserer Partei. Wir müssen in den nächsten Monaten und Jahren neue Wählerinnen und Wähler und insbesondere die Jugend für uns gewinnen. Wir dürfen nicht ermüden in dem Bestreben, die junge Generation, der wir die Möglichkeit gegeben haben, bereits mit 18 Jahren zu wählen, von der Notwendigkeit der aktiven Unterstützung unserer Politik zu überzeugen. Das ist eine Aufgabe für die gesamte Partei. Aber ich glaube, ich habe das Recht, die Jungsozialisten zu bitten, dieser Aufgabe – entscheidend für unsere ganze Zukunft – durch konstruktive Arbeit besondere Aufmerksamkeit zu widmen.

Viele schauen auf diesen Kongress. Das darf nicht dazu führen, dass hier nicht alles gesagt wird, was zu sagen ist. Aber diejenigen sollten Lügen gestraft werden, die darauf hoffen, dass wir uns hier schwächen. Bremen muss zum Ausgangspunkt einer neuen, grossen, gemeinsamen sozialdemokratischen Anstrengung werden.

Nr. 87

Hs. Schreiben des Vorsitzenden der SPD, Brandt, an den stellvertretenden Vorsitzenden der SPD Schmidt
22. Dezember 1970

Archiv Helmut Schmidt, Innenpolitik A–Z, Bd. 2 1970.

Lieber Helmut,
zunächst möchte ich Dir zu Deinem morgigen Geburtstag alle guten Wünsche sagen.

Gleichzeitig sagen Rut und ich Dir und den Deinen herzliche Grüsse zum Fest und zum Jahreswechsel.

Sodann möchte ich mich bedanken für die Freundlichkeiten, die Du mir anlässlich meines Geburtstages erwiesen hast. Sage bitte auch Deinem „Kollegium" meinen Dank, wenn Ihr wieder beisammen seid. Auch für das ebenso elegante wie praktische Geschenk.

Es ist ein schwieriges Jahr, das zu Ende geht, und das kommende wird mit Sicherheit nicht einfacher werden. Wir sollten miteinander dafür sorgen, dass es nicht noch schwerer wird, als es sich ohnehin abzeichnet und nur bedingt zu beeinflussen ist.

Du hast natürlich Recht gehabt mit der Voraussage, dass „Bremen"[1] Blasen ziehen würde – (wobei die internen Berichte übrigens zeigen, dass die DKP unzufrieden ist). Die Frage ist, wie wir im Januar

[1971] weitermachen. Es wäre gut, wenn es zu einem Vieraugengespräch zwischen Herbert und Dir käme. Sollte das nicht gehen, müssen wir trotzdem eine sachliche Basis finden. Die Partei verträgt nicht, dass die führende Gruppe in einen länger andauernden Streit gerät.[2]

Dein gutgemeinter, freundschaftlicher Rat, ich sollte deutlicher sagen, wo die Reise lang geht, hilft auch nicht viel weiter. Erstens kann keiner von uns mehr aus seiner Haut – aus seinem Stil heraus. Zweitens liegt die Lösung der meisten unserer Probleme wirklich in „kollektiven“ Antworten.

Im übrigen solltest Du wirklich nicht einen zu strengen Maßstab anlegen, wenn andere nicht jedes Wort auf die Goldwaage legen. Du tust es auch nicht. Auch Du würdest einen Teil Deiner Ausstrahlungskraft aufgeben, wenn Du über Gebühr darauf verzichtest, Dir Fesseln anzulegen.

Du müsstest wissen, wieviel ich von Dir halte. Aber Du musst, bitte, auch verstehen, dass ich nicht einseitig entscheiden kann, es auch nicht will.[3] Wir müssen uns, mit anderen Worten, wieder zusammenraufen. Das wird auch gelingen.

Ich bin ab 28. Dezember [1970] weit weg von Deinem italienischen Urlaubsort. Wenn du es, unbeschadet der grossen Distanz, für möglich hältst, im Anschluss an Deinen kürzeren, mich in meinem etwas längeren Urlaub aufzustöbern, bist Du jederzeit willkommen.

Sonst müssen wir Mitte Januar weitermachen.

Sei inzwischen herzlichst gegrüsst, ruh' Dich etwas aus und sammle Kräfte für das, was vor uns liegt.

Dein
W[illy] B[randt]

Nr. 88

Hs. Schreiben des stellvertretenden Vorsitzenden der SPD Schmidt an den Vorsitzenden der SPD, Brandt 30. Dezember 1970/4. Januar 1971[1]

AdsD, WBA, A 8, 18.

Lieber Willy,
meine guten Wünsche zum neuen Jahre werden längst in Deinen Händen sein, wenn dieser Brief bei Dir eintrifft. Daß ich die lange Reise von und nach Nairobi nicht mehr in meinen Kalender hineinzwängen konnte, hat mir sehr leid getan; ich habe mich aber belehren lassen müssen.

Deshalb hier nun der Versuch einer Antwort auf Deinen langen freundschaftlichen Brief vom 22. Dez[ember 1970].[2] Du schriebst, die meisten unserer Probleme verlangten nach „kollektiven" Antworten; d. h. wohl: nach gemeinsam erarbeiteten Antworten. Ich akzeptiere dies aus Überzeugung und Erfahrung (wobei ich später nochmal kurz darauf zurückkomme, daß auch ein politisches Spitzenteam bisweilen der Zähmung durch einen bedarf)[3].

Gemeinsame Antworten – ich wiederhole mich und bitte um Vergebung dafür – setzen in aller Regel das Gespräch voraus. Schon vor Bremen[4] habe ich das Bedürfnis nach häufigerem gemeinsamen Gespräch manchesmal sehr eindringlich empfunden.

Ich verstehe gut, daß Du einige ständige Gesprächspartner in Deiner unmittelbaren Nähe brauchst und Dir herangezogen hast. Ich bitte nur herzlich darum, Herbert Wehner und mich nicht auf die Diskussionen im Gesamtpräsidium oder Gesamt-Kabinett zu beschränken; denn diese beiden Gremien umfassen neben den Genossen von Substanz offensichtlich auch solche taktlosen, die notorisch gegenüber Leuten aus Presse und Informationsdiensten bruchstückweise, bisweilen verfälscht sogar – ob mit oder ohne Absicht – Diskussionsbestandteile preisgeben. Dies wäre durchaus zu ertragen – wenn die eigentlichen Führungspersonen einigermaßen einheitlich auftreten. Dazu bedürfen sie des persönlichen Kontaktes.

Wenn dieser zu selten stattfindet, werden sie verführt, in offiziellen Sitzungen jedenfalls ihre etwa voneinander abweichenden Meinungen solange wie möglich zu verschweigen. Irgendwann tritt aber dann ein Punkt ein, an dem man glaubt, nicht mehr länger schweigen zu können oder zu sollen – an solchen Punkten entsteht dann leicht Schärfe coram publico[5] und – reziprok dazu – Verbitterung. Wenn Herbert z. B. je die Gelegenheit gehabt hätte, uns ohne Beisein von einem Dutzend weiterer Genossen zu sagen, was ihm an unserer Politik mißfiel, und Dich und mich zur Stellungnahme zu bewegen, so hätte es seinen bitter anmutenden Akt der öffentlichen Desavouierung in Bremen vielleicht nicht gegeben.[6]

Dies Beispiel führt mich zu Deiner Anregung eines Vier-Augen-Gespräches zwischen Herbert [Wehner] und mir. Ich bin nicht dagegen – aber ich kann mir davon eine Ausräumung der offenbar gewordenen politischen Differenzen nicht versprechen. Es handelt sich aber doch bei mir nicht um ein persönliches Beleidigt-Sein, sondern vielmehr um die deutlich empfundene Besorgnis, Herberts Verhalten – sowohl z. B. während der Münchener Parteiratssitzung[7] als auch in Bremen – deuteten für seine Person eine Veränderung des politischen Kurses an.

Falls dies letztere richtig sein sollte, so hätte ich jedenfalls nicht die Absicht, dies ohne Auseinandersetzung in den zuständigen Gremien der Partei zu akzeptieren. Persönliche Empfindlichkeit dagegen spielt bei mir höchstens eine sehr untergeordnete Rolle – wobei ich die Bremer Äußerung noch eher hingehen lassen könnte als das zweimalige Verschweigen auf die in internem Kreise gestellte Frage, was denn eigentlich der Anlaß zu seiner Verurteilung sei.

Wohin die Aufspaltung einer sozialdemokratischen Partei in Flügelkämpfe führen kann, bekommt man hier in Italien sehr deutlich vor Augen geführt. Ich hoffe sehr, daß uns dies erspart wird. Wir können es uns freilich nicht dadurch ersparen, daß wir Schweigen akzeptieren, wenn einzelne Führungspersonen ohne Absprache mit den übrigen öffentlich hör- und sichtbar die Akzente verschieben.

Meine Besorgnis gilt übrigens nicht nur unserem Verhalten gegenüber sich selbst für links haltendem Wortradikalismus, sondern auch für unsere Berlin-Politik, bei der mich manche Berliner Äußerungen der letzten Wochen ein wenig beunruhigt haben: Was „befriedigend" genannt werden kann, darf nicht im Vorwege alle paar Wochen öffentlich anders definiert werden. In den Fragen unseres Verhältnisses zu Kommunisten wie linken Schwärmern, in der B[er]l[i]n-Frage, in den Fragen der parlamentarischen Behandlung der Opposition nützen m. E. Zwiegespräche Wehner-Schmidt nicht viel – sie bedürfen vielmehr gemeinsamer Erörterung im Kollegium – mindestens aber in Sechs-Augen-Gesprächen.[8]

Vielleicht gehen wir tatsächlich einem der schwierigsten Jahre für unsere Partei entgegen. Du gehörst zu denjenigen, denen die Fähigkeit zum menschlichen Ausgleich gegeben ist. Du hast oft genug mit gutem Erfolg Gebrauch davon gemacht. Du wirst dies, so hoffe ich, auch in dem schwierigen Jahr 1971 tun – hierzu aber eine Bitte: Laß' uns aufpassen, daß wir ernste politische Meinungsverschiedenheiten nicht durch Zudecken oder Überpinseln (vorübergehend) aus der Welt zu schaffen meinen; sie könnten sonst bei späterer Gelegenheit um so stärker erneut aufbrechen.

In diesem Zusammenhang ein Wort über das „Führen durch ein Team". Ich habe am Ende meines letzten Buches[9] aus meiner dreijährigen Erfahrung als Fraktionsvorsitzender dazu einiges gesagt; die Essenz: Derjenige, der nach außen die Hauptverantwortung trägt, muß innerhalb des Führungsteams notfalls (nach Diskussion versteht sich) die Entscheidung treffen. Hierin bleibe ich bei meiner Meinung – trotz Deiner sehr deutlichen Skepsis und trotz Deiner Bemerkung über Deinen Stil – und bleibe auch bei der Überzeugung, daß einschließlich Herberts und meiner in solchen Fällen sich eine erdrückende Mehrheit in unseren Führungsteams der alternativen oder der Kompromißentscheidung durch den B[undes]K[anzler] und Parteivorsitzenden anheimgeben wird. Nicht anders habe ich übrigens neulich Alex' [Möller] Rede im Präsidium verstanden: zweifellos wollte er Dir sagen, daß kein anderer als Du selbst über die personelle Zusammensetzung des

Führungsteams entscheiden solltest (dies allerdings geht Dir bestimmt zu weit ...).

Man hat mir nach Ischia eine Menge an Zeitungen etc. geschickt; ich lese dabei wiederum in obskuren Pressediensten – vom BPA vervielfältigt – über angebliche Zusammenstöße und Meinungsverschiedenheiten (Ost- und Westpolitik betreffend) zwischen Dir und mir. Ich frage mich (immer wieder vergeblich), wer eigentlich dergleichen erfindet und immer wieder als glaubwürdig in die Welt setzen kann. Die Couloir-Gespräche[10] der politischen, beamteten und journalistischen Höflinge können im Spiegel bis zum Meißner- oder Mießbach-Dienst und im Stern bis zur Welt oder [zum] Bayern-Kurier endlos die Gazetten zur Brunnenvergiftung mißbrauchen. Der stetige Versuch, die Führungsfiguren der Sozialdemokratie gegeneinander auszuspielen, ist evident. Er kann aber – auch in seiner Öffentlichkeitsgewichtung! – zur Erfolglosigkeit verurteilt werden, wenn jeder sieht, daß wir uns durch die als Zwischenträgereien aufgemachten Bosheiten nicht darin beirren lassen, zueinander zu stehen. Ich zweifle nicht daran, daß wir dies können, wenn wir häufiger im vertrauten Kreise miteinander sprechen. Die Unterhaltung im Erkerzimmer[11] Deiner Wohnung war doch ein gutes Beispiel dafür (obgleich ich ein wenig bestürzt war, zu erkennen, Du hättest bis dahin eine substantielle Meinungsverschiedenheit in der Außenpolitik zwischen Dir und mir als möglicherweise bestehend angesehen).

Ischia, 4. Januar [1971]
Lieber Willy, dies ist ein allzulanger Brief geworden. Aber Du wirst den Beweggrund für die Ausführlichkeit verstehen: mir lag sehr daran, von Dir verstanden zu sein. Im übrigen und insgesamt – so glaube ich – kannst Du Dich nicht nur auf mein Pflichtbewußtsein verlassen, sondern auch auf meine Freundschaft.
Mit allen guten Wünschen – und herzlichen Grüßen an Rut
Stets Dein
H[elmut] S[chmidt]

Nr. 89

Rundschreiben des Bundeskanzlers und Vorsitzenden der SPD, Brandt ohne Datum 1971[1]

AdsD, WBA, A 8, ungeordnet.

Ich erinnere mich gern, daß Sie im Wahlkampf 1969 die Sozialdemokraten mit einem Testimonial unterstützt haben.[2] Ihr persönliches Eintreten hat damals mitgeholfen, die jetzige Regierung und die sie tragende Koalition zustande zu bringen.

Nun arbeiten wir auf dieser Basis seit beinahe zwei Jahren. Dies scheint mir die rechte Zeit, die Diskussion mit Ihnen zu suchen und einmal zu besprechen, was nach einer kritischen Beobachtung der ersten beiden Jahre für die zweite Hälfte bis 1973 wichtig sein könnte.

Diese Diskussion würde ich gern mit Ihnen im Kreis von Damen und Herren führen, die sich 1969 mit einem Testimonial für eine neue Politik ausgesprochen haben.

Ich lade Sie sehr herzlich für den 5. Oktober [1971] zu einem Gespräch mit mir und einigen meiner Mitarbeiter nach Bonn ein.[3]

Ich würde mich sehr freuen, wenn es Ihnen möglich wäre, zu kommen.

Mit freundlichen Grüßen

Nr. 90

Notizen des Bundeskanzlers und Vorsitzenden der SPD, Brandt, für ein Gespräch mit Testimonials 5. Oktober 1971[1]

AdsD, WBA, A 8, ungeordnet.

Nochmaligen Dank für die Hilfe '69:
Gemeinsame Überlegungen zur ‹Halbzeit[2]›:

– mehr erledigt, als viele meinen
– vieles mit Aussicht auf Erfolg auf dem Weg
– fast alles aus der Regierungserklärung wird bis '73 abgehakt werden können.
– ‹Manche: zuviel erwartet. Einige: nur angekündigt› [3]

Einige Erfahrungen, die sich zugleich auf wichtige Probleme unserer parlamentarischen Demokratie beziehen:

1. Propaganda und öffentliche Meinungsmache vermögen weit mehr, als wir dachten, die Wirklichkeit zu überlagern. Das haben wir in den zwei vergangenen Jahren laufend gespürt. Wir spüren es jetzt, wenn wir Bilanz der ersten Hälfte ziehen.

Unsere eigene Informationspolitik und Öffentlichkeitsarbeit ist nicht so schlecht, wie manche unserer Freunde sie empfinden. ‹Material, von dem nicht Gebrauch gemacht wird›[4].

Aber, von anderem abgesehen, sind wir offensichtlich behindert durch eigene Gefühle und Vorstellungen.

Wer die Diskussion um die Friedenspolitik, um das Eherecht, um law and order[5] und um die sogenannte Inflation verfolgt hat, der wird festgestellt haben, daß untergründig Stereotypen, Fehlhaltungen und Ängste unseres Volkes mobilisiert werden, die Sorge bereiten.

Wir scheuen uns davor, dies mitzumachen, wohl wissend, daß wir es manchmal müßten, um uns für 1973 einen großen Anteil am Wählerpotential zu sichern.

‹Jedenfalls: inn[ere] Sicherheit nicht vernachlässigen!›[6]

Willy Brandt und Rut Brandt im Gespräch mit Günter Grass beim Sommerfest des Bundeskanzlers am 27. Juni 1970

Wir befinden uns auf einer Gratwanderung:

- auf der einen Seite die Gefahr, daß uns Wähler verlorengehen,
- auf der anderen Seite die Gefahr, daß wir im Konkurrenzkampf mit der Opposition vorgefundene Vorurteile weiter verstärken, statt sie abzubauen.

2. Trotz allem: In einigen Bereichen ist es gelungen, die Einstellungen unserer Mitbürger zu wichtigen Fragen unseres Landes zu mehr Realismus hin zu beeinflussen.

- Das gilt für die Außen- und Deutschlandpolitik, wo Tabus und Illusionen überwunden werden.
- Das gilt für die Bereitschaft unserer Mitbürger, öffentliche Planung in wichtigen Lebensbereichen zu akzeptieren (Umweltschutz, Bildungspolitik, auch Wirtschaftspolitik)

‹Staat = alle kein Selbstbedienungsladen, ohne zu zahlen Wi[rtschafts]po[litik] entscheidend Stab[ilität]/Reformen›[7].

3. Der Wechsel in der Regierung war ein Wechsel in den Spitzen. Die Effizienz und die Tiefenwirkung dieses Wechsels wurde dadurch beeinträchtigt, daß sich in zwanzig Jahren im Verwaltungsapparat eine Struktur verfestigt hat, die zu modernisieren viel Zeit erfordern wird.

Diese Republik wird nicht allein vom Bundeskanzler und seinen Ministern regiert. Die Bürokratie regiert auch mit oder auch nicht. Das verringert die Effizienz. Das Ergebnis: Die wenigen, die neu in den Regierungsapparat hineingekommen sind, sind überlastet. Noch nie sei in einer Regierung so viel gearbeitet worden wie heute, sagen Kenner der Bonner Szene.

Ich sage das nicht, um unseren Arbeitseifer und den Fleiß unserer Mitarbeiter zu rühmen. Ich sage es, weil mir dies ein schwieriges Problem unseres politischen Systems zu sein scheint.

Eines kann man rückblickend sagen: Der Regierungswechsel kam jedenfalls nicht zu früh. Und unserem Land wäre es zu wünschen, daß die 73er Entscheidung die sozialen und liberalen Kräfte nicht nur bestätigt, sondern zum Teil erst wirklich freisetzt.

4. Die Auseinandersetzungen in den nächsten zwei Jahren werden wohl einen wenig schönen Charakter haben. Das darf uns nicht schrecken. Mich ermutigt:

- daß neben den praktisch-politischen Fragen auch die Grundsätze deutlicher werden
- daß die Jüngeren uns überdurchschnittlich verstehen ‹(allerdings: Wahlbeteiligung)›[8]
- daß die Gewerkschaften die politischen Zusammenhänge zunehmend gut verstehen ‹(Metall)›[9]
- und daß die Intellektuellen uns nicht im Stich lassen.

Nr. 91

Artikel des Vorsitzenden der SPD, Brandt, für *Die Neue Gesellschaft* 8. November 1971[1]

SPD Pressemitteilungen und Informationen, Nr. 403/71 vom 8. November 1971.

Der außerordentliche Parteitag der SPD – vom 18. bis 20. November [1971] in Bonn – wird wichtige Sachentscheidungen zu treffen haben. Der vorjährige ordentliche Parteitag in Saarbrücken hatte ihm die Anträge zu drei Themen – Steuerreform, Massenmedien, Organisation der Partei – überwiesen, damit darüber ohne Zeitdruck entschieden werden könnte.

Die Öffentlichkeit ist natürlich nicht nur an den Einzelthemen interessiert. Sie wird ablesen wollen,

1. wie sich die SPD nach der Halbzeit zu ihrer Regierungsverantwortung verhält,

2. wie konzentriert die SPD ihre Arbeit in der zweiten Hälfte der Wahlperiode angeht und

3. wie die SPD das natürliche Spannungsverhältnis zwischen langfristigen Zielen und konkreten Möglichkeiten der Verwirklichung bewältigt.

Gerade auf diesem Parteitag wird deutlich werden müssen, welche Aufgaben die Partei, ihre Bundestagsfraktion und ihre Mitglieder in der Bundesregierung im wechselseitigen Zusammenwirken wahrzunehmen haben. Über vieles andere hinaus bleibt es die selbstverständliche Aufgabe der Partei, ihre Zielvorstellungen zu formulieren. Aufgabe der Regierung ist es zu sagen, was sie unter den gegebenen Bedingungen machen kann und machen wird. Die Bundestagsfraktion wird, wie in den letzten Jahren, immer wieder prüfen, was sie durch ihre eigenen Anstrengungen verbessern und bewegen kann.

Hinzu kommt die Notwendigkeit, die vertrauensvolle Zusammenarbeit mit dem Koalitionspartner nicht Schaden leiden zu lassen. Man muß voneinander wissen, was man miteinander tragen kann. Auf die Steuerreform bezogen: Eine Sache sind die Beschlüsse, die sich auf das Arbeitsprogramm der sozial-liberalen Koalition stützen. Eine weiterreichende Sache sind die sozialdemokratischen Leitlinien, die – je nach dem Wahlausgang – in einer kommenden Regierungserklärung ihren Niederschlag finden werden.

Der Bonner außerordentliche Parteitag ist mit neuen Arbeitsmethoden vorbereitet worden. Für die Hauptthemen haben Kommissionen, denen Vertreter aller Bezirke angehören, Beschlußentwürfe ausgearbeitet.[2] Diese sind seit Wochen in der Mitgliedschaft, auf Unterbezirks- und Bezirksparteitagen diskutiert worden. Die sich daraus ergebenden zusätzlichen Anträge werden – ebenfalls zum ersten Mal – von einer Antragskommission aufbereitet, die ihre Arbeit schon vier Wochen vor dem Parteitag aufgenommen hat.

Der Parteitag wird auch daran gemessen werden, wie er sich mit dem innenpolitischen Gegner auseinandersetzt. Ich bin sicher, daß die Delegierten den Verfechtern der totalen Konfrontation nicht auf den Leim gehen werden. Die Sozialdemokraten in dieser Bundesrepublik werden es nicht schwer haben, den „Neinsagern um jeden Preis" die gebührende Abfuhr zu erteilen. Noch wichtiger ist es, die Politik der praktischen Vernunft mit Nachdruck zu vertreten und mit Augenmaß und Sachkunde weiterzuentwickeln. Hierzu bedarf es der Solidarität aller, die auf der Grundlage des Godesberger Programms politisch wirken.

Kritische Diskussionen sind notwendig, wenn man sich über Weg und Ziel verständigen will. Ebenso notwendig ist es, die Menschen in unserem Lande – nicht nur durch einzelne Anstrengungen, sondern im permanenten großen Gespräch – von der Richtigkeit und Machbarkeit sozialdemokratischer Politik zu überzeugen.

Wir werden das Regierungsprogramm vom Oktober 1969 in allen wesentlichen Punkten verwirklichen und müssen es in der politischen Alltagsarbeit voll zur Wirkung bringen, denn Leistungen und ihre Darstellung sind zwei Seiten derselben Medaille.

Die Beratungen des außerordentlichen und des im nächsten Jahr folgenden ordentlichen Parteitages müssen einmünden in eine Plattform für die nächste Wahlperiode. Daraus ergibt sich die Grundlage für einen sachlichen und selbstbewußten Wahlkampf.

Außerdem, und nicht zuletzt, werden wir uns darum bemühen, die Diskussion von Grundsatzfragen stärker zu fördern und nach Möglichkeit zu vertiefen. Dies wird das Selbstverständnis der deutschen Sozialdemokraten festigen und dazu beitragen, daß die Grenzlinien gegenüber anderen nicht verwischt werden.

Durch den außerordentlichen Parteitag wird noch einmal deutlich werden: Sozialdemokratische Politik orientiert sich weder an privilegierten Gruppen noch an anonymen Apparaten; sie orientiert sich an der immer erneut zu stellenden Frage, was im Interesse der Menschen in unserem Lande geboten ist.

Nr. 92

Schreiben des Bundeskanzlers und Vorsitzenden der SPD, Brandt, an den Vizepräsidenten des Deutschen Bundestages Schmitt-Vockenhausen
23. November 1971

AdsD, WBA, Verbindungen mit der SPD-Fraktion, 1971 (N–Z).

Lieber Hermann Schmitt-Vockenhausen,
hab' Dank für Deinen Brief vom 22. November [1971].[1] Es war selbstverständlich, dass angesichts einiger sich entwickelnder Legenden allen Vermutungen eines „Kurswechsels" entgegengetreten werden musste. Es entspricht übrigens meiner Beurteilung, dass die Partei in ihrer eindeutigen Mehrheit nicht bereit ist, den Boden des Godesberger Programms zu verlassen.

Sicher hat man darauf zu achten, dass die Differenz zwischen Parteitagsbeschlüssen und dem, was eine sozialdemokratisch geführte Bundesregierung in absehbarer Zeit verwirklichen kann, nicht allzu gross ist, denn das würde vermutlich nur anderen nützen. Gerüchte über Pläne, wie jene, von denen Du berichtest, scheinen mir aber nicht der wirklichen Lage zu entsprechen.[2]

Mit bestem Dank und freundlichen Grüssen

‹Br[andt]› [3]

‹gez[eichnet]: Brandt›[4]

Nr. 93
Interview des Vorsitzenden der SPD, Brandt, für die *Deutsche Presse-Agentur*
10. April 1972

SPD Pressemitteilungen und Informationen, Nr. 129/72 vom 10. April 1972.

Frage: Wie beurteilen Sie die im Augenblick vielberedete innerparteiliche Situation der SPD? Gewinnen in der Partei – wie ihre Kritiker glauben machen wollen – radikale Kräfte die Oberhand?[1]

Antwort: Davon kann keine Rede sein. Die SPD ist und bleibt auch in Zukunft die große soziale und demokratische Volkspartei. Richtig ist, daß in der Partei eine intensive Diskussion darüber stattfindet, auf welchen Wegen, mit welchen Mitteln wir die drängenden Probleme dieses Staates und seiner Bürger am ehesten lösen können. Die Erfüllung der großen Gemeinschaftsaufgaben, die Frage des Verhältnisses von öffentlichen Leistungen und privatem Konsumangebot, die Zukunft unserer Städte, die Mitbestimmungsmöglichkeiten des einzelnen in seinem Lebensbereich – all diese gesellschaftlichen Fragen grundlegender Bedeutung werden vor allem in der SPD – auch in der FDP, kaum jedoch in CDU und CSU – diskutiert, und das halte ich für kennzeichnend. Unsere Partei ist es auch, die sich der Herausforderung der Jugend stellen muß, für

deren politisch interessierten, kritischen Teil die überwiegend konservativen Unions-Parteien kaum attraktiv sind. Entscheidend ist, daß diese Auseinandersetzung der Ideen und der Generationen in der Haltung solidarisch und fair und in der Sache auf dem Boden des Grundgesetzes und des Godesberger Programms geführt wird; daß es eine Auseinandersetzung unter Sozialdemokraten bleibt, orientiert an dem gemeinsamen Ziel: der Schaffung einer menschenwürdigen, gerechten und freien Gesellschaft auf dem friedlichen und kontinuierlichen Wege der Reformen.
Frage: Gibt es nicht doch die Gefahr, daß hier und da die Grundlagen sozialdemokratischer Prinzipien mißachtet werden?
Antwort: Ich habe kürzlich unmißverständlich vor dem Parteirat der SPD dargelegt: wer unseren Charakter als Sozialdemokratische Partei verändern wolle, der dürfe nicht damit rechnen, daß wir ihn dabei gewähren ließen; wer eine grundsätzlich andere Partei wolle als die des Godesberger Programms, der müsse darauf hingewiesen werden, daß er bei uns fehl am Platze ist. [2]

Anderen Parteien und den sie begleitenden Presseorganen, die sich der SPD scheinbar mit besonderer Fürsorge annehmen, empfehle ich, doch auf ihren eigenen demokratischen Weg zu achten. Sie können da von uns Sozialdemokraten und aus unserer Geschichte einiges lernen.

Nr. 94

Aus den hs. Tagebuchaufzeichnungen des Bundeskanzlers und Vorsitzenden der SPD, Brandt 18./19. August 1972[1]

AdsD, WBA, A 1, 18/23.

Freitag, den 18. August

– im Nachtzug von Bayern nach Bonn

Probefahrt, Vorgeschmack oder wie auch immer – in diesem Sonderzug der Bundesbahn werde ich bald wieder für Wochen zu Hause sein.[2] Gestern und heute war ich nur auf einer Informationsreise unterwegs: Zentren des Fremdenverkehrs und Einrichtungen des Gesundheitswesens. Ich fahre gern mit der Bundesbahn. Man kann unterwegs arbeiten, sich unterhalten, anständig essen. Alle wichtigen – auch unwichtigen – Nachrichten kommen rasch über Fernschreiber. Die abendlichen Journalistengespräche werden, wie sich gerade bestätigt hat, wieder nützlich sein.

Ich führe [eigentlich] kein Tagebuch, mache nur manchmal Notizen über Gespräche. Wozu also dies? Nun, ich denke, was in den nächsten Wochen auf mich zukommt, könnte hinterher noch manchen interessieren – auch wenn ich bei dem, was ich aufschreibe (oder wieder wegstreiche) natürlich an die Grenzen denken muss, die sich aus meinem Amt ergeben. Auf den Gedanken, bis zur Wahl oder bis zur Regierungsbildung tägliche Niederschriften zu machen, bin ich während des Urlaubs gekommen, aus dem wir vor vierzehn Tagen zurück gekommen sind.

Wir hatten sonnige, sehr erholsame Wochen in Norwegen. Zwischendurch waren Rut [Brandt] und ich mit Peter [Brandt], Lars [Brandt] und Matthias [Brandt] bei Ninja [Frahm] und Jarle[3] in Melhus – selten, dass wir einmal alle beisammen sind. Bei uns, das heisst in Ruts [Brandt] gar nicht so kleinem Reich bei Hamar, hatte ich mich – Herbert Wehner war aus Schweden herüber gekommen – auf die Wahlplattform vorbereitet. Auch auf eine wichtige Rede, die über-

Willy Brandt im Wahlkampf 1972

morgen zu halten ist.[4] Die engeren Mitarbeiter, im Kanzleramt und im Ollenhauer-Haus, sind sich nicht im Unklaren darüber, was sie, uns in den nächsten Wochen erwartet. In der öffentlichen Diskussion wird noch kaum klar, dass wir auf jeden Fall Neuwahlen brauchen.

Dabei hatten Walter Scheel und ich vor der Sommerpause keinen Zweifel daran gelassen. Wenn es nach mir gegangen wäre, hätten wir sogar noch zu Beginn des Sommers gewählt. Dies konnten Nichteingeweihte nur vermuten. Aber gemeinsam mit Scheel hatte ich Ende Juni in Berlin sogar den wahrscheinlichen Zeitpunkt genannt. Viele haben das nun schon wieder vergessen.

Nun könnte es passieren – dieses ist unser Risiko –, dass viele sich auch schon nicht mehr an das erinnern, was uns im Frühjahr eine klare Mehrheit gebracht haben würde, und daran, was unvermindert auf dem Spiel.

Im April war der Versuch, mich im Bundestag abzuwählen, gescheitert.[5] Der Versuch, eine neue Mehrheit durch Mandatsüberträger zu erlangen, löste im Lande eine ungewöhnlich starke und stimulierende Welle der Solidarität aus. Die zunächst negative, dann schwankende Haltung der Opposition zur Entspannungspolitik brachte uns zusätzliche Sympathien ein. Trotzdem steht nirgends geschrieben, dass wir es bei Neuwahlen schaffen werden. Wir haben viel gegen uns, objektiv (nicht nur die Preise) und subjektiv (nicht nur die Treulosigkeit).

Aber viel wird davon abhängen, wie wir aus der Begegnung mit den Wählern herauskommen. Für den Weg uns[erer] B[undes]republik ist es entscheidend, dass die Ablösung der Unionsparteien – und unser Bündnis mit den Freidemokraten – nicht nur eine Episode bleibt. Ohne Übertreibung: Wenn wir es nicht schafften, würde es auch sehr schlecht sein für die Ost-West-Beziehungen und für die Hauptelemente der europäischen Politik.
[. . .]

Sonnabend, den 19. August
– in Bonn

Fast den ganzen Tag – wie am vergangenen Sonntag – Arbeit an der Rede, die ich morgen zum 20. Jahrestag Kurt Schumachers zu halten habe. (Karl Anders und Herbert Ehrenberg hatten mir noch in Norwegen gute Hinweise gegeben. Egon-Erwin Müller, der sich auch für den Wahlkampf zur Verfügung gestellt hat, hilft bei der Redaktion. Ausserdem bewährt sich die Methode, dass ich eine Reihe von Freunden – in diesem Fall: ‹. . .›[6] – bitte, ihre Anmerkungen zum Entwurf zu machen, bevor ich an die Schlussfassung gehe.) Von anderem abgesehen: mir kommt es bei dieser Rede darauf an, noch vor dem eigentlichen Wahlkampf klarzumachen, dass wir uns nicht in „Sozialdemokraten“ und „demokratische Sozialisten“ auseinanderdividieren lassen. Dies wird positiv auch in Anzeigen behandelt, die von dem handeln, was der demokratische Sozialismus in mehr als hundert Jahren bewirkt hat. Man sollte es dem Gegner nach Möglichkeit nie erlauben, die Themen der Auseinandersetzung zu bestimmen. Man sollte nicht zulassen, dass er Pappkameraden aufbaut und in Angstpropaganda macht. Gerade wenn ein Terrain besonders schwierig ist oder schwierig erscheint, darf man es nicht dem Gegner überlassen; man muss es selbst besetzen.[7]

Die „Informationsreise" der vergangenen beiden Tage hatte Donnerstagvormittag im Hochsauerland begonnen. In Winterberg waren die hauptamtlichen Mitarbeiter des Landes zu einem westfälischen Frühstück versammelt. Von diesen Freunden, mit Heinz Kühn und Werner Figgen an der Spitze, wird wieder viel abhängen. Aber es ist noch nicht zu erkennen, wie sie die Chancen einschätzen. Hinterher, auf einer Veranstaltung für Rentner, die die Arbeiterwohlfahrt zusammengebracht hat, zeigt sich eine rührende Anhänglichkeit. Eine etwas zittrige, aber dabei resolute ältere Dame überrascht mich nach der Rede mit dem Appell: „Herr Bundeskanzler, Sie stehen bei 1848, Sie müssen radikaler werden!" Was immer sie damit meint: Zu denken gibt einem ein solcher Zuruf. Und er zeigt ja auch, dass es nicht nur junge „Jusos" gibt.

[...]

Nr. 95

Rede des Vorsitzenden der SPD, Brandt, anlässlich des 20. Todestages des ersten Nachkriegsvorsitzenden der SPD, Schumacher 20. August 1972[1]

Sonderdruck aus Schumacher, Kurt/Ollenhauer, Erich/Brandt, Willy: Der Auftrag des demokratischen Sozialismus, Bonn 1972.

Der Auftrag des demokratischen Sozialismus

Zum 20. Todestag von Kurt Schumacher

I.

Der zwanzigste Todestag von Kurt Schumacher verlangt mehr als eine Gedenkrede im herkömmlichen Sinne. Der Neubegründer der Sozialdemokratischen Partei Deutschlands hat nicht nur einen festen Platz in der Geschichte unseres Volkes. Sein Denken, sein Wirken, sein kämpferisches Leben sind lebendige Wirklichkeit, wo es um den Auftrag des demokratischen Sozialismus geht.

Was besagt dieser Auftrag? Er besagt *nicht*, daß wir glaubten, die Wahrheit gepachtet zu haben, oder daß wir meinten, einen politischen Ausschließlichkeitsanspruch stellen zu können. Wohl aber bedeutet er die Kontinuität sowohl des Kampfes gegen die Vergewaltigung des Menschen und seiner Freiheit als auch des Ringens um Gerechtigkeit und Solidarität in den zwischenmenschlichen Beziehungen. Und neben diesem aus Protest geborenen Kampf lebt im freiheitlichen, im demokratischen Sozialismus über wechselnde Zeitläufte hinweg die Zuversicht in die Möglichkeit einer gesellschaftlichen Ordnung, die jedem Menschen die gleiche Chance gibt, sein Leben in Würde frei zu gestalten.

Wenn wir zurückschauen auf die bald 110 Jahre, in denen die Sozialdemokratie als politische Partei in unserem Land gewirkt hat, dann können wir ohne Selbstgefälligkeit guten Gewissens sagen: Diese deutsche Sozialdemokratie hat den entscheidenden Anteil daran, daß für Millionen Untertanen die staatsbürgerlichen Freiheitsrechte erkämpft wurden. Diese deutsche Sozialdemokratie hat wesentlich daran mitgewirkt, daß sich die Lebensbedingungen der breiten Schichten unseres Volkes entscheidend verbessert haben. Und diese deutsche Sozialdemokratie hat nie Krieg und Knechtschaft über unser Volk gebracht.

Demokratischer Sozialismus ist – im Geiste Kurt Schumachers und nach dem Wortlaut des Godesberger Programms – „eine *dauernde* Aufgabe – Freiheit und Gerechtigkeit zu erkämpfen, sie zu bewahren und sich in ihnen zu bewähren".[2]

Der österreichische Bundeskanzler Bruno Kreisky hat auf dem Villacher Parteitag der SPÖ vor einigen Monaten überzeugend dargelegt, daß es sich bei der Verwirklichung des demokratischen Sozialismus und bei der Verwirklichung der sozialen Demokratie um ein und dieselbe Sache handelt. Sozialismus sei uneingeschränkte politische, wirtschaftliche und soziale Demokratie, „vollendete Demokratie" – dies aber nicht nur als Zielvorstellung, die weit in die Zukunft hineinreicht, sondern gleichzeitig als „praktische Richtschnur unseres politischen Handelns in der Gegenwart"[3].

Ich kann dies nur unterstreichen, zumal die damit verbundene Vorstellung vom historischen Prozeß, in den unser Wirken eingebettet ist. Niemand mutet unseren Gegnern zu, sich diese Orientierung zu eigen machen.

Aber niemand darf sich andererseits wundern, daß wir sehr deutlich werden, wenn man uns eine bis zur Verlogenheit reichende Verzerrung dessen zumutet, was die Grundfragen unseres Engagements betrifft. Worum geht es?

Der CDU-Vorsitzende Barzel verkündet seit Monaten, Deutschland und Europa müßten vor dem „Sozialismus" bewahrt werden, und dabei versucht er, eine Verbindung zwischen deutscher Sozialdemokratie und kommunistischer Ideologie und Machtausübung zu suggerieren. Der CSU-Vorsitzende Strauß will die Regierung der sozial-liberalen Koalition als moskauhörig hinstellen, und für den von ihm verständlicherweise befürchteten Fall eines Wahlsieges der jetzigen Koalition sagt er das Ende der Demokratie voraus. Andere faseln von Sozialisierung und möchten uns Sozialdemokraten andichten, wir hätten das Godesberger Programm aufgegeben.

Bei den bevorstehenden Bundestagswahlen dürfen nicht die Bildungslücken, die Scheuklappen oder die Charakterschwächen derer entscheiden, die gegen die SPD und gegen das sozial-liberale Regierungsbündnis Schreckgespenster aufmarschieren lassen. Der Wählerauftrag, um den wir ringen werden, gilt der zielstrebigen Fortsetzung unserer freiheitlichen, reformbewußten, sozialverpflichteten Politik. Wenn es den rückwärtsgewandten Kräften gelänge, diese Politik zu blockieren, dann würde unserer konstruktiven Friedenspolitik der Boden entzogen, würde neugewonnenes Vertrauen in der Welt verspielt werden. Und weiter: Unser Land wäre von gesellschaftspolitischer Stagnation bedroht, es könnte gefährlichen sozialen Spannungen anheimfallen.

Diese Gefahren gilt es abzuwenden. Wenn die Alternative lautet: Fortschritt oder Rückschritt, dann kann die Entscheidung nicht schwerfallen, dann muß es eine solide Mehrheit geben, um den Rückschritt zu verhindern und den Fortschritt zu sichern.

Das rückschrittliche Lager versucht sich in dreierlei: Einmal möchte man durch die Verbreitung von Angstgefühlen – eine aus christlichem Verständnis besonders verwerfliche Methode – der Auseinandersetzung um die tatsächlich vorhandenen Probleme und Aufgaben ausweichen. Zum anderen möchte man die soziale Demokratie und die Ideen des demokratischen Sozialismus dadurch verdächtigen, daß man sie in die Nähe der sich „sozialistisch" nennenden, kommunistisch regierten Staaten rückt. *Die* Politik, die darauf abzielt, das gute Verhältnis zum Westen durch verbesserte Beziehungen auch zum Osten zu ergänzen, soll gleichzeitig als kommunistisch infiziert verdächtigt werden. Drittens möchte man vergessen machen, daß unser Godesberger Programm den demokratischen Sozialismus zur Grundlage hat, um unter dieser falschen Voraussetzung leichter einen Gegensatz zwischen Sozialdemokraten und demokratischen Sozialisten konstruieren zu können.

Hierauf antworte ich wie Herbert Wehner auf dem letzten Hamburger Landesparteitag: „Wir Sozialdemokraten haben nie geleugnet, daß wir Sozialisten sind.“[4] Aber Wehner warnte auch zu Recht: „Wir müssen aufpassen, daß man uns nicht in einen Gegensatz – und wäre es auch nur der mit verbalen Kunststücken herbeigeführte Gegensatz – bringt zwischen Sozialismus ... und Grundgesetz und sozialer Marktwirtschaft.“

Im übrigen ist dies ja wieder einmal eine Situation, in der die deutschen Sozialdemokraten von Kommunisten und Rechtskreisen gleichzeitig und gleichermaßen heftig angegriffen werden. Denn dies ist doch die Lage: Die Führung der SED proklamiert erneut – ähnlich wie schon zur Zeit Schumachers – den Kampf gegen das, was sie Sozialdemokratismus nennt. Und die Führung der Unionsparteien inszeniert einen agitatorischen Rummel gegen ein von ihr geschaffenes Zerrbild des demokratischen Sozialismus.

Mitglieder unserer Partei haben zu Tausenden, unter mehr als einer Diktatur, ihrer Überzeugung wegen Leib und Leben riskiert. Diese Partei verbittet sich dümmliche oder anmaßende Belehrungen in Sachen Demokratie und Sozialismus. Unerträglich ist es, wenn solche Belehrung gar von Leuten kommt, die – um es vorsichtig auszudrücken – nichts gegen das Wort Sozialismus einzuwenden hatten, als es noch „national“ maskiert und mit N.S. abgekürzt wurde, die aber seitdem eine ganz besondere Aversion gegen dieses Wort entwickelt haben. Aber objektiv wichtiger sind die anderen, die sich ihren Buhmann-„Sozialismus“ einfach nur zusammenbasteln, weil sie meinen, dies helfe ihnen bei der Vertretung ihrer Interessen und bei der Verteidigung von Privilegien.

Das muß man klarstellen. Das dürfen wir nicht durchgehen lassen. Allerdings sollten wir wohl auch die Feststellung jenes Beobachters nicht überhören, der da meinte: Die stiernackige und grobschlächtige Polemik zeuge nicht von Zuversicht und Selbstsicherheit ihrer Urheber. Dies gilt auch für die andere, die scheinheilige Variante der giftigen Polemik.

Dabei rate ich unseren Freunden, sich nicht in Selbstmitleid zu ergehen. Ich rate zu gesundem Selbstbewußtsein, zu dem freilich auch Selbstkritik gehört. Ich bitte zugleich um Mithilfe bei der Abwehr jener gegnerischen Propaganda, die individuelle Schwächen und partielle Pannen zu einer „Parteikrise" ummünzen möchte. Wo etwas nicht in Ordnung ist, muß und wird es in Ordnung gebracht werden. Extratouren auf Kosten einer politischen Gemeinschaft darf man nicht durchgehen lassen. Und ich füge hinzu: Kein Mitglied der Sozialdemokratischen Partei, ob jung oder alt, kann von anderen die Solidarität erwarten, die es selbst vermissen läßt.

Alle Mitglieder und Freunde der Sozialdemokratischen Partei sind aufgefordert, hier und da zutage getretene Unzulänglichkeiten überwinden zu helfen und dabei einzelne, die den Erfolg des Ganzen gefährden könnten, zur Ordnung zu rufen.

Was wir weiterhin – auch über die Zeit des Wahlkampfes hinaus – brauchen, das sind die Freiheit der Meinungsbildung und die Entschlossenheit in der Abwehr gegnerischen Einwirkens. Grundsätze, die in der alten wie in der von Kurt Schumacher neubegründeten SPD gegolten haben.

Auf dem ersten Nachkriegsparteitag, in Hannover im Mai 1946, hat Kurt Schumacher gesagt: „Es gibt kein Primat der Taktik. Man kann nicht mit kleinen Manövern und Schlauheiten die Gesellschaft ändern. Man muß begeistert sein, um große Taten zu vollbringen."[5]

Er fuhr fort: „Wir sind eine Partei wie alle anderen, haben keine totalitären Machtansprüche, aber eine große Konzeption von Sozialismus und Demokratie in Deutschland und in der Welt, und diese Konzeption und die Ehrlichkeit und Aufrichtigkeit, die sind es, die uns in unserem Lande und in der Welt Vertrauen schaffen." Und weiter: „Wir wollen nicht die Macht um der Macht willen, sondern wir wollen endlich einmal in diesem Lande dem Recht Macht geben."

II.

Ich habe bewußt diesen Tag gewählt, um noch vor dem Wahlkampf einiges zurechtzurücken, was zurechtgerückt werden muß. Einigen Wahlkampfstrategen der anderen Seite sei dies ins Stammbuch geschrieben:

Kurt Schumacher – damals von derselben CDU bekämpft, die ihn heute gelegentlich als Kronzeugen in Sachen Antikommunismus in Anspruch nimmt – war einer der großen Männer des demokratischen Sozialismus: Er wollte – wie die Generation August Bebels und wie wir heute – Freiheit und Gerechtigkeit, Einzelinteresse und Gemeinschaftsinteresse im Geiste der Solidarität miteinander verbinden.

Auf Kurt Schumacher sollte sich nicht berufen, wer all das giftig bekämpft, wofür er gelitten und gekämpft hat.

Zu meiner Freude spreche ich hier in Gegenwart alter Mitstreiter Kurt Schumachers. Ihnen und allen anderen, in deren Schuld wir stehen, möchte ich aufrichtigen Dank sagen für ihr Beispiel, ihre in vielen Fällen opfervolle Leistung, ihren weiterwirkenden Rat. Dabei will ich das Wort Mitstreiter durchaus nicht im Sinne von „Gefolgsmann" verstanden wissen. Auch damals hat es Auseinandersetzungen, hat es ein Ringen eigenständiger Meinungen gegeben. Was zählt, ist die Summe gemeinsamer Leistungen und Erfahrungen.

Was weiterwirken sollte, ist aber auch die Maxime, die Schumacher auf dem zweiten Nachkriegsparteitag 1947 in Nürnberg entwickelte und die nicht nur inner*staatlich*, sondern auch inner*parteilich* nachdenkenswert bleibt: „Die Demokratie beruht auf dem Prinzip der Gegenseitigkeit und der Ehrlichkeit. Die Demokratie kann nur leben, wenn die Menschen selbständig sind und den Willen zur Objektivität haben. Aber die technokratische und geradezu kriegswissenschaftliche Handhabung der politischen Mittel führt zum Gegenteil."[6]

Auf demselben Parteitag sagte unser unvergessener Erich Ollenhauer: „Die neue deutsche Demokratie gehört in die Hände von überzeugten und kämpferischen Demokraten. Die Freiheiten und Rechte der Demokratie dürfen nicht wieder von denen gebraucht und mißbraucht werden, die die Demokratie mit den Mitteln der Demokratie vernichten wollen, ganz gleich unter welcher Flagge sie das Volk irreführen wollen."[7]

Ich bin sicher, daß die erfahrenen Partei-Senioren mir zustimmen, wenn ich erkläre:

Erstens: Wir Sozialdemokraten haben die politische Auseinandersetzung gerade jetzt *offensiv* zu führen.

Zweitens: Gerade jetzt geht es darum, daß sich die aktuelle Politik an den Grundsätzen einer menschenwürdigen Gesellschaft orientiert.

Drittens: Wenn Freiheit, Gerechtigkeit und Solidarität die dauernde *Aufgabe* des demokratischen Sozialismus sind, dann ist es sein konkreter *Auftrag*, sich um die schrittweise Verwirklichung dieser Grundwerte beharrlich zu bemühen.

Als wir im Jahre vor den letzten Bundestagswahlen unsere „Perspektiven im Übergang zu den siebziger Jahren“[8] formulierten und zur Diskussion stellten, da habe ich erklärt, den großen Zielen der Vertiefung der Demokratie, der Humanisierung der Gesellschaft und der Stärkung der Freiheit des einzelnen sei die SPD „genauso verpflichtet wie in ihrer Geburtsstunde“.[9] Gestützt auf diese Tradition und unter ausdrücklicher Berufung auf Kurt Schumacher, sage ich hier:

Demokratisch-sozialistisches Denken und Handeln sind untrennbar verbunden

mit Demokratie in Staat, Wirtschaft und Gesellschaft,
mit Rechtsstaatlichkeit, persönlicher und geistiger Freiheit,
mit Gerechtigkeit, Menschlichkeit und Solidarität.

Wo diese Voraussetzungen nicht gegeben sind, wo dieser Zusammenhang fehlt, kann nicht von dem die Rede sein, was im Sinne des Godesberger Programms als Sozialismus zu verstehen ist.

Im Godesberger Programm ist – stärker als in früheren sozialdemokratischen Programmen – deutlich gemacht worden, daß die Grundüberzeugungen, die Grundwerte unserer Partei sich nicht auf eine einzige Quelle zurückführen lassen. Ich habe im Januar 1970 in einem Beitrag für „Die Neue Gesellschaft“ auf den hier bestehenden engen Zusammenhang mit der Überzeugung gerade Kurt Schumachers hingewiesen.[10] Dies erschien mir und erscheint mir heute nicht zuletzt deshalb wichtig, weil mancherorts noch immer geglaubt wird, „Godesberg“ sei nicht nur über Schumacher hinausgegangen, sondern habe sich in gewisser Hinsicht fast gegen ihn entwickelt.

Von Schumacher aber stammt ja doch das Wort, daß in der nach dem Zweiten Weltkrieg neubegründeten – er sagte ausdrücklich neubegründeten – Sozialdemokratischen Partei nicht mehr danach gefragt werden solle, woher einer die letzten Impulse seines politischen Wirkens bezieht. Das heißt, es sei in diesem Zusammenhang nicht von Belang, ob der einzelne von der Bergpredigt oder von Kant oder von Marxschen Theorien ausgeht; ob er aus der Religion, der Philosophie oder der Gesellschaftswissenschaft schöpft. Gefragt werden solle statt dessen, *ob* er bereit ist und *wie* er bereit ist, mitzuwirken an einer vernünftigen, modernen, gerechten, menschenwürdigen Gestaltung der gesellschaftlichen Verhältnisse.

Ich möchte hier noch einmal betonen: Es gehört zur Grundkonzeption Schumachers und des Godesberger Programms, eine politische Partei nicht als Religionsersatz aufzufassen; nicht zu glauben, eine Partei könne Weltanschauung verordnen; andererseits in der Sozialdemokratischen Partei aber auch nicht einen bloßen Zusammenschluß zur Regelung politischer Tagesgeschäfte zu sehen. Gerade dann, wenn sie sich abgrenzt gegen Vorstellungen vom Kirchenersatz oder vom Weltanschauungsbund, bleibt die Sozialdemokratische Partei nach ihrem modernen Selbstverständnis eine *Willens*gemeinschaft und eine *Ideen*gemeinschaft, die sich orientiert an ethischen Grundwerten, an Vorstellungen davon, wie die Menschen in ihren engeren Lebensbereichen, im Staat und in der Welt würdig miteinander leben können.

Für Kurt Schumacher gab es eine eindeutige Rangordnung der Werte. Er war leidenschaftlicher Patriot, kämpferischer sozialer Demokrat, unbeugsamer Kämpfer für die Freiheit. In dem folgenden Satz steht insoweit der ganze Mann vor uns: „Es gibt wohl die Tatsache, daß man kämpft, mit großer Leidenschaft und Hingabe kämpft für soziale Vorteile – zu sterben bereit ist man nur für die *große Idee der Freiheit.*"

Wenn wir heute zurückdenken und die andere, aus den ersten Nachkriegsjahren besonders herausragende Persönlichkeit unserer Bewegung – Ernst Reuter – neben Kurt Schumacher stellen, dann wird uns bewußt, wie sehr beide, bei allen Unterschieden der Temperamente und der spezifischen Erfahrungen, auf den eben genannten Gebieten übereinstimmten. Auf dem Berliner Landesparteitag 1947 sagte Ernst Reuter, unser Ziel sei nicht – was inmitten der Ruinen und des Hungers zu sagen, wohl gar nicht so einfach war – „der gut gekleidete, gut ernährte, in einer guten Wohnung lebende und von ersten Ärzten betreute Roboter", sondern das Ziel sei „der freie Mensch im Bewußtsein seiner Würde und seines Rechts".[11]

Eine „sozialistische Lösung" bedeutete für Reuter, „demokratischen Lebensformen" auch in der Wirtschaft Geltung zu verschaffen; und die Formulierung, die Demokratie müsse zur „allgemeinen Staats- und Lebensordnung" werden, hat ja dann auch in unserem Grundsatzprogramm ihren Niederschlag gefunden. *Schumacher* betonte, die Organisationsformen der Wirtschaft seien kein Selbstzweck, aber sie seien wichtig, um unverzichtbare Menschenrechte durchzusetzen. Die Sachwertbesitzer dürften von der „Übernahme der Lasten" nicht ausgenommen werden. Auch frage es sich, ob das Sozialprodukt ausreiche, „um uns den Luxus einer planlosen Unternehmerprofitwirtschaft zu leisten". Jedenfalls bedürfe es der wirtschaftlichen Mitbestimmung; sie sei für den sozialen Fortschritt „nicht weniger wichtig als das gleiche, geheime und freie Wahlrecht in den Tagen Ferdinand Lassalles".[12]

Wir werden darauf gleich zurückkommen. Nur soviel sei gleich angemerkt:

Demokratisch-sozialistisches Denken weiß von jeher – und für uns Heutige gilt das verstärkt – um das elementare Spannungsverhältnis, welches sich daraus ergibt, daß Freiheit teils *in* der Gemeinschaft, teils *gegen* die Gemeinschaft gesucht wird und gefunden werden muß. Ein Die-Dinge-sich-selbst-überlassen in Wirtschaft und Gesellschaft – das, was man Laissez-faire nennt – hat die Auflösung dieses Konflikts, die solidarische Verbindung zwischen Einzelinteresse und Gemeinschaftsinteresse, nie zustande gebracht. Immer mußte für den Ausgleich vermittelt, mußte in den Wirtschaftsablauf interveniert werden. Und immer wieder haben die Stärkeren, die Privilegierten es als „gefährlichen Sozialismus" bezeichnet, wenn zugunsten der vielen, der Schwächeren interveniert wurde.

Kurt Schumacher war davon überzeugt, daß die politische Macht die ökonomische kontrollieren kann, daß aber auch derjenige, der die Autorität des demokratisch legitimierten Gesetzes zerstört, das wichtigste Instrument des gesellschaftlichen Fortschritts zerbricht. Die Verdrossenen, die einer neuen staatlichen Ordnung skeptisch gegenüberstanden, fragte er: „Was heißt denn staatliche Ordnung? Daß Arbeiterschutzgesetze nicht verletzt werden dürfen, daß Nahrungsmittel nicht verfälscht werden dürfen, daß Eltern ihre Kinder nicht mißhandeln und sie zur Schule schicken müssen, daß Mieter nicht betrogen werden dürfen ..."

Für ihn bedeutete die staatliche Ordnung in der Demokratie vor allem Schutz der Schwachen; für ihn sollte praktische Politik der immerwährende Versuch sein, denen zu helfen, die, nur auf sich gestellt, hilflos sind und bleiben.

Man hat Kurt Schumacher die Verkörperung „des von Hitler unbesiegten Deutschlands" genannt, das den Neuaufbau als politische und moralische Verpflichtung ansah.

Was Georg Brandes über Lassalle schrieb, trifft auch auf ihn zu, der ganz in seiner Idee aufging und das einmal als richtig Erkannte streitbar verfocht: „Er steht in der Geschichte als ein Willensdenkmal da."[13] Vor allem hatte er sich *diese* Aufgabe gestellt: die Sozialdemokratische Partei, die von Hitler zerschlagen worden war, als eine von den Besatzungsmächten unabhängige, nicht zu korrumpierende Partei auf dem Boden bestätigter grundsätzlicher Positionen so aufzubauen, daß sie zur politisch gestaltenden Kraft werden könnte. Dazu ist sie zunehmend geworden.

Die Zukunft – so erklärte Schumacher in seiner ersten Rede unmittelbar nach der Befreiung am 6. Mai 1945 vor sozialdemokratischen Funktionären in Hannover – habe im System der Parteien nur für eine Partei demokratischer Sozialisten Platz. Wörtlich sagte er: „Wir bejahen die Demokratie als große tragende Idee unserer Vergangenheit und der Zukunft."[14] Und weiter: „Wir sind demokratische Sozialisten, das heißt, wir kämpfen für den Sozialismus mit den Mitteln der Demokratie."[15] Die geschichtliche Entwicklung erlaube die Feststellung, „daß die Sozialdemokratie die einzige Partei in

Deutschland gewesen ist, die an der durch den Ablauf der Ereignisse als richtig erwiesenen Linie von Demokratie und Frieden unverrückbar festgehalten hat."[16]

Er hielt nichts von denen, die stets ganz genau zu wissen glauben, was „das Volk" will. Für ihn ließ sich eine Mehrheit in der Demokratie nicht anders als über die Wahlurne ermitteln. Das bedeutete, um diese Mehrheit zu ringen und ein Programm zu entwickeln, das in diesem Ringen zum Erfolg führen sollte. Anzuklagen sei einfach, aber es reiche nicht aus. Konkrete Abhilfe zu schaffen, das verlange dauernde Auseinandersetzung mit der Realität. Es verlange, positive Forderungen auszuarbeiten, die politisch, wirtschaftlich und psychologisch durchsetzbar sind.

1946 bezeichnete er den demokratischen Sozialismus als „das Programm für Arbeiter, Angestellte, Bauern, Gewerbetreibende und geistige Berufe".[17] Aus seiner Sicht war es notwendig, „die traditionelle Fassade des Klassenkampfes abzubauen, anstatt den Klassenbegriff sinnentstellend umzuformen". Er verzichtete nicht darauf, den „Klassenkampf von oben" zu geißeln, hielt es aber für richtig, den alten Klassen-Terminus aus dem politischen Sprachschatz der SPD zu entfernen, und entschied sich selbst für den Begriff des „politischen ‚Kampfes' aller Schaffenden".[18]

Es ergibt sich im Grunde schon aus dem, was wir ausgeführt haben, daß für einen Mann wie Schumacher Demokratie mehr war und mehr sein mußte als der *Rahmen* staatlicher Machtausübung. Demokratie bedeutete für ihn eben das, was unser Grundsatzprogramm eine *„Lebensform"* nennt, die das ganze gesellschaftliche, wirtschaftliche und kulturelle Leben zu durchdringen habe. Demokratie, das hieß nach seinen eigenen Worten, die „Lebensverhältnisse nicht einfach aus der Hand der Machthaber entgegenzunehmen, *sondern mit zu gestalten*". Eben das haben wir in Godesberg zu einem Kernstück unserer programmatischen Aussagen gemacht.

Siebenundzwanzig Jahre sind seit Kriegsende, zwanzig Jahre seit Kurt Schumachers Tod ins Land gegangen. Wäre er noch unter uns, sein politischer Realismus hätte nicht nur die tiefgreifenden Veränderungen um uns herum verarbeitet, er hätte gewiß auch die eigenen

Vorstellungen weiterentwickelt. In einer Hinsicht aber hätte er zusammen mit uns festgestellt, daß sich wenig verändert hat:

Die Anti-Sozialismus-Kampagnen der Privilegierten und der Rückwärtsgewandten haben sich fortgesetzt – vom Kaiserreich über die Weimarer Republik bis in unsere Tage. Allerdings: die – wenn ich so sagen darf – soliden konservativen Kräfte haben sich im Laufe der Entwicklung, mit Verspätung, durchaus manche der Vorstellungen und Tatsachen zu eigen gemacht, die sie zunächst starr ablehnten. Auch dies darf man also nicht übersehen: ein nicht geringer Teil der zunächst hart umstrittenen sozialdemokratischen Forderungen und Vorstellungen ist kaum noch kontrovers, sondern findet inzwischen breite Unterstützung oder wird gar als selbstverständlich betrachtet. An die Ursprünge erinnern sich die meisten kaum noch, manche möchten daran auch nicht erinnert werden.

Wer wagte heute noch, wie die damaligen Widersacher des Sozialismus, die staatliche Kranken- und Rentenversicherung, das Verbot der Kinderarbeit, den Mutterschutz, den Achtstundentag, das Betriebsrätegesetz, die Erwerbslosenversicherung als „sozialistisch" abzulehnen und zu bekämpfen!

Aber wenn es um Krankenhäuser und Schulen geht, um moderne Städte und ein zeitgemäßes Bodenrecht, um Umweltschutz und Lebensqualität für alle, dann tauchen – fast wie zur Zeit des Sozialistengesetzes[19] – die Warnungen vor „gemeingefährlichem Sozialismus" wieder auf, die doch längst der Historie angehören sollten.

Otto von Bismarck, bedeutend wie er war, ist bekanntlich alles andere als ein Freund der aufstrebenden Sozialdemokratie gewesen. Aber in gewisser Hinsicht war er weiter als manche der heutigen Rechtskreise. Es war 1884, als Bismarck im Reichstag die staatliche Unfallversicherung durchsetzen wollte. Die damaligen Rückschrittler protestierten heftig und malten den Sozialismus in düstersten Farben.

Der Reichskanzler hielt ihnen entgegen, es gebe Zwecke, die nur der Staat in seiner Gesamtheit erfüllen könne. Und dann wörtlich: „Wenn man mir dagegen sagt, das ist Sozialismus, so scheue ich das gar nicht ... Ich habe schon vorhin vorweg genommen, daß ... der Staat ohne einen gewissen Sozialismus ‹nicht›[20] bestehen kann."[21] – Diesen Satz des großen Widersachers von August Bebel sollte man sich genau merken.

III.

In seiner Gedenkrede für den verstorbenen Freund und Kampfgefährten sagte Erich Ollenhauer am 23. August 1952 im Deutschen Bundestag: „In unserem Volke ist über alle Gegensätze und Meinungsverschiedenheiten hinweg das Gefühl für echtes Kämpfertum und echtes Menschentum stark und lebendig. Alle, die an eine Gemeinschaft der Menschen in Freiheit und Würde glauben, können neue Hoffnung schöpfen. Wir danken Dir, Kurt Schumacher!"[22]

Seine Verdienste um unser Volk und unseren Staat sind ohne Zweifel von historischer Bedeutung. Ohne ihn und seine Mitstreiter sähe die politische Landschaft in der Bundesrepublik und in Europa heute völlig anders aus.

Als deutscher Patriot und demokratischer Sozialist hatte er die nationalsozialistische Diktatur leidenschaftlich bekämpft. An seiner Überzeugung hatte er auch dann unbeirrt festgehalten, als man ihn zehn Jahre lang in den Konzentrationslagern quälte und zu brechen suchte.

Mit der Autorität des vorgelebten Widerstandes machte er 1945 Front gegen die neue Diktatur, die vom Osten kam, ebenso wie gegen eine negative, rückwärtsgewandte Auslegung der westlichen Kriegsziele.

Es war Kurt Schumacher, der energisch der These von der Kollektivschuld unseres ganzen Volkes entgegentrat, der aber auch die deutsche Schande nicht verschwieg, an unser Verantwortungsgefühl appellierte und der vor allem der deutschen Jugend den Weg nach vorn wies und ihr diesen Weg ebnete.

Kurz vor seinem Tode hat er unseren historischen Auftrag formuliert, als er im Vorwort zum Dortmunder Aktionsprogramm schrieb: „Die Sozialdemokratische Partei Deutschlands ist nach 1945 von der Idee ausgegangen, ein Deutschland zu schaffen, das die Wiederholung der Schrecken der Vergangenheit ausschließt."[23]

1946 hatte er festgestellt: „Wir treiben keine amerikanische, keine britische, keine französische und erst recht keine sowjetische, sondern deutsche Politik."[24] Und dies hieß eben, daß er mit allen politischen und geistigen Mitteln, die ihm zur Verfügung standen, anging gegen die kommunistische Politik in der sowjetischen Besatzungszone und gegen den darüber hinausgehenden Versuch, die wiedererstandene Arbeiterbewegung und Sozialdemokratie zur Aufgabe ihrer geistigen, politischen und organisatorischen Unabhängigkeit zu zwingen.

So, wie sich die Kräfteverhältnisse gestalteten und wie die Einsichten und Energien auf die politischen Machtzentren verteilt waren, mußte diesem Widerstand im unmittelbaren kommunistischen Einflußbereich der Erfolg versagt bleiben. Unzählige Deutsche, nicht nur Sozialdemokraten, haben darunter leiden müssen, bis auf den heutigen Tag. Im Bereich der damaligen Westzonen und in West-Berlin konnten die kommunistische Durchdringung und Gleichschaltung abgewehrt werden. Diese historische Leistung ist mit den Namen Schumacher und Reuter untrennbar verbunden.

Und manche, die heute den Mund nicht weit genug aufbekommen können, scheinen gar kein Gespür dafür zu haben, daß ihnen das nur möglich ist, weil Sozialdemokraten damals ihren Buckel hingehalten haben. In der Bundeswehr, und nicht nur dort, weiß man zudem, daß Schumacher sehr früh nach Begründung der Bundesrepublik auch sein Ja zur Landesverteidigung ausgesprochen hat. – Von einem gewiß unverdächtigen Zeugen, dem damaligen amerikanischen Hochkommissar John McCloy, stammt das Wort: „Deutschland und der Westen stehen in Kurt Schumachers Schuld, weil er seine große Partei wie ein Staatsmann in die Freiheit geführt hat."

Für die Propagandisten der CSU/CDU, die heute das Volksfront-Gespenst „von links" an die Wand malen, ist es bezeichnend, daß sie, die die jüngste deutsche Geschichte ebenso gut kennen wie wir, hier ganz bewußt auf die Vergeßlichkeit der Menschen spekulieren. Sie mobilisieren Schreckgespenster, und ihre Meinungsmacher versuchen, einen Gegensatz zu konstruieren zwischen unserer Verständigungspolitik und der Haltung der deutschen Sozialdemokratie unter der Führung Kurt Schumachers.

Dabei ist evident, daß wir als Regierungspartei bei unserem Ringen um den Frieden durchaus in der Tradition Kurt Schumachers stehen. Hier, im „Archiv der Sozialen Demokratie" der Friedrich-Ebert-Stiftung, in dem diese Gedenkstunde stattfindet, darf ich aus dem stenographischen Protokoll der Internationalen Sozialistischen Konferenz vom 8. Juni 1947 in Zürich zitieren. Auf die Frage, ob die Weigerung der SPD, mit den Kommunisten zusammenzuarbeiten, gleichbedeutend sei mit der Ablehnung einer Verständigungspolitik mit Rußland, antwortete Kurt Schumacher damals: Die kommunistischen Parteien beruhten auf besonderen intellektuellen und organisatorischen Grundsätzen. Es seien Grundsätze des Totalitarismus. Dann fuhr er fort: „Aber ich hüte mich, die kommunistische Partei eines Landes mit der Realität der Sowjetunion gleichzusetzen. Die Sowjetunion ist ein Faktor, mit dem wir zu einem Modus vivendi kommen müssen. Ich bin der Überzeugung – und diese Idee wird von der ganzen SPD geteilt –, daß zwischen Rußland und Europa eine Verständigung möglich ist. Was hingegen das Zusammenwirken mit den Kommunisten betrifft, so geben wir uns darüber keinen Illusionen hin."[25]

Das gilt auch *heute* für die Sozialdemokratische Partei Deutschlands.

Im übrigen kann ich nur bekräftigen, was ich in den westlichen Hauptstädten ebenso wie in Moskau, Warschau und Erfurt, im Deutschen Bundestag und bei allen mir wichtig erscheinenden Anlässen erklärt habe: Bei Verträgen mit kommunistisch regierten Staaten handelt es sich nicht um eine Einebnung von Weltanschauungen und Gesellschaftssystemen; dies gilt ganz allgemein für unsere auswärtigen Beziehungen. Normale Beziehungen sind *eine* Sache, eine *andere* Sache sind die einander entgegenstehenden Grundsätze staatlicher und gesellschaftlicher Ordnung. Es werden also durch unsere Friedenspolitik nicht die grundsätzlichen Unterschiede verwischt, die Sozialdemokraten und Kommunisten voneinander trennen.

Gerade in dieser Phase der erfreulicherweise zunehmenden Kooperation von Staaten ganz unterschiedlicher Systeme werden wir unsere freiheitliche Ordnung zu stärken und sie sozial auszubauen haben, denn dies ist und bleibt unsere Basis für den Wettbewerb der Systeme.

Für die Sozialdemokratische Partei Deutschlands gibt es dabei keinen ideologischen Mischmasch mit kommunistischen Parteien oder Gruppen, keine Volksfrontpolitik, keine sogenannte Aktionseinheit. Alles das kann es nicht geben. Was es gibt und geben muß, sind die Bereitschaft und die Fähigkeit zur politischen, zur geistigen Auseinandersetzung. Sie fürchten wir nicht, sondern wir suchen sie.

Warum sollte ich bei dieser Gelegenheit nicht auch in aller Offenheit sagen, daß viele bei uns beispielsweise von großer Sorge erfüllt sind, wenn sie die Prozesse in der Tschechoslowakei – vier Jahre nach dem August 1968[26] – mit den Hoffnungen eines auf kommunistischem Boden wachsenden „humanen Sozialismus" vergleichen!

Warum sollte ich nicht in allem Freimut darauf hinweisen, daß das Interesse deutscher Demokraten an der Beachtung der Menschenrechte nicht geographisch begrenzt werden kann!

Schumacher und Reuter – die ich hier bewußt noch einmal in eine Parallelität zueinander stelle – waren, anders als es die Legende will, durchaus nicht antirussisch. Erst recht nicht waren sie, wie ein anderes Klischee es wahrhaben möchte, gegen die europäische Einheit. Mit gewissen taktischen Unterschieden, die sich wohl am ehesten aus der unterschiedlichen Erfahrung in den Jahren bis 1945 erklären lassen, setzten sich beide für ein vereintes Europa als eine Gemeinschaft von Gleichberechtigten ein – übrigens schon damals so verstanden, daß Großbritannien dabei sein müßte.

Ich möchte dies doch noch etwas ergänzen. Es war Schumacher, der schrieb, die Sozialdemokratie könne sich ein neues Deutschland nicht isoliert und nationalistisch vorstellen, sondern „überhaupt nur als einen Bestandteil Europas".[27] Noch vor dem Schuman-Plan[28] regte er einen deutschen Versuch an, „unter Betonung der europäischen Kooperation und in streng europäischem Rahmen im Geiste der Gemeinsamkeit auf das Ziel einer größtmöglichen wirtschaftlichen Vereinigung Europas loszugehen". Als Führer der Opposition im Bundestag redete er auch Verhandlungen mit Frankreich das Wort, „die einen französisch-deutschen Freundschaftsvertrag bringen".

Bei dieser Gelegenheit will ich noch einmal daran erinnern, daß deutsche Sozialdemokraten schon im vorigen Jahrhundert die Vision von den Vereinigten Staaten von Europa verbreitet haben und daß daraus schon nach dem *Ersten* Weltkrieg eine Forderung im Parteiprogramm der SPD wurde.[29] Auch hier gilt: Manches von dem, was früher als „sozialistisch" bekämpft wurde, wird heute von den Konservativen bejaht oder gar als eigene Erfindung ausgegeben.

Dann ist da trotzdem noch die Legende vom „Nationalisten" Schumacher. Daß er kantig war, soll gar nicht bestritten werden; auch nicht, daß er ein Kind seiner Zeit war und die Folgen vor Augen hatte, die sich aus Fehlentwicklungen nach dem Ersten Weltkrieg ergeben hatten. Aber was will man eigentlich daran aussetzen, wie der junge Schumacher in den frühen zwanziger Jahren den Begriff des Patriotismus definierte? Echter Patriotismus, so sagte er, sei Dienst an einem armen und geschlagenen Vaterland, das nichts anzubieten habe und noch die Opferbereitschaft der ganzen Nation verlange.

Nach 1945 war es geboten, hart um die deutsche Einheit zu ringen, und niemand kann beweisen, daß nicht doch etwas zu erreichen gewesen wäre, wenn man den damaligen Empfehlungen der SPD gefolgt wäre. Das Ringen um die Nation ist ja auch nicht vorbei, selbst wenn wir heute von zwei deutschen Staaten auszugehen haben, nachdem mit dem „Großdeutschen" Hitler-Reich auch das „kleindeutsche" Bismarcksche Reich und selbst das Deutsche Reich in dem eingeschränkten territorialen Rahmen des Versailler Vertrages zerbrochen ist. Was jedenfalls bleibt – und was bei Schumacher immer mitgeschwungen hat –, ist das, was August Bebel seinen Gesinnungsfreunden als „Vaterland der Liebe und Gerechtigkeit" anempfohlen hat. Ich habe dies mit in Erinnerung gehabt, als ich zu Beginn meiner Kanzlerschaft darum bat, wir Deutsche in der Bundesrepublik möchten uns als ein Volk der guten Nachbarn bewähren

– im Innern und nach außen.[30] Damit wäre auch unserem Staatsbewußtsein gut gedient.

Im Begriff der Nation sind für uns wie für Kurt Schumacher geschichtliche Wirklichkeit und politischer Wille vereint. Aber, gemessen am Frieden, kann die Nation heute für uns nicht mehr *das höchste* aller Güter sein. Unser Patriotismus hat sich zugleich als europäische und weltpolitische Verantwortung zu verstehen.

Dies kann für uns nicht bedeuten, die deutsche Nation anderen zu überlassen, die mit diesem Begriff noch immer etwas meinen, was wiederholt gescheitert ist und gewiß nicht die Zukunft für sich hat. Wir dürfen die deutsche Nation – als Idee, als schwierige Realität und als künftige Möglichkeit – nicht ausspielen lassen gegen jene, die als europäisch und international verantwortliche demokratische Sozialisten dieser Nation eine Zukunft in guter Nachbarschaft zu anderen sichern wollen. Hier gibt es eine Parallele zu unserem Staatsverständnis. Denn dabei geht es ja auch darum, daß wir den demokratischen Staat nicht denjenigen überlassen – und daß wir ihn nicht gegen die Sozialdemokraten durch diejenigen ausspielen lassen –, denen es im Kern um die Erhaltung von Vorrechten geht und die im Grunde davon leben, daß der Staat den Interessen von Inhabern und Nutznießern großer wirtschaftlicher Macht untergeordnet wird.

Erinnern möchte ich aber auch noch einmal an folgendes: Die politische Hartnäckigkeit Kurt Schumachers hat 1948/49 jene Fehlentwicklung verhindert, die das Entstehen eines kleindeutschen Staatenbundes bedeutet hätte.[31] Gegen die Kurzsichtigkeit der Militärregierungen und gegen manchen Kleinmut im eigenen Lande setzte er durch, daß diese Bundesrepublik zu einem – nehmt alles in allem – effektiven Bundesstaat werden konnte. Vom Krankenlager aus hat er seinen ganzen Einfluß geltend gemacht, daß das Grundgesetz angenommen würde – weil es, wie er sagte, die Handhabe bieten werde, alle in die Pflicht zu nehmen, um einen demokratischen und sozialen Rechtsstaat zu verwirklichen.

Zu diesem Staat, zur Bundesrepublik Deutschland, die durch Sozialdemokraten entscheidend mitgeschaffen wurde, bekennen wir uns ohne Wenn und Aber!

Das Grundgesetz wollen wir nicht nur achten, wir wollen es zunehmend verwirklichen!

Feinden der Demokratie wollen und dürfen wir uns nicht beugen! Für die soziale Demokratie wollen wir uns mit aller Hingabe einsetzen!

IV.

Kurt Schumacher hat gesagt, man könne dem Leben nicht mit dem Dogma befehlen; man müsse die Lehren aus dem Leben nehmen. Auch wenn man einen sittlich oder wissenschaftlich noch so fundierten Wunsch habe, müsse man sich stets mit den Realitäten auseinandersetzen.

Politik ist nach seinen Worten etwas völlig anderes als bloßes Theoretisieren oder gar „Gekeife um bloße Schemata".

Dies hatte gewiß schon damals, kurz nach dem Krieg, mehr als *eine* Adresse. Heute erst recht muß man sich wundern, was gewisse linksradikale Gruppen mit beträchtlicher Überheblichkeit und ihrem „Geheimjargon" – wie Schumacher es nannte – glauben, erreichen zu können. Vieles davon stiftet nur Verwirrung und nährt Vorurteile gegenüber dem, was notwendig und möglich ist, nämlich dem graduellen, schrittweisen gesellschaftlichen Fortschritt.

Wenn man von den realen Kräfteverhältnissen ausgeht, ist jedoch der Dogmatismus der Rechten bei uns in der Bundesrepublik das eigentliche Hindernis für einen breiten Konsensus über die angemessene Erneuerung von Staat und Gesellschaft. Ich meine diejenigen in Politik und Publizistik, die die gegenwärtig bestehenden wirtschaftlichen und gesellschaftlichen Zustände mehr oder weniger festschreiben möchten – mit der Behauptung, genau diese machten die *freiheitlich-demokratische Grundordnung* aus.

Wir sagen demgegenüber: Die freiheitlich-demokratische Grundordnung liegt in den *fundamentalen Prinzipien des Grundgesetzes*, also zum Beispiel in der Unantastbarkeit der Grundrechte, der freien Meinungsäußerung, dem Machtwechsel durch demokratische Wahlen, dem Minderheitenschutz, dem sozialstaatlichen Schutz der

Schwachen, der gesellschaftlichen Verantwortlichkeit des Eigentums.

Um das konkrete Umsetzen dieser Prinzipien in praktische Politik gibt es natürlich – gerade bei uns – ein fortdauerndes Ringen der Meinungen. Dies ist notwendig und kann weder Herrn Strauß und Herrn Barzel zuliebe unterbleiben noch deswegen, weil man in ein paar Presse-Konzernen[32] von „Gefahren der Sozialisierung“ phantasiert.

Selbstverständlich gibt es Probleme für eine Partei, in der – wie bei uns – auf dem Boden gemeinsamer Grundüberzeugungen um den jeweils richtigen Weg gerungen wird und auf die viele aktive junge Menschen erfreulicherweise ihr Interesse konzentrieren. Wieviel schlechter wäre es um unseren Staat bestellt, wenn nicht die Regierungsparteien, im Gegensatz zur CDU/CSU, in erheblichem Maße zur Integration der kritischen jungen Generation fähig wären! Das schafft Unruhe, Arbeit, zwingt zu inhaltlicher Auseinandersetzung, verlangt entschiedene Klärungsprozesse, auch Geduld und Zeit, und manchmal sind dabei deutliche Abgrenzungen geboten. Mir sind die damit verbundenen, sicher auch unbequemen Probleme lieber als die, die sich dann ergeben, wenn eine gewisse Partei die Jungen links liegen läßt oder von ihnen rechts liegengelassen wird. Dann bleibt sie nämlich auf ihren Ladenhütern sitzen. Und ein derartig verstaubter Ladenhüter ist der primitive Anti-Sozialismus, der auch als Bürgerschreck bald ausgedient haben müßte.

Die Sozialdemokratische Partei braucht immer wieder das Ringen um den besten Weg. Was sie nicht brauchen kann, sind kaltschnäuziges Managertum und Intellektualismus ohne Herz. Diese große Volkspartei muß immer wieder mit Beharrlichkeit klarmachen, welche konkreten Verbesserungen und Veränderungen sie will und wofür sie bei der kommenden Wahlentscheidung und für die kommenden Legislaturperioden das Vertrauen der Mitbürger zu erringen sucht. Gleichzeitig möchte ich sagen: Es wäre ein Selbstbetrug, wenn wir die Erschütterungen im Tatsächlichen und im Gedanklichen, die sich allenthalben ereignen, nicht registrierten und nach Möglichkeit verarbeiteten.

Die Unruhe in der katholischen Welt reicht beispielsweise weit über das hinaus, was die meisten jungen und älteren Sozialdemokraten heute beschäftigt. Die Herren Strauß und Barzel scheinen nur keine Antenne zu haben, mit der sie diese Bewegungen aufnehmen könnten. Oder es fehlt ihnen an der inneren Bereitschaft, ihre vermeintlich heile Welt in Frage stellen zu lassen. Aber es wird andere geben, die verstanden haben, was ein Mann wie Walter Dirks kürzlich in den „Frankfurter Heften" geschrieben hat und wie bedrückend seine Voraussagen für den Fall sind, daß das Wahlergebnis eine Führung Barzel/Strauß bringen sollte.

Wir selbst müssen, was die gesellschaftlichen Notwendigkeiten angeht, stets auf der Hut sein, daß wir nicht in erstarrten Positionen stecken bleiben. Wer sich ohne Scheuklappen bewegt, wird wissen, wie groß und schwierig die Probleme sind, die vor uns liegen. Ich nenne nur:

- die Gefährdung der menschlichen Würde durch die Ansprüche der arbeitsteiligen Gesellschaft
- die gesellschaftliche Integration der Generationen, vor allem der älteren Mitbürger
- die beängstigende Bedrohung unserer Umwelt
- den Stadt-Land-Konflikt
- und nicht zuletzt die zunehmenden Spannungen zwischen den hochentwickelten Industriestaaten und den Ländern der Dritten Welt.

Die Rechtskonservativen und andere Rückwärtsgewandte haben nicht viel mehr zu bieten als eine Verschleierung und Verniedlichung der schwierigen Probleme. Das ist die zwingende Schlußfolgerung aus einer langen Erfahrung. Denn so haben sie es gemacht mit dem Bildungsproblem, mit dem Umweltproblem, mit dem Stadt-Land-Problem und mit vielem mehr. Wir sagen nicht, daß wir einen Patentschlüssel zur Lösung aller Probleme besäßen. Wir behaupten auch nicht, daß wir uns nie geirrt hätten oder uns niemals irren könnten. Aber wer sich umschaut und sich der jüngsten europäischen Geschichte erinnert, der muß feststellen: Für das Volk, für die Völker haben die Fehler der Rückwärtsgewandten, der Rechtskonservativen immer viel schwerer gewogen als die Irrtümer von Sozialdemokraten.

Bei dem bevorstehenden Wahlkampf muß die Einsicht siegen, daß Freiheit für die Vielen verwirklicht werden muß und zu verwirklichen ist; andernfalls würde die Gesellschaft an einem kritischen Punkt wieder vorrangig den Interessen des Eigennutzes ausgeliefert werden, den Interessen derer, die zuerst an sich denken und danach lange an nichts anderes.

Auch in der Außenpolitik gibt es immer neue Probleme, zumal solche, die über die alten Ost-West-Fragestellungen weit hinausreichen. Aber zunächst geht es doch noch ganz wesentlich darum, die ausgewogenen Bemühungen weiterzuführen, die wir gemeinsam mit den Freien Demokraten und in fugenloser Abstimmung mit unseren westlichen Bündnispartnern entwickelt haben.

Dieses Feld kann man nicht denen überlassen, die die Bundesrepublik in die Isolierung manövriert hätten; die sich, obwohl sie von einer Lebensfrage sprachen, in eine peinliche Stimmenthaltung flüchteten; und denen danach nichts anderes eingefallen ist, als sich in Sachen China und Albanien interessant zu machen.

Wirtschafts- und gesellschaftspolitisch muß man den Wählern zunächst einmal, und zwar nachdrücklicher als bisher, die Hohlheit der CDU/CSU-Propaganda – frisch aus Portugal: „Rettet die Nation" – bewußt machen. Die Führung der Unionsparteien versucht den Menschen in der Bundesrepublik einzureden, wie schlecht es ihnen gehe. Es geht ihnen aber nicht schlechter, sondern besser als 1969 und wesentlich besser als den Menschen in fast allen vergleichbaren Ländern. Das stereotype Gerede von der Finanz- und Wirtschaftskrise ist sachlich falsch und verantwortungslos; es wird außerdem langweilig.

Ungeachtet alles dessen, was leider noch nicht so ist, wie es sein sollte, und was an Aufgaben vor uns liegt, sei hier festgestellt: Unsere marktwirtschaftliche, sozialgebundene Ordnung ist mit den Problemen des Hungers, des Mangels, der Arbeitslosigkeit gut fertiggeworden. Der allgemeine Lebensstandard ist beträchtlich gestiegen. Die soziale Gesetzgebung wurde wesentlich ausgebaut, und wir haben damit beginnen können, uns einigen der notwendigen gesellschaftspolitischen Reformen zuzuwenden. Dabei stellt sich nun zunehmend die Frage, welche Mittel und Methoden einzusetzen sind, um einmal besser für die bedrohten „Randgruppen" der Gesellschaft zu sorgen und zum anderen die allzu lange vernachlässigten, aber an Bedeutung dauernd zunehmenden öffentlichen Aufgaben und Einrichtungen angemessen zu fördern.

Anders ausgedrückt: welcher finanziellen und organisatorischen Steuerung es bedarf, um *die* Bedürfnisse zu befriedigen, die nur noch gemeinschaftlich, das heißt durch öffentliche Leistungen, befriedigt werden können.

Dies fällt in eine Zeit, in der die Wirtschafts- und Sozialwissenschaften sich neuen Fragestellungen zuwenden. Professor Arthur Schlesinger, der zum Kennedy-Team gehörte, hat kürzlich von *den* Problemen geschrieben, „die der immer schneller um sich greifende Fortschritt allen Staaten mit einer hochentwickelten Technologie auferlegen wird, völlig unabhängig von den Eigentumsverhältnissen oder dem ideologischen System".

Nun darf ich gerade an dieser Stelle auf Kurt Schumacher zurückgreifen, denn es ist ja unbestreitbar, daß sich unsere ökonomischen Vorstellungen schon von Schumacher bis Godesberg – und dann auch seit Godesberg – weiterentwickelt haben. Schumacher war kein Sozialisierungs-Fanatiker, aber sein Denken war doch – verständlicherweise – recht stark durch überkommene sozialdemokratische Auffassungen geprägt. Zudem hat er sich zur Frage der Sozialisierung in einer Zeit geäußert, als die Fabriken in Trümmern lagen; er wandte sich dagegen, daß die Arbeiter mit ihrer großen Aufbauleistung nur einigen hundert Großeigentümern wieder zu ihrem alten Besitzstand verhelfen sollten. Zudem befürchtete er, Weimar könne sich wiederholen, eine deutsche Demokratie könne noch einmal an ihren sozialen Gegensätzen zerbrechen.

Dabei muß man dann auch dies mit im Auge behalten: Diejenige Partei, die heute jegliches Gemeineigentum lauthals verteufelt, hat 1947 ein Ahlener Programm beschlossen,[33] dessen kürzlich – fünfundzwanzig Jahre danach – in betonter Stille gedacht wurde.

Die führenden Abgeordneten der CDU hatten nichts dagegen, den Gedanken der Vergesellschaftung von Schlüsselindustrien in den Länderverfassungen zu verankern, und schließlich wurde ja auch 1948/49 jener Artikel 15 in das Grundgesetz aufgenommen, der vorsieht, wie bei Vergesellschaftungen zu verfahren ist. [34]

Auf einen so bedeutenden CDU-Politiker wie Jakob Kaiser – und darauf muß nicht nur gegenüber Herrn Barzel, sondern auch gegenüber Herrn Katzer hingewiesen werden – sollte man sich nicht nur *berufen*, sondern man sollte seine Reden und Schriften aufmerksam *nachlesen*. In neuester Zeit hat Norbert Blüm, Hauptgeschäftsführer der Sozialausschüsse der CDU, auch daran erinnert, daß es in den „Frankfurter Leitsätzen" seiner Partei nach dem Krieg hieß: „Wir bekennen uns zu einem wirtschaftlichen Sozialismus auf demokratischer Grundlage."[35]

Ich möchte, da ich Ahlen erwähnt habe, doch ein paar Sätze aus dem damaligen CDU-Programm zitieren. Da heißt es, das kapitalistische Wirtschaftssystem sei den staatlichen und sozialen Lebensinteressen des deutschen Volkes nicht gerecht geworden. Nach dem furchtbaren Zusammenbruch könne nur eine Neuordnung von Grund aus erfolgen. Dann wörtlich: „Inhalt und Ziel ‹dieser wirtschaftlichen›[36] Neuordnung kann nicht mehr das kapitalistische Gewinn- und Machtstreben, sondern nur das Wohlergehen unseres Volkes sein." Und weiter: „Durch eine gemeinwirtschaftliche Ordnung soll das deutsche Volk eine Wirtschafts- und Sozialverfassung erhalten, die dem Recht und der Würde des Menschen entspricht, dem geistigen und materiellen Aufbau unseres Volkes dient und den inneren und äußeren Frieden sichert."[37]

Rechte Unionspolitiker, denen man nicht die Quelle nennt, würden dies wahrscheinlich für „Marxismus" halten. Da dieses Schlagwort gefallen ist, will ich gleich eine – auf Schumacher bezogen – wesentliche Bemerkung hinzufügen. In seinen Texten finden wir nicht selten eine unbefangene Bezugnahme auf Marxsche Gedanken. Für ihn war Marx der große Anreger, unerbittlich in die Tiefen zu fragen, unerbittlich hinter die Fassaden der Ideologien zu leuchten, unerbittlich die gesellschaftlichen Fundamente bloßzu-

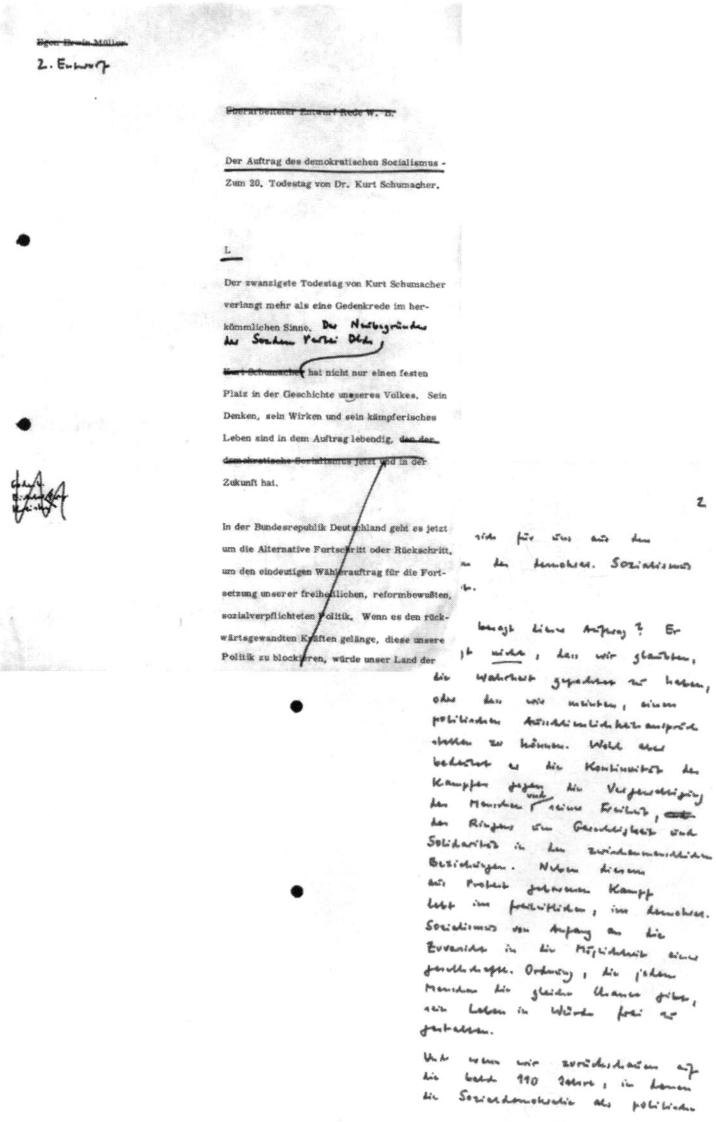

~~Egon Erwin Müller~~

2. Entwurf

~~Überarbeiteter Entwurf Rede W. B.~~

Der Auftrag des demokratischen Sozialismus -

Zum 20. Todestag von Dr. Kurt Schumacher.

I.

Der zwanzigste Todestag von Kurt Schumacher verlangt mehr als eine Gedenkrede im herkömmlichen Sinne. Der Neubegründer der Sozialdem. Partei Dtlds. ~~Kurt Schumacher~~ hat nicht nur einen festen Platz in der Geschichte unseres Volkes. Sein Denken, sein Wirken und sein kämpferisches Leben sind in dem Auftrag lebendig, ~~den der demokratische Sozialismus jetzt~~ und in der Zukunft hat.

In der Bundesrepublik Deutschland geht es jetzt um die Alternative Fortschritt oder Rückschritt, um den eindeutigen Wählerauftrag für die Fortsetzung unserer freiheitlichen, reformbewußten, sozialverpflichteten Politik. Wenn es den rückwärtsgewandten Kräften gelänge, diese unsere Politik zu blockieren, würde unser Land der

2

... sich für uns aus dem ... der demokrat. Sozialismus ...

... besagt dieser Auftrag? Es ist nicht, dass wir glauben, die Wahrheit gepachtet zu haben, oder dass wir meinten, einen politischen Ausschließlichkeitsanspruch stellen zu können. Wohl aber bedeutet er die Kontinuität des Kampfes gegen die Vergewaltigung des Menschen und seiner Freiheit, des Ringens um Gerechtigkeit und Solidarität in den zwischenmenschlichen Beziehungen. Neben diesem aus Protest geborenen Kampf lebt im freiheitlichen, im demokrat. Sozialismus von Anfang an die Zuversicht in die Möglichkeit einer gesellschaftl. Ordnung, die jedem Menschen die gleichen Chancen gibt, sein Leben in Würde frei zu gestalten.

Und wenn wir zurückschauen auf die bald 110 Jahre, in denen die Sozialdemokratie als politische

Aus dem Entwurf des Redemanuskriptes „Der Auftrag des demokratischen Sozialismus“, August 1972

legen. Aber dogmatischer Marxismus, das erschien ihm – und das ist – ein Widerspruch in sich.

Kurt Schumacher sagte, für ihn bestehe die bedrückende Realität darin, daß die Idee des Sozialismus, so, wie man sie im Osten zur „formelhaften Staatsreligion" gemacht habe, „entdemokratisiert und entmenschlicht" worden sei. Das ändere für ihn aber nichts an den Ungerechtigkeiten und Schwächen des kapitalistischen Systems. Allerdings wies er zugleich darauf hin, daß man es bei den Wirtschaftsordnungen der westlichen Demokratien nicht mehr mit dem Kapitalismus alter Prägung zu tun habe. Diese Ordnungen befänden sich auf Grund staatlicher und sozialer Einwirkungen in einem Prozeß ständiger Veränderung.

Überlegungen hinsichtlich einer Vergesellschaftung von Produktionsmitteln sollten nach Schumachers Ansicht frei sein „von fanatischer Hingabe und Ideologien". Jene, die seiner Meinung nach in den Debatten über eine zweckmäßige Vergesellschaftung Mittel und Zweck verwechselten, warnte er vor der Verabsolutierung der Mittel, denn es gehe schließlich „um das konkrete, persönliche, menschliche Leben". Er wollte *keine* zentralistische und detaillierte Kommandowirtschaft, *keine* Verstaatlichung und Bürokratisierung, *keine* Ausschaltung des Wettbewerbs. Eine Organisationsform, die schöpferische Unternehmerinitiative unmöglich machen würde, lehnte er entschieden ab.

Die anzustrebende Wirtschaftspolitik sollte sich – nach der für notwendig gehaltenen Neugestaltung der Eigentumsverhältnisse in bezug auf die großen Produktionsmittel – möglichst marktkonformer Mittel bedienen. Als Richtschnur für das politische Handeln empfahl er: Nur wenn der private Besitz von Produktionsmitteln mit den Interessen der Allgemeinheit in Konflikt gerate, sollten Änderungen vorgenommen werden. Und damit sind wir dann schon ganz nahe bei der Wirtschaftspolitik des Godesberger Programms.

Schumacher machte sich auch, nach den langen Jahren der Isolierung, rasch mit den Gedanken vertraut, die die sozialdemokratischen Parteien in den fünf skandinavischen – besser gesagt: nordischen – Ländern für die Nachkriegszeit in einem gemeinsamen

Manifest zusammenfaßten. Und er wies seine Partei frühzeitig auf die Notwendigkeit einer Eigentumspolitik hin. – Der Prozeß ständiger Veränderung, von dem er sprach, hat sich vor unseren Augen und jedenfalls teilweise durch unser eigenes Wirken vollzogen. Aber die Deutung dieses Prozesses und seiner ablesbaren Ergebnisse ist höchst widersprüchlich. Gewisse Zeitungen suggerieren ihren Lesern, wir stünden in der Bundesrepublik kurz vor dem Ende des privaten Eigentums. Dagegen steht die Auffassung anderer, die sich für besonders progressiv halten und schlicht behaupten, bei uns herrsche der finsterste und erbarmungsloseste Kapitalismus. Diese Spannweite der öffentlichen Meinung beweist zunächst nichts anderes, als daß in unserem Lande über alles diskutiert wird und jede Ansicht vertreten werden kann.

Mit den Realitäten in der Bundesrepublik haben die extremen Meinungen wenig zu tun. Natürlich kann man niemanden daran hindern, überkommene Begriffe und Vorurteile so zu vertreten, wie er es für richtig hält. Aber statt Pappkameraden aufzubauen, sollte man lieber den eigentlichen, realitätsbezogenen Problemen nachgehen.

Die intellektuelle Sauberkeit gebietet jedoch, die damals neue Sicht des Godesberger Programms in bezug auf die Probleme der Sozialisierung und des Eigentums hier noch einmal ganz deutlich zu machen. Anders als es traditionell sozialdemokratischen Vorstellungen entsprach, sagen wir sinngemäß in unserem Programm: Die Frage der Sozialisierung ist für uns nicht mehr in erster Linie davon abhängig, ob man die Macht hat, private Produktionsmittel zu vergesellschaften. Sondern sie ist davon abhängig, wieweit privates Großeigentum und private Verfügungsgewalt über große Produktionsmittel den Grundwerten – Freiheit, Gerechtigkeit, Solidarität – im Wege stehen.

Helmut Schmidt hat nach seiner Amtsübernahme als Wirtschafts- und Finanzminister folgende Erklärung abgegeben, die darum besondere Bedeutung hatte, weil in das Ausscheiden seines Vorgängers unsinnigerweise hineingeheimnist worden war, wir wollten marktwirtschaftliche Grundsätze weniger wichtig nehmen als bisher: „Die Bundesrepublik hat sich nach der Währungsreform für den Weg der Markt-, das heißt der wettbewerbsgesteuerten Wirtschaft entschieden. Und dieser Weg hat zu bedeutenden Erfolgen geführt. Wir haben keinerlei prinzipielle Erfahrung gemacht, und wir sehen auch keine beeindruckenden Beispiele im Ausland, die uns angeraten erscheinen könnten, den Weg zu verlassen.“[38] Er hat ebenso deutlich hinzugefügt: Gegenüber einer Wirtschaft, in der in jedem größeren Unternehmen investitions- und marktstrategische Planungen stattfinden, könnten sich der Staat und die politische Verantwortung tragenden Parteien „aus ideologischer Verklemmung nicht etwa planungsabstinent verhalten“.

Ich meine, dies ist deutlich genug. Wir sind nicht eigentumsfeindlich, sondern wir wollen im Gegenteil, daß die Vermögensbildung der breiten Schichten unseres Volkes raschere Fortschritte macht. Wir sind Gegner der Zwangswirtschaft, aber Anhänger einer sinnvollen Planung. Wir wollen nicht, daß der Leistungsgedanke verworfen wird, sondern wir sind dafür, daß sich die Leistung stärker dem zuwenden kann, was gesamtgesellschaftlich geboten ist. Wir sind für einen freien internationalen Kapitalverkehr, aber nicht dafür, daß man uns als währungspolitische Masochisten betrachtet. Wir sind für ein schöpferisches Unternehmertum, aber auch für die Sozialbindung, der nach dem Grundgesetz besonders der Großbesitz unterliegt.

Dies alles steht in keinem Widerspruch zum wirtschaftspolitischen Teil des Godesberger Programms, den ich nicht abgewertet sehen möchte. Das gilt aber nicht nur für die bekannte Formel: „Wettbewerb soweit wie möglich – Planung soweit wie nötig“, sondern es gilt auch für die Grundforderungen einer auf Menschenwürde, Gerechtigkeit und sozialer Sicherheit basierenden Gesellschaft. „Staat und Gesellschaft dürfen nicht zur Beute mächtiger Interessengruppen werden“,[39] heißt es im Grundsatzprogramm.

Im übrigen möchte ich auf keinen Fall unerwähnt lassen, daß sich für uns – ich ließ es durch das Schlesinger-Zitat schon anklingen – wichtige neue Fragen ergeben aus den Auswirkungen der industriellen Technologie auf die Umwelt und auf die natürlichen Ressourcen. Man braucht nicht alles für bare Münze zu nehmen, was über

„Grenzen des Wachstums“ verbreitet wird. Aber sicher ist, daß mit den produktiven auch die zerstörerischen Kräfte gewachsen sind. Hieraus ergibt sich das Problem, wie man die destruktiven Auswirkungen des ungezügelten Wachstums in den Griff bekommen kann.

Dies ist also eine andere Problematik als die der „Freisetzung“ von durch das kapitalistische Eigentum gehemmten Produktivkräften.

Richard Löwenthal, der sich mit diesem Thema vor einigen Monaten auf einer Tagung in Japan beschäftigte,[40] weist überzeugend darauf hin, daß die Zusammenhänge zwischen materiellem Fortschritt und menschlichen Werten neu zu durchdenken sind. Willi Eichler, der an unserer programmatischen Arbeit einen so wesentlichen Anteil gehabt hat, schrieb mir noch kurz vor seinem Tode, wir möchten bedenken, daß die besinnungslose Maximierung des Sozialprodukts als „Leistung“ weniger wert sei als die „Maximierung der menschlichen Rücksichten und gegenseitigen Hilfen“.

Ich will gleich ein Stück der Konklusion hinzufügen, zu der Erhard Eppler gelangte, als er auf der Oberhausener Tagung der IG Metall über „Die Qualität des Lebens“ sprach. Er sagte, wenn das Laissez-faire ökologisch zu teuer werde, bedeute das noch nicht das Ende der Marktwirtschaft. Wenn uns Menschen die Endlichkeit unserer gemeinsamen Ressourcen voll zum Bewußtsein komme, so folge daraus noch nicht das Ende privaten Eigentums. Nun wörtlich: „Aber wenn Lebensqualität nur noch durch politisches Handeln zu verwirklichen ist, wenn Sozialismus das Handeln im Gesamtinteresse der Gesellschaft meint, wenn schließlich die Qualität des Lebens in ihrem Kern gefährdet ist, wo Entscheidungen nicht mehr aus freier Diskussion entstehen, dann wird dies eine Epoche des freiheitlich-demokratischen Sozialismus sein müssen.“[41]

V.

Dies sind alles überaus wichtige Fragen, und man darf ihnen nicht ausweichen, will man politisch nicht von der Hand in den Mund leben. Unsere Aufgabe kann jedoch nicht sein, unseren Mitbürgern

– den Wahlbürgern der Bundesrepublik Deutschland – mehr abzuverlangen, als ihnen billigerweise abzuverlangen ist.

Das heißt: Wir sagen allen, die sich dafür interessieren, auf welchen Grundwerten und Grundsätzen unser politisches Handeln beruht; aber wir bitten nicht um pauschale Zustimmung zu einem Grundsatzprogramm: wir bitten um die Unterstützung einer praktischen Politik in einem für alle überschaubaren Zeitraum.

Statt über sozialistische Theorie zu diskutieren, was an dafür geeigneter Stelle wichtig genug ist, gilt es, von den Notwendigkeiten zu sprechen, denen wir wirtschaftspolitisch und gesellschaftspolitisch gegenüberstehen. Und da drängen sich mir einige Fragen an unsere Gegner auf, Fragen, die im großen Gespräch mit den Mitbürgern in den vor uns liegenden Wochen und Monaten nicht zu kurz kommen sollten.

Erste Frage: Wie halten sie es mit der im Grundgesetz verankerten Sozialbindung des Eigentums?

Wir wissen alle: Unsere Verfassung – und das Godesberger Programm knüpft daran an – gibt dem Privateigentum an Produktionsmitteln Schutz und Förderung, sie schränkt aber seinen Gebrauch gleichzeitig zum Wohle der Allgemeinheit ein. Diese Sozialbindung des Eigentums soll seine Nutzung im einseitig kapitalistischen Sinne verhindern und gibt dem Gesetzgeber ein breites Feld für die notwendigen „Nutzungseinschränkungen". Das Städtebauförderungsgesetz, die Mieterschutzgesetzgebung und die fällige Reform des Bodenrechts – für die unsere Partei ein praktikables Modell erarbeitet hat – bieten hier anschauliche Beispiele. Andere Beispiele ergeben sich, wenn man daran geht, umweltfreundliche Produkte anders zu behandeln als umweltfeindliche.

Zweite Frage an die Konservativen: Bejahen sie den Wettbewerb auch dort, wo ihm starke privatwirtschaftliche Interessen im Wege stehen; und stimmen sie zu, daß Machtmißbrauch und marktbeherrschende Konzentration gerade im Interesse einer freiheitlichen Wirtschaftsordnung bekämpft werden müssen?

Unsere wirtschaftliche Wirklichkeit – und von ihr geht das Godesberger Programm aus – räumt bereits den vielfältigen Formen gemeinwirtschaftlicher Unternehmungen einen bedeutsamen Platz ein. Sie stehen neben den privaten Produktions- und Dienstleistungsunternehmen, und alle stehen im Wettbewerb miteinander. Es ist eines der Hauptmerkmale dieser marktwirtschaftlichen, aber sozialgebundenen Wirtschaftsordnung, den Wettbewerb zu intensivieren und notfalls zu erzwingen. Bedauerlich ist nur, daß gerade jene Kräfte, die der SPD Mangel an marktwirtschaftlichem Denken vorwerfen, sich nicht für, sondern *gegen* die Verschärfung der Kartellgesetzgebung eingesetzt haben. Wir jedenfalls sehen in der Intensivierung und Förderung des Wettbewerbs – auch des internationalen Wettbewerbs – ein wesentliches Element der freiheitlichen Wirtschaftsordnung.

Dritte Frage an die vereinigte Rechte: Wie steht es mit der Mitbestimmung in ihren vielfältigen Formen als Mittel zum Ausbau der Demokratie und zum friedlichen Austragen gesamtgesellschaftlicher Konflikte?

Die klassisch-kapitalistische Wirtschaftsordnung sieht vor, daß die Verfügungsgewalt über Produktionsmittel – und über die daran beschäftigten Menschen – *allein* von den Eigentumsrechten an diesen Produktionsmitteln ausgeht. In der Wirtschaftsordnung unserer Bundesrepublik, auf die die Befürworter der sozialen Demokratie Einfluß gewonnen haben, werden diese Verfügungsrechte durch eine gezielte Arbeitsschutzgesetzgebung sowie eine breite und in den letzten Jahren merklich verbesserte soziale Sicherung eingeschränkt; Ergänzungen zum Schutz allgemein-menschlicher Interessen werden, wie u. a. die Umwelt-Problematik deutlich macht, unerläßlich sein.

Hinzu kommt als Kontrollinstrument die Mitbestimmung der Arbeitnehmer, die durch das neue Betriebsverfassungsgesetz ein Stück weitergebracht worden ist. Der Ausbau der paritätischen Mitbestimmung in den Unternehmen bleibt Ziel sozialdemokratischer Politik, um auch bei den Unternehmensentscheidungen zu einem Gleichgewicht der Kräfte zwischen Arbeitnehmern und Kapitaleignern zu kommen.

Vierte Frage an die Herren der Opposition: Sind sie für die notwendigen öffentlichen Investitionen und beispielsweise nicht nur in allgemeinen Wendungen dafür, daß durch vorbeugende Gesundheitspolitik und effektiven Umweltschutz die Lebensqualität *für alle* verbessert wird?

Man muß wissen: In jeder Industriegesellschaft – unabhängig davon, ob die Produktionsmittel sich ganz oder teilweise in Privateigentum befinden oder ob sie „vergesellschaftet" sind – findet eine Auseinandersetzung um die Verteilung des Volkseinkommens statt. Das ist gleichzeitig eine Auseinandersetzung darüber, wieviel vom Volkseinkommen investiert bzw. konsumiert werden kann und auf welche Weise es konsumiert werden kann. Neben dieser Grundentscheidung muß über den Anteil zwischen privaten und öffentlichen Investitionen – mit deren Folgekosten – befunden werden. Bisher gibt es in keiner Wirtschaftsform unanfechtbare Maßstäbe, nach denen man die Verteilung vornehmen könnte. Es bedarf letztlich immer wieder neuer Entscheidungen der Marktpartner, der Tarifparteien und ebenso des Gesetzgebers. Für unsere Bundesrepublik hat die SPD in dem Entwurf ihres „Orientierungsrahmens bis 1985"[42] Perspektiven für einen zunehmenden Anteil der öffentlichen Leistungen am Sozialprodukt aufgezeigt. Diese Perspektiven – das ist sorgfältig geprüft worden – lassen sich in unserem marktwirtschaftlichen, aber sozialgebundenen System erfüllen.

Fünfte Frage: Wie hält man es mit dem Bürgerrecht auf Bildung; und ist man bereit, die Anstrengungen zu unternehmen, ohne die dieses Bürgerrecht nicht verwirklicht werden kann?

Die Bildungsmisere, die wir „geerbt" haben, ist natürlich nicht systemimmanent, wie gelegentlich behauptet wird, sondern sie ist schlicht das Ergebnis politischer Versäumnisse und der Tatsache, daß Konsum vor Leistung rangierte. In den letzten drei Jahren haben wir, im schwierigen Zusammenwirken mit den Ländern, begonnen, diese Versäumnisse aufzuarbeiten. Der Bildungsgesamtplan mit seiner Gleichrangigkeit von Allgemeinbildung und Berufsbildung öffnet den Weg zur Verbesserung der individuellen Lebenschancen, zur Entfaltung aller in unserem Volke vorhandenen Begabungen und damit auch – das ist die ökonomische Variante der „List der Idee", die sich auch in der Bildungspolitik durchsetzt – über höhere Qualifikationen des arbeitenden Menschen zur besseren Qualität des wachsenden Sozialprodukts zu gelangen.

Sechste Frage an unsere Gegner: Sind sie bereit, unseren Mitbürgern zu sagen, daß aus dem insgesamt wachsenden „Kuchen“ ein größeres Stück für die Lebensfürsorge, die bessere Lebensqualität verwendet werden muß – oder wollen sie den Selbstbetrug fordern, größere Leistungen könnten mit geringeren Mitteln erbracht werden?

Es wird in der letzten Zeit vielfach so getan, als wollte der Staat dem Bürger in die Tasche greifen, um ihn ärmer zu machen. Man unterschlägt dabei bewußt die Tatsache, daß die privaten Einkommen und der Lebensstandard aller Bürger weiterhin steigen werden, wie sie durch unsere Politik bisher gestiegen sind. Der wachsende Wohlstand muß zum Teil dazu beitragen, daß nicht ein anonymer Staat, wohl aber seine Bürger mehr und bessere Krankenhäuser, Verkehrsmittel und Straßen, Schulen und öffentliche Einrichtungen erhalten.

Dazu bedarf es auch steuerlicher Leistungen, im Zusammenhang mit mehr Gerechtigkeit, durch die in der nächsten Legislaturperiode zu beschließende Steuerreform.

Mut zu einer gerechten Steuergesetzgebung, Entschlossenheit beim Kartellrecht und bei der Verhinderung der Bodenspekulation – diese und andere Maßnahmen können *gleichzeitig* ein höheres Sozialprodukt *und* bessere Verteilungsquoten zwischen öffentlichen Leistungen und privatem Reichtum bringen. Und, was das wichtigste ist: bei dieser Politik bleiben Freiheit und Sicherheit erhalten, werden sie gefestigt.

VI.

Gerade vor dem Hintergrund des eben Gesagten sei nun noch einmal festgestellt: Demokratischer Sozialismus ist kein Dogma und keine Heilslehre. Aber vor zwanzig Jahren sagte Carlo Schmid am Grabe des toten Parteiführers Kurt Schumacher zu Recht, es sei dessen Überzeugung gewesen, daß als Fundament politischer Konstruktion nur taugen könne, was in seiner Statik so durchgerechnet sei, „daß es auch die Belastungen mit den Forderungen der Moral zu tragen" vermöge.

Ich kann und will niemanden daran hindern, über gesellschaftliche Veränderungen nachzudenken, die über unsere erklärte Politik hinausreichen. Aber niemand, der für die SPD spricht, darf einen Zweifel daran aufkommen lassen, daß unsere Politik darauf abzielt, im Sinne des Grundgesetzes den demokratischen und sozialen Bundesstaat so auszubauen, wie dies im Godesberger Programm entwickelt worden ist. Ob Staat oder Wirtschaft, Kultur oder Gesellschaft: sozialdemokratische Politik kann nie etwas Abstraktes sein. Wir haben mit unserer Reformpolitik bei den Alltagsproblemen angesetzt, bei dem, was die Bürger unmittelbar angeht.

Allen Unkenrufen der Opposition zum Trotz haben wir Schritt für Schritt in die Tat umgesetzt, was wir in der Regierungserklärung gemeinsam mit der FDP angekündigt hatten. Das sehen alle auf dem Felde der sozialen Sicherung, und nicht nur dort. Große Vorhaben, von denen die CDU nur redete, haben wir verwirklicht: Städtebauförderungsgesetz, Betriebsverfassungsgesetz, das Programm für den Umweltschutz, den Bildungsgesamtplan.

Die Ergebnisse des langen Marsches der Reformen, auf den wir uns begeben haben, dienen der Sicherheit dieses Landes und seiner Bürger. Sicherheit in sich friedlich erneuernder Gesellschaft ist nur möglich, wenn unsere behutsame und kontinuierliche Reformpolitik konsequent weitergeführt wird. Es hat sich mittlerweile herumgesprochen: Wer morgen sicher leben will, muß heute um Reformen kämpfen.

An dieser Stelle muß ich noch ein Wort über Europa sagen, und zwar in seiner doppelten Dimension, also der *west*europäischen Integration und der *gesamt*europäischen Zusammenarbeit und Friedenssicherung. Wenn es auf der zweiten Ebene Erfolge gibt, dann gibt es sie als Ergebnis unserer Politik des Ausgleichs und der Verständigung. Auf der ersten Ebene jedoch bedarf es – und ich sage dies auch mit dem Blick auf die bevorstehende Gipfelkonferenz der Zehn – einer betonten und bewußten Förderung der sozialen Komponente, und dazu kommt es nicht ohne eine maßgebliche Förderung durch die Bundesrepublik Deutschland. Es bedarf aber auch einer größeren Ehrlichkeit jener Patent-Europäer, die bisher den Eindruck erweckt haben, als könnte man die Wirtschafts- und Währungsunion verwirklichen und trotzdem mit nationalen Mitteln unsere Idealvorstellungen von Stabilität verwirklichen. Die Angelsachsen nennen dies: den Kuchen essen und ihn gleichzeitig behalten wollen.

Die politische Richtlinie für die Sozialdemokratische Partei – heute und im weiteren Verlauf der siebziger Jahre – ist die zunehmende Verwirklichung der sozialen Demokratie. Ohne Demokratie in Staat und Gesellschaft, ohne Mitbestimmung in allen großen Bereichen wird es auf die Dauer keinen stabilen demokratischen Staat, keine ausgewogene freiheitliche Gesellschaft, keine mündige Nation geben. Dabei stehen wir an der Seite der älteren Mitbürger, die nicht an den Rand der Gesellschaft gedrückt werden dürfen. Und wir haben eine „Antenne“ für jene jungen Menschen, denen Solidarität mehr bedeutet als Geschäfte, und die gegenüber Krieg und Unterdrückung nicht gleichgültig sein wollen.

Es liegt auf der Hand, daß die Freien Demokraten manches anders sehen, zumal dort, wo es um gewisse grundsätzliche Motivationen unserer gesellschaftspolitischen Zielvorstellungen geht. Ebenso klar scheint mir jedoch zu sein, daß es zwischen modernen Sozialdemokraten und modernen Liberalen zahlreiche Berührungspunkte gibt – jedenfalls in ausreichender Zahl, um ein erfolgreiches Regierungsbündnis über mehr als eine Legislaturperiode zu schließen. Man könnte es auch so sehen, daß wir etwas nachholen, das, wäre es schon zwischen Friedrich Naumann und August Bebel zum Tragen gekommen, viel Unheil von Deutschland abgewendet hätte.

Dies gilt auf andere Weise auch für gedankliche und praktisch-politische Berührungspunkte mit den Nachkommen der alten katholischen Arbeiterbewegung und anderen Verfechtern der christlichen Soziallehren. Soweit sie in den Unionsparteien angesiedelt sind, haben sie allerdings ihre politische Handlungsfreiheit weithin eingebüßt. Von denen, die dies öffentlich mit Empörung zurückweisen werden, wird mir der eine und der andere im Stillen doch zustimmen.

Nur ist damit zunächst wenig geholfen, und nichts kann uns deshalb daran hindern, uns um die Wähler besonders zu bemühen, die als Arbeitnehmer bei der CSU und bei der CDU schlecht aufgehoben wären und schlecht aufgehoben sind.

Von der Sozialdemokratischen Partei Deutschlands wird in den kommenden Jahren sehr viel erwartet; wahrscheinlich mehr, als sie geben kann. Besonders die vor uns liegenden Monate verlangen Augenmaß, erhöhte Mitarbeit, selbstsicheres Reagieren auf gegnerische Störaktionen und die Entschlossenheit, überall im großen Gespräch mit der Bevölkerung die Friedens- und Reformpolitik, die Leistungen der sozial-liberalen Regierung und die Ziele der Sozialdemokratischen Partei offensiv zu vertreten. Von jedem, gleichgültig in welcher Verantwortung er für unsere Partei steht, wird hohe Pflichterfüllung erwartet – gegenüber seinem Volk, seinen Wählern und der ihn tragenden politischen Gemeinschaft.

Motiv und Quelle unserer Arbeit, unserer Kraft sind die Grundwerte Freiheit, Gerechtigkeit, Solidarität. Sie haben uns zum Handeln zusammengeführt, und diese Grundwerte bestimmen morgen wie heute unsere Politik des Friedens, des Fortschritts, der Menschlichkeit.

Dies ist der Auftrag. Jeder Schritt unseres täglichen Handelns soll der humanen Aufgabe dienen, der wir uns verschrieben haben.

Nr. 96

Aus den Tagebuchaufzeichnungen des Bundeskanzlers und Vorsitzenden der SPD, Brandt 21./22. August 1972[1]

AdsD, WBA, A 1, 18/23.

Montag, den 21. August
– in Bonn

Starkes Echo auf meine gestrige Rede.[2]
[. . .]
Terrence Prittie ist aus London da und befragt mich für seine Brandt-Biographie.[3] Zu den ersten Kapiteln habe ich schon während des Urlaubs meine kritischen Anmerkungen gemacht. Aber dies wird keine „autorisierte" Biographie; es ist allein Pritties Sache, darüber zu entscheiden, was er aufnehmen und wie er es darstellen wird. Das Buch soll erst nächstes Jahr herauskommen. Rut [Brandt] meint ohnehin, es erscheint zuviel über mich oder von mir.
[. . .]
Von Karl Schiller kam heute der erwartete Brief, mit dem er seine Zugehörigkeit zum Vorstand der SPD beendet.[4] Gestern nachmittag war er zu einem dreistündigen ruhigen – wenn auch gewiss nicht mehr freundschaftlichen – Gespräch auf dem Venusberg. Seit ich Anfang Juli [1972] seinen Rücktritt annahm,[5] (allerdings auch schon vorher) hat er uns viel Kummer bereitet. Inzwischen hatte er, in einem Brief an Heinz Kühn, auch auf eine Kandidatur zum nächsten Bundestag verzichtet.[6]
[. . .]

22. August

[. . .]
Günter Grass schreibt mir: „1. der Wahlkampf der Solidarisierung wird stattfinden; 2. diesmal müssen wir eine Kopf-an-Kopf-Pro-

paganda nicht fürchten, sondern eher fördern; 3. die Situation scheint für Dich gemacht zu sein, denn früh und rechtzeitig beginnst Du, locker, gelöst und bestimmt zu kämpfen ..."[7] ‹Hoffentlich hat er recht.›[8]

Im Urlaub habe ich Grass' Schneckenbuch noch anhand eines Vorwegexemplars gelesen.[9] ‹Es wird wohl nicht zu einem ganz grossen Erfolg werden, aber ich meine, es ist ein bedeutendes Werk.›[10] Was er im übrigen mit seiner Wählerinitiative wieder vorhat, ist beeindruckend.

[...]

Nr. 97

Aus den Tagebuchaufzeichnungen des Bundeskanzlers und Vorsitzenden der SPD, Brandt 24./25. August 1972

AdsD, WBA, A 1, 18/23.

‹Donnerstag, den 24. August
– in Bonn›[1]

Fast der ganze Tag ist mit Parteisitzungen ausgefüllt.

In einer Vorsitzendenbesprechung schlage ich vor, anstelle von Schiller Hans-Jochen Vogel ins Präsidium zu wählen.[2] Der Vorstand folgt einstimmig diesem Vorschlag. (Alex Möller wird neuer Vorsitzender des wirtschaftspolitischen Ausschusses.) Im politischen Bericht stelle ich fest:

1. Für die SPD und für die Regierung bleibt es dabei, daß Neuwahlen zum Bundestag nicht später als am 3. Dezember 1972 stattfinden sollen. Dieselbe Opposition, die vor der Sommerpause jede konkrete Festlegung auf Neuwahlen abgelehnt hat, möchte jetzt den Eindruck erwecken, als sei von ihr eine Initiative hierzu ausgegangen. – Entgegen falschen Behauptungen muß klargestellt werden: Neu-

wahlen sind wegen der Mandatsüberträger notwendig geworden. Durch das Vertrauen der Wahlbevölkerung zur SPD und zur sozialliberalen Koalition müssen klare Verhältnisse geschaffen werden.
[...]

4. Die Wahlplattform der SPD, die der Parteivorstand im nächsten Monat verabschieden und die dann dem Außerordentlichen Parteitag zu unterbreiten sein wird, soll konkret darlegen, was in den nächsten vier Jahren zu geschehen hat für den Frieden im Innern und nach außen, für wirtschaftlichen Fortschritt, für mehr Gerechtigkeit und eine bessere Qualität der Lebensbedingungen.

5. Ich unterstreiche meinen Appell vom vergangenen Sonntag:[3] Alle Mitglieder und Freunde der Sozialdemokratischen Partei sind aufgerufen, im Wahlkampf und in der weiteren Arbeit geschlossen aufzutreten und die Auseinandersetzungen mit dem innenpolitischen Gegner offensiv zu führen.

<Im Kreis der Landes- und Bezirksvorsitzenden wird über die Wahlvorbereitungen berichtet und beraten. Am 9. [August 1972] hatte ich mit Nau und Börner die Vorarbeiten von Albrecht Müller – der im Parteihaus für die Öffentlichkeitsarbeit verantwortlich zeichnet – durchgesprochen. Am 12. [August 1972] Beratung über die Wahlkampfplattform mit Ehmke, Eppler, Wienand, A. Müller. Porzner soll noch hinzukommen. Wischnewski war schon beteiligt. Die Vorsitzenden>[4] sind natürlich stark am Meinungstrend interessiert. Die mir vorliegenden Ziffern (Infas, Emnid) sind sicher zu günstig. Albrecht Müller gibt eine nüchterne Einschätzung (gestützt auf Infratest), nach der wir zwei Punkte hinter der CDU/CSU liegen. Gemeinsam mit sechs (wie ich meine: sieben oder acht) Prozent für die FDP müßte es reichen. Aber es ist klar, daß es dazu nicht ohne viel Arbeit kommt.
[...]

Freitag, den 25. August
‹– in Bonn›[5]

Nach den erforderlichen Stunden im Amt: Einzelgespräche im Parteihaus mit Wehner, Börner, Nau, Müller. Auch mit Wolfgang Roth, dem Vorsitzenden der Jungsozialisten: Wir sind uns einig, daß Mobilisierung der Jungwähler wichtig [ist]. Ich weise darauf hin, daß es sich jedoch nicht um [einen] eigenen Wahlkampf der Jusos handeln kann, sondern daß es sich um deren Beitrag zum Wahlkampf der Partei handeln muß. Außerdem wirkten sie überzeugender, wenn sie nicht den Eindruck erweckten, daß sie glaubten, in allem recht zu haben.

Der eigene Verein scheint im übrigen auf Trab zu kommen. [...]

Nr. 98

Aus den Tagebuchaufzeichnungen des Bundeskanzlers und Vorsitzenden der SPD, Brandt 4. September 1972

AdsD, WBA, A 1, 18/23.

Im Parteipräsidium Abstimmung über die nächsten politischen Schritte:[1]

- vernünftige Überleitung von den „heiteren" Spielen in München[2] zur vermeintlich harten
- Auseinandersetzung zwischen den Parteien.
- Fairness bei sachlicher Härte. Deshalb – ohne Illusionen auch Wahlkampfabkommen mit
- anderen Parteien.
- Initiative der SPD-Fraktion zur Offenlegung von Nebeneinkünften der Abgeordneten. [...]

Nachmittags interviewen mich Heli Ihlefeld und Eva Windmöller für den „Stern":[3] Fragen der gesellschaftlichen Gleichstellung der Frau. Daß wir auch auf diesem Gebiet einiges geleistet haben, weist der im Juli veröffentlichte „Frauenbericht" der Bundesregierung aus.[4] Aber ich weiß wohl, daß rechtliche Maßnahmen allein nicht ausreichen.

Aus dem Präsidium ist noch nachzutragen, daß es gegenüber den Aktivitäten, die der Bundesvorstand der Jusos für den Wahlkampf plant, erhebliche Bedenken gibt. Am Donnerstag soll unter dem Vorsitz von Herbert Wehner mit den Beteiligten weiterberaten werden.

Es ist verständlich, daß manche Vorhaben der Jungsozialisten – und vor allem der fraktionellen Tätigkeit ihrer Führung – in der Partei auf Widerstand stoßen. [. . .]

Nr. 99

Aus den Tagebuchaufzeichnungen des Bundeskanzlers und Vorsitzenden der SPD, Brandt 11. September 1972

AdsD, WBA, A 1, 18/23.

Im Kreis der Landes- und Bezirksvorsitzenden – gemeinsam mit Mitgliedern des Gewerkschaftsrates – beraten wir sachlich und ergiebig über die Wahlplattform. Vogel, Eppler und Wischnewski sollen den Vorentwurf überarbeiten. Der Wirtschaftsteil soll von Hans-Jürgen Junghans verbessert und dann mit Helmut Schmidt abgestimmt werden.

In der Mittagspause sprechen Wehner, Börner und ich erst mit den Vorsitzenden von Rheinland-Pfalz und dem Saarland, dann mit denen aus Nordrhein-Westfalen. Thema: Landeslisten. Es ist seit langem erkennbar, daß der Einfluß der „Zentrale" auf die Kandidatenaufstellung weiter abnimmt. Ich habe mich trotzdem – wohl nicht ganz ohne Erfolg – in einer Mehrzahl von Gesprächen dafür eingesetzt, daß Vertreter aus Betrieben und Gewerkschaften nicht zu kurz kommen. Weiter, daß die Frauen nicht völlig beiseite geschoben werden. Wir werden einige neue, tüchtige Kolleginnen in den Bundestag bekommen, aber doch in viel zu geringer Zahl. Eines meiner Sonderpetiten: daß Carlo Schmid wieder in den Bundestag kommt, obwohl er eigentlich nicht mehr wollte und deshalb auch in Mannheim als Direktkandidat abgelöst wird.[1] Es ist noch nicht sicher, daß meinem Wunsch entsprochen wird, aber ich meine, eine große Partei sollte nicht auf einen großen alten Mann verzichten.

Strauß hat wieder mal einen Rappel. Auf einer Pressekonferenz in München, gemeinsam mit Barzel, greift er mich an, weil ich die Vertrauensfrage angeblich schriftlich stellen wolle und er dies für einen möglichen Verstoß gegen das Grundgesetz hält. Außerdem polemisiert er, was ernster ist, mit wahltaktischen Argumenten gegen die westeuropäische Konferenz im Oktober [1972].[2] Ein Lichtblick: weder Strauß noch Barzel scheinen etwas dagegen zu haben, daß die Wahlen früher als am 3. Dezember [1972] stattfinden.

[...]

Nr. 100

Aus den Tagebuchaufzeichnungen des Bundeskanzlers und Vorsitzenden der SPD, Brandt 5. November 1972

AdsD, WBA, A 1, 18/23.

[...]

Die Dreck-Phase des Wahlkampfes hat begonnen. Sie zeugt nicht von Selbstsicherheit derer, die sie in Gang gesetzt haben:

Offizielle und – vor allem – camouflierte Anzeigen der Union schlagen einen immer rüderen Ton an. Sie sollen, wie Börner erfahren hat, in den letzten vierzehn Tagen um Zweidrittel gesteigert werden.

Im Zusammenhang mit dem Wahlkongreß der CSU erscheint ein „Rotbuch“ als Schmähschrift gegen Wehner und mich.[1] Wie gehabt, mit gefälschten und aus dem Zusammenhang gerissenen Zitaten. Auch sonst mit mancherlei Quatsch: Rut [Brandt] sei in der norwegischen KP gewesen,[2] ich hätte kein Abitur gemacht etc.
Strauß nennt mich „der Partisan von Norwegen“[3].

[...]

(Was unter anderem noch kam: Strauß verglich uns mit Goebbels und sprach vom „roten Faschismus“.

Adenauer-Anzeigen über „Untergang Deutschlands“.

Anzeigen, daß man Israels und der Juden wegen CDU/CSU wählen müsse,[4]

Barzel über SPD/SED und „Wählen Sie sich frei“.)

[...]

Nr. 101

Artikel des Vorsitzenden der SPD und Bundeskanzlers, Brandt, für den SPD-Pressedienst
17. November 1972

SPD Pressemitteilungen und Informationen, Nr. 601/72 vom 17. November 1972.

Einer der intensivsten Bundestagswahlkämpfe in der Geschichte der Bundesrepublik steht vor seinem Ende. Er hat nicht nur die Kräfte derer in Anspruch genommen, die sich um Vertrauen bewarben. Er hat auch denjenigen viel zugemutet, die sich am Sonntag [19. November 1972] entscheiden sollen.

Sicher war nicht alles in den vergangenen Wochen ebenso erfreulich wie die Tatsache, daß die Wählerinnen und Wähler in unserem Land wohl noch nie zuvor ein derartig waches Interesse und ein so hohes Bemühen um Informationen bewiesen haben, wenn in den Wahlveranstaltungen um ihre Zustimmung geworben wurde.

Die Opposition hat sich übernommen, und sie hat am aufgeklärten Wähler vorbeigeredet. Ihren Versuch, mündigen Frauen und Männern einzureden, die Bundesrepublik sei ein von Krisen geschütteltes Land, betrachte ich als gescheitert. Die Tatsachen sprechen zu deutlich eine andere Sprache. Information und Argumentation waren gewichtiger als Angstpropaganda und Schreckgespenster.

Die CDU – insbesondere aber die CSU – haben auch da versucht, sich gegenüber den Koalitionsparteien zu profilieren, wo sie in ihrer Mehrheit insgeheim die Politik dieser Regierung längst als richtig erkannt haben. Das Verschweigen dieser Einsicht mag im Wahlkampf verständlich sein, verantwortungsbewußtes Handeln aber wird mit anderer Elle gemessen.

Nicht über alles, was in der Schlußphase des Wahlkampfes an Gemeinheiten und an finanziellem Großeinsatz zutage getreten ist,[1] wird einfach zur Tagesordnung übergegangen werden können. Trotzdem müssen bald, nachdem die Wähler klare Verhältnisse geschaffen haben, ruhige und sachliche Gespräche zwischen Regierung und Opposition geführt werden.

Die Verantwortung, die beide Seiten in unserem Staat für das Ganze zu tragen haben, muß das politische Handeln entscheidend bestimmen. Die Unionsparteien daran zu erinnern, ist auch deshalb wichtig, weil am Mittwoch – drei Tage nach der Wahl – in Helsinki die Vorkonferenz zur KSZE beginnt,[2] deren Ergebnis die künftige Entwicklung der Entspannungspolitik wesentlich bestimmen wird. Für die Bundesregierung wäre es leichter, die Interessen unseres Landes dort und bei anderen Gelegenheiten – so bei den Ende Januar [1973] beginnenden Gesprächen über Möglichkeiten eines beiderseitigen Truppenabbaus[3] – wirksam zu vertreten, wenn unzweifelhaft klargemacht wird, daß alle Parteien im Bundestag bereit sind, ihren Beitrag zur Entspannung zu leisten. Parteiinteressen dürfen die gemeinsamen Anliegen nicht ins Zwielicht geraten lassen. Regierung und Opposition werden in den nächsten vier Jahren in jedem Einzelfall prüfen müssen, welche Mittel jeweils erforderlich sind, um das

Bestmögliche durchzusetzen. Die Bürgerinnen und Bürger unseres Landes würden zu recht kein Verständnis dafür aufbringen können, wenn Opposition weiterhin als sture Negation mißverstanden würde.

An meiner Bereitschaft, Brücken der Sachlichkeit zu schlagen, soll es nicht fehlen. Die SPD wird die Aufgaben, die ihr die Wähler zuweisen, in vollem Bewußtsein ihrer staatspolitischen Verantwortung wahrnehmen.

Nr. 102

Aus den Tagebuchaufzeichnungen des Bundeskanzlers und Vorsitzenden der SPD, Brandt 19. November 1972[1]

AdsD, WBA, A 1, 23.

Wir wählen [um] 10.30 Uhr in der Evangelischen Volksschule, viel Bildpresse. Anschließend fahre ich zu Professor Becker. Er besteht darauf, daß ich am Sonnabend in die Klinik komme. Dies bedeutet, daß ich mich um die Koalitionsgespräche leider nicht genügend werde kümmern können. Aber was sein muß, muß sein.

Mittags ist Bahr auf dem [Venus-]Berg. Anders als im September [19]69 können wir diesmal sehr wenig vorweg abstimmen. Horst Ehmke soll ein eigenes Ressort übernehmen, aber ich habe im übrigen – leider – kein klares Konzept für die personelle Besetzung des Kanzleramtes.

Nachmittags sind wir mit Scheels im Ernst-Moritz-Arndt-Gymnasium. In „Dornröschen" spielt Matthias [Brandt] den König, Cornelia Scheel die Prinzessin, Sibylle Ahlers den Bäckerjungen. Es gibt wohl nicht oft Kindervorstellungen mit so viel Bildpresse.

Kurz nach 19.00 Uhr haben wir Präsidiumssitzung im Erich-Ollenhauer-Haus. Das Ergebnis ist klar und überrascht eigentlich nur dadurch, daß die FDP noch etwas besser abschneidet als man zuletzt allgemein angenommen hatte.[2] Für uns ist es gut zu wissen, daß wir im neuen Bundestag stärker sein werden als CSU und CDU zusammen. [...]

Als ich in den Bungalow komme – ist dort – trotz aller Abschirmungsversuche – großer Betrieb. Auch ausländische Besucher, unter ihnen Edward Kennedy, haben sich eingefunden. Telefonate von außerhalb kommen nur in wenigen Fällen durch. Olof Palme sagt, er habe sich über meinen Erfolg mehr gefreut, als wenn es sein eigener gewesen wäre.

Ich gebe noch keine Erklärungen ab. Walter Scheel und ich bestätigen in meinem Amtszimmer die weitere Zusammenarbeit. Dann begrüßen wir kurz die Jugendlichen, die in einem Fackelzug zum Palais Schaumburg gekommen sind. [...]

Der Tag klingt aus mit einem Gespräch im kleinen Kreis auf dem Venusberg: Eva Windmöller mit ihrem Mann, Klaus Harpprecht, Hans-Jürgen Wischnewski.

[...]

Der Erfolg wird umso eindrucksvoller, wenn man sich klar macht, bei wie hoher Wahlbeteiligung er errungen wurde (über 91 Prozent) und daß die NPD-Stimmen überwiegend von der CDU/CSU absorbiert wurden. Der Erfolg wurde gegen Überläufertum, Treulosigkeit und Kleinmut errungen. Auch gegen das große Geld, das sich für Barzel und Strauß engagierte (5 zu 1 bei den Annoncen).

Hier wird doch allerlei politische Reife erkennbar, und das Wort von der neuen Mitte ist wohl nicht übertrieben.

[...]

Nr. 103

Erklärung des Bundeskanzlers und Vorsitzenden der SPD, Brandt, zum Ausgang der Bundestagswahl 19. November 1972

SPD-Pressedienst vom 20. November 1972.

Ich bin in dieser Stunde allen Wählerinnen und Wählern Dank schuldig, die mit ihrer Stimme ihr Vertrauen in meine Partei und damit auch ihr Vertrauen zu mir bewiesen haben.[1] Das ist für mich kein Augenblick der Triumphes, wohl aber ist es ein bewegender Augenblick der Genugtuung und des Stolzes und zugleich der Bescheidung; denn wir fühlen uns durch diesen Sieg unserer Sache in die Pflicht genommen. Ich erkenne in dem Wahlergebnis den Auftrag, zusammen mit Herrn Scheel und seinen Freunden die Arbeit fortzusetzen, die wir in den vergangenen drei Jahren gemeinsam mit Erfolg eingeleitet haben.

Die Mehrheit hat uns bestätigt, daß wir auf dem rechten Kurs sind. Nicht nur die Bevölkerung der großen Städte hat ihre kritischen Sympathien uns demonstriert. Meine Partei begegnete draußen im Land einer zunehmenden Aufgeschlossenheit,[2] und ich beobachte mit besonderer Freude den Geist wachsender Offenheit unter unseren katholischen Landsleuten. Den Freien Demokraten gratuliere ich zu ihren Gewinnen. Ich stelle fest, daß das Regierungsbündnis für beide Seiten gut anschlägt. Mein Respekt und meine Wünsche gelten selbstverständlich auch allen, die ich zu achten habe. Wir können in einer Demokratie nicht alle einer Meinung sein, und die Regierung ist und bleibt dem Ganzen des Volkes, dem Wohl des Ganzen verpflichtet.

Der Wahlkampf ist hart geführt worden, und nun wollen wir wieder zur guten Nachbarschaft zurückfinden. Freilich werden wir kaum vergessen können, daß wir auch gegen unlautere Formen, unlautere Methoden der Werbung, gegen Unsachlichkeit, gegen Treulosigkeit und gegen die inflationäre Schwemme von Geldern zu kämpfen hatten.

Unsere Demokratie darf an solchen düsteren Praktiken nicht Schaden nehmen. Zum anderen sind vor allem von den Jungen bewundernswerte Energien für die Aufklärung der Bevölkerung mobilisiert worden. Und die echten Wählerinitiativen haben bewiesen, daß sie vielerorts ein neues bürgerliches, mitbürgerliches Selbstbewußtsein repräsentieren.

Der Zustrom des guten Willens wird uns helfen, unverzüglich mit der Arbeit zu beginnen, die wir zu leisten haben. Es gilt mit der Verbesserung der Qualität des Lebens hier und jetzt anzufangen. Ohne Fortschritt gibt es keine Stabilität. Wir werden uns mit großem Ernst, freilich ohne Ängstlichkeit, um das Problem der Preise kümmern. Mit unserer Reformarbeit wollen wir ein gutes Haus bestellen, dessen Firste gewiß nicht in die Wolken der Utopie ragen. Die Stimme unseres Landes – und ich sage dies besonders gern in diesem Augenblick zusammen mit Walter Scheel –, die Stimme unseres Landes in der Welt hat an Gewicht gewonnen. Die Gefahr einer Isolierung der Bundesrepublik zwischen Ost und West ist gebannt. Wir werden im weltweiten Prozeß der Entspannung, der zugleich voller Spannungen ist, mit großer Intensität teilnehmen, und wir werden jede Chance nutzen, um die Einigung Europas vorwärts zu bewegen. Im kommenden Jahr sollen die beiden Staaten Deutschlands Mitglieder der Vereinten Nationen werden.[3] Auch dies stellt uns neue Aufgaben, vor allem was die Beziehungen mit der DDR angeht, die den Menschen hüben und drüben helfen sollen. Wir wollen, was an uns liegt, zu einer neuen Norm der Humanität finden. Ich bin bereit, den Grundvertrag noch vor Weihnachten zu unterzeichnen.[4]

Für den großen Auftrag, den wir gradlinig fortführen, suchen wir die Gemeinsamkeit der Verantwortlichen – bei meinen Freunden und bei dem fairen Partner der vergangenen drei Jahre. Ich suche sie aber auch bei der Opposition. Und ich hoffe, daß sie sich nun dazu entschließen wird, sich nicht länger in erster Linie als eine Interessengemeinschaft für den Regierungssturz zu betrachten. Für beide, für Regierung und Opposition, geht es um die Glaubwürdigkeit; denn von ihr lebt der Geist der Demokratie, von dem wir sagen können, daß er eine gesicherte Heimat in Deutschland gefunden hat. Diese

Wahl hat die neue politische Mitte gestärkt. Ich werde das Notwendige tun, damit sie sich in den kommenden vier Jahren als die große, die bindende Kraft unsere Volkes bestätigen wird. Nun gehen wir gelassen, doch mit Freude an die Arbeit für unsere Bundesrepublik Deutschland, für den Frieden, dem Wort verpflichtet, mit dem wir uns im Herbst 1969 auf den Weg machten: „Wir wollen ein Volk der guten Nachbarn sein im Inneren und nach außen."

Anmerkungen

Einleitung

1 So lautete der Titel der Rede, die Brandt anlässlich des 100-jährigen Bestehens der SPD während einer Feierstunde in Düsseldorf am 31. Mai 1963 gehalten hat; vgl. Nr. 49.

2 Nr. 103.

3 Vgl. dazu Berliner Ausgabe, Bd. 2.

4 Die Frage, ob es sich bei der Gründung der SPD nach 1945 um eine Neu- oder Wiedergründung bzw. um eine Mischform aus beidem handelte, wird in der Forschung kontrovers diskutiert, was an dieser Stelle nur angedeutet werden kann. Der Bezugspunkt ist dabei immer die Frage nach organisatorischen, personellen und programmatischen Brüchen oder Kontinuitäten zur Weimarer Sozialdemokratie. Schumacher hatte immer wieder betont, dass er einen Neubau der Partei verfolge. Dieses Ziel erreichte er nicht. Besonders in Fragen der Organisation sind die Kontinuitäten zur Weimarer Republik feststellbar, ebenso auf personellem Gebiet. Dennoch scheint es nicht angemessen, von einer reinen Wiedergründung der SPD zu sprechen, sondern eher von einem Sowohl-als-auch. So waren z. B. auf tagespolitischem und programmatischem Gebiet die neuen Ansätze in der SPD gleich nach 1945 unübersehbar. Vgl. dazu u. a. *Grebing, Helga*: „Neubau" statt „Wiederaufbau" der SPD – die Lehren aus der Weimarer Republik, in: *Dowe, Dieter* (Hrsg.): Kurt Schumacher und der „Neubau" der deutschen Sozialdemokratie nach 1945, Bonn 1996 [b], S. 73–89.

5 Ab Ende Januar 1946 hieß das Büro offiziell „Büro der Westzonen".

6 Vgl. dazu ausführlich *Klotzbach, Kurt*: Der Weg zur Staatspartei. Programmatik, praktische Politik und Organisation der deutschen Sozialdemokratie 1945–1965, Bonn 1996 (Nachdruck), S. 43 ff.

7 Vgl. dazu u. a. *Malycha, Andreas*: Auf dem Weg zur SED. Die Sozialdemokratie und die Bildung einer Einheitspartei in den Ländern der SBZ, Bonn 1995; *Grebing, Helga*: Probleme einer Neubestimmung demokratisch-sozialistischer Politik nach 1945, in: *Faulenbach, Bernd/Potthoff, Heinrich* (Hrsg.): Sozialdemokraten und Kommunisten nach Nationalsozialismus und Krieg. Zur historischen Einordnung der Zwangsvereinigung, Essen 1998, S. 55–68, hier S. 62 ff.

8 Vgl. *Bouvier, Beatrix W.*: Ausgeschaltet. Sozialdemokraten in der Sowjetischen Besatzungszone und in der DDR 1945–1953, Bonn 1996, S. 28 ff.

9 Im August 1945 verschickte Schumacher die erste schriftliche Ausarbeitung seiner Vorstellungen unter dem Titel „Politische Richtlinien für die SPD in ihrem Verhältnis zu anderen politischen Faktoren". Dieses Papier enthielt eine umfassende politische Standort- und Aufgabenbestimmung. Vgl. *Albrecht, Willy* (Hrsg.): Kurt Schumacher. Reden – Schriften – Korrespondenzen, Berlin-Bonn 1985, S. 256–286.

10 Vgl. *Brandt, Willy*: Links und frei. Mein Weg 1930–1950, Hamburg 1982, S. 413.

11 Zu den Schwerpunkten der Schumacher-Rede vgl. u. a. *Heimann, Siegfried*: Die Sozialdemokratische Partei Deutschlands, in: *Stöss, Richard* (Hrsg.): Parteien-Handbuch. Die Parteien der Bundesrepublik Deutschland 1945–1980, Bd. 2, Opladen 1984, S. 2025–2216, hier S. 2048 f.

12 Vgl. dazu ausführlich *Grebing, Helga*: Ideengeschichte des Sozialismus in Deutschland II (1933–1989), in: *Dies.* (Hrsg.): Geschichte der sozialen Ideen in Deutschland, Essen 2000.

13 Vgl. *Heimann* 1984, S. 2140 ff. Die Grundlage der Parteiorganisation bildete der Bezirk (zunächst 23 Bezirke), der sich in

Ortsvereine, Kreisorganisationen und Unterbezirke gliederte. Das höchste Gremium war der Parteitag, der über eingegangene Anträge sowie alle die Parteiorganisation und das Parteileben berührende Fragen befand. Der Parteivorstand, der aus besoldeten und unbesoldeten Mitgliedern bestand, führte die Geschäfte der Partei.

14 *Brandt, Willy*: Mein Weg nach Berlin. Aufgezeichnet von *Leo Lania*, München 1960, S. 227 f.

15 Vgl. Nr. 1.

16 Vgl. Nr. 2. Für Brandt selbst ist dieses Schreiben ein wichtiges Schlüsseldokument für seinen aktiven Wiedereintritt in die deutsche Politik nach 1945. Vgl. u. a. *Brandt* 1982, S. 429 f.; 1960, S. 229 ff.

17 Diese Aufgabe nahm Brandt bis zur Auflösung der Vertretung im Herbst des Jahres 1949 wahr.

18 Brandt wurde am 1. Juli 1948 offiziell wieder deutscher Staatsbürger. Zu dem Entschluss, nach dem Krieg – zunächst als norwegischer Presseattaché – wieder nach Deutschland zurückzukehren, vgl. ausführlich Berliner Ausgabe, Bd. 2.

19 *Brandt* 1982, S. 428.

20 Ein großer Teil der von Brandt während seiner Tätigkeit als Vertreter des SPD-Parteivorstandes in Berlin verfassten Berichte über die aktuelle Lage in der Stadt ist im Willy-Brandt-Archiv überliefert; vgl. AdsD, WBA, A 3, 55/56 (alt).

21 Vgl. u. a. *Albrecht, Willy* (Hrsg.): Die SPD unter Kurt Schumacher und Erich Ollenhauer 1946 bis 1963. Sitzungsprotokolle der Spitzengremien, Bd. 1: 1946 bis 1948, Bonn 1999, S. XXIV.

22 Vgl. u. a. die unter maßgeblicher Beteiligung Brandts während des Zweiten Weltkrieges entstandenen Schriften „Friedensziele der demokratischen Sozialisten" sowie „Zur Nachkriegspolitik der deutschen Sozialisten".

23 Nr. 3.

24 Vgl. Protokoll der Verhandlungen des Parteitages der Sozialdemokratischen Partei Deutschlands vom 11. bis 14. September 1948 in Düsseldorf, Hamburg o. J., S. 58 f.

25 Vgl. dazu Nrn. 8 und 9. Der Europarat wurde 1949 in London zur „Wahrung des europäischen Erbes und des sozialen Fortschritts" gegründet.

26 Kaisen befand sich während des Parteitages in den USA, hatte sich aber im Vorfeld öffentlich mehrfach für einen Beitritt zum Europarat ausgesprochen. Auf dem Parteitag wurde er dann, auf Betreiben Schumachers, nicht wieder in den Parteivorstand gewählt; vgl. *Klotzbach* 1996, S. 201 ff.

27 Vgl. *Grebing, Helga*: Kurt Schumacher als Parteivorsitzender und seine Kontrahenten, in: *Haus der Geschichte der Bundesrepublik Deutschland* (Hrsg.): Kurt Schumacher und seine Politik, Berlin 1996 [a], S. 13–28, hier S. 20 ff.

28 Das Saargebiet hatte sich durch eine eigene Verfassung vom 15. Juni 1947 politisch von Deutschland unabhängig und wirtschaftlich zu Frankreich zugehörig erklärt.

29 Vgl. *Albrecht* 1985, S. 157 ff.; *Winkler, Heinrich August*: Kurt Schumacher und die nationale Frage, in: *Haus der Geschichte der Bundesrepublik Deutschland* (Hrsg.): Kurt Schumacher und seine Politik, Berlin 1996, S. 41–52, hier S. 47.

30 Vgl. *Brandt* 1960, S. 199.

31 Vgl. *Brandt, Willy*: Erinnerungen, Berlin/Frankfurt am Main 1994 (erw. Aufl.), S. 26 u. 39.

32 *Brandt* 1982, S. 417.

33 Nr. 10.

34 Vgl. dazu *Grebing* 1996 [a], S. 16 ff.

35 Zu den Wahlergebnissen vgl. Anhang.

36 Die SPD reklamierte für sich die Besetzung des Amtes des Wirtschaftsdirektors

als Voraussetzung für eine Koalition mit der CDU. Diese verlangte im Gegenzug die Abtretung von drei Landwirtschaftsministerien. Die Sozialdemokraten lehnten diese Forderung ab, und Adenauer setzte mit einer bürgerlichen Koalition aus CDU/CSU, FDP und DP einen eigenen Kandidaten durch.

37 Carlo Schmid befürwortete mit einigen anderen Sozialdemokraten nach der Wahl 1949 die Bildung einer Großen Koalition; vgl. *Weber, Petra*: Carlo Schmid 1896–1979. Eine Biographie, München 1996, S. 401 f.

38 Knoeringen äußerte sich zwar bereits Ende der vierziger Jahre kritisch gegenüber dem Traditionalismus in der SPD, trat dann jedoch mit seiner Kritik in den Hintergrund und profilierte sich vor allem seit Mitte der fünfziger Jahre auf dem Gebiet der Bildungsreform und der kulturellen Erweiterung der Perspektiven der SPD auf dem Weg zur Volkspartei.

39 Vgl. *Klotzbach* 1996 S. 293 ff.

40 Vgl. *Soell, Hartmut*: Fritz Erler – Eine politische Biographie, Bd. 1, Bonn 1976, S. 245 ff.

41 *Brandt* 1982, S. 441.

42 Die Situation innerhalb der Berliner SPD wird in dem vorliegenden Band nur am Rande berücksichtigt; sie wird ausführlich im Band 3 der Berliner Ausgabe dargelegt. Allgemein dazu vgl. *Ashkenasi, Abraham*: Reformpartei und Außenpolitik. Die Außenpolitik der SPD Berlin-Bonn, Köln-Opladen 1968.

43 Vgl. *Lorenz, Einhart*: Willy Brandt in Norwegen. Die Jahre des Exils 1933 bis 1940, Kiel 1989.

44 *Brandt* 1982 S. 433.

45 Diese politische Entwicklung machten neben Brandt auch die meisten anderen Mitglieder der SAP-Gruppen im Exil durch; vgl. u. a. Berliner Ausgabe, Bd. 2.

46 *Brandt* 1982, S. 7 f.

47 Zu dieser relativ heterogen zusammengesetzten Gruppe gehörten u. a. auch Bruno Kreisky, Stefan Szende, Alva und Gunnar Myrdal. Vgl. *Brandt, Willy:* Draußen. Schriften während der Emigration, hrsg. von *Struve, Günter*, München 1966, S. 291.

48 Wirtschaftspolitisch strebte man eine kontrollierte Planwirtschaft an. Allerdings verstand Brandt darunter keinen „totalen Kollektivismus" sowjetischer Prägung, sondern eine „demokratische Planwirtschaft" „unter Aufrechterhaltung der Freiheit des Individuums". Vgl. *Grebing, Helga*: Willy Brandt – Ein Leben für Freiheit und Sozialismus, Berlin 1999, S. 15 f.

49 Vgl. Nr. 5.

50 *Grebing* 1999, S. 15.

51 *Brandt* 1994, S. 24 f.

52 Nr. 5.

53 *Brandt, Willy*: Über den Tag hinaus. Eine Zwischenbilanz, Hamburg 1974, S. 110.

54 Vgl. u. a. Nr. 14.

55 Vgl. Nr. 95.

56 Zum Godesberger Programm vgl. Nr. 26.

57 *Brandt* 1976, S. 573.

58 In diesem Zusammenhang geriet Fritz Heine als „Presse- und Propagandachef" der Partei besonders ins Kreuzfeuer der Kritik. Er hatte wieder einen hauptsächlich auf Negativaussagen basierenden Wahlkampf geführt. Zwar versuchte er, sich zunehmend moderner Werbemittel zu bedienen, änderte aber an den Formen der Wahlkampfführung nichts. Der Stil der Heine'schen SPD-Wahlkämpfe gehörte in die zwanziger Jahre und war nicht mehr zeitgemäß. Vgl. dazu ausführlich *Appelius, Stefan*: Heine. Die SPD und der lange Weg zur Macht, Essen 1999, S. 289 ff.

59 Vgl. *Klotzbach* 1996, S. 405 ff. Erwin Schoettle und Wilhelm Mellies wurden Ende Oktober 1957 nicht wieder in den

Fraktionsvorstand gewählt. An ihre Stelle traten Fritz Erler, Herbert Wehner und Carlo Schmid. Vgl. dazu auch Nr. 19 und Nr. 20.

60 Nau hielt dort ein Referat mit dem Titel „Aufbau der Parteiorganisation"; vgl. Protokoll der Verhandlungen des Parteitages der Sozialdemokratischen Partei Deutschlands vom 18. bis 23. Mai 1958 in Stuttgart, Bonn o. J, S. 285–305. Zur Organisationsreform des Jahres 1958 vgl. ausführlich *Lösche, Peter/Walter, Franz*: Die SPD. Klassenpartei Volkspartei-Quotenpartei, Darmstadt 1992, S. 184 ff.

61 Zu den organisatorischen Neuerungen im Detail vgl. *Klotzbach* 1996, S. 421 ff.

62 Dem Parteirat gehörten an: die Vorsitzenden der Bezirke und weitere je nach Mitgliederstärke von den Bezirksvorständen zu wählende Vertreter, die Vorsitzenden der Landesausschüsse bzw. -vorstände, die Vorsitzenden der Landtagsfraktionen und die Ministerpräsidenten bzw. stellvertretenden Ministerpräsidenten der Länder.

63 Vgl. Nr. 21.

64 U. a. wurden auch Helmut Schmidt, Alex Möller und Gustav Heinemann erstmals in den PV gewählt; vgl. *Klotzbach* 1996, S. 428 f.

65 Vgl. Nr. 5.

66 Vgl. Nr. 14.

67 Zu den Aktionsprogrammen vgl. *Klotzbach* 1996, S. 122 ff., 181 ff., 255 ff., 319 ff.; *Grebing* 2000.

68 *Brandt* 1976, S. 46.

69 Vgl. Nrn. 24 und 25.

70 *Brandt* 1982, S. 348.

71 Vgl. dazu auch Nr. 21.

72 Vgl. dazu ausführlich *Weber* 1996, S. 631 ff.

73 PV-Protokoll vom 5. Juli 1959, in: AdsD, SPD-Parteivorstand, PV-Protokolle 1959 Teil I. Das Protokoll gibt die Aussagen der jeweiligen Personen in indirekter Rede wieder.

74 Vgl. Nr. 23.

75 Günter Klein schrieb an Brandt am 16. Oktober 1959 „vertraulich": „Durch verschiedene Gespräche verstärkt sich mein Eindruck, dass Deine Kandidatur täglich mehr in den Vordergrund kommt" (AdsD, WBA, A 6, 21 [alt]). Außerdem schreibt Klaus Schütz in seinen Erinnerungen über ein Gespräch mit Brandt während eines Sonntagsspaziergangs im Herbst des Jahres 1959: „An jenem Sonntag sagte ich ihm, daß wir wohl beginnen müssten, uns auf die Bundestagswahl 1965 einzustellen. Denn schließlich sehe es doch so aus, daß aller Wahrscheinlichkeit nach Carlo Schmid für 1961 der Spitzenkandidat sein würde. Brandt blieb stehen, sah mich an und sagte: ‚Warum eigentlich 1965?' Damit war für mich jede Unklarheit beseitigt" (*Schütz, Klaus*: Logenplatz und Schleudersitz. Erinnerungen, Berlin/Frankfurt am Main 1992, S. 87 f.).

76 Nr. 27.

77 Vgl. *Brandt* 1994, S. 66. In seinen Memoiren beschreibt Brandt die Situation selbstbewusster: „Meine Berliner Lektion in Bewährung und Wahlerfolg wog jedoch zu schwer, als daß mir die Kanzlerkandidatur, so ich sie selbst wollte, ernsthaft streitig gemacht werden konnte. Allerdings habe ich um gehörige Bedenkzeit gebeten."

78 Vgl. dazu auch Nr. 31.

79 Schreiben Wehners an Brandt, 26. Dezember 1960, in: AdsD, WBA, A 6, 24 (alt).

80 *Brandt* 1994, S. 65 f.

81 Vgl. dazu allgemein *Bouvier, Beatrix W.*: Zwischen Godesberg und Großer Koalition. Der Weg der SPD in die Regierungsverantwortung. Außen-, sicherheits- und deutschlandpolitische Umorientierungen und gesellschaftliche Öffnung der SPD 1960–1966, Bonn 1990.

82 *Brandt* 1976, S. 44.

83 Vgl. *Bouvier* 1990, S. 58 f.

84 Vgl. *Wehner, Herbert*: Wandel und Bewährung. Ausgewählte Reden und Schriften 1930–1975, hrsg. von *Jahn, Gerhard*, Berlin/Frankfurt am Main 1976 (erw. Aufl.), S. 232–248.

85 Rede Brandts vor der SPD-Bundestagsfraktion am 6. Februar 1961 in Bad Dürkheim, in: AdsD, WBA, A 3, 113.

86 Vgl. *Bouvier* 1990, S. 62 ff.

87 Der Bundestag hatte am 8. April 1960 im Verteidigungshaushalt Mittel für die Beschaffung von Raketen bereitgestellt, die mit atomaren Sprengköpfen ausgerüstet werden konnten.

88 Protokoll der Verhandlungen vom Parteitag der Sozialdemokratischen Partei Deutschlands vom 21. bis 25. November 1960 in Hannover, Bonn 1961, S. 658.

89 Ebd., S. 665 f.

90 Vgl. Nr. 36.

91 Ebd.

92 Zur Deutschland- und Ostpolitik Willy Brandts vgl. u. a. ausführlich *Bender, Peter*: Die Neue Ostpolitik und ihre Folgen. Vom Mauerbau bis zur Vereinigung, 4. Aufl., München 1996; *Schöllgen, Gregor*: Die Außenpolitik der Bundesrepublik Deutschland. Von den Anfängen bis zur Gegenwart, Bonn 1999, S. 87 ff.; *Potthoff, Heinrich*: Im Schatten der Mauer. Deutschlandpolitik 1961 bis 1990, Berlin 1991, S. 31 ff., sowie Berliner Ausgabe, Bd. 6.

93 Vgl. u. a. *Appelius* 1999, S. 275 ff.

94 *Brandt* 1976, S. 48.

95 Zur Analyse des Wahlkampfes 1961 vgl. *Wildenmann, Rudolf/Scheuch, Erwin K.*: Der Wahlkampf 1961 im Rückblick, in: *Dies.*: Zur Soziologie der Wahl, Köln-Opladen 1965, S. 39–73. Zur Konzeption des Wahlkampfes 1961 vgl. u. a. Jahrbuch der Sozialdemokratischen Partei Deutschlands 1960/61, Hannover-Bonn o. J., S. 288 ff.

96 Nach der Wahl 1961 definierte Brandt den „neuen politischen Stil" neben den Fragen der Öffentlichkeitsarbeit und Werbestrategien auch inhaltlich: „Erstens: Wir haben nicht nur zu sagen, an welchen Grundüberzeugungen wir uns orientieren, sondern vor allem auch, was wir in einer jeweils leicht überschaubaren Zeitspanne verwirklichen wollen. Zweitens: Wir müssen selber Themen der politischen Auseinandersetzung bestimmen, und unser Bemühen hat sich immer wieder auf das zu konzentrieren, was nach unsrer begründeten Überzeugung notwendig ist für unser Volk. Drittens: Wir dürfen uns nicht aus dem Staat herausdrängen lassen, sondern müssen uns im Gegenteil mit der Nation, mit den Gesamtinteressen des Volkes sehr bewußt identifizieren. Viertens: Zu den Kennzeichen der modernen Sozialdemokratie muß es gehören, daß sie fest in den arbeitenden Schichten verankert bleibt, daß sie aber stärker noch als in der Vergangenheit darum bemüht ist, die geistigen Kräfte des Volkes zu mobilisieren. Fünftens: Wir müssen den Gedanken der lebendigen Demokratie jeder Art von Formaldemokratismus entgegenstellen, die im Staatsbürger nur den Stimmbürger sieht" (*Brandt* 1974, S. 102).

97 Bereits ein Jahr zuvor waren Wahlkampfbeobachter nach Großbritannien entsandt worden.

98 Vgl. Schreiben Schütz an Brandt, 28. Oktober 1960, in: AdsD, WBA, A 6, 24 (alt).

99 *Brandt* 1976, S. 48.

100 Vgl. u. a. *Bouvier* 1990, S. 76 f.; *Prittie, Terence*: Willy Brandt. Biographie, Frankfurt/Main 1973, S. 238 f.

101 Vgl. *Kempski, Hans Ulrich*: Um die Macht. Sternstunden und sonstige Abenteuer mit den Bonner Bundeskanzlern 1949 bis 1999, Berlin 1999, S. 42 ff.

102 Vgl. Jahrbuch 1960/61, S. 306.

103 Mit leichten Abwandlungen hielt Brandt während der „Deutschlandreise"

meistens die gleiche Rede. Über den „Sinn" seiner Reise, führte er aus (AdsD, WBA, A 3, 117): „Ich lerne viel auf diesen Reisen. Jeder von uns muß immer noch hinzulernen können. Das Gespräch mit denen, die in den Städten und Landgemeinden Verantwortung tragen, und mit der Bevölkerung selbst vermittelt mir einen lebendigen Eindruck nicht nur von den Leistungen des Wiederaufbaus, auf den wir stolz sein dürfen [...] Er vermittelt mir auch einen nachhaltigen Eindruck von den Sorgen und Nöten, die uns noch umgeben – von den vielen ungelösten Aufgaben, die vor uns liegen."

104 *Der Spiegel* 1961, Nr. 37.

105 AdsD, WBA, A 6, 49 (alt).

106 Vgl. Anhang.

107 Vgl. u. a. *Münkel, Daniela*: Zwischen Diffamierung und Verehrung. Das Bild Willy Brandts in der bundesdeutschen Öffentlichkeit (bis 1974), in: *Tessmer, Carsten* (Hrsg.): Das Willy-Brandt-Bild in Deutschland und Polen, Berlin 2000, S. 23–40.

108 Vgl. u. a. Nr. 2.

109 Protokoll der Verhandlungen und Anträge vom Parteitag der Sozialdemokratischen Partei Deutschlands in Hannover 21. bis 25. November 1960, Bonn 1961, S. 660.

110 Vgl. u. a. Nr. 35.

111 Vgl. Schreiben Brandts an Huber, 2. November 1960, in: AdsD, SPD-Fraktion, 3. Wahlperiode, 623.

112 Vor allem die rechtsgerichtete Presse, wie die *Passauer Neue Presse* oder die *Deutsche Zeitung*, um nur zwei Beispiele zu nennen, tat sich durch massive Angriffe gegen Brandt hervor. Auch hier wurde in der Regel die Emigration als Aufhänger genutzt. Daneben wurden gezielt Verleumdungsschriften lanciert, so z. B. das Buch „Die Kandidaten" oder das unter Pseudonym (Claire Mortensen) erschienene Buch „...da war auch ein Mädchen", in welchem diverse Frauengeschichten Brandts an die Öffentlichkeit gezerrt wurden, darunter besonders eine Beziehung in den frühen fünfziger Jahren zu der Journalistin Susanne Sievers.

113 AdsD, WBA, A 6, 28/29 (alt).

114 Konrad Adenauer, Wahlrede auf einer Großkundgebung in Regensburg am 14. August 1961, in: *Adenauer, Konrad*: Reden 1917–1967. Eine Auswahl, hrsg. von Hans-Peter Schwarz, Stuttgart 1975, S. 413–423, hier S. 417.

115 Adenauer rechtfertigte seine Regensburger Rede in einem Schreiben an Brandt vom 31. August 1961 folgendermaßen: „Die Angriffe, die Sie in Ihren Reden, insbesondere – in Kenntnis der Verhandlungen der Volkskammer – auch in Nürnberg, gegen die Bundesregierung und gegen mich persönlich gerichtet haben, haben mich gezwungen, in Regensburg deutlich zu antworten und darauf hinzuweisen, daß nicht eine Partei für sich allein das Recht des Angriffs in Anspruch nehmen, es einer anderen Partei aber verweigert werden kann. Ich glaube, wir sollten unter diesen Umständen von unmittelbaren Auseinandersetzungen auch sachlicher Art absehen" (AdsD, WBA, A 6, 28/29 [alt]).

116 *Brandt* 1994, S. 66.

117 Vgl. Nr. 39.

118 Vgl. *Klotzbach* 1996, S. 516 ff.

119 Ausgelöst wurde die Affäre durch eine Titelgeschichte „Bedingt abwehrbereit" des *Spiegel* über ein NATO-Manöver. Unter dem Vorwurf des Landesverrats und der Bestechung wurden mehrere Mitarbeiter des *Spiegels* am 26. Oktober 1962 verhaftet, u. a. der Chefredakteur Conrad Ahlers und Herausgeber Rudolf Augstein. Es folgten massive Proteste gegen diesen rechtlich sehr zweifelhaften Eingriff in die Pressefreiheit, an dem neben Innenminister Hermann Höcherl auch Verteidigungsminister Franz Josef Strauß beteiligt war. Infolge dieser Ereignisse kam es zu einer Regierungskrise. Der FDP-

Vorsitzende Erich Mende erklärte am 16. November, dass die Koalition mit einem Minister Strauß von Seiten der FDP nicht fortgesetzt würde. Drei Tage später schloss sich die FDP dem von der SPD in den Bundestag eingebrachten Antrag auf Entlassung von Strauß als Verteidigungsminister an und zog ihre fünf Minister aus dem Kabinett Adenauer zurück. Um die Bildung einer neuen Regierung zu ermöglichen, traten am 27. November auch alle CDU/CSU-Minister zurück.

120 Vgl. *Brandt* 1976, S. 56.

121 Vgl. *Klotzbach* 1996, S. 527 ff.

122 Vgl. u. a. Nr. 57.

123 Vgl. *Klotzbach* 1996, S. 595.

124 Nr. 58.

125 Nr. 59

126 Vgl. Nr. 59A.

127 Vgl. u. a. Nrn. 62 und 63.

128 Vgl. u. a. *Brandt* 1994, S. 263; *Brandt* 1976, S. 168 f.

129 Nr. 59.

130 Vgl. dazu u. a. *Soell, Hartmut*: Fritz Erler. Eine politische Biographie, Bd. 2, Bonn 1976, S. 942 f.

131 Vgl. Protokoll der Verhandlungen vom Parteitag der Sozialdemokratischen Partei Deutschlands in Köln vom 26. bis 30. Mai 1962, Bonn 1962, S. 495.

132 Vgl. *Klotzbach* 1996, S. 573 f.

133 Vgl. Nr. 48.

134 Diese wurde laut Parteitagsbeschluss vom 19. Juni 1962 eingerichtet; dort hieß es: „Der Vorstand der SPD billigt die Bildung einer Planungsgruppe, deren Leitung der stellvertretende SPD-Vorsitzende Willy Brandt übernimmt. Diese Planungsgruppe soll dem Parteivorstand als Beratungskörperschaft zur Verfügung stehen" (zitiert nach: Jahrbuch der Sozialdemokratischen Partei Deutschlands 1962/63, Hannover-Bonn o. J., S. 506).

135 Die Planungsgruppe wurde jedoch bald wieder aufgelöst.

136 Diese Bedenken wurden u. a. von Erwin Schoettle formuliert; vgl. *Klotzbach* 1996, S. 574.

137 Schreiben Wehners an Brandt, 23. Dezember 1963 (AdsD, WBA, A 6, 39/40 [alt]): „Du mußt der Vorsitzende der Partei sein, weil: 1.) Diese Aufgabe schon seit Hannover deutlich auf Dich zugekommen ist und kein Bruch oder Knick in der Entwicklung eintreten darf. 2.) Deine Kompetenzen in Einklang mit Deinen Fähigkeiten gebracht werden müssen. 3.) Du am besten die Kräfte der SPD auf ein Ziel vereinigen kannst. 4.) Die unter Erichs Leitung untereinander in Einklang gebrachten Personen in der SPD-Führung und in befreundeten Bereichen sich durch Dich in Einklang halten (oder bringen) lassen."

138 Vgl. *Soell* 1976, Bd. 2, S. 936 f.

139 Vgl. u. a. Nr. 52.

140 Protokoll der Verhandlungen des außerordentlichen Parteitages der Sozialdemokratischen Partei Deutschlands in Bad Godesberg vom 15. bis 16 Februar 1964, Bonn 1964, S. 40 f. Brandt wurde mit nur neun Neinstimmen und einer Enthaltung gewählt.

141 Befürchtungen bestanden vor allem darin, dass durch die Bedingung Brandts, sein Berliner Amt nicht aufgeben zu wollen, eine Art zweiter Parteiapparat in Berlin entstehen könne und es dadurch zu innerparteilichen Konflikten kommen könnte; vgl. u. a. Schreiben Möllers an Brandt, 8. Januar 1964, in: AdsD, WBA, A 6, 41/42 (alt).

142 Vgl. *Brandt* 1976, S. 303.

143 Man denke dabei z. B. an die Entscheidung Brandts am Wahlabend des 28. September 1969, die Bildung einer sozialliberalen Koalition anzukündigen.

144 Dies tritt ganz besonders in den Kontroversen Brandt-Wehner nach der Wahl des Jahres 1972 zutage; vgl. dazu u. a. *Baring*,

Arnulf: Machtwechsel. Die Ära Brandt-Scheel, Stuttgart 1982, S. 601 ff.

145 Schreiben Schillers an Brandt, 10. Mai 1969, in: AdsD, WBA, A 11.3, 14.

146 Vgl. dazu auch Berliner Ausgabe, Bd. 5.

147 Vgl. z. B. Aussagen in Autobiographien von Mitstreitern Brandts sowie die mündliche Auskunft Horst Ehmkes vom 11. Oktober 1999 und der ehemaligen Büroleiter Brandts vom 5. November 1998.

148 Vgl. Nrn. 65, 66 und 78.

149 Auch als Kanzlerkandidat der SPD verschickte Brandt Briefe an die Parteimitglieder, so z. B. im Juni 1961; vgl. AdsD, SPD-Parteivorstand, Büro Wehner, 3616.

150 Gleiches gilt für die Briefe von Bürgern an Brandt während seiner Amtszeit als Außenminister und Bundeskanzler.

151 Zu den Ereignissen, die zur Regierungskrise führten, und zu deren Verlauf vgl. ausführlich *Görtemaker, Manfred*: Geschichte der Bundesrepublik Deutschland. Von der Gründung bis zur Gegenwart, München 1999, S. 431 ff.

152 Vgl. *Schönhoven, Klaus*: Entscheidung für die Große Koalition. Die Sozialdemokratie in der Regierungskrise im Spätherbst 1966, in: *Pyta, Wolfram/Richter, Ludwig* (Hrsg.): Gestaltungskraft des Politischen. Festschrift für Eberhard Kolb, Berlin 1998, S. 379–397; *Schneider, Andrea H.*: Die Kunst des Kompromisses. Helmut Schmidt und die Große Koalition 1966–1969, Paderborn u. a. 1999, S. 27 ff.

153 Vgl. AdsD, SPD-Parteivorstand, Präsidiumsprotokoll, 10. November 1966; Protokoll der Partei- und Fraktionsvorstandssitzung, 11. November 1966. Noch am gleichen Tag schrieb Brandt einen Brief an Erhard, in dem er ihn über die Absicht der SPD zu Verhandlungen informierte (vgl. Nr. 68).

154 AdsD, SPD-Parteivorstand, Protokoll der Partei- und Fraktionsvorstandssitzung, 25. November 1966.

155 Fritz Erler war zu diesem Zeitpunkt schon schwer erkrankt und nahm an den Sitzungen der Führungsgremien der SPD nicht mehr teil. Er starb am 22. Februar 1967.

156 Vgl. Anhang.

157 Vgl. *Arend, Peter*: Die innerparteiliche Entwicklung der SPD 1966–1975, Diss. Köln 1974, S. 78 ff. Zur Problematik der Notstandsgesetze und der Wahlrechtsreform vgl. auch Berliner Ausgabe, Bd. 7.

158 Vgl. Nr. 69.

159 Vgl. Nr. 71.

160 Brandt führt dort u. a. aus: „Das erste Jahr stellte uns vor die Aufgabe, Schäden zu reparieren, die nicht von uns angerichtet wurden, aber unser gesamtes Volk in große Gefahr brachten. Wir haben bei der Überwindung der Vergangenheit Opfer bringen und verlangen müssen, um den Weg in die Zukunft freizuschaufeln. Diese Opfer werden nur dann einen Sinn gehabt haben, wenn wir den beschrittenen Weg fortsetzen, bis der neue Aufschwung verwirklicht ist und man ohne Zögern von einer gesicherten nächsten Zukunft sprechen kann. Dazu kommt es nicht gegen und ohne die SPD. Darin liegt unsere große Verantwortung, der wir uns zu stellen haben, heute für morgen" (SPD Pressemitteilungen und Informationen vom 11. November 1967).

161 Schreiben Duddas an Brandt, 27. März 1968, in: AdsD, WBA, A 11 (Allgemeine Korrespondenz), 68.

162 Schreiben Brandts an Dudda, 21. Mai 1968, in: ebd.

163 Der Antrag wurde mit 173 gegenüber 129 Stimmen angenommen.

164 Zur Bildung der sozialliberalen Koalition vgl. *Baring* 1982, S. 166 ff.

165 Zur Wahlkampagne der SPD 1969 vgl. Jahrbuch der Sozialdemokratischen Partei Deutschlands 1968/69, Bonn o. J., S. 26 ff.

166 Hans-Jürgen Wischnewski auf einer Besprechung über den Wahlkampf für

Willy Brandt am 20. Dezember 1968, in: AdsD, SPD-Parteivorstand, 4184.

167 Vgl. dazu allgemein u.a. *Löer, Wigbert*: Ausflug zur Macht, noch nicht wiederholt. Die Sozialdemokratische Wählerinitiative und ihre Rudimente im Bundestagswahlkampf 1998, in: *Dürr, Tobias/Walter, Franz* (Hrsg.): Solidargemeinschaft und fragmentierte Gesellschaft. Parteien, Milieus und Verbände im Vergleich, Opladen 1999, S. 379–393; *Münkel, Daniela*: Intellektuelle für die SPD. Die sozialdemokratische Wählerinitiative, in: *Hertfelder, Thomas/Hübinger, Gangolf* (Hrsg.): Kritik und Mandat. Intellektuelle in der deutschen Politik, Stuttgart 2000, S. 222–238; *Sontheimer, Kurt*: So war Deutschland nie. Anmerkungen zur politischen Kultur der Bundesrepublik, München 1999.

168 Besonders hervorzuheben ist in diesem Zusammenhang der von Martin Walser herausgegebene Sammelband, in dem sich namhafte linke Schriftsteller und Publizisten äußerten; vgl. *Walser, Martin* (Hrsg.): Die Alternative oder Brauchen wir eine neue Regierung?, Reinbek 1961.

169 Vgl. Das Wahlkontor deutscher Schriftsteller in Berlin 1965. Versuch einer Parteinahme, Berlin 1990.

170 Dies geschah allerdings nicht nur, indem er das Wahlprogramm der Partei darlegte, sondern er versuchte auch eigene politische Schwerpunkte zu setzen. So sprach er u.a. die Frage des Paragraphen 218 oder die Problematik der Oder-Neiße-Grenze an. Die eigene kritische Position auch gegenüber der SPD wird von Grass und anderen Intellektuellen immer wieder – auch in den nächsten Jahren – hervorgehoben, was häufig zu Kritik innerhalb der SPD führte und die Frage der Legitimation der besonders von den „Traditionalisten" in der Partei ungeliebten „Wahlhelfer" aufwarf.

171 Grass schrieb u.a. am 3. Oktober 1969 an Willy Brandt (AdsD, WBA, A 11.7, 52): „Es fiele mir nicht schwer, in Deinem und Epplers Auftrag außerhalb unserer Landesgrenzen ein Deutschland zu repräsentieren, in dem Heinemann Bundespräsident ist, in dem Du als Bundeskanzler die Richtlinien bestimmst. Unnütz zu sagen, daß mir keine Beamtenlaufbahn vorschwebt, wohl aber wäre ich bereit, Dir direkt unterstellt, für eine Entwicklungspolitik zu arbeiten, die Teil Deiner Friedenspolitik ist. Solche Tätigkeit von Anlaß zu Anlaß, würde meine Arbeit als Schriftsteller nicht beeinträchtigen, im Gegenteil: der Schriftsteller könnte Erfahrungen gewinnen, die ihm üblicherweise verwehrt bleiben. Soweit mein Vorschlag, den ich aus Neigung ausspreche und nicht aus kurzsichtigem Ehrgeiz."

172 Gemeint ist die Rede Brandts „Braucht die Politik Schriftsteller?" auf dem Schriftstellerkongress am 21. November 1970 in Stuttgart; vgl. *Brandt, Willy*: Braucht die Politik Schriftsteller?, in: Die Neue Gesellschaft 18 (1971) 1, S. 51–53.

173 Vgl. *Löer* 1998, S. 388.

174 Vgl. Nr. 86.

175 Vgl. Anhang.

176 Vgl. *Müller, Albrecht*: Willy wählen '72. Siege kann man machen, Annweiler 1997.

177 *Brandt* 1976, S. 165.

178 Vgl. *Grebing, Helga*: Die Parteien, in: *Benz, Wolfgang* (Hrsg.): Die Geschichte der Bundesrepublik Deutschland, Bd. 1, Frankfurt am Main 1989, S. 71–150, hier S. 107 ff.; *Lösche/Walter* 1992, S. 77 ff.; zur Problematik der Volksparteien in den sechziger Jahren allgemein *Rudolph, Karsten*: Die sechziger Jahre. Das Jahrzehnt der Volksparteien?, in: Zeitschrift für Parlamentsfragen (1999) 2, S. 362–376.

179 Vgl. Nr. 15.

180 Vgl. *Krause, Werner/Gröf, Wolfgang* (Hrsg.): Willy Brandt ... auf der Zinne der Partei... Parteitagsreden 1960 bis 1983, Berlin/Bonn 1984.

Nr. 1

1 An wen der Brief im Einzelnen verschickt wurde, ist nicht überliefert. Der Brief ist, adressiert an Inge Scheflo, auszugsweise veröffentlicht in: *Brandt* 1966, S. 356 f. Bei dem Rundschreiben handelte es sich um eine überarbeitete Version eines Schreibens Brandts an Myrdal vom 8. November 1947, das in den inhaltlichen Aussagen – mit Ausnahme einiger persönlicher Bemerkungen – dem hier dokumentierten Schreiben gleicht; vgl. AdsD, WBA, A 6, 2 (alt).

2 Gemeint ist seine Stellung als Presseattaché an der norwegischen Militärmission in Berlin. Vgl. dazu Schreiben Brandts an Lange, 7. November 1947, in: Berliner Ausgabe, Bd. 2, Nr. 29; vgl. *Brandt* 1966, S. 353–356.

3 Willy Brandt hatte, nach seiner Ausbürgerung durch die Nationalsozialisten aus Deutschland am 1. September 1938, am 2. August 1940 die norwegische Staatsbürgerschaft erhalten.

4 Dieser Abschnitt wurde nicht abgedruckt in: *Brandt* 1966.

5 Dieser Abschnitt wurde nicht abgedruckt in: ebd.

6 Dieser Abschnitt wurde nicht abgedruckt in: ebd.

Nr. 2

1 Das Schreiben ist in Auszügen veröffentlicht in: *Brandt* 1966, S. 359–364. Am Textende vermerkt: „Die Anlagen 3 und 5 bitte retournieren".

2 Das Wort fehlt in: *Brandt* 1966. Gemeint: Kurt Heinig, der bereits während des Krieges als Vertreter des SPD-Exilvorstandes in Stockholm wiederholt Stimmung gegen Brandt machte; vgl. Berliner Ausgabe, Bd. 2.

3 Kurt Schumacher reiste Anfang Dezember 1947 nach Skandinavien.

4 Diese Abschnitte sind nicht abgedruckt in: *Brandt* 1966.

5 Die Anlagen zu dem Schreiben sind als Anlagen weder im WBA noch im NL Schumacher überliefert. Es muss sich hierbei um einen von Brandt eigenhändig verfassten Lebenslauf handeln.

6 Brandt bezieht sich auf einen Artikel aus dem *Arbeiterbladet* vom 2. Dezember 1947, in dem positiv über seine Arbeit in Norwegen berichtet wurde. Dort hieß es u. a., dass es während des Krieges „kaum einen einzelnen Norweger [gab], der eine so effektive Propagandaarbeit für unsere [Norwegens] Sache ausgeführt hat" wie Brandt.

7 Diese Abschnitte sind nicht abgedruckt in: *Brandt* 1966.

8 Vgl. Nr. 1 Anm. 1.

9 „Alva und ich haben Deinen Brief vom 8. November mit herzlicher und respektvoller Sympathie gelesen. Wir kennen die Umstände nicht vollständig, halten es jedoch für richtig, daß Du Dich wieder für eines Deiner beiden Länder engagierst, und zwar für das Ärmere, das Deinen Beistand am meisten benötigt." (AdsD, WBA, A 6, 2 [alt]).

10 Schreiben Brandts an Walcher, 10. Juni 1946, in: Berliner Ausgabe, Bd. 2, Nr. 22.

11 Dieser Abschnitt ist nicht abgedruckt in: *Brandt* 1966.

12 Gemeint ist Rut Hansen.

13 Nicht ermittelt.

14 „Die neue deutsche Sozialdemokratie mehrere Grade weiter links als die alte. Kurt Schumacher, der neue Vorsitzende, durch zehnjährige Mißhandlung in den Konzentrationslagern gestählt. Seine Programmrede auf dem Parteitag in Hannover – eine Abrechnung mit dem Nazismus, aber auch mit der Deutschlandpolitik der Alliierten", in: *Arbeiterbladet* vom 20. Mai 1946.

15 Diese Abschnitte sind nicht abgedruckt in: *Brandt* 1966.

16 Der Einschub ist nicht abgedruckt in: ebd.

17 Diese Abschnitte sind nicht abgedruckt in: ebd.

Nr. 3

1 Gemeint ist der Parteitag der SPD vom 11. bis 14. September 1948 in Düsseldorf.

2 Brandt meinte hier wohl seine Verankerung in der Führungsspitze der SPD mit Sitz in Hannover, im Gegensatz zur Berliner SPD.

3 Auf dem SPD-Parteitag in Düsseldorf äußerte sich Brandt zur Frage der europäischen Einheit und der deutschen Integration in die demokratische Staatengemeinschaft; vgl. Protokoll 1948, S. 58 f.

4 Vgl. dazu grundsätzlich Einleitung; zur Haltung Willy Brandts vgl. Nrn. 8 und 9.

5 Vgl. dazu Nr. 2.

Nr. 4

1 Bei den Gemeinde-, Kreis-, Landtags- und Bürgerschaftswahlen in den drei Westzonen 1946/47 hatte die SPD in den meisten Gebieten nicht die erwarteten Erfolge erzielt; vgl. Anhang.

2 Gemeint ist die Eröffnung des Parlamentarischen Rates am 1. September 1948 in Bonn.

3 Auf dem Parteitag der SPD vom 9. bis 11. Mai 1946 in Hannover wurde die „Kundgebung der SPD" verabschiedet; vgl. Protokoll der Verhandlungen des Parteitages der Sozialdemokratischen Partei Deutschlands vom 9. bis 11. Mai 1946 in Hannover, Hamburg 1947, S. 151. Die Kundgebung enthielt folgende wirtschaftliche und politische Prämissen: Sozialisierung von zentralen Wirtschaftsbereichen, ein Lastenausgleich im Zusammenhang mit einer gründlichen Finanz- und Währungsreform, die unauflösliche Wechselbeziehung zwischen Sozialismus und Demokratie, die Erhaltung Deutschlands als Einheit, eine auf ganz Europa bezogene Internationalisierung und die Integration Deutschlands in eine sozialistische europäische Föderation sowie die Betonung, dass Sozialismus kein Fernziel, sondern die Aufgabe des Tages sei.

4 Der Titel des Referats von Kurt Schumacher, der dies wegen Krankheit nicht selbst vortragen konnte, lautete: „Die Sozialdemokratie im Kampf für Freiheit und Sozialismus"; vgl. Protokoll 1948, S. 25–45.

5 Im Protokoll des Parteitages heißt es dazu (ebd., S. 208): „Der Parteitag beauftragt den Parteivorstand, eine unverzügliche Programmkommission einzusetzen. Der Entwurf der Programmkommission für ein Parteiprogramm ist der Gesamtpartei zur Diskussion zu unterbreiten, bevor er dem Parteitag zur Beschlußfassung vorgelegt wird." Auf die Umsetzung dieses Beschlusses wurde zunächst verzichtet, vor allem Schumacher hielt nach wie vor die Verabschiedung eines Programms gleichgültig in welcher Form für unangebracht. Erst ein erneuter Antrag auf dem Parteitag des Jahres 1950 brachte die Programmdiskussion in der SPD voran.

6 Vgl. dazu die Einleitung.

7 Der Titel des Referats von Rudolf Zorn lautete: „Soziale Neuordnung als sozialistische Gegenwartsaufgabe"; vgl. Protokoll 1948, S. 138–159. Die Kernaussage Zorns war, dass eine Vergesellschaftung nicht mehr als Allheilmittel für eine bessere Zukunft der Gesellschaft zu betrachten sei. Entscheidend zur Neuordnung von Wirtschaft und Gesellschaft seien allein Planung und Lenkung der Wirtschaft. Dafür sei es aber unerheblich, ob sich ein Unternehmen im Gemein- oder Privateigentum befinde. Zorn fasste sein Modell unter dem Terminus der „regulierten Marktwirtschaft" zu-

sammen. Für eine Neuordnung unter diesen Vorzeichen nannte Zorn vier Kernforderungen der Sozialdemokraten (ebd., S. 143): „1. Die Forderung eines gerechten Lohns und wirtschaftlicher Sicherheit. 2. Die Forderung nach demokratischer Teilnahme an der politischen und wirtschaftlichen Macht. 3. Die Forderung der gleichen Chance für Jedermann. 4. Die Forderung nach Konsumfreiheit."

8 Die Ausführungen Hermann Veits standen unter dem Titel „Grundsätze sozialdemokratischer Wirtschaftspolitik"; vgl. Protokoll 1948, S. 133–138. Er verwahrte sich gegen das von Ludwig Erhard favorisierte Wirtschaftsmodell vom „freien Spiel der Kräfte". Seine zentrale Forderung lautete (ebd. S. 137): „Der Staat muß zusammen mit paritätisch aus Arbeitgebern und Arbeitnehmern aller Wirtschaftskreise zusammengesetzten Körperschaften der Wirtschaft die Richtung ihrer Tätigkeit durch eine Planung in großen Umrissen weisen. Innerhalb dieses Rahmens soll sich der frei wirtschaftende Mensch entfalten." In den fünfziger Jahren wurde Veit zu einem der prominenten sozialdemokratischen Wirtschaftspolitiker.

9 Ebd., S. 211 ff.

10 Gemeint ist die Arbeit im so genannten „Zweizonen-Wirtschaftsrat", der sich am 25. Juni 1947 als von den Landtagen der „Bizone" (die Fusion der amerikanischen und britischen Zone zur „Bizone" bzw. zum „Vereinigten Wirtschaftsgebiet" war am 1. Januar 1947 erfolgt) gewähltes Parlament des Vereinigten Wirtschaftsgebietes in Frankfurt konstituierte.

11 SPD und CDU stritten im Wirtschaftsrat über die zukünftige Wirtschaftspolitik: Die SPD konnte sich nicht durchsetzen und entschied sich bereits im Juli 1947, nachdem sie bei der Besetzung des Wirtschaftsdirektorenamtes unterlegen war, für die Rolle „einer praktischen, konstruktiven Opposition". Vgl. auch Einleitung.

12 Brandt meinte hier die „Berlin-Blockade". Die Sowjets hatten seit dem 24. Juni 1948 (bis zum 12. Mai 1949) eine totale Blockade über die Zufahrtswege zu Lande und zu Wasser nach Westberlin verhängt und gleichzeitig die Energieversorgung der Westsektoren aus dem Ostteil der Stadt und aus der SBZ eingestellt.

13 Die Delegierten verabschiedeten eine „Entschließung des Parteitages zur Lage in der Sowjetzone" (vgl. Protokoll 1948, S. 214). Sie nahm Bezug auf die Verfolgung vor allem ehemaliger Sozialdemokraten, die im Zuge der Stalinisierung der SED einen neuen Höhepunkt erreichte.

14 Am 6. August 1948 hatte der Landtag von Nordrhein-Westfalen, auf Initiative der SPD, ein Gesetz zur Enteignung des Kohlebergbaus verabschiedet, gegen das die britische Militärregierung mit der Begründung Einspruch erhob, dass darüber nur eine künftige deutsche Regierung bzw. ein deutsches Parlament entscheiden könne. Genauso wurde bei der Ablehnung des hessischen Betriebsrätegesetzes vom 25. Mai 1948 durch die amerikanische Besatzungsmacht argumentiert.

15 Auf der Internationalen Sozialistenkonferenz vom 28. November bis 1. Dezember 1947 in Antwerpen wurde die SPD als Mitglied aufgenommen.

16 Arp hatte sich in Düsseldorf u. a. für eine SPD als „Instrument der sozialen demokratischen Revolution" ausgesprochen sowie eine Sozialisierung der Wirtschaft und vor allem eine Bodenreform gefordert; vgl. Protokoll 1948, S. 64 ff. und 179 f.

17 Bereits im November 1946 hatte der PV der SPD den Parteimitgliedern empfohlen, nicht bei der VVN mitzuarbeiten, weil man eine Instrumentalisierung durch die Kommunisten befürchtete. Am 6. Mai

1948 fasste der PV einen Unvereinbarkeitsbeschluss zwischen einer Mitgliedschaft in der SPD und in der VVN. Dieser Beschluss wurde vom Parteitag 1948 bestätigt; vgl. ebd., S. 205.

18 Gemeint: Herbert Wehner, der am Düsseldorfer Parteitag als Delegierter des Bezirks Hamburg-Nordwest teilnahm. Zu seinen Ausführungen zur VVN vgl. ebd., S. 109 f.

19 Vgl. Einleitung.

Nr. 5

1 Zum Begriff des „demokratischen Sozialismus" und seiner Bedeutung für das politische Handeln Willy Brandts vgl. Einleitung.

2 Gemeint sind die Kampagnen der CDU/CSU gegen die Sozialdemokratie.

3 Vgl. Protokoll 1946, S. 151 und Nr. 4, Anm. 3.

4 Vgl. Einleitung.

5 Vgl. *Lassalle, Ferdinand*: Arbeiterprogramm. Über den besonderen Zusammenhang der gegenwärtigen Geschichtsperiode mit der Idee des Arbeiterstandes. Ein Vortrag, gehalten am 12. April 1862 im Berliner Handwerker-Verein der Oranienburger Vorstadt; in: *Jenaczek, Friedrich* (Hrsg.): Ferdinand Lassalle. Reden und Schriften. Mit einer Lassalle-Chronik, München 1970, S. 27–60.

6 In den definitiven Statuten der „Internationalen Arbeiterassoziation" vom 5. September 1866 wurde erklärt, dass „die internationale Assoziation und alle ihr angehörigen Gesellschaften und Individuen Wahrheit, Recht und Sitte als die Grundlage ihres Betragens untereinander und gegen alle ihre Mitmenschen ohne Rücksicht auf Farbe, Bekenntnis und Nationalität anerkennen" (*Dowe, Dieter/Klotzbach, Kurt* [Hrsg.]: Programmatische Dokumente der deutschen Sozialdemokratie, Berlin-Bonn 1978, S. 157).

7 Inauguraladresse der Internationalen Arbeiterassoziation vom 28. September 1864, in: ebd., S. 156.

8 Richtig: „jede".

9 Programm der Sozialdemokratischen Partei Deutschlands, beschlossen auf dem Parteitag in Heidelberg 1925, in: *Dowe/Klotzbach* 1978, S. 206.

10 Brandt bezog sich hier auf *Burnham, James*: Das Regime der Manager, Stuttgart 1948 (Originalausgabe: Managerial revolution, New York 1941).

11 Vgl. Programm der Sozialdemokratischen Partei Deutschlands, beschlossen auf dem Parteitag in Erfurt 1891, in: *Dowe/Klotzbach* 1978, S. 175–180, hier S. 176 f.

12 Vgl. Programm der Sozialdemokratischen Partei Deutschlands, beschlossen auf dem Parteitag in Görlitz 1921, in: *Dowe/Klotzbach* 1978, S. 196–201.

13 Vgl. *Varga, Eugen*: Veränderungen in der kapitalistischen Wirtschaft im Gefolge des Zweiten Weltkrieges, Moskau 1946.

14 Vgl. *Kautsky, Karl*: Das Erfurter Programm in seinem grundsätzlichen Teil erläutert von Karl Kautsky, Stuttgart 1892.

15 Vgl. Programm und Statuten der Sozialdemokratischen Arbeiterpartei, beschlossen auf dem Kongreß in Eisenach 1869, in: *Dowe/Klotzbach* 1978, S. 166–170.

16 Vgl. dazu auch *Brandt, Willy*: Weitergeführte Demokratie, in: *Der Monat* 1 (1949) 5, S. 29–33.

17 Brandt bezog sich hier auf die Jahresbotschaft Präsident Roosevelts an den amerikanischen Kongress vom 6. Januar 1942: „Unsere eigenen Ziele sind klar: Das Ziel, den Militarismus zu zerschmettern, den die Kriegsherren ihren versklavten Völkern auferlegt haben – das Ziel, die unterworfenen Nationen zu befreien –, das Ziel, in der ganzen Welt Redefreiheit, Religionsfreiheit, Freiheit von Not und Freiheit von Furcht zu etablieren und zu sichern" (Roo-

sevelt spricht. Die Kriegsreden des Präsidenten, Stockholm 1945, S. 228).

18 Vgl. *Kautsky, Karl*: Kommentar zum Heidelberger Programm der Sozialdemokratie, Berlin 1925.

19 Im November 1918 wurde vom Rat der Volksbeauftragten eine „Sozialisierungskommission" eingesetzt, die sich zunächst vor allem für die Vergesellschaftung des Kohlebergbaus engagierte. Die Vorhaben der Kommission scheiterten gänzlich – auch am Einspruch von Mehrheitssozialdemokratie und Gewerkschaften. Am 7. April 1919 trat sie schließlich geschlossen zurück.

20 Brandt bezog sich hier auf die entsprechenden Passagen im „Ahlener Programm" der CDU von 1947.

21 Vgl. das Referat von Rudolf Zorn „Soziale Neuordnung als soziale Gegenwartsaufgabe", in: Protokoll 1948, S. 138–159, vgl. auch Nr. 4, Anm. 7.

22 Vgl. *Sering, Paul*: Jenseits des Kapitalismus, Lauf b. Nürnberg 1946.

23 Um die Jahrhundertwende wurde in der Sozialdemokratie die so genannte „Revisionismusdebatte" ausgetragen. Seine Begründung erhielt der Revisionismus durch Eduard Bernstein. Er wandte sich gegen die marxistisch begründeten Gesellschaftsprognosen der Sozialdemokratie und bezweifelte den im Kommunistischen Manifest und Erfurter Programm prognostizierten Trend zum Zweiklassenschema. Die Mittelschichten verschwänden nicht, sondern änderten ihren Charakter. Auch die Thesen von den sich stetig verschärfenden Krisen des Kapitalismus und von der wachsenden Verelendung der Arbeiterschaft hätten sich nicht bewahrheitet. Demgegenüber zeichneten sich gegenläufige Tendenzen ab, die auf einen Wandlungsprozess und eine gewisse Zügelung des schrankenlosen Kapitalismus hindeuteten. Angesichts dieses Befundes forderte Bernstein von der Sozialdemokratie, dass sie ihre radikal-revolutionären Dogmen revidieren und sich auch in ihrer theoretischen Zielsetzung dazu bekennen müsse, dass sie eine „demokratisch-sozialistische Reformpartei" sei. Ausführlich zum Revisionismusstreit vgl. *Grebing, Helga*: Der Revisionismus. Von Bernstein bis zum ‚Prager Frühling', München 1977.

24 Indien wurde am 15. August 1947 in die Unabhängigkeit entlassen.

25 Vgl. Programm der social-demokratischen Partei Deutschlands, beschlossen auf der General=Versammlung des Allgemeinen deutschen Arbeiter=Vereins am 27. December zu Erfurt, in: *Dowe, Dieter* (Hrsg.): Protokolle und Materialien des Allgemeinen Deutschen Arbeitervereins (inkl. Splittergruppen). Mit einer Einleitung von Cora Stephan, Berlin-Bonn 1980 (Nachdruck), S. 58–60.

26 Richtig: „Interessensolidarität der Völker aller Kontinente".

27 Mit der Unterzeichnung des Atlantikpaktes am 4. April 1949 durch die Außenminister der Vereinigten Staaten von Amerika, Belgiens, Dänemarks, Frankreichs, Großbritanniens, Irlands, Italiens, Kanadas, Luxemburgs, der Niederlande, Norwegens und Portugals in Washington wurde die NATO gegründet.

28 Das Zitat stammt aus dem Görlitzer Programm von 1921, in: *Dowe/Klotzbach* 1978, S. 200.

Nr. 6

1 Am Rande des Landesparteitags der Berliner SPD im Mai 1949 (vgl. Nr. 5) hatte Ernst Reuter Willy Brandt gefragt, ob er als Verkehrsdezernent in den Berliner Senat eintreten wolle.

2 Anspielung auf Brandts Tätigkeit als Sekretär der norwegischen Volkshilfe in den Jahren 1938/39.

3 Durch den besonderen Vier-Mächte-Status Berlins galt der Westteil der Stadt nach der Gründung der Bundesrepublik nicht als Bundesland. Die Alliierten gestanden nur – so kam es auch in den Wahlgesetzen zum Ausdruck – das Recht zu, dass West-Berlin durch vom Abgeordnetenhaus bestimmte Vertreter ohne volles Stimmrecht im Bundestag repräsentiert war. Brandt war von 1949 bis 1957 einer der Berliner Vertreter im Deutschen Bundestag.

Nr. 7

1 Sitz der SPD-Parteizentrale in Hannover.

2 Die Tageszeitung *Sozialdemokrat*, das Organ der Berliner SPD, erschien erstmals am 3. Juni 1946. Sie wurde 1950 in *Berliner Stadtblatt* umbenannt; ab 1952 kam sie wöchentlich unter dem Titel *Die Berliner Stimme (BS)* heraus.

3 Willy Brandt nahm die ihm angebotene Position des Redaktionsleiters des *Sozialdemokrat* an. Er hatte sie aber nur ein knappes Jahr inne.

Nr. 8

1 Der Parteitag der SPD fand vom 21. bis 25. Mai 1950 statt. Brandt sprach am 2. Verhandlungstag im Anschluss an das Grundsatzreferat Schumachers zum Thema „Sozialdemokratie im Kampf um Deutschland und Europa" und den Bericht Ollenhauers über die Tätigkeit der sozialdemokratischen Bundestagsfraktion; vgl. Protokoll 1950, S. 62–98.

2 Der Antrag wurde vom Parteitag angenommen; vgl. ebd., S. 270.

3 Gemeint ist hier die Debatte am 4. Verhandlungstag des Parteitages über das Referat von Hermann Veit zum Thema „Sozialdemokratische Wirtschaftspolitik – der Weg zur Vollbeschäftigung"; vgl. ebd., S. 178 ff.

4 Vgl. dazu ebd., S. 274 f. Es handelte sich dabei um die Richtlinien des Wirtschaftspolitischen Ausschusses „Von der Massenarbeitslosigkeit zur Vollbeschäftigung" und das zusätzliche Material der Landesorganisation Hamburg „Entwurf eines Aktionsprogramms zur Beseitigung der Arbeitslosigkeit in Westdeutschland". In dem Vorschlag des Ausschusses wurden nur die Fehlentwicklungen benannt, aber keine konkreten Alternativen unterbreitet.

5 Zur innerparteilichen Auseinandersetzung über die Programmfrage vgl. Einleitung.

6 Anders als Brandt lehnte Schumacher einen Beitritt der Bundesrepublik zum Europarat prinzipiell ab, wenn dieser auch das Saarland aufnähme. Der SPD-Vorsitzende war – unter dem Eindruck der Anfang März 1950 verabschiedeten französisch-saarländischen Konventionen – der Meinung, dass ein Beitritt des Saargebietes, dessen Verfassung vom 15. Juni 1947 die politische Unabhängigkeit von Deutschland und die ökonomische Angliederung an Frankreich festgeschrieben hatte, als internationale Anerkennung der Autonomie gelten und mögliche Friedensverhandlungen präjudizieren könne. Strömungen in der Sozialdemokratie, aber auch in den Regierungsparteien, die die Politik der Westintegration skeptisch beurteilten oder ablehnten, sahen im Beitritt Westdeutschlands zum Europarat zudem ein weiteres Hindernis für eine schnelle Überwindung der deutschen Teilung. Die SPD stimmte schließlich im Bundestag gegen die bundesdeutsche Beteiligung im Europarat, entsandte aber gleichwohl Delegierte nach Straßburg.

7 Die Außenministerkonferenz der drei Westmächte fand vom 11.–13. Mai 1950 in London statt. Sie legte fest, wie die angestrebte Revision des Besatzungsstatuts und die weitere Integration der Bundesrepublik in die westliche Staatengemeinschaft erfolgen sollte. Allerdings wurden auch Fragen der Wiederbewaffnung Deutschlands in London erörtert, ohne dass jedoch eine abschließende Entscheidung gefällt wurde.

8 Vermutlich gemeint: Schreiben Adenauers an die drei Alliierten Hohen Kommissare, 23. März 1950, in: Europa-Archiv vom 20. Juni 1950, S. 3130 f. Der Bundeskanzler erwähnte allerdings in dem Brief, in dem er die Hohen Kommissare um Unterstützung bei der Realisierung des Beitritts der Bundesrepublik zum Europarat ersuchte, Berlin mit keinem Wort.

9 Am 29. September 1949 billigte der Bundestag den Antrag der SPD-Fraktion, die Alliierten um die Zustimmung zur Eingliederung Berlins in die Bundesrepublik zu bitten.

10 Schumacher konnte sich auf dem Parteitag mit seiner Position bei einer überwältigenden Mehrheit durchsetzen. Der Parteitag sprach sich mit nur elf Gegenstimmen gegen den Beitritt der Bundesrepublik zum Europarat aus; vgl. Protokoll 1950, S. 166. Allerdings waren die Gegner des Antrages bekannte Repräsentanten des Reformflügels in der SPD, neben Willy Brandt u. a. Ernst Reuter, Max Brauer und Paul Löbe. Vgl. dazu ausführlich Einleitung.

Nr. 9

1 Carlo Schmid referierte zum Thema „Die SPD vor der geistigen Situation der Zeit“; vgl. Protokoll 1950, S. 225–241.

2 Willy Brandt favorisierte hier, wie auch schon in seinem ersten Statement auf dem Parteitag (vgl. Nr. 8), eindeutig ein Aktionsprogramm für die SPD als Grundlage für den kommenden Wahlkampf; vgl. dazu ausführlich Einleitung.

3 Dies kann als eine versteckte Kritik am strikten Oppositionskurs der SPD-Parteiführung, den Brandt ablehnte, interpretiert werden.

Nr. 10

1 Vgl. Nr. 8.

2 Daneben gab es vor allem Meinungsverschiedenheiten zwischen Brandt und Schumacher bezüglich der Situation in der Berliner SPD; vgl. u. a. *Brandt* 1982, S. 420 sowie ausführlich Einleitung.

3 Vgl. Nr. 7 Anm. 2.

4 Brandt meint hier die wirtschaftlichen Schwierigkeiten in Berlin infolge der massiven Kriegszerstörungen und der Berliner Blockade. Am 14. März 1950 erklärte die Bundesregierung Berlin zum wirtschaftlichen Notstandsgebiet.

Nr. 11

1 Gemeint sind die Auseinandersetzungen innerhalb der Berliner SPD zwischen dem Reuter- und dem Franz Neumann-Flügel, die auch Auswirkungen auf das Verhältnis der Berliner Sozialdemokraten zum Parteivorstand hatten, und die unterschiedlichen Auffassungen über die Regierungsbildung mit der CDU in Berlin zwischen Reuter/Brandt einerseits und Schumacher andererseits.

2 Brandt spielt hier auf die Differenzen zwischen seinem Vorgänger Brost und Schumacher an. Beide vertraten in einigen Sachfragen unterschiedliche Standpunkte. Brost hatte darüber hinaus – nach eigener Aussage – Schwierigkeiten mit dem Füh-

rungsstil des Parteivorsitzenden, zumal er versuchte, seine Position als Vertreter des SPD-Parteivorstandes in Berlin dazu zu nutzen, eigene politische Akzente zu setzen. In einem Interview im Jahr 1991 stellte Brost dazu fest: „Ich fühlte mich in Berlin nicht ganz wohl, weil ich sehr oft anderer Meinung als Kurt Schumacher war. [...] Mit Schumacher war es unmöglich zusammenzuarbeiten. Jedenfalls konnte man nichts selbständig machen. Das widerstrebte mir. [...] Ich war zum Beispiel auch der Meinung, die erste Regierung hätte nach Möglichkeit eine Zwei-Parteien-Regierung von SPD und CDU sein sollen [...]. Aber Schumacher war ganz dagegen, womit er sich irrte" (zitiert nach: *Andrzejewski, Marek/ Rinklake, Hubert*: „Man muß doch informiert sein, um leben zu können." Erich Brost. Danziger Redakteur, Mann des Widerstandes, Verleger und Chefredakteur der Westdeutschen Allgemeinen Zeitung, Bonn 1997, S. 144 f.).

3 Zu dieser Aussprache kam es dann am 5. April 1951; vgl. AdsD, NL Schumacher, Terminkalender 1951.

Nr. 12

1 Brandt bezog sich auf ein Schreiben von Klaus-Peter Schulz vom 26. Mai 1952, in dem dieser seinen Parteiaustritt aus der SPD nach 21 Jahren Mitgliedschaft ankündigte. Als Grund nannte Schulz die Reaktionen und das Verhalten der SPD-Führung nach den sowjetischen Noten vom 10. März 1952 bzw. 9. April 1952. Er teilte die Haltung der SPD zum Deutschlandvertrag und die Forderung nach einem neutralen wiedervereinigten Deutschland nicht, zudem monierte er den politischen Stil Kurt Schumachers: „Wie dem auch immer sei: unter keinen Umständen lasse ich mir es als Sozialdemokrat gefallen, dass meine Partei offiziell im politischen Kampf zu Methoden und Argumenten übergeht, die dem Arsenal eines Herrn Goebbels oder eines Herrn Ulbricht alle Ehre machen würde." (AdsD, WBA, A 6, 9 [alt]). Schulz trat erst im Jahr 1971 aus der SPD aus.

2 Gemeint ist die Politik der Westintegration Deutschlands, die durch den Deutschlandvertrag vom 26. Mai 1952 manifestiert wurde. Zeitgenössische Kritiker sahen in der Westbindung Deutschlands ein Hindernis für die baldige Wiedervereinigung.

Nr. 13

1 Gemeint sind die Ausführungen von Armin Korn aus Lübeck am Vortag (vgl. Protokoll 1952, S. 58–60) in der Aussprache nach der Rede Ollenhauers zum Thema „Die Einheit Deutschlands und ein lebensfähiges Europa als vordringlichstes Ziel sozialdemokratischer Politik". Korn sprach sich u. a. dafür aus, die Bundesregierung zu Verhandlungen mit den Machthabern in Ost-Berlin aufzufordern.

2 Die SPD plädierte dafür, dass die Vier Mächte eine Übereinkunft über freie Wahlen erzielen sollten.

3 In ihrem Aktionsprogramm sprach sich die SPD noch einmal eindeutig für die Wiedervereinigung Deutschlands als zentrales Ziel deutscher Außenpolitik aus. Zu diesem Zweck forderte sie u. a. freie gesamtdeutsche Wahlen. Sie lehnte jeden Vertrag ab, der eine Wiedervereinigung „erschweren" würde. Außerdem wurde betont, dass die Abtretung der deutschen Ostgebiete von der SPD nicht anerkannt würde. Vgl. Aktionsprogramm der Sozialdemokratischen Partei Deutschlands (1952), in: *Dowe/Klotzbach* 1978, S. 304 f.

4 Brandt bezog sich auf die Feststellung des Bremer Delegierten Arnold Müller, er

vermisse im Aktionsprogramm eine stichhaltige Begründung zur Ablehnung der Wiederbewaffnung Deutschlands; vgl. Protokoll 1952, S. 139.

5 Vgl. ebd., S. 154–156.

6 Brandt führte darin u. a. aus (vgl. ebd., S. 58): „Unsere Partei wird der ihr aufgebürdeten Verantwortung nur gerecht werden können, wenn sie von einem starken Willen zu einer grundlegenden Umgestaltung erfüllt bleibt (sehr richtig) und wenn sie durch nimmermüde geistige Regsamkeit ihren Erneuerungswillen in das Volk hineinstrahlen läßt. (Beifall.) Es mag sein, daß sich auch die sozialistische Bewegung nicht völlig dem leider nicht sehr fortschrittlichen Gesetz der Epoche entziehen kann. Aber wir werden den Kampf gegen die Restauration nur erfolgreich bestehen können, wenn wir selbst jeder Neigung widerstehen, dort einfach weiterzuführen, wo überprüft, verändert und erneuert werden müßte. (Beifall.)"

7 Dies ist als Plädoyer für eine Öffnung der SPD für breitere Bevölkerungsschichten bei gleichzeitigem, moderatem Festhalten an der Tradition zu verstehen.

Nr. 14

1 Der XI. Landesparteitag der Berliner SPD fand am 12. Juni 1954 in der Technischen Universität Berlin statt. Willy Brandt kandidierte dort zum zweiten Mal gegen den Landesvorsitzenden Franz Neumann um den Vorsitz des Landesverbandes, unterlag aber mit nur zwei Stimmen Differenz. Die Hervorhebungen der Vorlage wurden in diesem Fall nicht übernommen, da sie von der Redaktion der *Berliner Stimme* vorgenommen wurden.

2 Zu den Ergebnissen der Bundestagswahl am 6. September 1953 vgl. Anhang.

3 Die CDU hatte im Wahlkampf 1953 mit der suggestiven Behauptung: „Alle Wege des Marxismus führen nach Moskau!" geworben. Adenauer selbst scheute sich nicht, in einem Schreiben an den stellvertretenden SPD-Vorsitzenden Mellies zu behaupten, zwei Solinger SPD-Funktionäre hätten 20.000 DM aus der DDR zur Finanzierung ihres Wahlkampfes erhalten. Das Bonner Landgericht stellte später fest, dass diese Behauptung jeder Grundlage entbehrte, doch zu diesem Zeitpunkt lagen die Wahlen bereits ein halbes Jahr zurück. Vgl. *Schwarz, Hans-Peter*: Adenauer. Bd. 2: Der Staatsmann 1952–1967, München 1994, S. 98 f.

4 Dies ist eine Anspielung auf die FDP, deren Wahlplakate 1953 die Aufschrift „Wo Ollenhauer pflügt, sät Moskau!" trugen. Gleichzeitig gaben sich deren führende Vertreter wie Reinhold Maier und Karl Georg Pfleiderer dialogbereit gen Osten, um die sowjetische Kompromissbereitschaft zu erkunden.

5 Zu den Empfehlungen des Parteivorstandes 1954 vgl. Protokoll der Verhandlungen des Parteitages der Sozialdemokratischen Partei Deutschlands vom 20. bis 24. Juli 1954 in Berlin, Berlin o. J., S. 315 ff.

6 Willy Brandt war Mitglied der 50-köpfigen Programmkommission unter Leitung von Willi Eichler.

7 Brandt meinte hier die im März 1953 gebildete Studienkommission, der u. a. Wolfgang Abendroth, Otto Stammer, Otto Suhr und Gerhard Weisser angehörten. Sie hatte sich vom 12. bis 14. April 1954 zu einer Klausurtagung getroffen und Thesen zur programmatischen Selbstverständigung des freiheitlich demokratischen Sozialismus verabschiedet.

8 Das Dortmunder Aktionsprogramm der SPD von 1952 wurde auf dem Berliner

Parteitag vom 20. bis 24. Juli 1954 ergänzt und mit einer Präambel versehen. Zur Diskussion um die Präambel und die Programmänderungen; vgl. Protokoll 1954, S. 317 ff. In der Präambel hieß es u. a. (Jahrbuch 1954/55, S. 288): „Die Sozialdemokratische Partei Deutschlands vertritt nicht die Sonderinteressen einzelner Gruppen. Ihr Ziel ist die Neugestaltung der Gesellschaft im Geiste des Sozialismus. Er allein ermöglicht allen Menschen die freie Entfaltung ihrer Persönlichkeit. Die Sozialisten kämpfen deshalb für die Gleichberechtigung aller Menschen und für ihre geistige, politische und wirtschaftliche Freiheit, die in der bestehenden Gesellschaft nicht verwirklicht werden kann."

9 „An dieser Wende bekennt sich die Sozialdemokratische Partei Deutschlands entschiedener denn je zu den großen Ideen der Demokratie und des Sozialismus – zur Befreiung des Menschen aus unwürdiger sozialer Abhängigkeit und geistiger Hörigkeit, zu einer Gesellschaft des Friedens und der Gerechtigkeit" (ebd.).

10 In der verabschiedeten Version hieß es dann: „Der Kampf und die Arbeit der Sozialdemokratie aber liegen im Interesse aller, die ohne Rücksicht auf engherzig gehütete Vorrechte für soziale Gerechtigkeit, für politische und wirtschaftliche Demokratie, für geistige Freiheit und Toleranz, für nationale Einheit und internationale Zusammenarbeit eintreten" (ebd., S. 289).

11 Vgl. „Programmatische Erklärungen" von Kurt Schumacher vom 5. Oktober 1945, in: *Albrecht* 1985, S. 317.

12 In der Präambel hieß es wörtlich (Jahrbuch 1954/55, S. 288): „Die Menschheit steht am Beginn des Atomzeitalters. Kräfte sind entfesselt worden, die der Menschheit zu ungeahnter Entfaltung verhelfen, aber ebenso zu erbarmungsloser Zerstörung führen können."

13 In der DDR fanden am 17. Oktober 1954 Wahlen nach der so genannten Einheitsliste, die eine wirkliche Auswahl von Parteien und Kandidaten nicht vorsah, statt.

14 In Berlin amtierte seit dem Tode Ernst Reuters am 29. September 1953 eine Koalition aus CDU und FDP. Die Bundesversammlung trat am 17. Juli 1954 doch in Berlin zusammen.

15 Brandt spielte hier vermutlich auf die versuchte Infiltration der nordrhein-westfälischen FDP durch ehemals hochrangige Nationalsozialisten in den Jahren 1952/53 an, die durch die britische Besatzungsmacht schließlich verhindert wurde.

16 Vgl. Aktionsprogramm der Sozialdemokratischen Partei, beschlossen auf dem Parteitag in Dortmund 1952, in: Jahrbuch der Sozialdemokratischen Partei Deutschland 1952/53, Bielefeld o. J., S. 261–281, hier S. 264.

17 Vom 25. Januar bis 18. Februar 1954 konferierten in Berlin die Außenminister der Vier Mächte über Deutschland, ohne allerdings ein konkretes Ergebnis zu erzielen.

18 Brandt spielt hier vermutlich auf die schwierige Lage an, in die insbesondere die Saar- und die Europapolitik des Kanzlers infolge der Unstimmigkeiten im deutsch-französischen Verhältnis geraten waren und die wenig später im Scheitern der EVG zum Ausdruck kommen sollte.

19 Gemeint sind die so genannten Westverträge, die der Bundestag am 5. Dezember 1952 und der Bundesrat am 15. Mai 1953 verabschiedet hatten.

20 Genannt nach dem amerikanischen Senator Joseph R. McCarthy. Unter seiner Federführung erlebte die Verfolgung von Kommunisten und des Kommunismus Verdächtigen in den USA nach dem Zweiten Weltkrieg (bis 1954) einen Höhepunkt.

21 Vgl. Vorwort zum Aktionsprogramm 1952, in: Jahrbuch 1952/53, S. 263.

22 Vgl. Jahrbuch 1952/53, S. 346 f.

23 Vgl. dazu ausführlich Einleitung.

Nr. 15

1 Korrigiert aus: „Hirschfeldt".

2 Brandt bezog sich hier auf seine vergebliche Kandidatur zum Parteivorstand auf dem SPD-Parteitag vom 20. bis 24. Juli 1954 in Berlin. Er konnte nur 155 von 366 gültigen Stimmen auf sich vereinigen.

3 Brandt informierte über das von ihm und Richard Löwenthal gemeinsam betriebene Buchprojekt über Ernst Reuter; vgl. *Brandt, Willy/Löwenthal, Richard*: Ernst Reuter. Ein Leben für die Freiheit. Eine politische Biographie, München 1957.

Nr. 16

1 Gemeint ist das so genannte „Deutsche Manifest", das auf einer von DGB, SPD und einigen Theologen initiierten Veranstaltung in der Frankfurter Paulskirche am 29. Januar 1955 verabschiedet wurde; vgl. Jahrbuch 1954/55, S. 354 f. Die Veranstaltung und das Manifest richteten sich gegen die Ratifizierung der „Pariser Verträge", die am 23. Oktober 1954 von den drei westlichen Alliierten und der Bundesrepublik unterzeichnet worden waren. Sie regelten das Ende des Besatzungsregimes in Westdeutschland, verhalfen der Bundesrepublik zur Souveränität und banden sie in das atlantische Bündnissystem ein, zu dessen Verteidigung sie künftig beitragen sollte. Das „Deutsche Manifest" wies auf die Gefahren hin, die der Abschluss der „Pariser Verträge" und die deutsche Remilitarisierung mit sich brächten, und sprach sich für Viermächteverhandlungen aus. Mit einer sich an das Manifest bundesweit anschließenden Unterschriftensammlung sollte eine Volksabstimmung über die „Pariser Verträge" erreicht werden.

2 Der Text des Manifestes zu diesem Punkt lautete: „Die Antwort auf die deutsche Schicksalsfrage der Gegenwart – ob unser Volk in Frieden und Freiheit wiedervereinigt werden kann oder ob es in dem unnatürlichen Zustand der staatlichen Aufspaltung und einer fortschreitenden menschlichen Entfremdung leben muß – hängt heute in erster Linie von der Entscheidung über die Pariser Verträge ab" (ebd., S. 354).

3 Die Pariser Verträge wurden am 27. Februar 1955 vom Bundestag ratifiziert.

Nr. 17

1 Das Manuskript des Artikels, datiert vom 24. April 1956, ist überliefert in: AdsD, WBA, A 3, 76.

2 Anspielung auf die unwahre Behauptung Adenauers vom August 1953, SPD-Funktionäre hätten sich ihren Wahlkampf von der DDR finanzieren lassen; vgl. Nr. 14 Anm. 3.

3 Hier ist der Bruch mit dem Stalinismus gemeint, der auf dem XX. Parteitag der KPdSU vom 24. bis 25. Februar 1956 offiziell vollzogen wurde.

4 Brandt bezog sich auf die Bundestagswahlen, die am 15. September 1957 stattfanden. Zu den Ergebnissen vgl. Anhang.

5 Gemeint sind die zwölf Jahre nationalsozialistischer Herrschaft von 1933 bis 1945.

6 Gemeint sind hier die Einführung des volksdemokratischen Modells und die Durchsetzung kommunistischer Vorherrschaft nach sowjetischem Vorbild in der SBZ/DDR.

7 Mit dem so genannten „Sozialplan für Deutschland" (veröffentlicht am 25. Juli 1956) versuchte die SPD im Vorfeld der Bundestagswahl 1957 eine Gesamtreform der Sozialpolitik anzubieten. Die Themen

waren: vorbeugende Gesundheitspolitik, Renten- und Invalidenversicherung, Sozialarbeit, Sozialhilfe und Wohlfahrtspflege. Die Resonanz des „Sozialplans" in der Öffentlichkeit blieb jedoch begrenzt.

8 Vgl. Nr. 16 Anm. 1.

Nr. 18

1 Der aktuelle Anlass zu dieser Auseinandersetzung war die am 7. Juli 1956 erfolgte Verabschiedung des Gesetzes zur Einführung der allgemeinen Wehrpflicht durch den Bundestag. Die SPD hatte sich gegen das Gesetz ausgesprochen. In Ollenhauers Rede auf dem Parteitag „An der Wende der deutschen Politik" spielte die Ablehnung der Wehrpflicht durch die SPD eine zentrale Rolle; vgl. Protokoll 1956, S. 47–72.

2 Zum Wortlaut der „Entschließung zur Wehrfrage" vgl. Jahrbuch der Sozialdemokratischen Partei Deutschlands 1956/57, Hannover-Bonn o. J., S. 323 f.

3 Zeitgenössischer Ausdruck für die Regierung der DDR, die im Ost-Berliner Bezirk Pankow residierte.

4 Vizekanzler Blücher hatte sich vom 10. bis 21. Januar 1956 zu einem Staatsbesuch in Indien aufgehalten.

5 Bundesregierung und SPD-Opposition konnten sich nicht über den Standort für einen geplanten Langwellensender einigen. Während die Regierungsparteien mit Unterstützung der Rundfunkintendanten für Hamburg plädierten, warb Willy Brandt namens der SPD vehement für Berlin. Das Projekt scheiterte schließlich im Jahr 1957.

6 Gemeint ist das Bundeswahlgesetz vom 7. Mai 1956 (BGBl. I, S. 383), das den Status der Berliner Abgeordneten aber nicht änderte (vgl. Nr. 6 Anm. 3).

7 Das „Kuratorium unteilbares Deutschland" konstituierte sich am 14. Juni 1954 als überparteiliche Vereinigung zur Förderung der Wiedervereinigung beider deutscher Staaten mit Sitz in West-Berlin.

Nr. 19

1 Ähnlich schrieb Brandt am selben Tag an Carlo Schmid. Auch diesem gegenüber betonte er die Notwendigkeit einer guten Zusammenarbeit der neu gewählten Fraktionsspitze: „Es kommt jetzt darauf an, daß Ihr euch gut zusammenrauft. Wieviel dabei von Dir abhängt und wieviel man draußen von Carlo Schmid erwartet, brauche ich Dir nicht erst noch zu sagen" (Schreiben Brandts an Schmid, 7. November 1957, in: AdsD, WBA, A6, 17 [alt]). Vgl. auch Nr. 20.

2 Wehner hatte am 3. Oktober 1957 Brandt telegrafisch zu dessen Wahl zum Regierenden Bürgermeister von Berlin gratuliert: „=Dem Regierenden Bürgermeister und alten Gefaehrten im Kampf um die demokratische Einheit Deutschlands und Wuensche fuer Kraft und Ausdauer STOP= Herbert Wehner und Familie" (AdsD, WBA, A 6; 17 [alt]).

3 Mellies war nicht wieder zu einem der stellvertretenden Fraktionsvorsitzenden gewählt worden. Brandt bat ihn, trotz möglicher Enttäuschung nicht zu vergessen, „daß kaum einer der Beteiligten Dich als Person und Menschen hat treffen wollen, sondern daß Du weitgehend das Opfer von Entwicklungen und Erwägungen geworden bist, die nicht durch Dich ausgelöst wurden oder auf Dich abzielten. Ich möchte nur gerade in diesem Augenblick nicht versäumen, Dir zu sagen, wieviel mir Deine verständnisvolle und freundschaftliche Haltung in den vergangenen Jahren rein persönlich bedeutet hat, und wie sehr ich außerdem Deine außergewöhnliche Anteilnahme an unseren Berliner und gesamtdeutschen Fragen zu schätzen gelernt habe. Und ich hoffe zuversichtlich, daß wir in

dieser Hinsicht weiterhin mit Dir rechnen dürfen" (Schreiben Brandts an Mellies, 7. November 1957, in: AdsD, WBA, A 6, 17 [alt]).

4 Die Wahl von Carlo Schmid, Fritz Erler und Herbert Wehner am 30. Oktober 1957 in den Vorstand der Bundestagsfraktion der SPD und die Abwahl Mellies standen für den beginnenden Personal- und Politikwechsel in der SPD. Dabei ist auf personeller Ebene die Tendenz festzustellen, den „überkommenen Funktionärstyp" alter Prägung durch politisch bzw. fachlich anerkannte Persönlichkeiten mit Ausstrahlung zu ersetzen. Vgl. dazu auch Einleitung.

5 Am 14. November 1957 wurden die Warenlisten für Lieferungen und Dienstleistungen im Rahmen des Interzonenhandelsabkommens vom 20. September 1951 für die Jahre 1957 und 1958 unterzeichnet.

Nr. 20

1 Vgl. Nr. 19.

Nr. 21

1 Seit Ende 1956 wurde in der NATO die Frage einer Atombewaffnung auch der nichtamerikanischen Bündnismitglieder diskutiert, durch die die sowjetische Überlegenheit im konventionellen Bereich kompensiert werden sollte. Gegen die Stimmen von SPD und FDP sprach sich die Mehrheit im Bundestag im März 1958 für eine nukleare Bewaffnung der Bundeswehr aus. Der Parteitag der Sozialdemokraten unterstrich noch einmal die Ablehnung des Vorhabens der Bundesregierung und verabschiedete eine „Entschließung zur Wehrpolitik"; vgl. Protokoll 1958, S. 485–488.

2 Zum Ergebnis der Bundestagswahl 1957 vgl. Anhang.

3 Sozialdemokratische Partei Deutschlands (Hrsg.): Entwurf zu einem Grundsatzprogramm, Bonn (April) 1958, S. 7.

4 Gemeint ist die für den folgenden Tag anberaumte „Beratung des Entwurfs eines Grundsatzprogramms der Sozialdemokratischen Partei Deutschlands"; vgl. Protokoll 1958, S. 359–456.

5 Ollenhauer hatte in der Diskussion Stellung zu den Referaten von Alfred Nau und Max Kukil zum Thema „Aufbau der Parteiorganisation" genommen; vgl. ebd., S. 314–318; S. 285–305. Es ging dabei um die Frage der besoldeten Parteivorstandsmitglieder (Willi Eichler, Herta Gotthelf, Fritz Heine, Max Kukil, Alfred Nau), ihre Stellung sowie ihre Funktion und den Modus der Personenwahl. Nau schlug in seinem Referat auf Grundlage der Empfehlungen der so genannten „Siebener-Kommission" (vgl. Einleitung), die zur Reform der Parteispitze der SPD eingesetzt worden war, vor, die insgesamt 33 Mitglieder des Gesamtvorstandes (25 unbesoldete, vier besoldete, ein Vorsitzender, zwei Stellvertreter, ein Kassierer) in fünf Wahlgängen zu wählen: 1. Vorsitzender, 2. Stellvertretende Vorsitzende, 3. Kassierer, 4. Besoldete Mitglieder, 5. Unbesoldete Mitglieder (vgl. ebd. S. 292). Die Kritik entzündete sich vor allem daran, dass aus der Mitte der Vorstandsmitglieder und nicht durch den Parteitag ein Präsidium als geschäftsführender Vorstand gewählt werden sollte.

6 Ollenhauer hatte u. a. ausgeführt: „Sicher gibt es Kritik an den bisherigen besoldeten Vorstandsmitgliedern, angefangen vom Vorsitzenden bis zu den vier Besoldeten. Vielleicht ist sogar der eine oder andere der Meinung, es müsse ein Wechsel eintreten. Aber dann bitte ich darum, daß das hier offen gesagt und mit Gegenkandidaten beantwortet wird. (Lebhafter Beifall.) Ich weiß, was alles in den letzten Tagen hier nach meiner

Meinung mit zuviel Aufwand an Kraft und Zeit über diese Dinge diskutiert worden ist. Da gibt es auch Stimmen, die sagen, wenn wir es offen sagen, kommen wir nicht durch; nehmen wir die vier mit zu den 25 oder 29 [Vorstandsmitgliedern], dann können wir uns auf indirekte Weise Luft schaffen. Bitte, man kann das tun. Aber dem Geist der Loyalität und der Aufrichtigkeit und der Sauberkeit entspricht ein solches Vorgehen nicht. (Beifall.)" (ebd., S. 317).

7 Vgl. Anm. 5.

8 Vgl. *Vorwärts* vom 25. April 1958.

9 Brandt meinte hier die Mitglieder des Parteivorstandes und der Kontrollkommission, die neben den Delegierten auf den Parteitagen stimmberechtigt waren.

10 Kukil führte als Empfehlung der „Siebener-Kommission" zu diesem Punkt aus: „Landesvorstände bzw. Landesausschüsse sind keine Gliederungen der Organisation. Die praktischen politischen Erfordernisse haben aber ihre Schaffung und ihren Ausbau unabdingbar gemacht. Die Kommission empfiehlt dem Parteivorstand, zur besseren Koordinierung der landespolitischen Aufgaben in einigen Ländern neue Richtlinien für die Gesamtpartei zu verabschieden" (Protokoll 1958, S. 301).

Nr. 22

1 Die Sitzung fand am 24./25. April 1959 in Bonn statt. Am ersten Tag oblag die Sitzungsleitung Ollenhauer. Das Protokoll gibt die Wortmeldungen der Teilnehmer nur in indirekter Rede wieder.

2 Am 18. März 1959 hatte der Parteivorstand der SPD den so genannten „Deutschlandplan", der unter maßgeblicher Beteiligung von Herbert Wehner entstanden war, beschlossen. Er enthielt, neben Vorschlägen zur militärischen und politischen Entspannung in Europa, einen Drei-Stufen-Plan zur wirtschaftlichen und politischen Zusammenführung beider deutscher Staaten. Er kann als letzter offensiver Versuch der SPD zur Lösung des Wiedervereinigungsproblems eingestuft werden. Die drei geplanten Schritte waren: 1. Bildung einer gesamtdeutschen Konferenz aus Beauftragten beider Regierungen auf paritätischer Grundlage; 2. der Zusammentritt des gesamtdeutschen Parlamentarischen Rates mit gesetzgeberischer Zuständigkeit und 3. die Bildung einer Zoll- und Währungsunion, die Wahl einer verfassungsgebenden Nationalversammlung sowie schließlich freie Wahlen zu einem gesamtdeutschen Parlament. Zum Wortlaut des „Deutschlandplans" vgl. Jahrbuch der Sozialdemokratischen Partei Deutschlands 1958/59, Hannover-Bonn o. J., S. 397–401.

3 Am 16. März 1959 waren Schmid und Erler im Auftrag der Parteiführung in Moskau mit Chruschtschow zu einem längeren Gespräch über die sowjetische Deutschlandpolitik zusammengetroffen. Zur großen Enttäuschung der beiden Sozialdemokraten hatte der Kreml-Chef in der deutschen Frage keinerlei Entgegenkommen gezeigt und die Ernsthaftigkeit seines Berlin-Ultimatums bekräftigt.

4 Es scheint sich hier um Werbeslogans für den „Deutschlandplan" zu handeln. Die Formulierungen sind nicht Bestandteil des veröffentlichten Textes.

5 Der „Deutschlandplan" sah vor, dass bis zur endgültigen Regelung der deutschen Frage für Berlin der geltende Rechtsstatus und die militärische Sicherung beibehalten werden sollten.

Nr. 23

1 Fritz Beermann absolvierte in den USA einen Lehrgang an der amerikanischen Generalstabsschule in Fort Leavenworth.

2 Erich Ollenhauer hatte auf der PV-Sitzung am 5. Juli 1959 offiziell seinen Verzicht auf eine weitere Kanzlerkandidatur bekannt gegeben. Die daraufhin eingesetzte „Siebener-Kommission", deren personelle Zusammensetzung Ausdruck einer stärkeren Position von Landespolitikern in der Bundespartei war, sollte sich um die strategische Vorbereitung des nächsten Bundestagswahlkampfes kümmern. Im Mittelpunkt stand dabei die Vorabnominierung und Präsentation eines neuen Kanzlerkandidaten. Schmid, der als Kandidat im Gespräch war, reagierte zurückhaltend. Eine Nominierung Brandts zum Kanzlerkandidaten war zu diesem Zeitpunkt nicht mehr ausgeschlossen; vgl. Einleitung.

3 Anders als Brandt und Schmid hatte Mommer seine nachhaltige Kritik am „Deutschlandplan" in die Öffentlichkeit getragen. Er monierte vor allem die Ausschaltung der Fraktion aus dem Willensbildungsprozess und die im Plan vorgesehenen Lösungsschritte zur Wiedervereinigung. Er bezweifelte, ob die UdSSR wirklich noch einer deutschen Wiedervereinigung zustimmen werde. In diesem Zusammenhang kam es im Mai 1959 zu einer Kontroverse zwischen Mommer und neun sozialdemokratischen Journalisten, die in Moskau ein Pressegespräch mit Chruschtschow geführt hatten. Mommer kritisierte, dass diese Chruschtschows Kritik an Willy Brandt unwidersprochen hingenommen hatten und sich nicht genügend vom Ersten Sekretär des ZK der KPdSU distanziert hätten. Daraufhin forderten die Journalisten mit Unterstützung Wehners ein Disziplinarverfahren. Zur Position Willy Brandts zum „Deutschlandplan" vgl. Nr. 22.

4 Gemeint: die Unsicherheit des Status von Berlin und die immer wiederkehrenden „Berlin-Krisen" infolge des Kalten Krieges.

Nr. 24

1 Es handelt sich dabei um den nach dem Stuttgarter Parteitag nochmals überarbeiteten unveröffentlichten Entwurf eines Grundsatzprogramms vom 4. Juli 1959, in: AdsD, SPD-PV, Bestand Erich Ollenhauer, Mappe 388.

2 Vgl. Nr. 14 Anm. 8.

3 Im Entwurf hieß es: „Die Sozialdemokratische Partei bekennt sich zur parlamentarischen Demokratie, in der die Staatsgewalt vom Volke ausgeht und die Regierung jederzeit dem Parlament verantwortlich und sich bewusst ist, dass sie in seinem Auftrage handelt. Demokratie heisst nicht schlechthin Herrschaft der Mehrheit, sondern auch Respektierung der Minderheit. Im demokratischen Staate tragen Regierung und Opposition in gleicher Weise Verantwortung für das Staatsganze" (AdsD, SPD-PV, Bestand Erich Ollenhauer, Mappe 388).

4 Pollak hielt auf dem „6. Kongreß der Sozialistischen Internationale" vom 14. bis 17. Juli 1959 ein Referat zum Thema „Die Stellung des demokratischen Sozialismus heute".

5 „Auf der anderen Seite steht die kommunistische Welt. Sie hat die Freiheit radikal unterdrückt, um den Prozess der Industrialisierung nachzuholen, der ihr nur um diesen Preis möglich zu sein schien. Gegen den Machtapparat, der unter den Bedingungen des totalen Zwanges in allen Lebensbereichen aufgebaut wurde und der um seine machtpolitische Selbstbehauptung kämpft, richten sich heute nicht nur viele [Menschen] der nichtkommunistischen Welt, sondern in zunehmenden Masse auch die Menschen der kommunistisch regierten Länder selber. Mit der jüngsten Entwicklung in der kommunistischen Welt wächst auch dort das Freiheitsstreben der Menschen, das auf die Dauer unter keiner Herrschaft nie-

dergehalten werden kann. Die kommunistischen Machthaber versuchen, ihr System dem wachsenden Freiheitsbedürfnis anzupassen. Aber sie können wirkliche demokratische Freiheiten nicht gewähren, ohne sich selber und ihr Wesen aufzugeben. Der demokratische Sozialismus öffnet den einzigen Weg, der zu Freiheit und Frieden führt" (ebd.).

6 Brandt macht im Folgenden noch einige Formulierungsvorschläge zur Verbesserung des Entwurfs. Da die von ihm kritisierten Passagen in der endgültigen Fassung des Godesberger Programms von 1959 in den gewählten Formulierungen nicht mehr erscheinen, ist ein einzelner Nachweis unerheblich.

Nr. 25

1 Vgl. *Berliner Stimme* vom 12. September 1959, S. 5 f.

2 Der außerordentliche Parteitag der SPD in Bad Godesberg fand vom 13. bis 15. November 1959 statt; vgl. auch Nr. 26.

3 Vgl. Einleitung und Nr. 5.

4 Die Berliner SPD beschloss erst auf ihrem Landesparteitag am 26. September 1959, grundsätzlich der Vorlage des Bundesvorstandes der SPD für ein neues Grundsatzprogramm zuzustimmen. Noch am 23. Mai 1959 auf ihrem 16. Landesparteitag hatte sich die Mehrheit des Landesverbandes Berlin gegen ein Grundsatzprogramm ausgesprochen. Der entsprechende Beschluss lautete: „Der Parteivorstand wird gebeten, seinen Beschluß, im Herbst 1959 einen außerordentlichen Parteitag in Bad Godesberg zur Verabschiedung des Grundsatzprogramms einzuberufen, zu überprüfen. Eine Verabschiedung des Grundsatzprogramms erscheint beim Stand der Diskussion nicht möglich. Die Tagung des Parteitages sollte dazu dienen, die Diskussion zu vertiefen und einen neuen Entwurf durch eine vom Parteitag bestätigte kleine Programmkommission entwerfen zu lassen." (AdsD, SPD-PV, Sekretariat Ollenhauer, Korrespondenz Landesverband Berlin 1952–1961, 2/PV AH 000002). Am 14. Juli 1959 ließ das Büro des Parteivorsitzenden den Landesverband wissen, dass man auf jeden Fall an dem geplanten Vorgehen festhalten werde (ebd.).

5 Vgl. Nr. 24.

6 Vgl. Sozialdemokratische Partei Deutschlands (Hrsg.): Entwurf zu einem Grundsatzprogramm, Bonn im April 1958.

Nr. 26

1 Vgl. Nrn. 24 und 25.

2 Ollenhauer hatte in seinem Referat „Das Grundsatzprogramm der SPD" (Protokoll 1959, S. 48–68, hier S. 49) u.a. ausgeführt: „Wir haben lange gezögert, diese Aufgabe in Angriff zu nehmen, obwohl schon seit 1946 immer wieder die Schaffung eines neuen Grundsatzprogramms gefordert wurde. Wir sind bei den Vorbereitungen sehr behutsam vorgegangen; denn zwischen heute und dem Beschluß des Berliner Parteitags im Jahre 1954, eine Programmkommission einzusetzen, liegen fünf Jahre. Man kann aber sagen, daß der Verlauf und die Resultate der Parteidiskussion gezeigt haben, daß der Berliner Beschluß, an die Ausarbeitung eines Grundsatzprogramms zu gehen, richtig war. Er hat uns alle veranlaßt, über die Positionen und die Aufgaben des demokratischen Sozialismus in unserer Zeit gründlicher nachzudenken und Erkenntnisse und Schlußfolgerungen programmatisch zu formulieren."

Nr. 27

1 Vgl. Schreiben Beermanns an Brandt, 24. Juli und 29. August 1959, in: AdsD, WBA, A 6, 22 (alt).

2 Gemeint ist der so genannte „Appell von Hannover", der als eine inhaltliche Plattform des Wahlkampfes und als vorläufiges Regierungsprogramm gedacht war; vgl. Protokoll 1960, S. 655–657.

3 Ein Schreiben mit gleichem Datum und ähnlichem Inhalt schickte Brandt an Richard Löwenthal. Dort hieß es u. a. (AdsD, WBA, A 6, 24 [alt]): „Meine eigenen Probleme sind dadurch nicht geringer geworden, daß ohne eigenes Zutun immer die Rede davon ist, mir die ‚Führung' einer sozialdemokratischen Mannschaft für den nächstjährigen Wahlkampf anzuvertrauen. Es wird dabei letzten Endes zwischen Carlo [Schmid] und mir zu wählen sein. Selbst habe ich mir die Entscheidung offen gehalten und erklärt, daß ich mich von der Berliner Aufgabe nicht trennen lassen werde." Hierzu vgl. auch Nr. 27.

Nr. 28

1 Am Textende vermerkt: „D[urchschrift]/Herrn Klaus Schütz".

2 Beermann hatte Brandt am 29. August 1959 u. a. geschrieben: „Je länger der Abstand vom Kriege ist, je mehr Soldaten – ob zu Recht oder zu Unrecht bleibt dahin gestellt – werden als ein die Sicherheit stabilisierendes Element empfunden. Die Bundeswehr von 340 000 Mann ist bei einer Bevölkerung von über 50 Mill[ionen] weder Militärprotzerei noch militärischer Grössenwahn. Die Frage der sogenannten Atombewaffnung wird ebenfalls von der Partei unrichtig behandelt. Das Ganze ist kein Bewaffnungs-, sondern ein Munitionsproblem. Jedes Jagdflugzeug kann Atombomben abwerfen. [...] Nach der gegenwärtigen Parteidoktrin müsste man wohl die Jagdflugzeuge und die schwere Artillerie abschaffen, um damit die ‚atomare Bewaffnung' abzuschaffen. In Wirklichkeit drängt die ganze Entwicklung zu immer kleinkalibrigeren atomaren Sprengmitteln, so dass immer mehr ursprünglich konventionelle Waffen in atomare Waffen verwandelt werden" (AdsD, WBA, A 6, 22 [alt]).

3 Strategiepapier.

4 Vgl. Nr. 27 Anm. 1.

5 Der Artikel ist erschienen unter dem Titel „Außenpolitische Kontinuität mit neuen Akzenten" in: Außenpolitik 11 (1960) 11, S. 717–723.

6 Gemeint ist die Bundestagsdebatte zur Außenpolitik vom 30. Juni 1960, in der Wehner eine gemeinsame Außenpolitik von Bundesregierung und Opposition auf der Grundlage bestehender Vertragsverpflichtungen befürwortete; vgl. auch Einleitung.

Nr. 29

1 Hs. vermerkt: „Telegr[amm] telef[onisch] aufgeg[egeben] 30.6.[19]60, 13.20 [Uhr]".

2 Vgl. Nr. 28 Anm. 6.

Nr. 30

1 Nicht ermittelt.

2 Eine parteiloyale Gruppe im SDS, die sich zum Godesberger Programm bekannte, hatte sich infolge grundsätzlicher Differenzen zwischen SPD und SDS, vor allem in der Frage der „Ostkontakte", des politischen Umgangs mit der DDR und dem Kommunismus sowie mit Blick auf die Formen politischer Auseinandersetzung, vom SDS getrennt und am 8. Mai 1960 den „Sozialdemokratischen Hochschulbund" (SHB) gegründet.

3 Bei den genannten „Unterlagen" handelt es sich um ein internes Rundschreiben des SDS, das zur gesteuerten Infiltrationsarbeit in der SPD aufrief. Der PV beschloss auf seiner Sitzung am 19. Juli 1960, jede

Förderung des SDS sofort einzustellen und die Beziehung zu der Organisation seitens der SPD abzubrechen. Im November 1961 erklärten PV und PR die Mitgliedschaft in SPD und SDS für unvereinbar. In Umsetzung dieser Entscheidung wurden 27 Mitglieder aus der Partei ausgeschlossen.

Nr. 31

1 Brandt hielt die Rede nach seiner einstimmigen Nominierung zum SPD-Kanzlerkandidaten durch Parteivorstand und Parteirat am 24. August 1960 in Bonn.

2 Brandt nennt Schmid hier namentlich, weil dieser seine eigene Kandidatur nicht weiter verfolgt hatte, sich aber für die Arbeit im Wahlkampf-Team zur Verfügung stellte; vgl. Einleitung und Nr. 27.

3 Zur „Regierungsmannschaft" der SPD, die auf dem SPD-Parteitag vom 21. bis 25. November 1960 in Hannover offiziell vorgestellt wurde, gehörten neben Willy Brandt: Max Brauer, Heinrich Deist, Fritz Erler, Wenzel Jaksch, Alex Möller, Willi Richter, Carlo Schmid, Fritz Steinhoff, Käte Strobel und Georg August Zinn.

4 Anspielung auf die zahlreichen Versuche der politischen Gegner, Brandt wegen seiner unehelichen Geburt und seiner Jahre im Exil zu diffamieren. Vgl. Einleitung und u. a. Nr. 35.

5 Gemeint: Ernst Lemmer.

6 In den drei folgenden Punkten, die über die Rede Wehners vom 30. Juni 1960 (vgl. Nr. 28 Anm. 6) hinaus auch innenpolitische Themen ansprachen, deutete sich die auf dem Parteitag im November 1960 von Brandt postulierte „Gemeinsamkeitspolitik" bereits an.

Nr. 31A

1 Prittie führte 1972 in Vorbereitung einer Biographie über Willy Brandt mehrere Interviews mit dem damaligen Bundeskanzler und SPD-Vorsitzenden. Es handelt sich bei dem vorliegenden Ausschnitt um eine unkorrigierte Bandabschrift. Die zahlreichen Auslassungen sind in der Regel der besseren Lesbarkeit geschuldet. Die Biographie erschien 1973, vgl. *Prittie, Terence*: Willy Brandt. Biographie, Frankfurt/Main 1973. Die englische Ausgabe kam erst ein Jahr später auf den Markt; vgl. *Prittie, Terence*: Willy Brandt. Portrait of a statesman, London 1974.

2 Vgl. Einleitung.

3 Brandt nennt bemerkenswerterweise nicht Carlo Schmid, der zunächst sein größter Konkurrent war; vgl. Nrn. 27 und 32.

4 Vgl. Einleitung.

Nr. 32

1 Gemeint war der Auftakt zur Kampagne für den Bundestagswahlkampf des Jahres 1961 durch die Sitzung des Parteirates am 24. August 1960.

2 Vgl. Nr. 31 Anm. 3.

3 Vgl. Nr. 31.

4 Hs. unterzeichnet.

Nr. 33

1 Am Textende vermerkt: „Durchschlag an Herrn BAHR zur Kenntnis und mit der Bitte um Weitergabe an Herrn Kl[aus] SCHÜTZ." und „2 Anlagen".

2 Vgl. dazu Nr. 27 Anm. 2.

3 Alex Möller und Klaus Schütz fuhren zur Beobachtung des Präsidentschaftswahlkampfes in die USA. Sie sollten prüfen, inwieweit sich die amerikanischen Wahlkampagnen auf die Gestaltung des Bundestagswahlkampfes der SPD im Jahre 1961 übertragen ließen. Vgl. dazu Schreiben Schütz an Brandt, 18. Oktober 1960, in: AdsD, WBA, A 6, 26 (alt). Schütz favorisierte

die Kennedy-Wahlkampagne als Vorbild für den SPD-Bundestagswahlkampf 1961.

4 Dies ist ein Begriff aus dem amerikanischen Wahlkampfsystem. Dort meint er Veranstaltungen, deren Reinerlös den jeweiligen Parteien zugute kommt. Hier war damit eine Kampagne gemeint, die Geldsammlungen im Ausland für Berlin vorsah. Anders schrieb in seinem Antwortbrief an Brandt, dass ein Marktforschungsunternehmen prüfen werde, ob solche Geldsammlungen in den skandinavischen Ländern, Großbritannien und den USA durchführbar seien; vgl. Schreiben Anders' an Brandt, 6. September 1960, in: AdsD, SPD-Parteivorstand, PV-Protokolle, August-September 1960.

5 Strategiepapier.

6 Auf der PV-Sitzung am 23. August 1960 hatte Deist seine Vorschläge erstmals präsentiert. Er regte an, den Kohlebergbau gemäß den Entschließungen des Stuttgarter Parteitages von 1958 in Gemeineigentum zu überführen (ebd.). Brandt und die Mehrheit der Mitglieder des Parteivorstandes hielten diese Forderungen für den Wahlkampf, der im Zeichen der Gemeinsamkeitspolitik stehen sollte, für ungeeignet. Deist wurde aufgefordert, seine Vorschläge insgesamt zu überarbeiten. Er legte am 10. September 1960 einen überarbeiteten Entwurf vor, der als Vorlage für den Parteitag dienen sollte. Dort hieß es: dass die „Möglichkeit einer gemeinwirtschaftlichen Ordnung der Energiewirtschaft im einzelnen zu prüfen" sei (ebd., Schreiben Deists an das Präsidium der SPD, 10. September 1960). Gleichzeitig machte er aber auch auf die Probleme aufmerksam: „Wir werden – ob wir wollen oder nicht – im Wahlkampf wieder vor die Gretchen-Frage der ‚Sozialisierung' gestellt. Wer glaubt, dem durch taktische Manöver entgehen zu können, wird sich genauso irren wie im Jahr 1957. [...] Die entscheidende Gegenwirkung gegen den Vorwurf prinzipieller Eigentumsfeindlichkeit kann nur von eigenen positiven Stellungnahmen zum Eigentum ausgehen." In diesem Zusammenhang verwies Deist auch auf seine Vorschläge zur Vermögensbildung. Vgl. dazu auch Nr. 36 Anm. 12.

7 Beratergruppe von in der Regel „unabhängigen" Fachleuten.

8 Anders wies in seiner Antwort darauf hin, dass durch ein solches Treffen eine gute Außenwirkung durch die Betonung der Leistungsfähigkeit und des Einflusses sozialdemokratischer Politiker erzielt werden könne.

9 Paul Nevermann löste im Dezember 1960 Max Brauer als Ersten Bürgermeister der Freien und Hansestadt Hamburg ab.

10 Brandt hatte Anfang 1959 als Regierender Bürgermeister von Berlin im Auftrag der Bundesregierung eine „Weltreise in Sachen Berlin" unternommen.

11 Das Ministerium für Staatssicherheit hatte bereits 1959 ein in der DDR lebendes Mitglied der SAP-Exilgruppe in Oslo, der auch Brandt angehört hatte, verhaftet. Der ehemalige Mitstreiter Brandts sollte dazu erpresst werden, den Regierenden Bürgermeister als „Feind der Arbeiterklasse" und ehemaligen „Gestapo-Spitzel" zu diffamieren.

12 Die klassische Farbe der SPD bzw. der Arbeiterbewegung „rot" trat im Zuge der Modernisierung der Partei sowie der Gemeinsamkeitspolitik in den Hintergrund. Mit der Dominanz der Farben Schwarz-Rot-Gold auf dem Parteitag wollte man das Bekenntnis zum Staat und die eigene Regierungsfähigkeit unterstreichen.

Nr. 34

1 Am Textende vermerkt: „D[urchschrift]/ und Vorgang an Klaus Schütz mit

der Bitte um Kenntnisnahme und Rückgabe".

2 Blachstein beschwerte sich in einem Schreiben vom 12. Dezember 1960 an Brandt über die mögliche Gefahr einer Abgrenzung zwischen SPD und Gewerkschaften (AdsD, WBA, A 6, 26 [alt]): „Du hast es dort [auf dem Parteitag in Hannover] für richtig befunden, Dich von den Gewerkschaften abzugrenzen. [...] Gerade aus [den] skandinavischen Erfahrungen bin ich so besorgt über Dein frostiges Verhalten zu den Gewerkschaften. Ich kenne keine sozialdemokratische Partei in der Welt, die ihren Weg an die Macht nicht in einer engsten Verbindung mit den Gewerkschaften gegangen wäre. Ich kann mir auch nicht vorstellen, daß wir in unserem Lande eine Chance haben, Regierungspartei zu werden, wenn die SPD nicht in engstmöglicher Verbindung mit den Gewerkschaften kämpft."

3 Brandt hatte auf dem SPD-Parteitag in Hannover u. a. gesagt (Protokoll 1960, S. 658–680, hier S. 667): „Bei dieser Gelegenheit möchte ich erklären, daß wir auch keine Gewerkschaftspartei sind. Die Gewerkschaften haben unbestreitbare Verdienste um den wirtschaftlichen Aufbau und um den sozialen Status der arbeitenden Menschen. Wir werden immer bemüht bleiben, mit den Vertretungen der Arbeitnehmer loyal und freundschaftlich zusammenzuarbeiten."

4 Brandt meinte hier die Beschlüsse der IG-Metall auf ihrem 6. Ordentlichen Gewerkschaftstag vom 17. bis 22. Oktober 1960 in Berlin zur Wirtschaftspolitik, die im Gegensatz zu den Grundsätzen des Godesberger Programms standen, sowie die Verlautbarungen, sich gegen alle Pläne zur „Notstandsgesetzgebung" mit Nachdruck – u. U. auch mit Streiks – zur Wehr zu setzen. Auch in dieser Frage nahm die IG-Metall eine andere Position als die SPD im Zuge der Gemeinsamkeitspolitik ein.

Nr. 35

1 Am Textende vermerkt: „Anlage".

2 Brandt hatte sich schon in einem früheren Schreiben an Heuss gewandt, um ihn darauf aufmerksam zu machen, dass dessen Formel von der „Kollektivscham" der Deutschen, die dieser bezogen auf den Umgang mit der nationalsozialistischen Vergangenheit geprägt hatte, von einer Gruppe der Jungen Union Saar benutzt wurde, um die Verteilung eines Brandt diffamierenden Flugblatts (vgl. Anm. 3) zu legitimieren. Heuss bat Brandt in seinem Schreiben vom 30. Dezember 1960 (Stiftung Bundespräsident-Theodor-Heuss-Haus, NL Heuss, N 1221/63 [=BArch Koblenz]), ihm ein Original des entsprechenden Flugblatts zu schicken. Außerdem wies er es von sich, dass sein Begriff für Verunglimpfungen gegen Brandt missbraucht werde. Heuss wandte sich am 23. Januar 1961 direkt an die Verfasser des Flugblatts, die Geschäftsstelle der Jungen Union Saar, und verwahrte sich mit Nachdruck nicht nur gegen die Benutzung seines Namens und des Begriffs „Kollektivscham", sondern auch gegen diese Art parteipolitischer Polemik (ebd.). Einen Durchschlag des Schreibens schickte Heuss an Brandt und an Bundeskanzler Adenauer. Letzterer reagierte allerdings nicht darauf.

3 Es handelte sich um ein Flugblatt der Jungen Union des Saarlandes mit dem Titel „Fragen an Herrn Bürgermeister Brandt alias Frahm – Wer Brandt kennt, wählt Adenauer!". In der Flugschrift wurde Brandt wegen seiner Exilzeit diffamiert. Bezogen auf Heuss hieß es: „Daß es in Deutschland möglich ist, daß eine derart schillernde Persönlichkeit [gemeint ist Willy Brandt] kandidiert, um an die Spitze eines noch jüngst geschmähten Volkes zu treten, das kann jeden Anständigen bei Gott dazu bringen, sich, um mit Professor Heuss zu sprechen, kollektiv zu schämen."

4 Vgl. dazu Einleitung.

5 Vom 27. bis 29. April 1960 fand in Karlsruhe der 9. Bundesparteitag der CDU statt.

Nr. 36

1 Erste Gedanken zu einem Regierungsprogramm hatte Brandt bereits im Februar 1961 schriftlich niedergelegt; vgl. AdsD, WBA, A 3, 115.

2 Auf dem Parteitag im November 1960 hatte die SPD Grundsätze zu den Bereichen Außen-, Wiedervereinigungs- und Sicherheits-, Wirtschafts-, Sozial- sowie Kulturpolitik verabschiedet; vgl. Protokoll 1960, S. 529 ff.

3 Der 10. Bundesparteitag der CDU fand vom 24. bis 29. April 1961 in Köln statt.

4 Brandt spielte hier auf die am 7. April 1959 erklärte Kandidatur Adenauers für das Amt des Bundespräsidenten an, die er, um Ludwig Erhard als Kanzler zu verhindern, schließlich wieder zurückzog.

5 Am 13. November 1959 war der Vorstoß Adenauers, – neben der ARD – ein zweites, gewissermaßen „bundeseigenes" Fernsehprogramm mittels des „Bundesrundfunkgesetzes" zu installieren, durch den Widerstand der Bundesländer im Bundesrat gescheitert, da diese die Aushöhlung ihrer Rundfunkhoheit befürchteten. Daraufhin gründete Adenauer am 25. Juli 1960 eine privatrechtliche Gesellschaft unter dem Titel „Deutschland-Fernseh-GmbH". Dagegen legten die sozialdemokratisch regierten Bundesländer Hamburg, Hessen, Bremen und Niedersachsen am 19. August 1960 Beschwerde beim Bundesverfassungsgericht ein. Dieses erließ am 17. Dezember 1960 eine einstweilige Verfügung gegen den Start des geplanten zweiten Fernsehprogramms am 1. Januar 1961. Am 28. Februar 1961 erklärte das Bundesverfassungsgericht die Gründung der „Deutschland-Fernsehen-GmbH" durch Bundeskanzler Adenauer für verfassungswidrig. Am 17. März 1961 beschlossen die Ministerpräsidenten der Bundesländer ein ländereigenes zweites Fernsehprogramm durch die bestehenden Rundfunkanstalten produzieren und ausstrahlen zu lassen. Der Staatsvertrag über die Gründung des ZDF wurde am 6. Juni 1961 unterschrieben. Die ersten Sendungen strahlte das ZDF am 1. April 1963 aus.

6 Nach der erwähnten Entscheidung des Bundesverfassungsgerichts gab Bundesfinanzminister Etzel bekannt, dass bereits Produktionsaufträge im Wert von 120 Millionen DM für das zweite Fernsehen vergeben worden seien.

7 Vgl. Nr. 21 Anm. 1.

8 Am 17. September 1961 fanden die Wahlen zum Deutschen Bundestag statt; vgl. Anhang.

9 Auf der fünften Jahrestagung der Deutschen Olympischen Gesellschaft (DOG) am 2. Oktober 1959 hatte deren Präsident Dr. Georg von Opel von der Bundesregierung 6,3 Milliarden DM für den Sportstättenbau in den folgenden 15 Jahren gefordert: „Wir fordern die Bundesregierung auf, gemeinsam mit den Ländern eine gesetzliche Regelung der Planung und Finanzierung von Erholungs- und Spielanlagen in Angriff zu nehmen! Ich würde das einen Goldenen Plan nennen" (NOK-Report Nr. 10 vom 1. Oktober 1984).

10 Die Deutsche Krankenhausgesellschaft, die ca. 3 600 Krankenhäuser im Bundesgebiet vertrat, hatte in den Jahren 1960/61 zahlreiche Vorschläge zur Reform des Krankenhauswesens vorgelegt, u. a. wurde auf dem „Zweiten Deutschen Krankenhaustag" vom 18. bis 20. Mai 1960 in Stuttgart gefordert, dass Bund und Länder direkte finanzielle Unterstützung für die

Krankenhäuser leisten müssten. Darüber hinaus schlug man eine grundsätzliche Neuorganisation des Krankenhauswesens vor. Demnach sollten verstärkt „Schwerpunktkrankenhäuser“ und „Spezialkliniken“ eingerichtet werden; vgl. u. a. *Stuttgarter Zeitung* vom 19. Mai 1960.

11 Vgl. Einleitung.

12 Um das Ziel einer „breiteren Vermögensstreuung“ zu erreichen, sollten der „Vermögenszuwachs der Großwirtschaft“ sowie Großvermögen und Erbschaften nach den Plänen der SPD „angemessen“ besteuert werden. Zur Verwaltung dieser Vermögensabgaben war die Einrichtung einer „Deutschen Nationalstiftung“ geplant, deren Vermögen vor allem aus Wertpapieren bestehen sollte. Die Stiftung sollte dann, auf Grundlage der von ihr verwalteten Wertpapiere, „Deutsche Volksaktien“ ausgeben, die jedermann – Niedrigverdiener mit Nachlass – erwerben können sollte. Vgl. Jahrbuch 1960/61, S. 433 f.

13 Am 24. August 1960 hatten PV, PR und Kontrollkommission in einer gemeinsamen Sitzung „Agrarpolitische Richtlinien der SPD“ beschlossen; vgl. ebd., S. 454 ff.

14 Auf dem Bundesparteitag der CDU im April 1961 wurde das so genannte „Kölner Manifest“ verabschiedet, in dem die außen- und innenpolitischen Ziele der Union für die weitere Legislaturperiode formuliert wurden. Das Manifest bot wenig Neues und war ganz auf die Sicherung des Status quo abgestellt.

15 Der Wissenschaftsrat hatte am 25. November 1960 seine Empfehlungen zum Ausbau der wissenschaftlichen Hochschulen vorgelegt. Darin wurden u. a. die Gründung neuer Hochschulen, die Steigerung der Studentenzahlen sowie die Erhöhung des wissenschaftlichen Personals gefordert.

16 Vgl. Nr. 21 Anm. 1.

17 Hier deutete sich schon die Zielsetzung der späteren Ostpolitik der SPD an.

18 Adenauer weigerte sich beharrlich, gemeinsam mit Brandt an einem Fernsehduell teilzunehmen.

19 Adenauer hatte sich lange Zeit massiv gegen Ludwig Erhard als seinen Nachfolger im Amt des Bundeskanzlers gewehrt. Er favorisierte Franz Etzel.

Nr. 37

1 Gemeint sind hier die Diffamierungskampagnen gegen Brandt seitens der CDU/CSU und der rechtsgerichteten Presse; vgl. dazu auch Nr. 35.

2 Datum der Bundestagswahl.

3 Brandt hatte die in der CDU geübte Praxis der Ämterbesetzung nach einem festgelegten Konfessionsproporz im Auge.

4 Vgl. Nr. 36.

5 Vgl. Nr. 36 Anm. 14.

6 Dabei handelte es sich um einen Aufruf der CSU zur Bundestagswahl 1961, in dem u. a. der Wohlfahrtsstaat abgelehnt wurde. Es hieß, dass in einem sozialen Rechtsstaat die bisherige Eigentumspolitik mit dem Schwergewicht Wohnungseigentum fortgeführt werden solle, „Umverteilungs-Experimente“ würden jedoch abgelehnt.

7 Richtig: Franz Josef.

Nr. 38

1 Dokumentiert wird der Wortlaut, wie er am 14. September 1960 um 14.30 Uhr telefonisch vom Büro Brandt an die Redaktion der *SZ* in München durchgegeben wurde. Der Artikel erschien am 16. September 1961 unter dem Titel „Gemeinsame Politik in Not“.

2 Brandt meint hier den Bau der Berliner Mauer am 13. August 1961 sowie die Atombombenversuche in der UdSSR und den

USA. In der Sowjetunion wurde im Rahmen von Atomversuchen eine „Superbombe“ von 50 Millionen TNT Sprengkraft, das entspricht der 2.500-fachen Stärke der Hiroshima-Bombe, gezündet. In den USA wurden im gleichen Jahr neue Atomwaffentypen („Davy-Rocket-Raketen“) in Versuchen getestet.

3 Am 17. September 1961 fanden die Wahlen zum 4. Deutschen Bundestag statt. Zum Ergebnis vgl. Anhang.

4 Vgl. Einleitung und Nr. 35.

5 Vgl. Nr. 36 Anm. 19.

6 Richtig: Franz Josef.

7 Am 17. September 1961 fanden in der DDR Gemeinde- und Kreistagswahlen statt, bei der die Einheitsliste der Nationalen Front eine Zustimmung von 99,97 Prozent der gültigen Stimmen erzielte.

Nr. 39

1 Mit hs. Vermerk: „Vertraulich“.

2 Gemeint sind die politischen Spannungen zwischen der Sowjetunion und den Westalliierten sowie der Bundesrepublik und der DDR im Zusammenhang mit dem Mauerbau am 13. August 1961.

3 Die Frage nach einer möglichen Allparteienregierung erörterte Willy Brandt ebenfalls im September 1961 im einem vertraulichen Treffen mit Hugo Stinnes jr., bei dem auch die Möglichkeit eines Zusammentreffens mit FDP-Vertretern angesprochen wurde (Hs. Vertraulicher Vermerk Brandts, September 1961, AdsD, WBA, A 6, 63 [alt]). In seiner Rede in der Sitzung des Bundestages am 6. Dezember 1961, die Brandt in der Aussprache über die Regierungserklärung Adenauers hielt, bedauerte er noch einmal, dass es nicht zur Bildung einer Allparteienregierung nach der letzten Bundestagswahl gekommen sei.

4 Paraphiert.

Nr. 40

1 Am Textende vermerkt: „D[urchschrift]/Klaus Schütz vertraulich zur Kenntnisnahme“.

2 Wehner hatte neben den Geburtstagswünschen an Brandt u.a. folgendes geschrieben (AdsD, WBA, A 6, 27 [alt]): „Was diesen [Brandts Platz in der Partei] betrifft, so wirst Du in keinem Fall ‚nominell‘ sein, denn Dein Platz wird in jedem Fall die politisch richtunggebende Stelle in der Partei sein. Das bedeutet für mich, daß ich alles, worauf ich Einfluß habe, so ordnen werde, daß es im Einklang mit Dir geschieht. Hast Du aber im konkreten Fall den Eindruck, es laufe anders, so werde ich Dir dankbar sein, wenn Du es freimütig mich wissen läßt. Dann werde ich mich stets dafür einsetzen, daß Hindernisse aus dem Weg geräumt werden. Vielleicht findest Du in absehbarer Zeit einmal die Gelegenheit, mit mir über Deine Vorstellungen zu sprechen, die für die Vorbereitung des Parteitags wesentlich sind. Dann wird manches rechtzeitig in die richtigen Gleise gebracht werden können. Das gilt nicht zuletzt auch für Personenfragen, in denen es immer gut ist, genau zu wissen, welche Gedanken sich jeder macht.“

3 Brandt nahm hier Bezug auf die von ihm am 21. Dezember 1961 vorgenommene Senatsumbildung in Berlin. Karl Schiller wurde Senator für Wirtschaft, Heinrich Albertz Senator für Inneres und Klaus Schütz Senator für Bundesangelegenheiten.

4 Auf dem Kölner Parteitag der SPD vom 26. bis 30. Mai 1962 hielt Brandt ein Referat zum Thema „Wer rastet – der rostet. Dynamische Politik als deutsche Gemeinschaftsaufgabe“.

5 Die Bildung der so genannten „Planungsgruppe“, die dem Parteivorstand der SPD als Beratungskörperschaft zur Verfügung stehen sollte, wurde vom Parteivorstand am 19. Juni 1962 beschlossen. Die

Leitung der Planungsgruppe übernahm Brandt. Vgl. Einleitung.

6 Die Forschungsstelle ist nicht eingerichtet worden.

7 Das so genannte „Informationszentrum", welches beim Presse- und Informationsamt der Stadt Berlin angegliedert war, existierte von Oktober 1961 bis zum Dezember 1968. Es war für die Betreuung von Berlin-Besuchern zuständig und betrieb gleichzeitig einen internationalen Presseclub.

8 Gemeint ist der Kreis im Umfeld von Dr. Hans Joachim Robinsohn, der zu dieser Zeit Leiter der Hamburger Forschungsstelle für die Geschichte des Nationalsozialismus war.

9 1961 hatte Brandt ein Treffen mit Künstlern und Wissenschaftlern initiiert, weil er sich davon eine positive Wirkung für die SPD versprach. Darüber hinaus hatten einige Mitglieder der vor allem aus jüngeren Schriftstellern bestehenden „Gruppe 47" im Wahlkampf 1961 durch eine Publikation versucht, die SPD zu unterstützen. Maßgeblich daran war auch Günter Grass beteiligt; vgl. *Walser, Martin* (Hrsg.): Die Alternative oder Brauchen wir eine neue Regierung?, Reinbek 1961. In den folgenden Jahren verstärkte sich das Engagement vieler Schriftsteller der „Gruppe 47" für die SPD und mündete im Jahr 1969 in die Gründung der „Sozialdemokratischen Wählerinitiative" (SWI); vgl. Einleitung.

Nr. 41

1 Brandt war auf dem Parteitag vom 26. bis 30. Mai 1962 in Köln zu einem der stellvertretenden Parteivorsitzenden gewählt worden.

2 Brandt hielt in Harvard zwei Vorträge, die sowohl in einer englischen als auch in einer deutschen Version publiziert wurden: The ordeal of coexistence. The Gustav Pollack lectures at Harvard University 1962, Cambridge (Mass.) 1963 und: Koexistenz – Zwang zum Wagnis, Stuttgart 1963.

3 Vgl. Nr. 40 Anm. 5 sowie Einleitung.

4 Vgl. Protokoll 1958, S. 256 ff. und Jahrbuch 1958/59, S. 362.

5 Gemeint ist das so genannte „Grundlagenreferat", welches im Jahr 1962 unter Leitung von Klaus Helfer eingerichtet worden ist. Auf der Klausurtagung des Präsidiums am 4. Dezember 1961 wurden von Waldemar von Knoeringen Pläne für ein Grundlagenreferat vorgestellt; dies sollte mit der Friedrich-Ebert-Stiftung kooperieren und sich neben wissenschaftlichen auch kulturpolitischen Fragen widmen; vgl. SPD-Parteivorstand, PV-Protokolle, Dezember 1961. Auf der Präsidiumssitzung am 22. Januar 1962 bewarb sich Helfer für die Leitung diese Referates. Daraufhin beschloss das Präsidium, ihn dem PV für diese Aufgabe zu empfehlen; vgl. SPD-Parteivorstand, PV-Protokolle, Januar 1962.

6 Vgl. Nr. 40 Anm. 8.

7 Ein zentrales Archiv der Sozialdemokratischen Partei wurde 1882 – auf Anregung August Bebels – in Zürich gegründet. Nach der Aufhebung des Sozialistengesetzes (1890) war das Archiv in Berlin beherbergt. Während der NS-Zeit konnte ein Teil des Bestandes ins Ausland gerettet werden. Nach 1945 begann die SPD damit, ein neues Zentralarchiv aufzubauen, welches ständig erweitert wurde. Das Archiv der sozialen Demokratie der Friedrich-Ebert-Stiftung in Bonn wurde jedoch erst am 6. Juni 1969 von Willy Brandt eröffnet.

Nr. 42

1 In Köln fand der Bundesparteitag der SPD vom 26. bis 30. Mai 1962 unter dem Motto „Wer rastet – der rostet" statt.

2 Waldemar von Knoeringen hatte auf dem Kölner Parteitag nicht mehr zur Wahl eines stellvertretenden Parteivorsitzenden kandidiert und damit Brandt die Möglichkeit eröffnet, sich zur Wahl zu stellen.

3 Vgl. Nr. 40 Anm. 5.

4 Vgl. Nr. 41 Anm. 5.

5 Es wurde weder ein Beirat noch ein Ausschuss einberufen.

7 Hs. eingefügt.

8 Klaus von Dohnanyi, der 1961 bereits am Wahlprogramm der SPD mitgearbeitet hatte, war zum damaligen Zeitpunkt in der Münchner SPD aktiv. Mit den „Godesbergern" ist höchstwahrscheinlich die SPD-Zentrale in Bonn gemeint. Vgl. Schreiben Dohnanyis an die Bundeskanzler-Willy-Brandt-Stiftung, 14. Februar 2000.

Nr. 43

1 Hs. eingefügt.

2 1962 fanden Landtagswahlen in Nordrhein-Westfalen (8. Juli), Schleswig-Holstein (23. September), Hessen (11. November) und Bayern (25. November) statt.

3 Bei den vier Gemeinschaftsaufgaben, die Brandt auf dem Kölner Parteitag in seinem Referat benannt hatte, handelte es sich um: Bildung und Ausbildung, Sorge um die alten Menschen, Gesundheitsvorsorge und Erneuerung der Gemeinden, Städte und Dörfer; vgl. Protokoll 1962, S. 73 ff., und Einleitung.

4 Der „Plan Z II" sollte den Plan Z „Die Zukunft meistern" von 1958, der auf ein Bündnis zwischen Politik und Wissenschaft zur Lösung von bildungs- und wissenschaftspolitischen Fragen abzielte, ersetzen bzw. erneuern. Klaus Helfer als Leiter des Grundlagenreferates hatte in diesem Zusammenhang die Aufgabe, Kontakte mit Wissenschaftlern und Lehrern aufzunehmen sowie Gespräche mit den sozialdemokratischen Kultusministern zu führen. Ziel war es, einen fundierten Kultur- und Bildungsplan der SPD vorzulegen. Unter der Bezeichnung „Plan Z II" ist das Projekt jedoch nicht umgesetzt worden.

5 Vom 17. bis 19. Oktober 1962 fand in Berlin der SPD-Kongress „Deutsche Gemeinschaftsaufgaben" statt.

6 Vgl. Nr. 41 Anm. 2.

Nr. 44

1 Gemeint ist hier die Achtzehn-Mächte-Abrüstungskonferenz, die im Jahr 1962 in mehreren Etappen vom 14. März bis 14. Juni, vom 16. Juli bis 7. September und vom 26. November bis 20. Dezember stattfand.

2 Die Sowjetunion hatte bereits im Mai, Juni und August des Jahres 1961 mehrere Memoranden an US-Präsident Kennedy und die Bundesregierung mit der Ankündigung gesandt, mit der DDR einen Separatfriedensvertrag schließen zu wollen.

3 Vgl. Nr. 41 Anm. 2.

4 Vgl. Nr. 41.

5 Am 19. August 1962 fand in Hannover eine Gedenkstunde mit Kranzniederlegung anlässlich des 10. Todestages von Kurt Schumacher statt.

Nr. 45

1 Erler hatte am 19. Juli 1962 in der Gedenkstätte Plötzensee in Berlin eine Rede anlässlich des 18. Jahrestages des gescheiterten Attentats auf Adolf Hitler am 20. Juli 1944 gehalten.

2 Vgl. *Erler, Fritz/Jaeger, Richard*: Sicherheit und Rüstung, Köln 1962.

3 Die erste gemeinsame Sitzung von PV und FV nach der Sommerpause fand am 1. Oktober 1962 in Bonn statt. Brandt nahm daran jedoch nicht teil. Erörtert wurden vornehmlich Fragen der Wirtschafts- und

Finanzpolitik sowie die Situation in Berlin und die Lage in der DDR; vgl. SPD-Parteivorstand, PV-Protokolle Oktober 1962.

4 Vgl. hs. Schreiben Brandts an Schmid, 30. Juli 1962 (AdsD, NL Schmid, Mappe 750): „Leider ist es noch nicht zu dem ruhigen Gespräch gekommen, das – vor allem seit der Kontroverse im Präsidium – zwischen uns fällig ist. Erich [Ollenhauer] sagte mir jedoch, Ihr hättet miteinander gesprochen und er hätte Dir auch über meine Erklärung vor dem Parteivorstand berichtet. Ich möchte es so deutlich wie nur irgend möglich machen, dass mir nichts ferner liegt, als Dich von irgendetwas ausschliessen zu wollen. Falls es Dir zeitlich möglich ist, möchte ich ganz gewiss gerade Dich in die vorbereitenden Planungsarbeiten einbezogen wissen. Womit ich Dich nicht belasten zu sollen glaubte (zumal alle Vorschläge dem Präsidium und dem PV unterbreitet werden), sind jene organisatorischen und material-verschwendenden Aufgaben, die bisher vernachlässigt wurden und um die wir uns jetzt stärker kümmern wollen, also eine Wahlanalyse des vorigen Jahres und der Landtagswahlen dieses Jahres. Vorschläge für die Öffentlichkeitsarbeit der Partei, Arbeitsunterlagen für die ‚vernachlässigten Gemeinschaftsaufgaben' usw. Aber es ist wohl das Vernünftigste, wenn wir uns nach der Urlaubszeit einmal zusammensetzen und miteinander besprechen, wie wir zu einer guten Form der Zusammenarbeit kommen. Ich vermute, dass es auch noch einige andere Fragen gibt, über die wir miteinander sprechen sollten."

Nr. 46

1 Mit Vermerk: „Persönlich!".

2 Die „peinliche Panne" meint höchstwahrscheinlich technische Übertragungsprobleme während der Rede Wehners. Dass Brandt sich dafür entschuldigte, ist nicht zuletzt damit zu erklären, dass sein „Berliner Büro" die Veranstaltung organisiert hatte und Wehner dessen Aktivitäten grundsätzlich skeptisch beurteilte. Vgl. Schreiben Staars an die Bundeskanzler-Willy-Brandt-Stiftung, 20. Februar 2000.

3 Vom 17. bis 19. Oktober 1962 hielt die SPD in Berlin einen Kongress unter dem Motto „Deutsche Gemeinschaftsaufgaben" ab, an dessen Ende Parteivorstand, Parteirat und Kontrollkommission der SPD in einer gemeinsamen Sitzung „Zwölf Punkte zur Berlinpolitik" beschlossen. An den Kongress schloss sich das Berlin-Treffen der deutschen Sozialdemokraten vom 19. bis 21. Oktober 1962 an.

4 Wehner war in Köln mit nur 232 von 312 Stimmen zum stellvertretenden Vorsitzenden der SPD gewählt worden.

5 Gemeint: die gemeinsame Sitzung von Parteivorstand, Parteirat und Kontrollkommission am 6. Dezember 1962.

6 Der 6. Bundeskongress des DGB vom 22. bis 24. Oktober 1962 in Hannover hatte jede Notstandsgesetzgebung mit 276 gegen 138 Stimmen abgelehnt.

Nr. 47

1 Der Parteivorstand kam am 1. Dezember 1962 vor dem Hintergrund der Krise, in die die Regierungskoalition aus CDU/CSU und FDP durch die so genannte *Spiegel*-Affäre geraten war, zu einer Sitzung zusammen. Die führenden Sozialdemokraten wollten über die Möglichkeit einer Großen Koalition beraten, nachdem bereits informelle Gespräche zwischen CDU/CSU-Vertretern und der SPD stattgefunden hatten. Der PV machte deutlich, daß sich die SPD nicht für „Scheinverhandlungen" hergebe, sofern die Union nur beabsichtige, ihren bisherigen Koalitionspartner „gefügig" zu

machen. Drei Tage später beschlossen PV und FV gemeinsam, die Sondierungen über eine Regierungsbildung mit der CDU/CSU fortzusetzen. Vgl. auch Einleitung.

2 Gemeint ist die gemeinsame Sitzung von Parteivorstand, Parteirat und Kontrollkommission vom 6. Dezember 1962, auf der der Beschluss von Partei- und Fraktionsvorstand vom 4. Dezember 1962 bestätigt wurde.

3 Am 26. November 1962 hatte Brandt sich mit dem Geschäftsführer des afro-asiatischen Rates, Trikandas, getroffen.

Nr. 48

1 Zu den Diffamierungskampagnen im Wahlkampf 1961 vgl. u.a. Nr. 35 und Einleitung.

2 Sternberg, wie Brandt in den dreißiger Jahren Mitglied der SAP, antwortete: „Die SAP (Sozialistische-Arbeiter-Partei) ging von der Einstellung aus, daß der Sieg des Nationalsozialismus ermöglicht, in jedem Fall stark dadurch erleichtert wurde, daß die deutsche Linke und dabei vor allem die deutsche Arbeiterschaft gespalten war. Die Hauptverantwortung an dieser Spaltung trug damals die deutsche kommunistische Partei, die nicht von Deutschland, sondern von Moskau aus gelenkt wurde; die die deutschen Sozialdemokraten als Sozial-‚Faschisten' bezeichnete und die dann – als es zu spät war – plötzlich schrieb, daß sie im Gefolge des Kampfes gegen die Sozial-‚Faschisten' einen Tempoverlust im Kampfe gegen die Nationalsozialisten erlitten habe. Mit dieser Einstellung, daß alles zu tun sei, um zu einer Einheit gegen den Nationalsozialismus zu kommen, gingen führende Schichten der SAP in die Emigration. Sie nahmen dabei Teil an allen Bestrebungen in dieser Richtung von den europäischen Ländern bis zu den USA; besonders stark in Frankreich. Dort hatte sich unter Leon Blum eine Volksfrontregierung gebildet; dort bildete sich auch ein Ausschuß zur Vorbereitung einer deutschen Volksfront, dem führende Sozialdemokraten, z. B. Breitscheid, aber auch führende Liberale, z. B. Georg Bernhard (der frühere Chefredakteur der Berliner Vossischen Zeitung) beitraten. Die Politik der Kommunisten bei diesen Volksfront- und Einheitsbestrebungen war jedoch im grossen und ganzen die gleiche wie vor der Niederlage in Deutschland: Sie unterstützten sie mit Worten und sabotierten sie, da sie willenlose Werkzeuge Stalins waren, mit ihren Taten. In unserer ganzen Politik in dieser Epoche standen wir daher im ständigen Kampf gegen die Kommunisten, die uns aufs schärfste angriffen und beschimpften" („Bemerkungen zur Volksfrontfrage und zu den Einheitsbestrebungen in den dreißiger Jahren" in: AdsD, NL Sternberg). Zu dieser Problematik vgl. auch Berliner Ausgabe, Bd. 1.

3 Hs. unterzeichnet.

Nr. 49

1 Brandt sprach auf einer Festveranstaltung in Düsseldorf. Die zentrale Feierstunde zum 100-jährigen Bestehen der SPD fand am 12. Mai 1963 in Hannover statt. Dort hatte der Vorsitzende der SPD Erich Ollenhauer die Festrede gehalten.

2 Richtig: „dato".

3 Brandt zitierte hier eine Aussage Wilhelm Liebknechts vom achten Verhandlungstag des Leipziger Hochverratsprozesses vom 11. bis 26. März 1872. Bebel und Liebknecht waren am 17. Dezember 1870 wegen Versuchs der Vorbereitung des Hochverrats verhaftet worden. Damit wollte die preußische Regierung die sozialdemokratische Führung politisch lahmlegen.

4 Das Zitat stammt aus der Antrittsrede Friedrich Eberts als Reichspräsident vom 11. Februar 1919, in: *Musulin, Janko* (Hrsg.): Proklamationen der Freiheit, Frankfurt/Main 1959.

5 Brandt hatte die Politik der SPD Ende der zwanziger/Anfang der dreißiger Jahre kritisiert, was ihn schließlich im Jahr 1931 zum Übertritt in die neugegründete SAP veranlasste. Vgl. Berliner Ausgabe, Bd. 1.

6 *Löwenthal, Richard*: Die Kontinuität der Bewegung – 100 Jahre Kampf um die Demokratie, in: Der Politologe. Berliner Zeitschrift für Politische Wissenschaft 4 (1963) 13, S. 11–17, hier S. 17. Bei der gedruckten Version, aus der Willy Brandt zitiert, handelt es sich um eine leicht überarbeitete Fassung des Festvortrages vom 5. Mai 1963; dessen Originalversion war erschienen in: Beilage zur *Berliner Stimme* vom 11. Mai 1963.

7 Zu den Ergebnissen der Landtagswahlen vgl. Anhang.

Nr. 50

1 Mit Vermerk: „Gleiche Briefe haben erhalten: [Erich] Ollenhauer, [Martha] Schanzenbach, [Herbert] Wehner, [Klaus] Schütz, [Alfred] Nau, [Hermann] Bortfeldt, [Fritz] Erler, [Egon] Bahr, [Heinrich] Deist, [Kurt] Mattick, Carlo Schmid, Fritz Schäfer, [Erwin] Schoettle".

2 Willy Brandt hielt in der Evangelischen Akademie in Tutzing am 15. Juli 1963, anlässlich des zehnjährigen Bestehens des Politischen Klubs der Akademie, ein Referat mit dem Titel „Denk ich an Deutschland ...", in dem er die Politik der Bundesregierung nach der Hälfte der Legislaturperiode kritisch bilanzierte; vgl. *Vorwärts* vom 24. und 31. Juli 1963.

3 Strauß hatte am 10. Juli 1963 in der Sendereihe „Politik aus erster Hand" des Bayerischen Rundfunks ein Interview gegeben.

4 Gemeint ist das III. Deutschlandtreffen der SPD vom 29. August bis 1. September 1963 in Hamburg. Die dortige Rede Willy Brandts stand unter dem Motto „An morgen denken", in: *Die Neue Gesellschaft* 11 (1964) 1, S. 3–9. Den gleichen Titel trug die Rede Brandts, die dieser aus Anlass seiner Wahl zum SPD-Parteivorsitzenden auf dem außerordentlichen Parteitag der SPD in Bad Godesberg am 16. Februar 1964 hielt; vgl. Protokoll 1964, S. 45–68.

5 In seiner Regierungserklärung am 18. Oktober 1963 kündigte der zwei Tage zuvor neu gewählte Bundeskanzler Erhard eine Politik der Mitte und der Verständigung an. In der Aussprache über die Regierungserklärung am 24. Oktober 1963 erklärte Fritz Erler für die SPD u. a., dass die Bundesregierung die volle Unterstützung der Opposition haben werde, wenn sie ohne Preisgabe lebenswichtiger deutscher Interessen zu einer Normalisierung der Beziehungen zu den osteuropäischen Staaten gelange.

6 Am 2. Oktober 1963 fand eine Sitzung der SPD-Bundestagsfraktion statt; vgl. *Potthoff, Heinrich* (Bearb.): Die SPD-Fraktion im Deutschen Bundestag. Sitzungsprotokolle 1961–1966. Erster Halbband 1.–72. Sitzung 1961–1963, Düsseldorf 1993, S. 326–338. Zu Erhard führte Brandt u. a. aus (ebd., S. 328): „Als Bundeskanzler wird dem jetzigen Vizekanzler [Erhard] der Respekt zuteil werden, auf den er Anspruch hat. Er wird sich allerdings sagen lassen müssen, daß er die Verantwortung für die Versäumnisse und Fehlentwicklungen der vergangenen Jahre in vollem Umfang mitträgt. Seine Tätigkeit wird von den Sozialdemokraten nicht durch eine Parteibrille beobachtet, sondern an den objektiven Erfordernissen gemessen werden."

7 Die wirtschaftspolitische Konferenz der SPD fand vom 3. bis 5. Oktober 1963 in Essen statt. Sie stand unter dem Leitspruch „Stabilität und Aufstieg". Als Instrumente einer zukünftigen sozialdemokratischen Wirtschaftspolitik wurden herausgestellt: Marktwirtschaft, monetäre und fiskalische Globalsteuerung sowie Wohlfahrtspolitik.

8 Am 21./22. November 1963 fand in Düsseldorf ein außerordentlicher Gewerkschaftskongress des DGB statt, auf dem ein neues Grundsatzprogramm beschlossen wurde.

9 Bahr prägte in seiner Rede am 15. Juli 1963 in Tutzing die Formel „Wandel durch Annäherung", die ab 1969 zum Leitmotiv der Ostpolitik der sozialliberalen Koalition werden sollte.

Nr. 51

1 Hs. paraphiert: „Br[andt]".

2 Gemeint ist die nochmalige Kanzlerkandidatur Willy Brandts.

3 Widerwillig.

4 Hs. paraphiert.

Nr. 52

1 Briefe mit dem gleichen Wortlaut gingen am 2. Januar 1964 an den Innensenator der Freien und Hansestadt Hamburg, Helmut Schmidt, und den nordrhein-westfälischen Landtagsabgeordneten Emil Gross (AdsD, WBA, A 6, 41 [alt]). Im Vorfeld hatte Brandt u. a. Briefe von Herbert Wehner (23. Dezember 1963) und Karl Anders (16. Dezember 1963) erhalten, in denen er aufgefordert wurde, die Nachfolge des verstorbenen Vorsitzenden Ollenhauer anzutreten; (ebd., Mappe 40 [alt] und Einleitung).

2 Auf einer Parteivorstandssitzung der SPD am 13. Januar 1964, die durch den Tod des Parteivorsitzenden Erich Ollenhauer am 14. Dezember 1963 notwendig wurde, beschloss der Vorstand, dem außerordentlichen Parteitag am 15./16. Februar in Bad Godesberg vorzuschlagen, Willy Brandt zum Vorsitzenden der SPD und Fritz Erler sowie Herbert Wehner zu seinen Stellvertretern zu wählen. Gleichzeitig sollte Brandt erneut als Kanzlerkandidat für den Wahlkampf 1965 aufgestellt werden. Vgl. auch Einleitung.

3 Nicht ermittelt.

Nr. 53

1 Der von Brandt redigierte Interviewtext wurde der Zeitung bereits am 20. Februar 1964 von Franz Barsig übermittelt; vgl. AdsD, WBA, A 3, 174.

2 Vgl. dazu die Reden Brandts „Die Vorschläge der deutschen Sozialdemokraten zur Erneuerung von Staat, Wirtschaft und Gesellschaft" sowie „Grundzüge des sozialdemokratischen Regierungsprogramms" auf dem Karlsruher Parteitag 1964, in: Protokoll der Verhandlungen des Parteitages der Sozialdemokratischen Partei Deutschlands vom 23. bis 27. November 1964 in Karlsruhe, Hannover-Bonn 1965, S. 129 ff. und 893 ff.; zum Wahlkongress der SPD in Dortmund am 14. August 1965 unter dem Motto „Ja zur SPD – Ja zu Deutschland" vgl. Nr. 57.

3 Im Januar 1964 hatte die SPD ihren Entwurf für ein Drittes Wohnungsbaugesetz (Bundeswohnungsgesetz) dem Bundestag vorgelegt; vgl. Jahrbuch 1962/63, S. 120 ff.

4 Brandt spielte hier auf das Verhalten von CDU/CSU im letzten Bundestagswahlkampf (1961) und in der Folgezeit gegenüber ihm und der SPD an; vgl. Einleitung.

Nr. 54

1 Das Interview wurde am 25. September 1964 ausgestrahlt. Es ist in über-

arbeiteter Form auch erschienen in: *Gaus, Günter*: Zur Person. Porträts in Frage und Antwort, München 1965, S. 31–48. Egon Bahr hat in der Retrospektive über dieses Interview gesagt: „Ich erinnere mich sehr genau an die erste Sendung ‚Zur Person' die Du [Günter Gaus] mit Willy Brandt gemacht hast, und zwar aus folgendem Grunde: Das war damals eine andere Sendung als heute. Es gab ja nicht furchtbar viele Fernsehprogramme. Jedes dieser Programme wurde – ganz anders als heute – beachtet, gehört, verfolgt. Eine Sendung mit Günter Gaus konnte entscheiden über die Art, in der die Menschen diesen Interviewten sahen, hörten, empfanden, einschätzten; das konnte auch über Wahlen ein wichtiges Wort … Ich erinnere mich jedenfalls sehr genau: Wir waren schrecklich aufgeregt, ich war aufgeregt, er [Willy Brandt] war aufgeregt. Wir haben tagelang durchgenommen – was könnte dieser Gaus fragen, welche Antworten könnte man sich da ausdenken. Aber ganz genau ausrechenbar war er [Günter Gaus] nicht, und deshalb waren wir aufgeregt" (Zur Person. Porträts in Frage und Antwort. Egon Bahr im Gespräch mit Günter Gaus, in: ORB-Fernsehen, 21. November 1999).

2 Vgl. Protokoll 1960, S. 658–680, hier S. 661.

3 Korrigiert aus: „Flexion".

4 Vgl. u. a. *Brandt* 1994, S. 89.

5 Gemeint war, dass Trotzki die UdSSR bereits verlassen hatte.

6 Vgl. *Brandt* 1960, S. 45.

7 Vgl. dazu Berliner Ausgabe, Bd. 1 und Bd. 2.

8 Schumacher sprach sich eindeutig für eine Neugründung der SPD nach 1945 aus. Zur historiographischen Kontroverse in dieser Frage vgl. Einleitung Anm. 4.

9 Das Zitat stammt aus der Rede „Denk ich an Deutschland …", die Willy Brandt am 15. Juli 1963 anläßlich des zehnjährigen Bestehens des Politischen Clubs der Evangelischen Akademie Tutzing gehalten hat; vgl. Nr. 49 Anm. 2.

10 *Brandt* 1960, S. 378.

11 Ebd., S. 69.

12 Richtig: 1938.

13 Vgl. dazu u. a. Nr. 35.

14 Zu einigen Artikeln, die Brandt während des Spanischen Bürgerkriegs als Journalist verfasst hat, *Brandt* 1966, S. 185–220.

15 Richtig: Halvard.

16 Vgl. Nr. 5.

17 Vgl. Einleitung und Berliner Ausgabe, Bd. 2.

18 Vgl. u. a. Nr. 10 sowie *Brandt* 1994, S. 39 ff. und Einleitung.

19 Vgl. Nr. 2.

20 Herbert Wehner war von 1949 bis Ende 1966 Vorsitzender des Bundestagsausschusses für Gesamtdeutsche Fragen und Berlin.

21 Gaus hatte Herbert Wehner in der gleichen Sendereihe am 8. Januar 1964 befragt.

22 AdsD, WBA, A 6, 26 (alt).

23 Richtig: Januar 1963.

24 Brandt sagte das Gespräch mit Chruschtschow ab, nachdem ihm von seinem Berliner Koalitionspartner, der CDU, im Falle eines solchen Treffens mit der Aufkündigung der Koalition gedroht worden war. Vgl. *Brandt* 1976, S. 112 f.

25 Am 27. November 1958 hatte die Sowjetunion in Noten an die drei Westmächte, die Bundesrepublik und die DDR den Viermächtestatus für Berlin aufgekündigt. Die Westmächte wurden aufgefordert, binnen sechs Monaten aus West-Berlin abzuziehen. West-Berlin solle den Status einer „freien entmilitarisierten" Stadt erhalten. Die Westmächte wiesen am 31. Dezember 1958 diese Forderungen in einer Note an die sowjetische Regierung als „unannehmbar" zurück.

26 Vgl. Erklärung des Regierenden Bürgermeisters von Berlin, Brandt, 27. November 1958, in: Presse- und Informationsamt des Landes Berlin. Pressedienst des Senats von Berlin, Nr. 276 vom 27. November 1958.

27 Gemeint ist die Unterzeichnung des zweiten Passierscheinabkommens zwischen dem West-Berliner Senat und der DDR-Regierung am 24. September 1964, welches West-Berlinern in der Folge, in festgelegten Zeiträumen, einen Besuch in Ost-Berlin ermöglichte.

Nr. 55

1 Dieses Schreiben gehörte zu einer ganzen Serie von Briefen, die Brandt nach dem Karlsruher Parteitag (23. bis 27. November 1964) am 30. November und 1. Dezember 1964 verschickte, um den Adressaten für die Mitarbeit und Unterstützung während des Parteitages zu danken. Der hier abgedruckte Brief kann als exemplarisch gelten. Weitere Briefe gingen an Heinrich Braune, Wenzel Jaksch, Günter Klotz, Reinhold Rehs, Hermann Schmitt-Vockenhausen, Erwin Schoettle und Fritz Sänger (AdsD, WBA, A 6, 44/45 [alt]).

2 Zur „Regierungsmannschaft" der SPD des Jahres 1965 gehörten: Fritz Erler, Gustav Heinemann, Waldemar von Knoeringen, Alex Möller, Ernst Schellenberg, Karl Schiller, Carlo Schmid, Helmut Schmidt, Käte Strobel und Herbert Wehner.

3 Bei der Vorbereitung des Karlsruher Parteitages hatte Brandt eng mit Schäfer zusammengearbeitet. In einem Schreiben vom 22. September 1964 hatte der Vorsitzende ihm seine inhaltlichen Vorstellungen mitgeteilt und gebeten, die Vorlagen für den Parteitag vorzubereiten und mit den jeweiligen Verfassern zu koordinieren (Schreiben Brandts an Schäfer, 22. September 1964, AdsD, WBA, A 6, 44/45 [alt]). Brandt hatte im Vorfeld die Verabschiedung eines Manifestes auf dem Parteitag geplant. Er schrieb dazu an Schäfer (ebd.): „Was wir aus dem Tagesordnungspunkt ‚Grundzüge eines sozialdemokratischen Regierungsprogramms' machen wollen, wird noch zu besprechen sein. Wahrscheinlich wird es auf eine Art Manifest herauslaufen müssen, durch das – gestützt auf die Entschliessungen der Arbeitskreise – die Schwerpunkte für 1965 deutlich gemacht werden. Ein solches ‚Manifest' würde in eine Rede eingepackt werden. Es würde uns die Freiheit lassen, in den kommenden Monaten noch eine Reihe von Einzelfragen zu konkretisieren." Brandt stellte auf dem Parteitag zwar die „Grundzüge eines sozialdemokratischen Regierungsprogramms" vor (Protokoll 1964, S. 895–911), zur Verabschiedung eines Manifestes kam es allerdings nicht.

Nr. 56

1 Vgl. dazu u. a. Nr. 35 und Einleitung.

Nr. 57

1 Am 19. September 1965 wurde der 5. Deutsche Bundestag gewählt; zum Ergebnis vgl. Anhang.

2 Die CDU hatte am 8. August 1965 in Dortmund eine große Kundgebung als Auftakt zur Schlussphase des Wahlkampfes veranstaltet.

3 Vgl. Nr. 54 Anm. 27.

4 Als am 13. August 1961 die Mauer gebaut wurde, führte Adenauer seinen Wahlkampf zunächst fort, als ob nichts Wesentliches passiert wäre. Er reiste erst am 22. August 1961 persönlich nach Berlin, nachdem er vier Tage zuvor im Bundestag in seiner Regierungserklärung den Mauerbau als „beispiellose Bankrotterklärung" der DDR-Regierung bezeichnet hatte. Dies

hielt den Kanzler jedoch nicht davon ab, weiter heftige Attacken gegen Brandt und die SPD zu führen. Auch die Forderung aus den eigenen Reihen, „er solle aufhören, mit dem Holzhammer in den Wahlversammlungen dreinzuschlagen", beeindruckte ihn wenig (Tagebucheintrag Heinrich Krones, 30. August 1961, in: *Krone, Heinrich*: Tagebücher. Erster Band: 1945–1961. Bearb. *Kleinmann, Otto*, Düsseldorf 1995, S. 527).

5 Vgl. Nrn. 38 und 39.

6 Am 16. Oktober 1963 hatte Ludwig Erhard Konrad Adenauer als Bundeskanzler abgelöst.

7 Ludwig Erhard hatte in einer Wahlkampfrede im Juli 1965 in Anspielung an die Schriftsteller und Intellektuellen, die sich im Wahlkampf für die SPD engagierten, u. a. Rolf Hochhuth als „Pinscher" bezeichnet (vgl. *Frankfurter Rundschau* vom 16. Juli 1965). Die Äußerungen Erhards lösten einen breiten Sturm der Entrüstung – nicht nur unter Intellektuellen – aus.

8 Erhard griff in seinen Reden häufig die Gewerkschaften an, so auch während des Wahlkampfes 1965. In einer dieser Reden in Ludwigshafen im August 1965 sagte er u. a.: „Es wird immer Interessen geben. Es ist auch legitim, sie zu vertreten. Wenn ich gegen die Gewerkschaftsfunktionäre spreche, die mit äußerster Macht sogar Einfluß auf den Staat gewinnen wollen, dann meine ich die Gewerkschaftsbosse – und ich meine nicht die Gewerkschaften" (Fundstelle: Ludwig-Erhard-Stiftung, Bonn).

9 Nicht ermittelt. Zur Kriegsopferfrage hatte Erhard sich u. a. in einer Rundfunkansprache vom 9. Dezember 1963 im Deutschlandfunk geäußert und die Politik der SPD in diesem Punkt kritisiert: „Hier wird der klare Versuch unternommen, die Kriegsopferfrage für billigste machtpolitische Manipulationen zu mißbrauchen."

10 Vgl. Nr. 55 Anm. 2.

11 Am 8. Januar 1965 hatte die Regierungsmannschaft der SPD auf der Grundlage der Beschlüsse des Karlsruher Parteitages von 1964 die Grundzüge sozialdemokratischer Regierungspolitik festgelegt.

12 Brandt hatte gesagt: „Der Sieg von 1965 ist noch nicht sicher; aber sicher ist, daß wir siegen können!" (Protokoll 1964, S. 899).

Nr. 58

1 Das Protokoll gibt die Beiträge der Redner in indirekter Rede wieder.

2 Zum Wahlergebnis der Bundestagswahl 1965 vgl. Anhang.

3 Die Nachwahlen erfolgten am 3. Oktober 1965 in den Wahlkreisen 135 (Obertaunus) und 236 (Schweinfurt). Im Obertaunuskreis gewann die SPD mit 42,5 Prozent, in Schweinfurt erreichte sie nur 30,2 Prozent. Die Nachwahlen waren erforderlich, weil in den beiden Kreisen kurz vor dem Termin der Bundestagswahl je ein Kandidat ausfiel. Im Obertaunuskreis war der Kandidat der AUD und in Schweinfurt der Kandidat der DFU verstorben.

4 Vgl. Protokoll der SPD-Konferenz vom 25. September 1965 in Bad Godesberg zur Auswertung des Wahlkampfes, in: AdsD, SPD-Parteivorstand, PV-Protokolle September 1965 – März 1966, Teil I.

5 Ein Gespräch zwischen Brandt und dem Bundespräsidenten Lübke hatte auf dessen Initiative hin am 21. September 1965 stattgefunden; vgl. Schreiben Lübkes an Brandt, 16. September 1965, in: AdsD, WBA, A 11 (Allgemeine Korrespondenz), 12.

6 Das Protokoll der Vorsitzendenbesprechung am 21. September 1965 hatte zu diesem Punkt festgehalten (SPD-Parteivorstand, PV-Protokolle September 1965): „Brandt: teilt mit, dass er Klaus Schütz be-

auftragt habe, mit Mende Verbindung aufzunehmen. Er habe diesen Schritt getan, nicht weil er die Hoffnung gehabt habe, mit der FDP zu einem Arrangement zu kommen, sondern nur um festzuhalten, dass es auch diesen Kontakt gegeben habe, damit nicht später jemand sagen könne, man habe mit der FDP eine Koalition bilden können. Schütz habe mit Mende gesprochen und gesagt, dass ‚Willy Brandt' ihn nicht in Unannehmlichkeiten bringen wolle und deshalb das Gespräch nicht persönlich führe. Wenn er (Mende) jedoch den Wunsch habe mit ‚Willy Brandt' zu sprechen, sei er zu einer solchen Unterhaltung bereit. Mende habe – wie erwartet – reagiert. Er sei dankbar für den Schritt, aber halte eine solche Unterhaltung nicht für opportun."

7 Beide nahmen ihr Mandat an.

8 Vgl. dazu Nr. 54 Anm. 27.

9 Vgl. Einleitung.

10 In den drei Dortmunder Wahlkreisen legte die SPD bei der Bundestagswahl zwischen vier und sechs Prozent zu und lag damit nicht nur weit über dem Bundes-, sondern auch über dem Landesdurchschnitt von Nordrhein-Westfalen. Das höchste Ergebnis erzielte die SPD im Wahlkreis Dortmund II mit 60,1 Prozent.

11 Der Wahlkampf der SPD wurde durch Schriftsteller und Intellektuelle im so genannten „Wahlkontor deutscher Schriftsteller" unterstützt. Dieses existierte von Juli bis September 1965 mit dem Ziel, durch die Zusammenarbeit mit einigen führenden Sozialdemokraten den Wahlkampf der Partei nicht nur zu unterstützen, sondern auch attraktiver zu machen. Dazu zählten etwa die von Günter Grass initiierten Wahlkampfveranstaltungen für die SPD. Vgl. Nr. 61 und Einleitung.

12 Vgl. dazu Nr. 64.

13 Brandt sprach vor dem 8. Ordentlichen Gewerkschaftstag der IG Metall am 6. September 1965 in Bremen (AdsD, WBA, A 3, 217). Dabei betonte er einerseits die Notwendigkeit einer Zusammenarbeit zwischen Gewerkschaften und SPD, andererseits machte er deutlich, dass die SPD keine Gewerkschaftspartei sei und im Falle einer Regierungsübernahme das ganze Volk vertreten werde. Darüber hinaus ging Brandt auf die zwischen SPD und Gewerkschaften kontrovers diskutierte Frage der Notstandsgesetze ein. Er verteidigte die Notwendigkeit, „Vorsorge" zu treffen, allerdings werde die SPD darauf achten, dass die Rechte der Arbeitnehmer in „etwaigen Notzeiten" gesichert seien.

14 Vgl. dazu Anhang.

15 Im Juni 1965 hatte der niedersächsische Landtag mit den Stimmen der SPD ein Schul- und Hochschulkonkordat mit dem Vatikan abgeschlossen. Danach wurde die christliche Gemeinschaftsschule als Regelschule sowie die Beibehaltung und Errichtung katholischer Bekenntnisschulen festgelegt.

16 Vgl. dazu Anhang.

17 Vgl. Nr. 59.

18 Vgl. dazu Anhang.

19 Die Auseinandersetzung betraf das so genannte „Gag-Festival", eine Ausstellung von antikirchlichen Karikaturen im Herbst 1964 im Berliner Haus am Lützowplatz, deren Veranstalter auch führende Berliner Sozialdemokraten waren. Diese Ausstellung nahm die katholische „Neue Bildpost" im Wahlkampf zum Anlass, um gegen die SPD zu polemisieren und ihr eine antikirchliche Haltung zu unterstellen. Daraufhin stellte die Partei ihrerseits gegen die Zeitung Strafantrag „wegen übler Nachrede zum Nachteil der SPD und wegen Gotteslästerung". Vgl. dazu u.a. *Rheinischer Merkur* vom 15. Oktober 1965.

20 Richtig hier und im Folgenden: Hansing.

21 Vgl. dazu Anhang.

22 Vermutlich gemeint: umgeben.

23 Das Kommuniqué hatte folgenden Wortlaut (SPD Pressemitteilungen und Informationen, Nr. 580/65 vom 22. September 1965): „[...] Der Vorstand hat seinem Vorsitzenden Willy BRANDT für seine eindrucksvolle Leistung im Bundestagswahlkampf 1965 gedankt, die entscheidend dazu beigetragen hat, das Vertrauen von 12,4 Millionen Wählern zu gewinnen. Einstimmig hat der Vorstand der SPD seinem Vorsitzenden das uneingeschränkte Vertrauen für die weitere Zusammenarbeit unter seiner bewährten Führung ausgesprochen. Die Entscheidung des SPD-Vorsitzenden Willy BRANDT, sein Amt als Regierender Bürgermeister von Berlin fortzuführen und dort staatliche Verantwortung zu tragen, wird vom Vorstand der SPD akzeptiert."

24 Bei der Konferenz handelte es sich um ein Zusammentreffen der SPD-Spitzengremien am 25. September 1965 in Bad Godesberg mit dem primären Ziel, das Wahlergebnis zu analysieren und notwendige Konsequenzen daraus abzuleiten. Zur dortigen Rede Brandts vgl. SPD Pressemitteilungen und Informationen Nr. 584/65 vom 25. September 1965.

Nr. 59

1 Mit Vermerk: „Abschrift".

2 Die Pressekonferenz fand – nach der PV-Sitzung – vermutlich am späten Nachmittag im Bundeshaus statt. Die genaue Uhrzeit ließ sich nicht mehr ermitteln. Ungewöhnlich war daran, dass die Pressekonferenz erst nach Redaktionsschluss vieler Tageszeitungen abgehalten wurde. Die erste im WBA überlieferte dpa-Tickermeldung ist mit 18.30 Uhr datiert.

3 Vgl. Nr. 58.

4 Im November 1965 standen in Baden-Württemberg und im März 1966 in Schleswig-Holstein Kommunalwahlen an, am 27. März 1966 in Hamburg Bürgerschaftswahlen.

5 Vgl. Nr. 58.

6 Vgl. Anhang.

7 Vgl. dazu auch Nr. 59A. Den im Jahr 1965 von Brandt ausgesprochenen Verzicht auf eine weitere Kanzlerkandidatur hat dieser auch in seinen autobiographischen Werken verarbeitet. Hier steht im Mittelpunkt, dass er – neben dem nicht erreichten Wahlziel für die SPD – vor allem wegen der ständigen Verleumdungskampagnen, die er weder sich noch seiner Partei weiterhin zumuten wollte, von einer weiteren Kandidatur Abstand genommen habe. Darüber hinaus widersprach er mit Nachdruck der damals kolportierten Annahme, dass seine Frau Rut ihn nach der Wahl aufgefordert habe, sich aus der Politik zurückzuziehen und wieder nach Norwegen zu gehen. Vgl. u. a. *Brandt* 1976, S. 168 f.; *ders.* 1994, S. 262.

8 Zum Wortlaut des Kommuniqués vgl. Nr. 58 Anm. 22.

9 Vgl. Einleitung.

10 Brandt postulierte in seiner Dankesrede nach seiner Wahl zum SPD-Kanzlerkandidaten auf dem Parteitag 1960 in Hannover die so genannte „Gemeinsamkeitspolitik". Zur Frage der „Aussöhnung" führte er u. a. Folgendes aus: „Unser Volk muß sich mit sich selber aussöhnen. Wir müssen gewiß unterscheiden zwischen Schuld und Irrtum. Jeder von uns weiß um die schrecklichen Verbrechen der Vergangenheit. Wir wissen aber auch, wieviel Idealismus verbraucht worden ist, und es gibt niemanden, der frei ist von Fehlern, und jeder sollte nach seiner Schuld oder seinem Versagen suchen, bevor er auf den andern mit dem Finger zeigt. In diesem Geist müssen wir uns mit der Vergangenheit auseinander-

setzen, indem wir sie anerkennen mit allem, was sie ausmacht" (Protokoll 1960, S. 658–680, hier S. 678).

11 In der Vorlage fehlt: „Erstens".

12 Vgl. Nr. 58 Anm. 23.

Nr. 59A

1 Vgl. dazu Nr. 31A Anm. 1.

2 Zu den Wahlergebnissen vgl. Anhang.

3 Vgl. Einleitung.

4 Eine verzögerte Reaktion.

5 Auslassung in der Vorlage.

6 Anspielung auf die gesundheitlichen Probleme Brandts nach der Bundestagswahl 1965.

7 Korrigiert aus: „65".

8 Ich hatte keinen Ehrgeiz mehr.

Nr. 60

1 Die Rede ist in Auszügen auch im *Vorwärts* vom 27. Oktober 1965 veröffentlicht. Außerdem berichtete u. a. *Die Zeit* vom 22. Oktober 1965, unter dem Titel „Der beste Willy, den es seit langem gab", über die Rede.

2 Zum Ergebnis der Bundestagswahlen vom 19. September 1965 vgl. Anhang.

3 Die Berliner Abgeordneten im Bundestag wurden laut Wahlgesetz nicht direkt, sondern vom Abgeordnetenhaus gewählt. Zu dem Ergebnis der Berliner Abgeordnetenhauswahl vom Februar 1963 vgl. Anhang.

4 SPD und FDP verfügten im Bundestag (ohne die Berliner Sitze) über eine Mehrheit von sechs Sitzen.

5 Am 19. November 1962 waren im Zusammenhang mit der *Spiegel*-Affäre fünf FDP-Minister von ihrem Posten zurückgetreten. Strauß, der einen Großteil der politischen Verantwortung für die Affäre trug, stellte sein Amt als Verteidigungsminister am 30. November 1962 zur Verfügung.

6 Vgl. Nr. 58 Anm. 6.

7 Dies ist eine Anspielung auf die DP und den BHE, die bis 1957 im Deutschen Bundestag vertreten waren.

8 Vgl. u. a. Der Verzicht Willy Brandts, in: *Die Welt* vom 24. September 1965; Brandts Entscheidung und die SPD, in: *Süddeutsche Zeitung* vom 24. September 1965; Spekulationen über Brandts Entschluß, in: *Stuttgarter Zeitung* vom 24. September 1965; Der Entschluß Willy Brandts, in: *Handelsblatt* vom 24./25. September 1965 sowie Die Rückkehr des Bürgermeisters in seine Stadt, in: *Frankfurter Allgemeine* vom 27. September 1965.

9 Vgl. Nr. 58.

10 Am 9. Juni 1965 trat Paul Nevermann vom Amt des 1. Bürgermeisters der Freien und Hansestadt Hamburg zurück, das er erst Ende 1962 von Max Brauer übernommen hatte. Sein Nachfolger wurde Herbert Weichmann. Wilhelm Kaisen wurde am 20. Juli 1965 als Präsident des Bremer Senats von Willi Dehnkamp abgelöst.

11 Indien und Pakistan befanden sich seit dem 5. August 1965 im Kriegszustand.

12 Auf der Konferenz des Präsidiums zu Fragen der Auswertung des Wahlkampfes 1965 am 25. September 1965 in Bad Godesberg hatte Brandt zu diesem Punkt ausgeführt „daß eben einmal und nicht weniger deutlich als das vorige Mal sich gezeigt hat, wie unterschiedlich sich die Frauenstimmen auf die großen Parteien verteilen, und die erneute Überlegung, ob und was geschehen kann, um das, was ich den Abbau von Vorurteilen und das Gewinnen von Vertrauen [nenne,] gerade auch bei den weiblichen Wählern noch stärker Niederschlag finden lassen [kann.]" (AdsD, SPD-Parteivorstand, PV-Protokolle September-Dezember 1965).

13 Vgl. Nr. 58 Anm. 13.

Nr. 61

1 Am Textende vermerkt: „D[urchschrift]/ Sen[ator] Schiller".

2 Dort wohnte die Familie Brandt zu dieser Zeit in Berlin.

3 Es handelt sich um die „Rede über das Selbstverständliche", die Grass zur Verleihung des Georg-Büchner-Preises am 9. Oktober 1965 in Darmstadt gehalten hatte; in: *Grass, Günter*: Essays und Reden I: 1955–1969, Göttingen 1997, S. 147–163.

4 Vgl. Nr. 58 Anm. 11 und Einleitung.

Nr. 62

1 Schmidt hatte Brandt ein langes Schreiben mit Datum 8. und 11. Oktober geschickt (AdsD, WBA, A 6, 48/49 [alt]), in dem er Brandt seine Sympathie bekundete und sich – nach dem Verzicht Brandts auf eine weitere Kanzlerkandidatur – über die Entwicklung an der Parteispitze Gedanken machte. Schmidt schrieb u. a.: „So sehr man als Mann auch über das Jünglingsalter heraus einer Frau Briefe der Liebe schreiben mag, so sehr zögert man meist – jedenfalls in unserem Jahrhundert – einem Freunde seine Freundschaft anders darzutun als durch Handeln oder Unterlassen. Trotzdem, Willy (nun ohne Rücksicht auf die Gefahr pathetischer Pose): dies ist ein Brief der tiefen Freundschaft + zugleich des Respektes. Ich habe in den letzten 14 Tagen vielfach gesagt, Du seiest der beste Mann, den unsere Partei zur Verfügung hat. Das meine ich auch so. Und ich habe von Deiner großen menschlichen + politischen Autorität über den ganzen Kreis der uns zugehörigen Menschen gesprochen, die ein heute noch unschätzbares Kapital sei – das meine ich ebenfalls so. [. . .] Zum Schluß: niemand von uns übrigen hätte in diesen fünf Jahren seit Hannover [Parteitag 1960] Partei + Demokratie in Deutschland auch nur annähernd so weit bringen können, wie es Dir gelungen ist."

2 Schmidt war auf der Sitzung der SPD-Bundestagsfraktion am 20. Oktober 1965 für die Wahl zum stellvertretenden Fraktionsvorsitzenden nominiert worden. Am 3. November 1965 wurde er in das Amt gewählt.

Nr. 63

1 Am Textende vermerkt: „D[urchschrift]/Egon Bahr, Herbert Wehner, Bruno Naumann".

2 Matthias Walden hatte am 21. November 1965 in der *Quick* eine Kolumne mit dem Titel „Die Legende einer Niederlage" veröffentlicht; vgl. *Quick* Nr. 47 vom 21. November 1965. Brandt lag offensichtlich ein Vorabdruck vor. Walden wandte sich darin mit Nachdruck gegen die Diffamierung von Emigranten, die Deutschland zwischen 1933 und 1945 verlassen mussten, im Allgemeinen und von Willy Brandt im Besonderen. „Wer Willy Brandt nicht wählte, weil Willy Brandt vor Hitler und gegen Hitler nach Norwegen emigrierte, hat sich damit selbst disqualifiziert bis in die finsteren Winkel politischer Vor- und Fehlurteile" (ebd.).

3 Walden hatte u. a. geschrieben: „Es war damals zwischen 1933 und 1945 ehrenhafter für einen Deutschen, eine norwegische Uniform zu tragen als eine braune deutsche oder eine schwarze deutsche oder auch in vielen Fällen eine feldgraue deutsche" (ebd.).

4 Walden hatte zu diesem Punkt ausgeführt: „Die Analyse des Wahlergebnisses mündete für sehr viele der SPD-‚Analytiker' bald nur noch in das eine, böse, schmähliche Motiv, wenn es darum ging, zu erklären, warum Brandt nicht Kanzler geworden oder die Partei mit ihm nicht wenigstens über die 40-Prozent-Hürde gesprungen war:

Der norwegische Uniformrock soll die Ursache, der deutsche Wähler in all seiner Voreingenommenheit soll Schuld gewesen sein. Mit Hilfe dieser Legende spinnen und puppen sich viele SPD-Leute und manche ihrer intellektuellen Freunde schmollend ein" (ebd.).

5 An diesem Tag hatte die Bundestagswahl des Jahres 1965 stattgefunden.

Nr. 64

1 Am Textende vermerkt: „D[urchschlag] Fritz Erler, Herbert Wehner, Alfred Nau, Ludwig Rosenberg, Georg Leber."

2 Auf persönliche Einladung Brandts vom 11. Dezember 1965 hatte Brenner am 29. Januar 1966 in der Heimvolkshochschule der Friedrich-Ebert-Stiftung in Bergneustadt einen Vortrag zum Thema „Zur Aufgabe sozialdemokratischer Arbeitsgemeinschaften" gehalten. Die folgenden Zitate stammen, sofern nicht anders vermerkt, aus dieser Rede (AdsD, IG-Metall-Archiv, Vorstand Sign. 1–2 2155).

3 Vgl. Nr. 58.

4 In Ansätzen ist diese Problematik schon in Diskussionen nach der Verabschiedung des Erfurter Programms von 1891 zu finden. In der Weimarer Republik wurde die Frage nach einer Öffnung der SPD für neue Wählerschichten weitergeführt, wie das Görlitzer Programm von 1921 zeigt.

5 Der entsprechende Beschluss des Parteitages lautete: „Der Parteitag fordert den Parteivorstand auf, die Tätigkeit der Betriebsgruppen noch mehr als bisher zu fördern. Betriebsarbeit ist Parteiarbeit. 1. Die Betriebsarbeit ist wesentlicher Bestandteil unserer Parteiarbeit. Sie kann und darf von der Gesamtpartei nicht mehr übersehen werden. Nach wie vor hat die SPD ein großes Reservoir in der Arbeitnehmerschaft. Alle Parteigliederungen haben deshalb die Verpflichtung, diese Arbeit zu unterstützen, dort, wo sie bereits vorhanden ist, weiter auszubauen oder, wo sie noch nicht besteht, mit allem Nachdruck zu beginnen. 2. Die Zusammenfassung sozialdemokratischer Gewerkschafter in Sozialen Arbeitsgemeinschaften muß in Zukunft stärker gefördert werden. Die SAGs müssen als das wichtigste Verbindungsglied zwischen Partei und Gewerkschaften wirksam werden. Die Bildung dieser Arbeitsgemeinschaften hat auf allen Organisationsebenen der Partei zu erfolgen. Für die bessere Zusammenarbeit mit dem Parteivorstand ist es zweckmäßig, regelmäßige Zusammenkünfte zwischen Betriebs- und Gewerkschaftsfunktionären durchzuführen, um einen echten Meinungs- und Erfahrungsaustausch zu haben. 3. Eine intensive Betriebsarbeit ist nur möglich, wenn regelmäßige Schulungen der Betriebsfunktionäre durchgeführt werden. Hierzu ist ebenfalls die volle Unterstützung vom Parteivorstand zwingend erforderlich und notwendig." (Protokoll 1958, S. 505).

6 Am 24. April 1959 verabschiedete der Parteivorstand der SPD die „Richtlinien für die Betriebsgruppenarbeit". Sie legten fest, dass in Klein- und Mittelbetrieben die SPD durch einen politischen Vertrauensmann sowie in Großbetrieben durch sozialdemokratische Betriebsgruppen vertreten werde. Letztere umfassten alle sozialdemokratischen Betriebsangehörigen. Sie traten regelmäßig zu Sitzungen zusammen und wählten eine Leitung. Hauptzweck der Betriebsgruppenarbeit war es, die Arbeitnehmer über das „Wollen der SPD" aufzuklären.

7 Gemeint war die für den Dortmunder Parteitag im Juni 1966 vorgesehene Arbeitsgemeinschaft C „Mitgliederpartei, Massenmedien und Verbände".

8 Der Dialog zwischen Brandt und Brenner geriet jedoch offenbar ins Stocken. Der Gewerkschaftschef antwortete erst am 12. August 1966 auf Brandts Schreiben.

Nr. 65

1 Das Schreiben wurde u. a. veröffentlicht in: *Vorwärts* vom 18. Mai 1966; *Berliner Stimme* vom 21. Mai 1966.

2 Anspielung auf den geplanten Redneraustausch zwischen SPD und SED: Vertreter der SPD sollten auf einer öffentlichen Veranstaltung in Chemnitz, dem damaligen Karl-Marx-Stadt, Repräsentanten der DDR-Staatspartei in Hannover auftreten. Vgl. dazu auch Nr. 66.

3 In der „Offenen Antwort der SPD" vom 18. März 1966 (veröffentlicht auch im *Neuen Deutschland* vom 26. März 1966) auf den „Offenen Brief an die Delegierten des Dortmunder Parteitages" des ZK der SED hatte die SPD sieben Fragen gestellt: 1. „Wie soll denn in Deutschland offen und unbefangen diskutiert werden, wenn auf Menschen geschossen wird, weil sie aus dem durch Minenfelder, Mauer und Drahtverhaue abgetrennten Teil ihres deutschen Vaterlandes ausbrechen wollen? Oder weil sie einfach nur von Deutschland nach Deutschland wollen – zu ihren Angehörigen, ihren Freunden, ihren Landsleuten?" 2. „Ist die SED bereit, nicht nur ausgewählten Funktionären, sondern jedem Mitglied ihrer Partei und allen ‚Bürgern der DDR' – nicht nur Rentnern, sondern auch jüngeren Menschen – zu erlauben, die Bundesrepublik zu besuchen und sich ein eigenes Urteil über die tatsächliche Lage zu verschaffen?" 3. „Ist die SED bereit, im Bereich ihrer Verantwortung dazu beizutragen, daß den Menschen im gespaltenen Deutschland das Leben leichter gemacht wird?" 4. „Ist die SED bereit, ihre feindselige und schikanöse Haltung gegenüber Berlin aufzugeben?" 5. „Ist die SED zu einer freimütigen Diskussion in beiden Teilen Deutschlands bereit?" 6. „Ist die SED bereit, das Spielen mit dem Kriege aufzugeben?" 7. „Will sich die SED für praktische Erleichterungen im geteilten Deutschland einsetzen?" (Tatsachen – Argumente, Nr. 189/1966).

4 Unterschrift faksimiliert.

Nr. 66

1 Das Schreiben wurde u a. veröffentlicht in: Jahrbuch der Sozialdemokratischen Partei Deutschland 1966/67, Bonn o. J., S. 341–343.

2 Das Protokoll der Sitzung vermerkte u. a.: „Wehner geht auf die Diffamierungen durch die SED – insbesondere durch Norden – ein und schildert nochmals das Rückzugsgefecht der SED vom Redneraustausch. Er unterstreicht, dass es uns bei der Auseinandersetzung nicht allein um den Redneraustausch ging. Es müsse jetzt herausgestellt werden, was die SPD bereits in der Auseinandersetzung erreicht habe und dass es jetzt nicht zurückgehen könne in die Zeit vor Beginn des Dialogs. [...] Ausserdem müsse deutlich gemacht werden, wo die schwachen Seiten der SED sind. Die Partei müsse begreifen, was uns die SED verweigert habe" (AdsD, SPD-Parteivorstand, PV-Protokolle 1966/2).

3 Die SPD-Führung hatte mit ihrer „Offenen Antwort" vom 18. März 1966 als Reaktion auf den „Offenen Brief der SED" vom 7. Februar 1966 erstmals seit 1946 auf einen (Offenen) Brief der SED geantwortet.

4 Es handelte sich dabei um den einstimmig vom Parteitag angenommen Antrag B 66 des Parteivorstandes; vgl. Protokoll der Verhandlungen des Parteitages der Sozialdemokratischen Partei Deutschlands

vom 1. bis 5. Juni 1966 in Dortmund, Bonn o.J., S. 1049.

5 Die endgültige Neufassung der Richtlinien wurde am 18. März 1967 von PV, PR und Kontrollkommission beschlossen (vgl. Jahrbuch 1966/67, S. 370–372). Darin hieß es u.a.: „Grundsatz: Die Sozialdemokratie lehnt jede organisatorische und politische Beziehung zu kommunistischen Organisationen, besonders zur SED ab. Sie hat immer wieder davor gewarnt, sich von Kommunisten für deren propagandistische Zwecke mißbrauchen zu lassen. Dies ist bei Reisen in kommunistisch regierte Länder zu beachten" (ebd., S. 370).

6 Vgl. den „Dritten Offenen Brief" der SED an die SPD, 25. März 1966, und „Zweite Offene Antwort der SPD", 14. April, in: Tatsachen – Argumente, Nr. 197, 1966, S. 11.

7 Unterschrift faksimiliert.

Nr. 67

1 Der von Brandt selbst hs. redigierte und grundsätzlich überarbeitete Text (AdsD, WBA, A 3, 242) des Interviews wurde auch veröffentlicht in: SPD Pressemitteilungen und Informationen, Nr. 531/66, 3. November 1966.

2 Vgl. Einleitung.

Nr. 68

1 Schreiben mit gleichem Wortlaut gingen am selben Tag an: den CSU-Vorsitzenden, Strauß, den FDP-Vorsitzenden, Mende, den Vorsitzenden der CDU/CSU-Fraktion im Deutschen Bundestag, Barzel, sowie den Vorsitzenden der FDP-Fraktion im Deutschen Bundestag, Freiherr von Kühlmann-Stumm. Darüber hinaus erhielt der christ-demokratische Ministerpräsident des Landes Baden-Württemberg und designierte Kanzler-Nachfolger Kiesinger eine Durchschrift zur Kenntnisnahme (AdsD, WBA, A 11, ungeordneter Bestand).

2 Auf einer gemeinsamen Sitzung von SPD-Partei- und Fraktionsvorstand am 11. November 1966 wurde u.a. beschlossen, den Vorsitzenden der im Bundestag vertretenen Parteien und ihren Fraktionen gemeinsame Beratungen über die Notwendigkeiten einer gemeinsamen Innen- und Außenpolitik vorzuschlagen.

3 Vgl. dazu ausführlich Einleitung.

Nr. 69

1 Der Briefwechsel zwischen Günter Grass und Willy Brandt wurde auf Anregung von Günter Grass veröffentlicht; vgl. *Der Abend* vom 29. November 1966; *Vorwärts* vom 30. November 1966. Zum Schreiben Brandts vgl. Nr. 70.

2 Grass spielte hier auf sein Engagement für die SPD in den Wahlkämpfen der Jahre 1961 und 1965 an; vgl. Einleitung und Nr. 61.

3 Hs. unterzeichnet.

Nr. 70

1 Vgl. Nr. 69.

2 Auf dieses Schreiben antwortete Grass noch am gleichen Tag (AdsD, A 11, ungeordneter Bestand): „Meine Warnung habe ich ausgesprochen; Sie haben diese Warnung bestätigt. Uns allen, die wir außerhalb stehen, fehlt es an der Macht, die sich anbahnende, und wie ich meine, unglückliche Entwicklung zu verhindern. [...] Sie aber haben es immer noch in der Hand, diese Liaison, die sehr bald herabschätzend ‚die Große Kumpanei' genannt werden wird, zu trennen, bevor sie sich paart. Wenn es aber wahr ist, daß die Große Koalition nicht zu verhindern ist, sollten Sie wenigstens eine Große Koalition fordern, die den Mehrheitsverhältnissen im Bundestag ent-

spricht. [...] Die SPD ist die größte Partei. Sie ist in sich gefestigt und in der Lage, ihr alternatives Programm zu verwirklichen. Also hat sie die Aufgabe, den Bundeskanzler zu stellen. [...] Dieses sollte klar ausgesprochen werden: Der ehemalige Verteidigungsminister F. J. Strauß kann nie wieder Minister werden. Wer das Parlament belügt, wer, wie Strauß während der Kuba-Krise, im Zustand der Volltrunkenheit seine Aufgabe als Verteidigungsminister wahrzunehmen versucht, der darf in unsrem Land keine politische Verantwortung mehr tragen. Es mag sein, daß die Hektik der Verhandlungen den Überblick trübt. Die allgemeine Ermüdung fordert hastige Entschlüsse. Ich schreibe Ihnen ausgeruht und bei aller Anspannung gelassen: Überspannen Sie nicht den Bogen des Zumutbaren, es könnte die SPD daran zerbrechen, es könnte damit unsrem Land unheilbarer Schaden zugefügt werden."

Nr. 71

1 Das Schreiben wurde u. a. veröffentlicht in: *Vorwärts* vom 7. Dezember 1966.

2 Vgl. Nr. 61 Anm. 4.

3 Brandt spielte hier auf die in der Mitgliedschaft und unter vielen Journalisten, Künstlern und Intellektuellen verbreitete Kritik an; vgl. Einleitung. Vor allen Dingen die Tatsache, dass das einstige NSDAP-Mitglied Kiesinger als Bundeskanzler und Franz Josef Strauß als Minister der Regierung angehörten, gab Anlass zur Kritik. Auch Brandt persönlich wurde wegen seiner Zustimmung zur Großen Koalition angegriffen, da er sich lange – im Gegensatz zu Wehner – gegen ein solches Bündnis ausgesprochen hatte. Vgl. dazu auch Nr. 69.
Die innerparteiliche Auseinandersetzung über die Große Koalition erlebte auf dem SPD-Parteitag im März 1968 noch einmal einen Höhepunkt; vgl. dazu Nr. 81.

4 Unterschrift faksimiliert.

Nr. 72

1 Die Broschüre ist eine aktualisierte Neuauflage, die unter dem gleichen Titel bereits im Wahlkampf des Jahres 1961 von der SPD verteilt wurde. Dieses Heft wurde erneut im Wahlkampf des Jahres 1969 eingesetzt.

2 Unterschrift faksimiliert.

Nr. 73

1 Mit Vermerk: „Willy *Brandt*, Vorsitzender der SPD, zum Abschluß der 3-tägigen Bundeskonferenz der SPD in Bad Godesberg." Bei der Vorlage handelt es sich um eine Abschrift des Interviews, das die Abteilung im BPA angefertigt hat. Am gleichen Tag gab Brandt ein weiteres Interview zum Thema für die ZDF-Sendung „Themen des Tages" (AdsD, WBA, A 3, 263). Die SPD hielt vom 13.–15. November 1967 in Bad Godesberg eine Bundeskonferenz zum Thema „Die Sozialdemokraten in der Regierungsverantwortung" mit 870 Teilnehmern ab. Diese Konferenz sollte keine Beschlüsse fassen, sondern der Diskussion innerhalb der SPD dienen. In Arbeitsgemeinschaften wurden zentrale Themen wie die Wirtschafts- und Bildungspolitik sowie die Notstandsgesetze und Generationsfragen diskutiert.

2 Vgl. Einleitung, Nrn. 69 und 81.

3 Vgl. Anhang.

4 Brandt hatte auf der Bundeskonferenz am 13. November 1967 ein Referat zum Thema „Deutschland heute: Gesellschaftliche Interessen und politische Aufgaben" gehalten.

5 Vgl. Nr. 68.

6 Wehner hielt auf der Konferenz am 14. November 1967 eine Rede zum Thema „Die geistige und politische Wirklichkeit – Zur Diskussion mit der jungen Generation."

Nr. 74

1 Vermerk: „Sperrfrist: Freitag, 5. Januar 1968 – 20.00 Uhr".

2 Der Parteitag fand vom 17. bis 21. März 1968 statt.

3 Vgl. dazu u. a. *Ehmke, Horst* (Hrsg.): Perspektiven. Sozialdemokratische Politik im Übergang zu den siebziger Jahren, Reinbek 1969. Am 9. Januar 1968 beschloss der Parteivorstand den Entwurf „Sozialdemokratischer Perspektiven im Übergang zu den siebziger Jahren", der dem Parteitag 1968 in Nürnberg vorgelegt und dort mit einigen Veränderungsvorschlägen verabschiedet wurde. Die „Perspektiven" waren nicht als ein Programmersatz gedacht, sondern als tagespolitische Richtlinie. In den „Perspektiven" wurden vor allem die von der SPD als nötig erachteten innenpolitischen Reformen der bundesdeutschen Gesellschaft dargelegt.

Nr. 75

1 Gemeint ist der Bundesparteitag der SPD vom 17. bis 21. März 1968 in Nürnberg.

2 Die Absicht des Parteivorstands, sich die Entscheidung zum Eintritt in die Große Koalition durch ein Parteitagsvotum im Nachhinein bestätigen zu lassen, rief auch die innerparteilichen Gegner auf den Plan. Der von dreißig Delegierten aus verschiedenen Parteibezirken eingebrachte Antrag 389, der darauf abzielte, das Vorhaben des PV zu durchkreuzen, scheiterte mit 143 zu 147 Stimmen denkbar knapp; vgl. Protokoll 1968, S. 251 f.

3 Vgl. Anhang.

4 Gemeint sind hier nicht die gewalttätigen Demonstrationen von Anhängern der Studentenbewegung im Umfeld des Parteitages, sondern die Auseinandersetzungen zwischen dem „linken" und „rechten" Flügel der SPD. Im Laufe des Nürnberger Parteitages kam es zwischen einzelnen Delegierten sowohl zu Handgreiflichkeiten als auch zu heftigen verbalen Attacken. Vgl. u. a. *Der Spiegel* vom 25. März 1968; *Frankfurter Allgemeine* vom 18. März 1968.

Nr. 76

1 Schreiben desselben Inhalts gingen an alle sozialdemokratischen Ministerpräsidenten, Innenminister und Justizminister der Länder sowie Oberbürgermeister; vgl. AdsD, WBA, A 11, ungeordnet.

2 Vgl. Nr. 76A. Gemeint ist das Attentat auf Rudi Dutschke am 11. April 1968, in dessen Folge es in zahlreichen deutschen Städten zu gewalttätigen Demonstrationen und Aktionen kam, bei denen in München zwei Personen ums Leben kamen.

3 Brandt bezog sich hier auf die öffentlichen Aufrufe von Seiten des SDS, an den Demonstrationen und Aktionen, so z. B. gegen den Springer-Konzern, teilzunehmen.

Nr. 76A

1 Diese Erklärung wurde erst am folgenden Tag veröffentlicht; vgl. SPD Pressemitteilungen und Informationen, Nr. 173/68, 17. April 1968.

2 Nau hatte sowohl das Attentat auf Rudi Dutschke als auch die darauffolgenden Gewalttätigkeiten verurteilt. In seiner Erklärung vom 12. April 1968 hieß es weiter: „Die SPD hat als erste der parlamentarischen Parteien im Frühsommer vergangenen Jahres den Dialog mit der gesamten Studentenschaft aufgenommen. Sie hat hochschulpo-

litische Forderungen der Studentenschaft, die weitgehend ihren eigenen Zielsetzungen entsprechen, nachdrücklich unterstützt. Sie hat besonders durch den Mund ihres Vorsitzenden Willy Brandt die Berechtigung auch einer außerparlamentarischen Opposition anerkannt, jedoch keinen Zweifel daran gelassen, daß mit antiparlamentarischen Gruppen, die die demokratische Grundordnung verwerfen oder sogar mit revolutionären Mitteln beseitigen wollen, kein Dialog möglich ist" (SPD-Pressemitteilungen und Informationen vom 12. April 1968).

3 Brandt erklärte zu den Vorfällen in einem Interview, das am 21. April 1968 in der „Wochenchronik" des Bayerischen Rundfunks gesendet wurde: „Ich selbst gehöre zu denen, die den Mordanschlag in Berlin für etwas Furchtbares, etwas Scheußliches gehalten haben. Was immer nun auch in den letzten Tagen passiert ist, [ich] werde alles tun, um von mir aus zu appellieren, daß Schluß gemacht wird mit Gewalttätigkeiten und daß Respekt bezeugt wird vor dem Gesetz."

4 Auf das Angebot Kiesingers in seiner Regierungserklärung vom 11. März 1968 an die DDR-Regierung, Verhandlungen über eine Gewaltverzichtserklärung sowie über Sachfragen aufzunehmen, reagierte Ulbricht mit Ablehnung. Am 13. April 1968 verbot die DDR Bundesministern und hohen Ministerialbeamten vorübergehend die Durchreise von Westdeutschland nach West-Berlin.

Nr. 77

1 Vgl. Nr. 78.

2 Am 31. Mai 1968 wurde Hans-Jürgen Wischnewski zum ersten Bundesgeschäftsführer der SPD berufen; vgl. auch Einleitung.

3 Anspielung auf die Reaktionen nach den starken Verlusten der SPD bei den Landtagswahlen in Baden-Württemberg am 28. April 1968; vgl. Anhang.

4 Vgl. Nr. 78.

5 Brandt spielte hier auf die zunehmend theoretischen Diskussionen innerhalb der Jusos an, die dort in den folgenden Jahren zu Fraktionierungen, u. a. in „Anti-Revisionistischer Flügel" und „Stamokap-Fraktion", führten.

6 Vgl. u. a. Nr. 76A.

7 Vgl. u. a. Nrn. 5 und 95.

8 Gemeint war die 17-jährige Oppositionszeit der SPD auf Bundesebene seit Bestehen der Bundesrepublik.

9 Brandt ging hier auf die Situation in anderen westeuropäischen Ländern, vor allem in Frankreich, und die dortigen Auseinandersetzungen mit Studenten und Arbeitern ein.

10 Brandt sprach sich schon seit seiner Nominierung zum Kanzlerkandidaten im Jahr 1960 immer wieder für eine größere Beteiligung von Frauen in allen gesellschaftlichen Bereichen – auch in der Politik – aus und förderte eine eigenständige Frauenarbeit und -politik in der SPD.

11 Im Februar und März 1968 wurden in Gießen, Hamburg, Hannover, München, Essen und Bad Dürkheim sechs Regionalkonferenzen der SPD abgehalten, die sich mit der Thematik der gesellschaftlichen Integration von Frauen befassten.

12 Auf Initiative der SPD wurde die Gleichstellung der Geschlechter in der Weimarer Verfassung vom 11. August 1919 aufgenommen und das aktive und passive Wahlrecht für Frauen eingeführt.

13 In Artikel 3, Absatz 2 des Grundgesetzes heißt es: „Männer und Frauen sind gleichberechtigt".

14 Der prozentuale Anteil der weiblichen Abgeordneten im Deutschen Bundestag

entwickelte sich folgendermaßen (die Angaben beziehen sich immer auf den Beginn der jeweiligen Wahlperiode): 1. Wahlperiode (1949–1953) 6,8 %, 2. Wahlperiode (1953–1957) 8,8 %, 3. Wahlperiode (1957–1961) 9,2 %, 4. Wahlperiode (1961–1965) 8,3 %, 5. Wahlperiode (1965–1969) 6,9 %.

Nr. 78

1 U. a. veröffentlicht in: SPD Pressemitteilungen und Informationen Nr. 465/68 vom 15. Oktober 1968.

2 Mit der Verabschiedung der „Notstandsverfassung" (Vorsorgegesetze für den Fall eines Krieges sowie von Katastrophen und Gefahren für die Verfassungsordnung im Innern) am 30. Mai 1968 durch den Deutschen Bundestag fand die sehr kontroverse Diskussion um die Gesetze einen Endpunkt; vgl. dazu ausführlich Berliner Ausgabe, Bd. 7.

3 Brandt nahm hier u. a. auf die Gründung der „Sozialdemokratischen Wählerinitiative" Ende 1967 Bezug; vgl. Einleitung.

4 Vgl. Anhang.

5 Dieser so genannte „Acht-Punkte-Aufgabenkatalog" wurde am 2. November 1966 von der SPD-Bundestagsfraktion veröffentlicht. Er bildete die Grundlage für die Koalitionsverhandlungen der SPD mit der CDU/CSU und der FDP. Inhaltlich umfassten die acht Punkte folgende Komplexe: 1. Um äußere Stabilität und Sicherheit zu erreichen, müsse „das Verhältnis zu Washington und Paris wieder in Ordnung" gebracht werden. 2. Der „Ehrgeiz auf atomaren Mitbesitz" müsse aufgegeben werden. 3. Das aktive Eintreten für eine Normalisierung des Verhältnisses zu den „östlichen Nachbarvölkern" und eine Versöhnung mit ihnen. 4. Den Handlungsspielraum gegenüber den „Ostberliner Machthabern" ausloten und ausfüllen. 5. Maßnahmen zur Stärkung der deutschen Wirtschaft, um deren Aufschwung zu gewährleisten. 6. Ordnung der Staatsfinanzen und die Abwendung einer „Haushaltskatastrophe für 1967". 7. Für Bund, Länder und Gemeinden sollten bei der finanziellen Neuordnung gleichberechtigt die Voraussetzungen für die Lösung ihrer jeweiligen Aufgaben geschaffen werden. 8. Wirtschaftliches Wachstum, finanzielle Ordnung und soziale Stabilität seien die innenpolitischen Grundlagen für den Fortschritt der Gesellschaft und eine kontinuierliche Politik.

6 Vgl. *Ehmke* 1969.

7 Am 21./22. August 1968 marschierten Truppen der Warschauer-Pakt-Staaten unter Führung der UdSSR in die ČSSR ein, um den „Prager Frühling", die von Alexander Dubček und der KPČ eingeleitete Reformpolitik, gewaltsam zu beenden und die Reformer durch moskautreue Kommunisten zu ersetzen.

8 Unterschrift faksimiliert.

Nr. 79

1 Am Textende vermerkt: „D[urchschrift]/Helmut Schmidt, Herbert Wehner, Alfred Nau"; hs. vermerkt: „Kenntnis: L[eo] Ba[uer], P[eter] R[öhrig], H[einz] C[astrup]".

2 Brandt bezog sich im Folgenden auf den zusammenfassenden Bericht von infratest zum Thema „Wählerforschung" vom Dezember 1968, Bd. A, in: AdsD, Zeitgeschichtliche Sammlungen, infratest, Mappe 3. Dort wurden 23 Thesen über die Aussichten der SPD bei den Bundestagswahlen 1969 aufgestellt.

3 In dem Bericht hieß es dazu u. a. (ebd.): „Die Ereignisse in der Tschechoslowakei haben, wie der vorliegende Bericht beweist, die Bedeutung der Außenpolitik für die innenpolitische Wahlargumentation stark er-

höht. [...] Da davon ausgegangen werden kann, daß das Interesse der Wähler an außenpolitischen Fragen in den nächsten Monaten nicht nachlassen wird und daß möglicherweise in den Wahlkampf neue internationale Probleme hineinspielen werden, wird angeregt, kurzfristig ein Forschungsprogramm zu diesem Problem durchführen zu lassen. Dieses außenpolitische Forschungsprogramm kann auch in der letzten Periode des Wahlkampfes von großer Bedeutung sein, weil angenommen werden kann, daß sich ein Teil der zur Zeit noch ‚Unentschiedenen', die gegenwärtig einen relativ hohen Prozentsatz der potentiellen Wählerschaft sowohl der SPD als auch der CDU/CSU stellen, gerade unter dem Eindruck außenpolitischer Probleme im letzten Moment für die eine oder andere Partei entscheiden wird."

4 Am 7./8. August 1869 wurde in Eisenach die „Sozialdemokratische Arbeiterpartei" gegründet.

5 Auf dem Vereinstag des Verbandes der Deutschen Arbeitervereine in Nürnberg wurde beschlossen, sich den programmatischen Bestrebungen der Internationalen Arbeiterassoziation anzuschließen.

Nr. 80

1 Am rechten Rand hs. von Willy Brandt vermerkt: „L[eo] B[auer] Einverstanden. Bitte, Briefentwurf fertigmachen, einschl[ießlich] Namen. 11/1.[1969]". Am Textende hs. vermerkt: „Anlagen".

2 Vgl. dazu Einleitung.

3 Zwei Ausgaben der Zeitschrift *DAFÜR* wurden von der SWI im Wahlkampf des Jahres 1969 herausgegeben. Das erste Heft enthielt Beiträge von Schriftstellern, Publizisten und Wissenschaftlern zur Politik der SPD. Die zweite Ausgabe stand unter dem Motto „Warum wähle ich SPD?". Prominente aus allen gesellschaftlichen Bereichen sollten hier ihre Wahlentscheidung für die SPD erläutern.

4 In der Anlage werden genannt Graf Baudissin, Robert Jungk, Hartmut von Hentig, Alexander Mitscherlich, Helmut Schön und Philipp Rosenthal.

5 Den Briefentwurf übernahm Brandt unverändert für sein Schreiben an die Prominenten; vgl. Nr. 81.

6 Hs. unterzeichnet.

Nr. 81

1 Der Brief geht auf einen Entwurf von Günter Gaus zurück, vgl. Nr. 80. Gleiche Schreiben gingen an Graf Baudissin, Robert Jungk, Hartmut von Hentig, Helmut Schön und Philipp Rosenthal.

2 Gemeint ist die „Sozialdemokratische Wählerinitiative" (SWI); vgl. Einleitung.

3 Vgl. Nr. 80 Anm. 3.

Nr. 82

1 Bei der Vorlage handelt es sich um eine unkorrigierte Abschrift der Bandaufnahme der Parteiratssitzung. Zu der Sitzung vgl. auch die handschriftlichen Aufzeichnungen Brandts in: AdsD, WBA, A 9 (Vertrauliche Aufzeichnungen), 1.

2 Seidel hatte eingangs der Sitzung u. a. auf eine Beschwerde von Norbert Gansel und Jochen Steffen (LV Schleswig-Holstein) hingewiesen, die die Rechtmäßigkeit dieser Parteiratssitzung und damit auch deren Beschlusskompetenz mit der Begründung bezweifelten, es seien durch das Organisationsstatut festgelegte Fristen nicht beachtet worden. Zu den Beschwerden vgl. auch Protokoll der Sitzung des Partei- und Fraktionsvorstandes, 2. Februar 1968, in: AdsD, SPD-Parteivorstand, PV-Protokolle November 1968 bis März 1969.

3 Der Paragraph 23 des Organisationsstatuts vom 23. Mai 1950, in der veränderten Fassung vom 27. November 1964, besagt: „Der Parteirat wird durch den Parteivorstand unter Angabe der Tagesordnung einberufen. Er tritt in der Regel vierteljährlich zusammen. Auf Antrag eines Drittels seiner Mitglieder, der zu begründen ist, muß eine außerordentliche Sitzung einberufen werden. Die Einladungen sollen den Mitgliedern des Parteirates in der Regel fünf Tage vor der Sitzung zugehen" (Jahrbuch der Sozialdemokratischen Partei Deutschlands 1964/65, Bonn o. J., S. 260).

4 Der entsprechende Paragraph lautete: „Der Parteirat ist anzuhören v o r Beschlüssen des Parteivorstandes über grundlegende außen- und innenpolitische Entscheidungen, grundsätzliche organisatorische Fragen, Einrichtung von zentralen Parteiinstitutionen, die die Partei dauernd erheblich belasten, die Vorbereitung der Bundestagswahlen. Der Parteirat hat außerdem die Aufgabe, die Politik in Bund und Ländern aufeinander abzustimmen" (ebd.).

5 Der Parteirat hatte einstimmig eine Resolution beschlossen. Dort hieß es u. a. (SPD Pressemitteilungen und Informationen Nr. 45/65 vom 13. Februar 1969): „Die Bürger dieses Landes sind beunruhigt über die Auswüchse der Gewalt, die von einer Minderheit organisiert werden. Sie sind über die träge Entwicklung der Universitätsreform besorgt, die dieser Minderheit willkommene Vorwände für Gewaltaktionen verschafft. In dieser Lage kommt es auf zweierlei an: 1. Wir Sozialdemokraten werden getreu der Entwicklung unserer Partei unbeirrt reformieren, was reformiert werden muß. Wir werden uns von den Konservativen nicht behindern lassen. Ebenso wenig werden wir uns von dem Radau der Extremisten auf einen falschen Weg drängen lassen. 2. Wir Sozialdemokraten stehen entschieden hinter allen, die das Recht als die Grundlage unseres freiheitlichen Zusammenlebens konsequent verteidigen. Denn dauerhafte Reformen sind nur möglich, wenn Freiheit und Recht gesichert bleiben."

6 Bereits im April des Jahres 1968 hatten Andreas Baader, Gudrun Ensslin u. a. in Frankfurt am Main Brandanschläge auf zwei Kaufhäuser verübt. Hier liegen die Anfänge des Terrorismus der späteren RAF, deren erste Generation von Mitgliedern sich zum Großteil aus der Studentenbewegung rekrutierte.

7 Korrigiert aus: „– Zwischenrufe –".

8 Korrigiert aus: „wenn".

9 So lautete der Slogan der CDU im Wahlkampf des Jahres 1961.

10 Vgl. Protokoll des PV vom 12. Februar 1969, in: AdsD, SPD-Parteivorstand, PV-Protokolle, Februar 1969.

11 Brandt spielte hier auf die Debatte um die Verjährung von NS-Verbrechen an.

12 Gemeint sind damit u. a. die 1968 entstandenen Gruppen der Parteirechten, die sich am Rande der Partei organisierten, so etwa der „Kurt-Schumacher-Kreis", der „Godesberger Kreis" und die „Julius-Leber-Gesellschaft". Anlass für die Gründung dieser Gruppen waren vor allem der angebliche „Linksruck" der Partei und die auch in der SPD verbreitete Kritik der Ostpolitik.

13 Am 11./12. Januar 1969 fand in Bad Godesberg ein „Kongress der SPD mit der Jugend" statt.

14 Scherzhaftes Wortspiel: die Brandtsche Wortschöpfung „Tomologie" steht für „Sektenkunde".

15 Beim Parteitag der deutschen Sozialdemokratie in Schloss Wyden im Kanton Zürich vom 20. bis 23. August 1880 trennte sich die Partei von Johann Most und Wilhelm Hasselmann, denen man anarchistische Bestrebungen vorwarf.

16 Gemeint: Antrag auf Verbot der Partei beim Bundesverfassungsgericht in Karlsruhe.

17 Brandt sagte u. a.: „Nazismus, alter Nazismus, aufgewärmter Nazismus, Neonazismus ist Verrat an Volk und Land" (Protokoll 1968, S. 101).

18 Korrigiert aus: „der".

19 Vgl. Anhang.

Nr. 83

1 Mit Vermerk: „Sperrfrist: 18. März [1969] 7.00 Uhr". Das Interview erschien in großen Auszügen unter der Überschrift „Brandt: ‚Ich halte nichts von der Opposition in der Koalition'" in der *Südwest Presse* vom 18. März 1969.

2 Am 13. März 1969 informierte das Präsidium der SPD: „Angesichts der Spekulationen einiger Presseorgane über den Bundeskanzler einer sozialdemokratisch geführten Bundesregierung gibt das Präsidium der SPD seinen in Berlin gefaßten Beschluß bekannt, den zuständigen Gremien der Partei zu empfehlen, Willy Brandt als Kanzler einer sozialdemokratisch geführten Bundesregierung zu nominieren" (SPD Pressemitteilungen und Informationen Nr. 84/69, vom 13. März 1969).

3 Vgl. dazu Nr. 59.

4 Auch auf dem Parteitag betonte Brandt, dass die SPD „über eine große Zahl von hervorragenden Kräften" verfüge. Darüber hinaus machte er deutlich, dass einer SPD-geführten Bundesregierung Karl Schiller als Wirtschafts- und Helmut Schmidt als Verteidigungsminister angehören würden (Protokoll 1969, S. 455 ff., S. 464). Allerdings kursierten im Mai 1969 Gerüchte über eine „geheime Kabinettsliste" der SPD; vgl. u. a. *Hamburger Abendblatt* vom 21. Mai 1969.

5 Gemeint ist die besonders von der CDU angestrebte Einführung des Mehrheitswahlrechts, welches in der Regel kleinere Parteien benachteiligt.

6 Die Bundesversammlung hatte am 5. März 1969 mit den Stimmen der SPD und der FDP Gustav Heinemann zum ersten sozialdemokratischen Bundespräsidenten gewählt. Er erhielt 512 Stimmen, der Kandidat der Unionsparteien, Gerhard Schröder (CDU), 506 Stimmen.

7 Dort wurde u. a. beschlossen, dafür einzutreten, das Wahlalter auf 18 Jahre (aktiv) bzw. 21 Jahre (passiv) herabzusetzen. Außerdem sollte nach der Wahl 1969 eine umfassende Diskussion über eine Reform des Wahlrechts geführt werden.

8 Dieser Passus fehlte im Abdruck der *Südwest Presse*.

Nr. 84

1 Von Brandt hs. abgezeichnet: „25/9".

2 Vgl. Nr. 84A.

3 Wehner war in der Großen Koalition Bundesminister für gesamtdeutsche Fragen.

4 Hs. unterzeichnet.

Nr. 85

1 Am Textende vermerkt: „D[urchschrift]/ B[undes]M[inister] Prof. Horst Ehmke".

2 Auf der Sitzung des Präsidiums am 20. November 1969 hatte Brandt angeregt, dass von einer Kommission „zur Gesellschafts- und Bildungspolitik qualifizierte Vorstellungen entwickelt werden sollen" (AdsD, SPD-Parteivorstand, PV-Protokolle, November 1969). Auf dem Parteitag im Mai 1970 in Saarbrücken sprach der Vorsitzende selbst zum Thema „Unsere gesellschaftspolitische Richtlinie für die Siebziger Jahre"; vgl. Protokoll der Verhandlungen des Parteitages der Sozialdemokratischen

Partei Deutschlands vom 11. bis 14. Mai 1970 in Saarbrücken, Bonn o. J., S. 450–478. Über „Bildungspolitik als Schwerpunktaufgabe unserer Reformen" referierte der zuständige Bundesminister Leussink; vgl. ebd., S. 539–554.

3 Dieser Plan ist nicht verwirklicht worden.

4 Im Jahr 1970 wurden zwei PV-Sitzungen außerhalb Bonns abgehalten, eine in Mainz und eine während des Parteitages in Saarbrücken.

5 Einen detaillierten Plan über die Arbeitsneuverteilung im Präsidium legte Herbert Wehner am 13. Dezember 1970 mit dem Hinweis vor, die Aufgabenverteilung sei zeitlich zu begrenzen. Demnach war vorgesehen: Willy Brandt (Bundesregierung, Kontakte mit den Ländern, Richtlinien), Herbert Wehner (Bundestag, Organisationspolitik), Helmut Schmidt (Verteidigungs- und Sicherheitspolitik, Programmatik), Egon Franke (Deutschlandpolitik, Meinungsbildung und Massenmedien), Heinz Kühn (Länder-Bund-Verhältnis und Länderreform, Wissenschafts-, Forschungs-, Bildungs- und Ausbildungspolitik), Georg Leber (Verkehrspolitik und Post, Kirchen und Verhältnis zu den Kirchen), Alex Möller (Finanz- und Steuerpolitik, Steuerreform und Schwerpunktfinanzierung), Alfred Nau (Schatzmeister, Politische Bildungsstätten und Stiftungen), Annemarie Renger (Frauenpolitik), Karl Schiller (Wirtschaftspolitik, Europäische Integration und Wirtschaftsbeziehungen), Hans-Jürgen Wischnewski (Bundesgeschäftsführung, Kommunikation mit Parteien anderer Länder); vgl. AdsD, SPD-PV, PV-Protokolle, Dezember 1970, Anlage vom 13. Dezember 1970.

6 Den Bericht „Zur Lage der Nation" gab Brandt am 14. Januar 1970 vor dem Deutschen Bundestag ab.

Nr. 86

1 Mit Vermerk: „SPERRFRIST: 15.00 UHR". Der Kongress fand vom 11. bis 13. Dezember 1970 in Bremen statt.

2 Vgl. Protokoll 1970, S. 492–498.

3 Vgl. ebd., S. 511.

4 Ebd., S. 508 f.

5 Ebd., S. 509 f.

6 „Richtlinien für die Tätigkeit der Arbeitsgemeinschaften in der SPD" vom 9. Februar 1957, Punkt 1, in: Jahrbuch 1968/69, S. 475.

7 Eine ganze Reihe von Beschlüssen des Kongresses liefen der Regierungspolitik zuwider. So forderte der Kongress die schrittweise Einführung einer neuen Wirtschaftsverfassung und stellte fest, dass die unabdingbare Voraussetzung für jede Reformpolitik darin bestehe, dass die Reformen „nicht systemerhaltend", sondern „systemverändernd" sein müssten. Gleichzeitig betonten die Jusos aber auch, dass sie keinen Bruch mit der SPD anstrebten.

8 Wolfgang Roth erläuterte auf dem Kongress die so genannte „Doppelstrategie" der Jusos. Ein Ansatzpunkt der „Doppelstrategie" sollte das Schaffen von Konflikten im „Wohnungssektor" sein, von Konflikten „gegenüber denen, die im Augenblick Eigentümer, d. h. Kapitalisten, an der Wohnung sind". Gleichzeitig sollten diese Konflikte von den staatlichen Institutionen „aufgenommen" werden, die gegen diejenigen, die bisher „Gewinne und Profite" aus dem Wohnungssektor „gezogen haben", vorzugehen hätten. Ein anderer Schwerpunkt dieser Strategie sollten die „Berufswelt der Arbeitnehmer und die Lage in den Betrieben" sein. Auf der Juso-Bundeskonferenz am 24./25. April 1971 in Mannheim wurde noch einmal klar festgelegt, was „Doppelstrategie" heiße: „1. Schaffung und Unterstützung eines umfassenden politischen Problembewußtseins

bei der Bevölkerung und daraus resultierend ihre Mobilisierung, Politisierung und Organisierung. [...] 2. Intensive Mitarbeit auf allen Ebenen der Partei, um auf dem Wege über demokratische Mehrheitsentscheidungen die politischen Voraussetzungen für eine bessere Gesellschaft zu schaffen. 3. Reform der Partei, damit sie in die Lage versetzt wird, Mobilisierung, Politisierung und Organisierung der Bevölkerung einzuleiten und in wirksamer Weise zur Befriedigung der Bedürfnisse der Bevölkerung und zur Stärkung demokratischer, antikapitalistischer Machtpositionen beizutragen und in eine Veränderung institutioneller Entscheidungen umzusetzen." (Zitiert nach: *Osterroth, Franz/Schuster, Dieter*: Chronik der deutschen Sozialdemokratie, Bd. III: Nach dem Zweiten Weltkrieg, 2. Aufl. Bonn 1978, S. 517.)

9 Richtig: „geübt werde"; Protokoll über die Verhandlungen des Parteitages der Sozialdemokratischen Partei Deutschlands. Abgehalten zu Erfurt vom 14. bis 20. Oktober 1891, Bonn-Berlin 1978 (Nachdruck), S. 157.

10 Ebd., S. 157 f. Auslassungen im Zitat in der Vorlage.

11 Anlage 2 zum Protokoll der Bundes-Ausschusssitzung der Jungsozialisten, 22. November 1970, AdsD, SPD-Parteivorstand, 4940. In Berlin hatte der Bundes-Ausschuss zu diesem Punkt festgestellt (ebd.), „daß der Beschluß des Parteirats [vgl. Anm. 16] die notwendige Auseinandersetzung zwischen Positionen des demokratischen Sozialismus und des Kommunismus außerordentlich erschwert. Das Verfahren des Parteirats zeigt, daß Bemühungen um die ideologische Abgrenzung der Sozialdemokratie zum Kommunismus dazu gebraucht werden sollen, die sozialistischen Kräfte in der SPD zurückzudrängen. Mit diesem Beschluß wird der in der Bundesrepublik vorhandene Antikommunismus neu belebt, der in der Vergangenheit auch die Funktion hatte, notwendige gesellschaftliche Reformen zugunsten der abhängig Beschäftigten zu verhindern."

12 Auf der gemeinsamen Sitzung von Parteivorstand, Parteirat und Kontrollkommission am 14. November 1970 wurde die Abgrenzung der SPD zur DKP, SEW, SDAJ und FDJ (Berlin) beschlossen: „Zwischen Sozialdemokraten und Kommunisten gibt es keine Aktionsgemeinschaft. Der Parteirat fordert deshalb die Organisationsgliederungen auf, in Fällen, in denen Mitglieder der SPD zusammen mit Mitgliedern der DKP, SEW, SDAJ und der FDJ (Berlin)

- gemeinsame Veranstaltungen durchführen
- gemeinsame Publikationen herausgeben
- gemeinsame Aufrufe, Flugblätter, Einladungen usw. unterzeichnen

sowie in Fällen, in denen Sozialdemokraten an von DKP, SEW, SDAJ und FDJ (Berlin) gesteuerten Publikationen mitarbeiten, diese Mitglieder mit Nachdruck auf den parteischädigenden Charakter ihres Verhaltens hinzuweisen und notfalls Parteiordnungsverfahren einzuleiten." (Zitiert nach: Jahrbuch der Sozialdemokratischen Partei Deutschlands 1970/72, Bonn o. J., S. 555).

13 In dem Dokument „Sozialdemokratie und Kommunismus", das der Parteirat auf seiner Sitzung am 14. November 1970 im Grundsatz billigte, hieß es wörtlich: „Keine Friedenspolitik und keine außenpolitische Annäherung können den Gegensatz zwischen freiheitlich-sozialer Demokratie und kommunistischer Parteidiktatur überwinden, denn diese Friedenspolitik und die Sicherung der Freiheit gehören für die deutsche Sozialdemokratie untrennbar zusammen" (AdsD, SPD-Parteivorstand, PV-Protokolle Juli-Dezember 1970, Teil I).

14 Zu den Ergebnissen der Landtagswahlen 1970 und der Bundestagswahl 1969 vgl. Anhang.

Nr. 87

1 In Bremen fand vom 11. bis 13. Dezember 1970 der Bundeskongress der Jungsozialisten statt. Vgl. Nr. 86.

2 Zu den Problemen zwischen Schmidt und Wehner vgl. Nr. 88, insbes. Anm. 3.

3 Zu Brandts Führungsstil vgl. Einleitung. Helmut Schmidt schrieb in der Rückschau über das Führungsgespann der SPD: „Wir [Brandt, Wehner, Schmidt] haben uns die gemeinsame Führung der Sozialdemokratie und der Bundesrepublik nicht leicht gemacht. Aber unser Land – so glaube ich – ist gut mit uns gefahren. Natürlich hätte Willy Brandt, solange er Parteivorsitzender *und* Kanzler zugleich war, im Notfall das letzte Wort haben müssen. [...] Aber ein solcher Notfall ist nicht eingetreten. [...] Ich selbst war im Umgang mit meinen Freunden Brandt und Wehner [...] gewiß nicht immer leicht zu nehmen, meist kühl, meist hart im Argument und Ton, bisweilen schroff. [...] In Wahrheit haben wir sechzehn Jahre lang kooperativ geführt, zwar keineswegs immer einträchtig, aber im Ergebnis eben doch gemeinsam." (*Schmidt, Helmut*: Weggefährten. Erinnerungen und Reflexionen, Berlin 1996, S. 450).

Nr. 88

1 Von Brandt hs. abgezeichnet: „13/1".

2 Vgl. Nr. 87.

3 Zur Kritik an Brandts Führungsstil vgl. Einleitung.

4 Vgl. Nr. 87 Anm. 1.

5 Öffentlich.

6 Wehner hatte auf dem Juso-Bundeskongress vom 11. bis 13. Dezember 1970 in Bremen die Politik der Bundesregierung kritisiert und Helmut Schmidt persönlich angegriffen. Wehner führte u. a. aus (AdsD, Personalia Herbert Wehner): „Ihr habt den Eindruck, das Langzeitprogramm sei deswegen schon skeptisch zu betrachten, weil der Vorsitzende [der Programmkommission, Helmut Schmidt] einer ist, der von Euch in einer anderen Eigenschaft angegangen wird und wegen einiger lästerlicher Reden, die ihm nicht verziehen werden sollen, über die man aber mit ihm reden soll. Das ist sehr schwer, weil es ein unerhört temperamentvoller Mann ist. Aber ich möchte niemanden schwimmen lassen. Er wird es hören oder lesen – in SPIEGEL-Fassung wird er das lesen, dessen bin ich sicher, und ich habe dann einiges auszustehen – nur wollte ich es deswegen erwähnt haben."

7 Auf der PR-Sitzung am 13./14. November 1970 standen die Bilanz nach einem Jahr Regierungsverantwortung und das Verhältnis von Sozialdemokratie und Kommunismus im Mittelpunkt der Diskussion; vgl. AdsD, SPD-Parteivorstand, PV-Protokolle Juli-Dezember 1970, Teil I.

8 Laut Terminkalender von Brandt fand ein solches Gespräch zwischen Schmidt, Wehner und Brandt am 4. Februar 1971 statt.

9 Vgl. *Schmidt, Helmut:* Strategie des Gleichgewichts. Deutsche Friedenspolitik und die Westmächte, Stuttgart 1969, S. 302–311.

10 Flurgespräche.

11 Schmidt nahm in einem hs. Zusatz zu einem Schreiben an Brandt vom 10. Dezember 1970 auf ein Gespräch Bezug, in dem es offenbar darum gegangen war, Unstimmigkeiten zwischen den beiden in Fragen der Ostpolitik auszuräumen. Er schrieb (AdsD, WBA, A 8, 18): „Lieber Willy, letztes Wort: das Gespräch gestern abend auf dem Venusberg hat mir gut getan – laß uns um

Gottes Willen solche Gespräche häufiger haben, umso weniger muß man dann befürchten, daß sie Bitterkeiten produzieren".

Nr. 89

1 Hs. vermerkt: „Kopie". Die Vorlage trägt kein Datum. Zu den Adressaten gehörten u. a.: Graf Baudissin, Peter Frankenfeld, Götz George, Günter Grass, Helmut Käutner, Victor de Kowa, Wolfgang Menge, Philipp Rosenthal, Carl Christian von Weizsäcker.

2 Unter Testimonials versteht man ein zu Werbezwecken eingesetztes Empfehlungsschreiben. Im Wahlkampf 1969 wurden Anzeigen geschaltet, in denen sich Prominente aus allen gesellschaftlichen Bereichen zur SPD bekannten und ihre Stimmabgabe für die Sozialdemokraten begründeten. Diese Kampagne war für die SPD ein sehr erfolgreiches Werbemittel. Vgl. auch Einleitung.

3 Vgl. Nr. 90.

Nr. 90

1 Vgl. dazu auch Nr. 89.

2 Gemeint ist zur Halbzeit der Legislaturperiode.

3 Hs. eingefügt.

4 Hs. eingefügt.

5 Recht und Ordnung.

6 Hs. eingefügt.

7 Hs. eingefügt

8 Hs. eingefügt.

9 Hs. eingefügt.

Nr. 91

1 Mit Vermerk: „Sperrfrist: 8.11.[19]71". Der Artikel ist unter dem Titel „Die SPD '71. Zum außerordentlichen Parteitag der SPD" erschienen in: *Die Neue Gesellschaft* 18 (1971) 11, S. 771–772.

2 Die wichtigsten Beschlüsse des a. o. Parteitages 1971 waren die „Entschließung zur Steuerreform", die „Entschließung zur Lage und Entwicklung der Massenmedien in der Bundesrepublik Deutschland", die „Entschließung zur Reform des § 218 StGB" sowie die Neufassung des Organisationsstatuts der SPD.

Nr. 92

1 In seinem Schreiben vom 22. November 1971 (AdsD, WBA, Verbindungen mit der SPD-Fraktion, 1971 [N–Z]) wies Schmitt-Vockenhausen auf die Gefahren der innerparteilichen Auseinandersetzungen mit den Jusos und die Möglichkeit eines Linksrucks in der SPD bzw. die Abkehr vom Konzept der Volkspartei hin. Gleichzeitig machte er auf die negativen Auswirkungen dieser Tendenz für die SPD und ihre Akzeptanz in der Bevölkerung aufmerksam. Demgegenüber hob er jedoch die positive Wirkung Brandts und dessen deutliches Bekenntnis zum Godesberger Programm und gegen Linkstendenzen auf dem a. o. Parteitag 1971 in Bonn hervor.

2 Schmitt-Vockenhausen wies Brandt in seinem Schreiben (ebd.) auch auf angebliche Pläne aus FDP-Kreisen hin, die Linken in der SPD zu stützen, indem mit Hilfe u a. des *Spiegel* die „rechten" SPD-Führungspersonen geschädigt werden sollten, um damit der Partei Wählerpotenzial abspenstig zu machen und auf diese Weise zwischen der SPD und der CDU ein Wählerreservoir für die FDP zu erschließen. Es handelte sich dabei um den so genannten „Flach-Plan", nach dem FDP-Generalsekretär und ehemaligen stellvertretenden Chefredakteur der *Frankfurter Rundschau* Karl-Herrmann Flach benannt.

3 Hs. paraphiert.

4 Gestempelt.

Nr. 93

1 Anspielung auf die Auseinandersetzungen mit den linken Strömungen innerhalb der Jusos; vgl. Nr. 86 und Einleitung.

2 Auf der Parteiratssitzung am 20. März 1972 hatte Brandt ausgeführt (AdsD, SPD-Parteivorstand, PV-Protokolle, März 1972): „Jeder, der mich kennengelernt hat über die Jahre, weiß, daß ich gegen Verkrustungen bin. Und mir eine Partei wünsche, in der der Weg nach vorne als Ergebnis immer neuer Diskussionen demokratisch abgesteckt wird. Aber ich muß die Mitglieder des Parteirats herzlich bitten, mir verstärkt dabei zu helfen, daß einige Wegmarkierungen beachtet werden. Und als solche betrachte ich 1. Wer unseren Charakter als sozialdemokratische Partei verändern will, der darf nicht damit rechnen können, daß wir ihn dabei gewähren lassen. (Beifall). Wer eine grundsätzlich andere Partei als die des Godesberger Programms will, der muß darauf hingewiesen werden, daß er bei uns fehl am Platze ist. Das ist das eine. Das ist 2. Wer gruppenmäßige Bindungen oder regionale Partikularismen höherstellt als die Loyalität gegenüber der Gesamtpartei und ihrer Aufgabe in diesem Staat, dem muß unmißverständlich bedeutet werden, daß es unsere Arbeit erschwert, statt sie zu fördern. Und 3. Wer die Geschicke dieses Staates mitbestimmen will, der muß das dafür erforderliche Augenmaß aufbringen. Daran fehlt es leider immer wieder. Mal an diesem, mal an jenem Wort. Und man wird den Eindruck nicht los, als verberge sich dahinter manchmal immer noch eine gewisse Sehnsucht nach der Opposition".

Nr. 94

1 Brandt fertigte die hand- und maschinenschriftlich überlieferten Tagebuchaufzeichnungen an, um sie zu einem späteren Zeitpunkt als eine Art „Wahlkampftagebuch" zu veröffentlichen. Anders als ursprünglich geplant, wurde das „Tagebuch" erst zwei Jahre später und dann nur in Auszügen publiziert. Einige Ausschnitte wurden u. a. in „Über den Tag hinaus" veröffentlicht (vgl. *Brandt* 1974, S. 41 ff.). Dabei muss es sich jedoch um eine im Nachhinein überarbeitete Fassung handeln, da sie in weiten Strecken nicht mit dem vorliegenden Manuskript identisch ist.

2 Brandt absolvierte bei vorangegangenen Wahlkämpfen sein Programm ebenfalls in einem Sonderzug der Bundesbahn.

3 Es handelt sich um den ersten Ehemann von Ninja Frahm.

4 Vgl. Nr. 95.

5 Am 27. April 1972 war ein von der CDU/CSU wegen der Ostpolitik gegen Brandt initiiertes Misstrauensvotum im Bundestag gescheitert.

6 Auslassung in der Vorlage.

7 Zum politischen Hintergrund der Rede vgl. Einleitung.

Nr. 95

1 Die Rede, die auf große öffentliche Resonanz stieß (vgl. u. a. *Süddeutsche Zeitung* vom 21. August, *Frankfurter Rundschau* vom 21. August 1972, *Guardian* vom 21. August 1972, *Die Welt* vom 24. August 1972), wurde im Archiv der sozialen Demokratie der Friedrich-Ebert-Stiftung in Bonn gehalten. Vgl. auch Einleitung.

2 Grundsatzprogramm der Sozialdemokratischen Partei Deutschlands. Beschlossen vom Außerordentlichen Parteitag der Sozialdemokratischen Partei Deutschlands in Bad Godesberg vom 13. bis 15. November 1959, Bonn 1959, S. 7.

3 Der SPÖ-Parteitag fand vom 17. bis 19. April 1972 in Villach statt. Zur Rede Kreiskys vgl. u. a. *Presse* vom 19. April 1972.

4 Vgl. u. a. *Die Welt* vom 3. Juli 1972. Der Hamburger Landesparteitag der SPD fand am 1./2. Juli 1972 statt.

5 Protokoll 1946, S. 56. Der Titel der Rede Schumachers lautete „Aufgaben und Ziele der deutschen Sozialdemokratie".

6 Protokoll 1947, S. 52. Schumacher referierte über „Deutschland und Europa".

7 Ebd., S. 13.

8 Vgl. *Ehmke*, 1969.

9 Ebd., S. 164.

10 Vgl. *Brandt, Willy*: Idee und Wirklichkeit. Gespräch mit Bundeskanzler Willy Brandt, in: *Die Neue Gesellschaft* 17 (1970) 1, S. 23–41.

11 Vgl. *Der Sozialdemokrat* vom 28. April 1947. Der Titel der Rede von Reuter lautete „Ziele und Grundsätze der Sozialdemokratie".

12 Protokoll 1950, S. 83. Das Zitat stammt aus Schumachers Parteitagsrede zum Thema „Die Sozialdemokratie im Kampf für Deutschland und Europa": „Wir sind der Meinung, daß dieses wirtschaftliche Mitbestimmungsrecht in dem Prozeß der großen klassenpolitischen Auseinandersetzung in allernächster Zeit schon eine ähnliche Rolle spielen wird, wie der Kampf um das allgemeine Wahlrecht zu Zeiten Ferdinand Lassalles."

13 *Brandes, Georg*: Ferdinand Lassalle. Ein literarisches Charakterbild, Berlin 1877.

14 Rede Schumachers vom 6. Mai 1945 „Wir verzweifeln nicht!", in: *Albrecht* 1985, S. 203–240, hier S. 219.

15 Ebd., S. 232.

16 Ebd., S. 231.

17 Öffentliche Stellungnahme Schumachers „Was wollen die Sozialdemokraten?", Oktober 1945/Januar 1946, in: ebd., S. 375–384, hier S. 381. Schumacher benutzte im Original allerdings nicht den Begriff „demokratischer Sozialismus", sondern er sprach von „Sozialismus".

18 „Die Wandlungen um den Klassenkampf" (1946), in: *Scholz, Arno/Walther G. Oschilewski* (Hrsg.): Kurt Schumacher. Reden und Schriften, Berlin 1962, S. 297.

19 Die „Sozialistische Arbeiterpartei Deutschlands", ihre Vereine, Kassen und Presseorgane waren aufgrund des immer wieder verlängerten „Gesetzes gegen die gemeingefährlichen Bestrebungen der Sozialdemokratie" (kurz: „Sozialistengesetz") von 1878 bis 1890 verboten.

20 Richtig: „gar nicht".

21 Redebeitrag Bismarcks in der 6. Sitzung des Reichstages am 15. März 1884, in: *Stein, Philipp* (Hrsg.): Fürst Bismarcks Reden 1882–1884, Leipzig o. J., S. 148 und S. 151.

22 *Scholz, Arno/Oschilewski, Walther G.* (Hrsg.): Turmwächter der Demokratie. Ein Lebensbild von Kurt Schumacher, Bd. 3: Als er von uns ging, Berlin 1952, S. 23–27, hier S. 27.

23 Vorwort zum Aktionsprogramm der Sozialdemokratischen Partei Deutschlands, beschlossen auf dem Parteitag in Dortmund 1952, in: *Dowe/Klotzbach* 1978, S. 298–301, hier S. 298.

24 Richtig: „Wir deutschen Sozialdemokraten sind nicht britisch und nicht russisch, nicht amerikanisch und nicht französisch. Wir sind die Vertreter des deutschen arbeitenden Volkes und damit der deutschen Nation." (*Schumacher, Kurt*: „Programmatische Erklärungen" auf den Konferenzen von Wennigsen und Hannover 5./6. Oktober 1945, in: *Albrecht* 1985, S. 301–319, hier S. 311).

25 Internationale Sozialistische Konferenz in Zürich 6. bis 9. Juni 1947 – Protokoll, in: AdsD, NL Schumacher, Mappe 215.

26 Vgl. Nr. 78 Anm. 7.

27 Richtig: „Ein neues Deutschland würde seine höchste Aufgabe darin sehen, Bestandteil zu sein der Vereinigten Staaten von Europa" (Protokoll 1946, S. 44).

28 Am 9. Mai 1950 legte der französischen Außenminister Robert Schuman einen Plan zur Bildung einer westeuropäischen Montanunion vor, der nach ihm benannt wurde.

29 Brandt bezog sich hier auf eine Passage im Heidelberger Programm der SPD von 1925, in der es hieß: „Sie [die Sozialdemokratische Partei Deutschlands] tritt ein für die aus wirtschaftlichen Ursachen zwingend gewordene Schaffung der europäischen Wirtschaftseinheit, für die Bildung der Vereinigten Staaten von Europa, um damit zur Interessensolidarität der Völker aller Kontinente zu gelangen." Programm der Sozialdemokratischen Partei Deutschlands, beschlossen auf dem Parteitag in Heidelberg 1925, in: *Dowe/Klotzbach* 1978, S. 203–212, hier S. 212.

30 Brandt zitierte hier aus seiner Regierungserklärung vom 28. Oktober 1969 (Auftakt zur Ära Brandt. Gedanken zur Regierungserklärung Willy Brandts vom 28. Oktober 1969, Berlin 1999, S. 67–98, hier S. 98): „Wir stehen nicht am Ende unserer Demokratie, wir fangen erst richtig an. Wir wollen ein Volk der guten Nachbarn sein und werden im Inneren und auch nach außen."

31 Schumacher hatte sich vehement und mit Erfolg gegen eine Intervention der Westalliierten in der Frage des geplanten Grundgesetzes gewehrt, die darauf abzielten, Westdeutschland in einen Staatenbund aufzulösen. Vgl. u. a. *Albrecht* 1985, S. 140 ff.

32 Anspielungen auf die Zeitungen des Verlegers Axel Springer.

33 Das so genannte „Ahlener Programm" wurde vom Zonenausschuss der CDU der britischen Zone in Ahlen vom 1. bis 3. Februar 1947 beraten und beschlossen.

34 Der Artikel 15 des Grundgesetzes [Sozialisierung] lautet: „Grund und Boden, Naturschätze und Produktionsmittel können zum Zwecke der Vergesellschaftung durch ein Gesetz, das Art und Ausmaß der Entschädigung regelt, in Gemeineigentum oder in andere Formen der Gemeinwirtschaft überführt werden."

35 *Schmidt, Ute*: Christlich Demokratische Union Deutschlands, in: *Stöss* 1983, S. 527. Die „Frankfurter Leitsätze" wurden im September 1945 verabschiedet.

36 Richtig: dieser sozialen und wirtschaftlichen.

37 *Pulte, Peter*: Parteiprogramme, Neuwied u. a. 1980, S. 1.

38 Helmut Schmidt übernahm das Amt des Wirtschafts- und Finanzministers am 7. Juli 1972 von dem zurückgetretenen Karl Schiller. Vgl. u. a. *Süddeutsche Zeitung* vom 3. August 1972.

39 Grundsatzprogramm 1959, S. 14.

40 Löwenthal hatte auf einer Japanreise vom 29. März bis 9. April 1972 u. a. am 7. April 1972 im „Europa-Asien-Institut" in Tokio einen Vortrag zum Thema „The Soviet Union, China and Japan – an outline" (Die Sowjetunion, China und Japan – Ein Abriss) gehalten; vgl. AdsD, NL Löwenthal, 237. Der Vortrag ist publiziert in: *Löwenthal, Richard*: The Soviet Union, China and Japan, in: Survey. A journal of East and West Studies 18 (1972) 4, S. 30–37.

41 Rede auf der 4. Internationalen Arbeitstagung der IG-Metall in Oberhausen am 11. April 1972, in: *Eppler, Erhard*: Maßstäbe für eine humane Gesellschaft. Lebensstandard oder Lebensqualität?, Stuttgart 1974, S. 18–32, hier S. 30.

42 Vgl. *Ehmke, Horst/Ehrenberg, Herbert/Oertzen, Peter von* (Hrsg.): Orientierungsrahmen '85. Text und Diskussion. Bearb. v. *Heiner Lindner*, Bonn-Bad Godesberg 1976.

Nr. 96

1 Die Eintragungen unter dem 21. August 1972 wurden handschriftlich, die des Folgetages maschinenschriftlich niedergeschrieben.

2 Vgl. Nr. 94 Anm. 1.

3 Vgl. Nrn. 31A und 59A.

4 Damit trat er auch aus dem Parteipräsidium aus. Hans-Jochen Vogel wurde am 24. August 1972 zu seinem Nachfolger gewählt; vgl. Nr. 97.

5 Schiller war am 7. Juli 1972, nach Auseinandersetzungen im Kabinett, von seinem Amt als Bundeswirtschafts- und -finanzminister zurückgetreten.

6 Nachdem Schiller am 24. September 1972 aus der SPD ausgetreten war, notierte Brandt: „Nachsatz betr. Schiller Parteiaustritt [...] Erinnern: Scheel hatte mir [19]69 vorausgesagt, Schiller werde nicht darauf verzichten wollen, auch den nächsten Wahlkampf gegen den Bu[ndes]ka[nzler] zu führen, und er werde vielleicht zu spät merken, dass es sich diesmal beim Kanzler um den eigenen Parteivorsitzenden handelt."

7 Schreiben Grass' an Brandt, 21. August 1972, AdsD, WBA, A 8, 6.

8 Hs. eingefügt.

9 Vgl. *Grass, Günter*: Aus dem Tagebuch einer Schnecke, Hamburg 1972. Grass hat in diesem Werk seine Erfahrungen aus dem Bundestagswahlkampf des Jahres 1969 literarisch verarbeitet.

10 Hs. eingefügt.

Nr. 97

1 Hs. von Brandt eingefügt.

2 Vgl. Nr. 96 Anm. 4.

3 Vgl. Nr. 95.

4 Hs. von Brandt eingefügt.

5 Hs. von Brandt eingefügt.

Nr. 98

1 Vgl. Sitzung des Präsidiums, 4. September 1972, in: AdsD, SPD-Parteivorstand, PV-Protokolle, September 1972.

2 Vom 26. August bis 11. September 1972 fanden in Kiel und München die XX. Olympischen Spiele statt.

3 Das Interview ist unter dem Titel „Willy Brandt: ‚Ein weiblicher Bundeskanzler – warum nicht?'" am 8. Oktober 1972 in: *Der Stern* erschienen.

4 Der „Bericht der Bundesregierung über die Maßnahmen zur Verbesserung der Situation der Frau" wurde am 1. August 1972 dem Bundestagspräsidenten übergeben.

Nr. 99

1 Schmid hatte nach der Bundestagswahl 1969 erklärt, dass er sich bei der nächsten Wahl nicht wieder für ein Bundestagsmandat bewerben wolle. 1972 machte er diesen Entschluss rückgängig. In seinem Mannheimer Wahlkreis hatte man sich jedoch bereits für einen jüngeren Kandidaten entschieden; so wurde versucht, Schmid einen Platz auf der Landesliste von Nordrhein-Westfalen zu sichern. Diesem Wunsch der Parteiführung entsprach jedoch der Landesparteitag nicht. Eine Kandidatur Schmids kam nicht mehr zustande.

2 Am 19./20. Oktober 1972 tagten in Paris die Staats- und Regierungschefs der sechs EG-Staaten sowie Dänemarks, Großbritanniens und Irlands.

Nr. 100

1 Am 3. November 1972 wurde das so genannte „Rotbuch" auf dem Wahlkongress der CSU in München veröffentlicht.

2 Dort hieß es wörtlich: „Nun, auch seine letzte Frau Ruth [sic] zeigte sich neben Brandt in Berlin in norwegischer Uniform

und übte als Mitglied der norwegischen KP einen entsprechenden Einfluß auf ihren Mann aus."

3 Auch dieser Ausspruch ist dem „Rotbuch" entlehnt.

4 Eine der CDU/CSU nahestehende „Wählerinitiative" hatte Anzeigen, die zur Wahl der CDU/CSU aufriefen, unter der Überschrift „Sicherheit auch für unsere jüdischen Mitbürger" mit einem Foto veröffentlicht, das Adenauer und Ben Gurion zeigte.

Nr. 101

1 Brandt meinte hier eine großangelegte Anzeigenkampagne zugunsten der CDU, die von Teilen der deutschen Industrie finanziert wurde.

2 Am 22. November 1972 fanden in Helsinki Vorgespräche zwischen Vertretern aller Staaten Europas – mit Ausnahme Albaniens – sowie der USA und Kanadas über eine einzuberufende „Konferenz über Sicherheit und Zusammenarbeit in Europa" statt.

3 Am 31. Januar 1973 begannen in Wien Vorgespräche über eine Truppenreduzierung zwischen NATO und Warschauer Pakt (MBFR-Konferenz).

Nr. 102

1 Es ist der Tag der Bundestagswahl 1972.

2 Zum Wahlergebnis vgl. Anhang.

Nr. 103

1 Zum Wahlergebnis vgl. Anhang.

2 Vgl. Einleitung.

3 Am 18. September 1973 wurden sowohl die Bundesrepublik als auch die DDR in die Vereinten Nationen aufgenommen.

4 Nicht die beiden deutschen Regierungschefs, sondern ihre Unterhändler Egon Bahr und Michael Kohl unterzeichneten am 21. Dezember 1972 den „Grundlagenvertrag" zwischen der Bundesrepublik und der DDR. Vgl. Berliner Ausgabe, Bd. 6.

Anhang

Übersicht über Wahlergebnisse

Ergebnisse der Land- und Stadtkreiswahlen in den Westzonen 1946 in Prozent der gültigen Stimmen:

	Baden Landkreiswahlen 28. April 1946	Bayern Land- und Stadtkreiswahlen April/Mai 1946[1]	Hessen Land- und Stadtkreiswahlen April/Mai 1946[1]	Baden Stadtkreiswahlen 26. Mai 1946	Rheinland-Pfalz Land- und Stadtkreiswahlen September/Oktober 1946[3]	Niedersachsen Land- und Stadtkreiswahlen 13. Oktober 1946	Nordrhein-Westfalen Land- und Stadtkreiswahlen 13. Oktober 1946	Schleswig-Holstein Land- und Stadtkreiswahlen 13. Oktober 1946
CDU	58,4	60,1[2]	36,9	37,8	54,7	22,5	46,0	37,3
SPD	29,2	28,1	43,2	38,1	30,2	42,0	33,4	42,0
FDP	4,8	2,3	7,3	11,0	5,9	7,6	4,3	6,1
KPD	6,0	4,9	9,3	13,1	7,6	5,1	9,4	5,1
Sonst.	1,6	4,6	3,3	–	1,6	22,8[4]	6,9[5]	9,5
Wahlbeteilig.	*66,7 %*	*77,2 %*	*75,7 %*	*78,7 %*	*80,9 %*	*68,7 %*	*74,4 %*	*70,5 %*

1 28.4.1946: Landkreiswahlen, 26.5.1946: Stadtkreiswahlen. 2 CSU. 3 Wahlen am 15.9.1946 und 13.10.1946. 4 Davon NLP: 19,8 %. 5 Davon Z: 6,1 %

Quellen: *Ritter, Gerhard A./Niehuss, Merith*: Wahlen in Deutschland 1946–1991, München 1991. *Schwarz, Hans-Peter*: Die Ära Adenauer. Epochenwechsel 1957–1963 (Geschichte der Bundesrepublik Deutschland, Bd. 3), Wiesbaden 1983.

Ergebnis der Wahl zur Berliner Stadtverordnetenversammlung 1946 für Groß-Berlin in Prozent der gültigen Stimmen:

	SPD	SED	CDU	LDP	*Wahlbeteilig.*
Groß-Berlin 20. Oktober	48,7	19,8	22,2	9,3	*92,3 %*

Ergebnisse der Landtags- und Bürgerschaftswahlen 1946 in den Westzonen in Prozent der gültigen Stimmen:

	Bayern 30. Juni	Hessen 30. Juni	Württemberg-Baden 30. Juni	Bremen 13. Oktober	Hamburg 13. Oktober	Württemberg-Baden 24. November	Bayern 1. Dezember	Hessen 1. Dezember
CDU	58,3[1]	37,2	40,9	19,3	26,7	38,4	52,3[1]	31,0
SPD	28,8	44,3	32,3	48,0	43,1	31,9	28,6	42,7
FDP	2,5	8,1	16,8	16,9	18,2	19,5	5,6	15,7
KPD	5,3	9,7	10,0	11,5	10,4	10,3	6,1	10,7
Sonstige	5,1[2]	0,6	–	4,3	1,6	–	7,4[2]	–
Wahlbeteilig.	*71,7 %*	*71,7 %*	*68,2 %*	*81,6 %*	*79,0 %*	*72,2 %*	*75,7 %*	*73,2 %*

1 CSU. 2 WAV.

Ergebnisse der Landtags- und Bürgerschaftswahlen 1947 in den Westzonen in Prozent der gültigen Stimmen:

	Schleswig-Holstein 20. April	Niedersachsen 20. April	Nordrhein-Westfalen 20. April	Rheinland-Pfalz 18. Mai	Baden 18. Mai	Württemberg-Hohenzollern 18. Mai	Saarland 5. Oktober	Bremen 12. Oktober
CDU	34,1	19,9	37,6	47,2	55,9	54,2	–	22,0
SPD	43,8	43,4	32,0	34,3	22,4	20,8	32,8[4]	41,7
FDP	5,0	8,8	5,9	9,8	14,3	17,7	7,6[5]	19,4[7]
KPD	4,7	5,6	14,0	8,7	7,4	7,3	8,4	8,8
Sonstige	12,5[1]	22,3[2]	10,6[3]	–	–	–	51,2[6]	8,1
Wahlbeteilig.	*69,8 %*	*65,1 %*	*76,3 %*	*77,9 %*	*67,8 %*	*66,4 %*	*95,7 %*	*67,8 %*

1 Davon SSW: 9,3 %. 2 Davon NLP: 17,9 %. 3 Davon Z: 9,8 %. 4 SPS. 5 DPS. 6 CVP. 7 Bremer Demokratische Volkspartei: 13,9 %, FDP: 5,5 %.

Ergebnisse der Bundestagswahlen 1949–1972 in Prozent der gültigen Zweitstimmen:

	14. August 1949	6. September 1953	15. September 1957	17. September 1961	19. September 1965	28. September 1969	19. November 1972
CDU/CSU	31,0	45,2	50,2	45,3	47,6	46,1	44,9
SPD	29,2	28,8	31,8	36,2	39,3	42,7	45,8
FDP	11,9	9,5	7,7	12,8	9,5	5,8	8,4
KPD	5,7	2,2	–	–	–	–	–
Sonst.	22,2	14,3[1]	10,3	5,7	3,6	5,4[2]	0,9
Wahlbeteilig.	*78,5 %*	*86,0 %*	*87,8 %*	*87,7 %*	*86,8 %*	*86,7 %*	*91,1 %*

1 Davon GB/BHE: 5,9 %. 2 Davon NPD: 4,3 %.

Ergebnis der Bundestagswahl am 19. September 1965 in einzelnen Ländern in Prozent der gültigen Zweitstimmen:

	Niedersachsen	Saarland	Baden-Württemberg	Bremen	Schleswig-Holstein
CDU	45,8	46,8	49,9	34,0	48,2
SPD	39,8	39,8	33,0	48,5	38,8
FDP	10,9	8,6	13,1	11,7	9,4
Sonstige	3,5	4,8	3,8	5,8	3,6
Wahlbeteilig.	*87,3 %*	*89,2 %*	*84,8 %*	*86,1 %*	*85,9 %*

Ergebnisse verschiedener Landtagswahlen zwischen 1960 und 1968 in Prozent der gültigen Stimmen:

	Saarland 4. Dezember 1960	Nordrhein-Westfalen 8. Juli 1962	Schleswig-Holstein 23. September 1962	Hessen 11. November 1962	Bayern 25. November 1962
CDU	36,6	46,4	45,0	28,8	47,5[3]
SPD	30,0	43,3	39,2	50,8	35,3
FDP	13,8	6,9	7,9	11,5	5,9
Sonstige	19,6[1]	–	6,5	6,3[2]	4,8
Wahlbeteilig.	*79,1 %*	*73,4 %*	*70,1 %*	*77,7 %*	*76,9 %*

Fortsetzung der Tabelle von S. 597

	Berlin (West) 17. Februar 1963	**Rheinland-Pfalz 31. März 1963**	**Niedersachsen 19. Mai 1963**	**Bremen 29. September 1963**	**Hamburg 27. März 1966**
CDU	28,8	44,4	37,7	28,9	33,0
SPD	61,9	40,7	44,9	54,7	59,0
FDP	7,9	10,1	8,8	8,4	6,8
Sonstige	1,3	4,8	8,5	8,1[4]	4,2
Wahlbeteilig.	*89,9 %*	*75,5 %*	*76,9 %*	*76,1 %*	*69,8 %*

	Nordrhein-Westfalen 10. Juli 1966	**Hessen 6. November 1966**	**Bayern 20. November 1966**	**Berlin (West) 12. März 1967**	**Rheinland-Pfalz 23. April 1967**
CDU	42,8	26,4	48,1[6]	32,9	46,7
SPD	49,5	51,0	35,8	56,9	36,8
FDP	7,4	10,4	5,1	7,1	8,3
Sonstige	0,3	12,2[5]	11,0[7]	3,2	8,2[8]
Wahlbeteilig.	*76,5 %*	*81,0 %*	*80,6 %*	*86,2 %*	*78,5 %*

	Schleswig-Holstein 23. April 1967	**Niedersachsen 4. Juni 1967**	**Bremen 1. Oktober 1967**	**Baden-Württemberg 28. April 1968**
CDU	46,0	41,7	29,5	44,2
SPD	39,4	43,1	46,0	29,0
FDP	5,9	6,9	10,5	14,4
Sonstige	8,7[9]	8,3[10]	14,0[11]	12,4[12]
Wahlbeteilig.	*74,1 %*	*74,8 %*	*77,0 %*	*70,7 %*

1 Davon CVP/SVP: 11,4 %, DDU: 5,0 %. 2 GDP/BHE. 3 CSU. 4 Davon DP: 5,2 %. 5 Davon NPD: 7,9 %. 6 CSU. 7 Davon NPD: 7,4 %. 8 Davon NPD: 6,9 %. 9 Davon NPD: 5,8 %. 10 Davon NPD: 7,0 %. 11 Davon NPD: 8,8 %. 12 Davon NPD: 9,8 %.

Quellen- und Literaturverzeichnis

Archivalische Quellen

Willy-Brandt-Archiv im Archiv der sozialen Demokratie der Friedrich-Ebert-Stiftung, Bonn

Persönliche Unterlagen/Biographische Materialien (A 1)
Publizistische Äußerungen Willy Brandts 1933–1992 (A 3)
Allgemeine Korrespondenz (A 4)
Beruflicher Werdegang und politisches Wirken in Berlin 1947–1966 (A 6)[1]
Bundesminister des Auswärtigen und Vizekanzler der Regierung der Großen Koalition 1966–1969 (A 7)
Bundeskanzler und Bundesregierung 1969–1974 (A 8)
Schriftwechsel/Aufzeichnungen geheim (A 9)
Sozialdemokratische Partei Deutschlands: Parteivorsitzender/ Parteipräsidium/ Parteivorstand (1964–1987) (A 11)
Persönliche Korrespondenz 1968–1980 (A 11.1)
Verbindungen mit Mitgliedern des Präsidiums, sozialdemokratischen Bundesministern und Staatssekretären in obersten Bundesbehörden (A 11.3)
Verbindungen mit Referaten, Abteilungen, Büros des Erich-Ollenhauer-Hauses, Gremien beim Parteivorstand sowie Arbeitsgemeinschaften und Verbänden in der SPD (Bundesebene) (A 11.4)
Verbindungen mit regionalen Parteigliederungen, Landesverbände und Bezirke (A 11.5)
Verbindungen mit regionalen Parteiorganisationen (A 11.6)
Verbindungen mit Gruppierungen in der SPD sowie mit SPD-nahen Vereinigungen, Organisationen und Stiftungen (A 11.7)
Mitgliedschaften Willy Brandts in Gremien beim Parteivorstand (A 11.8)
SPD-Parteitage. Kongresse und Veranstaltungen (A 11.9)

1 Der Bestand „Beruflicher Werdegang und Berlin" (A 6) ist nach der Benutzung umgeordnet worden, deshalb sind die Angaben der Mappennummerierung aus diesem Bestand mit dem Zusatz (alt) versehen.

Allgemeine Korrespondenz
Wahlen (A 18)
Akten aus dem Privathaus Willy Brandts in Unkel/Rhein (B 25)
Leo Bauer
Verbindungen mit der Fraktion

Archiv Helmut Schmidt, Hamburg

Archiv der sozialen Demokratie der Friedrich-Ebert-Stiftung, Bonn
IG-Metall-Archiv: Vorstand
Nachlass Fritz Erler
Nachlass Richard Löwenthal
Nachlass Erich Ollenhauer
Nachlass Carlo Schmid
Depositum Helmut Schmidt
Nachlass Kurt Schumacher
Nachlass Fritz Sternberg
Sammlung Personalia
SPD-Bundestagsfraktion
SPD-Parteivorstand
Zeitgeschichtliche Sammlung: infratest

Landesarchiv Berlin
E Rep. 2000–18, Nr. 27/1

Stiftung-Bundespräsident-Theodor-Heuss-Haus, Stuttgart
Nachlass Heuss N 1221 (= BArch Koblenz)

Veröffentlichte Quellen

I. Veröffentlichungen Willy Brandts

Brandt, Willy: Weitergeführte Demokratie, in: Der Monat 1 (1949) 5, S. 29–33.

Brandt, Willy/Löwenthal, Richard: Ernst Reuter. Ein Leben für die Freiheit. Eine politische Biographie, München 1957.

Brandt, Willy: Mein Weg nach Berlin. Aufgezeichnet von *Leo Lania*, München 1960.

Brandt, Willy: Das Regierungsprogramm der SPD. Außerordentlicher Kongress der SPD, Bonn 28. April 1961 (als Manuskript gedruckt).
Brandt, Willy: Koexistenz – Zwang zum Wagnis, Stuttgart 1963.
Brandt, Willy: Draußen. Schriften während der Emigration. Hrsg. von *Günter Struve*, München 1966.
Brandt, Willy: Braucht die Politik Schriftsteller?, in: Die Neue Gesellschaft 18 (1971) 1, S. 51–53.
Brandt, Willy: Über den Tag hinaus. Eine Zwischenbilanz, Hamburg 1974.
Brandt, Willy: Begegnungen und Einsichten. Die Jahre 1960–1975, Hamburg 1976.
Brandt, Willy: Links und frei. Mein Weg 1930–1950, Hamburg 1982.
Brandt, Willy: Erinnerungen, Berlin-Frankfurt/Main 1994 (erw. Aufl.).
Schumacher, Kurt/Ollenhauer, Erich/Brandt, Willy: Der Auftrag des demokratischen Sozialismus, Bonn 1972.

II. Veröffentlichte Quellen

Adenauer, Konrad: Reden 1917–1967. Eine Auswahl. Hrsg. von *Hans-Peter Schwarz*, Stuttgart 1975.
Albrecht, Willy (Hrsg.): Kurt Schumacher. Reden – Schriften – Korrespondenzen, Berlin-Bonn 1985.
Albrecht, Willy (Hrsg.): Die SPD unter Kurt Schumacher und Erich Ollenhauer 1946 bis 1963. Sitzungsprotokolle der Spitzengremien, Bd. 1: 1946 bis 1948, Bonn 1999.
Auftakt zur Ära Brandt. Gedanken zur Regierungserklärung Willy Brandts vom 28. Oktober 1969 (Schriftenreihe der Bundeskanzler-Willy-Brandt-Stiftung, Heft 5), Berlin 1999.
Bahr, Egon: Zu meiner Zeit, München 1996.
Böhme, Erich/Wirtgen, Klaus (Hrsg.): Willy Brandt. Die SPIEGEL-Gespräche 1959–1992, Stuttgart 1993.
Dowe, Dieter/Klotzbach, Kurt (Hrsg.): Programmatische Dokumente der deutschen Sozialdemokratie, Berlin-Bonn 1978.

Dowe, Dieter (Hrsg.): Protokolle und Materialien des Allgemeinen Deutschen Arbeitervereins (inkl. Splittergruppen). Mit einer Einleitung von *Cora Stephan*, Berlin-Bonn 1980 (Nachdruck).

Ehmke, Horst (Hrsg.): Perspektiven. Sozialdemokratische Politik im Übergang zu den siebziger Jahren, Reinbek 1969.

Ehmke, Horst: Mittendrin. Von der Großen Koalition zur Deutschen Einheit, Berlin 1994.

Ehmke, Horst/Ehrenberg, Herbert/Oertzen, Peter von (Hrsg.): Orientierungsrahmen '85. Text und Diskussion. Bearb. von *Heiner Lindner*, Bonn-Bad Godesberg 1976.

Grass, Günter: Rede über das Selbstverständliche, in: Ders.: Essays und Reden I, 1955–1959 (Günter Grass: Werkausgabe, Bd. 14), Göttingen 1997, S. 147–163.

Grundgesetz für die Bundesrepublik Deutschland. Textausgabe, Bonn 1985.

Grundsatzprogramm der Sozialdemokratischen Partei Deutschlands. Beschlossen vom Außerordentlichen Parteitag der Sozialdemokratischen Partei Deutschlands in Bad Godesberg vom 13. bis 15. November 1959, Bonn 1959.

Hölscher, Wolfgang (Bearb.): Die SPD-Fraktion im Deutschen Bundestag. Sitzungsprotokolle 1957–1961 (Quellen zur Geschichte des Parlamentarismus und der politischen Parteien, Vierte Reihe, Bd. 8/II), Düsseldorf 1993.

Jahrbuch der Sozialdemokratischen Partei Deutschlands 1952/53, Bielefeld o. J.

Jahrbuch der Sozialdemokratischen Partei Deutschlands 1954/55, Hannover-Bonn o. J.

Jahrbuch der Sozialdemokratischen Partei Deutschlands 1956/57, Hannover-Bonn o. J.

Jahrbuch der Sozialdemokratischen Partei Deutschlands 1958/59, Hannover-Bonn o. J.

Jahrbuch der Sozialdemokratischen Partei Deutschlands 1960/61, Hannover-Bonn o. J.

Jahrbuch der Sozialdemokratischen Partei Deutschlands 1962/63, Hannover-Bonn o. J.

Jahrbuch der Sozialdemokratischen Partei Deutschlands 1964/65, Bonn o. J.
Jahrbuch der Sozialdemokratischen Partei Deutschlands 1966/67, Bonn o. J.
Jahrbuch der Sozialdemokratischen Partei Deutschlands 1968/69, Bonn o. J.
Jahrbuch der Sozialdemokratischen Partei Deutschlands 1970/72, Bonn o. J.
Jenaczek, Friedrich (Hrsg.): Ferdinand Lassalle. Reden und Schriften. Mit einer Lassalle-Chronik, München 1970.
Kautsky, Karl: Das Erfurter Programm in seinem grundsätzlichen Teil erläutert von Karl Kautsky, Stuttgart 1892.
Kautsky, Karl: Kommentar zum Heidelberger Programm der Sozialdemokratie, Berlin 1925.
Kempski, Hans Ulrich: Um die Macht. Sternstunden und sonstige Abenteuer mit den Bonner Bundeskanzlern 1949 bis 1999, Berlin 1999.
Krause, Werner/Gröf, Wolfgang (Hrsg.): Willy Brandt ... auf der Zinne der Partei ... Parteitagsreden 1960 bis 1983, Berlin-Bonn 1984.
Krone, Heinrich: Tagebücher. Erster Band: 1945–1961. Bearb.: Otto Kleinmann, Düsseldorf 1995.
Musulin, Janko (Hrsg.): Proklamationen der Freiheit, Frankfurt/Main 1959.
Potthoff, Heinrich (Bearb.): Die SPD-Fraktion im Deutschen Bundestag. Sitzungsprotokolle 1961–1966, Erster Halbband: 1.–72. Sitzung 1961–1963 (Quellen zur Geschichte des Parlamentarismus und der politischen Parteien, Vierte Reihe, Bd. 8/III), Düsseldorf 1993.
Ders. (Bearb.): Die SPD-Fraktion im Deutschen Bundestag. Sitzungsprotokolle 1961–1966, Zweiter Halbband: 73.–167. Sitzung 1964–1966 (Quellen zur Geschichte des Parlamentarismus und der politischen Parteien, Vierte Reihe, Bd. 8/III), Düsseldorf 1993.
Protokoll über die Verhandlungen des Parteitages der Sozialdemokratischen Partei Deutschlands. Abgehalten zu Erfurt vom 14. bis 20. Oktober 1891, Bonn-Berlin 1978 (Nachdruck).

Protokoll der Verhandlungen des Parteitages der Sozialdemokratischen Partei Deutschlands vom 9. bis 11. Mai 1946 in Hannover, Hamburg 1947.
Protokoll der Verhandlungen des Parteitages der Sozialdemokratischen Partei Deutschlands vom 11. bis 14. September 1948 in Düsseldorf, Hamburg o. J.
Protokoll der Verhandlungen des Parteitages der SPD vom 21. bis 25. Mai 1950 in Hamburg, Hamburg 1950.
Protokoll der Verhandlungen des Parteitages der Sozialdemokratischen Partei Deutschlands vom 24. bis 28. September 1952 in Dortmund, Bonn o. J.
Protokoll der Verhandlungen des Parteitages der Sozialdemokratischen Partei Deutschlands vom 20. bis 24. Juli 1954 in Berlin, Berlin o. J.
Protokoll der Verhandlungen des Parteitages der Sozialdemokratischen Partei Deutschlands vom 10. bis 14. Juli 1956 in München, Bonn o. J.
Protokoll der Verhandlungen des Parteitages der Sozialdemokratischen Partei Deutschlands vom 18. bis 23. Mai 1958 in Stuttgart, Hannover-Bonn o. J.
Protokoll der Verhandlungen des Außerordentlichen Parteitages der Sozialdemokratischen Partei Deutschlands vom 13.–15. November 1959 in Bad Godesberg, Hannover-Bonn o. J.
Protokoll der Verhandlungen und Anträge vom Parteitag der Sozialdemokratischen Partei Deutschlands in Hannover 21. bis 25. November 1960, Bonn 1961.
Protokoll der Verhandlungen vom Parteitag der Sozialdemokratischen Partei Deutschlands in Köln vom 26. bis 30. Mai 1962, Bonn 1962.
Protokoll der Verhandlungen des außerordentlichen Parteitages der Sozialdemokratischen Partei Deutschlands in Bad Godesberg vom 15. bis 16. Februar 1964, Bonn 1964.
Protokoll der Verhandlungen des Parteitages der Sozialdemokratischen Partei Deutschlands vom 23. bis 27. November in Karlsruhe 1964, Hannover/Bonn 1965.

Protokoll der Verhandlungen des Parteitages der Sozialdemokratischen Partei Deutschlands vom 1. bis 5. Juni 1966 in Dortmund, Hannover-Bonn 1967.
Protokoll der Verhandlungen des Parteitages der Sozialdemokratischen Partei Deutschlands vom 17. bis 21. März 1968, Hannover-Bonn 1968.
Protokoll der Verhandlungen des Parteitages der Sozialdemokratischen Partei Deutschlands vom 11. bis 14. Mai 1970 in Saarbrücken, Bonn o. J.
Roosevelt spricht. Die Kriegsreden des Präsidenten, Stockholm 1945.
Schmidt, Helmut: Weggefährten. Erinnerungen und Reflexionen, Berlin 1996.
Scholz, Arno/Oschilewski, Walther G. (Hrsg.): Turmwächter der Demokratie. Ein Lebensbild von Kurt Schumacher, Bd. 3: Als er von uns ging, Berlin 1952.
Scholz, Arno/Oschilewski, Walther G. (Hrsg.): Kurt Schumacher. Reden und Schriften, Berlin 1962.
Schütz, Klaus: Logenplatz und Schleudersitz. Erinnerungen, Berlin-Frankfurt/Main 1992.
Sozialdemokratische Partei Deutschlands (Hrsg.): Entwurf zu einem Grundsatzprogramm, Bonn 1958.
Stein, Philipp (Hrsg.): Fürst Bismarcks Reden 1882–1884, Leipzig o. J.
Weber, Petra (Bearb.): Die SPD-Fraktion im Deutschen Bundestag. Sitzungsprotokolle 1949–1957, Erster Halbband: 1.–181. Sitzung 1949–1953 (Quellen zur Geschichte des Parlamentarismus und der politischen Parteien, Vierte Reihe, Bd. 8/I), Düsseldorf 1993.
Dies. (Bearb.): Die SPD-Fraktion im Deutschen Bundestag. Sitzungsprotokolle 1949–1957, Zweiter Halbband: 182.–328. Sitzung 1953–1957 (Quellen zur Geschichte des Parlamentarismus und der politischen Parteien, Vierte Reihe, Bd. 8/I), Düsseldorf 1993.
Wehner, Herbert: Wandel und Bewährung. Ausgewählte Reden und Schriften 1930–1975. Hrsg. von *Gerhard Jahn*, Berlin-Frankfurt/Main 1976 (erw. Aufl.).

III. Magazine, Pressedienste, Zeitungen

Arbeiterbladet
Berliner Stimme
Generalanzeiger (Bonn)
Frankfurter Allgemeine
Frankfurter Rundschau
Handelsblatt
Parlamentarisch-Politischer-Pressedienst (PPP)
Quick
Rheinischer Merkur
Der Spiegel
SPD Pressemitteilungen und Informationen
Süddeutsche Zeitung
Südwest Presse
Stuttgarter Zeitung
Vorwärts
Die Welt
Die Zeit

Zitierte Literatur

Andrzejewski, Marek/Rinklake, Hubert: „Man muß doch informiert sein, um leben zu können". Erich Brost. Danziger Redakteur, Mann des Widerstandes, Verleger und Chefredakteur der Westdeutschen Allgemeinen Zeitung, Bonn 1997.

Appelius, Stefan: Heine. Die SPD und der lange Weg zur Macht, Essen 1999.

Arend, Peter: Die innerparteiliche Entwicklung der SPD 1966–1975, Diss. Köln 1974.

Ashkenasi, Abraham: Reformpartei und Außenpolitik. Die Außenpolitik der SPD Berlin-Bonn, Köln-Opladen 1968.

Baring, Arnulf: Machtwechsel. Die Ära Brandt-Scheel, Stuttgart 1982.

Bender, Peter: Die ‚Neue Ostpolitik' und ihre Folgen. Vom Mauerbau bis zur Vereinigung, 4. Aufl., München 1996.

Bouvier, Beatrix W.: Zwischen Godesberg und Großer Koalition. Der Weg der SPD in die Regierungsverantwortung. Außen-, sicherheits- und deutschlandpolitische Umorientierungen und gesellschaftliche Öffnung der SPD 1960–1966, Bonn 1990.

Bouvier, Beatrix W.: Ausgeschaltet. Sozialdemokraten in der Sowjetischen Besatzungszone und in der DDR 1945–1953, Bonn 1996.

Brandes, Georg: Ferdinand Lassalle. Ein literarisches Charakterbild, Berlin 1877.

Brandt, Peter u. a.: Karrieren eines Außenseiters. Leo Bauer zwischen Kommunismus und Sozialdemokratie 1912 bis 1972, Berlin-Bonn 1983.

Burnham, James: Das Regime der Manager, Stuttgart 1948.

Eppler, Erhard: Maßstäbe für eine humane Gesellschaft. Lebensstandard oder Lebensqualität?, Stuttgart 1974.

Erler, Fritz/Jaeger, Richard: Sicherheit und Rüstung, Köln 1962.

Görtemaker, Manfred: Geschichte der Bundesrepublik Deutschland. Von der Gründung bis zur Gegenwart, München 1999.

Grass, Günter: Aus dem Tagebuch einer Schnecke, Hamburg 1972.

Grebing, Helga: Die Parteien, in: *Benz, Wolfgang* (Hrsg.): Die Geschichte der Bundesrepublik Deutschland, Bd. 1, Frankfurt/Main 1989, S. 71–150.

Grebing, Helga: Kurt Schumacher als Parteivorsitzender und seine Kontrahenten, in: *Haus der Geschichte der Bundesrepublik Deutschland* (Hrsg.): Kurt Schumacher und seine Politik, Berlin 1996 [a], S. 13–28.

Grebing, Helga: „Neubau" statt „Wiederaufbau" der SPD – die Lehren aus der Weimarer Republik, in: *Dowe, Dieter* (Hrsg.): Kurt Schumacher und der „Neubau" der deutschen Sozialdemokratie nach 1945, Bonn 1996 [b], S. 73–89.

Grebing, Helga: Probleme einer Neubestimmung demokratisch-sozialistischer Politik nach 1945, in: *Faulenbach, Bernd/Potthoff, Heinrich* (Hrsg.): Sozialdemokraten und Kommunisten nach Nationalsozialismus und Krieg. Zur historischen Einordnung der Zwangsvereinigung, Essen 1998, S. 55–68.

Grebing, Helga: Willy Brandt – Ein Leben für Freiheit und Sozialismus (Schriftenreihe der Bundeskanzler-Willy-Brandt-Stiftung, Heft 4), Berlin 1999.

Grebing, Helga: Ideengeschichte des Sozialismus in Deutschland II (1933–1989), in: *Dies.* (Hrsg.): Geschichte der sozialen Ideen in Deutschland, Essen 2000.

Heimann, Siegfried: Die Sozialdemokratische Partei Deutschlands, in: *Stöss, Richard* (Hrsg.): Parteien-Handbuch. Die Parteien der Bundesrepublik Deutschland 1945–1980, Bd. 2, Opladen 1984, S. 2025–2216.

Klotzbach, Kurt: Der Weg zur Staatspartei. Programmatik, praktische Politik und Organisation der deutschen Sozialdemokratie 1945–1965, Bonn (Neuauflage) 1996.

Löer, Wigbert: Ausflug zur Macht, noch nicht wiederholt. Die Sozialdemokratische Wählerinitiative und ihre Rudimente im Bundestagswahlkampf 1998, in: *Dürr, Tobias/Walter, Franz* (Hrsg.): Solidargemeinschaft und fragmentierte Gesellschaft. Parteien, Milieus und Verbände im Vergleich, Opladen 1999, S. 379–393.

Löwenthal, Richard: Die Kontinuität der Bewegung – 100 Jahre Kampf um die Demokratie, in: Der Politologe. Berliner Zeitschrift für Politische Wissenschaft, 4 (1963) 13, S. 11–17.

Löwenthal, Richard: The Soviet Union, China and Japan, in: Survey. A journal of East and West studies 18 (1972) 4, S. 30–37.

Lorenz, Einhart: Willy Brandt in Norwegen. Die Jahre des Exils 1933 bis 1940, Kiel 1989.

Lösche, Peter/Walter, Franz: Die SPD. Klassenpartei-Volkspartei-Quotenpartei, Darmstadt 1992.

Malycha, Andreas: Auf dem Weg zur SED. Die Sozialdemokratie und die Bildung einer Einheitspartei in den Ländern der SBZ, Bonn 1995.

Miller, Susanne/Potthoff, Heinrich: Kleine Geschichte der SPD. Darstellung und Dokumentation, 7. Aufl., Bonn 1991.

Müller, Albrecht: Willy wählen '72. Siege kann man machen, Annweiler 1997.

Münkel, Daniela: Zwischen Diffamierung und Verehrung. Das Bild Willy Brandts in der bundesdeutschen Öffentlichkeit (bis 1974), in: *Tessmer, Carsten* (Hrsg.): Das Willy-Brandt-Bild in Deutschland und Polen (Schriftenreihe der Bundeskanzler-Willy-Brandt-Stiftung, Heft 6), Berlin 2000, S. 23–40.

Münkel, Daniela: Intellektuelle für die SPD. Die sozialdemokratische Wählerinitiative, in: *Hertfelder, Thomas/Hübinger, Gangolf* (Hrsg.): Kritik und Mandat. Intellektuelle in der deutschen Politik, Stuttgart 2000, S. 222–238.

Osterroth, Franz/Schuster, Dieter: Chronik der deutschen Sozialdemokratie, Bd. III: Nach dem Zweiten Weltkrieg, 2. Aufl., Bonn 1978.

Potthoff, Heinrich: Im Schatten der Mauer. Deutschlandpolitik 1961 bis 1990, Berlin 1991.

Prittie, Terence: Willy Brandt. Biographie, Frankfurt/Main 1973.

Pulte, Peter: Parteiprogramme, Neuwied u. a. 1980.

Rudolph, Karsten: Die sechziger Jahre. Das Jahrzehnt der Volksparteien?, in: Zeitschrift für Parlamentsfragen 30 (1999) 2, S. 362–376.

Saage, Richard: Faschismustheorien, Baden-Baden 1997.

Seebacher-Brandt, Brigitte: Bebel. Künder und Kärrner im Kaiserreich, 2. Aufl., Bonn 1990.

Schmidt, Ute: Christlich Demokratische Union Deutschlands, in: *Stöss, Richard* (Hrsg.): Parteien-Handbuch. Die Parteien der Bundesrepublik Deutschland 1945–1980, 2 Bde., Opladen 1983.

Schneider, Andrea H.: Die Kunst des Kompromisses. Helmut Schmidt und die Große Koalition 1966–1969, Paderborn u. a. 1999.

Schneider, Michael: Kleine Geschichte der Gewerkschaften. Ihre Entwicklung in Deutschland von den Anfängen bis heute, Bonn 1989.

Schöllgen, Gregor: Die Außenpolitik der Bundesrepublik Deutschland. Von den Anfängen bis zur Gegenwart, Bonn 1999.

Schönhoven, Klaus: Entscheidung für die Große Koalition. Die Sozialdemokratie in der Regierungskrise im Spätherbst 1966, in: *Pyta,*

Wolfram/Richter, Ludwig (Hrsg.): Gestaltungskraft des Politischen. Festschrift für Eberhard Kolb, Berlin 1998, S. 379–397.
Schwarz, Hans-Peter: Adenauer. Bd. 2: Der Staatsmann 1952–1967, München 1994.
Sering, Paul (d.i. Löwenthal, Richard): Jenseits des Kapitalismus, Lauf b. Nürnberg 1946.
Soell, Hartmut: Fritz Erler – Eine politische Biographie, 2 Bde., Bonn 1976.
Sontheimer, Kurt: So war Deutschland nie. Anmerkungen zur politischen Kultur der Bundesrepublik, München 1999.
Varga, Eugen: Veränderungen in der kapitalistischen Wirtschaft im Gefolge des Zweiten Weltkrieges, Moskau 1946.
Das Wahlkontor deutscher Schriftsteller in Berlin 1965. Versuch einer Parteinahme, Berlin 1990.
Walser, Martin (Hrsg.): Die Alternative oder Brauchen wir eine neue Regierung?, Reinbek 1961.
Weber, Petra: Carlo Schmid 1896–1979. Eine Biographie, München 1996.
Wildenmann, Rudolf/Scheuch, Erwin K.: Der Wahlkampf 1961 im Rückblick, in: *Dies.*: Zur Soziologie der Wahl (Kölner Zeitschrift für Soziologie und Sozialpsychologie, Sonderheft 9), Köln-Opladen 1965, S. 39–73.
Winkler, Heinrich August: Kurt Schumacher und die nationale Frage, in: *Haus der Geschichte der Bundesrepublik Deutschland* (Hrsg.): Kurt Schumacher und seine Politik, Berlin 1996, S. 41–52.
Winkler, Heinrich August: Von der Revolution zur Stabilisierung. Arbeiter und Arbeiterbewegung in der Weimarer Republik 1918–1924, Bonn 1984.
Zons, Achim: Das Denkmal. Bundeskanzler Willy Brandt und die linksliberale Presse, München 1984.

Abkürzungsverzeichnis

ADAV	Allgemeiner Deutscher Arbeiterverein
AdsD	Archiv der sozialen Demokratie
a.o.	außerordentlich
APO	Außerparlamentarische Opposition
ARD	Arbeitsgemeinschaft der öffentlich-rechtlichen Rundfunkanstalten der Bundesrepublik Deutschland
AUD	Aktionsgemeinschaft unabhängiger Deutscher
BArch	Bundesarchiv
BBC	British Broadcasting Corporation (Britische Rundfunkgesellschaft)
BGBl	Bundesgesetzblatt
BHE	Block der Heimatvertriebenen und Entrechteten
BPA	Bundespresseamt
BS	*Berliner Stadtblatt*, ab 1952 die Wochenzeitung *Berliner Stimme*
CDU	Christlich-Demokratische Union Deutschlands
ČSSR	Československá Socialistická Republika (Tschechoslowakische Sozialistische Republik)
CSU	Christlich-Soziale Union in Bayern
CVP	Christliche Volkspartei des Saarlandes
DDP	Deutsche Demokratische Partei
DDR	Deutsche Demokratische Republik
DDU	Deutsche Demokratische Union
DFU	Deutsche Friedens-Union
DGB	Deutscher Gewerkschaftsbund
DKP	Deutsche Kommunistische Partei
DNA	Det norske Arbeiderpartiet (Norwegische Arbeiterpartei)
DOG	Deutsche Olympische Gesellschaft
DP	Deutsche Partei
dpa	Deutsche Presse Agentur
DPS	Demokratische Partei Saar

DVP	Deutsche Volkspartei
EFTA	European Free Trade Association (Europäische Freihandelsassoziation)
EG	Europäische Gemeinschaft
Emnid	Erforschung, Meinung, Nachrichten, Informationsdienst. Institut für Markt-, Meinungs- und Sozialforschung
EVG	Europäische Verteidigungsgemeinschaft
EWG	Europäische Wirtschaftsgemeinschaft
FAZ	Frankfurter Allgemeine Zeitung
FDJ	Freie Deutsche Jugend
FDP	Freie Demokratische Partei
FES	Friedrich-Ebert-Stiftung
FU	Freie Universität
FV	Fraktionsvorstand
FVP	Freie Volkspartei
GB	Gesamtdeutscher Block
GDP	Gesamtdeutsche Partei
GmbH	Gesellschaft mit beschränkter Haftung
GVP	Gesamtdeutsche Volkspartei
IG Metall	Industriegewerkschaft Metall
infas	Institut für angewandte Sozialwissenschaft
Jusos	Jungsozialisten
Kominform	Kommunistisches Informationsbüro
KPČ	Kommunistische Partei der Tschechoslowakei
KPD	Kommunistische Partei Deutschlands
KPdSU	Kommunistische Partei der Sowjetunion
KSZE	Konferenz über Sicherheit und Zusammenarbeit in Europa
KZ	Konzentrationslager
LV	Landesverband
MBFR	Mutual Balanced Forces Reductions (Beiderseitig ausgewogene Truppenverminderungen)
MdB	Mitglied des Bundestages
MdL	Mitglied des Landtages

MdPR	Mitglied des Parlamentarischen Rates
Md(N)R	Mitglied des (Norddeutschen) Reichstages
MPr	Ministerpräsident
NATO	North Atlantic Treaty Organization (Organisation des Nordatlantikpakts)
NL	Nachlass
NLP	Niedersächsische Landespartei
NOK	Nationales Olympisches Komitee
NPD	Nationaldemokratische Partei Deutschlands
NRW	Nordrhein-Westfalen
NS	Nationalsozialismus
NSDAP	Nationalsozialistische Deutsche Arbeiterpartei
OECD	Organization for Economic Cooperation and Development (Organisation für wirtschaftliche Zusammenarbeit und Entwicklung)
OEEC	Organization for European Economic Cooperation (Organisation für wirtschaftliche Zusammenarbeit in Europa)
OHG	Offene Handelsgesellschaft
OMGUS	Office of the Military Goverment (for Germany), United States (Amt der US-amerikanischen Militärregierung für Deutschland)
ORB	Ostdeutscher Rundfunk Brandenburg
PPP	Parlamentarisch-Politischer-Pressedienst
PR	Parteirat
PV	Parteivorstand
RAF	Rote Armee Fraktion
Rbm	Regierender Bürgermeister
RIAS	Rundfunk im amerikanischen Sektor
SAGs	Soziale Arbeitsgemeinschaften
SAP bzw. SAPD	Sozialistische Arbeiterpartei Deutschlands
SBZ	Sowjetische Besatzungszone
SDAJ	Sozialistische Deutsche Arbeiterjugend
SDS	Sozialistischer Deutscher Studentenbund

SED	Sozialistische Einheitspartei Deutschlands
SEW	Sozialistische Einheitspartei Westberlins
SFB	Sender Freies Berlin
SHAPE	Supreme Headquarters of the Allied Powers in Europe (Oberstes Hauptquartier der vereinigten Streitkräfte in Europa)
SHB	Sozialdemokratischer Hochschulbund (ab März 1971 Sozialistischer Hochschulbund)
SMAD	Sowjetische Militäradministration in Deutschland
Sopade	Sozialdemokratische Partei Deutschlands
SPD	Sozialdemokratische Partei Deutschlands
SPÖ	Sozialistische Partei Österreichs (seit 1991 Sozialdemokratische)
SPS	Sozialdemokratische Partei Saar
SRP	Sozialistische Reichspartei
SSW	Südschleswigscher Wählerverband
StGB	Strafgesetzbuch
SU	Sowjetunion
SVP	Saarländische Volkspartei
SWF	Südwestfunk
SWI	Sozialdemokratische Wählerinitiative
SZ	Süddeutsche Zeitung
TH	Technische Hochschule
TNT	2,4,6-Trinitrotoluol (u.a. Vergleichseinheit für die Sprengwirkung von Atombomben)
TU	Technische Universität
UFA	Universum Film Aktiengesellschaft
UN	verkürzte Fassung von UNO
UNESCO	United Nations Educational, Scientific and Cultural Organization (Organisation der Vereinten Nationen für Erziehung, Wissenschaft und Kultur)
UNO	United Nations Organization (Organisation der Vereinten Nationen)
USA	United States of America (Vereinigte Staaten von Amerika)

VVN	Vereinigung der Verfolgten des Nazi-Regimes
WAV	Wirtschaftliche Aufbauvereinigung
WBA	Willy-Brandt-Archiv
WDR	Westdeutscher Rundfunk
WEU	Westeuropäische Union
Z	Zentrum
ZDF	Zweites Deutsches Fernsehen
ZK	Zentralkomitee
Z.W.L.	Zentrale Wahlkampfleitung

Editionsgrundsätze

Die Berliner Ausgabe zeichnet anhand von Quellen, die nach wissenschaftlichen Kriterien ausgewählt werden, das politische Wirken Willy Brandts nach. Dabei werden die unterschiedlichen Funktionen und Ämter Brandts und thematisch abgrenzbare Tätigkeitsfelder jeweils gesondert behandelt. Die vorliegenden Dokumentenbände stützen sich vorwiegend auf Materialien aus dem Willy-Brandt-Archiv (WBA) im Archiv der sozialen Demokratie der Friedrich-Ebert-Stiftung. Veröffentlichte Dokumente und Schriftstücke aus anderen Archiven werden übernommen, wenn sie ursprünglicher oder vollständiger sind als Schriftstücke aus dem WBA, wenn sie Lücken im Brandt-Nachlass schließen oder ihr Inhalt eine Aufnahme in die Edition nahe legt.

In beschränktem Umfang werden in die Edition auch Quellen aufgenommen, deren Verfasser nicht Willy Brandt selbst ist, die aber in unmittelbarem Bezug zu seinem politischen Denken und Tun stehen. So finden sich in den Bänden sowohl Briefe oder sonstige Mitteilungen an Willy Brandt als auch Vorlagen seiner Mitarbeiter.

Die Edition richtet sich in Übereinstimmung mit dem gesetzlich festgelegten politischen Bildungsauftrag der Bundeskanzler-Willy-Brandt-Stiftung (BWBS) an eine breite historisch-politisch interessierte Öffentlichkeit. Dies war sowohl bei der Auswahl der zu publizierenden Dokumente als auch bei ihrer Aufbereitung und Kommentierung zu beachten. Deshalb finden vereinzelt auch Materialien Berücksichtigung, die z. B. Einblick in den Alltag eines Spitzenpolitikers und Staatsmannes gewähren. Sämtliche fremdsprachigen Texte wurden ins Deutsche übertragen und sind als Übersetzungen kenntlich gemacht.

Die durchnummerierten Dokumente sind grundsätzlich chronologisch angeordnet. Ausschlaggebend dafür ist das Datum des betreffenden Ereignisses, bei zeitgenössischen Veröffentlichungen das Datum der Publikation. Einzelne Bände der Berliner Ausgabe verbinden aus inhaltlichen Gründen eine themenbezogene systematische Gliederung mit dem chronologischen Ordnungsprinzip. Ein Dokument, das als Anlage kenntlich gemacht oder aus dem Textzusammenhang als Anlage erkennbar ist, gilt mit Blick auf die Reihenfolge und die Nummerierung nicht als eigenständig, wenn das Hauptdokument, dem es beigegeben ist, ebenfalls abgedruckt wird. In diesem Fall trägt es die Nummer des Hauptdokuments zuzüglich eines Großbuchstabens (in alphabetischer Reihenfolge) und wird im Dokumentenkopf ausdrücklich als Anlage ausgewiesen. Das Datum der Anlage ist für die Einordnung unerheblich.

Der Dokumentenkopf umfasst Dokumentennummer, Dokumentenüberschrift und Quellenangabe. Die Dokumentenüberschrift vermittelt auf einen Blick Informationen zum Datum, zur Art des Dokuments und zu den jeweils unmittelbar angesprochenen handelnden Personen. Die Quellenangaben weisen in der Regel nur den Fundort des Originals nach, nach dem das Dokument abgedruckt wird. Fremdsprachige Archivnamen und Bestandsbezeichnungen sind in den Angaben des Dokumentenkopfes ins Deutsche übersetzt.

Wird das Dokument unvollständig wiedergegeben, wird es in der Dokumentenüberschrift als Auszug bezeichnet.

Zum Dokument gehören sämtliche im Originaltext enthaltenen Angaben. Dazu zählen im einzelnen: Datum und Uhrzeiten, Klassifizierung, Anrede, Anwesenheits- oder Teilnehmerlisten, Überschriften und Zwischenüberschriften, Schlussformeln, Unterschriften, Namenskürzel, hand- oder maschinenschriftliche Zusätze, Kommentare und Korrekturen, sofern sie nicht einen deutlich späteren Zeitbezug haben. Auf eine Reihe dieser Angaben wird beim Abdruck verzichtet, wenn sie inhaltlich unerheblich oder schon im Dokumentenkopf enthalten sind. Dies gilt insbesondere für Datumsangaben, Absenderanschriften, Adressen und ebenso für Überschriften, sofern diese dem Dokumentenkopf weitestgehend entsprechen. Hand- bzw. maschinenschriftliche Vermerke oder Kommentare, die sich auf das Dokument insgesamt beziehen, werden unabhängig von ihrer Aussagekraft immer in der Anmerkung wiedergegeben, wenn sie von Brandt selbst stammen; dies gilt ebenso für die Paraphe oder andere Kürzel Brandts sowie Stempel bzw. Vermerke, mit denen bestätigt wird, dass Brandt Kenntnis von dem Schriftstück genommen hat. Übrige Vermerke, Paraphen oder Stempel werden nur dann in eine Anmerkung aufgenommen, wenn dies aus Sicht des jeweiligen Bearbeiters aus inhaltlichen Gründen geboten ist.

Streichungen im Original erscheinen nicht im Dokumententext, alle hand- bzw. maschinenschriftlichen Zusätze oder Korrekturen werden in der Regel *unkommentiert* in den Dokumententext übernommen, da sie allesamt als vom jeweiligen Verfasser genehmigt gelten können. Wird solchen Ergänzungen, Verbesserungen oder Streichungen jedoch eine wichtige inhaltliche Aussagekraft zugeschrieben, wird dies insoweit in textkritischen Anmerkungen erläutert. Im Text selbst werden solche Passagen in spitze Klammern „‹ ›“ gesetzt. Unterschriften und Paraphen des Verfassers eines Dokuments werden in der Regel kommentiert, Unterstreichungen, Bemerkungen und Notizen am Rand nur dann, wenn dies inhaltlich geboten erscheint.

Bei der Wiedergabe der Dokumente wird ein Höchstmaß an Authentizität angestrebt. Die im jeweiligen Original gebräuchliche Schreibweise sowie Hervorhebungen werden unverändert übernommen. Dies gilt ebenso für die Wiedergabe von Eigennamen aus slawischen Sprachen, die im übrigen Text grundsätzlich in der transkribierten Form erscheinen. Das Layout folgt weitgehend dem Original, sofern Absätze, Zeilenausrichtung und Aufzählungen betroffen sind. Offensichtliche „Verschreibfehler“ werden hingegen ohne weiteren Hinweis verbessert, es sei denn, sie besitzen inhaltliche Aussagekraft. Sinnentstellende Passagen und Zusätze werden im Dokumententext belassen, Streichungen solcher Art nicht rückgängig gemacht und in textkritischen Anmerkungen mit der gebotenen Zurückhaltung erläutert. Ebenso wird mit schwer verständlichen oder heute nicht mehr gebräuchlichen Ausdrücken verfahren. Sachlich falsche Angaben in der Vorlage werden im Anmerkungsapparat korrigiert. Tarnnamen und -bezeichnungen sowie sonstige „Codes“ oder schwer zu deutende Formulierungen werden in eckigen Klammern im Dokumententext aufgeschlüsselt. Abkürzungen im Originaltext werden in der Regel im Abkürzungsverzeichnis aufgelöst. Im

Dokumententext selbst werden sie – in eckigen Klammern – nur dann entschlüsselt, wenn es sich um ungewöhnliche Kurzschreibformen handelt.

Die Berliner Ausgabe enthält einen bewusst knapp gehaltenen Anmerkungsteil, der als separater Abschnitt dem Dokumententeil angehängt ist. Die Zählung der Anmerkungen erfolgt durchgehend für die Einleitung und für jedes einzelne Dokument. Der Kommentar soll in erster Linie Hilfe für die Leserin und den Leser sein. Er ergänzt die im Dokumentenkopf enthaltenen formalen Informationen, gibt textkritische Hinweise, erläutert knapp Ereignisse oder Sachverhalte, die aus dem Textzusammenhang heraus nicht verständlich werden oder der heutigen Erfahrungswelt fremd sind, weist in den Dokumenten erwähntes veröffentlichtes Schriftgut nach und liefert Querverweise auf andere Quellentexte innerhalb der Edition, sofern sie in einem engeren Bezug zueinander stehen. Es ist nicht Aufgabe des Kommentars, Ereignisse oder Sachverhalte, die in den edierten Schriftstücken angesprochen sind, *detailliert* zu rekonstruieren. Ebenso wenig sollen weitere nicht abgedruckte Aktenstücke oder anderes Schriftgut mit dem Ziel nachgewiesen werden, den geschichtlichen Kontext der abgedruckten Quellentexte in ihrer chronologischen und inhaltlichen Abfolge sichtbar zu machen und damit Entscheidungsprozesse näher zu beleuchten.

Es bleibt der Einführung zu den einzelnen Bänden vorbehalten, das edierte Material in den historischen Zusammenhang einzuordnen, die einzelnen Dokumente in Bezug zueinander zu setzen sowie zentrale Begriffe ausführlich zu klären. Darüber hinaus unterzieht sie das politische Wirken Brandts und die jeweiligen historischen Rahmenbedingungen seiner Politik einer kritischen Bewertung. Aufgabe der Einführung ist es auch, die Auswahl der Dokumente zu begründen, in der gebotenen Kürze den Forschungsstand zu referieren und auf einschlägige Sekundärliteratur hinzuweisen.

Eine erste Orientierung in jedem Band bietet dem Leser das durchnummerierte Dokumentenverzeichnis mit Angabe der Seitenzahlen, über das sich jedes Dokument nach Datum, Bezeichnung des Vorgangs und der daran beteiligten Personen erschließen lässt.

Das Personenregister listet die Namen aller in der Einführung, im Dokumententeil einschließlich Dokumentenverzeichnis und im Anmerkungsapparat genannten Personen mit Ausnahme des Namens von Willy Brandt auf, sofern sie nicht im Rahmen selbständiger bibliographischer Angaben ausgewiesen sind; es enthält zusätzlich biographische Angaben, insbesondere zu den maßgeblichen Funktionen, die die angesprochenen Personen während der vom jeweiligen Band erfassten Zeitspanne ausübten. Die alphanumerisch geordneten Schlagwörter des Sachregisters, denen weitere Unterbegriffe zugeordnet sein können, ermöglichen einen gezielten, thematisch differenzierten Zugriff. Das Quellen- und Literaturverzeichnis vermittelt – mit Ausnahme von Artikeln in Tages-, Wochen- oder monatlich erscheinenden Zeitungen bzw. Pressediensten – einen Überblick über die im Rahmen der Bearbeitung des jeweiligen Bandes der Berliner Ausgabe eingesehenen Archivbestände und die benutzte Literatur.

Carsten Tessmer

Personenregister

Abendroth, Wolfgang (1906–1985), 1948 ordentlicher Professor in Jena, 1948 Flucht in die britische Besatzungszone, 1950–1972 Professor für Politikwissenschaft in Marburg, 1961 Ausschluss aus der SPD wegen Kontakten zum SDS, 1962 Mitbegründer und Vorstandsmitglied des „Sozialistischen Bundes" 546

Adenauer, Konrad (1876–1967), Mitbegründer der rheinländischen CDU, 1946–1950 Erster Vorsitzender der CDU in der britischen Besatzungszone, 1950–1966 Vorsitzender der CDU, 1948–1949 Präsident des Parlamentarischen Rates, 1949–1963 Bundeskanzler, 1949–1967 MdB, 1951–1955 Bundesaußenminister 36, 41 f., 44 f., 135, 137, 142, 146, 151, 168, 190, 229, 256, 261, 263, 266–270, 290, 298 f., 304, 340, 360, 522, 530, 534 f., 544, 546, 548, 557–560, 568 f., 592

Agartz, Viktor (1897–1964), 1947 MdL Nordrhein-Westfalen (SPD), 1948–1955 Leiter des Wirtschaftswissenschaftlichen Instituts der Gewerkschaften, 1958 Ausschluss aus der SPD 21

Ahlers, Conrad (1922–1980), 1949–1951 Tätigkeit beim *Hamburger Sonntagsblatt*, 1951–1952 Chef vom Dienst im BPA, 1952–1966 Journalist für verschiedene Presseorgane, darunter 1962–1966 stellv. Chefredakteur des Magazins *Der Spiegel*, 1966–1968 stellv. Leiter, 1969–1972 Leiter des BPA 1972–1980 MdB (SPD) 534

Ahlers, Sybille, Tochter von Conrad und Heilwig → Ahlers 524

Albertz, Heinrich (1915–1993), 1947–1955 MdL Niedersachsen, 1948–1951 Flüchtlingsminister und 1951–1955 Sozialminister in Niedersachsen, 1959 Bevollmächtigter des SPD-Parteivorstands in Berlin und Chef der Berliner Senatskanzlei, 1961–1963 und 1965–1966 Innensenator Berlin, 1966–1967 Regierender Bürgermeister von Berlin 26, 271, 287, 560

Anders, Karl (1907–1997), eigentl. Name: Kurt Wilhelm Naumann, 1934–1946 Emigration, 1940 Anschluss an die sozialistische Widerstandsgruppe *Neu Beginnen* (vorher KPD), 1945–1949 Deutschland-Berichterstatter für die BBC, *Die Zeitung* und *Observer*, 1946–1960 Leiter des Nest-Verlags Nürnberg–Frankfurt am Main, 1953–1957 Geschäftsführer und Verlagsleiter der *Frankfurter Rundschau*, 1958–1959 Berater der Konzentration Aktiengesellschaft in Bonn, 1960/61 Mitarbeiter der ZWL der SPD, 1971–1974 Mitglied der Grundwerte-Kommission der SPD 70, 225–227, 478, 556, 566

Arp, Erich (geb. 1909), 1946–1947 Minister für Aufbau und Arbeit, 1947–1949 für Ernährung, Landwirtschaft und Forsten in Schleswig-Holstein (SPD), 1946–1950 MdL Schleswig-Holstein, 1949 Austritt aus der SPD wegen Kontakten zur SED, 1957 Wiedereintritt in die SPD, 1961–1974 Mitglied der Hamburger Bürgerschaft 98, 540

Augstein, Rudolf (geb. 1923), seit 1947 Herausgeber des Nachrichtenmagazins *Der Spiegel*, 1962–1963 Verhaftung im Zuge der sog. „Spiegel-Affäre", 1972 MdB (FDP) 534

Baader, Andreas (1944–1977), 1970 Mitbegründer und führendes Mitglied der „Rote Armee Fraktion" 582

Bahr, Egon (geb. 1922), 1945–1950 Journalist für verschiedene Presseorgane, 1950–1960 RIAS Berlin, 1953–1954 dessen Chefredakteur, 1956 Beitritt zur SPD, 1960–1966 Leiter des Presse- und Informationsamtes des Landes Berlin, 1966–1967 Sonderbotschafter im Auswärtigen Amt, 1967–1969 Leiter dessen Planungsstabs, 1969–1972 Staatssekretär im Bundeskanzleramt, zusätzlich Bundesbevollmächtigter für Berlin, 1972–1974 Bundesminister für besondere Aufgaben, 1972–1990 MdB (SPD) 72, 224–226, 268, 303–305, 524, 555, 565–567, 573, 592

Barsig, Franz (1924–1988), 1947–1948 stellv. Leiter des Büros der Deutschen Nachrichtenagentur, 1948–1954 Leiter des Ressorts Innen- und Wirtschaftspolitik beim SPD-Parteiorgan *Vorwärts*, 1954–1958 Pressereferent der SPD-Bundestagsfraktion, 1958–1965 Sprecher des SPD-Parteivorstands, 1965–1968 Chefredakteur der Hauptabteilung „Aktuelles Programm" und stellv. Intendant beim Deutschlandfunk, 1968–1977 Intendant des SFB 354, 566

Barzel, Rainer (geb. 1924), 1949–1956 Tätigkeiten in der Verwaltung Nordrhein-Westfalens, 1956–1987 MdB (CDU), 1962–1963 Bundesminister für Gesamtdeutsche Fragen, 1964–1973 Vorsitzender der CDU/CSU-Bundestagsfraktion, 1971–1973 Vorsitzender der CDU 481, 499 f., 503, 521 f., 525, 576

Baudissin, Wolf Graf (1907–1993), ab 1951 Beteiligung am Aufbau westdeutscher Streitkräfte, 1955 Eintritt als Oberst in die Bundeswehr, 1959 Chef des Generalstabs im NATO-Hauptquartier, 1963–1965 Kommandeur des NATO-Defence College, 1965–1967 Chef des Stabes für Planung und Operationen im SHAPE, 1968 Eintritt in die SPD 581, 587

Bauer, Leo (1912–1972), 1949–1950 Chefredakteur des *Deutschlandsenders* in der DDR, Bruch mit der SED und Flucht aus der DDR, 1961–1968 politischer Redakteur des *Stern*, 1968–1972 Chefredakteur der SPD-nahen Zeitschrift *Die Neue Gesellschaft* 75, 425–427, 580 f.

Bebel, August (1840–1913), 1869 Mitbegründer der Sozialdemokratischen Arbeiterpartei, 1875 Mitbegründer der Sozialistischen Arbeiterpartei, 1867–1881 und 1883–1913 MdNR bzw. MdR, 1892–1913 Vorsitzender der SPD 104, 114, 290, 295, 298, 315, 378, 456 f., 492, 496, 514, 561, 564

Becker, Walter (1920–1990), Professor am Universitätsklinikum in Bonn, Arzt Willy Brandts 524

Beermann, Friedrich (1912–1975), 1955–1959 militärtechnischer Berater der SPD-Bundestagsfraktion, 1959–1968 im Auslandsdienst der Bundeswehr, u. a. Mitarbeiter der deutschen Vertretung der NATO-Kommission in Washington, Militärattaché der deutschen Botschaft in Neu Dehli, 1968–1969 deutscher Bevollmächtigter bei der

NATO-Gruppe Nord, 1969–1975 MdB (SPD) 69 f., 200 f., 211 f., 551, 553 f.

Behrendt, Walter (1914–1997), 1957–1976 MdB (SPD), 1971–1973 Präsident des Europäischen Parlaments 352

Ben-Gurion, David (1886–1973), 1921–1933 Generalsekretär der von ihm mitbegründeten jüdischen Arbeiterorganisation Histadrut, 1930 Mitbegründer der Mapai (Arbeiterpartei, Austritt 1956), 1948 nach Gründung des Staates Israel Ministerpräsident und Verteidigungsminister (bis 1953 und 1955–1963) 592

Bernhard, Georg (1875–1944), 1909 Mitglied der Direktion des Ullstein-Verlags, 1928–1933 MdR (SPD), 1933 Ausschluss aus dem Reichsverband der deutschen Presse, 1934 Aberkennung der deutschen Staatsbürgerschaft, 1933–1939 Exil in Paris 564

Bernstein, Eduard (1850–1932), 1878 Redakteur des Parteiorgans *Der Sozialdemokrat*, 1888–1901 Exil in London, 1891 Mitverfasser des „Erfurter Programms" der SPD, Theoretiker des „Revisionismus", 1902–1906, 1912–1918 und 1920–1928 MdR (SPD, 1917–1919 USPD) 542

Bismarck, Otto Fürst von (1815–1898), 1861–1890 preußischer Ministerpräsident, 1871–1890 Reichskanzler 290, 319, 491 f., 496, 589

Blachstein, Peter (1911–1977), 1931 Eintritt in die SAP, 1933–1934 aus politischen Gründen in Haft, 1935 Flucht nach Skandinavien, 1949–1976 Mitglied des SPD-Landesvorstands Hamburg, 1949–1969 MdB (SPD), 1968–1969 Botschafter in Belgrad 70, 227 f., 350, 557

Blücher, Franz (1896–1959), 1945 Mitbegründer der FDP, 1947 Mitglied im Wirtschaftsrat, 1949–1959 MdB (bis 1956 FDP), 1949–1954 Vorsitzender der FDP, 1956 Austritt aus der FDP und Mitbegründer der FVP, 1949–1957 Bundesminister für Angelegenheiten des Marshall-Plans und Vizekanzler, 1958–1959 Mitglied der Hohen Behörde der Montanunion 192, 549

Blum, Leon (1872–1950), 1936–1938 und 1946–1947 sozialistischer Ministerpräsident Frankreichs 564

Blüm, Norbert (geb. 1935), 1966–1968 Redakteur der *Sozialen Ordnung*, 1968–1975 Hauptgeschäftsführer der CDU-Sozialausschüsse, seit 1969 MdB (CDU), 1982–1998 Bundesminister für Arbeit und Sozialordnung 503

Börner, Holger (geb. 1931), 1957–1976 MdB (SPD), 1961–1964 Juso-Bundesvorsitzender, 1967–1972 Staatssekretär im Bundesministerium für Verkehr (ab 1969 auch Staatssekretär im Bundesministerium für Post- und Fernmeldewesen), 1972–1976 Bundesgeschäftsführer der SPD, 1976–1987 Ministerpräsident von Hessen, ab 1987 Vorsitzender der FES 59, 518 f., 521

Bolten, Seymour R. (1921–1985), 1945–1949 Mitarbeiter der Abteilung Political Parties des Civil Administration Office von OMGUS 68, 142–144

Bortfeldt, Hermann (1911–1985), Journalist, 1960–1961 Kulturpolitischer Referent beim SPD-Parteivorstand, 1962–1963 Redakteur der *bonner depesche*, 1963–1966 Abteilungsleiter des Büros für Veröffentlichungen des SPD-Parteivorstands und Chefredakteur der *bonner depesche*, ab 1967 Abteilungsleiter

Kultur der Deutschen Welle 71, 275, 278–281, 285 f., 565

Brandes, Georg (eigentl. Morris Cohen) (1842–1927), dänischer Schriftsteller und Wegbereiter des Naturalismus 489

Brandt, Lars (geb. 1951), Sohn von → Rut und Willy Brandt, Bildender Künstler 310, 476

Brandt, Mathias (geb. 1961), Sohn von → Rut und Willy Brandt, Schauspieler 476, 524

Brandt, Peter (geb. 1948), Sohn von → Rut und Willy Brandt, seit 1990 Professor für Neuere Geschichte an der Fernuniversität Hagen 143, 310, 476

Brandt, Rut (geb. 1920), geb. Hansen, 1947 Sekretärin Willy Brandts an der norwegischen Militärmission in Berlin, ab 1947 freie Journalistin für skandinavische Zeitungen, 1948–1980 verheiratet mit Willy Brandt 144, 175, 282, 325, 334, 461, 466, 476, 516, 521, 538, 571, 591

Brauer, Max (1887–1973), 1946–1953 und 1957–1961 Erster Bürgermeister der Freien und Hansestadt Hamburg, seit 1949 Mitglied des Deutschen Rats der Europäischen Bewegung, 1961–1965 MdB (SPD) 24, 35, 201, 222, 555 f., 572

Braune, Heinrich (1904–1990), Chefredakteur und später Herausgeber der *Hamburger Morgenpost* 568

Breitscheid, Rudolf (1874–1944), 1918–1919 preußischer Innenminister, 1920–1933 MdR (SPD), 1928–1933 Vorsitzender der SPD-Reichstagsfraktion, 1933 Flucht ins Exil nach Paris, 1941 an Deutschland ausgeliefert, 1941–1944 KZ-Haft in Buchenwald, 1944 bei einem Luftangriff umgekommen 564

Brenner, Otto (1907–1972), 1931 Mitbegründer der SAP, 1933 Verhaftung durch die Gestapo und Verurteilung zu zwei Jahren Haft, 1945 Mitbegründer der Gewerkschaften und der SPD in Niedersachsen, 1951–1953 MdL Niedersachsen (SPD), 1952–1972 Vorsitzender der IG Metall 74, 348, 375–380, 574 f.

Brost, Erich (1903–1995), 1924–1936 Redakteur der „Danziger Volksstimme", Abgeordneter des Volkstags, 1936 Emigration nach Polen und weiter über Schweden und Finnland nach Großbritannien, 1946–1947 Chefredakteur der *Neuen Ruhr-Zeitung* Essen, 1946–1947 Beauftragter des SPD-Parteivorstands in Berlin, ab 1948 Gründer, Chefredakteur und Herausgeber der *Westdeutschen Allgemeinen Zeitung* 22, 82–85, 544 f.

Brüning, Heinrich (1885–1970), 1930–1932 Reichskanzler (Zentrum) 313

Carlsson, E., Pseudonym → Rut Brandts 87

Castrup, Heinz (1927–1988), 1954–1963 persönlicher Referent → Erich Ollenhauers, 1966–1974 Direktor des Büros des SPD-Präsidiums 278, 389, 580

Conrad, Kurt (1911–1982), 1947–1952 MdL Saarland, 1952 Austritt aus der SPS, 1955–1968 MdL Saarland (SPD), seit 1955 Mitglied des SPD-Parteivorstandes, 1957–1959 MdB, 1955–1958 Arbeitsminister, 1959–1961 Innenminister des Saarlands, 1960–1970 Vorsitzender der SPD-Landtagsfraktion im Saarland 351

Chruschtschow, Nikita Sergejewitsch (1894–1971), 1934–1966 Vollmitglied des ZK der KPdSU, 1939–1964 Mitglied des Politbüros, 1947–1949 Vorsitzender des ukrainischen Ministerrats, 1949 Sekretär des ZK der KPdSU, 1953–1964 Erster Sekretär des ZK der KPdSU, 1958–1964 Ministerpräsident 329 f., 551 f., 567

Dehnkamp, Willy (1903–1985), 1951–1967 Mitglied der Bremer Bürgerschaft (SPD), 1951–1965 Senator für Bildungswesen Bremen, 1965–1967 Bürgermeister von Bremen 572

Deist, Heinrich (1902–1964), 1941–1949 Wirtschaftsprüfer, ab 1949 geschäftsführendes Mitglied der Stahltreuhändervereinigung, 1953–1964 MdB (SPD), 1958–1964 stellv. Vorsitzender der SPD-Bundestagsfraktion 35, 201, 226, 280, 555 f., 565

Dirks, Walter (1901–1991), 1945 Mitbegründer der CDU Hessen, 1945–1985 Herausgeber der *Frankfurter Hefte*, 1956–1966 Leiter der Hauptabteilung Kultur des Westdeutschen Rundfunks, 1967–1977 Kommentator beim SWF 500

Dohnanyi, Klaus von (geb. 1928), 1960 Mitbegründer des Meinungsforschungsinstituts Infratest in München, 1968–1969 Staatssekretär im Bundeswirtschaftsministerium, 1969–1981 MdB (SPD), 1969–1972 Parlamentarischer Staatssekretär im Bundesministerium für Bildung und Wissenschaft, 1972–1974 Bundesminister für Bildung und Wissenschaft, 1981–1988 Erster Bürgermeister Hamburgs 280, 562

Dubček, Alexander (1921–1992), ab 1958 Mitglied des ZK der slowakischen Kommunistischen Partei, 1968–1969 Erster Sekretär des ZK der KSČ, nach dem Einmarsch der Truppen des Warschauer Paktes Entmachtung, 1969–1970 Botschafter in der Türkei, 1970 Verlust aller Ämter 580

Dudda, Waldemar (geb. 1925), 1964–1968 Bürgermeister von Uetersen (SPD), 1967–1975 MdL Schleswig-Holstein 54 f., 536

Dutschke, Rudi (1940–1979), 1958 Studienverbot in der DDR wegen Wehrdienstverweigerung, Lehre als Industriekaufmann, 1960–1969 Studium der Soziologie an der Freien Universität Berlin, 1963 Mitglied der „Subversiven Aktion", 1964 Mitglied des SDS, seit 1967 führender Kopf des „antiautoritären Lagers" innerhalb der SDS, 1968 durch Attentat schwer verletzt, 1969–1971 Studium in London, 1971 Ausweisung aus England, ließ sich daraufhin in Dänemark nieder 409, 578

Ebert, Friedrich (1871–1925), 1912–1918 MdR (SPD), 1913–1919 SPD-Vorsitzender, 1918 Vorsitzender des Rats der Volksbeauftragten und Reichskanzler, 1919–1925 Reichspräsident 292 f., 295, 565

Ehmke, Horst (geb. 1927), Professor für Rechtswissenschaften in Freiburg, 1967–1969 Staatssekretär im Bundesjustizministerium, 1969 Bundesjustizminister, 1969–1972 Bundesminister und Chef des Kanzleramtes, 1972–1974 Bundesminister für Forschung und Technologie sowie für das Post- und Fernmeldewesen, 1969–1990 MdB (SPD) 518, 536, 583

Ehrenberg, Herbert (geb. 1926), 1964–1968 Mitarbeiter → Georg Lebers im Hauptvorstand der IG Bau-Steine-Erden, seitdem Mitglied im Ausschuss für Wirtschaftspolitik des SPD-Parteivorstands, 1968–1969 Leitung der Unterabteilung Strukturpolitik im Bundeswirtschaftsministerium, 1971–1972 Staatssekretär, 1976–1982 Minister im Bundesministerium für Arbeit und Sozialordnung, 1972–1987 MdB (SPD) 478

Eichel, Hans (geb. 1941), 1969–1972 stellv. Juso-Bundesvorsitzender, 1970–1975 stellv. Vorsitzender der SPD-Stadtratsfraktion in Kassel, 1975–1991 Oberbürgermeister von Kassel, 1990–1999 Ministerpräsident von Hessen, ab 1999 Bundesfinanzminister 449

Eichler, Willi (1896–1971), 1945 Beteiligung am Aufbau der SPD im Rheinland, 1945–1951 Chefredakteur der *Rheinischen Zeitung*, 1946–1968 Mitglied des SPD-Parteivorstands, 1947–1948 MdL Nordrhein-Westfalen (SPD), 1948–1949 Mitglied des Frankfurter Wirtschaftsrats, 1949–1953 MdB, 1952–1971 Vorsitzender des Kulturpolitischen Ausschusses beim SPD-Parteivorstand 346, 508, 546, 550

Engels, Friedrich (1820–1895), sozialistischer Theoretiker 103, 140, 148

Ensslin, Gudrun (1940–1977), 1970 Mitbegründerin und führendes Mitglied der „Rote Armee Fraktion“ 582

Eppler, Erhard (geb. 1926), 1961–1976 MdB (SPD), 1968–1974 Bundesminister für wirtschaftliche Zusammenarbeit, 1970–1991 Mitglied des SPD-Parteivorstands 508, 518, 520, 537

Erhard, Ludwig (1897–1977), 1949–1963 Bundeswirtschaftsminister, 1949–1977 MdB (CDU), 1963–1966 Bundeskanzler, 1966–1967 Vorsitzender der CDU, 1967–1977 Ehrenvorsitzender der CDU 45 f., 52, 74, 256, 263, 266–268, 300–302, 340 f., 347, 352, 355, 360, 369, 389, 421, 536, 540, 558 f., 565, 569

Erler, Fritz (1913–1967), 1949–1967 MdB (SPD), 1956–1967 Mitglied des SPD-Parteivorstands, 1957–1967 Vorsitzender der SPD-Bundestagsfraktion 20, 35–37, 44, 47–49, 58, 63, 69, 72, 142, 193–195, 200 f., 223, 275, 279, 283 f., 306, 347, 349 f., 353, 356, 369, 387, 531, 536, 551, 555, 562, 565 f., 568, 574

Etzel, Franz (1902–1970), 1949–1967 MdB (CDU), 1951–1952 Vorsitzender des CDU-Wirtschaftsausschusses, 1952–1957 Vizepräsident der Hohen Behörde der Europäischen Gemeinschaft für Kohle und Stahl, 1957–1961 Bundesfinanzminister, 1969–1970 persönlich haftender Gesellschafter des Bankhauses Friedrich Simon KG a. A. 558 f.

Evers, Carl-Heinz (geb. 1922), 1959–1963 Mitglied im Schulausschuss der ständigen Konferenz der Kultusminister, 1963–1970 Schulsenator Berlin, 1970–1974 Mitglied des SPD-Parteivorstands 425

Fechner, Max (1892–1973), 1945 Mitbegründer der SPD in Berlin, 1945–1946 Vorsitzender des Zentralausschusses der SPD mit → Grotewohl, 1946–1953 Mitglied des Parteivorstands bzw. des ZK der SED, 1949–1953 DDR-Justizminister, 1953–1956 in Haft wegen „republikfeindlicher Tätigkeiten“, 1958 Wiederaufnahme in die SED 20

Figgen, Werner (1921–1991), 1956–1964 Oberbürgermeister der Stadt Hamm, 1961–1966 MdB (SPD), 1965–1973 stellv. SPD-Landesvorsitzender Nordrhein-Westfalen, 1966–1975 Arbeits-

und Sozialminister in Nordrhein-Westfalen (seit 1970 Minister für Arbeit, Gesundheit und Soziales), 1973–1977 SPD-Landesvorsitzender Nordrhein-Westfalen 479

Flach, Karl-Hermann (1929–1973), 1959–1962 Bundesgeschäftsführer der FDP, 1964 stellv. Chefredakteur der *Frankfurter Rundschau*, 1971 Generalsekretär der FDP, 1972 MdB (FDP) 587

Frahm, Ludwig (1875–1934), Großvater von Willy Brandt 311 f., 315

Frahm, Ninja (geb. 1940), Tochter von Willy Brandt und Carlota Frahm 325, 476

Franke, Egon (1913–1995), 1945 Mitbegründer der SPD in Hannover, 1947–1951 MdL Niedersachsen, 1951–1987 MdB (SPD), 1958–1973 Mitglied des SPD-Parteivorstands und 1964–1973 des SPD-Präsidiums, 1969–1982 Bundesminister für innerdeutsche Beziehungen (bis 1972 Bundesminister für Gesamtdeutsche Fragen) 350, 584

Frankenfeld, Peter (1913–1979), Unterhaltungskünstler 587

Frederik, Hans (geb. 1906), Verleger und Publizist, Verfasser zahlreicher Verleumdungsschriften gegen Brandt und Wehner 288

Fuchs, Jockel (geb. 1919), 1955–1971 MdL Rheinland-Pfalz (SPD), 1970–1971 Vorsitzender der SPD-Landtagsfraktion, 1962–1973 Mitglied des SPD-Parteivorstands, 1964–1985 Oberbürgermeister von Mainz, 1966–1970 SPD-Landesvorsitzender Rheinland-Pfalz 350

Gabert, Volkmar (geb. 1923), 1950–1957 Juso-Landesvorsitzender Bayern, 1950–1978 MdL Bayern (SPD), 1962–1976 Vorsitzender der SPD-Landtagsfraktion, 1963–1972 SPD-Landesvorsitzender Bayern, ab 1964 Mitglied des SPD-Parteivorstands 350

Gansel, Norbert (geb. 1940), 1969–1970 stellv. Juso-Bundesvorsitzender, 1971–1973 Mitglied des SPD-Landesvorstandes Schleswig-Holstein, 1972–1997 MdB (SPD) 449, 581

Garbe, Karl (geb. 1927), 1945–1949 Verwaltungsangestellter und Kommunalbeamter, 1950–1961 Redaktion der SPD-nahen Zeitschriften *Demokratische Gemeinde, Klarer Kurs, eilt* und *bonner depesche*, 1962–1969 Leiter der Abteilung Öffentlichkeitsarbeit der SPD, 1969–1983 Herausgeber der Zeitschrift *Esprit* 275, 278 f.

Gaulle, Charles de (1890–1970), 1944–1945 Chef der provisorischen Regierung Frankreichs, 1945–1946 und 1958 französischer Ministerpräsident, 1958–1969 französischer Staatspräsident 323

Gaus, Günter (geb. 1929), 1953–1965 politischer Redakteur bei versch. Tages- und Wochenzeitungen, u. a. 1961–1965 bei der *Süddeutschen Zeitung*, 1963–1966 Leitung der TV-Reihe „Zur Person – Portraits in Frage und Antwort“ im ZDF, 1965–1969 Programmdirektor und stellv. Intendant des Südwestfunks, 1966–1969 Leitung der Reihe „Zu Protokoll“, 1969–1973 Chefredakteur des Nachrichtenmagazins *Der Spiegel* 58, 73, 309–331, 427 f., 567, 581

George, Götz (geb. 1938), Schauspieler 587

Gerhardsen, Rolf (1902–1971), norwegischer Journalist, 1945–1953 Redaktionssekretär im *Arbeiderbladet* (Oslo) 87

Gerstenmaier, Eugen (1906–1986), 1949–1969 MdB (CDU), 1950–1954 Mitglied der beratenden Versammlung des Europarats, 1954–1969 Bundestagspräsident, 1956–1969 stellv. Vorsitzender der CDU 229, 268 f., 287

Globke, Hans (1898–1973), 1932–1945 Ministerialrat und Referent für Staatsangehörigkeitsfragen im Reichsinnenministerium, Verfasser eines Kommentars zu den „Nürnberger Rassegesetzen" von 1935, 1950–1953 Ministerialdirektor und Leiter der Abteilung für Allgemeine Angelegenheiten, Gesetzgebung und Koordinierung im Bundeskanzleramt, 1953–1963 Staatssekretär im Bundeskanzleramt 190

Goebbels, Josef (1897–1945), 1933–1945 Reichsminister für Volksaufklärung und Propaganda 522, 545

Gotthelf, Herta (1902–1963), 1934–1946 Exil in Großbritannien, 1943–1946 Journalistin der BBC, 1947–1958 Mitglied des SPD-Parteivorstands, 1950–1963 Schriftleiterin der politischen Frauenzeitschrift *Gleichheit* 550

Grass, Günter (geb. 1927), Schriftsteller, Bildhauer, Grafiker, Mitglied der „Gruppe 47", 1958 Preis der „Gruppe 47" für das Manuskript „Die Blechtrommel", Begründer und Mitglied der „Sozialdemokratischen Wählerinitiative", 1965, 1969 und 1972 für die SPD im Wahlkampf, 1999 Nobelpreis für Literatur 54, 57–59, 73 f., 372 f., 390–392, 426, 428, 516 f., 537, 570, 573, 576, 587, 591

Gross, Emil (1904–1967), 1946–1947 MdL Nordrhein-Westfalen (SPD), 1946 Aufbau des Zeitungsverlages *Freie Presse* und Gründung des Phönix-Verlags sowie Mitbegründer des Nordwestdeutschen Zeitungsverleger-Vereins, 1946–1960 Mitglied des SPD-Parteivorstands, 1947 Mitbegründer der dpd-Genossenschaft (später dpa), ab 1951 Präsident des Gesamtverbandes der Deutschen Zeitungsverleger und Vorstandsmitglied des Internationalen Zeitungs-Verlegerverbandes, ab 1954 stellv. Präsident des Bundesverbandes Deutscher Zeitungsverleger, 1959–1961 Mitglied des Rundfunkrats des WDR 566

Grotewohl, Otto (1894–1964), 1945 Mitbegründer der SPD in Berlin, 1945–1946 Vorsitzender des Zentralausschusses der SPD, 1946–1954 Vorsitzender der SED, 1949–1964 Ministerpräsident der DDR 20

Hammer, Konrad (Jule), (1926–1991), 1961–1965 Leiter des Berliner Büros Willy Brandts zusammen mit → Jochen Holtz, Mitglied des Vorbereitungsteams zur Organisation der Wahlkämpfe Willy Brandts 1961 und 1965 273

Hansing, Hermann (1908–1977), 1953–1972 MdB (SPD), 1964–1970 Mitglied des SPD-Parteivorstands 352, 570

Harpprecht, Klaus (geb. 1927), 1954 Kommentator beim RIAS Berlin, 1955 Leiter des Bonner Büros des SFB, ab 1956 Korrespondent und Kommentator bei versch. Rundfunkanstalten, u. a. als Sonderkorrespondent des ZDF in den USA, 1966–1969 Leiter des S. Fischer Verlages, 1972–1974 Berater des Bundeskanzlers Willy Brandt für Internationale Fragen und (ab 1973) Leiter der Schreibstube im Bundeskanzleramt 428, 525

Härtling, Peter (geb. 1933), Schriftsteller, 1962–1970 Redakteur bei der Zeitschrift *Der Monat*, 1968–1973 Sprecher der Geschäftsleitung des S. Fischer Verlages 59

Hassel, Kai-Uwe von (1913–1997), 1953–1954 und 1965–1980 MdB (CDU), 1954–1963 Ministerpräsident von Schleswig-Holstein, 1956–1964 stellv. Vorsitzender der CDU, 1963–1966 Bundesverteidigungsminister, 1966–1969 Bundesminister für Vertriebene, 1969–1972 Bundestagspräsident 591

Hasselmann, Wilhelm (1844–1916), seit 1865 Mitglied des ADAV, ab 1864 Redakteur der Zeitungen *Social-Demokrat* bzw. *Neuer Social-Demokrat*, 1874–1880 MdR (mit Unterbrechungen), 1880 Ausschluss aus der Sozialistischen Arbeiterpartei Deutschlands 582

Heine, Fritz (geb. 1904), 1933–1946 Exil in Prag, Frankreich und London, 1946–1958 besoldetes Mitglied des SPD-Parteivorstands und Leiter des Referats für „Presse und Propaganda", 1946–1957 Sprecher der SPD, 1958–1974 Geschäftsführer der Konzentration GmbH 27, 33, 63, 67, 85, 132–134, 531, 550

Heinemann, Gustav (1899–1976), 1946–1949 Oberbürgermeister von Essen, 1947–1950 MdL Nordrhein-Westfalen (CDU), 1947–1948 Justizminister Nordrhein-Westfalen, 1949–1950 Bundesinnenminister, 1951 Gründungsmitglied der Notgemeinschaft für den Frieden Europas, 1952 Austritt aus der CDU, Gründung der GVP und deren Vorsitzender (bis 1957), 1957 Eintritt in die SPD, 1957–1969 MdB (SPD), 1966–1969 Bundesjustizminister, 1969–1974 Bundespräsident 425, 430, 440, 450, 537, 568, 583

Heinig, Kurt (1886–1956), 1927–1933 MdR (SPD), 1933 Emigration nach Dänemark, 1940 nach Schweden, seit 1934 Mitarbeit an den „Deutschland-Berichten" der Exil-SPD, 1943–1945 Landesvertreter des Londoner Parteivorstands der Exil-SPD und 1946–1947 Vertreter des SPD-Parteivorstands in Stockholm 83–85, 538

Helfer, Klaus, (1928–?), 1962–1966 Mitarbeiter des SPD-Parteivorstands, ab 1967 der FES 276–278, 561 f.

Hennig, Arno (1897–1963), 1946–1950 Kulturreferent beim SPD-Parteivorstand, 1949–1953 MdB (SPD), 1953–1959 Minister für Erziehung und Volksbildung Hessen, 1954–1961 MdL Hessen 149

Hentig, Hartmut von (geb. 1925), 1963–1968 ordentlicher Professor und Direktor des Pädagogischen Seminars an der Universität Göttingen, 1968–1988 Professor für Pädagogik an der Universität Bielefeld 581

Hertz, Paul (1888–1961), 1951–1953 Senator für Marshall-Plan und Kreditwesen Berlin (SPD), 1953–1955 Bevollmächtigter für Kreditwesen der Stadt Berlin, 1955–1961 Senator für Wirtschaft und Kredit Berlin 199

Heuss, Theodor (1884–1963), 1946–1949 MdL Württemberg-Baden (FDP), 1948–1949 MdPR, 1949 Vorsitzender der FDP, 1949–1959 Bundespräsident 71, 228 f., 260, 557

Hirschfeld, Hans Emil (1894–1971), 1950–1960 Leiter des Presse- und Informationsamtes des Magistrats von Groß-Berlin, 1957–1959 Leiter der Senatskanzlei 68, 176

Hitler, Adolf (1889–1945), 1933–1945 Reichskanzler, „Führer" der NSDAP 110, 142, 209, 294, 317, 323, 327, 489, 496, 562, 573

Höcherl, Hermann (1912–1989), 1953–1976 MdB (CSU), 1961–1965 Bundesinnenminister, 1965–1969 Bundesminister für Ernährung, Landwirtschaft und Forsten 534

Hochhuth, Rolf (geb. 1931), Schriftsteller und Dramatiker 569

Holtz, Jochen (geb. 1927), Mitarbeiter Brandts, 1964–1972 Chef des Berliner Büros Willy Brandts 273

Huber, Ludwig (geb. 1928), 1946–1959 Vorsitzender der Jungen Union Oberbayern, 1958–1977 MdL Bayern (CSU), 1962–1972 Vorsitzender der CSU-Landtagsfraktion, 1963–1970 stellv. CSU-Landesvorsitzender, 1964–1970 Kultusminister in Bayern 43, 534

Ihlefeld, Heli (geb. 1935), 1969–1973 freie Journalistin in Bonn, u.a. bei der *Münchner Abendzeitung*, beim *Stern* und *Bunte* 520

Jäckel, Eberhard (geb. 1929), 1967–1997 Professor für Neuere Geschichte an der Universität Stuttgart, 1969 Mitbegründer der „Sozialdemokratischen Wählerinitiative" neben → Günter Grass 588

Jaeger, Richard (1913–1998), 1949–1980 MdB (CSU), 1953–1965 und 1967–1976 Vizepräsident des Deutschen Bundestages, 1957–1963 stellv. und 1963–1965 ordentliches Mitglied der Beratenden Versammlung des Europarates und der Versammlung der WEU, 1965–1966 Bundesjustizminister 283

Jahn, Gerhard (1927–1998), 1957–1990 MdB (SPD), 1961–1963 und 1965–1967 Parlamentarischer Geschäftsführer der SPD-Bundestagsfraktion, 1967–1969 Staatssekretär im Auswärtigen Amt, 1969–1974 Bundesjustizminister 425

Jaksch, Wenzel (1896–1966), 1950–1953 Leiter des Landesamtes für Vertriebene, Flüchtlinge und Evakuierte in Hessen, 1950–1966 Mitglied des SPD-Parteivorstands, 1957–1966 MdB (SPD), 1961–1964 Vizepräsident des Bundes der Vertriebenen, 1962–1965 Vorsitzender des Ausschusses für Vertriebene, Flüchtlinge und Kriegsgeschädigte beim SPD-Parteivorstand, 1964–1966 Präsident des Bundes der Vertriebenen 344, 350–352, 555, 568

Junghans, Hans-Jürgen (geb. 1922), 1947 Mitbegründer des SDS in Hannover, 1957–1987 MdB (SPD), 1968–1974 SPD-Bezirksvorsitzender Braunschweig 520

Jungk, Robert (1913–1994), österreichischer Zukunftsforscher und Wissenschaftspublizist 581

Käber, Wilhelm (1896–1987), 1947–1967 MdL Schleswig-Holstein (SPD), 1947–1950 Innenminister in Schleswig-Holstein, 1949–1950 stellv. Ministerpräsident von Schleswig-Holstein, 1953–1966 Vorsitzender der SPD-Landtagsfraktion, 1962–1966 Mitglied des SPD-Parteivorstands 352

Kaisen, Wilhelm (1887–1979), 1945–1965 Bürgermeister von Bremen (SPD), 1946–1950 Mitglied des SPD-Parteivorstands 24 f., 368, 530, 572

Kaiser, Jakob (1888–1961), 1945 Mitbegründer der CDU in Berlin, 1945–1947 Vorsitzender der CDU in der SBZ, 1947 von der SMAD seines Amtes enthoben, Übersiedlung nach Westdeutschland, 1948–1949 MdPR, 1949–1957 MdB und Bundesminister für Gesamtdeutsche Fragen, 1949–1958 Vorsitzender der CDU-Sozialausschüsse, 1950–1958 stellv. Vorsitzender der CDU, 1950–1961 Vorsitzender der Exil-CDU, 1958–1961 Ehrenvorsitzender der CDU 503

Kant, Immanuel (1724–1804), Philosoph, Hochschullehrer in Königsberg 487

Kapfinger, Hans (1902–1985), 1946–1985 Herausgeber der *Passauer Neuen Presse*, bis 1960 Chefredakteur, 1961–1962 Herausgeber des Nachrichtenmagazins *Aktuell* 288

Katzer, Hans (1919–1996), 1950–1963 Hauptgeschäftsführer der CDU, 1957–1980 MdB (CDU), 1963–1977 Vorsitzender der CDU-Sozialausschüsse, 1965–1969 Bundesminister für Arbeit und Sozialordnung 503

Käutner, Helmut (1908–1980), Schauspieler und Regisseur 587

Kautsky, Karl (1854–1938), sozialistischer Theoretiker, 1882/83–1917 Chefredakteur der *Neuen Zeit* 113, 120

Kennedy, Edward Moore (geb. 1932), Bruder → John F. Kennedys, seit 1962 Senator von Massachusetts, 1969–1971 stellv. Fraktionsführer der Demokratischen Partei im Senat 525

Kennedy, John Fitzgerald (1917–1963), 1961–1963 Präsident der Vereinigten Staaten von Amerika, 1963 in Dallas ermordet 41, 502, 556, 562

Kiesinger, Kurt Georg (1904–1988), 1933–1945 Mitglied der NSDAP, 1943–1945 stellv. Abteilungsleiter der Rundfunkabteilung des Reichsaußenministeriums, 1948 Beitritt zur CDU, 1949–1953 und 1969–1980 MdB (CDU), 1958–1966 Ministerpräsident Baden-Württemberg, 1960–1966 MdL Baden-Württemberg (CDU), 1962–1963 Präsident des Bundesrates, 1966–1969 Bundeskanzler, 1967–1971 Vorsitzender der CDU 53, 229, 390, 392 f., 406, 576 f.

Klein, Günther (1900–1963), 1949–1953 und 1955–1961 Senator für Bundesangelegenheiten Berlin, 1961–1963 MdB (SPD) 193, 199, 284, 552

Klotz, Günther (1911–1972), 1952–1970 Oberbürgermeister von Karlsruhe (SPD) 568

Kluncker, Heinz (geb. 1925), 1964–1982 Erster Vorsitzender der ÖTV 446

Knoeringen, Waldemar Freiherr von (1906–1971), 1946–1970 MdL Bayern (SPD), 1947–1963 SPD-Landesvorsitzender Bayern, 1948–1962 Mitglied des SPD-Parteivorstands, 1949–1953 MdB (SPD), 1958–1962 stellv. Vorsitzender der SPD 20, 25, 27, 33, 71 f., 223, 275, 277 f., 280, 305 f., 346, 352, 531, 561 f., 568

Kohl, Michael (1929–1981), 1964–1965 Leiter der Abteilung Grundsatzfragen im DDR-Außenministerium, 1965–1973 Staatssekretär beim Ministerrat der DDR, in dieser Funktion Chefunterhändler der DDR in den Verhandlungen mit der Bundesregierung 592

Korn, Armin (geb. 1922), Journalist, 1947 Eintritt in die SPD 147, 545

Kowa, Victor de (1904–1973), Schauspieler 587

Kreisky, Bruno (1911–1990), 1938–1946 Exil in Schweden, 1953–1959 Staatssekretär im österreichischen Bundeskanzleramt, 1956–1983 Abgeordneter im Nationalrat (SPÖ), 1959–1966 österreichischer Außenminister, 1967–1983 Vorsitzender der SPÖ, 1970–1983 österreichischer Bundeskanzler 481, 531, 588

Krone, Heinrich (1895–1989), 1945 Mitbegründer der CDU in Berlin, 1949–1969 MdB (CDU), 1955–1961 Vorsitzender der CDU/CSU-Bundestagsfraktion, 1958–1964 stellv. Vorsitzender der CDU, 1964–1966 Bundesminister für besondere Aufgaben, 1967–1969 Sonderberater des Bundeskanzlers für Schulfragen 569

Kühlmann-Stumm, Knut Freiherr von (1916–1977), 1956–1958 Landesschatzmeister der FDP in Hessen, 1960–1976 MdB (FDP, ab 1972 CDU), 1963–1971 Vorsitzender der FDP-Bundestagsfraktion, 1971 Abgabe der Parteiämter, 1972 Austritt aus der FDP und Eintritt in die CDU 576

Kühn, Heinz (1912–1992), 1949–1950 Chefredakteur der *Rheinischen Zeitung*, 1953–1963 MdB (SPD), 1954–1956 und ab 1962 Mitglied des SPD-Parteivorstands, 1962–1973 SPD-Landesvorsitzender Nordrhein-Westfalen, 1966–1978 Ministerpräsident von Nordrhein-Westfalen, 1973–1975 stellv. Vorsitzender der SPD 348, 350, 367, 430, 479, 516, 584

Kuhlmann, Marta (1894–1969), geb. Frahm, Mutter von Willy Brandt 311

Kukil, Max (1904–1959), eigentl. Name: Kukielczynski, 1950–1959 MdL Schleswig-Holstein (SPD), 1952–1959 Mitglied des SPD-Parteivorstands (bis 1958 besoldetes Mitglied) 198, 550 f.

Lange, Halvard M. (1902–1970), 1942–1945 in deutscher KZ-Haft, 1946–1965 norwegischer Außenminister (mit kurzer Unterbrechung 1963) 80, 324

Langer, Wolfram (geb. 1916), 1947 Wirtschaftsredakteur beim *Handelsblatt*, 1958–1966 Ministerialdirektor im Bundeswirtschaftsministerium, 1966–1968 Staatssekretär im Bundesschatzministerium, 1968–1978 Präsident der Pfandbriefanstalt in Wiesbaden 399

Lania, Leo (1896–1961), eigentl. Name: Lazar Herman, Schriftsteller und Journalist 318

Lassalle, Ferdinand (1825–1864), 1863 Begründer des ADAV 104, 227, 291, 295, 297 f., 488 f.

Leber, Annedore (1904–1968), geb. Rosenthal, Frau von → Julius Leber, 1946–1950 Lizenzträgerin der Berliner Tageszeitung *Telegraf*, 1949 Gründung des Buchverlages *Mosaik* (später: „Verlag Annedore Leber") 211

Leber, Georg (geb. 1920), 1957–1983 MdB (SPD), 1957–1966 Vorsitzender der Industriegewerkschaft Bau-Steine-Erden, 1962–1986 Mitglied des SPD-Parteivorstands, 1966–1972 Bundesverkehrsminister, ab 1969 auch Bundesminister für das Post- und Fernmeldewesen, 1972–1978 Bundesverteidigungsminister 347 f., 367, 425, 446, 574, 584

Leber, Julius (1891–1945), 1921–1933 Redakteur bzw. Chefredakteur des *Lübecker Volksboten* und Abgeordneter in der Lübecker Bürgerschaft (SPD),

1924–1933 MdR (SPD), 1933–1937 aus politischen Gründen in Haft, 1937–1944 Kontakt zu Widerstandsgruppen, nach dem Attentat des 20. Juli 1944 erneute Verhaftung, 1945 hingerichtet 314

Lemmer, Ernst (1898–1970), 1945 Mitbegründer der CDU in Berlin, 1945–1947 2. Vorsitzender der CDU in der SBZ, 1949 Übersiedlung nach West-Berlin, 1950–1956 Mitglied und CDU-Fraktionsvorsitzender im Berliner Abgeordnetenhaus, 1952–1970 MdB (CDU), 1956–1961 CDU-Landesvorsitzender Berlin, 1956–1957 Bundesminister für das Post- und Fernmeldewesen, 1957–1962 Bundesminister für Gesamtdeutsche Fragen, 1961–1970 Vorsitzender der Exil-CDU, 1963–1964 stellv. Vorsitzender der CDU/CSU-Bundestagsfraktion, 1964–1965 Bundesminister für Vertriebene, 1965–1969 Sonderbeauftragter des Bundeskanzlers für Berlin 219, 555

Lenz, Hans (1907–1968), 1953–1967 MdB (FDP), 1961–1962 Bundesschatzminister, 1962–1964 stellv. Vorsitzender der FDP, 1962–1965 Bundesminister für Wissenschaft und Forschung 301

Leussink, Hans (geb. 1912), 1954–1969 Professor für Bauwesen an der TH Karlsruhe, 1958–1961 Rektor der TH Karlsruhe, 1960–1962 Präsident der Westdeutschen Rektorenkonferenz, 1965–1969 Präsident des Wissenschaftsrates, 1969–1972 Bundesminister für Bildung und Wissenschaft 584

Liebknecht, Wilhelm (1826–1900), 1869 Mitbegründer der Sozialdemokratischen Arbeiterpartei, 1867–1886 und 1889–1900 MdNR bzw. MdR, 1875 Mitbegründer der Sozialistischen Arbeiterpartei Deutschlands in Gotha 102, 114, 290, 564

Linde, Erdmann (geb. 1943), 1967–1968 SHB-Bundesvorsitzender, Geschäftsführer der „Sozialdemokratischen Wählerinitiative“, 1970–1971 Mitglied des Juso-Bundesausschusses und Juso-Bezirksvorsitzender Westliches Westfalen 58

Lipschitz, Joachim (1918–1961), 1945–1948 Bezirksrat für Personalfragen und Verwaltung in Berlin-Lichtenberg, 1948 von der sowjetischen Besatzungsmacht seiner Ämter enthoben, 1951–1961 Mitglied im Berliner Abgeordnetenhaus (SPD), 1955–1961 Innensenator Berlin 191

Löbe, Paul (1875–1967), 1920–1932 Präsident des Reichstages (SPD), während der NS-Zeit zeitweise im KZ, 1948–1949 MdPR (SPD), 1949–1953 MdB (SPD) und Alterspräsident 544

Löwenthal, Richard (1908–1991), unter dem Decknamen „Paul Sering“ Mitglied der sozialistischen Widerstandsgruppe *Neu Beginnen*, 1935–1949 Exil in Prag, Paris und England, 1949–1955 Korrespondent der Londoner Nachrichtenagentur *Reuters* und 1954–1958 Korrespondent des *Observer* in Westdeutschland, 1961–1975 Professor für Politikwissenschaft und Geschichte und Theorie der Auswärtigen Politik am Otto-Suhr-Institut der Freien Universität Berlin, 1971 Mitbegründer des „Bund Freiheit der Wissenschaft“, Berater der SPD 123, 296, 508, 548, 590

Lohmar, Ulrich (1928–1991), 1954–1967 Chefredakteur der SPD-nahen Zeitschrift *Die Neue Gesellschaft*, 1957–1976

MdB (SPD), 1967–1969 Chefredakteur der Tageszeitung *Neue Westfälische*, 1971–1984 Ordinarius für Politische Wissenschaft an der Gesamthochschule Paderborn 272, 276 f.

Lübke, Heinrich (1894–1972), 1947–1952 Minister für Ernährung, Landwirtschaft und Forsten in Nordrhein-Westfalen, 1949–50 und 1953–1959 MdB (CDU), 1953–1959 Bundesminister für Ernährung, Landwirtschaft und Forsten, 1959–1969 Bundespräsident 346, 569

Maier, Reinhold (1889–1971), 1945–1953 Ministerpräsident von Württemberg-Baden bzw. Baden-Württemberg, 1952–1963 MdL Baden-Württemberg (FDP), 1953–1956 und 1957–1959 MdB (FDP), 1957–1960 Vorsitzender der FDP 546

Martin, Berthold (1913–1973), 1957–1973 MdB (CDU), 1961–1965 Vorsitzender des Bundestagsausschusses für Kulturpolitik und Publizistik, 1965–1972 Vorsitzender des Arbeitskreises für Wissenschaft und Publizistik und Mitglied des Vorstandes der CDU/CSU-Bundestagsfraktion, 1969–1973 Vorsitzender der Enquete-Kommission Auswärtige Kulturpolitik 300

Marx, Karl (1818–1883), sozialistischer Theoretiker, Philosoph und Ökonom 35, 104, 109, 115, 140, 148, 157, 291 f., 315, 487, 503

Mattick, Kurt (1908–1986), 1946–1953 Mitglied der Berliner Stadtverordnetenversammlung bzw. des Berliner Abgeordnetenhauses (SPD), 1947–1952 und 1958–1963 stellv. SPD-Landesvorsitzender Berlin, 1953–1980 MdB (SPD), 1963–1968 SPD-Landesvorsitzender Berlin 133, 565

McCarthy, Joseph Raymond (1909–1957), 1947–1954 republikanischer Senator von Wisconsin, 1950–1954 Vorsitzender des Senatsausschusses zur Untersuchung „unamerikanischer Umtriebe“ 547

McCloy, John Jay (1895–1989), 1947–1949 Präsident der Weltbank, 1949–1952 amerikanischer Hoher Kommissar in Deutschland, 1953–1960 Vorsitzender der Chase National Bank (ab 1955 Chase Manhattan Bank), 1953–1960 Vorsitzender des Aufsichtsrates der Ford Foundation, 1961–1974 Leiter des Beraterkomitees des US-Präsidenten für Abrüstungsfragen 493

Mellies, Wilhelm (1899–1958), 1949–1958 MdB (SPD), 1952–1957 stellv. Vorsitzender der SPD, 1953–1957 stellv. Vorsitzender der SPD-Bundestagsfraktion 177, 193, 531, 546, 549 f.

Mende, Erich (1916–1998), 1949–1953 parlamentarischer Geschäftsführer der FDP-Bundestagsfraktion, 1949–1980 MdB (bis 1970 FDP, dann CDU), 1953–1957 stellv. Vorsitzender der FDP-Bundestagsfraktion, 1960–1967 Vorsitzender der FDP, 1963–1966 Bundesminister für Gesamtdeutsche Fragen und Vizekanzler 309, 346, 364 f., 421, 535, 569 f., 576

Menge, Wolfgang (geb. 1924), Journalist, Film- und Fernsehautor 587

Menzel, Rolf (geb. 1924), 1956–1962 Chefredakteur beim SFB, 1963–1966 UNO-Korrespondent der ARD, 1966–1978 Korrespondent der ARD in Washington 177

Menzel, Walter (1901–1963), 1946–1963 Mitglied des SPD-Parteivorstands, 1946–1950 Innenminister in Nordrhein-Westfalen, 1948–1949 MdPR (SPD), 1949–1963 MdB (SPD), 1949–1961 Parlamentarischer Geschäftsführer der SPD-Bundestagsfraktion 177

Mitscherlich, Alexander (1908–1982), 1960–1976 Leiter des Sigmund-Freud-Instituts in Frankfurt am Main, 1966–1973 Professor für Psychologie an der Universität Freiburg 75, 428 f., 581

Möller, Alex (1903–1985), 1945–1969 Vorstandsvorsitzender der „Karlsruher Lebensversicherung“, 1946–1952 MdL Württemberg-Baden und 1952–1961 MdL Baden-Württemberg (SPD), 1958–1973 Mitglied des SPD-Parteipräsidiums, 1961–1976 MdB (SPD), 1962–1966 SPD-Landesvorsitzender Baden-Württemberg, 1964–1969 und 1972–1976 stellv. Vorsitzender der SPD-Bundestagsfraktion, 1969–1971 Bundesfinanzminister 52, 225, 280, 389, 447, 466, 517, 535, 555 f., 568, 584

Mommer, Karl (1910–1990), 1949–1969 MdB (SPD), 1957–1966 Parlamentarischer Geschäftsführer der SPD-Bundestagsfraktion, 1966–1969 Vizepräsident des Deutschen Bundestages 200, 275, 552

Most, Johann (1846–1906), 1874–1878 MdR (Sozialdemokratische Arbeiterpartei/Sozialistische Arbeiterpartei Deutschlands – SAP), 1880 Ausschluss aus der SAP 582

Müller, Albrecht (geb. 1938), 1970–1973 Leiter der Abteilung für Öffentlichkeitsarbeit beim SPD-Parteivorstand 518 f.

Müller, Arnold (geb. 1931), 1950–1953 Vorsitzender der Gewerkschaftsjugend in Bremen, 1952–1955 stellv. SPD-Ortsvereinsvorsitzender Bremen-Nord 148, 545

Müller, Claus Wolfgang (geb. 1928), 1961–1966 Mitarbeiter des Berliner Büros Willy Brandts, seit 1965 Professor für Erziehungswissenschaften in Berlin 273

Müller, Egon Erwin (geb. 1929), 1950–1958 freier Mitarbeiter von → Franz Neumann, 1957–1961 und 1962–1963 Pressereferent beim Berliner Innensenat, Mitarbeiter des Presse- und Informationsamtes des Landes Berlin, 1965–1975 freier Mitarbeiter Willy Brandts, 1966–1972 Leiter der Abteilung Studienförderung der Friedrich-Ebert-Stiftung 478

Myrdal, Alva (1902–1986), geb. Reimer, 1936–1948 Gründerin und Direktorin des sozialpädagogischen Seminars in Stockholm, 1949–1950 Hauptdirektorin der Abteilung für Sozialangelegenheiten der UN, 1951–1955 Direktorin der UNESCO-Abteilung für Sozialwissenschaften, 1956–1961 schwedische Botschafterin in Indien, Burma und Ceylon, 1964–1966 Ehrenvorsitzende des Schwedischen Instituts für Friedensforschung, 1966–1973 schwedische Ministerin für Abrüstungsfragen und (ab 1969) für kirchliche Angelegenheiten 85, 531, 538

Myrdal, Gunnar (1898–1987), 1933–1950 Professor für Wirtschaftspolitik und Finanzwissenschaften an der Stockholmer Handelsschule, Wirtschaftsberater der DNA, 1935–1938 und 1942 Mitglied des schwedischen Reichstages, 1942–1945 Mitglied der Internationalen Gruppe demokratischer Sozialisten, 1945–1947 schwedischer Handelsminister, 1947–1957 Exekutivsekretär der Europäischen Wirtschaftskommission der UNO, 1960–1967 Lehrstuhl für internationale Wirtschaftspolitik an der Universität Stockholm, 1974 Nobelpreis für Wirtschaft 85, 531, 538

Napoleon Bonaparte (1769–1821), Kaiser der Franzosen 334

Nau, Alfred (1906–1983), 1946–1975 Bundesschatzmeister der SPD und Mitglied des SPD-Parteivorstands (bis 1958 besoldetes Mitglied), 1958–1983 Mitglied des SPD-Parteipräsidiums, 1954–1970 stellv. Vorsitzender der Friedrich-Ebert-Stiftung, 1970–1983 Vorsitzender der Friedrich-Ebert-Stiftung 28, 48, 71, 76, 197, 222, 272–276, 279 f., 283, 285, 287, 353, 386, 409, 424, 445 f., 550, 565, 574, 578, 580, 584

Naumann, Bruno, 1966 Mitarbeiter im Berliner Büro des SPD-Parteivorstands, 1969 Pressereferent im Berliner Büro Willy Brandts 573

Naumann, Friedrich (1860–1919), 1907–1918 MdR, 1918 Mitbegründer der DDP 290, 514

Neumann, Franz (1904–1974), 1946–1958 SPD-Landesvorsitzender Berlin, 1946–1960 Mitglied des Berliner Abgeordnetenhauses (SPD), 1947–1958 Mitglied des SPD-Parteivorstands, 1949–1969 MdB (SPD), 1949–1951 und 1953–1957 Mitglied des Vorstands der SPD-Bundestagsfraktion, 1951–1958 SPD-Fraktionsvorsitzender im Berliner Abgeordnetenhaus 83, 85, 132, 534, 546

Neumann, Siegmund (Siggi) (1907–1960), 1947 Leiter des SPD-Ostbüros, 1948–1954 Leiter des Betriebsgruppenreferats beim SPD-Parteivorstand, 1954 Referent beim Hauptvorstand der IG Metall 68, 143 f.

Nevermann, Paul (1902–1979), 1950–1953 und 1957–1960 Bausenator und Zweiter Bürgermeister in Hamburg, 1961–1965 Erster Bürgermeister in Hamburg, 1966–1970 SPD-Landesvorsitzender Hamburg, 1967–1979 Präsident des Deutschen Mieterbundes 226, 347, 556, 572

Nölting, Erik (1892–1953), 1928–1933 MdL Preußen (SPD), 1946–1950 MdL und Wirtschaftsminister in Nordrhein-Westfalen, 1949–1953 MdB (SPD) 21

Norden, Albert (1904–1982), kommunistischer Politiker, seit 1946 SED-Funktionär, 1949–1981 Mitglied der (Provisorischen) Volkskammer, 1949–1952 Leiter der Hauptabteilung Presse im Amt für Information der DDR, 1955–1981 Mitglied und Sekretär des ZK der SED (zuständig u. a. für Westarbeit), 1958–1981 Mitglied des Politbüros 575

Ollenhauer, Erich (1901–1963), 1933–1946 Exil und Mitglied der Sopade, 1946–1952 stellv. Vorsitzender der SPD, 1946–1963 Mitglied des SPD-Parteivorstands (bis 1958 besoldetes Mitglied), 1948–1949 MdPR (SPD), 1949–1963 MdB (SPD), 1949–1963 Vizepräsident der Sozialistischen Internationale, 1952–1963 Vorsitzender der SPD und Vorsitzender der SPD-Bundestagsfraktion, 1958–1963 Mitglied des SPD-Präsidiums, 1963 Präsident der Sozialistischen Internationale 23, 27, 33–35, 44, 48, 63, 67–69, 71 f., 85, 90 f., 96, 132, 177 f., 190, 193, 196 f., 199–203, 207, 211, 216, 222 f., 228, 272–276, 281 f., 285, 287, 316, 485, 492, 535, 543, 545 f., 552–553, 563 f., 566

Ollenhauer, Martha (1900–1985), Ehefrau von → Erich Ollenhauer 282

Opel, Georg von (1912–1971), 1951–1969 Präsident der DOG 558

Palme, Olof (1927–1986), 1955–1961 Studienobmann des Schwedischen Sozialdemokratischen Jugendverbandes, 1957–1986 Mitglied des schwedischen Reichstages, 1965–1967 Minister für Verkehr, Post und Fernmeldewesen, 1967–1969 Unterrichtsminister, 1969–1986 Vorsitzender der Schwedischen Sozialdemokratischen Partei, 1969–1976 und 1982–1986 schwedischer Ministerpräsident, 1986 ermordet 525

Paul, Ernst (1897–1978), 1949–1951 Chefredakteur der *Allgemeinen Zeitung* in Stuttgart und Mannheim, 1949–1969 MdB (SPD) 225

Pfleiderer, Karl Georg (1899–1957), 1949–1955 MdB (FDP), 1955–1957 Deutscher Botschafter in Belgrad 546

Pollak, Oscar (1893–1963), 1945–1961 Chefredakteur der *Arbeiter-Zeitung* in Wien, 1956–1958 Präsident des Internationalen Presse-Instituts in Zürich 202, 552

Porzner, Konrad (geb. 1935), 1962–1981 MdB (SPD), 1967–1972 Mitglied des Vorstandes der SPD-Bundestagsfraktion 518

Prittie, Terence (geb. 1913), britischer Journalist und Publizist, 1946–1963 Deutschland-Korrespondent des *Manchester Guardian*, ab 1963 diplomatischer Korrespondent des *Guardian*, Biograph u. a. Willy Brandts 70, 73, 222–224, 360–362, 516, 555

Rau, Friedrich (geb. 1916), 1960–1965 Senatsdirektor der Volksbildungsverwaltung Berlin, 1965 Bundestagskandidat der SPD in Ulm, MdB 1965–1969 (SPD) 369

Rau, Johannes (geb. 1931), 1952–1957 Mitglied der GVP, 1957 Eintritt in die SPD, 1958–1999 MdL Nordrhein-Westfalen (SPD), 1965–1967 Direktor eines theologischen Verlags der evangelischen Jugend, 1967–1970 Vorsitzender der SPD-Landtagsfraktion Nordrhein-Westfalen, 1968–1999 Mitglied des SPD-Parteivorstands, 1969–1970 Oberbürgermeister von Wuppertal, 1970–1978 Minister für Wissenschaft und Forschung Nordrhein-Westfalen, 1978–1998 Ministerpräsident von Nordrhein-Westfalen, ab 1999 Bundespräsident 426

Rehs, Reinhold (1901–1971), 1950–1954 MdL Schleswig-Holstein (SPD), 1953–1969 MdB (SPD), 1967–1970 Präsident des Bundes der Vertriebenen, 1969 Wechsel zur CDU 425, 568

Renger, Annemarie (geb. 1919), 1945–1952 enge Mitarbeiterin → Kurt Schumachers, 1953–1990 MdB (SPD), 1959–1966 Mitglied der Beratenden Versammlung des Europarates und der WEU, 1962–1973 Mitglied des SPD-Parteivorstands, 1969–1972 Parlamentarische Geschäftsführerin der SPD-Bundestagsfraktion, 1970–1973 Mitglied des SPD-Parteipräsidiums, 1966–1973 Vorsitzende des SPD-Bundesfrauenausschusses, 1972–1976 Bundestagspräsidentin 584

Reuter, Edzard (geb. 1928), Sohn von → Ernst Reuter, 1957–1962 Prokurist bei der Universum Film AG in Berlin, 1962–1964 Mitglied der Geschäftsleitung der Bertelsmann Fernsehproduktion, seit 1964 in versch. Funktionen bei der Daimler-Benz AG Stuttgart tätig 280 f.

Reuter, Ernst (1889–1953), 1931–1933 Oberbürgermeister von Magdeburg (SPD), 1932–1933 MdR (SPD), 1935–1945 Exil in der Türkei, 1948–1950 Oberbürgermeister von Berlin (SPD), 1948–1953 Mitglied des SPD-Parteivorstands, 1950–1953 Regierender Bürgermeister von Berlin (SPD), 1951–1953 Präsident des Deutschen Städtetages 19 f., 24–28, 67, 131–133, 157, 164, 319, 328, 398, 487 f., 493, 495, 542, 544, 547 f., 589

Richter, Hans Werner (1908–1993), Schriftsteller, 1947 Gründer der „Gruppe 47", Engagement für die SPD 57

Richter, Willi (1894–1972), 1947–1949 Mitglied des Wirtschaftsrates (SPD), 1949–1957 MdB (SPD), 1949–1956 Mitglied des geschäftsführenden DGB-Vorstands, 1953–1957 Vorsitzender des Bundestagsausschusses für Sozialpolitik, 1956–1962 Vorsitzender des DGB 555

Robinsohn, Hans (1897–1981), 1938 Flucht nach Dänemark, 1943–1946 Exil in Schweden, 1946–1953 Versicherungsangestellter in Dänemark, 1960–1963 Leiter der Hamburger Forschungsstelle für die Geschichte des Nationalsozialismus 272, 276

Röhrig, Peter (geb. 1938), Journalist, 1968–1970 Persönlicher Referent von Willy Brandt 580

Roosevelt, Franklin Delano (1882–1945), 1932–1945 Präsident der Vereinigten Staaten von Amerika 117, 541

Rosenberg, Ludwig (1903–1977), 1933–1946 Exil in Großbritannien, seit 1949 Mitglied des geschäftsführenden DGB-Vorstandes, 1949–1952 Leiter der Abteilung Ausland und seit 1954 Leiter der Abteilung Wirtschaft im DGB-Bundesvorstand, 1959–1962 stellv. Vorsitzender des DGB, 1962–1969 Vorsitzender des DGB, 1963–1969 Vizepräsident des Internationalen Bundes Freier Gewerkschaften 574

Rosenthal, Philipp (geb. 1916), Unternehmer, 1968 Beitritt zur SPD, 1969–1983 MdB (SPD), 1970–1971 Parlamentarischer Staatssekretär im Bundeswirtschaftsministerium 581, 587

Roth, Wolfgang (geb. 1941), 1965–1967 Vorsitzender des Berliner Landesverbands des Verbandes Deutscher Studentenschaften, 1969–1972 stellv. Juso-Bundesvorsitzender und 1972–1974 Bundesvorsitzender 519, 584

Sänger, Fritz (1901–1984), 1946–1947 Herausgeber des *Sozialdemokratischen Pressedienstes*, 1947–1959 Geschäftsführer (1947–1955 Chefredakteur) des *Deutschen Pressedienstes* bzw. der *Deutschen Presseagentur*, 1961–1969 MdB (SPD), 1970–1974 Mitglied der SPD-Bundesschiedskommission 568

Schäfer, Friedrich (1915–1988), 1957–1967 und 1969–1980 MdB (SPD), 1961–1967 Parlamentarischer Geschäftsführer und 1969–1980 stellv. Vorsitzender der SPD-Bundestagsfraktion, 1967–1969 Staatssekretär im Bundesministerium für die Angelegenheiten des Bundesrates und der Länder 73, 280, 331 f., 565, 568

Schallück, Paul (1922–1976), Schriftsteller, 1949–1952 Theaterkritiker, Mitglied der „Gruppe 47" 58

Schanzenbach, Martha (1907–1997), geb. Lehmann, 1949–1972 MdB (SPD), 1957–1965 Mitglied im Vorstand der SPD-Bundestagsfraktion, 1958–1965 Mitglied des SPD-Parteivorstands und Parteipräsidiums, stellv. Vorsitzende der Arbeiterwohlfahrt 565

Scheel, Cornelia (geb. 1963), Adoptivtochter von → Walter Scheel 524

Scheel, Walter (geb. 1919), 1950–1953 MdL Nordrhein-Westfalen (FDP), 1953–1974 MdB (FDP), 1955–1957 Mitglied der Gemeinsamen Versammlung der Europäischen Gemeinschaft für Kohle und Stahl, 1958–1961 Mitglied des Europäischen Parlaments, 1961–1966 Bundesminister für wirtschaftliche Zusammenarbeit, 1968–1974 Vorsitzender der FDP, 1969–1974 Bundesaußenminister und Vizekanzler, 1974–1979 Bundespräsident 454, 477, 525–527, 591

Scheflo, Inge Vertrauter Willy Brandts aus dem Exil in Norwegen, Journalist, 1951–1982 Sekretär der DNA-Fraktion im norwegischen Parlament 538

Schellenberg, Ernst (1907–1984), 1952–1976 MdB (SPD), 1957–1976 Vorsitzender des Bundestagsausschusses für Sozialpolitik, 1960–1973 Mitglied des SPD-Parteivorstands, 1966–1975 stellv. Vorsitzender der SPD-Bundestagsfraktion 568

Schiller, Karl (1911–1994), 1947–1961 Professor an der Universität Hamburg, 1956–1958 Rektor der Universität Hamburg, 1958–1960 Mitglied des Wissenschaftsrates, 1961–1965 Senator für Wirtschaft Berlin, 1964–1972 Leiter des Wirtschaftspolitischen Ausschusses beim SPD-Parteivorstand, 1965–1972 MdB (SPD), 1966–1972 Bundeswirtschaftsminister, 1971–1972 auch Bundesfinanzminister, 1972 Rücktritt von allen Ämtern und Parteiaustritt, 1980 Wiedereintritt in die SPD 20, 35, 50, 52, 58, 271, 346, 373, 389, 413, 425, 439, 476, 516 f., 536, 560, 568, 573, 583 f., 590 f.

Schlesinger jr., Arthur Meier (geb. 1917), 1954–1961 Professor für Geschichte an der Harvard-Universität, 1961–1964 Mitglied des Mitarbeiterstabs von US-Präsident → John F. Kennedy, 1965–1987 Professor an der Universität New York 502, 507

Schmid, Carlo (1896–1979), 1947–1950 Justizminister Württemberg-Hohenzollern, 1947–1973 Mitglied des SPD-Parteivorstands, 1948–1949 MdPR (SPD), 1949–1972 MdB (SPD), 1949–1953 und 1957–1965 stellv. Vorsitzender der SPD-Bundestagsfraktion, 1949–1966 und 1969–1972 Vizepräsident des Deutschen Bundestages, 1949–1953 Vorsitzender des Auswärtigen Ausschusses des Deutschen Bundestages, 1958–1970 Mitglied des SPD-Parteipräsidiums, 1966–1969 Bundesratsminister 20, 25–27, 35 f., 63, 70, 97, 138 f., 198 f., 200 f., 211, 216, 224 f., 280, 284, 346, 512, 521, 531 f., 544, 549 f., 551 f., 554 f., 563–566, 568, 591

Schmidt, Helmut (geb. 1918), 1947–1948 Vorsitzender des SDS, 1953–1962 und 1965–1987 MdB (SPD), ab 1958 Mitglied des SPD-Parteivorstands, 1961–1965 Innensenator Hamburg, 1965–1967 stellv. und 1967–1969 Vorsitzender der SPD-Bundestagsfraktion, 1968–1984 stellv. Vorsitzender der SPD, 1969–1972 Bundesverteidigungsminister, 1972 Bundeswirtschaftsminister und Bundesfinanzminister,

1972–1974 Bundesfinanzminister, 1974–1982 Bundeskanzler 20, 52 f., 58, 63, 70, 73, 76, 212 f., 280, 346, 348, 352, 367, 373 f., 389, 404, 406, 445, 461–466, 506, 520, 566, 568, 573, 580, 583 f., 586 f., 590

Schmitt-Vockenhausen, Hermann (1923–1979), 1953–1979 MdB (SPD), 1961–1969 Vorsitzender des Innenausschusses des Deutschen Bundestages, 1963–1969 Mitglied des Vorstandes der SPD-Bundestagsfraktion, 1969–1979 Vizepräsident des Deutschen Bundestages 76, 474 f., 568, 587

Schmückle, Gerd (geb. 1917), General, Publizist, 1957–1962 Pressereferent von Verteidigungsminister → Strauß, ab 1964 bei der NATO 268

Schön, Helmut (1915–1996), 1964–1978 Fußball-Bundestrainer 581

Schoettle, Erwin (1899–1976), 1947–1962 SPD-Landesvorsitzender Württemberg-Baden bzw. Baden-Württemberg, 1947–1949 SPD-Fraktionsvorsitzender im Wirtschaftsrat, 1948–1968 Mitglied des SPD-Parteivorstandes, 1958–1968 des Parteipräsidiums, 1949–1972 MdB (SPD), 1949–1969 Vorsitzender des Haushaltsausschusses des Deutschen Bundestages, 1951–1957 und 1964–1965 stellv. Vorsitzender der SPD-Bundestagsfraktion, 1958–1965 Mitglied des SPD-Parteipräsidiums, 1961–1969 Vizepräsident des Deutschen Bundestages 145, 346 f., 531, 535, 565, 568

Schröder, Gerhard (1910–1989), 1949–1980 MdB (CDU), 1952–1953 stellv. Vorsitzender der CDU/CSU-Bundestagsfraktion, 1953–1961 Bundesinnenminister, 1961–1966 Bundesaußenminister, 1966–1969 Bundesverteidigungsminister, 1967–1973 stellv. Vorsitzender der CDU, 1969–1980 Vorsitzender des Auswärtigen Ausschusses des Deutschen Bundestages 309, 583

Schütz, Klaus (geb. 1926), 1954–1957 und 1963–1977 Mitglied des Berliner Abgeordnetenhauses (SPD), 1957–1962 MdB (SPD), 1961–1966 Senator für Bundesangelegenheiten und für das Post- und Fernmeldewesen Berlin, 1966–1967 Staatssekretär im Auswärtigen Amt, 1967–1977 Regierender Bürgermeister von Berlin, 1968–1977 SPD-Landesvorsitzender Berlin 41, 75, 225, 271 f., 274 f., 277–279, 408, 425, 532 f., 554–556, 560, 565, 569 f.

Schulz, Jochen (1919–1973), Journalist, 1969–1973 Sprecher des SPD-Parteivorstandes 425

Schulz, Klaus-Peter (geb. 1915), 1946 Redakteur des *Tagesspiegel*, dann Chefredakteur des Parteiorgans *Der Sozialdemokrat*, politischer Kommentator bei versch. Rundfunkanstalten, 1962–1966 Leiter des Büros der Deutschen Welle in Köln, 1965–1976 MdB (bis 1971 SPD, dann CDU), 1970–1971 Vizepräsident der Beratenden Versammlung und Vorsitzender der Politischen Kommission der Versammlung der WEU 68, 145 f., 545

Schumacher, Kurt (1895–1952), 1930–1933 MdR (SPD), 1933–1943 Haft in verschiedenen Zuchthäusern und KZs, 1944 nochmalige KZ-Haft, 1945 politischer Beauftragter der SPD in den drei Westzonen, 1946–1952 Vorsitzender der SPD, 1949–1952 MdB und Vorsitzender der SPD-Bundestagsfraktion 20–22, 24–27, 31, 33 f., 50, 59, 67, 77, 82–90, 94–96, 132, 135, 143, 145, 157, 169, 204, 294 f., 299, 317, 327 f., 478,

480–515, 529 f., 538 f., 543–545, 562, 567, 589 f.

Schuman, Robert (1886–1963), 1948–1949 französischer Ministerpräsident, 1948–1952 französischer Außenminister 495, 590

Schwarzhaupt, Elisabeth (1901–1986), 1953–1969 MdB (CDU), 1957–1961 stellv. Vorsitzende der CDU/CSU-Bundestagsfraktion, 1961–1966 Bundesgesundheitsministerin, 1970–1972 Erste Vorsitzende des Deutschen Frauenrats 301

Seidel, Max (1906–1983), 1947–1948 Sekretär der SPD Fürth (Bayern), 1949 SPD-Bezirkssekretär Franken, 1950–1953 stellv. SPD-Landesvorsitzender Bayern, 1953–1972 MdB (SPD), 1958–1970 SPD-Bezirksvorsitzender Franken 429, 581

Sering, Paul
siehe Löwenthal, Richard 123

Sievers, Susanne, Journalistin 534

Sokolowskij, Wassilij Dawidowitsch (auch: Danilowitsch) (1897–1968), 1945 Erster stellv. Oberbefehlshaber der Gruppe der Sowjetischen Besatzungstruppen in Deutschland, 1946–1949 deren Oberbefehlshaber, 1946–1948 Mitglied im Alliierten Kontrollrat, 1946–1949 Oberster Chef der SMAD, Mitglied des ZK der KPdSU 88

Sontheimer, Kurt (geb. 1928), 1960–1962 Professor an der Pädagogischen Hochschule in Osnabrück, 1962–1969 Lehrstuhl für Politische Wissenschaft am Otto-Suhr-Institut an der Freien Universität Berlin, 1969–1993 Professor für Politische Wissenschaft am Geschwister-Scholl-Institut der Universität München 58 f., 428

Springer, Axel Caesar (1912–1985), Verleger, u. a. seit 1946 der Zeitschrift *Hör zu*, seit 1948 des *Hamburger Abendblattes*, seit 1952 *Bild*, seit 1953 *Welt*, 1959 Übernahme der Ullstein GmbH 590

Staar, Winfried (geb. 1930), 1959–1961 Regierungsassessor beim Innensenator Berlin, 1961 Aufnahme in das Wahlkampfteam Willy Brandts, 1961 Rückkehr zur Senats-Innenverwaltung, 1962–1965 Persönlicher Referent Willy Brandts und Mitarbeiter der Senatskanzlei, 1965 Leiter der Begleitung von Wahlkampfeinsätzen Willy Brandts, 1964–1974 Abteilungsleiter bei der Senatsverwaltung für Jugend und Sport in Berlin 271, 273, 286

Stalin, Josef Wissarianowitsch (1878–1953), 1922–1953 Generalsekretär der KPdSU, 1941–1953 Vorsitzender des Rates der Volkskommissare bzw. des sowjetischen Ministerrates 564

Stammer, Otto (1900–1978), 1955–1969 Professor für Soziologie und Politische Wissenschaften an der Freien Universität Berlin, 1954–1969 Mitbegründer und Vorsitzender des „Zentralinstituts für sozialwissenschaftliche Forschung“ an der FU Berlin 546

Steffen, Jochen (1922–1987), 1958–1977 MdL Schlewig-Holstein (SPD), 1965–1975 SPD-Landesvorsitzender Schleswig-Holstein, 1966–1973 Vorsitzender der SPD-Landtagsfraktion Schleswig-Holstein, 1968–1975 Mitglied des SPD-Parteivorstands 581

Steinhoff, Fritz (1897–1969), 1946–1962 MdL Nordrhein-Westfalen (SPD), 1946–1957 Oberbürgermeister der Stadt Hagen, 1948–1950 Minister für Wiederaufbau Nordrhein-Westfalen, 1950–1960 Mitglied des SPD-Parteivorstandes, 1956–1958 Ministerpräsident von Nordrhein-Westfalen, 1961–1969 MdB (SPD) 555

Steltzer, Werner, 1961–1968 Leiter des Informationsbüros Berlin 272, 280

Sternberg, Fritz (1895–1963), Wirtschafts- und Sozialwissenschaftler, Publizist, 1931 Eintritt in die SAP, 1933 Emigration, zuletzt USA 72, 288, 564

Stinnes jr., Hugo (1897–1982), Industrieller, 1945–1948 Schutzhaft bei den englischen Besatzungsbehörden, 1948 unbelastet nach Maßgabe des Entnazifizierungsgesetzes und Ausschluss aus der Stinnes Gruppe I, daraufhin Übernahme der Hugo Stinnes OHG, 1971 Bankrott 560

Stone, Shepard (1908–1990), 1950–1952 Leiter des Amtes für Öffentliche Angelegenheiten und Informationswesen beim amerikanischen Hochkommissar in Deutschland, 1954–1968 Direktor der Abteilung für internationale Angelegenheiten der Ford-Foundation, 1968–1973 Präsident der Internationalen Vereinigung für die Freiheit der Kultur in Paris 194

Stoph, Willi (1914–1999), 1948–1950 Leiter der Abteilung Wirtschaftspolitik beim SED-Parteivorstand, 1950–1989 Mitglied des ZK der SED, 1950–1953 Sekretär des ZK, 1950–1989 Mitglied der Volkskammer, 1952–1955 Innen-, 1956–1960 Verteidigungsminister der DDR, 1962 Erster stellv. Vorsitzender und 1964–1973 sowie 1976–1989 Vorsitzender des DDR-Ministerrates 592

Stråhle, Einar (geb. 1913), schwedischer Journalist, im Zweiten Weltkrieg Mitarbeiter des Schwedisch-Norwegischen Pressebüros sowie des Pressebüros der schwedischen Arbeiterbewegung in Stockholm 87

Strauß, Franz Josef (1915–1988), 1948–1952 Generalsekretär der CSU, 1949–1978 MdB (CSU), 1952–1961 stellv. Vorsitzender der CSU, 1953–1955 Bundesminister für besondere Aufgaben, 1955 Bundesminister für Atomfragen, 1956–1962 Bundesverteidigungsminister, 1961–1988 Vorsitzender der CSU, 1966–1969 Bundesfinanzminister, 1978–1988 Ministerpräsident Bayerns 44, 53, 263, 266–270, 300 f., 309, 364, 390, 426, 440, 481, 499 f., 521, 525, 534 f., 576 f.

Strindberg, August (1849–1929), schwedischer Schriftsteller 318

Strobel, Käthe (1907–1996), 1949–1972 MdB (SPD), 1958–1973 Mitglied des SPD-Parteivorstands, 1958–1966 Mitglied des Europäischen Parlaments (SPD), 1962–1964 Vizepräsidentin des Europäischen Parlaments, 1964–1966 Vorsitzende der Sozialistischen Fraktion des Europäischen Parlaments, 1966–1970 Mitglied des SPD-Parteipräsidiums, 1966–1969 Bundesgesundheitsministerin, 1969–1972 Bundesministerin für Jugend, Familie und Gesundheit 555, 568

Sünderhauf, Ernst (1908–1974), 1945–1951 Sekretär und Kassierer im SPD-Landesverband Berlin, 1951–1959 Bezirksstadtrat für Finanzen im Bezirksamt Reinickendorf, 1959–1968 Senatsdirektor in der Finanzverwaltung (SPD), 1968–1973 Präsident des Berliner Rechnungshofes 271

Suhr, Otto (1894–1957), 1945 Referent beim Magistrat der Stadt Berlin, 1946 Generalsekretär der SPD Berlin, 1947–1949 Mitglied des SPD-Parteiausschusses, 1947–1948 stellv. Mitglied des SPD-Parteivorstandes, 1948–1949 MdPR (SPD), 1949–1953 MdB (SPD), 1949–1955 Präsident des Berliner Abgeordnetenhauses, 1955–1957 Regierender Bürgermeister von Berlin 33, 546

Szende, Stefan (1901–1985), ungarischer Publizist, 1933 Mitglied der illegalen SAP-Reichsleitung, 1934 Zuchthaushaft, ab 1937 im Exil in Schweden, Mitglied der Internationalen Gruppe demokratischer Sozialisten, 1949–1968 Inhaber der *Agence Européenne de Presse* 531

Tausch-Treml, Franz (1901–1986), 1953–1957 MdB (SPD) 133

Trotzki, Leo (1879–1940), russischer Politiker und Revolutionär 313, 567

Truman, Harry S. (1884–1972), 1944–1945 Vizepräsident und 1945–1952 Präsident der Vereinigten Staaten von Amerika 112

Ulbricht, Walter (1893–1973), 1929–1946 Mitglied des Politbüros der KPD, 1946–1973 Mitglied des Zentralsekretariats bzw. des Politbüros der SED, 1946–1950 stellv. Vorsitzender der SED, 1949–1973 Mitglied der Volkskammer, 1949–1960 stellv. DDR-Ministerpräsident, 1950–1971 Generalsekretär bzw. Erster Sekretär des ZK der SED, 1960–1973 Staatsratsvorsitzender und Vorsitzender des Nationalen Verteidigungsrats der DDR 163, 191, 200, 313, 327, 545, 578

Varga, Jewgenij (Eugen) Samuilowitsch (1879–1964), 1927–1947 Direktor des Instituts für Weltwirtschaft und Weltpolitik in Moskau, 1958–1964 Chefredakteur der Zeitschrift *Weltwirtschaft und internationale Beziehungen* 112

Veit, Hermann (1897–1973), 1946–1949 MdL Württemberg-Baden (SPD), 1946–1947 und 1950–1960 Mitglied des SPD-Parteivorstands, 1946–1960 Wirtschaftsminister Württemberg-Baden bzw. Baden-Württemberg, 1949–1953 MdB (SPD), 1951–1960 stellv. Ministerpräsident Baden-Württemberg, 1962–1965 Mitglied des SPD-Parteirates 95, 540, 543

Vogel, Hans-Jochen (geb. 1926), 1960–1972 Oberbürgermeister von München, 1972–1974 Bundesminister für Städtebau, Raumordnung und Bauwesen, 1974–1981 für Justiz, Jan. bis Juni 1981 Regierender Bürgermeister von Berlin, danach bis 1983 Oppositionsführer im Berliner Abgeordnetenhaus, 1972–1981 und 1983–1994 MdB, 1983–1991 Vorsitzender der SPD-Bundestagsfraktion, 1972–1977 SPD-Landesvorsitzender Bayerns, 1970–1991 Mitglied des SPD-Parteivorstands, 1987–1991 Vorsitzender der SPD 277, 346, 517, 520, 591

Voigdt, Klaus (geb. 1925), 1946–1951 und ab 1957 Journalist, 1961 Pressereferent im Berliner Büro Willy Brandts, 1962–1966 politischer Redakteur beim „Deutschlandfunk“, 1966–1973 stellv. Chefredakteur des *Vorwärts* 280

Wagenbach, Klaus (geb. 1930), 1960–1964 Lektor des S. Fischer-Verlags, 1964 Gründung eines eigenen Verlages 57

Walcher, Jacob (1887–1970), 1932 Eintritt in die SAP, 1933–1946 Exil in Paris und New York, 1946 Rückkehr nach Deutschland (SBZ), 1947 Eintritt in die SED, 1947–1951 Chefredakteur der Gewerkschaftszeitung *Tribüne*, 1951–

1952 Mitarbeiter im Deutschen Institut für Zeitgeschichte in Ost-Berlin, 1952 Ausschluss aus der SED, 1956 Rehabilitierung und Wiederaufnahme in die SED, 1956–1970 freier Mitarbeiter des Instituts für Marxismus-Leninismus beim ZK der SED 85, 538

Walden, Matthias (1927–1984), eigentl. Name: Eugen Wilhelm Otto Baron von Sass, 1950–1956 Redakteur und Kommentator beim RIAS Berlin, 1956–1979 Chefredakteur und Chefkommentator beim SFB 74, 374 f., 573

Walser, Martin (geb. 1927), Schriftsteller und Journalist 537

Wehner, Herbert (1906–1990), 1926–1942 KPD, 1946 Eintritt in die SPD, 1949–1983 MdB (SPD), 1949–1966 Vorsitzender des gesamtdeutschen Ausschusses des Deutschen Bundestages, ab 1952 Mitglied des SPD-Parteivorstands, 1958–1973 stellv. Vorsitzender der SPD, 1966–1969 Bundesminister für gesamtdeutsche Fragen, 1969–1983 Vorsitzender der SPD-Bundestagsfraktion 20, 27, 33, 35, 37–39, 44, 47–50, 52 f., 59, 69–72, 75 f., 193 f., 214, 223, 225, 270–276, 279, 284–286, 306, 328 f., 347, 351, 353, 356, 369, 386, 389 f., 399–401, 404, 441–449, 462–464, 476, 483, 518–521, 531 f., 535, 541, 549–552, 555, 560, 563, 565–568, 573–575, 577 f., 580, 583 f., 586

Weichmann, Herbert (1896–1983), 1957–1964 Finanzsenator Hamburg, 1961–1974 Mitglied der Hamburger Bürgerschaft (SPD), 1965–1971 Bürgermeister von Hamburg 572

Weisser, Gerhard (1898–1989), 1948–1950 Staatssekretär im Finanzministerium Nordrhein-Westfalen, 1950–1966 Professor für Sozialpolitik und Genossenschaftswesen, 1954–1970 Vorsitzender der Friedrich-Ebert-Stiftung 546

Weizsäcker, Carl Christian von (geb. 1938), 1965–1972 Professor für Volkswirtschaftslehre an der Universität Heidelberg, 1972–1974 Professor an der Universität Bielefeld 587

Wienand, Karl (geb. 1926), 1952–1967 Bürgermeister in Rosbach (Sieg), 1953–1974 MdB (SPD), 1958 Mitglied der Versammlung des Europarats, 1960–1970 Mitglied des SPD-Parteivorstandes, 1967–1974 parlamentarischer Geschäftsführer der SPD-Bundestagsfraktion 518

Windmöller, Eva, Journalistin beim *Stern* und bei der Wochenzeitung *Die Zeit* 520, 525

Wischnewski, Hans-Jürgen (geb. 1922), 1957–1990 MdB (SPD), 1959–1961 Juso-Bundesvorsitzender, 1960–1965 Mitglied des SPD-Parteirates, 1961–1966 Mitglied des Europäischen Parlaments (SPD), 1964–1966 und 1970–1971 Präsident des Kuratoriums der Deutschen Stiftung für Entwicklungshilfe, 1966–1968 Bundesminister für wirtschaftliche Zusammenarbeit, 1968–1971 Bundesgeschäftsführer der SPD, 1970–1985 Mitglied des SPD-Parteivorstandes 59, 75 f., 424–426, 445 f., 518, 525, 536, 578, 584

Zerbe, Edwin (1916–1992), 1955–1970 Landrat des Landkreises Hersfeld, 1965–1967 MdB (SPD), 1970–1971 Erster Beigeordneter des Landkreises Hersfeld 346

Ziebill, Otto (1896–1978), 1946–1948 Oberlandesgerichtsrat und 1946 Vorsitzender der Berufungskammer für Entnazifizierung am Landgericht

Nürnberg/Fürth, 1948–1951 Oberbürgermeister von Nürnberg (SPD), 1951–1963 Geschäftsführendes Präsidiumsmitglied des Deutschen Städtetags 70, 215

Zinn, Georg-August (1901–1976), in der NS-Zeit mehrfach in Haft, 1946–1949 Justizminister Hessen, 1946–1970 MdL Hessen (SPD), 1947–1969 SPD-Landesvorsitzender Hessen, 1948–1949 MdPR (SPD), 1949–1951 und 1961 MdB (SPD), 1951–1969 Ministerpräsident von Hessen, 1952–1970 Mitglied des SPD-Parteivorstands 35, 201, 222, 555

Zorn, Rudolf (1893–1966), 1946–1947 bayerischer Wirtschaftsminister (SPD), 1949–1950 und 1951–1958 geschäftsleitender Direktor des bayerischen Sparkassen- und Giroverbandes, 1950–1951 bayerischer Finanzminister 95, 539, 542

Sachregister

Abkommen und Verträge
— Deutschlandvertrag, 26. Mai 1952 545
— Französisch-saarländische Konvention, 3. März 1950 543
— Grundlagenvertrag BRD-DDR, 21. Dezember 1972 592
— Gründung der Europäischen Gemeinschaft für Kohle und Stahl, 18. April 1951 165
— Hitler-Stalin-Pakt, 22. August 1939 28
— Interzonenhandelsvertrag, 20. September 1951 194, 550
— Niedersächsisches Konkordat, 30. Juni 1965 350, 570
— Nordatlantikpakt, 4. April 1949 542
— Pariser Verträge, 23. Oktober 1954 177, 548
— Passierscheinabkommen, 17. Dezember 1963, 19. Dezember 1964, 25. November 1965 45, 330, 568
— Versailler Vertrag, 28. Juni 1919 495
— Vertrag über die Europäische Verteidigungsgemeinschaft (EVG), 27. Mai 1952 547
Afrika 202, 323
Albanien 501, 592
Alliierte 23, 147, 324, 543 f.
— Westalliierte 21, 544, 548, 560, 567, 590
Allparteienregierung 44, 52, 269, 560
Anarchismus 435 f., 582
Arbeiterbewegung 26, 29, 156, 203, 493, 556
— deutsche 210, 293
— katholische 514
— norwegische 27 f., 61
— schwedische 27 f.
Arbeitsgemeinschaft der öffentlich-rechtlichen Rundfunkanstalten der Bundesrepublik Deutschland (ARD) 402, 558
Asien 202, 226
Aufrüstung 166 f.
Außenpolitik 38, 40, 146–148, 163–168, 182, 190, 225, 231, 250–254, 271, 308, 350, 389, 405, 425, 447 f., 459, 501, 545, 554, 580 f.
Außerparlamentarische Opposition (APO), *siehe auch: Studentenbewegung* 438, 578 f.
Australien 117
Axel-Springer-Verlag 35, 578

Bad Dürkheim 579
Bad Godesberg 35, 203, 206, 210, 565 f., 571 f., 582, 588
Bad Kreuth 334
Baden-Württemberg 145, 351, 437
Barsinghausen b. Hannover 36
Bayerischer Rundfunk 300, 579
Bayern 350, 405, 426, 476
Belgien 542
Bergneustadt 375, 574
Berlin 19 f., 22–29, 33, 38, 42, 46, 48 f., 80, 82 f., 90, 92, 96, 126, 131–134, 144 f., 147, 163 f., 167–169, 188, 191, 215, 218 f., 226, 255, 273, 275, 282 f., 303, 319, 324 f., 328–330, 356 f., 361, 398, 410, 425, 465, 535, 544 f., 549, 561–563, 572, 578
— Mauer 42, 264 f., 339, 381, 560, 568
— Oberbürgermeister 25, 131
— Westsektoren 540
Berlin (Ost) 266, 330, 540, 567 f.
Berlin (West), *siehe auch: Abkommen und Verträge* 281, 493, 540, 543, 549, 567 f., 579
— Abgeordnetenhaus 19, 26, 395, 543
— Blockade 324, 540, 544
— Chruschtschow-Ultimatum, 1958 330, 551

— Halensee 143
— Informationszentrum 561
— Presse- und Informationsamt 176, 304, 561, 568
— Regierender Bürgermeister 19, 33, 36 f., 42, 46, 193 f., 200, 215, 222, 270, 304 f., 329, 347, 356 f., 395, 549, 556, 567 f., 571
— Reinickendorf 271
— Schlachtensee 143
— Senat 277, 542, 560
— Technische Universität 546
Besatzungszonen
— Amerikanische 25, 540
— Bizone 25, 540
— Britische 25, 547, 590
— Sowjetische 21, 29, 91, 163, 169, 177, 184, 191, 493, 540
— Westzonen 20 f., 493
— Wirtschaftsrat der Bizone 25, 540
Bolschewismus, *siehe auch: Marxismus-Leninismus, Kommunismus, Sowjetunion* 86, 106, 151, 182
Bonn 24, 47, 162, 168, 189, 200, 215, 224, 262, 271, 274, 281, 283, 299, 327, 330, 356, 363, 371, 467, 476, 517 f., 546, 551, 555
Bremen 24 f., 148, 368, 370, 545
Breslau 210
Bundesbank 240
Bundeskanzler 20, 42, 44, 52, 59 f., 142, 151, 223, 229, 234, 255, 267, 357
Bundespräsident 228, 233 f., 438, 558, 569, 583
Bundespresseamt, *siehe Bundesregierung*
Bundesrat 241, 371, 447, 547, 558
Bundesregierung 38, 122, 162, 192, 232–254, 261, 423, 544 f., 550, 554, 556, 558, 562, 565, 583, 586, 591
— Bundeskanzleramt 219, 330, 477, 524
— Bundesministerium für Gesamtdeutsche Fragen 219, 583
— Presse- und Informationsamt der Bundesregierung 226, 466
Bundesrepublik Deutschland 19 f., 24, 29, 41, 61, 137, 155, 162–170, 187, 195, 198, 209, 220, 226, 231, 239, 245, 249 f., 254, 257, 265 f., 300, 302, 318, 321, 327, 336 f., 339, 341 f., 368 f., 371, 381, 394, 402, 410, 418, 432, 448, 454, 492, 496 f., 506, 511, 543, 548, 592
Bundestag, *siehe Deutscher Bundestag*
Bundesverfassungsgericht 233, 558, 583
Bundeswehr 39, 251 f., 425, 493, 554

Chemnitz 380, 382 f., 575
Christlich-Demokratische Union Deutschlands (CDU), *siehe auch: Große Koalition* 25, 31, 39, 41–46, 52–55, 95, 189, 219, 230–232, 244 f., 255 f., 259 f., 262–267, 298–301, 308, 322, 327, 331, 336, 339 f., 350–352, 363–365, 371, 390, 394, 400 f., 405 f., 440–445, 459 f., 474 f., 481, 483, 485, 493, 499, 501, 513, 515, 518, 522 f. 525, 530, 535, 544 f., 559, 564, 566, 568, 580–583, 587 f., 592
— Ahlener Programm, 1947 172, 502 f., 542, 590
— Bundestagsfraktion 301, 389, 576
— Frankfurter Leitsätze, 1945 503
— Junge Union 43
— Kanzlerkandidat 266 f.
— Parteitage 230, 558
Christlich-Soziale Union in Bayern (CSU), *siehe auch: Große Koalition* 25, 39, 41 f., 46, 52–55, 232, 259 f., 262 f., 267, 269, 300, 331, 336, 339 f., 350–352, 363, 371, 390, 394, 426, 460, 474 f., 481, 483, 493, 499, 501, 515, 518, 522 f., 525, 531, 535, 545, 559, 564, 566, 580 f., 583, 587 f., 590–592
— ČSSR, *siehe Tschechoslowakei*

Dänemark 84, 542, 591
Darmstadt 573
Demokratie, *siehe auch: Soziale Demokratie* 29 f., 101, 114–118, 154 f., 162, 187, 221,

246 f., 259 f., 262, 290 f., 293 f., 295 f., 315–317, 322, 324, 410–412, 423, 431 f., 438, 448 f., 454, 458 f., 483–514, 526 f., 533, 539, 546, 590
Deutsche Demokratische Republik (DDR), *siehe auch: Abkommen und Verträge, Berlin (Ost), Besatzungszonen, Deutschlandpolitik, Kalter Krieg, Sozialistische Einheitspartei Deutschlands, Warschauer Pakt* 191, 250, 313, 527, 546, 548 f., 560, 563, 567 f., 579, 592
— Freie Deutsche Jugend (FDJ) 585
— Ministerium für Staatssicherheit 556
— Wahlen 547, 560
Deutsche Krankenhausgesellschaft 236, 559
Deutsche Olympische Gesellschaft (DOG) 235, 558
Deutsche Partei (DP) 25, 350, 531, 572
Deutsche Presse-Agentur (dpa) 474, 571
Deutsche Welle 280
Deutscher Bundestag 132, 178, 188, 234, 264, 357 f., 364, 371, 387, 391, 394, 401, 406, 421, 438, 440, 492, 494, 516, 521, 533, 580
— Auflösung und Neuwahl, 1972 478, 517 f.
— Berliner Vertreter 19, 26, 133, 142, 176 f., 395, 543, 549
— Präsident 268 f.
Deutscher Gewerkschaftsbund (DGB), *siehe Gewerkschaften*
Deutscher Sportrat 235
Deutsches Reich 491, 496
Deutschland 20–23, 81, 117, 143, 160, 183, 190, 256, 280, 298, 324 f., 356, 454
Deutschlandfunk 569
Deutschlandpolitik, *siehe auch: Abkommen und Verträge, Berlin, Berlin (West), Kalter Krieg, Sowjetunion, Wiedervereinigung* 40, 181, 338 f., 389, 527, 533, 538
Diffamierungskampagnen gegen Willy Brandt und die SPD 22, 43–47, 218, 228 f., 266, 288, 310 f., 322, 331, 335, 347, 357, 394 f., 521 f., 541, 555, 557, 559, 566, 571, 573
Diktatur 114 f., 117
Dortmund 147, 336, 348, 368, 568, 570
„Drittes Reich", *siehe Nationalsozialismus*
Düsseldorf 23, 92–98, 539, 564

Einheitspartei 21, 326 f.
Eisenach 581
Elbe 210, 253
England, *siehe Großbritannien*
Erfurt 494
Essen 579
Europa, *siehe auch: Abkommen und Verträge, Westintegration* 23, 38, 81, 126–128, 136–138, 165, 253, 298, 303, 315, 324, 337, 494 f., 513 f., 527, 540
— Europarat 24, 136–138, 143, 166, 530, 543 f.
— Europäische Gemeinschaft 591
— Europäische Verteidigungsgemeinschaft (EVG) 547
— Europäische Wirtschaftsgemeinschaft (EWG) 252
— Europäischer Wirtschaftsrat 166
— European Free Trade Association (EFTA) 252
— Organization for European Economic Cooperation (OEEC) 137
— Schuman-Plan, 9. Mai 1950 495, 590
— Vereinigte Staaten von Europa 126 f., 496, 589 f.
— West-Europa 138
Evangelische Akademie 565, 567
Exil 29, 82–88, 315 f., 320, 326, 328, 564
— sozialdemokratisches 22

Faschismus, *siehe auch: Nationalsozialismus* 106, 139, 522
Finanzpolitik 243, 342 f., 371, 421, 433, 452, 472
Frankfurt am Main 95, 393

Frankreich 224, 393, 542, 564, 578
Frauenpolitik 237 f., 417–419, 422, 520 f., 579
Freie Demokratische Partei (FDP) 25, 52 f., 55, 307 f., 336, 339, 350, 355, 364 f., 371, 393, 440–445, 450, 452, 474, 513 f., 518, 525, 531, 546 f., 569, 576, 583, 587
Friedrich-Ebert-Stiftung (FES) 276 f., 494, 561, 574, 588
— Archiv der sozialen Demokratie (AdsD) 494, 561, 588

Gelsenkirchen 368
Genf 281
Gesundheitspolitik 235 f., 279, 301, 451, 511
Gewerkschaften 174, 188, 227 f., 239, 246, 275, 341, 348, 352, 370, 375–380, 420, 425, 433, 446 f., 452, 470, 520 f., 557, 569 f., 574
— Deutscher Gewerkschaftsbund (DGB) 286, 303, 406, 548, 563, 566
— Gewerkschaft Öffentliche Dienste, Transport und Verkehr (ÖTV) 446
— Industriegewerkschaft Bau-Steine-Erden 367
— Industriegewerkschaft Metall 228, 348, 375, 470, 508, 557, 570, 590
— norwegische 322
— Gießen 579
Görlitz 109
„Goldener Plan“ 235, 558
Greifswald 226
Großbritannien, *siehe auch: Labour Party* 117, 122, 252, 495, 542, 556, 591
— Regierung 117, 202
Große Koalition 20, 25, 44, 47, 51–55, 58, 390–395, 399–401, 403–406, 411, 413, 420, 440 f., 445, 531, 537, 576–578, 583
Grundgesetz 31, 209, 245–247, 250, 339, 409, 418, 450, 475, 498 f., 521, 579, 590

Hagen 368
Hamar 476
Hamburg 24, 134, 138, 202, 301, 325, 368, 373, 549, 552, 579
Hannover 21, 36, 39, 82 f., 87, 120, 131, 144, 211, 227 f., 230, 282, 380, 382 f., 446, 489, 562, 564, 575, 579, 589
Harvard University 273, 280 f.
Heidelberg 107 f.
Helsinki 523, 592
Hessen 405
Humanismus 109, 129, 159, 315, 423

Imperialismus 125
Indien 192, 287, 572
Innenpolitik 38–40, 168 f., 181, 183, 225, 231, 234, 308, 389, 459
— Innere Sicherheit 245–250, 349
— Notstandsgesetzgebung 270, 420, 433, 557, 563, 570, 580
— Wahlrechtsreform 440, 583
Internationale Arbeiter-Assoziation (1864) 104, 541
Internationale Brigaden 43
Irland 542, 591
Ischia 466
Israel 522
Italien 462, 542

Japan 590
Jugend 248 f., 386, 401 f., 414 f., 420, 422, 432–434, 578, 582
Jungsozialisten (Jusos), *siehe Sozialdemokratische Partei Deutschlands*
Justizpolitik 247

Kalter Krieg, *siehe auch: Berlin, Berlin (West), Deutschlandpolitik, Ostpolitik, Sowjetunion, Wiedervereinigung* 148, 253
Kanada 542, 592
Kapitalismus 111, 506, 542
— Monopolkapitalismus 106
Karl-Marx-Stadt, *siehe Chemnitz*

Karlsruhe 229, 343, 558
Karpaten 261
Kiel 321, 591
Kirchen 206, 248, 432
— Katholische 229, 500
Klassen, Schichten, Berufsgruppen
— Akademiker 30, 58
— Angestellte 30, 108, 156, 185, 240, 490
— Arbeiter 30, 108, 156, 169, 185, 240, 291, 297, 354, 367, 490, 564
— Arbeiterklasse 26, 107
— Arbeitnehmer 26, 239, 246, 367, 370, 376 f., 450 f.
— Bauern 30, 108, 156, 173, 243, 302, 410, 490
— Beamte 30, 108, 156, 240
— Intellektuelle 57–59, 320, 332, 348, 420, 470, 569, 577
— Journalisten 57, 425, 577
— Künstler 57, 348, 577
— Manager 106, 158
— Mittelschichten/-stand 21, 26, 30, 58, 108
— Offiziere 252
— Proletariat 107
— Schriftsteller 57, 341, 348, 373, 537, 569
— Selbstständige 236, 242
Klassenkampf 104 f., 490
Köln 47, 277
Kollektivismus 99, 531
Kolonialismus 210, 250
Kommunalpolitik 226, 238, 279, 394
Kommunismus, *siehe auch: Bolschewismus, Marxismus-Leninismus* 29, 38, 115, 124, 203, 220, 293 f., 327, 435, 457 f., 547, 564, 585 f.
Kommunistische Partei Deutschlands (KPD)/Deutsche Kommunistische Partei 21, 25, 29, 98, 313, 457, 461, 585
Kommunistisches Manifest 542
Kommunistische Partei Norwegens 522
Kommunistische Partei der Tschechoslowakei (KPČ), *siehe auch: Tschechoslowakei* 580
Kommunistische Partei der Sowjetunion (KPdSU), *siehe auch: Sowjetunion* 112, 548
Konferenzen, *siehe auch: Sozialdemokratische Partei Deutschlands*
— Achtzehn-Mächte-Abrüstungskonferenz, 14. März bis 14. Juni, 16. Juli bis 7. September, 26. November bis 20. Dezember 1962 562
— Erste Internationale sozialistische Konferenz in Zürich, 8. Juni 1947 494, 589
— Londoner Konferenz, 11. bis 13. Mai 1950 136, 544
— Viermächte-Außenminister-Konferenz Berlin, 25. Januar bis 18. Februar 1954 547
— Vorkonferenz zur KSZE, 22. November 1972 513, 523, 592
Kongo 338
Königsberg 210
Konzentrationslager 492
Kulturpolitik 226, 247, 254, 301
Kuratorium unteilbares Deutschland 193, 549

Labour Party (Großbritannien), *siehe auch: Großbritannien* 122
Lateinamerika 338
Leipzig 290, 564
Leipziger Hochverratsprozess, 1872 290, 564
London 534
Lübeck 147, 311, 313 f., 321, 325, 395 f., 545
Ludwigshafen 569
Luxemburg 542

Mannheim 521, 591
Marktwirtschaft 263, 483, 508, 510, 566
Marshall-Plan 112, 127 f.
Marxismus 103, 109

Marxismus-Leninismus, *siehe auch: Bolschewismus, Kommunismus* 124, 292
Meinungsforschungsinstitute
— Emnid 518
— Infas 518
— infratest 424 f., 580
Menschenrechte 127, 154, 210, 488, 495
Mitteldeutschland 38
Moskau 28, 151, 327, 494, 551, 564
Mühlheim a. d. Ruhr 38
München 281, 464, 519, 521, 579, 591 f.

Nairobi 463
Nationaldemokratische Partei Deutschlands (NPD), *siehe auch: Rechtsradikalismus* 31, 390, 410, 436, 525
Nationalismus 126, 496
Nationalsozialismus, *siehe auch: Faschismus* 122, 188, 203, 249, 309, 315, 320, 322, 324, 327, 395 f., 409, 437, 492, 496, 538, 547 f., 561, 564
— Attentat auf Hitler, 20. Juli 1944 283, 314, 562
— Gestapo 556
Nationalsozialistische Deutsche Arbeiterpartei (NSDAP) 53, 577
Neuseeland 117
New York 373
Niederlande 542
Niedersachsen 299, 350
Nordrhein-Westfalen 368, 520, 591
North Atlantic Treaty Organization (NATO), *siehe auch: Bundeswehr, Kalter Krieg, Verteidigungspolitik, Wiederbewaffnung* 38, 167, 251, 336, 542, 550, 592
Norwegen, *siehe auch: Arbeiterbewegung, Exil, Oslo* 28, 80, 176, 273, 281, 315, 321, 323, 325, 476, 478, 538, 542, 571
Norwegische Arbeiterpartei (DNA), *siehe auch: Arbeiterbewegung, Skandinavien* 28, 84
Nürnberg 92, 402, 534, 581

Oberhausen 368, 590
Organization for Economic Cooperation and Development (OECD) 282
Oslo 85, 87, 325
Ostblock 165
Ostpolitik 40, 45, 338, 406 f., 447 f., 466, 533, 559, 566, 582, 588

Pakistan 572
Paris 272, 323
Parlamentarischer Rat 97, 539, 551
Patriotismus 496 f.
Planwirtschaft 35, 116 f., 122 f., 531
Portugal 501, 542

Rechtsradikalismus 293, 436
Redneraustausch, *siehe Sozialdemokratische Partei Deutschlands, Sozialistische Einheitspartei Deutschlands*
Regensburg 534
Religion 129, 159 f.
Revolution
— 1848 104, 291, 479
— 1918 122
— bürgerliche 290
— Französische 103
— industrielle 186
Rhein 210
Rheinland-Pfalz 299, 520
Ruhrgebiet 340
Russland, *siehe Sowjetunion*

Saarbrücken 411, 471
Saarfrage 136 f.
Saarland (bis 1955 Saargebiet) 24, 188, 351, 368, 530, 543
Schleswig-Holstein 132, 321, 352
Schweden, *siehe auch: Arbeiterbewegung, Sozialdemokratische Arbeiterpartei Schwedens, Stockholm* 21, 84, 87, 225, 321, 476
Schweinfurt 569
Sender Freies Berlin (SFB) 226, 374

Skandinavien, *siehe auch: Dänemark, Exil, Norwegen, Schweden* 84, 112, 202, 225, 326, 395 f., 538, 556
— Sozialdemokratie 315, 505 f.

Sowjetunion, *siehe auch: Alliierte, Berlin, Besatzungszonen, Bolschewismus, Kalter Krieg, Kommunistische Partei der Sowjetunion, Marxismus-Leninismus, Moskau, Warschauer-Pakt* 111, 200, 338, 494, 559 f., 580, 590
— Deutschlandpolitik 38, 330, 465, 545, 551
— Fünfjahresplan 117
— Moskauer Prozesse 28
— Stalinsche Säuberungen 28

Sozialdemokratische Partei Deutschlands (SPD), *siehe auch: Arbeiterbewegung, Diffamierungskampagnen, Exil, Friedrich-Ebert-Stiftung, Gewerkschaften, Große Koalition, Internationale Arbeiter-Assoziation (1864), Leipziger Hochverratsprozess, Sozialdemokratischer Hochschulbund (SHB), Sozialdemokratische Wählerinitiative (SWI), Soziale Demokratie, Sozialismus, Sozialistengesetz, Sozialistische Internationale, Sozialistischer Deutscher Studentenbund (SDS), Volkspartei, Wahlkontor deutscher Schriftsteller*
— Aufrufe/Kundgebungen/Manifeste 342, 457 f., 539, 580
— Außen- und Deutschlandpolitik
Deutsches Manifest, 1955 177, 548
Deutschlandplan, 1959 199 f., 551 f.
— Bezirk Mittelrhein 166
— Bundesgeschäftsführer 59, 405, 412, 424, 445, 578
— Bundestagsfraktion 26, 32, 39, 46–49, 52 f., 177, 193, 272, 283 f., 302, 306, 344 f., 373, 389, 393, 421, 471, 519, 533, 536, 543, 549 f., 562–564, 573, 587
— Gemeinsamkeitspolitik 31, 37–56, 233, 235–257, 265, 267, 271, 309, 342 f., 358, 555 f., 560, 562 f., 571
— Jungsozialisten (Jusos) 54, 60, 384, 448–461, 519 f., 584–586, 588
— Kanzlerkandidat 19, 35–47, 49, 216, 222–224, 227, 230, 257, 310, 316 f., 329, 346 f., 439 f., 532, 536, 552, 555, 565, 571
— Konferenzen, Kongresse, Tagungen
1960 Kommunalpolitische Bundestagung, Mülheim/Ruhr 38
1961 außerordentlicher Kongress, Bonn 230
1962 Deutschlandtreffen, Berlin 563
1963 Deutschlandtreffen, Hamburg 565
1963 Kulturkonferenz, Hamburg 301
1963 Wirtschaftspolitische Konferenz, Essen 566
1965 Deutschlandtreffen, Dortmund 336–343, 566
1968 Bundesfrauenkonferenz, Saarbrücken 411
1969 Jugendkongress, Bad Godesberg 582
1970 Juso-Kongress, Bremen 448, 461, 463 f., 584–586
— Kontrollkommission 559, 563 f.
— Landesverband Baden-Württemberg 145
— Landesverband Bayern 277, 305
— Landesverband Berlin 22 f., 33, 131–135, 144, 150, 198, 203, 206, 211, 284 f., 296, 363, 537, 544–546
Kreisverband Wilmersdorf 26
Landesparteitag 1947 488
Landesparteitag 1949 29, 542
Landesparteitag 1954 150, 546
— Landesverband Hamburg 483, 543, 588
— Landesverband Niedersachsen
Ortsverein Hannover 20
— Landesverband Schleswig-Holstein 581
— Ministerpräsidenten der Bundesländer 532, 558, 578

— Öffentlichkeitsarbeit, Werbung 41, 61, 180, 367 f., 405, 468, 531, 563
— Oppositionspolitik 25, 37, 180, 540, 544
— Organisation 20, 22, 25 f., 174 f., 189, 387, 412, 530, 550
— Parteipräsidium 32, 44, 47 f., 52 f., 197, 222, 274, 344, 354, 367, 384, 387, 405, 408, 429 f., 439, 446, 465, 517, 519, 524 f., 550, 561, 563 f., 572, 583, 591
— Parteirat 33, 36, 200, 216, 349, 393, 429, 446, 464, 475, 555, 559, 563, 581 f., 588
— Parteireform 26 f., 29 f., 32 f., 35, 61 f., 316
— Parteitage
1868 426
1869 426
1891 456, 585
1946 21, 99, 484, 538 f.
1947 92, 488
1948 23, 90–92, 539–541
1950 23, 134, 138, 539, 543
1952 34, 147
1954 34, 548
1956 190
1958 32, 34, 195, 204, 378, 556
1959 (a. o.) 33, 206
1960 35 f., 39, 357, 535, 571, 573
1962 48, 271, 561 f.
1964 (a. o.) 49, 305, 566, 569
1964 307, 369, 568
1966 51, 62, 379, 382 f., 574
1968 55, 403 f., 413, 578
1969 439 f.
1970 448, 583
1971 (a. o.) 471–473
— Parteivorstand 20, 23, 27, 32 f., 36, 46–48, 52, 82, 144, 154, 197, 199, 203, 215, 283, 287, 305 f., 344 f., 351–355, 367, 382, 387, 404, 429 f., 445 f., 516, 530, 532, 535 f., 544, 546, 548, 554 f., 559 f., 562–565, 569, 571, 578, 583–585
Ausschuss für Öffentlichkeitsarbeit 367
Berliner Vertretung/Berliner Sekretariat 19, 22 f., 90, 92, 99, 131, 144, 325, 328
Forschungsgemeinschaft 153
Forschungsstelle 272, 561
Grundlagenreferat 275 f., 279, 281, 561
Informationszentrum 272
Kommunalpolitischer Ausschuss 346
Kulturpolitischer Ausschuss 346
Planungsgruppe/Planungsstab 48, 272–279, 405, 535, 560 f.
Programmkommission 151 f., 539, 546, 552 f.
Siebener-Kommission 35 f., 223, 550, 552
Soziale Arbeitsgemeinschaften (SAGs) 378 f., 574
Studienkommission 546
Wohnungspolitischer Ausschuss 347
— Parteizentrale 48, 130–132, 543
— Programme
Dortmunder Aktionsprogramm, 1952/54 166, 169 f., 173 f., 202, 492 f., 532, 544–547, 589
Erfurter Programm, 1891 103, 107, 120, 542, 574
Godesberger Programm, 1959 31, 33–35, 37, 60, 206–211, 298, 303, 316 f., 318, 355, 369 f., 372, 377, 395, 411, 450, 453, 472 f., 475, 482, 486 f., 490, 505–509, 513, 531, 553, 558, 587 f., 590
Görlitzer Programm, 1921 129, 542, 574
Heidelberger Programm, 1925 103, 105–108, 111 f., 126, 129, 590
Langzeitprogramm 586
Orientierungsrahmen '85 511
Perspektiven im Übergang zu den siebziger Jahren 402, 422, 578
Prinzipienerklärung, 1946 94, 102, 105, 120
Programm des Allgemeinen deutschen Arbeitervereins, 1866 126

— Programmdebatte 33–35, 91, 102 f., 117, 138–142, 147–150, 152–175, 196–199, 203–205, 543
— Redneraustausch mit der SED, 1966 51, 380–385, 575 f.
— Regierungsbildung 1966 51–55, 389
— Regierungsbildung 1969 56–60, 441–445
— Regierungsmannschaft 41 f., 46, 56, 211, 216, 218, 255, 331, 341, 346, 352, 356 f., 439, 554, 569
— Traditionalismus 27, 161, 316, 531, 537
— Wahlkampf 31 f., 35, 37, 211–267, 303–344, 420–424, 476–479, 533, 536 f., 552, 555, 571 f., 577, 591
Berliner Büro Willy Brandts 273 f., 286
Deutschlandreise, 1961 41, 271, 533 f.
Informationsreise, 1972 479
Zentrale Wahlkampfleitung (Z.W.L.) 48, 227, 424
— Wahlprogramme 33, 183, 562
Appell von Hannover, 1960 215, 225, 554
Aufruf, 1965 342, 569
Regierungsprogramm, 1961 40, 56, 230–257, 259, 302, 307, 371, 420, 472, 554, 558
Wahlplattform, 1972 518
— Vorsitzender 19, 47–56, 60, 62, 191, 201, 305 f., 316 f., 356 f., 396, 399, 419, 427 f., 454 f., 465, 553, 571, 577
— Wiederbegründung/Neubegründung 1945 20, 33, 101, 294, 316, 480, 487, 529, 567
Sozialdemokratische Partei Österreichs (SPÖ) 481, 588
Sozialdemokratische Wählerinitiative (SWI), *siehe auch: Wahlkontor deutscher Schriftsteller* 57–59, 426–429, 467–470, 517, 527, 581, 587
Sozialdemokratischer Hochschulbund (SHB) 54, 435, 554
Soziale Demokratie 30, 481 f., 585
Sozialisierung 35, 97, 120–122, 168, 499, 506, 539 f., 556, 590
— Sozialisierungskommission, 1919 122, 542
Sozialismus 29–32, 35, 154, 312, 314 f., 458 f., 481–483, 539, 546
— christlicher 122, 503
— demokratischer 22, 28–32, 34 f., 62, 99–130, 153, 179 f., 202, 204 f., 326, 478, 480–515, 541, 553
— freiheitlicher 94, 124, 154, 157, 161, 480, 508, 547
— Revisionismus 124, 542
Sozialistengesetz, 1878 – 1890 290, 491, 561
Sozialistische Arbeiterpartei Deutschlands (SAP/SAPD) 28, 85 f., 313, 531, 556, 564 f.
Sozialistische Einheitspartei Deutschlands (SED), *siehe auch: Deutsche Demokratische Republik, Kommunismus, Marxismus-Leninismus* 21, 29, 191, 380–385, 483, 522
— Redneraustausch mit der SPD, 1966 51, 380–385, 575 f.
— Zentralkomitee (ZK) 575
Sozialistische Internationale 291, 552, 589
Sozialistische Jugend Deutschlands/Die Falken 384
Sozialistischer Deutscher Studentenbund (SDS) 215, 408 f., 554 f., 578
Sozialliberale Koalition 52 f., 440, 450, 452, 471 f., 481 f., 515, 535 f., 544, 566
Sozialplan 173 f., 184–187, 548
Sozialpolitik/Familienpolitik 185, 205, 225, 236 f., 244, 261 f., 303, 307, 370
— Kriegsopferversorgung 186, 237, 447, 451, 569
Spanien 322 f.
— Spanischer Bürgerkrieg 28, 43, 322 f., 567
Spiegel-Affäre 44, 53, 534 f., 563 f., 572
Stockholm 28, 81, 538
Straßburg 136

Studentenbewegung, *siehe auch: Außerparlamentarische Opposition* 32, 60, 408–410, 430, 437, 578, 582
Stuttgart 32, 195, 556
Südostasien 338
Syrien 323

Terrorismus 430, 432, 434, 582
— Rote Armee Fraktion (RAF) 582
Tessin 426
Tokio 590
Totalitarismus 96, 205 f., 317
Tschechoslowakei, *siehe auch: Kalter Krieg, Kommunismus, Kommunistische Partei der Tschechoslowakei, Warschauer Pakt* 423, 495, 580
— „Prager Frühling", 1968 495, 580
Tunesien 271
Tutzing 300, 303, 565–567

Ulm 369
Umweltpolitik 40, 238 f., 453, 500, 510 f.
Union der Sozialistischen Sowjetrepubliken (UdSSR) *siehe Sowjetunion*
Universum Film Aktiengesellschaft (UFA) 280
United Nations Educational, Scientific and Cultural Organization (UNESCO), *siehe auch: Vereinte Nationen* 254

Vereinigte Staaten von Amerika (USA) 41, 112, 143, 200, 225 f., 231, 280, 316, 320, 530, 547, 551, 555 f., 560, 564, 592
Vereinigung der Verfolgten des Nazi-Regimes (VVN) 98, 540 f.
Vereinte Nationen (UNO) 165–167, 192, 210, 527, 592
Verkehrspolitik 239, 262
Verteidigungspolitik, *siehe auch: Bundeswehr, Wiederbewaffnung, North Atlantic Treaty Organization (NATO)* 38, 187, 205, 212, 225, 283
— Atombewaffnung der Bundeswehr 233
Vertriebenenpolitik/Flüchtlingspolitik 110, 123, 171, 174, 210, 237, 250, 344, 350, 358, 425, 572
Vichy 323
Vietnam 338
Villach 481
Vilshofen 44
Volkspartei 20, 30 f., 35, 37, 49, 60 f., 109, 156, 255, 298 f., 368, 377 f., 411, 474, 499, 587
Volksrepublik China 501, 590

Währungsreform 1948 170, 324, 507, 539
Wahlen in der Bundesrepublik Deutschland
— Bundestagswahlen 1953 34, 150, 160, 181, 546
— Bundestagswahlen 1957 32, 34, 548
— Bundestagswahlen 1961 44 f., 47, 56 f., 234, 258 f., 263 f., 558 f.
— Bundestagswahlen 1965 45 f., 360–392, 569, 574
— Bundestagswahlen 1969 56–58, 591
— Bundestagswahlen 1972 19, 60, 535, 592
— Landtagswahlen 1946 25
— Landtagswahlen 1947 25
— Landtagswahlen 1968 54
Wahlkontor deutscher Schriftsteller 57 f., 348, 373, 537, 570
Warschau 494
Warschauer Pakt 423, 580, 592
Washington D.C. 330, 542
Weimarer Republik 97, 116, 203, 292, 309, 313, 326, 409, 491, 529, 574
Weltkriege, *siehe auch: Abkommen und Verträge*
— Erster 99, 203, 295, 496
— Zweiter 99, 110 f., 115, 288, 293, 309, 322, 486, 530, 547
Wennigsen/b. Hannover 21, 589

Werra 210
Westdeutscher Rundfunk (WDR) 399
Westintegration, *siehe auch: Abkommen und Verträge, Deutschlandpolitik, Europa, North Atlantic Treaty Organization (NATO)* 543, 545
Wiederaufbau 156, 184 f., 188, 203, 239, 534
Wiederbewaffnung, *siehe auch: Bundeswehr, North Atlantic Treaty Organization (NATO), Verteidigungspolitik* 166–168, 190, 546, 549
Wiedervereinigung, *siehe auch: Berlin, Deutschlandpolitik, Kalter Krieg* 24, 147 f., 162 f., 166, 178, 181 f., 184 f., 187, 190–193, 207–209, 219, 232, 250, 545, 549, 551 f.
Wirtschaft, Handel, Finanzen, *siehe auch: Währungsreform 1948, Wirtschaftspolitik*
— Gewerbe 108
— Handel 108
— Handwerk 108, 170
— Land- und Forstwirtschaft 108, 242 f., 302
Wirtschaftspolitik 116–126, 169–173, 184–187, 205 f., 226, 239–245, 302, 370, 394, 405, 421, 433, 505 f., 539 f., 543
Wissenschaftspolitik, Bildung 233, 247, 262, 301, 425 f., 433 f., 500, 511, 583 f.
Wissenschaftsrat 247, 559

Zeitungen, Zeitschriften
— Der Abend 576
— Arbeiterbladet (Oslo) 87 f., 538
— Außenpolitik 213
— Bayernkurier 466
— Berliner Stadtblatt 142, 543
— Berliner Stimme 149, 203, 362, 543, 546, 565, 575
— Dafür 427, 581
— Deutsche Zeitung 534
— Frankfurter Allgemeine 572
— Frankfurter Hefte 500
— Frankfurter Rundschau 569, 587 f.
— General-Anzeiger (Bonn) 306
— Guardian (London) 588
— Hamburger Abendblatt 583
— Handelsblatt 572
— Neue Bildpost 351
— Neue Gesellschaft 179, 257, 426, 471, 486, 565, 584, 589
— Neues Deutschland 575
— Passauer Neue Presse 534
— Die Presse (Wien) 588
— Rheinischer Merkur 570
— Sozialdemokrat 26, 133 f., 143, 543, 589
— Das sozialistische Jahrhundert 92
— Der Spiegel 42, 332, 534
— Stern 520, 591
— Stuttgarter Zeitung 559, 572
— Süddeutsche Zeitung 264, 559, 572, 588
— Südwest Presse 439, 583
— Quick 374, 573
— Vorwärts 26, 54, 216, 565, 572, 575–577
— Vossische Zeitung 564
— Die Welt 572, 588
— Die Zeit 572

Zentrum 25

Zürich 303, 494, 582, 589

Zweites Deutsches Fernsehen (ZDF) 558

Bildnachweis

Seite 6 und Foto auf dem Umschlag: Foto von Heinz Glässel, Augsburg, Willy-Brandt-Archiv im Archiv der sozialen Demokratie der Friedrich-Ebert-Stiftung (Bonn).

Seite 100: Willy Brandt 1949: Foto: dpa, Bilderdienst Süddeutscher Verlag, München.

Seite 153: Willy Brandt redend vor Kindern mit Fahnen: Foto von P. Gursky, Willy-Brandt-Archiv im Archiv der sozialen Demokratie der Friedrich-Ebert-Stiftung (Bonn).

Seite 207: Redenotizen vom 13. November 1959: Willy-Brandt-Archiv im Archiv der sozialen Demokratie der Friedrich-Ebert-Stiftung (Bonn).

Seite 214: Telegrammentwurf: Willy-Brandt-Archiv im Archiv der sozialen Demokratie der Friedrich-Ebert-Stiftung (Bonn).

Seite 217: Willy Brandt beim SPD-Parteitag 1960 mit Klaus Schütz: Foto von Hannes Dahlberg, Foto-Dienst Berlin, Willy-Brandt-Archiv im Archiv der sozialen Demokratie der Friedrich-Ebert-Stiftung (Bonn).

Seite 232: Willy Brandt Autogramme schreibend: Willy-Brandt-Archiv im Archiv der sozialen Demokratie der Friedrich-Ebert-Stiftung (Bonn).

Seite 269: Notiz vom 20. September 1961: Willy-Brandt-Archiv im Archiv der sozialen Demokratie der Friedrich-Ebert-Stiftung (Bonn).

Seite 285: Berlin-Treffen der SPD im Oktober 1962: Landesbildstelle Berlin, Willy-Brandt-Archiv im Archiv der sozialen Demokratie der Friedrich-Ebert-Stiftung (Bonn).

Seite 333: Willy Brandt im Wahlkampf 1965 winkend: Foto von Stefan Moses, Willy-Brandt-Archiv im Archiv der sozialen Demokratie der Friedrich-Ebert-Stiftung (Bonn).

Seite 345: Willy Brandt 1965 mit Klaus Schütz: Foto von Stefan Moses, Willy-Brandt-Archiv im Archiv der sozialen Demokratie der Friedrich-Ebert-Stiftung (Bonn).

Seite 397: Umschlag „Warum“: Bundeskanzler-Willy-Brandt-Stiftung, Parteivorstand der SPD.

Seite 442: SPD-Plakat 1969 mit Willy Brandt: Archiv der sozialen Demokratie der Friedrich-Ebert-Stiftung (Bonn).

Seite 451: Willy Brandt beim Jusokongress 1970: J. H. Darchinger, Bonn.

Seite 469: Willy Brandt mit Günter Grass 1970: Willy-Brandt-Archiv im Archiv der sozialen Demokratie der Friedrich-Ebert-Stiftung (Bonn).

Seite 477: „Willy Brandt muß Kanzler bleiben“: J. H. Darchinger, Bonn.

Seite 504: Zweiter Entwurf Rede Schumacher: Willy-Brandt-Archiv im Archiv der sozialen Demokratie der Friedrich-Ebert-Stiftung (Bonn).

Angaben zur Bearbeiterin und zu den Herausgebern

Bearbeiterin:

Daniela Münkel, Dr. phil., wissenschaftliche Mitarbeiterin am Historischen Seminar der Universität Hannover, Arbeit an einem Habilitationsprojekt zum Thema „Willy Brandt und die vierte Gewalt. Politik, Massenmedien und politische Kultur in der Bundesrepublik Deutschland der fünfziger und sechziger Jahre". Veröffentlichungen u. a. zur NS-Agrargeschichte, Radiogeschichte im Nationalsozialismus und der DDR sowie zur Politik Willy Brandts.

Herausgeber:

Prof. Dr. Helga Grebing, geb. 1930 in Berlin. Studium an der Humboldt- und der Freien Universität. 1952 Promotion im Fach Geschichte. Danach Tätigkeiten im Verlagswesen und in Institutionen der Politischen Bildung. Seit 1971 Professorin für Geschichte (Schwerpunkt Sozialgeschichte des 19. und 20. Jahrhunderts) an den Universitäten Frankfurt/Main, Göttingen und Bochum, hier 1988–1995 Leiterin des Zentral-Instituts zur Erforschung der europäischen Arbeiterbewegung. 1995 emeritiert und seither als Publizistin in Göttingen lebend. Viele Veröffentlichungen zur Geschichte und Theorie der Arbeiterbewegung; Autorin u. a. der „Geschichte der deutschen Arbeiterbewegung".

Prof. Dr. Gregor Schöllgen, geb. 1952 in Düsseldorf. Studium der Geschichte, Philosophie und Sozialwissenschaften in Bochum, Berlin, Marburg und Frankfurt/Main. Dort 1977 Promotion im Fach Philosophie; 1982 Habilitation für Neuere Geschichte in Münster. Seit 1985 Professor für Neuere Geschichte an der Universität Erlangen. Gastprofessor in New York, Oxford und London. Prof. Schöllgen ist Autor zahlreicher Bücher, darunter „Geschichte der Weltpolitik von Hitler bis Gorbatschow 1941–1991" und „Die Außenpolitik der Bundesrepublik Deutschland".

Prof. Dr. Heinrich August Winkler, geb. 1938 in Königsberg. Studium in Münster, Heidelberg und Tübingen. Promotion zum Dr. phil. in Tübingen 1963. Professor an der Freien Universität Berlin und an der Universität Freiburg/Br., seit 1991 an der Humboldt-Universität zu Berlin. Wichtigste Veröffentlichungen: „Arbeiter und Arbeiterbewegung in der Weimarer Republik" (3 Bde.), „Weimar 1918–1933. Die Geschichte der ersten deutschen Demokratie", „Streitfragen der deutschen Geschichte". Weitere Publikationen zur deutschen, europäischen und amerikanischen Geschichte.